甘肃省文化资源名录

（第四十五卷）

文化人才 II

社科人才

总 主 编：陈 青 王福生
副总主编：马廷旭
总 校 对：刘玉顺
本卷主编：马东平

中国书籍出版社
China Book Press

图书在版编目（CIP）数据

甘肃省文化资源名录.第四十五卷/陈青,王福生总主编;甘肃省社会科学院编.—北京:中国书籍出版社,2018.1
ISBN 978-7-5068-6729-0

Ⅰ.①甘… Ⅱ.①陈… ②王… ③甘… Ⅲ.①文化遗产—甘肃—名录 Ⅳ.①K294.2-62

中国版本图书馆CIP数据核字（2018）第027839号

甘肃省文化资源名录 第四十五卷

陈 青 王福生 总主编
甘肃省社会科学院 编

责任编辑	毕 磊
责任印制	孙马飞 马 芝
封面设计	东方美迪
出版发行	中国书籍出版社
地 址	北京市丰台区三路居路97号（邮编：100073）
电 话	（010）52257143（总编室） （010）52257140（发行部）
电子邮箱	eo@chinabp.com.cn
经 销	全国新华书店
印 刷	三河市顺兴印务有限公司
开 本	787毫米×1092毫米 1/16
字 数	655千字
印 张	28
版 次	2018年1月第1版 2018年1月第1次印刷
书 号	ISBN 978-7-5068-6729-0
定 价	328.00元

版权所有 翻印必究

甘肃省文化资源普查和分类分级评估工作领导小组

组　长　连　辑

副组长　张广智

成　员　俞建宁　张建昌　范　鹏　武来银　伏晓春　赵海林
　　　　　王智平　周继尧　史志明　李宗锋　阿　布　李　堋
　　　　　曹玉龙　陈　汉　梁文钊　陈德兴　妥建福　樊　辉
　　　　　肖立群　王兰玲　肖学智　宋金圣　拜真忠　卢旺存
　　　　　石生泰　柳　民　吴国生　火玉龙　车安宁　马少青
　　　　　王福生　张智若

甘肃省文化资源普查
和分类分级评估工作领导小组办公室及下设机构

主　　　任　　范　鹏

常务副主任　　王福生

副　主　任　　李　埘　　王兰玲　　柳　民

执行副主任　　侯拓野　　马廷旭　　陈月芳　　廖士俊

成　　　员　　杨文福　　丁　禄　　田锡如　　李含荣　　路晓峰　　刘效明
　　　　　　　张建胜　　徐麟辉　　马志强　　张春锋　　梁朝阳　　方剑平
　　　　　　　黄国明　　王银军　　刘志忠　　李拾良　　王登渤　　赵艳超
　　　　　　　席浩林　　王　钢　　刘　晋　　李军林　　王景辉　　邵　斌
　　　　　　　杨彦斌　　李素芬　　李才仁加　王　旭　　王治纲

综合协调组

　　组　长　　王灵凤
　　成　员　　庞　巍　　马争朝　　吴绍珍　　巨　虹　　王彦翔　　唐莉萍
　　　　　　　段翠清

普查业务组

　　组　长　　谢增虎
　　成　员　　马东平　　侯宗辉　　马亚萍　　戚晓萍　　魏学宏　　李　骅
　　　　　　　买小英　　梁仲靖　　王　屹　　海　敬

技术保障组

　　组　长　　刘玉顺
　　成　员　　胡圣方　　王　荟　　谢宏斌　　张博文　　宋晓琴

专家联络组

　　组　长　　郝树声　　马步升
　　成　员　　金　蓉　　赵　敏

甘肃省文化资源名录
编纂委员会

主　　任	陈　青	郝　远		
副 主 任	范　鹏	彭鸿嘉	俞建宁	王福生
委　　员	朱智文	安文华	刘进军	马廷旭
	王俊莲	王　琦	陈双梅	

总 主 编	陈　青	王福生		
副总主编	马廷旭			
总 校 对	刘玉顺			
成　　员	谢增虎	马东平	侯宗辉	马亚萍	戚晓萍
	魏学宏	赵国军	谢　羽	金　蓉	买小英
	巨　虹	吴绍珍	胡圣方	李　骅	鲁雪峰
	梁仲靖	王　荟	王　屹	海　敬	段翠清
	李志鹏	尹小娟	姜　江		

前 言

丝绸之路三千里，华夏文明八千年。甘肃是华夏文明的重要发祥地之一，是中华民族重要的文化资源宝库，是国务院认定的"华夏文明传承创新区"。为了保护和传承甘肃恢宏的历史与当代文化资源，使之能够汇总展示给世界，并永久流传，甘肃省从2013年4月启动了全省文化资源普查工作。在甘肃省文化资源普查和分类分级评估工作领导小组组织下，动员全省各市（州）县（区）、31个厅局及省直单位的专业人员，数十位专家学者，历时两年，完成了普查和数据录入工作。对于全省文化资源普查成果，甘肃省社会科学院又经过两年时间整理完善、分类编辑、拾遗补阙、校对编排，现在终于有了《甘肃省文化资源名录》的付梓出版。

《甘肃省文化资源名录》集中展现了甘肃历史悠久、丰富多样的文化资源。甘肃历史文化遗存位列全国前茅，民族民俗文化特色鲜明，现代文化颇具实力。伏羲文化、大地湾文化、马家窑文化、齐家文化、寺洼文化、彩陶文化、周秦早期文化、长城文化、汉简文化、三国文化、五凉文化、敦煌文化、石窟文化、黄河文化等历史文化资源积淀深厚；道教文化、西夏文化、伊斯兰文化、藏传佛教文化等民族宗教文化资源星罗棋布；大革命文化、根据地文化、长征文化、抗日文化、解放区文化等红色文化资源耀眼夺目；工业文化、科技文化、歌舞文化、大众文化等现代文化资源特色鲜明。可以说，文化资源是历代生活在甘肃的华夏儿女留给这块大地的永不磨灭的最辉煌印记。

就甘肃省文化资源的精华而言，截至2017年初，全省馆藏可移动文物为195.84万件，各类不可移动文物16895处。有世界文化遗产7处，全国重点文物保护单位131处，省级文物保护单位556处，国家级非物质文化遗产代表性项目68项。有国家级历史文化名城4座，国家级历史文化名镇7座，中国历史文化名村 2 座，中国传统村落 36 个。莫高窟、嘉峪关、伏羲庙、麦积山、炳灵寺、阳关、玉门关、锁阳城、崆峒山、拉卜楞寺、中山桥……，都是甘肃文化的历史见证；敦煌汉简、悬泉汉简、铜奔马、牛肉面、剪纸、花儿、皮影、羊皮筏子、黄河水车……，都是甘肃永恒的文化名片；腊子口、哈达铺、会师楼、南梁……，都是甘肃代表性红色文化遗产；酒泉卫星发射中心、刘家峡水电站、玉门油田、《读者》《丝路花雨》《大梦敦煌》……，都是甘肃之所以为甘肃的鲜明标志；祁连山、雪山冰川、河西走廊，大漠戈壁、高原草原、天池梅园……，都是如意甘肃的生动写照。众多的历史、自然和现代文化资源犹如满天繁星，镶嵌在广袤的甘肃大地上熠熠生辉。

　　《甘肃省文化资源名录》汇总甘肃省文化资源的精华，完成了打造华夏文明传承创新区的基础工作。《名录》将文化资源分为二十大类，分别是：文物；红色文化；重要历史事件与人物；重要历史文献；民族语言文字；非物质文化遗产；自然景观文化；宗教文化；文学艺术；饮食文化；建筑文化；节庆、赛事文化；文化之乡；地名文化；文化传媒；社科研究；文化类高等教育；文化艺术机构团体；文化产业；文化人才。每类文化资源按属性又分若干子分类，每个子分类都有严格的界定。同时，将文化资源级别分为省级和市州级。省级文化资源是指国务院、国家有关部委、甘肃省政府和省直部门已经明确命名、认定、管理（或委托管理）的国家级和省级文化资源，以及甘肃省文化资源普查办公室评估认定并核定公布、报送备案的文化资源。市州级文化资源是指甘肃省各市州、县级政府及其管理部门已经明确命名、认定、管理的市县文化资源，以及甘肃省文化资源普查办公室评估认定并核定公布、报送备案的市县文化资源。甘肃省内世界级文化资源（遗产）纳入省级文化资源管理范围，暂未认定级别和不需认定级别的文化资源统一纳入市州级文化资源范围。

　　推出《甘肃省文化资源名录》，对于推进华夏文明传承创新区建设、甘肃文化大省建设、丝绸之路黄金段建设意义深远。《名录》不仅仅记录了甘肃文化资源的种类和数量，也使甘肃文化资源的资源类别、品相级别、蕴藏情况、流布地域、传承范围和衍变情况得以准确和清晰化。通过编辑出版《甘肃省文化资源名录》，形成一个科学完整的文化资源数据库、文化资源研究的学术平台、文化资源传承保护和开发利用的指南，有助于更好地挖掘那些具有世界影响、国家价值、显著特点、唯一仅存、开发潜力巨大的代表性文化资源，为文化资源的有效保护提供科学依据，为重点文化资源找到开发的机遇并重塑生长的价值，为文化产业项目的开发利用提供可靠的参考。所以，《名录》的推出，是甘肃省文化资源普查成果面向世界迈出的第一步，是文化实力助推甘肃转型发展的坚实步伐，它为甘肃省今后对文化资源进行保护传承、专题研究、数字展示、市场开发奠定了基础。

甘肃省社会科学院

2017 年 7 月

目 录

前　言 　　　　　　　　　　　　　　　　　　　001

社科人才　　　　　　　　　　　　　　　　　　001

后　记　　　　　　　　　　　　　　　　　　　433

甘肃省文化资源名录

第四十五卷 文化人才Ⅱ

社科人才

0001 白宗珍

性　　别：男
出生年月：1970-12-16
民　　族：汉族
政治面貌：中共党员
职　　称：副高
学　　历：大学本科
所在单位：榆中县和平学区
成　　就：2000年6月被评为县级优秀教师。2006年9月被评为"榆中县优秀教育工作者"。2006年12月被评为"兰州市百所标准化初中建设先进个人"。2011年5月获得榆中县专业技术优秀人才称号，2011年12月获得市级骨干教师称号。
简　　介：1990年7月毕业于榆中师范，参加工作。先后在榆中县上花中学、榆中县金崖中学、榆中县和平中学任教，其间长期担任班主任、教研组长、教导主任等。2003年8月任和平中学校长至今。

0002 唐维贤

性　　别：男
出生年月：1958-10-12
民　　族：汉族
政治面貌：中共党员
职　　称：副高
学　　历：大学专科
所在单位：榆中县和平学区
成　　就：1983年获甘肃省优秀少儿工作者荣誉称号。2004年9月荣获"甘肃省园丁"和"全国优秀教师"荣誉称号。

0003 李正清

性　　别：男
出生年月：1962-05-14
民　　族：汉族
政治面貌：群众
职　　称：副高
学　　历：大学专科
所在单位：榆中四中
简　　介：1980年10月—1990年7月在贡井学区任教；1990年8月至现在一直任教于榆中四中；1996年6月毕业于甘肃省教育学院，2009年12月获得副高级教师职称。

0004 高致文

性　　别：男
出生年月：1963-06-08
民　　族：汉族
政治面貌：中共党员
职　　称：副高
学　　历：大学本科
所在单位：榆中县文成小学
成　　就：2004年被评为市级先进个人，

2010年、2014年被评为全国双有教育先进个人。

简 介：1980年7月—1990年7月在哈岘学区任教；1990年8月—2000年7月在榆中师范任教；2000年8月—2003年7月在榆中六中任教；2003年8月—2007年7月在榆中五中任教；2007年8月—现在，在文成小学任教。

0005 魏永胜

性 别：男
出生年月：1970-01-20
民 族：汉族
政治面貌：中共党员
职 称：副高
学 历：硕士研究生
所在单位：榆中县恩玲中学
成 就：多次被评为市县级"优秀教育工作者"，"甘肃省园丁奖"获得者。
简 介：曾担任市、县党代会代表，县人大代表，兰州市高评会评委，甘肃省课改专家团成员。1990年—2003年在榆中师范任教；1994年—1998年任榆中师范团委书记；1998年—2003年任榆中师范政教处主任；2003年—2007年任榆中二中校长兼党支部书记；2007年至今，任榆中县恩玲中学校长兼党支部书记。

0006 姓名：周进功

性 别：男
出生年月：1965-03-06
民 族：汉族
政治面貌：群众
职 称：副高
学 历：大学本科
所在单位：榆中县第六中学
成 就：2004年获得榆中县优秀教师。
简 介：1985年7月—1991年7月连搭中学任教；1991年8月—1997年3月麻家寺学校任教；1997年3月至今榆中六中任教。2004年被评为榆中县优秀教师。

0007 刘海清

性 别：男
出生年月：1962-04-06
民 族：汉族
政治面貌：群众
职 称：副高
学 历：大学本科
所在单位：榆中县韦营学校
成 就：1987年获榆中县优秀教师称号。2008年获榆中县教学大比武三等奖。1982年7月至今在韦营学校工作，主要从事初中语文教学工作。1987年被评为榆中县优秀教师。2008年获榆中县教学大比武三等奖。论文《教师下水与学生作文》发表于《甘肃教育》2005年第5期。

0008 田育南

性 别：男
出生年月：1964-02-07
民 族：汉族
政治面貌：群众
职 称：副高
学 历：大学专科
所在单位：榆中县新营学区
成 就：县级骨干教师、县级优秀班主任。工作期间，数次荣获"新营乡优秀教师"荣誉称号，2013年被评为"榆中县骨干教师"，并于同年获得"榆中县优秀班主任"荣誉称号。
简 介：1981年9月参加工作。1981年9月至1982年7月在榆中县新营乡黄坪学校任教；1982年9月至1987年7月在榆中县新营中学从事后勤工作；1987年9月至2002年7月在榆中县新营乡魏家河滩小学任教，并担任教导主任等职务；2002年9月至2007年7月在榆中县新营乡杨家营小学任教，并担任教导主任等职务，2006年9月任杨家营小学校长；2007年9月至今在榆中县八门寺小学任教，并担任校长工作。2002年6月取得"小学教育"专业大专学历，2002年12月获小学高级教师任职资格，2014年6月获高级教师任职资格。

0009 蔡裕发

性　　别：男

出生年月：1968-10-03

民　　族：汉族

政治面貌：中共党员

职　　称：副高

学　　历：大学本科

所在单位：榆中县职业教育中心

成　　就：2008年7月获得榆中县委颁发的"优秀共产党员"荣誉证。2013年9月获得榆中县人民政府颁发的"师德标兵"荣誉证。

简　　介：1991年6月毕业于兰州师范专科学校体育系，同年7月被分配到榆中师范学校任教至今。

0010 施绍伟

性　　别：男

出生年月：1968-02

民　　族：汉族

政治面貌：中共党员

职　　称：副高

学　　历：大学本科

所在单位：榆中县职业教育中心

简　　介：1987年7月—1992年7月在榆中县金崖乡岳家巷初级中学任教；1992年8月—1997年7月在榆中县金崖中学任教；1997年8月—2000年7月在榆中电大工作站任教；2000年8月至今在榆中县职业教育中心任教。

0011 金虎俊

性　　别：男

出生年月：1962-01-24

民　　族：汉族

政治面貌：中共党员

职　　称：副高

学　　历：大学本科

所在单位：教育局

简　　介：1981年7月—1997年11月在榆中城关学区任教，其中1990年9月—1992年7月在榆中师范学习，1997年11月至今在县教育局工作。

0012 王世义

性　　别：男

出生年月：1960-08-12

民　　族：汉族

政治面貌：群众

职　　称：副高

学　　历：大学专科

所在单位：榆中县马坡学区

成　　就：1995年被评为榆中县教育委员、工会榆中县委员会三育人先进个人。2001年被评为榆中县骨干教师。2007年被评为兰州市优秀教师。曾先后被评为榆中县"三育人"先进个人、榆中县骨干教师、兰州市优秀教师。

简　　介：2000年6月毕业于兰州师范高等专科学校（汉语言文学）；1978年9月在马坡乡哈班岔教学点任民办教师，1979年11月转正录用；1980年1月年在马坡中学任教；1980年10月在羊寨学校任教；1984年8月在马坡小学任教，担任教导主任；1992

年 8 月调马坡学区担任督导员；2007 年 9 月至今在马坡小学任教。

0013 赵朝晖

性　　别：男
出生年月：1970-12-10
民　　族：汉族
政治面貌：群众
职　　称：副高
学　　历：大学本科
所在单位：榆中县和平学区
成　　就：2001 年被评为"榆中县第七届教学新秀"，2002 年 6 月、2009 年 6 月被评为县级骨干教师，2010 年市级课题获三等奖，论文《浅谈小学数学活动课教学》发表在《甘肃教育督导》，市级课题于 2013 年 11 月结题并获一等奖，2013 年获榆中县教学质量二等奖，2003 年 12 月被评为小学高级教师，2014 年 7 月被评为副高级教师。
简　　介：1991 年毕业于兰州市榆中师范，1991 年 8 月参加工作；2010 年 7 月函授毕业于中央电大汉语言专业；1991 年 9 月—1996 年 7 月在祁家坡任教；1996 年 9 月至今在柳沟店任教。

0014 王爱军

性　　别：男
出生年月：1963-04-23
民　　族：汉族
政治面貌：中共党员
职　　称：副高
学　　历：大学本科
所在单位：小康营学区
简　　介：1982 年 7 月参加工作，在小康营中学任教至今。

0015 韩善普

性　　别：男
出生年月：1968-09-11
民　　族：汉族
政治面貌：群众
职　　称：副高
学　　历：大学专科
所在单位：榆中四中
成　　就：2004 年 9 月被评为榆中县优秀教师，2010 年 9 月被评为榆中县优秀班主任，2011 年 6 月被评为兰州市中小学骨干教师，2013 年 9 月荣获兰州市第三届"优秀班主任"称号。
简　　介：甘肃教育学院毕业，中学高级教师。1985 年 9 月—1989 年 7 月在榆中师范学习；1989 年 7 月—2009 年 7 月在榆中县哈岘初级中学任教；（1993 年 7 月—1996 年 6 月在甘肃教育学院学习；2001 年 12 月获得中学一级教师资格）；2009 年 8 月至今在榆中县第四中学任教（2013 年 5 月取得中学高级教师资格）。

0016 梁艳青

性　　别：女
出生年月：1971-10-20
民　　族：汉族
政治面貌：中共党员
职　　称：副高
学　　历：大学本科
所在单位：榆中县委党校
成　　就：长期从事党校教育，先后发表《浅谈青少年犯罪与预防》《浅谈基层党校教育的可持续发展》等文章，参与编写《农村基层干部简明读本》一书。2008 年 8 月被评为全省党校系统优秀教师，2009 年被评为兰州市党校系统优秀骨干教师。
简　　介：1992 年 8 月参加工作，1992 年 8

月到 2003 年 8 月在榆中县夏官营中学任教，2003 年 8 月至今榆中县委党校工作。

0017 白承志

性　　别：男
出生年月：1959-10-01
民　　族：汉族
政治面貌：群众
职　　称：副高
学　　历：大学本科
所在单位：榆中县恩玲中学
成　　就：榆中县优秀教育工作者。在省、市教学期刊发表论文多篇，主编出版《高考英语语法巧攻略》。所教学生多次在国家、省、市英语竞赛中获奖。曾3次获县教育局教学质量优秀奖，2013 年被县委、县政府评为优秀教育工作者。
简　　介：1980 年毕业于兰州师范，1983 年毕业于兰州教育学院英语系，1984 年毕业于吉林大学中文系文艺理论自修班（函授专科）；1997 年 10 月毕业于西北师大英语教育学院（函授）；2007 年参加北京大学 ESEC 全封闭英语口语培训班结业；1980 年 7 月至 1986 年 8 月在榆中四中任教；1986 年 8 月至 1998 年 8 月在榆中六中任教；1998 年 8 年至现在，在榆中县恩玲中学任教；2007 年 8 月开始任恩玲中学教导主任。

0018 王积贵

性　　别：男
出生年月：1959-03-25
民　　族：汉族
政治面貌：中共党员
职　　称：副高
学　　历：大学专科
所在单位：榆中县和平学区
成　　就：1993 年被评为榆中县优秀教师，2008 年被评为榆中县先进教育工作者。县级骨干教师。
简　　介：1976 年在解放军某部队服役，1981 年 1 月退役；1983 年被选聘为兰山学区民办教师，1989 年 10 月经兰州市干部招录考试转为公办教师；历任路口小学、范家营中心小学、沈家河小学、和平小学校长。其间 1995 年 8 月至 2004 年 5 月任兰山学区党支部书记；现任榆中县和平中学副校长。

0019 丁四清

性　　别：男
出生年月：1965-12-10
民　　族：汉族
政治面貌：中共党员
职　　称：副高
学　　历：大学本科
所在单位：榆中县职业教育中心
成　　就：论文多篇荣获省、市、县奖并发表在《高师函授》等刊物上，多次荣获优秀班主任、优秀教师、优秀党员等荣誉称号。
简　　介：1986 年 7 月毕业于榆中师范学校，留校任教；1995 年 8 月西北师大汉语言文学本科毕业；1999 年调入恩玲中学任教；2002 年 12 月获任中学高级教师，2003 年调入榆中县第九中学任副校长，2007 年调入榆中师范学校任教务处副主任至今。

0020 崔凤辉

性　　别：男
出生年月：1959-02-23
民　　族：汉族
政治面貌：中共党员
职　　称：副高
学　　历：大学专科
所在单位：榆中四中
成　　就：1989 年 9 月荣获甘肃省人民政府

颁发的甘肃省园丁奖。

简　　介：1978 年 9 月—1980 年 7 月在兰州师范学校学习；1993 年 3 月—1996 年 6 月通过自学考试在甘肃省教育学院取得政治教育专业大专学历；1980 年 8 月至今在榆中四中任教。

0021 白瑜厚

性　　别：男

出生年月：1966-06-13

民　　族：汉族

政治面貌：中共党员

职　　称：副高

学　　历：大学本科

所在单位：榆中县恩玲中学

成　　就：甘肃省优秀教师，"园丁奖"获得者，省级骨干教师。担任《中学古汉语实用字典》（浙江文艺出版社，2002 年 6 月出版）撰稿人；担任《词语诠释与经典赏读》（兰州大学出版社，2013 年 10 月出版）副主编；发表《万紫千红总是春——新课标下一堂语文课好坏的标准及我的思考》（2010 年《中学教育科研》第 6 期）、《和谐班级，从心开始》（《甘肃教育督导》2012 年第 1 期）等多篇论文。

简　　介：1996 年毕业于西北师范大学，1987 年 7 月参加教育工作，先后任教于榆中二中、榆中四中和榆中恩玲中学，长期担任高中语文教学兼班主任工作。

0022 钱小英

性　　别：女

出生年月：1970-09-16

民　　族：汉族

政治面貌：群众

职　　称：副高

学　　历：大学本科

所在单位：榆中县文成小学

成　　就：2003 年被评为榆中县教学新秀；2007 年被评为榆中县骨干教师；2010 年被评为甘肃省骨干教师。

简　　介：1991 年 7 月至 1995 年 7 月在三角城魏家圈小学任教；1995 年 8 月至 1998 年 7 月在连搭中学任教；1998 年 8 月至现在在文成小学任教。

0023 赵秀萍

性　　别：女

出生年月：1967-09-05

民　　族：汉族

政治面貌：群众

职　　称：副高

学　　历：大学本科

所在单位：榆中县教育局

成　　就：曾获百名学科带头人，市级骨干教师荣誉。

简　　介：1984—1991 在马坡太平沟任教；1993—1997 在马坡中心校任教；1997—2004 在三角城任教；2004 至今在县教育局工作。

0024 金成功

性　　别：男

出生年月：1966-08-14

民　　族：汉族

政治面貌：中共党员

职　　称：副高

学　　历：大学本科

所在单位：榆中县恩玲中学

成　　就：1998 年 9 月被评为县级优秀教师；2000 年 7 月被评为县级优秀党员；2001 年 9 月荣获县级高考英语教学成绩优秀奖；2003 年 7 月被评为县级优秀党员；2009 年 7 月被评为市级教育干部培训优秀学员；2011 年 6 月荣获兰州市优秀公开课奖；2013 年 9 月被

评为榆中县师德标兵。

简　　介：1986年6月—1987年8月清水驿中学任教；1987年9月—2000年2月三角城中学任教；2000年3月—2009年8月榆中县第二中学任教；2009年9月至今在榆中县恩玲中学任教。

0025 杨进林

性　　别：男

出生年月：1968-09-17

民　　族：汉族

政治面貌：中共党员

职　　称：副高

学　　历：大学本科

所在单位：榆中县教育局

成　　就：1991年被县委县政府授予学雷锋先进个人；1993年被县委县政府评为优秀教育工作者；1994年被县委县政府授予劳动模范称号；1994年被兰州市委市政府评为优秀教育工作者；1998年被县教育局评为优秀党员；2001年被市教育局评为优秀党员；2011年被市教育局评为优秀党员；2012年被市教育局评为教师培训先进工作者。

简　　介：1988年7月—1990年6月在榆中县上庄初级中学任教；1990年7月—1996年11月在上庄学区任校长；1996年12月—现在，在榆中县教育局工作。

0026 蒋宜泉

性　　别：男

出生年月：1960-03-14

民　　族：汉族

政治面貌：群众

职　　称：副高

学　　历：大学专科

所在单位：榆中县清水驿学区

成　　就：2010年、2013年分别获县级优秀教育工作者2次。

简　　介：1980年8月至今在榆中县清水驿学区任教。

0027 马克昌

性　　别：男

出生年月：1971-10-26

民　　族：汉族

政治面貌：中共党员

职　　称：副高

学　　历：大学本科

所在单位：榆中三中

成　　就：2004年被评为榆中县优秀教师，获县教育局初中毕业会考单科二等奖，2007年被评为兰州市优秀教师，2010年评为兰州市骨干教师。

简　　介：1992年毕业于榆中师范，1997年8月西北师大函授汉语言文学教育专业专科毕业，2004年中央电大汉语言文学本科毕业。自1992年8月参加工作以来，1996年3月调入榆中三中。

0028 岳宝军

性　　别：男

出生年月：1968-10-21

民　　族：汉族

政治面貌：群众

职　　称：副高

学　　历：大学本科

所在单位：榆中县金崖学区

成　　就：2002年9月获榆中县教育局教学论文优秀奖；2007年3月获金崖学区教学质量优秀奖；2007年9月被金崖镇政府评为优秀教师。

简　　介：1989年7月参加工作以来，先后在来紫堡学区萃英学校、金崖学区岳家巷中学、岳家巷小学任教，从事小学语文、中学语文教学。

0029 金明安

性　　别：男
出生年月：1955-07-20
民　　族：汉族
政治面貌：群众
职　　称：副高
学　　历：大学专科
所在单位：榆中县金崖学区
简　　介：1997年兰州师范毕业；1979年8月—1983年8月任教于榆中县过店子学校；1983年9月至1989年7月任教于三角城中学；1989年8月至现在任教于榆中县金崖中学。

0030 张功平

性　　别：男
出生年月：1965-06-01
民　　族：汉族
政治面貌：群众
职　　称：副高
学　　历：大学本科
所在单位：榆中县职业教育中心
成　　就：1994获得榆中县优秀教师称号，多次获得校内优秀教师和优秀班主任称号。
简　　介：1989年7月—1995年7月榆中县三角城农业中学任教师；1995年7月—2000年7月榆中县职业技术学校任教师。

0031 宋姿远

性　　别：女
出生年月：1967-09-13
民　　族：汉族
政治面貌：中共党员
职　　称：副高
学　　历：大学本科
所在单位：一悟小学
成　　就：2002年被评为兰州市小学市级骨干教师，2005年被评为甘肃省第三届中小学"青年教学能手"；2007年《我们能离开水吗》教学案例荣获兰州市义务教育阶段课堂教学设计评选一等奖；2008年课题《在学科教育中开展"小课题研究"活动实验列为市级重点课题；同时获得兰州市"十大优秀女性"提名奖，被评为兰州市"三八红旗手"及兰州市"巾帼建功"活动先进个人；2009年被评为甘肃省中小学省级骨干教师、兰州市教育科研先进个人，获第三届甘肃省小学语文骨干教师献课活动荣获指导教师奖；2010年被评为甘肃省优秀教育工作者，获得甘肃省"园丁奖"，兰州市优秀思想政治工作者称号。
简　　介：1988年毕业于榆中师范，1997年7月加入中国共产党。先后在榆中县中连川学区、榆中城关学区大营小学、榆中县文成小学、榆中县一悟小学任教。曾担任过班主任以及语文、数学、品德、社会、音乐等学科的教学工作。2007年7月至今担任一悟小学校长。

0032 周立军

性　　别：男
出生年月：1969-11-12
民　　族：汉族
政治面貌：中共党员
职　　称：副高
学　　历：大学本科
所在单位：榆中县和平学区
成　　就：2010年获兰州市安全管理工作先进个人荣誉称号，2011年获兰州市教育局优秀教师称号。
简　　介：1991年7月毕业于榆中师范，同年8月参加工作；2001年7月函授专科汉语言教育毕业，2010年1月函授本科汉语言专业，2007年12月获得小学高级教师任职资格，2013年3月晋升为中学高级教师职务；1991年8月—1993年7月在榆中县大耳朵小学任教；1993年8月—1999年7月在榆中县夏官营小学任教；1999年8月—2007年7月在榆中县杨家庄小学任教，并担任学校校长；2007年8月至今担任榆中县和平学区校长和党总支书记。

0033 魏孔峰

性　　别：男
出生年月：1967-12-11
民　　族：汉族
政治面貌：中共党员
职　　称：副高
学　　历：大学本科
所在单位：榆中二中
成　　就：获榆中县德育工作先进个人奖。
简　　介：1989年7月—2010年8月在榆中县夏官营学区任教；2010年9月至今在榆中县第二中学任教。

0034 张仲伟

性　　别：男
出生年月：1957-06-23
民　　族：汉族
政治面貌：群众
职　　称：副高
学　　历：大学本科
所在单位：榆中一中
简　　介：1979年9月—1981年7月任教于榆中县唐家岔小学；1981年8月—1983年7月任教于榆中县石头沟学校；1983年8月—1985年6月兰州市教育学院读书；1985年7月至今榆中一中教书。

0035 王素青

性　　别：女
出生年月：1963-07-15
民　　族：汉族
政治面貌：中共党员
职　　称：副高
学　　历：大学本科
所在单位：榆中六中
成　　就：1996年获得"榆中县中学教学新秀"称号。2000年获得县教育局"优秀党员"称号。2008年获得县教育工会"优秀女教职工"称号。2011年获得全县初中毕业会考英语一等奖。2000年论文《利用口诀，培养兴趣》获得榆中县第八届论文二等奖。2000年论文《向课堂要效率，减轻学生负担》获中国教改研究编委会二等奖。
简　　介：1970年9月—1976年7月甘草小学就读；1976年9月—1979年7月榆中七中就读；1979年9月—1982年7月榆中师范就读；1982年9月—1984年2月城关中学任教；1984年3月至今榆中六中任教。

0036 白奋彩

性　　别：男
出生年月：1959-10-10
民　　族：汉族
政治面貌：中共党员
职　　称：副高
学　　历：大学专科
所在单位：榆中六中
成　　就：1994年2月被评为榆中县劳动模范，2006年被评为榆中县优秀教育工作者。
简　　介：1977年9月参加工作；1977年9月至1996年7月在榆中县哈岘中学任教；（1984年8月至1986年7月在兰州教育学院进修）；1996年起在榆中六中任教。

0037 蒋凤琴

性　　别：女

出生年月：1963-08-22

民　　族：汉族

政治面貌：中共党员

职　　称：副高

学　　历：大学专科

所在单位：榆中县一悟小学

成　　就：2004年被评为兰州优秀教师；2010年被评为为市级骨干教师。兰州市第四届"十优辅导员"。所带班级的学生在2008年全县小学毕业文化课水平测试中语文教学成绩为一等奖。并在《兰州教育》《甘肃日报》《教育革新》等报刊发表教学论文数篇。

0038 张秀学

性　　别：男

出生年月：1970-05-23

民　　族：汉族

政治面貌：群众

职　　称：副高

学　　历：大学本科

所在单位：榆中县恩玲中学

成　　就：2009年、2006年、2005年度被评为校级优秀班主任。2004年在《中学课程》杂志发表论文一篇。

简　　介：1986年9月—1990年7月榆中师范学校学习；1990年9月—1991年7月自学考试大专学历；1995年6月—1998年6月西北师范大学函授英语本科专业学习；1990年8月在园子初级中学参加工作；1994年9月—1998年7月在榆中七中工作；1998年至今在恩玲中学工作。

0039 曾效成

性　　别：男

出生年月：1955-06-14

民　　族：汉族

政治面貌：中共党员

职　　称：副高

学　　历：中专

所在单位：榆中县青城中学

简　　介：1978年9月—1988年4月榆中县青城学区教师；1988年4月—2000年12月榆中县青城学区二级教师；2000年12月—2010年12月榆中县青城学区一级教师；2010年12月至今任榆中县青城学区高级教师。

0040 张宏淑

性　　别：女

出生年月：1961-01-05

民　　族：汉族

政治面貌：中共党员

职　　称：副高

学　　历：大学专科

所在单位：榆中县中连川学区

成　　就：2008年5月课堂教学大比武获优秀奖；2012年6月兰州市骨干教师。

简　　介：1978年12月—1981年8月在撒拉沟小学任教；1981年9月—1982年8月在榆中师范进修；1982年9月至今在撒拉沟任教。

0041 蒋应科

性　　别：男

出生年月：1964—06

民　　族：汉族

政治面貌：群众

职　　称：副高

学　　历：大学本科

所在单位：榆中县职业教育中心

简　　介：1988年7月至今任教于榆中师范。

0042 孙肃萍

性　　别：女
出生年月：1963-08-11
民　　族：汉族
政治面貌：中共党员
职　　称：副高
学　　历：大学本科
所在单位：榆中县三角城学区
成　　就：2010年9月获得县级优秀教师。
简　　介：1984年7月—1990年7月三角城学区；1990年7月—1992年7月榆中师范学习；1992年7月至今在三角城学区工作。

0043 金发辉

性　　别：男
出生年月：1957-12-11
民　　族：汉族
政治面貌：群众
职　　称：副高
学　　历：大学专科
所在单位：榆中县教育局
成　　就：1998年被榆中县委县政府评为优秀教育工作者，2001年被兰州市政府、省义教项目领导小组评为"义教工程"工作先进个人。
简　　介：1976年1月至1991年6月先后在连搭、夏官营学区任教，1991年至今在榆中县教育局工作。

0044 邵会文

性　　别：男
出生年月：1968-08-04
民　　族：汉族
政治面貌：群众
职　　称：副高
学　　历：大学本科
所在单位：榆中县韦营学校
成　　就：2004年2010年被中共榆中县委、榆中县人民政府授予优秀教师称号；2006年被韦营学区评为先进工作者；2011被兰州市教育局评为市级骨干教师；2011年获得兰州市优秀公开课奖；曾在《甘肃联合大学学报》2010年第4期发表了《农村中学班级管理探索》，在《甘肃教育督导》2013第9期发表了《试论农村中学〈思想品德〉课现状及对策》。2014年7月被聘为高级教师。

0045 肖永学

性　　别：男
出生年月：1958-09-06
民　　族：汉族
政治面貌：群众
职　　称：副高
学　　历：大学专科
所在单位：榆中县上花学校
成　　就：2004年9月获榆中县委、县政府授予的"优秀教师"称号；2008年9月再次获榆中县委、县政府"优秀教师"称号。
简　　介：1976年10月—1988年7月在榆中县王湾小学任二、四年级语文、数学、体育、思想品德教学工作，且担任班主任；1988年9月—1998年12月在榆中县大岔小学任五、六年级语文、数学、思想品德教学工作，且担任班主任；1999年1月至今在榆中县王湾小学从事二、六年级语文、数学、美术、思想品德教学工作，并担任班主任。

0046 朱继惠

性　　别：男
出生年月：1955-12-20
民　　族：汉族
政治面貌：群众
职　　称：副高
学　　历：大学专科

所在单位：榆中县哈岘学区

成　　就：1982 年、1985 年两次荣获兰州市人民政府优秀教师奖励，1982 年获得榆中县人民政府优秀教师奖励，并获得乡级、学校教学奖励，参加工作 38 年，始终做到热爱本职工作，热爱人民的教育事业，在边远山区勤勤恳恳、脚踏实地为人民的教育事业服务。

简　　介：1977 年 3 月参加工作，任教于哈岘初级中学，2010 年撤校合并后工作于哈岘小学至今。

0047 李世龙

性　　别：男

出生年月：1972-10-01

民　　族：汉族

政治面貌：群众

职　　称：副高

学　　历：大学本科

所在单位：榆中县新营学区

成　　就：2009 年 1 月荣获由榆中县教育局颁发的"2008 年小学毕业文化课水平测试"语文教学成绩三等奖，并为学校争取到当年教育质量优秀奖荣誉。2010 年 3 月荣获由兰州市教科所、甘肃省小学语文专业委员会颁发的"小学语文教师范文写作比赛一等奖"。2013 年 9 月荣获由榆中县委、县政府颁发的"榆中县优秀班主任"。2014 年 7 月取得高级教师资格。

简　　介：1991 年 7 月参加工作。自参加工作至今，一直工作在新营学区，从事语文教学，每年都担任班主任，二十多年从未间断过。工作期间，曾担任过教导主任、校长等。

0048 白全武

性　　别：男

出生年月：1960-01-06

民　　族：汉族

政治面貌：群众

职　　称：副高

学　　历：大学专科

所在单位：榆中县上花中学

成　　就：2008 年 9 月获榆中县委、县政府授予的"优秀教师"称号。

简　　介：1977 年 3 月至今在榆中县上花学校任教；2005 年 8 月—2009 年 8 月任榆中县上花小学校长；2009 年 8 月至今任榆中县上花中学副校长。

0049 岳林军

性　　别：男

出生年月：1966-12-01

民　　族：汉族

政治面貌：中共党员

职　　称：副高

学　　历：大学本科

所在单位：榆中县周前学校

成　　就：2003 年被评为榆中县优秀教师；2006 年被评为榆中县优秀教育工作者及兰州市百所示范性标准化初中建设先进个人；2008 年被评为榆中县优秀教育工作者。

简　　介：1988 年 7 月—1990 年 6 月榆中县梁坪学校任教；1990 年 7 月—1995 年 6 月榆中县詹家营学校任教；1995 年 7 月—2011 年 9 月榆中县三角城中学任教；2011 年 10 月—现在于榆中县周前学校任教。

0050 杜发林

性　　别：男

出生年月：1962-09-22

民　　族：汉族

政治面貌：中共党员

职　　称：副高

学　　历：大学本科

所在单位：榆中六中

成　　就：1991年、1996年、2003年被评为榆中县优秀教师。1996年10月，荣获榆中县"中学教学新秀"称号。先后有4篇教研论文在省市级报刊上发表。《学生学习兴趣的培养》荣获榆中县第五届教研论文评选三等奖。2008年9月被榆中县评为"教育风采"人物。2008年12月被兰州市总工会评为"兰州市知识型职工"。

简　　介：1982年7月参加工作，先后在榆中县第二中学、榆中县第六中学工作。曾任榆中县第二中学语文教研组组长、文科教研组组长、教导主任，榆中县第六中学语文教研组组长。

0051 金吉和

性　　别：男

出生年月：1964-01-11

民　　族：汉族

政治面貌：中共党员

职　　称：副高

学　　历：大学本科

所在单位：榆中六中

成　　就：1998年9月荣获榆中县委、县政府授予"百名学科带头人"称号；2006年9月荣获县委县政府授予"师德标兵"称号；2009年12月被兰州市教育局评为"优秀班主任"；多次被榆中六中评为"优秀班主任"。

简　　介：1982年7月—1998年7月在榆中三中任教；1998年8月至今在榆中六中任教。

0052 牟正祥

性　　别：男

出生年月：1962-06-02

民　　族：汉族

政治面貌：中共党员

职　　称：副高

学　　历：大学本科

所在单位：榆中六中

成　　就：被评为甘肃省两基工作先进个人，曾多次被评为学校先进个人、优秀党员。2009年7月被评为榆中县教育系统优秀党员。2011年被评为甘肃省"两基"工作先进个人。

简　　介：1981年7月至1990年8月在榆中县兰山初级中学任教；1985年5月至1991年7月担任兰山初中校长；1991年9月至1997年8月在榆中五中任教，先后担任初中、高中语文教学及班主任工作，曾任语文教研组组长、学校党支部组织委员等职务；1997年9月选调入榆中六中任教，先后担任学校办公室副主任、主任。

0053 许银成

性　　别：男

出生年月：1964-05-21

民　　族：汉族

政治面貌：中共党员

职　　称：副高

学　　历：大学本科

所在单位：榆中县清水驿学区

成　　就：曾被评为兰州市骨干教师。

简　　介：1985年至1994年在榆中三中任教；1994年至今在榆中县清水驿学区任教。

0054 刘国福

性　　别：男

出生年月：1962-11-14

民　　族：汉族

政治面貌：中共党员

职　　称：副高

学　　历：大学本科

所在单位：榆中一中

成　　就：曾被评为兰州市优秀教师、兰州市中学骨干教师和榆中县优秀教师。

简　　介：1981年7月—1992年7月榆中县石头沟中学任教；1992年8月至今榆中一中任教。

0055　王有永

性　　别：女

出生年月：1964-01-23

民　　族：汉族

政治面貌：群众

职　　称：副高

学　　历：大学本科

所在单位：榆中县和平学区

成　　就：2001年获县级"骨干教师"荣誉，2003年、2009年连续两次获市级"骨干教师"荣誉；2003年12月获小学高级教师，2014年7月获副高级教师。

简　　介：1982年毕业于兰州市榆中师范，1982年7月参加工作；2003年自学考试毕业于西北师大教育管理专业；1982年7月—1985年8月在贡井小学任教；1985年9月—2010年2月在城关学区学校任教；2010年3月至今在和平学区柳沟店小学任教。

0056　岳宝田

性　　别：男

出生年月：1964-04-16

民　　族：汉族

政治面貌：群众

职　　称：副高

学　　历：大学本科

所在单位：榆中县金崖学区

成　　就：2001年5月被评为榆中县骨干教师。2002年获榆中县教学优胜奖。

简　　介：1982年7月至1984年9月榆中县甘草中学任教；1984年9月至1998年3月榆中县岳家巷中学任教；1998年3月至2003年3月至榆中县金崖中学任教；2003年3月至2010年2月榆中县岳家巷中学任教；2010年2月至今榆中县金崖中学。

0057　陈文江

性　　别：男

出生年月：1969-11-07

民　　族：汉族

政治面貌：中共党员

职　　称：副高

学　　历：大学本科

所在单位：榆中县新营学区

成　　就：2007年在《时代人物》上发表《语文课堂教学改革之我见》论文，该文荣获首届全国"孺子牛杯"教研成果一等奖。2003年被县教育局评为优秀班主任，2005年7月被中共榆中县教育局委员会评为教育系统优秀党员，2008年7月被中共榆中县教育局委员会评为优秀党员，2009年又被县教育局评为优秀班主任。

简　　介：1991年9月至1999年7月在清水学区任教；1999年8月至2011年3月在榆中七中任教；2011年3月至2012年12月在龙泉学区任教；2012年12月至今在新营学区任教。

0058　刘成祖

性　　别：男

出生年月：1969-09-12

民　　族：汉族

政治面貌：群众

职　　称：副高

学　　历：大学本科

所在单位：榆中七中

成　　就：《浅析当今形势下的新型师爱》

发表于《素质教育论坛》2008年第6期。《教师职业素养——无为而治，不言之教》发表于《新课程》2009年第18期。

简　　介：1990年8月—1994年7月在榆中县梁坪中学从事初中语文教学工作；1994年8月—1998年7月在榆中县稠泥河学校从事初中语文教学工作；1998年8月—现在在榆中县第七中学从事初中语文教学工作。

0059　段兰敏

性　　别：女

出生年月：1964-10-06

民　　族：汉族

政治面貌：群众

职　　称：副高

学　　历：大学本科

所在单位：榆中县第六中学

成　　就：2002年被评为榆中县优秀教师。2009年获得初中毕业会考英语教学质量一等奖。

简　　介：1982年3月至1985年8月在榆中县来紫堡桑园子学校任教；1985年9月至2002年7月在来紫堡中学任教；2002年8月至今在榆中六中任教；一直担任初中英语教学及班主任工作。

0060　白才明

性　　别：男

出生年月：1969-09-23

民　　族：汉族

政治面貌：中共党员

职　　称：副高

学　　历：大学本科

所在单位：榆中县小康营学区

成　　就：《农村中小学远程教育资源利用现状和对策》获得2010年全国第六届"园丁杯"优秀教科研成果一等奖。2013年被评为教育部、财政部"国培计划"优秀学员。2003—2004年度被评为学校优秀班主任。2007—2008年度被评为学校模范。

简　　介：1989年工作，2010年评为高级教师。

0061　李正学

性　　别：男

出生年月：1961-10-18

民　　族：汉族

政治面貌：中共党员

职　　称：副高

学　　历：大学专科

所在单位：榆中县恩玲中学

简　　介：1978年6月至1986年6月在园子乡绊马学校任教；1986年6月至1988年6月在兰州教育学院进修；1988年6月至1997年7月在榆中县第二中学任教；1997年8月至今在榆中县恩玲中学任教。

0062　宋海彦

性　　别：男

出生年月：1969-11-14

民　　族：汉族

政治面貌：群众

职　　称：副高

学　　历：大学本科

所在单位：榆中县恩玲中学

成　　就：2010年被评为榆中县优秀教育工作者；2013年被评为榆中县优秀教育工作者。

简　　介：1991年8月至2004年2月，在榆中县石头沟学校任教；2004年3月至今，在榆中县恩玲中学任教。

0063　韩善柱

性　　别：男

出生年月：1968-01-13
民　　族：汉族
政治面貌：中共党员
职　　称：副高
学　　历：大学本科
所在单位：榆中县职业教育中心
简　　介：1988年7月至今任教于榆中师范。

0064　吕铭德

性　　别：男
出生年月：1963-05-10
民　　族：汉族
政治面貌：群众
职　　称：副高
学　　历：大学本科
所在单位：榆中一中
成　　就：曾被评为校级优秀教师。
简　　介：1986年6月西北师范大学中文系毕业；1986年7月—1990年6月榆中师范任教；1990年7月—1994年7月榆中二中任教；1994年7月至今榆中一中执教。

0065　朱继军

性　　别：男
出生年月：1964-11-01
民　　族：汉族
政治面貌：中共党员
职　　称：副高
学　　历：大学本科
所在单位：榆中县三角城学区
成　　就：曾被评为榆中县优秀教师、榆中县优秀教育工作者。
简　　介：1986年7月至2009年12月在榆中县哈岘中学任教；2003年起担任哈岘中学校长职务；2010年2月至今在三角城学区办公室工作。

0066　张振彪

性　　别：男
出生年月：1965-04
民　　族：汉族
政治面貌：中共党员
职　　称：副高
学　　历：大学本科
所在单位：榆中县职业教育中心
成　　就：2011年6月被评为兰州市骨干教师。
简　　介：1985年7月—2005年7月榆中县第七中学任教；2005年8月起在于榆中县职业教育中心任教。

0067　杨见潮

性　　别：男
出生年月：1967-02-10
民　　族：汉族
政治面貌：中共党员
职　　称：副高
学　　历：大学本科
所在单位：榆中六中
成　　就：1994年2月被评为榆中县劳动模范；1998年9月被评为榆中县优秀教师；2004年6月与2006年9月被评为榆中县优秀教育工作者；2006年9月荣获甘肃省优秀教师园丁奖；2009年6月被评为兰州市杰出校长；2011年5月被评为榆中县专业技术优秀人才；2012年5月被评为兰州市校外教育先进工作者。
简　　介：1987年7月至1992年9月任榆中三中任团委书记；1992年9月至1995年6月任榆中三中任教导主任；1995年6月至2000年8月任榆中三中副校长；2000年8月至2007年7月任榆中三中校长；2007年7月至2014年12月任榆中六中校长。

0068 高国堂

性　　别：男

出生年月：1967-02-01

民　　族：汉族

政治面貌：中共党员

职　　称：副高

学　　历：硕士研究生

所在单位：榆中县恩玲中学

成　　就：2004年9月被榆中县委、县政府评为榆中县优秀教师，2011年7月被榆中县教育局党组评为优秀共产党员。发表多篇国家级、省级、市级论文。主持多个市县个人课题并获奖。

简　　介：1988年7月参加工作，2001年1月获得西北师大教育学学士学位，在读西北师大教育硕士；1988年7月—1992年8月在榆中四中任教；1992年9月—1995年8月在榆中七中任教；1995年9月—2006年8月在榆中五中任教；2006年8月至今在榆中县恩玲中学任教。

0069 周新勇

性　　别：男

出生年月：1975-05-21

民　　族：汉族

政治面貌：中共党员

职　　称：副高

学　　历：大学本科

所在单位：榆中四中

成　　就：2004年荣获榆中县优秀教师称号，2008年9月荣获榆中县优秀德育工作者称号，2013年9月荣获兰州市优秀教师称号，在《教育学》《新课程》《教育界》等国家级、省部级杂志上发表多篇论文。

简　　介：西北师大毕业，大学本科学历，中学高级教师，1999年8月分配到榆中四中上班至今。

0070 周文教

性　　别：男

出生年月：1963-10-26

民　　族：汉族

政治面貌：群众

职　　称：副高

学　　历：大学本科

所在单位：榆中县恩玲中学

成　　就：省级先进个人、兰州市优秀辅导老师。荣获县优秀教师、县优秀班主任荣誉。

简　　介：1983年8月至1996年8月在榆中县来紫堡学区任教；1996年8月至1998年12月在榆中县第六中学任教；1998年至今，在榆中县恩玲中学任教，西北师范大学（成人教育）汉语言文学专业，本科毕业。参加工作后，长期担任班主任工作，现担任高三毕业班班主任兼语文教学工作。

0071 刘学军

性　　别：男

出生年月：1962-07-11

民　　族：汉族

政治面貌：中共党员

职　　称：副高

学　　历：大学本科

所在单位：榆中县小康营学区

简　　介：1982年7月参加工作，在小康营中学任教；1992年—1993年在郭家营学校任教；1994年至今在小康营中学任教。

0072 张忠

性　　别：男

出生年月：1962-07-24

民　　族：汉族

政治面貌：中共党员

职　　称：副高

学　　历：大学专科

所在单位：榆中一中
成　　就：曾被评为县级骨干教师。
简　　介：1981年师范毕业后在甘草学区工作；1986年—1988年在兰州教育学院中文系进修；1988年—1996年在榆中县六中任教；1996年至今在榆中一中任教。

0073 金永河
性　　别：男
出生年月：1965-02-24
民　　族：汉族
政治面貌：群众
职　　称：副高
学　　历：大学本科
所在单位：榆中县恩玲中学
成　　就：曾被评为榆中县优秀教师。
简　　介：1986年在榆中鲁家沟任教；1996年在榆中五中任教；2002年至今恩玲中学任教。

0074 张继青
性　　别：男
出生年月：1963-04-24
民　　族：汉族
政治面貌：中共党员
职　　称：副高
学　　历：大学本科
所在单位：榆中县清水驿学区
成　　就：曾被评为兰州市骨干教师和优秀党务工作者。
简　　介：1980年9月至今在榆中县清水驿学区任教。

0075 朱克诚
性　　别：男
出生年月：1956—05
民　　族：汉族
政治面貌：中共党员
职　　称：副高
学　　历：大学专科
所在单位：榆中县职业教育中心
简　　介：1975年3月—1999年8月在榆中县连搭学区任教；1999年8月—2007年8月在榆中九中任教；2007年8月至今在榆中县职教中心任教。

0076 张润忠
性　　别：男
出生年月：1955-02-11
民　　族：汉族
政治面貌：中共党员
职　　称：副高
学　　历：大学专科
所在单位：榆中县青城中学
成　　就：2004年被评为榆中县优秀教师。
简　　介：1974年8月始在榆中县青城学区从事教学工作。

0077 付广军
性　　别：男
出生年月：1971-02-11
民　　族：汉族
政治面貌：中共党员
职　　称：副高
学　　历：大学本科
所在单位：榆中龙泉学区
成　　就：先后在《都市家教》《文苑》上发表题为《浅析语文教学中学生创新思维能力的培养》《语文活动课探究》等论文并获一等奖；《鲁迅小说中的女性形象及其社会意义》获榆中县第八届教研论文优秀奖。2013年被评为兰州市优秀教师。
简　　介：1991年参加工作至今在榆中龙泉学区任教。

0078 洪云

性　　别：男
出生年月：1969-09-02
民　　族：汉族
政治面貌：中共党员
职　　称：副高
学　　历：大学本科
所在单位：榆中县恩玲中学
成　　就：曾被评为榆中县优秀教师、榆中县优秀党员。曾荣获兰州市高中说课竞赛二等奖、榆中县高考学科奖等奖项，多次被评为学校优秀教师和先进个人。
简　　介：1990年参加工作，高级教师，兰州市市级骨干教师。1990年9月—1996年月9月于小康营乡任教；1996年9月—2000年9月于榆中二中任教；2000年9月—现在于榆中县恩玲中学任教，任语文教研组组长。

0079 丁俊义

性　　别：男
出生年月：1962-01-21
民　　族：汉族
政治面貌：群众
职　　称：副高
学　　历：大学本科
所在单位：榆中县小康营学区
简　　介：1981年7月至今在小康营中学任教至今。

0080 魏相俊

性　　别：男
出生年月：1957-04-21
民　　族：汉族
政治面貌：中共党员
职　　称：副高
学　　历：大学专科
所在单位：榆中四中
成　　就：在1991年11月被中国教育工会榆中县委员会评为工会先进工作个人；在1992年12月教工扶贫工作中被中国教育工会榆中县委员会评为优秀工作者；在1997年"三育人"活动中被中国教育工会榆中县委员会评为先进工作个人。
简　　介：1978年11月—2009年8月在榆中县哈岘初级中学任教；2009年9月至今在榆中县第四中学任教；1988年4月评为中学二级教师，1997年12月评为中学一级教师，2011年12月被评为中学高级教师。

0081 陈绪学

性　　别：男
出生年月：1965-11-23
民　　族：汉族
政治面貌：群众
职　　称：副高
学　　历：大学专科
所在单位：榆中县小康营学区
成　　就：曾被评为榆中县德育优秀工作者，1991被评为榆中县优秀教师。2002年中考语文获三等奖。2004年被评为榆中县德育优秀工作者。2007年获全国数学竞赛辅导奖。
简　　介：1987年7月在在上花岔学区任教；2010年在小康营中学任教。

0082 李友诚

性　　别：男
出生年月：1950-11-01
民　　族：汉族
政治面貌：中共党员
职　　称：副高
学　　历：大学专科
所在单位：榆中县三角城学区
简　　介：1975年7月—1980年8月在榆

中县化家营小学任教；1980年9月—1982年6月张掖师专读书；1982年7月—1986年3月在榆中三中任教；1986年4月—2011年9月在榆中县三角城中学任教；2011年10月至今在榆中县周前学校任教。

0083 许积江

性　　别：男

出生年月：1971-06-14

民　　族：汉族

政治面貌：中共党员

职　　称：副高

学　　历：大学本科

所在单位：榆中县清水驿学区

成　　就：曾荣获2003年荣获榆中县优秀教师称号。2010年荣获兰州市优秀教师称号。

简　　介：1991年4月至今在榆中县清水驿学区任教。

0084 张军选

性　　别：男

出生年月：1968-01-09

民　　族：汉族

政治面貌：群众

职　　称：副高

学　　历：大学本科

所在单位：榆中县城关学区

成　　就：2006年9月被评为榆中县优秀教育工作者，曾多次被评为校级、乡级、县级优秀教师、教育工作者；2006年9月被评为榆中县优秀教育工作者。

简　　介：1988年7月—1995年8月在南坡湾学校从事小学语文教学，担任班主任工作；1995年9月—2004年8月在李家庄学校从事小学语文教学，担任班主任工作；2004年9月—2005年3月在东湾小学从事小学语文教学，担任班主任工作；2005年4月—2007年7月在上蒲家学校从事小学语文教学，担任班主任工作；2007年8月—2011年1月在大营学校从事小学语文教学，担任班主任工作；2011年2月—现在，在兴隆学校从事小学语文教学，担任班主任工作。

0085 樊培如

性　　别：男

出生年月：1965-06-03

民　　族：汉族

政治面貌：中共党员

职　　称：副高

学　　历：大学本科

所在单位：榆中一中

成　　就：1994年被评为榆中县优秀教师，1995年被评为榆中县"三育人"先进个人，2006年被评为榆中县优秀教育工作者，2009年被评为兰州市招生考试工作先进个人，2011年被评为榆中县优秀人才，2014年被评为兰州市招生考试工作先进个人。

简　　介：1985—1996年榆中五中工作；1996—现在于榆中一中工作。

0086 张润湖

性　　别：男

出生年月：1955-10-01

民　　族：汉族

政治面貌：群众

职　　称：副高

学　　历：大学专科

所在单位：榆中县新营学区

成　　就：2011年获得县级骨干教师荣誉称号。

简　　介：1974年8月至1975年9月任新营乡桦岭小学民办教师；1975年9月至1977年9月在兰州师范学校读书；1977年9月至1985年8月在榆中县龙泉学区任教；

1985年9月至今在榆中县新营学区任教。

0087 李明

性　　别：男
出生年月：1963-06-07
民　　族：汉族
政治面貌：民主党派
职　　称：副高
学　　历：大学本科
所在单位：榆中一中
简　　介：1987年西北师大毕业，参加工作。现为榆中一中语文高级教师，中国民主同盟盟员，政协榆中县第五、六、七、八届委员。甘肃省书法家协会会员。

0088 蔡希强

性　　别：男
出生年月：1955-07-03
民　　族：汉族
政治面貌：中共党员
职　　称：副高
学　　历：大学专科
所在单位：榆中七中
成　　就：1984年9月、1994年9月两次被评为榆中县优秀教师；1997年9月、1999年9月两次被县教育局党委评为优秀党员。
简　　介：1976年8月至1987年在榆中县龙泉初中任教；从1987年调入榆中县第七中学任教至今。

0089 王小芳

性　　别：女
出生年月：1966-09-16
民　　族：汉族
政治面貌：群众
职　　称：副高
学　　历：大学本科
所在单位：榆中县金崖学区
成　　就：2011年10月获市级骨干教师。
简　　介：1986年7月至今在榆中县金崖中学任教。

0090 侯民权

性　　别：男
出生年月：1971-02-11
民　　族：汉族
政治面貌：中共党员
职　　称：副高
学　　历：大学本科
所在单位：榆中县三角城学区
成　　就：1998年荣获榆中县优秀教师称号；2008年荣获榆中县委、县政府表彰的优秀德育工作者荣誉称号；2010年荣获甘肃省教育厅表彰的明德小学建设项目先进个人荣誉称号；2011年被评为县级骨干教师。
简　　介：1991年7月毕业于榆中师范；1991年9月至1993年元月在银山学区任教；1993年3月至2003年7月在三角城小学任教；2003年9月至今在榆中县周前学校任教，并任书记、副校长职务。

0091 杨成良

性　　别：男
出生年月：1967-04-12
民　　族：汉族
政治面貌：群众
职　　称：副高
学　　历：大学专科
所在单位：榆中县银山学区
成　　就：2013年被评为市县级骨干教师；1995年被评为县级"三育人"先进个人。
简　　介：1987年1月—1989年2月在榆中五中工作；1989年3月—1990年7月在榆中县高家湾小学任教；1990年8月—1997

年 7 月在榆中县大滩小学任教；1997 年 8 月—2013 年 1 月在榆中县高家湾小学任教；2013 年 2 月至今在榆中县打探小学任教。

0092 魏祎军

性　　别：男
出生年月：1970-09-21
民　　族：汉族
政治面貌：中共党员
职　　称：副高
学　　历：大学本科
所在单位：榆中县甘草店学区
成　　就：2002 年 9 月获"榆中县师德标兵"荣誉称号；2008 年 10 月获"榆中县优秀教育工作者"荣誉称号；2010 年 9 月获"兰州市优秀教育工作者"荣誉称号。
简　　介：1992 年 9 月起在原垲坪乡垲坪滩小学任教；1995 年 9 月起任教垲坪中学；2000 年 9 月起任教垲坪小学并兼任校长；2004 年 4 月起任教垲坪九年制学校并兼任校长；2005 年 3 月—2010 年 9 月在中连川中学任教并担任校长；2007 年 9 月起兼任榆中县中连川学区校长。2013 年 8 月调任甘草店学区校长。

0093 闫忠诚

性　　别：男
出生年月：1964-03-01
民　　族：汉族
政治面貌：中共党员
职　　称：副高
学　　历：大学本科
所在单位：榆中五中
成　　就：两次获得"连搭乡优秀教师"和"榆中县优秀党员"荣誉称号。
简　　介：1981 年 7 月毕业于兰州师范学校；1981 年 8 月至 1992 年 7 月在榆中县连搭学区任教，曾担任过两所学校教导主任；1989 年 9 月至 1991 年 6 月于兰州教育学院历史专业脱产进修；1992 年 8 月至今，在榆中县第五中学任教。

0094 魏直玉

性　　别：男
出生年月：1965-09-11
民　　族：汉族
政治面貌：中共党员
职　　称：副高
学　　历：大学本科
所在单位：榆中县职业教育中心
成　　就：多次获得校级优秀共产党员、优秀教师、优秀教育工作者荣誉称号，2002 年获得榆中县优秀班主任荣誉称号。任高级讲师后撰写的《多元智力理论与新课程教学》《论刘兰芝、焦仲卿婚姻悲剧的必然性》《提高中学生汉字书写能力的思考》文章分别在《中小学教育》（2009 年）、《中国校外教育》（2011 年）、《甘肃教育》（2014 年）等杂志发表。
简　　介：1985 年 7 月在榆中师范任教至今。

0095 滕玉秀

性　　别：女
出生年月：1965-04-21
民　　族：汉族
政治面貌：群众
职　　称：副高
学　　历：大学本科
所在单位：榆中县恩玲中学
简　　介：1985 年 7 月毕业于榆中师范学校；2003 年函授本科毕业于西北师范大学；1985 年 8 月至 1989 年 7 月榆中定远小学任教，1991 年 8 月至 2000 年 7 月在榆中东滩中学任教，2000 年 8 月至今恩玲中学任教。

0096 郝育彦

性　　别：男
出生年月：1963-02-24
民　　族：汉族
政治面貌：中共党员
职　　称：副高
学　　历：大学本科
所在单位：榆中县教育局
简　　介：1982年7月—1985年7月在榆中县金崖中学任教；1985年7月—1991年7月在榆中县第二中学任教；1991年7月至今在榆中县招生办工作。

0097 李万平

性　　别：男
出生年月：1960-01-11
民　　族：汉族
政治面貌：中共党员
职　　称：副高
学　　历：大学本科
所在单位：榆中县委党校
成　　就：长期从事党校教育，先后发表《促进榆中农业向高产、优质、高效发展的思考》《浅谈党校法制教育》《党的执政能力建设中的三个基本问题》《榆中县委党校干部教育之实践》等文章，参与编写《农村基层干部简明读本》一书。
简　　介：1980年10月参加工作；1980年10月至1986年10月在银山乡政府工作；1984年9月起在西北师范学院政治系政治理论专业就读，1986年6月毕业，取得大专学历；1986年11月至今在榆中县委党校工作，期间取得中共中央党校函授学院行政管理专业本科学历，先后担任教务处主任、副校长职务。

0098 滕制金

性　　别：男
出生年月：1974-09-05
民　　族：汉族
政治面貌：中共党员
职　　称：副高
学　　历：大学本科
所在单位：榆中县银山学区
成　　就：1998年6月获得县级"优秀辅导员"荣誉称号；2001年11月荣获"初三毕业会考中成绩名列全县第三名"荣誉称号；2011年荣获"兰州市市级骨干教师"荣誉称号；2013年9月荣获榆中县"优秀教育工作者"荣誉称号。
简　　介：1996年8月—1997年7月在榆中县郭家寺小学任教；1997年8月—1999年7月在榆中县路口小学任教；1999年8月—2001年7月在榆中县银山初级中学任教；2001年8月至今在榆中县银山学区工作。

0099 岳天海

性　　别：男
出生年月：1964-02-20
民　　族：汉族
政治面貌：群众
职　　称：副高
学　　历：大学本科
所在单位：榆中县金崖学区
成　　就：2006年9月被榆中县委、县政府评为师德标兵；2011年6月被兰州市教育局确定为中小学县级骨干教师。
简　　介：1984年3月至1990年7月在榆中县岳家巷学校从事小学教学；1990年8月至1992年7月在榆中师范学校民师班学习；1992年8月至1997年7月在榆中县陆家崖学校从事小学教学；1997年8月至2009年7月在榆中县岳家巷初中从事初中语文教学；

2009年8月至今在榆中县金崖中学从事初中语文教学。

0100 王积英

性　　别：男

出生年月：1957-08-24

民　　族：汉族

政治面貌：中共党员

职　　称：副高

学　　历：大学专科

所在单位：榆中县教育局

成　　就：从事招生工作20年。曾在《甘肃教育》《兰州理工大学学报》《兰州教育》发表多篇论文。

简　　介：1976年3月—1978年9月在榆中县东岭学校任教；1978年9月—1980年6月，就读于兰州师范理化班；1980年7月—1984年7月在榆中二中任教；1984年7月—1985年7月在榆中一中任教；1985年7月—2003年3月在榆中县教研室工作。

0101 杨立雄

性　　别：男

出生年月：1972-02-11

民　　族：汉族

政治面貌：群众

职　　称：副高

学　　历：大学本科

所在单位：榆中县三角城学区

成　　就：2012年获兰州市骨干教师

简　　介：1992年7月参加工作。1992年7月至1994年8月在榆中县和平学区任教；1994年8月至2011年10月在三角城中学任教；2011年10月至今在榆中县周前学校任教。

0102 张继水

性　　别：男

出生年月：1970-03-10

民　　族：汉族

政治面貌：中共党员

职　　称：副高

学　　历：大学专科

所在单位：榆中县文成小学

成　　就：2005年获全国优秀辅导员荣誉，2011年获兰州市骨干教师称号。

简　　介：1990年7月至1991年7月在韦营学区任教；1991年8月至2013年7月在文成小学任教；2013年8月至2014年7月在高崖学区支教；2013年8月至今在文成小学任教。

0103 郭彦龙

性　　别：男

出生年月：1959-01-08

民　　族：汉族

政治面貌：中共党员

职　　称：副高

学　　历：大学专科

所在单位：榆中县韦营学校

成　　就：1991年荣获榆中县优秀教师荣誉；1996年被评为兰州市优秀教师；2004年被评为兰州市优秀教师；2006年被评为榆中县优秀教育工作者。论文《浅谈初中生的读与背》获2010年教育教学论文二等奖，论文《农村学生应提倡乡土作文写作》发表于《甘肃教育》2005年第5期。

简　　介：1977年1月至今在韦营乡任教，从事过小学教育教学工作和中学数学教学工作，现任韦营学区督导。

0104 张成林

性　　别：男

出生年月：1963-04-03
民　　族：汉族
政治面貌：群众
职　　称：副高
学　　历：大学本科
所在单位：榆中一中
简　　介：1985年8月到榆中一中任教，任高中语文老师，历时30年。

0105　王永兴
性　　别：男
出生年月：1969-05-20
民　　族：汉族
政治面貌：中共党员
职　　称：副高
学　　历：大学专科
所在单位：榆中县青城中学
成　　就：2001年被评为榆中县优秀教师，2003年被评为榆中县优秀教师，2003年被评为兰州市百所标准化初中建设先进个人。
简　　介：1991年7月—1998年8月榆中县东滩中学任教，后任东滩中学副校长；1998年8月—2003年10月榆中县青城中学任教，任青城中学校长，党支部书记；2003年10月至今在青城学区工作，任青城学区校长、支部书记、总支书记、青城镇党委委员。

0106　张国彦
性　　别：男
出生年月：1958-05-25
民　　族：汉族
政治面貌：群众
职　　称：副高
学　　历：大学本科
所在单位：榆中一中
成　　就：曾被评为校级优秀教师、校级优秀班主任、县级优秀教师等荣誉；所带班曾获高考成绩县第一名；曾获教育教学优秀论文二等奖、全省中学语文教学论文三等奖、全国教育论文二等奖、兰州市第十四届中小学生现场作文优秀辅导奖，全县高考文科语文教学成绩优秀奖。
简　　介：1979年7月—1989年8月在榆中县来紫堡学校任教；1989年8月至今在榆中一中任教；2002年12月被聘为高级教师。

0107　郑芳
性　　别：女
出生年月：1963-10-01
民　　族：汉族
政治面貌：中共党员
职　　称：副高
学　　历：大学本科
所在单位：榆中县文成小学
成　　就：1998年被评为榆中县学科带头人，2008年被评为榆中县优秀党员，2009年被评为全国青少年文明礼仪优秀工作者，2011年被评为兰州市骨干教师。
简　　介：1982年7月至1990年7月在邴家湾学区任教；1992年8月至1999年7月在城关学区任教；1999年年8月至今在文成小学任教。

0108　祁元云
性　　别：男
出生年月：1966-08-21
民　　族：汉族
政治面貌：中共党员
职　　称：副高
学　　历：大学本科
所在单位：榆中县清水驿学区
成　　就：1993年获榆中县"教学新秀"称号；1994年获榆中县"优秀教师"称号；

2004年、2006年获榆中县"先进教育工作者"称号；2011年、2013年获兰州市教育局"优秀教师"称号。

简　　介：1986年8月—2012年11月在榆中县小康营学区任教；2012年12月—现在在榆中县清水驿学区任教。

0109　王兴仁

性　　别：男
出生年月：1956-09-06
民　　族：汉族
政治面貌：群众
职　　称：副高
学　　历：大学专科
所在单位：榆中县中连川学区
成　　就：2013年荣获县级师德标兵称号。
简　　介：1976年3月—1978年7月在中连川乡撒拉沟学校任教；1978年9月—1980年7月在榆中师范学习；1980年8月—2010年7月在中连川初级中学任教；2010年8月至现在在中连川小学任教。

0110　王惠青

性　　别：女
出生年月：1966-05-06
民　　族：汉族
政治面貌：中共党员
职　　称：副高
学　　历：大学本科
所在单位：榆中县幼儿园
成　　就：曾被评为兰州市优秀教师、兰州市"我做合格小公民"主题教育活动优秀辅导员、兰州市骨干教师、榆中县优秀教师、优秀党员、幼儿园优秀教师等荣誉。论文《在识字教学中开发幼儿右脑》、《浅谈幼儿自信心培养》获得县级论文优秀奖。
简　　介：1989年1月—1990年3月在甘草小学任教；1990年3月至今在榆中县幼儿园任教。

0111　魏家强

性　　别：男
出生年月：1972-09-22
民　　族：汉族
政治面貌：中共党员
职　　称：副高
学　　历：大学本科
所在单位：榆中县和平学区
成　　就：2012年获甘肃省两基先进个人、兰州市两基先进个人荣誉称号。2013年获兰州市骨干教师荣誉称号。2014年获甘肃省农村中小学骨干教师荣誉。
简　　介：1993年7月毕业于榆中师范，并与同年8月参加工作；2000年8月函授专科地理教育专业学习，2008年3月函授本科教育学专业学习，2007年12月晋升为小学高级教师，2014年7月晋升为中学高级教师；1993年8月—1997年7月榆中县祁家坡小学任教；1997年8月—2003年7月在榆中县柳沟店小学任教；2003年8月—2007年7月在榆中县和平小学任教；2007年8月至今在榆中县和平学区工作。

0112　梁宗泽

性　　别：男
出生年月：1971-03-05
民　　族：汉族
政治面貌：中共党员
职　　称：副高
学　　历：大学本科
所在单位：中共榆中县委党校
成　　就：在省级以上刊物发表论文5篇，《新形势下强化基层党组织建设的有效途径》发表在《廉政瞭望》2012年5月5期；《榆中文化建设存在的问题及对策》发表在《管理学家》2012年8月；《榆中县经济发展存在的主要问题及其对策》发表在《中国商界》2012年8月；《充分发挥后发优势 实现转型跨越发展》发表在《中国商界》2012年8月；《榆中县尾菜资源化利用的现状及对策》发表在《党校教育研究》第九卷2014年9月。

简　　介：2011年调入党校工作，现为中共榆中县委党校高级讲师，县委讲师团成员，从事经济学的教学与研究工作，在省级以上刊物发表论文5篇。

0113 郭子森

性　　别：男
出生年月：1966-11-13
民　　族：汉族
政治面貌：中共党员
职　　称：副高
学　　历：大学本科
所在单位：榆中一中

成　　就：1995年被评为榆中县"三育人"先进个人；1998年被评为榆中县"百名学科带头人"；1999年获榆中县初中政治教学优秀奖；2004年荣获全县高考文科综合成绩二等奖；2007年获得全县高考文科综合成绩优秀奖；2013年荣获"兰州市优秀教师"称号。

简　　介：1986年9月—1989年7月在兰州师专政史系学习三年；1989年6月—2000年7月在榆中三中工作（期间：1996年8月—1999年8月在西北师大历史系函授学习）；2000年8月至今，在榆中一中工作。

0114 豆淑红

性　　别：女
出生年月：1963-12-02
民　　族：汉族
政治面貌：中共党员
职　　称：副高
学　　历：大学本科
所在单位：中共榆中县委党校

成　　就：《甘肃理论学刊》（2001年第二期）发表其文《毛泽东的领导决策原则》；《中国教育教学》（2009年第九期）发表其文《用改革创新精神着力推进基层党的建设》；《新农村》（2011年第10期）发表其文《对榆中县新农村文化建设的思考》。

简　　介：1980年7月参加工作。1980年7月—1993年6月金崖寺隆沟学校任教；1993年7月—2003年10月榆中县幼儿园任教；2003年11月至现在中共榆中县委党校工作。

0115 刘九纲

性　　别：男
出生年月：1955—08
民　　族：汉族
政治面貌：中共党员
职　　称：副高
学　　历：大学本科
所在单位：榆中县职业教育中心

成　　就：在近40年的教育生涯中，荣获"兰州市优秀教师"、"榆中县优秀教育工作者"等称号。

简　　介：1974年3月—1979年8月在榆中县石头沟学校任民办教师；1979年9月—1981年7月在兰州师范学习；1981年9月—1987年8月在榆中梁坪学校任教；1987年9月—2000年8月在榆中六中工作，担任过教导主任、副校长等职务；2000年9月—2007年8月在榆中七中工作，担任校长兼党支部书记；2007年9月至今在榆中职教中心工作。

0116 刘大炜

性　　别：男

出生年月：1958-01-11
民　　族：汉族
政治面貌：中共党员
职　　称：副高
学　　历：大学专科
所在单位：城关学区
成　　就：曾多次获得校级、乡级、县级优秀教师、教育工作者奖励；并获得十数项国家级教育教学论文一等奖、二等奖。
简　　介：1975年3月—1978年7月在榆中县马坡中学任教；1978年8月—1980年6月在兰州师范英语专业学习；1980年8月—1991年8月在榆中县第二中学任教；1991年9月—2007年8月在榆中县马坡中学任教并担任校长工作数年；2007年9月至今，在榆中县城关教育办任教。

0117 李万和

性　　别：男
出生年月：1954-10-12
民　　族：汉族
政治面貌：中共党员
职　　称：副高
学　　历：大学专科
所在单位：榆中县银山学区
成　　就：1989年9月荣获兰州市"优秀教师"荣誉称号；1989年9月荣获榆中县"优秀教师"荣誉称号；1995年9月荣获甘肃省"园丁奖"荣誉称号；
简　　介：1974年3月—2013年9在榆中县小水子小学工作，担任过语文、数学教师。2013年10退休。

0118 蔡裕畅

性　　别：男
出生年月：1969-12-01
民　　族：汉族
政治面貌：中共党员
职　　称：副高
学　　历：大学本科
所在单位：榆中县恩玲中学
成　　就：获得榆中县"第六届教学新秀"称号，获得恩玲中学第八届优质课评选一等奖，恩玲中学"首届班主任新秀"、"模范班主任"、"师德标兵"称号，五次获得恩玲中学"优秀班主任"称号，四次获得恩玲中学"优秀教师"称号，两次获得恩玲中学"优秀党员"称号，获得一次县委县政府颁发的"优秀班主任"称号，获得一次市教育局颁发的"优秀班主任"称号。发表论文多篇，参与省市级规划课题研究多项。
简　　介：1990年7月参加工作。1990年7月至2000年7月在榆中县第七中学任教；2000年8月至今，在榆中县恩玲中学任教。

0119 唐致文

性　　别：男
出生年月：1963-01-23
民　　族：汉族
政治面貌：中共党员
职　　称：副高
学　　历：大学专科
所在单位：榆中县和平学区
成　　就：1996年被评为县级"优秀教师"，2007年被评为市级"优秀教师"；1996年12月被评为中学一级教师，2007年12月被评为副高级教师。
简　　介：1983年3月参加工作。1988年11月函授毕业于兰州大学新闻专业，大专学历。1983年3月—1989年7月窦家山小学任教；1989年8月—1992年12月在兰山中学任教；1993年1月—2004年4月在兰山学区任校长；2004年5—2010年1月在和平学区工作；2010年2月—2014年12月在和平小学工作；2014年12月至今在柳沟店小学任教。

0120 张有环

性　　别：男
出生年月：1962-07-05
民　　族：汉族
政治面貌：群众
职　　称：副高
学　　历：大学本科
所在单位：榆中县恩玲中学
成　　就：1990年六月获榆中县第二届"教学新秀"荣誉称号；从教三十多年来，多次获得乡、校级"优秀教师"、"模范班主任"的荣誉称号。
简　　介：1981年7月毕业于兰州师范，同年7月分配到榆中县小康营中学任教，一直从事初中英语、语文教学工作并任班主任（期间，1990年8月至1992年7在兰州教学院汉语言文学专业脱产进修，获大专学历；1996年8月至1999年8月在西北师范大学汉语言文学教育专业参加函授学习，获本科学历）；1999年8月调至榆中县恩玲中学，一直担任高中语文教学并担任班主任工作。

0121 闫世玉

性　　别：男
出生年月：1965-08-12
民　　族：汉族
政治面貌：中共党员
职　　称：副高
学　　历：大学本科
所在单位：榆中七中
成　　就：2000年荣获榆中县优秀教育工作者称号。曾获得兰州市委、兰州市人民政府"五五"普法先进个人称号。
简　　介：1988年6月兰州师专英语系毕业参加工作；1991年8月任榆中县第一中学工会主席；2001年5月任榆中县第一中学办公室主任；2002年9月任榆中县第一中学副校长；2007年7月，任榆中县第七中学校长、党支部书记。

0122 兰俊凯

性　　别：男
出生年月：1963-11-12
民　　族：汉族
政治面貌：群众
职　　称：副高
学　　历：大学本科
所在单位：榆中县清水驿学区
成　　就：县级优秀教师。
简　　介：1985年7月至今在榆中县清水驿学区任教。

0123 白云福

性　　别：男
出生年月：1955-01-09
民　　族：汉族
政治面貌：中共党员
职　　称：副高
学　　历：大学专科
所在单位：榆中县上花学校
成　　就：2004年9月获榆中县和平小学优秀班主任称号；2007年9月获榆中县上花学区优秀班主任称号；2012年9月获榆中县上花学校优秀班主任称号；2005年1月获榆中县教育局教学成绩一等奖；2008年1月获榆中县教育局教学质量二等奖。
简　　介：1981年10月—1985年7月在榆中县和平小学任四、五年级语文、数学、思想品德教学工作，且担任班主任；1985年9月—1999年7月在榆中县红旗小学从事四、

五、六年级语文、数学、思想品德等教学工作，且担任班主任；1999年9月—2009年7月在榆中县和平小学从事四、五、六年级语文、数学美术、思想品德教学工作，且担任班主任；2009年9月至今在榆中县上花学校从事四、六年级语文、数学等教学工作，且担任班主任。

0124 赵兰梅

性　　别：女
出生年月：1960-07-11
民　　族：汉族
政治面貌：中共党员
职　　称：副高
学　　历：大学专科
所在单位：榆中县清水驿学区
成　　就：1993年荣获甘肃省政府园丁奖。
简　　介：1978年9月至今在榆中县清水驿学区任教。

0125 彭克安

性　　别：男
出生年月：1955-07-28
民　　族：汉族
政治面貌：群众
职　　称：副高
学　　历：大学本科
所在单位：榆中一中
简　　介：1976年1月—1984年12月任教于榆中县下彭家营学校；1985年1月—1997年2月任教于夏官营学校；1997年3月至今任教于榆中一中。

0126 白模庆

性　　别：男
出生年月：1964-04-08
民　　族：汉族
政治面貌：中共党员
职　　称：副高
学　　历：大学本科
所在单位：榆中县金崖学区
成　　就：2000年被评为榆中县"优秀教师"；2002年被县委、县政府授予"教学质量优胜奖"荣誉称号，2010年被金崖镇政府授予"优秀德育工作者"荣誉称号。
简　　介：1992年6月参加工作；1992年6月至2004年8月在榆中县梁坪学区任教；1995年至2001年担任梁坪学校校长；1997年5月至2004年8月担任梁坪学区校长并兼任中共梁坪学区党支部书记；2004年9月撤乡并镇后调至榆中县金崖学区岳家巷中学任教并担任该校副校长；2010年岳家巷中学撤并到金崖中学，其随之到金崖中学任教并担任副校长。

0127 邸兆武

性　　别：男
出生年月：1968-02-18
民　　族：汉族
政治面貌：中共党员
职　　称：副高
学　　历：大学本科
所在单位：榆中县教育局
成　　就：被县委、县政府授予优秀教师、优秀教育工作者荣誉称号，被市委市政府授予兰州市标准化学校建设先进个人，被兰州市教育局评定为市级骨干教师。
简　　介：1987年7月—1990年7月在榆中县兰山中学任教；1990年8月—1992年8月在榆中县来紫堡中学任教；1992年9月—1994年6月在兰州教育学院脱产进修专科；1994年7月—1998年1月在来紫堡中学任教；1998年2月—2002年9月先后担任来紫堡中学副校长、校长，来紫堡学区校长；

2002年9月至今先后担任榆中县教育局教学研究室教研员、教育局教育股干部、副股长、股长。

0128 刘世军

性　　别：男
出生年月：1968-09-27
民　　族：汉族
政治面貌：中共党员
职　　称：副高
学　　历：大学本科
所在单位：榆中县教育局
成　　就：1999年11月获榆中县数学教学优秀奖；2000年6月获榆中县优秀教师称号；2000年9月获陈香梅教育基金第二届优秀教师奖；2002年3月获优秀教育工作者称号（来紫堡乡党委政府）。发表省级论文3篇。
简　　介：1990年7月榆中师范学校毕业分配参加工作；1990年7月—2006年8月在榆中县来紫堡学区方家泉小学任教（1990年9月至1993年8月任教导主任，1993年9月至2006年8月任校长）；2006年9月—2014年9月在榆中县来紫堡学区骆驼巷小学任教（2006年9月至2008年9月任校长）；2014年1月0至今在榆中县教育局工作。

0129 陈豪民

性　　别：男
出生年月：1966-11-01
民　　族：汉族
政治面貌：中共党员
职　　称：副高
学　　历：大学本科
所在单位：榆中县教育局
简　　介：1988年—2002年在榆中七中任教；2002年至今在榆中县教育局工作。

0130 吴凤喜

性　　别：男
出生年月：1967-05-16
民　　族：汉族
政治面貌：中共党员
职　　称：副高
学　　历：大学本科
所在单位：榆中县清水驿学区
成　　就：兰州市骨干教师。2008年撰写的论文《浅谈思品课的行为训练》在《新作文·教育教学研究》杂志上发表；2010年4月撰写的论文《思想品德课"体验性"教学尝试及反思》发表在《文苑》期刊上并获优秀论文评选一等奖；2010年9月撰写的论文《以人为本，关注农村特殊儿童教育》在《甘肃教育督导》上发表。
简　　介：榆中县清水驿初级中学分管教学的副校长。

0131 王延安

性　　别：男
出生年月：1970-12-22
民　　族：汉族
政治面貌：中共党员
职　　称：副高
学　　历：大学本科
所在单位：榆中县高崖学区
成　　就：1994年被评为榆中县百名学科带头人，1996年被评为兰州市教学新秀，2000年被评为榆中县优秀教育工作者，2010年被评为榆中县优秀教师。
简　　介：1989年8月在清水小学任教；2000年6月至2007年7月任清水学区校长；2007年8月至现在，任高崖学区校长。

0132 刘宏鹏

性　　别：男

出生年月：1970-06-01
民　　族：汉族
政治面貌：中共党员
职　　称：副高
学　　历：大学本科
所在单位：榆中五中
成　　就：曾先后获得榆中县"十佳园丁"、榆中县优秀教师、榆中县教育系统优秀党员、兰州市优秀教师等荣誉，并被评定为市级骨干教师。在《兰州教育》《当代教育创新》等刊物发表教育教学论文多篇。
简　　介：1992年7月毕业于新疆兵团师专中文系，一直在榆中五中从事中学语文教学工作，后在西北师大函授汉语言文学专业，并取得本科学历。2004年至今，同时兼任教育教学管理工作。2008年，取得中学高级教师任职资格。

0133 王维照

性　　别：男
出生年月：1971-10-08
民　　族：汉族
政治面貌：群众
职　　称：副高
学　　历：大学本科
所在单位：榆中县三角城学区
成　　就：2003年2月被评为榆中县中小学建档先进个人，2004年9月被评为榆中县优秀教师，2006年9月被评为榆中县优秀教育工作者，2013年11月被评为县级骨干教师。在《甘肃教育督导》等省级教育类期刊发表论文3篇。
简　　介：1992年7月参加工作，先后在榆中县太子营学校、榆中县三角城中学、榆中县三角城学区担任初中语文教学工作和学区办公室工作。1995年9月至1997年6月在兰州教育学院脱产学习取得汉语言文学大专学历，1999年9月至2002年8月在西北师范大学函授取得教育管理本科学历。

0134 许安波

性　　别：男
出生年月：1964-11-12
民　　族：汉族
政治面貌：中共党员
职　　称：副高
学　　历：大学本科
所在单位：榆中县金崖学区
成　　就：2004年8月被评为兰州市优秀教师。
简　　介：1985年7月榆中师范毕业后被分配到榆中县高崖小学任教；1986年8月调入榆中县大营川学校任教；1989年8月调入榆中县金崖中学任教；1999年8月调入榆中县金崖学区工作至今。

0135 马如海

性　　别：男
出生年月：1971-05-02
民　　族：汉族
政治面貌：群众
职　　称：副高
学　　历：大学本科
所在单位：榆中县教育局
成　　就：1998年荣获榆中县首届百名学科带头人荣誉称号；1996年荣获榆中县优秀教师荣誉称号；2001年荣获榆中县骨干教师荣誉称号。多次获得校级优秀班主任荣誉称号。
简　　介：1991年9月至1992年8月在新营乡刘家湾小学任教；1992年9月至1995年8月在新营乡窝子湾小学任教；1995年9月至今在新营中学任教。

0136 张建丽

性　　别：女
出生年月：1966-10-05
民　　族：汉族
政治面貌：群众
职　　称：副高
学　　历：大学本科
所在单位：榆中县恩玲中学
成　　就：榆中县骨干教师，2007年、2009年被评为校级师德标兵；2008年、2012年、2013年被评为校级优秀教师；2011年被评为县级骨干教师；2010年被评为县级优秀教师；2009年被评为县级教学能手；2008年和2011年获全县高考文综教学成绩第一名。论文《浅谈新课标下有效提高思想政治课教学效果》获兰州市教科所高中新课程教学研究论文二等奖；《浅谈如何加强中学生思想道德教育》获全国中青年骨干教师优质论文二等奖。
简　　介：1988年9月—1992年7月榆中四中任教；1992年9月—1997年7月榆中七中任教；1997年9月—2004年7月榆中五中任教；2004年9月至今榆中恩玲中学任教。

0137 胡晓英

性　　别：女
出生年月：1967-08-25
民　　族：汉族
政治面貌：群众
职　　称：副高
学　　历：大学本科
所在单位：榆中县恩玲中学
简　　介：1988年8月—1999年8月榆中师范任教；1999年9月至今在恩玲中学任教。

0138 孙广胜

性　　别：男
出生年月：1967-07-15
民　　族：汉族
政治面貌：中共党员
职　　称：副高
学　　历：大学本科
所在单位：中共榆中县委党校
成　　就：在《今日中国论坛》《大学时代》等省级以上杂志发表科研论文7篇，有一篇论文获兰州市委党校系统科研论文评选三等奖。
简　　介：现为中共榆中县委党校高级讲师、县委宣讲团成员，主要从事经济学教学与研究工作。

0139 杜裕祖

性　　别：男
出生年月：1964-06-03
民　　族：汉族
政治面貌：中共党员
职　　称：副高
学　　历：大学本科
所在单位：榆中县职业教育中心
简　　介：1984年7月至今任教于榆中师范。

0140 金文君

性　　别：女
出生年月：1966-04-21
民　　族：汉族
政治面貌：群众
职　　称：副高
学　　历：大学本科
所在单位：榆中六中
成　　就：2002年10月获得兰州市中学优质课竞赛活动历史学科比赛一等奖。2011年被评为兰州市骨干教师。县级荣誉先后有：1995年获得教育局颁发的"三育人"先进个人称号，1998年9月获得榆中县首批"百名学科带头人"荣誉称号，2006年9月获得县委县政府颁发的"榆中县优秀教师"荣誉证书。2000年至2006年先后4次获得县教育局颁发"历史学科在高考中成绩优秀"的荣誉证书，2010年12月获得县教育局颁发的"学校食品药品安全管理工作先进个人"荣誉证书。

简　　介：1988年7月至1998年7月、1998年7月至2007年7月分别在榆中六中和恩玲中学从事中学历史教学工作，2007年至今，在榆中六中从事历史教学工作，同时兼任副校长，榆中县第八届政协委员，兰州市第十五届人大代表。

0141　魏致清

性　　别：男
出生年月：1955-06-29
民　　族：汉族
政治面貌：中共党员
职　　称：副高
学　　历：大学专科
所在单位：榆中县青城中学
简　　介：1988年4月—1995年12月榆中县青城学区二级教师；1995年12月—2006年12月榆中县青城学区一级教师；2006年12月—2015榆中县青城学区高级教师。

0142　曾朝军

性　　别：男
出生年月：1969-07-06
民　　族：汉族
政治面貌：中共党员
职　　称：副高
学　　历：大学本科
所在单位：榆中县和平学区
成　　就：1994年、1998年先后两次获得榆中县优秀教师荣誉称号，2003年获得榆中县中小学建档先进个人荣誉称号，2006年获得榆中县先进教育工作者荣誉称号。

0143　陈希良

性　　别：男
出生年月：1965-03-28
民　　族：汉族
政治面貌：中共党员
职　　称：副高
学　　历：大学本科
所在单位：榆中一中
成　　就：先后荣获榆中县教学新秀奖以及榆中县优秀党员、榆中县优秀教师、榆中县百名学科带头人、兰州市群众体育先进个人、全国优秀教师、全国科教先进校长、全国教育科研杰出校长等荣誉。

简　　介：2007年担任榆中一中校长，2008年兼任学校党支部书记。2004年被聘为兰州市中学语文学科中心教研组成员，2005年被聘为兰州市中学教师中级职务评审委员会委员。2007年被聘为第九届兰州市中学教师高级职务评审委员会委员。2009年被聘为第十届兰州市中学教师高级职务评审委员会委员。2010年10月被榆中县政府聘为县政府兼职教育督学。2010年被评为兰州市新课程指导委员会成员。2011年6月聘为教育部基础教育质量监测中心2011年国家视导员。2011年7月聘为全国教育科学联合体理事会常务理事。指导的青年教师在甘肃省作文课堂教学竞赛中荣获二等奖。

0144　岳兴旺

性　　别：男
出生年月：1964-06-10

民　　族：汉族
政治面貌：中共党员
职　　称：副高
学　　历：大学本科
所在单位：榆中一中
成　　就：1999、2001、2002、2006年被评为校级优秀教师；2003、2004、2005、2009年被评为校级优秀班主任。
简　　介：1985年7月—1998年1月在榆中金崖中学任教；1998年2月—2000年1月在榆中岳家巷中学任教；2000年2月—2004年1月在榆中金崖中学任教；2004年2月至今在榆中一中任教。

0145　汪立军

性　　别：男
出生年月：1968-04-03
民　　族：汉族
政治面貌：群众
职　　称：副高
学　　历：大学本科
所在单位：榆中县和平学区
成　　就：2004年被评为榆中县优秀教师，2009年获榆中县县级骨干教师。
简　　介：1988年榆中师范毕业，1996年英语大专毕业，2004年英语自学本科毕业；2000年获中学一级教师职称，2006年获中学高级教师职称。

0146　骆天升

性　　别：男
出生年月：1970-02-15
民　　族：汉族
政治面貌：中共党员
职　　称：副高
学　　历：大学本科
所在单位：中共甘肃省榆中县委党校

成　　就：《浅谈榆中县城乡一体化建设存在的问题及对策》2010年5月发表于《21世纪》。《浅谈榆中县高原夏菜发展的现状及存在的问题和对策》2010年10月发表于《中国商界》。2011年6月在全省党校系统优秀教学比赛中荣获二等奖。2012年9月被评为全省党校系统优秀教师。
简　　介：1991年8月参加工作，1991年8月到2009年7月在榆中县第七中学任教；2009年8月至今榆中县委党校工作。

0147　张小青

性　　别：女
出生年月：1963-09-21
民　　族：汉族
政治面貌：中共党员
职　　称：副高
学　　历：大学本科
所在单位：榆中七中
成　　就：2000年、2001年、2003年、2007年荣获全国中学生英语能力竞赛教师指导奖，1990年荣获榆中县教育工会先进个人称号。1998年荣获首批百名学科带头人称号。1999年被聘为县职教研员。2001年所教班级高考中英语成绩名列全县第一。2010年荣获文科英语成绩优秀奖。2002年论文《英语教学中充分培养学生创新能力的几条途径》荣获榆中县第四届教研论文评选二等奖。
简　　介：1979年8月至1982年7月在榆中师范英语专业学习。1982年8月至1985年7月在榆中二中教书。1985年8月至1987年7月在兰州教育学院英语系学习。2001年7月至2004年6月在中央广播电视大学英语专业学习。1987年8月至今在榆中七中教书。1988年4月获得中学三级教师任职资格。1992年获得中学二级教师任职资格。1998年获得中学一级教师任职资格。2004

年获得中学高级教师任职资格。

0148 宋良平
性　　别：男
出生年月：1962-06-05
民　　族：汉族
政治面貌：群众
职　　称：副高
学　　历：大学专科
所在单位：榆中七中
成　　就：2002年3月获榆中县级骨干教师荣誉。2010年9月《教育论坛》刊其论文《大蒜价格涨落的经济学启示》获一等奖。2002年12月《时事政治报》刊其论文《土豆价贱的经济学思考》获一等奖。
简　　介：1968年8月—现在在榆中县第七中学从事中学政治教学工作，并连续担任班主任。

0149 于兰
性　　别：女
出生年月：1970-02-11
民　　族：汉族
政治面貌：群众
职　　称：副高
学　　历：大学本科
所在单位：榆中县恩玲中学
成　　就：担任《词语诠释与经典赏读》（兰州大学出版社，2013年10月出版）副主编；发表《史记中的几个女性形象》等多篇论文。
简　　介：1992年7月参加教育工作，先后任教于榆中二中、榆中六中和榆中恩玲中学，长期担任高中语文教学市骨干教师。

0150 黄守存
性　　别：男
出生年月：1955-05-01
民　　族：汉族
政治面貌：中共党员
职　　称：副高
学　　历：大学专科
所在单位：榆中县来紫堡学区
成　　就：1994年9月获得榆中县优秀教师称号；2001年获得学区优秀教师称号；2006年获得来紫堡乡优秀教师称号；2004年、2009年、2012年分别获得来紫堡乡优秀党员称号。
简　　介：1976年2月参加工作；1976年2月—1987年11月在榆中县萃英学校任教；1987年11月—1995年11月在榆中县萃英学校担任教导主任、来紫堡学区工作；1995年11月—2007年12月在榆中县来紫堡学区从事工作；2008年1月—今榆中县来紫堡学区担任支部书记；1995年11月晋升为一级教师，2009年12月晋升为高级教师。

0151 罗旭俊
性　　别：男
出生年月：1963-02-21
民　　族：汉族
政治面貌：中共党员
职　　称：副高
学　　历：大学本科
所在单位：榆中一中
成　　就：2008年获榆中县教育党委"优秀共产党员"称号。2013年获榆中县委县政府"优秀班主任"称号。
简　　介：1981年7月—1987年7月高崖学区工作；1988年7月—1989年7月榆中三中工作；1989年7月—1998年7月榆中六中工作；1998年7月至今在榆中一中工作。

0152 高国祥
性　　别：男
出生年月：1967-10-12

民　　族：汉族
政治面貌：群众
职　　称：副高
学　　历：大学本科
所在单位：榆中七中
简　　介：1988年8月至今榆中七中任教。

0153　蒋伟

性　　别：男
出生年月：1967-05-21
民　　族：汉族
政治面貌：中共党员
职　　称：副高
学　　历：大学本科
所在单位：榆中县清水驿学区
成　　就：2004年被评为县级优秀教师、2013年被评为市级骨干教师。
简　　介：1992年9月至1994年7月在榆中县鲁家沟学区任教；1994年8月至今在榆中县清水驿学区任教。

0154　朱红玉

性　　别：女
出生年月：1963-08-01
民　　族：汉族
政治面貌：群众
职　　称：副高
学　　历：大学本科
所在单位：榆中县来紫堡学区
成　　就：先后多次获得学校优秀班主任及优秀教师荣誉，2008年9月获得榆中县优秀教师称号。
简　　介：1982年7月—1986年1月在响水学校担任小学语文教学及班主任工作；1986年2月—1993年7月在庆丰学校担任小学语文教学及班主任工作；1993年7月—1998年1月在萃英学校担任小学语文教学及班主任工作；1998年2月—2002年11月在萃英学校担任小学语文教学及班主任工作；2002年12月—现在在萃英学校担任小学语文教学及班主任工作；2002年12月取得一级教师资格，2014年7月取得高级教师资格。

0155　王俊渊

性　　别：男
出生年月：1965-10-13
民　　族：汉族
政治面貌：中共党员
职　　称：副高
学　　历：大学本科
所在单位：榆中县职业教育中
简　　介：1985年7月—1988年8月榆中县甘草店学校任教；1990年7月—1992年7月榆中县甘草店学校任教；1992年8月—2000年7月甘肃电大榆中工作站任教；2000年8月在榆中县职业教育中心任教。

0156　赵秀玲

性　　别：女
出生年月：1960-07-21
民　　族：汉族
政治面貌：中共党员
职　　称：副高
学　　历：大学专科
所在单位：榆中县清水驿学区
成　　就：曾被评为兰州市优秀教师、市级骨干教师。
简　　介：1980年8月至今在榆中县清水驿学区任教。

0157　陆静玉

性　　别：男
出生年月：1968-07-01
民　　族：汉族

政治面貌：中共党员
职　　称：副高
学　　历：大学本科
所在单位：三角城学区
成　　就：2012年5月获全县教学技能大赛一等奖；2012年7月获县级教学能手称号。
简　　介：1989年7月毕业于榆中师范并参加工作。1989年7月至1997年7月在来紫堡学区任教；1997年8月至2011年10月在三角城中学任教；2011年10月至今在榆中县周前学校任教。

0158 甘佩钦

性　　别：女
出生年月：1963-11-13
民　　族：汉族
政治面貌：民主党派
职　　称：副高
学　　历：大学本科
所在单位：兰州财经大学商务传媒学院
成　　就：主要从事中国古代文学方面的研究，主讲课程有中国古代文学、中国古代文化、财经应用文写作、大学语文等，2011年九月由吉林大学出版社出版著作《20世纪中国文学主题演变研究》，担任第二作者，编写内容15万字。主编的《财经应用文写作教材》被广泛应用。
简　　介：毕业于西北师范大学中文系；1982年—1988年任教于甘肃水利学院；1988年9月至今在兰州商学院（2015年改为兰州财经大学）工作，任教30余年。

0159 侯玲宽

性　　别：男
出生年月：1982-02-17
民　　族：汉族
政治面貌：中共党员

职　　称：副高
学　　历：博士研究生
所在单位：兰州财经大学商务传媒学院
成　　就：研究方向：中国现当代文学史、文学理论与批评教学。主持中央高校基本科研业务费专项资金项目一项，主持兰州商学院重点项目和青年项目各一项。在CSSCI刊物《云南社会科学》《福建师范大学学报》《中国图书评论》《社会科学论坛》《创作与评论》《浙江师范学学学报》等上发表论文十余篇。
简　　介：2008年7月—2009年12月兰州商学院学校办公室秘书科秘书；2010年1月—2010年7月兰州商学院商务传媒学院党总支秘书；2010年8月至今兰州商学院（2015年改为兰州财经大学）商务传媒学院教师。

0160 富永年

性　　别：男
出生年月：1977-03-16
民　　族：汉族
政治面貌：中共党员
职　　称：副高
学　　历：大学本科
所在单位：兰州财经大学陇桥学院财政金融系
成　　就：主持和参与科研项目多项，发表专业论文10余篇，主编《财政学》教材1本，参编《金融学基础》《金融学基础拓展互动教学资源库》。曾获院级优秀教师、"世华财讯"全国大学生金融投资模拟交易大赛优秀指导教师等多项荣誉。
简　　介：2011年毕业于兰州大学，后财政教研室主任。先后承担《财政学》《国际税收》《中国税制》《纳税检查》《财政与金融》等多门课程的讲授任务，教学效果良好。主要研究方向为财政政策与货币政策，中国税收制度相关问题。

0161 柳江

性　　别：男
出生年月：1975-01-03
民　　族：汉族
政治面貌：中共党员
职　　称：副高
学　　历：博士研究生
所在单位：兰州财经大学
成　　就：近年来主持省部级科研项目7项，发表代表性论文《中国地区经济差距的测度及其分解：历史与近年来的新变化》《中国地区交易效率的衡量与比较》，参编著作和教材6部。获得第六届"挑战杯"甘肃省大学生课外学术科技作品竞赛优秀指导教师荣誉称号；甘肃省第十二届社会科学优秀成果三等奖。
简　　介：主要研究领域：中国经济转型中的增长问题、气候变化经济学、产业组织理论。主要讲授课程：微观经济学、宏观经济学、产业组织理论、管理经济学。

0162 裴文静

性　　别：女
出生年月：1978-03-04
民　　族：汉族
政治面貌：中共党员
职　　称：副高
学　　历：硕士研究生
所在单位：兰州财经大学陇桥学院财政金融系
成　　就：在《中国对外贸易》《时代金融》《中国商贸》《中国外资》《北方经贸》等杂志公开发表文章数篇，参与编写了《国际金融理论与实务》《保险实务》《金融学》等教材。参与教育厅金昌循环经济发展中的金融支持课题。
简　　介：授课方面，先后讲授了《金融学》《国际金融学》《商业银行经营管理》《信托与租赁》《金融中介学》《信用管理学》等课程，学生评价较高。

0163 姜虹

性　　别：男
出生年月：1974-08-06
民　　族：汉族
政治面貌：中共党员
职　　称：副高
学　　历：硕士研究生
所在单位：兰州外语职业学院
成　　就：在《甘肃教育》《当代职业教育》及《海外英语》等杂志发表论文5篇；参与编写《New Active》及《Speaking English in College Campus》等校本教材3部。2011年获得副教授职称，先后发表论文11篇，编写教材6部，其中高职高专院校英语口语教程第三册《旅游英语口语》被评为"十一五"国家级规划教材。此外，担任学院《职业外语教育》杂志主编，同时担任甘肃省大外会理事及甘肃省译协理事等职务。曾多次获校级及省级以上奖励，并先后在新加坡（Singapore）及马来西亚多媒体大学（Malaysia Multimedia University）参加专业的学习与培训，在英语课程教学、教学法及翻译（笔译）等方面取得了一定成就。
简　　介：1995年毕业于西北师范大学外语系。副教授，硕士研究生，研究主要方向为英语教学法、翻译（笔译）及课程教学与设计。现任兰州外语职业学院教育与艺术系主任，学院《职业外语教育》杂志主编。同时担任甘肃省大学外语教学研究会理事及甘肃省翻译协会理事等职务。

0164 刘建国

性　　别：男
出生年月：1976—03

民　　族：汉族
政治面貌：中共党员
职　　称：副高
学　　历：博士研究生
所在单位：兰州财经大学
成　　就：主持国家自然科学基金纵向课题1项、甘肃省社科规划课题1项、甘肃省重大投资项目社会稳定风险评估项目1项，作为主要成员参与完成国家自然科学基金项目2项、省部级课题7项、校级课题2项，省内外横向课题多项。发表 SCI 期刊论文 2 篇、Ei 论文 1 篇、CSCD/CSSCI 期刊论文 4 篇、核心期刊论文 1 篇。目前拥有实用新型专利 1 项（专利号 2013200789812）。
简　　介：毕业于中国科学院研究生院人文地理学专业，研究方向生态经济与区域可持续发展。主要研究领域：水资源管理与可持续发展、流动人口与区域发展、区域社会经济规划与评价。主要讲授课程：微观经济学、宏观经济学、区域经济学、生态经济学原理与方法、组织行为学、社会科学研究方法。

0165　史安玲

性　　别：女
出生年月：1978-05-29
民　　族：汉族
政治面貌：中共党员
职　　称：副高
学　　历：硕士研究生
所在单位：兰州财经大学陇桥学院财政金融系
成　　就：主持省教育厅和省科技厅科研项目各一项，参与审计厅重点研究项目一项；先后出版了《国际金融学》《国际结算》《金融学理论与实训英文版》《国际结算案例库》《货币银行学》《金融学》等教材。在《商业时代》《中国商贸》《湖北经济学院学报》《企业研究》《特区经济》等刊物上发表了专业论文数篇。
简　　介：长期以来，从事金融学专业本科教学与研究工作，主要研究方向为金融理论与实务。

0166　姜淑静

性　　别：女
出生年月：1949-10-23
民　　族：汉族
政治面貌：中共党员
职　　称：副高
学　　历：大学本科
所在单位：兰州外语职业学院
成　　就：在《甘肃教育》《当代职业教育》及《海外英语》等杂志发表论文 5 篇；编写《New Active》及《Speaking English in College Campus》等校本教材 3 部。
简　　介：1995 年毕业于西北师范大学外语系。研究主要方向为英语教学法、翻译（笔译）及课程教学与设计。现任兰州外语职业学院教育与艺术系主任、学院《职业外语教育》杂志主编，同时担任甘肃省大学外语教学研究会理事及甘肃省翻译协会理事等职务。

0167　李互武

性　　别：男
出生年月：1976-12-26
民　　族：汉族
政治面貌：中共党员
职　　称：副高
学　　历：大学本科
所在单位：兰州财经大学陇桥学院财政金融系
成　　就：发表了专业论文数篇，主编《财政学》教材 1 本，参编《财政学》教材 1 本，主持陇桥学院教学研究与改革项目 1 项。荣获第一届实践教学技能大赛三等奖；荣获优秀教师称号。在《经济研究导刊》《现代经济信息》《科技经济市场》《知识经济》《中外企业家》等刊物上发表了专业论文数篇。主编《财政学》教材1本，复旦大学出版社出版；参编《财政学》教材1本，武汉大学出版社出版。主持陇桥学院教学研究与改革项目——财税实验课程教学改革。主要社会实践：参加国家精品课程师资培训项目《财政学》骨干教师高级研修班；参加全国高校财政学教学研究会常务理事会年会；参加教育部高等学校财政学类专业教学指导委员会组办的2013年第一届财政学专业暑期师资培训班。主要荣誉：荣获第一届实践教学技能大赛三等奖；荣获优秀教师称号。

简　　介：兰州财经大学财政学硕士研究生。主要讲授财政学、社会保障、个人税务与遗产筹划、纳税筹划、国有资产管理、西方财税理论、财税信息化——纳税申报等课程。

0168　史晓茹

性　　别：女
出生年月：1977-11-18
民　　族：汉族
政治面貌：群众
职　　称：副高
学　　历：大学本科
所在单位：兰州财经大学陇桥学院财政金融系
成　　就：主持和参与编写《金融学》与《国际金融》教科书，主持甘肃省教育厅资助重点课题《甘肃省战略性新兴产业发展与资本运作研究》，参与甘肃省省教育厅资助课题《金昌循环经济发展的金融支持体系构建》，参与甘肃省科技厅资助课题《金融生态视角下的金昌循环经济发展研究》。

简　　介：现为财政金融系投资与理财教研室主任。主要承担《金融市场学》《投资学》《证券投资学》《投资银行理论与实务》《证券投资分析》等多门课程的讲授任务。主要研究方向为资本市场的证券投资及资本运作等相关问题。

0169　卢桂兰

性　　别：女
出生年月：1968-07-16
民　　族：汉族
政治面貌：群众
职　　称：副高
学　　历：大学本科
所在单位：皋兰县第一中学
简　　介：1990年7月参加工作，毕业于西北师大英语专业。曾就职于天祝县三中、皋兰县水阜乡一中，现在皋兰一中任教。

0170　陈亲贵

性　　别：男
出生年月：1959-07-02
民　　族：汉族
政治面貌：民主党派
职　　称：副高
学　　历：大学本科
所在单位：甘肃省皋兰县第一中学
成　　就：2009年9月被评为全国优秀教师荣誉称号。

简　　介：1979年8月参加工作，毕业于西北师大汉语言专业，曾就职于皋兰二中、皋兰水阜学区。现在皋兰一中任教。

0171　王晓霞

性　　别：女
出生年月：1972-07-08
民　　族：汉族
政治面貌：群众
职　　称：副高
学　　历：大学本科
所在单位：皋兰县第一中学

简　介：1990年11月参加工作，毕业于中央电大汉语言专业。曾就职于上车小学、什川中学，现就职于皋兰县第一中学。

0172 陈爱民

性　　别：女
出生年月：1967-08-01
民　　族：汉族
政治面貌：群众
职　　称：副高
学　　历：大学本科
所在单位：皋兰县第四中学
简　　介：1991年7月参加工作，毕业于西北师范大学汉语言专业。1991年7月—1999年7月皋兰县水阜乡初级中学任教；1999年8月—2006年7月皋兰县第一中学任教；2006年8月—现在于皋兰县第四中学任教。

0173 王仁山

性　　别：男
出生年月：1963-08-18
民　　族：汉族
政治面貌：中共党员
职　　称：副高
学　　历：大学专科
所在单位：皋兰县石洞学区
简　　介：1985年8月参加工作，毕业于西北师大教育管理专业。1985年8月—1988年7月在皋兰县王家窑小学任教；1988年8月—1990年7月皋兰县和平初级中学任教；1990年8月—1992年7月于兰州师范学习；1992年8月—2011年3月于皋兰县职教中心工作；2011年3月至今在皋兰县石洞学区。

0174 王晓

性　　别：男
出生年月：1965-03-15
民　　族：汉族
政治面貌：中共党员
职　　称：副高
学　　历：大学本科
所在单位：甘肃省皋兰县第一中学
成　　就：2010年9月被评为甘肃省优秀教师，授予甘肃省园丁奖。
简　　介：1989年7月参加工作，毕业于甘肃联合大学英语专业。1989年7月至1992年7月任教于皋兰县西岔一中；1992年7月至今在皋兰一中任教。

0175 郭真成

性　　别：男
出生年月：1966-12-26
民　　族：汉族
政治面貌：民主党派
职　　称：副高
学　　历：大学本科
所在单位：皋兰县第一中学
简　　介：1985年7月参加工作，毕业于甘肃省教育学院汉语言专业，参加工作至今在皋兰一中担任语文教师。

0176 柴世芳

性　　别：女
出生年月：1965-04-20
民　　族：汉族
政治面貌：群众
职　　称：副高
学　　历：大学专科
所在单位：皋兰县三川口学校
成　　就：曾被评为县级优秀教师。
简　　介：1986年7月参加工作，1986年6月毕业于榆中师范，1996年6月毕业于甘肃教育学院政教专业，1986年7月至今在皋兰县三川口学校任教。

0177 李尊林
性　　别：男
出生年月：1969-02-01
民　　族：汉族
政治面貌：民主党派
职　　称：副高
学　　历：大学本科
所在单位：甘肃省皋兰县第一中学
成　　就：2010年9月荣获兰州市教师楷模荣誉称号。
简　　介：1989年8月参加工作。1989年7月甘肃联合大学英语专业专科毕业；2004年6月中央电大英语专业本科毕业；1989年8月—1998年7月在皋兰县西岔二中任教；1998年8月—今在皋兰二中任教。

0178 魏万林
性　　别：男
出生年月：1966-06-14
民　　族：汉族
政治面貌：中共党员
职　　称：副高
学　　历：大学专科
所在单位：皋兰县三川口学校
成　　就：曾被评为市级优秀教师
简　　介：1985年7月参加工作，1985年7月榆中师范中师毕业，1996年6月于甘肃省教育学院政治教育专业专科毕业。1985年7月—1988年12月于皋兰县南庄学校任教；1989年元月—2001年12月皋兰县什川学区教研员、督导员；2002年元月—2006年8月皋兰县什川中学任副校长；2006年8月—2009年任什川中学校长、党支部书记；2009年9月—2013年8月任皋兰县水阜中学校长、党支部书记；2013年8月至今任皋兰县三川口学校校长。

0179 张绍坤
性　　别：男
出生年月：1956-07-23
民　　族：汉族
政治面貌：群众
职　　称：副高
学　　历：大学本科
所在单位：皋兰县第一中学
简　　介：1983年7月参加工作，1983年7月西北师范大学地理专业本科毕业；1983年7月至2016年在皋兰一中任教。

0180 俞树军
性　　别：男
出生年月：1969-10-09
民　　族：汉族
政治面貌：中共党员
职　　称：副高
学　　历：大学本科
所在单位：皋兰县第一中学
成　　就：皋兰一中高级语文教师，2013年9月荣获兰州市优秀教师荣誉称号。
简　　介：1990年7月参加工作，1990年7月西北师范大学汉语言文学教育专科毕业；2003年7月西北民族大学汉语言文学教育本科毕业；1990年7月至今在皋兰二中任教。

0181 李多前
性　　别：男
出生年月：1966-11-05
民　　族：汉族
政治面貌：中共党员
职　　称：副高
学　　历：大学本科
所在单位：皋兰县忠和学区

简　　介：1990 年 9 月参加工作，1990 年 7 月西北师范大学英语教育专科毕业；2005 年 3 月中央电大英语教育本科毕业；1990 年 9 月到 2010 年 9 月在皋兰县中心中学任教；2010 年 9 月至今在皋兰县忠和学区工作。

0182 魏桥

性　　别：男

出生年月：1971-04-10

民　　族：汉族

政治面貌：中共党员

职　　称：副高

学　　历：大学本科

所在单位：皋兰县石洞学区

简　　介：1993 年 7 月参加工作，1993 年 7 月榆中师范中师毕业，2003 年 7 月西北师范大学汉语言文字专业本科毕业。1993 年 7 月—1994 年 7 月皋兰县接官亭小学任教；1994 年 8 月—1996 年 7 月皋兰县上车小学任教；1996 年 8 月—2003 年 2 月皋兰县什川中学任教；2003 年 3 月—2014 年 7 月皋兰县什川学区工作；2014 年 7 月至今在皋兰县石洞学区工作。

0183 郁建武

性　　别：男

出生年月：1968-02-05

民　　族：汉族

政治面貌：中共党员

职　　称：副高

学　　历：大学本科

所在单位：皋兰县九合学区

简　　介：1987 年 7 月月参加工作，1987 年 7 月月榆中师范中师毕业，1994 年 6 月月西北师范大学政治专业本科毕业。1987 年 7 月—2008 年 1 月在皋兰县第二中学任教；2008 年 3 月—2014 年 5 月在皋兰县职业技术教育中心任副主任；2014 年 5 月至今在皋兰县九合学区任校长。

0184 王作槐

性　　别：男

出生年月：1958-06-18

民　　族：汉族

政治面貌：中共党员

职　　称：副高

学　　历：大学专科

所在单位：皋兰县石洞学区

成　　就：2012 年 9 月被评为甘肃省优秀教师，获甘肃省园丁奖。

简　　介：1976 年 4 月参加工作，1981 年 7 月兰州师范中师毕业，1996 年 7 月甘肃省教育学院政治教育专业专科毕业。1976 年 4 月—1978 年 7 月 皋兰县黑石川学区任教；1978 年 8 月—1981 年 7 月兰州师范读书；1981 年 8 月—2003 年 12 月皋兰县三川口学校任教；2003 年 12 月—2010 年 8 月皋兰县教师进修学校任教；2010 年 8 月至今皋兰县石洞学区。

0185 王中德

性　　别：男

出生年月：1968-01-13

民　　族：汉族

政治面貌：中共党员

职　　称：副高

学　　历：大学本科

所在单位：皋兰县什川中学

成　　就：2010 年 9 月荣获兰州市优秀教师荣誉称号。

简　　介：1987 年 7 月月参加工作，1987 年 7 月月榆中师范中师毕业，2004 年 6 月月西北师范大学汉语言文学专业本科毕业。1987 年 7 月—1989 年 8 月皋兰县西岔小学任教；1989年8月—2001年8月皋兰县西岔镇第二中学任教；2001年8月—2013年5月任皋兰三中副校长；2013年5月至今任皋兰县什川中学校长。

0186 陶丽霞

性　　别：女
出生年月：1967-03-10
民　　族：汉族
政治面貌：群众
职　　称：副高
学　　历：大学本科
所在单位：皋兰县第一中学
简　　介：1991年5月参加工作，1990年7月西北师大英语专业专科毕业；1991年5月至今在皋兰一中任教。

0187 郭树胜

性　　别：男
出生年月：1966-07-14
民　　族：汉族
政治面貌：中共党员
职　　称：副高
学　　历：大学本科
所在单位：皋兰县石洞初中
成　　就：2011年9月荣获兰州市优秀教师荣誉称号。

0188 韩晓玲

性　　别：女
出生年月：1967-10-21
民　　族：汉族
政治面貌：群众
职　　称：副高
学　　历：大学专科
所在单位：皋兰县石洞小学
成　　就：曾被评为省级骨干教师。

简　　介：1989年7月参加工作，1989年7月榆中师范中师毕业，1996年7月甘肃教育学院汉语言专业专科毕业。1989年7月—1991年1月于皋兰朱家井学校任教；1991年2月—1995年1月皋兰三坪小学任教；1995年2月—现在于皋兰石洞小学任教。

0189 王慧英

性　　别：女
出生年月：1968-11-12
民　　族：汉族
政治面貌：中共党员
职　　称：副高
学　　历：大学本科
所在单位：皋兰县中堡小学
成　　就：2004年9月被评为甘肃省优秀教师，授予甘肃省园丁奖。
简　　介：1989年7月参加工作，1989年7月榆中师范中师毕业；2003年7月西北民族大学汉语言文学专业本科毕业；1989年7月至今在皋兰县中堡小学任教。

0190 杨言利

性　　别：男
出生年月：1964-11-23
民　　族：汉族
政治面貌：中共党员
职　　称：副高
学　　历：大学本科
所在单位：甘肃省皋兰县第一中学
成　　就：2013年荣获兰州市教师楷模荣誉称号。
简　　介：1985年7月参加工作，1985年7月榆中师范中师毕业，1997年7月西北师范大学汉语言文学专业本科毕业。1985年7月至今在皋兰一中任教。

0191 刘阿妮

性　　别：女
出生年月：1971-08-18
民　　族：汉族
政治面貌：群众
职　　称：副高
学　　历：大学本科
所在单位：皋兰县第三中学
简　　介：1990年7月月参加工作。1990年7月月西安外语学院英语专业专科毕业；2007年6月月中央电大英语专业本科毕业；1990年7月—2004年7月任教于首钢胜利机械厂子弟中学；2004年7月至今任教于皋兰三中。

0192 关胜荣

性　　别：男
出生年月：1967-10-08
民　　族：汉族
政治面貌：群众
职　　称：副高
学　　历：大学本科
所在单位：皋兰县第一中学
简　　介：1987年7月参加工作；1987年7月榆中师范中师毕业；1997年8月西北师大汉语言文学本科毕业；1987年7月—1990年7月皋兰县什川中学任教；1990年7月至今在皋兰一中任教。

0193 王维军

性　　别：男
出生年月：1970-11-19
民　　族：汉族
政治面貌：中共党员
职　　称：副高
学　　历：大学本科
所在单位：皋兰县图书馆
成　　就：致力于社科理论研究，先后在各种刊物上发表论文18篇。
简　　介：现任皋兰县图书馆馆长，原任皋兰县委党校副科级班主任，高级讲师。

0194 张维祯

性　　别：男
出生年月：1966-09-26
民　　族：汉族
政治面貌：群众
职　　称：副高
学　　历：大学本科
所在单位：皋兰县第一中学
简　　介：1986年7月参加工作，1986年7月榆中师范中师毕业，1999年8月西北师范大学英语教育专业本科毕业。1986年7月至1989年7月在黑石中学任教；1989年8月至1993年7月在石洞联中任教；1993年8月至今在皋兰一中任教。

0195 李延武

性　　别：男
出生年月：1967-05-22
民　　族：汉族
政治面貌：中共党员
职　　称：副高
学　　历：大学本科
所在单位：皋兰县职业技术教育中心
简　　介：1988年7月月参加工作，1988年7月月榆中师范中师毕业，2013年2月月东北师范大学汉语言文学专业本科毕业。1988年8月—1989年1月在皋兰县朱家井学校任教；1989年3月—1989年7月在皋兰县中心乡小涝池小学任教；1989年8月—1992年7月在皋兰县中心中学任教；1992年8月—1994年7月在兰州市教育学院进修；1994年8月—2006年7月在中心中学任教；

2006年8月—2010年7月在皋兰县第四中学副校长；2010年8月—现在在皋兰县职业技术教育中心主任，（2010年9月—2013年2月东北师范大学学习）。

0196 凌子恒

性　　别：男

出生年月：1958-07-08

民　　族：汉族

政治面貌：中共党员

职　　称：副高

学　　历：大学专科

所在单位：甘肃省皋兰县第二中学

成　　就：1991年9月被评为甘肃省优秀教师，获甘肃省园丁奖。

简　　介：1975年8月月参加工作，1979年9月月兰州师范中师毕业，1996年6月兰州教育学院政治教育专业专科毕业。1975年8月—1979年9月皋兰县水阜小学任教；1979年1月0—1998年1月1皋兰县西岔中学任教；1998年1月2—2018年任皋兰二中书记。

0197 陈春生

性　　别：男

出生年月：1972-03-17

民　　族：汉族

政治面貌：中共党员

职　　称：副高

学　　历：大学本科

所在单位：皋兰县忠和中学

简　　介：1992年7月参加工作，1992年7月兰州师范中师毕业，2006年5月中央电大汉语言文学专业本科毕业。1992年7月至1994年7月在皋兰县梁家湾小学任教；1994年8月至1998年7月在皋兰县崖川小学任教；1998年8月至今，在皋兰县忠和中学任教。

0198 方建红

性　　别：女

出生年月：1968-01-26

民　　族：汉族

政治面貌：群众

职　　称：副高

学　　历：大学专科

所在单位：皋兰县石洞小学

简　　介：1989年7月参加工作，1989年7月榆中师范中师毕业，1994年12月兰州大学汉语言文学专科毕业。1989年7月—1993年1月皋兰水阜小学任教；1993年2月—现在在皋兰石洞小学任教。

0199 彭维庆

性　　别：男

出生年月：1967-04-25

民　　族：汉族

政治面貌：中共党员

职　　称：副高

学　　历：大学本科

所在单位：皋兰县第一中学

成　　就：曾被评为县级优秀教师。

简　　介：1985年9月—1989年7月西北师范大学地理系地理专业学习；1989年7月—1993年3月甘肃省水电工程局中学教师；1993年3月—2007年3月甘肃省皋兰县第一中学教师；2007年3月至今任甘肃省皋兰县第一中学党总支部副书记。

0200 魏怀文

性　　别：男

出生年月：1969-07-28

民　　族：汉族

政治面貌：民主党派

职　　称：副高

学　　历：大学本科

所在单位：皋兰县第四中学
成　　就：曾被评为省级骨干教师。
简　　介：1988年7月—2005年7月皋兰县什川学区任教；2005年8月—现在，皋兰四中任教。

0201 魏兆林

性　　别：男
出生年月：1961-01-23
民　　族：汉族
政治面貌：中共党员
职　　称：副高
学　　历：大学本科
所在单位：皋兰县高等学校招生办公室
成　　就：1991年9月被评为甘肃省优秀教师，被授予甘肃省园丁奖。
简　　介：1978年10月—1985年1月甘肃省皋兰县甜水井小学教师；1985年1月—1986年8月甘肃省皋兰县黑石乡大横小学教师；1986年8月—1992年9月甘肃省皋兰县黑石乡黑石川中学教师；1992年9月—1999年11月甘肃省皋兰县教育局教育股主任；（1993年3月—1996年12月在甘肃省教育学院汉语言文学专业学习）；1999年11—2003年1月甘肃省皋兰县人民政府教育督导室副主任兼任皋兰县教育局教育股主任；2003年1月任甘肃省皋兰县普通高校招生办公室主任；2003年1月—2005年6月在中央广播电视大学汉语言文学专业学习。

0202 俞洪源

性　　别：男
出生年月：1965-08-18
民　　族：汉族
政治面貌：中共党员
职　　称：副高
学　　历：大学专科
所在单位：皋兰县九合学区
简　　介：1986年8月—现在于皋兰县九合中学任教。

0203 魏列金

性　　别：男
出生年月：1966-06-04
民　　族：汉族
政治面貌：民主党派
职　　称：副高
学　　历：大学本科
所在单位：甘肃省皋兰县第一中学
成　　就：2013年9月被评为陇原师德先进个人。
简　　介：1989年8月—1991年7月皋兰县水阜乡初级中学任教；1991年7月—现在于皋兰一中任教。

0204 刘锡庆

性　　别：男
出生年月：1962-04-24
民　　族：汉族
政治面貌：中共党员
职　　称：副高
学　　历：大学本科
所在单位：皋兰县黑石川中学
简　　介：1981年8月—1983年7月西北师范大学学生；1983年7月—1996年7月甘肃省皋兰县忠和中学教师；1996年7月—2008年7月甘肃省皋兰县石洞初中教师、教导主任、校长；2008年7月—2010年8月甘肃省皋兰县黑石川中学任副校长；2010年8月在甘肃省皋兰县黑石川中学任校长。

0205 许梅芳

性　　别：女
出生年月：1967-06-20

民　　族：汉族
政治面貌：群众
职　　称：副高
学　　历：大学本科
所在单位：皋兰县第四中学
简　　介：1988年7月—2006年7月皋兰石洞初中任教；2006年7月—现在于皋兰四中任教。

0206　边发新
性　　别：男
出生年月：1967-01-15
民　　族：汉族
政治面貌：民主党派
职　　称：副高
学　　历：大学本科
所在单位：皋兰县第一中学
简　　介：1990年8月—1996年8月皋兰县黑石中学任教；1996年8月—现在于皋兰一中任教。

0207　王克忠
性　　别：男
出生年月：1966-10-01
民　　族：汉族
政治面貌：群众
职　　称：副高
学　　历：大学本科
所在单位：皋兰县第一中学
成　　就：2011年荣获兰州市优秀教师。
简　　介：1990年7月—1991年7月皋兰县忠和中学任教；1991年7月—现在于皋兰一中任教。

0208　杨红萍
性　　别：女
出生年月：1975-12-02
民　　族：汉族
政治面貌：群众
职　　称：副高
学　　历：大学本科
所在单位：皋兰县第一中学
简　　介：1999年7月—2013年6月皋兰县第二中学任教；2013年6月—现在，皋兰一中任教。

0209　柴克红
性　　别：男
出生年月：1969-05-12
民　　族：汉族
政治面貌：中共党员
职　　称：副高
学　　历：大学专科
所在单位：皋兰县九合中学
成　　就：2008年9月被评为甘肃省优秀教师，授予甘肃省园丁奖。
简　　介：1991年5月—2006年11月甘肃省皋兰县朱家井学校教师；2006年11月—2009年2月甘肃省皋兰县朱家井学校校长；2009年2月—2010年8月甘肃省西岔学区党总支副书记；2010年8月—今任甘肃省皋兰县九合中学任副校长（主持工作）。

0210　王锡清
性　　别：女
出生年月：1970-02-18
民　　族：汉族
政治面貌：群众
职　　称：副高
学　　历：大学本科
所在单位：皋兰县第一中学
简　　介：1991年7月—1999年6月皋兰县黑石中学任教；1999年7月—现在在皋兰一中任教。

0211 杨继红

性　　别：女
出生年月：1970-05-20
民　　族：汉族
政治面貌：群众
职　　称：副高
学　　历：大学本科
所在单位：皋兰县第三中学
简　　介：1990年8月—2000年7月皋兰县三川口小学任教；2000年8月—现在于皋兰三中任教。

0212 王树新

性　　别：男
出生年月：1969-12-15
民　　族：汉族
政治面貌：中共党员
职　　称：副高
学　　历：大学本科
所在单位：皋兰县三川口学校
简　　介：1985年9月—1989年7月甘肃省兰州榆中师范学校；1989年7月—2005年5月甘肃省皋兰县职业技术教育中心教师（其间，1993年3月—1996年6月甘肃教育学院汉语言文学专业学习；2003年6月—2005年6月中央广播电视大学汉语言文学专业学习）；2005年5月—2008年8月甘肃省皋兰县职业技术教育中心教师、教导副主任、办公室主任；2008年8月—2014年5月甘肃省皋兰县职业技术教育中心总务主任；2014年5月至今于甘肃省皋兰县三川口学校任副校长。

0213 肖庭德

性　　别：男
出生年月：1967-08-31
民　　族：汉族
政治面貌：中共党员
职　　称：副高
学　　历：大学本科
所在单位：皋兰县第一中学
简　　介：1987年7月—1990年7月皋兰县黑石中学任教；1990年7月—现在于皋兰一中任教。

0214 陈志燕

性　　别：男
出生年月：1966-02-02
民　　族：汉族
政治面貌：群众
职　　称：副高
学　　历：大学本科
所在单位：皋兰县第一中学
成　　就：曾被评为县级优秀教师
简　　介：1990年9月—1992年7月皋兰县什川中学任教；1992年7月—现在于皋兰一中任教。

0215 许建国

性　　别：男
出生年月：1968-03-12
民　　族：汉族
政治面貌：中共党员
职　　称：副高
学　　历：大学本科
所在单位：皋兰县忠和学区
简　　介：1989年7月—1991年7月皋兰县西岔中学任教；1991年7月—现在于皋兰县忠和中学任教。

0216 徐道荣

性　　别：男
出生年月：1965-03-15
民　　族：汉族

政治面貌：中共党员
职　　称：副高
学　　历：大学本科
所在单位：甘肃省皋兰县第一中学
成　　就：2006年9月被评为甘肃省优秀教师，授予甘肃省园丁奖。
简　　介：1984年9月—1988年7月西北师范大学汉语言文学专业学习；1988年7月—2003年12月甘肃省皋兰县第一中学教师；2003年12月—2007年3月甘肃省皋兰县第一中学教导主任；2007年3月—2009年8月甘肃省皋兰县第一中学副校长；2009年8月—今任甘肃省皋兰县第一中学校长。

0217 陈宜兰

性　　别：女
出生年月：1954-12-22
民　　族：汉族
政治面貌：中共党员
职　　称：副高
学　　历：大学本科
所在单位：中共永登县委党校
简　　介：曾经担任中共永登县委党校校委委员职务，期间负责函授教育，担任班主任老师。于2009年12月退休。

0218 李科富

性　　别：男
出生年月：1957-02-07
民　　族：汉族
政治面貌：中共党员
职　　称：副高
学　　历：大学本科
所在单位：甘肃省永登县第一中学
成　　就：1998年获评兰州市优秀教师。1999年获评永登县"两基"达标先进个人。

简　　介：1979年9月始从教。1979年9月至1999年7月在永登县七山乡任教，期间曾任观音中学、七山中学校长职务，1992至1999年期间任七山乡文教办主任；1999年8月至2006年7月在永登师范学校任教；2006年8月至2014年12月在永登县第一中学任教。

0219 柴世清

性　　别：男
出生年月：1960-07-09
民　　族：汉族
政治面貌：群众
职　　称：副高
学　　历：大学专科
所在单位：永登县上川镇初级中学
成　　就：兢兢业业在教育战线上奋斗了四十年，培养了一批批优秀人才。取得中学副高级职称。

0220 马宏福

性　　别：男
出生年月：1967-06-25
民　　族：回族
政治面貌：中共党员
职　　称：副高
学　　历：大学本科
所在单位：永登县西铁中学
成　　就：撰写论文《论价值量计算"三部曲"》发表在《魅力中国》2010年第3期，并荣获论文一等奖。论文《浅议情景教学在高中政治课教学中的使用》发表在2011年第10期《现代阅读》。曾先后被评为西铁中学优秀教师、西北铁合金厂优秀班主任、西北铁合金厂优秀共产党员、永登县优秀教师、永登县优秀班主任。2010年获得永登县县级骨干教师光荣称号，2012年参与兰州市教育科研"十二五"市级规划课题《高中思想政治课堂有效教学模式创新研究》，并通过结题。

0221 胡爱年

性　　别：男
出生年月：1970-09-28
民　　族：汉族
政治面貌：中共党员
职　　称：副高
学　　历：大学本科
所在单位：永登县第一中学
成　　就：多年担任高中语文教学和班主任工作，高考成绩突出，多次被评为校、县级优秀班主任、市级骨干教师、市级骨干教师培训优秀学员。2012年获得永登县优秀共产党员称号。有多篇论文在县级、省级、国家级刊物上发表。市级规划课题一项结题。2008年取得了中学高级教师资格。
简　　介：1987年9月至1991年7月在永登师范就读；1991年7月在永登县秦川镇初级中学任教育，三年后调至永登县龙泉寺镇初级中学任教，三年后调入永登一中工作至今，担任高中语文的教学工作；分别于1992年—1994年和1997年—2000年通过在职函授学习；取得西北师范大学汉语言专科和本科毕业证书。

0222 火泽贵

性　　别：男
出生年月：1969-01-11
民　　族：汉族
政治面貌：中共党员
职　　称：副高
学　　历：大学本科
所在单位：永登县第八中学
成　　就：参与研究得兰州市教育科研"十五"规划课题《初中生不良行为心理成因及预防研究》获得市级鉴定；论文《浅谈古诗词名句在思想品德课教学中的引用》发表在《甘肃教育》2007年7月期，论文《自我发展是促进教师专业化发展的重要渠道》在国家级刊物《中小学教育》2013年11月期上发表。

0223 张文平

性　　别：男
出生年月：1966-01-22
民　　族：汉族
政治面貌：中共党员
职　　称：副高
学　　历：大学本科
所在单位：永登县第八中学
成　　就：2009年被评为兰州市优秀班主任；2010年被评为永登县名师工程教学骨干；2010年被评为甘肃省优秀班主任；2011年被评为兰州市名师工程教学骨干。

0224 陈明霞

性　　别：女
出生年月：1970-11-12
民　　族：汉族
政治面貌：群众
职　　称：副高
学　　历：大学本科
所在单位：永登县西铁中学
成　　就：自1993年毕业以来，一直在永登西铁中学任教，从事高中语文教学工作及班主任管理工作。先后发表论文《妙用导语 先声夺人》《高中语文教学培养学生创新精神之我见》《巧设情境 引人入胜》。积极参加县级、市级教学评比，获教学骨干、教学优质奖等荣誉。2004年获永登县优秀教师称号；2013年获永登县教育局优秀管理者称号；2011年被评为兰州市骨干教师。

简　　介：1993年6月毕业于兰州师专中文系；2004年6月自学取得兰州大学汉语言专业本科文凭；自1993年6月一直从教于永登西铁中学；2000年11月被聘为中教一级教师，2010年12月被聘为中学高级教师。

0225 杨晓芳

性　　别：女

出生年月：1968-12-13

民　　族：汉族

政治面貌：群众

职　　称：副高

学　　历：大学本科

所在单位：永登县苦水镇新屯川小学

成　　就：2008年9月在《民风》上发表论文《如何培养学生的创新能力》；2010年8月在《中国科教创新导刊》上发表论文《新课程与教师专业化成长》；2008年9月在《民风》上发表论文《如何培养学生的创新能力》2010年8月在《中国科教创新导刊》上发表论文《新课程与教师专业化成长》。

0226 张志鹏

性　　别：男

出生年月：1970-05-12

民　　族：汉族

政治面貌：群众

职　　称：副高

学　　历：硕士研究生

所在单位：永登县连铝学校

简　　介：1991年至今在永登县连铝学校从事高中英语教学及班主任工作；1991年至今在永登县连铝学校从事高中英语教学及班主任工作。

0227 甘金元

性　　别：男

出生年月：1962-02-06

民　　族：汉族

政治面貌：中共党员

职　　称：副高

学　　历：大学本科

所在单位：永登县第八中学

成　　就：2002年被甘肃省委、省政府评为优秀教师；2005年被中国少年科学院授予优秀工作者称号；2006年被兰州市政府评为兰州市百所示范性/标准化初中建设先进个人。2007年4月获得中央电化教育馆教育课题优秀奖；2008年2月县委县政府授予创业之星称号；2009年7月被兰州市委、市政府评为兰州市十大杰出校长；多次被县委、县政府、县教育局评为旗帜校长、优秀校长、创业之星。

0228 李敬

性　　别：男

出生年月：1959-01-04

民　　族：汉族

政治面貌：中共党员

职　　称：副高

学　　历：大学专科

所在单位：永登县红城镇初级中学

成　　就：多次获得镇、县级优秀教师及优秀教育工作者荣誉，2011年获兰州市优秀教师、兰州市两基工作先进个人荣誉。

0229 詹华

性　　别：女

出生年月：1965-02-09

民　　族：汉族

政治面貌：群众

职　　称：副高

学　　历：大学本科
所在单位：甘肃省兰州市永登县西铁中学
成　　就：曾在省级教育类专业刊物上发表论文多篇。擅长于初中思想品德教育教学及研究工作。

0230 姜姣

性　　别：女
出生年月：1981-06-08
民　　族：汉族
政治面貌：中共党员
职　　称：副高
学　　历：硕士研究生
所在单位：中共永登县委党校
成　　就：《冯友兰"天地境界"述评》，发表于《和田师范专科学校学报》2007年第5期。《墨子伦理思想探析》发表于《湖北经济学院学报》2008年第1期。《对人类中心主义的认识》发表于《凯里学院学报》2008年第2期。2012年荣获全省党校系统优秀教师。

0231 王淑梅

性　　别：女
出生年月：1966-10-23
民　　族：汉族
政治面貌：中共党员
职　　称：副高
学　　历：大学本科
所在单位：中共永登县委党校
成　　就：在公开学术刊物发表论文《浅谈永登县推进社会主义新农村建设中应注意的几个问题》《党校教育研究》和《浅议依靠制度法规建党的对策选择》。
简　　介：于1987年参加工作，2007年12月被评为副教授。

0232 康逢学

性　　别：男
出生年月：1956-01-14
民　　族：汉族
政治面貌：中共党员
职　　称：副高
学　　历：大学专科
所在单位：永登县大同镇第二初级中学
成　　就：多次被评为优秀共产党员、先进教师，2007年6月荣获兰州市中小学生"走进阳光世界"专题征文活动优秀辅导奖。
简　　介：自1975年参加工作以来，就默默耕耘在三尺讲台上，无怨无悔，以身执教。

0233 脱根德

性　　别：男
出生年月：1970-09-04
民　　族：汉族
政治面貌：中共党员
职　　称：副高
学　　历：大学本科
所在单位：永登县第二中学
成　　就：在教育教学研究方面也取得一些成就。2007年在《教育革新》第3期发表论文《怎样答好材料解析题》；2008年在《教育革新》第6期发表论文《以问题为中心的高中历史教学方法探究》；2007年在《科学教育家》第11期发表论文《素质教育，德育为首》；2002年在《教育通讯》第1期发表《历史教学中的以导助学》一文；2007年在《永登教研》第1期发表《班级活动——德育教育的沃土》一文。
简　　介：自参加工作以来，一直在永登二中工作至今，多年来一直担任班主任工作。

0234 霍凤山

性　　别：女

出生年月：1965-11-10
民　　族：汉族
政治面貌：中共党员
职　　称：副高
学　　历：大学本科
所在单位：永登县委党校
成　　就：曾多次评为永登县委党校优秀教师和先进工作者，2004年评为兰州市党校系统优秀教师。1999年《浅析农村封建迷信盛行的原因及对策》获兰州市首届建设有中国特色社会主义理论研讨会一等奖。《在农村精神文明建设中的一个值行注意的问题》入选《邓小平理论的实践与探索》（甘肃人民出版社）一书。2000年《栽下梧桐树，引得凤凰来》获兰州市第二届建设有中国特色社会主义理论研讨会优秀奖。2003年《按照"三个代表"要求充分发挥党校在培养中青年领导干部任务的主渠道作用》一文，入选《甘肃理论学刊增刊》。2006年《从世界政党发展比较研究中深化对党的执政能力建设的再认识》一文，入选《中国科教博览》。
简　　介：1986年7月参加工作，1992年6月从内蒙古阿拉善右旗一中调入永登县委党校工作。主要从事政治理论教学。

0235　王绪绪

性　　别：男
出生年月：1963-09-28
民　　族：汉族
政治面貌：中共党员
职　　称：副高
学　　历：大学本科
所在单位：中共永登县委党校
成　　就：1999年被甘肃省委党校授予"优秀老师"称号。2002年被甘肃省委党校授予"优秀教师"称号。2003年被永登县委授予"非典防治工作优秀党员"称号。2004年被兰州市电大分校授予"优秀教师"称号。2011年被永登县委、县政府授予"全县五五普法依法治理先进个人"称号。2012年被永登县委、县政府授予"思想文化和精神文明建设工作标兵"称号。在《甘肃理论学刊》《西北成人教育学报》等刊物以及省市有关单位组织的理论研讨会上发表或入选论文十余篇，参与了《社会主义市场经济概论》《农村社会主义精神文明建设》两部教材的编写工作。
简　　介：1984年9月从西北师范学院政治系政治教育专业毕业；1984年分配到永登县委党校任教；现任中共永登县委党校总支书记、副校长。

0236　张自才

性　　别：男
出生年月：1966-05-04
民　　族：汉族
政治面貌：中共党员
职　　称：副高
学　　历：大学本科
所在单位：甘肃省永登县第一中学
成　　就：多篇论文在市、省、国家级刊物上发表。所写的论文《抓课堂促教研要质量》《更新教学观念，优化课堂教学》《共点力平衡的动态问题分析法》等分别在县、市、省、国家级刊物上发表并获奖；先后获"永登县优秀教师"、永登县优秀教育工作者"、"兰州市优秀教师"、"兰州市教学能手"以及省、市、县"骨干教师"等称号及甘肃省优秀教师"园丁奖"。
简　　介：1988年7月月参加工作，中学高级教师，现任永登县第一中学副校长。1981年8月—1984年7月在永登县第一中学上高中；1984年9月—1988年7月在西北师范大学上大学；1988年7月—2008年10月在永登六中任教（期间担任校团委书记、物理教研组长、教导主任、副校长）；2008年11月起调永登一中任副校长。

0237 何建文
性　　别：男
出生年月：1968-08-25
民　　族：汉族
政治面貌：民主党派
职　　称：副高
学　　历：大学本科
所在单位：甘肃省永登县第一中学
成　　就：2002年被评为兰州市市级骨干教师；1998年获全国中学生"学作文"作文竞赛优秀育才奖；2003年论文《紧扣道具 涵咏题旨》获兰州市高中语文科优秀教学论文评比一等奖；2003年论文《解读"轻解罗裳"与"人生如梦"》被中国教育学会中学语文学会课堂教学中心评为优秀教学论文二等奖；2009年获得兰州市教育局授予的兰州市中小学优秀班主任称号。1995年获民盟兰州市委先进个人奖；2011年获政协永登县委员会"双比双争"先进个人称号。2011年获民盟兰州市委参政议政先进个人称号。2012年获永登县教育局高考先进个人称号。2013月获全国中语会高中学生语文能力竞赛辅导一等奖。2013年获甘肃省教育厅颁发的陇原师德先进个人称号。

0238 李元元
性　　别：男
出生年月：1967-01-13
民　　族：汉族
政治面貌：中共党员
职　　称：副高
学　　历：大学本科
所在单位：永登县河桥镇初级中学
成　　就：2001年被评为永登县优秀教师。《浅谈歌曲对政治课教学的辅助作用》在2008年在《陕西教育》发表。《莫让学困生总处在尴尬的境地》2006年在《甘肃农业》发表。《起始年级班主任开学初应抓好的几项工作》2008年10月在《考试》杂志发表。2001年被评为永登县优秀教师，2006年永登县"名师工程"被评为思想品德学科带头人。2008年获高级教师任职资格。
简　　介：1988年永登师范毕业参加工作，1993年获大专学历，2000年获本科学历。

0239 张志华
性　　别：女
出生年月：1963-12-20
民　　族：汉族
政治面貌：群众
职　　称：副高
学　　历：大学专科
所在单位：永登县红城镇中心小学
成　　就：积极利用远程教育资源，运用课件，运用多种教学方法，增强学生学习的兴趣和学习主动性。更好地体现素质教育的要求，提高教学质量。多年来所教学科在全镇水平测试中名列前茅，并多次荣获县、镇级优秀教师称号。

0240 鲁仁全
性　　别：男
出生年月：1962-12-04
民　　族：汉族
政治面貌：中共党员
职　　称：副高
学　　历：大学专科
所在单位：永登县第四中学
成　　就：多次获得"校级优秀教师"称号，1993年获得"永登县优秀教师"称号，2011

年获得"兰州市优秀教师"称号。

简　　介：1970—1975年在永登县民乐乡卜洞小学读书；1976年1月979.7年在永登县第四中学读书；1979年8月—1981年在兰州师范读书；1981年8月—1996在民乐乡初级中学任教；1996年8月至今在永登县第四中学任教。

0241　张临经

性　　别：男

出生年月：1959-10-19

民　　族：汉族

政治面貌：群众

职　　称：副高

学　　历：大学专科

所在单位：永登县第一中学

成　　就：论文《针砭痼疾 重铸民魂》发表于《兰州教育》2000年第3期，《量化分析 形象延展》发表于《语文教学通讯》2000年第11期》。2002年获永登县"师德楷模"称号，被评为永登县2010年高中教学优秀教师。

0242　柴世春

性　　别：男

出生年月：1962-10-03

民　　族：汉族

政治面貌：群众

职　　称：副高

学　　历：大学专科

所在单位：永登县上川镇初级中学

成　　就：2010年在《甘肃日报》教育版上发表了《新课标下的思想品德教学》。

简　　介：1970年—1975年在永登县上川镇黄茨滩小学读书；1976—1977年在永登县上川镇初级中学读书；1978—1979年在永登县占山中学读书；1980—现在在上川镇初级中学任教。

0243　魏家忠

性　　别：男

出生年月：1955-04-11

民　　族：汉族

政治面貌：中共党员

职　　称：副高

学　　历：大学专科

所在单位：永登县苦水中学

成　　就：长期从事中学历史教学。成绩突出，多次获得校、镇级优秀教师称号。

0244　施泽玉

性　　别：女

出生年月：1968-04-29

民　　族：汉族

政治面貌：群众

职　　称：副高

学　　历：大学本科

所在单位：甘肃省永登县第一中学

成　　就：2006年获永登县名师工程"首届高中历史骨干"称号；2008年获永登县"高中历史学科带头人"称号；2010年获甘肃省教育厅"甘肃省中小学骨干教师"称号；2011年获兰州市教育局"兰州金城名师"称号；2012年获兰州市委市政府"金城名师"称号；2014年获兰州市委市政府"兰州市领军人才"称号。有近40篇论文发表于《中国教育报》《中学历史报》《少年文摘报高中版》《中学历史教学参考》等报刊。主持完成兰州市规划课题1项；个人课题2项；甘肃省规划课题2项；中国教师报规划课题1项。被聘任为《中学历史教学参考》特约通讯员；兰州市教师发展学校历史学科指导教师。2010年获"全国中青年教师优质课大赛"二等奖；2012年获"全国中学教学创意大赛"二等奖和兰州市教育科研优秀成果一等奖；2013年获甘肃省征文一等奖和兰州市论文评选一等奖。

0245 张存礼

性　　别：男

出生年月：1966-10-20

民　　族：汉族

政治面貌：群众

职　　称：副高

学　　历：大学专科

所在单位：永登县武胜驿镇中心小学

成　　就：在县级刊物发表论文1篇、省级刊物发表论文2篇，多次获镇政府、县教育系统荣誉称号。

0246 陈国仁

性　　别：男

出生年月：1966-05-03

民　　族：汉族

政治面貌：群众

职　　称：副高

学　　历：大学本科

所在单位：永登县第一中学

成　　就：多次指导多位学生获全国作文竞赛一、二、三等奖。2007年9月被县教育局评为优秀班主任。2009年9月被永登县委县政府评为"美德之星"，并提名为兰州市首届道德模范候选人，2010年被县教育局评为优秀班主任，2011年9月被评为永登县优秀教师。2010年被评为兰州市骨干教师。

简　　介：1986年8月至1989年6月在永登县清水乡红砂川学校任教；1989年8月至1991年6月在兰州教育学院学习；1991年8月至今在永登一中任教。

0247 殷天锋

性　　别：男

出生年月：1962-09-10

民　　族：汉族

政治面貌：中共党员

职　　称：副高

学　　历：大学本科

所在单位：永登县第一中学

成　　就：1987获"永登县'三育人'先进个人"称号；1989获"永登县优秀教师"、"兰州市优秀教师"称号；1994年获"永登县优秀共产党员"称号；1997年—1999年连续三年获"永登县教育质量先进个人"称号；2001获"甘肃省省级骨干教师"称号；2012获甘肃省省级优秀教师"园丁奖"。撰写了许多有意义的文章，诸如《学困生的转化》《浅谈新形势下的德育教育》《了解创新 理解创新 践行创新》《对一个疑难问题的处理》等，发表在《中学生时事政治报》《课外阅读》《中学政治教学参考》上，部分论文在全国论文大赛中获一、二等奖。

简　　介：1981年7月参加工作，1988年1月加入中国共产党。

0248 朱晓华

性　　别：男

出生年月：1963-05-12

民　　族：汉族

政治面貌：中共党员

职　　称：副高

学　　历：大学专科

所在单位：永登县连铝学校

简　　介：1983年7月至2003年10月在白银公司二中任教；2003年10月至今在永登县连铝学校担任校长职务

0249 丁永海

性　　别：男
出生年月：1964-10-19
民　　族：汉族
政治面貌：中共党员
职　　称：副高
学　　历：大学本科
所在单位：甘肃省永登县第一中学
成　　就：甘肃省首批省级骨干教师、永登县教学能手、永登县高中语文学科带头人。在《中学语文教学参考》《甘肃教育》等国家级、省级刊物发表论文多篇。在省市报刊发表诗歌、歌词、小说、散文多首（篇）。出版旧体诗词集《四家诗》、《四家吟》、《四家韵》（合著）。

0250 苗培田

性　　别：男
出生年月：1964-05-02
民　　族：汉族
政治面貌：中共党员
职　　称：副高
学　　历：大学本科
所在单位：甘肃省永登县新城区小学
成　　就：2004年获"兰州市优秀教师"称号。2008年获甘肃省"园丁奖"优秀教师称号。2013被兰州市教育局评为县区级骨干教师。2010年9月申报甘肃省规划课题《学校德育的实效性问题研究》立项。2014年4月申报的《小学语文集体备课有效途径与方法研究》被省教科所审批为省级规划课题。2010年2月在《中小学教育》发表论文《浅谈语文课堂教学的"留白"策略》。2010年6月在《甘肃教育》发表论文《带领学生走进戏曲的天地》。2010年10月在《中国德育》发表论文《德育工作新思考》。
简　　介：1985年7月参加工作。1994年8月至2010年8月担任永登县中堡镇初级中学校长；2010年8月被组织部门选调到永登县新城区小学任校长。

0251 俞华源

性　　别：男
出生年月：1957年1月
民　　族：汉族
政治面貌：中共党员
职　　称：副高
学　　历：大学本科
所在单位：中共永登县委党校
成　　就：2014年6月《深化教育领域改革提供人才智力支持》一文在全市党校理论研讨会上获优秀论文奖。2011年6月在全省党校系统优秀教学比赛中荣获三等奖。有多篇研究论文在省、市级学术刊物及研讨会上发表。曾多次荣获党校系统教学与科研优秀荣誉称号。
简　　介：1978年5月参加工作。1994年调入党校，多年来从事党的政治理论宣传教育与研究工作。

0252 李若玉

性　　别：女
出生年月：1969-04-16
民　　族：汉族
政治面貌：群众
职　　称：副高
学　　历：大学本科
所在单位：永登县大同镇第二初级中学
成　　就：2004年3月撰写的论文《爱——健康教育的催化剂》在甘肃省教师论文大赛中荣获三等奖；2006年6月在兰州市中小学生"手拉手，心连心，共创美好家园"主题征文活动中荣获辅导三等奖；2006年9月被评为永登县"名师工程"首届初中语文骨干教师；2006年10月制作课件《茅屋为秋风所破歌》荣获永登县首届课件比赛三等奖；2007年6月荣获兰州市中小学生"走进阳光世界"主题征文活动辅导一等奖；撰写论文《让语文课堂"活"起来》在西部教育参考2008年第1期发表；2008年11月荣获永登县2008年第二学期水平检测试题评选初中语文一等奖；2009年1月论文《勿以善小而不为，勿以恶小而为之———一句评语的力量》经专家评审已被《教育学刊》杂志发表，并被评为优秀论文。

简　　介：1990年6月毕业于永登师范，7月分配到永登县大同青溪中学任教。参加工作后，进行"三结合"培训学习，取得汉语言文学专科文凭。后参加自学考试，在2003年6月取得汉语言文学本科证书。2009年12月被聘为高级教师。

0253　施红玉

性　　别：女

出生年月：1971-03-25

民　　族：汉族

政治面貌：群众

职　　称：副高

学　　历：大学本科

所在单位：永登县第八中学

成　　就：2005被评为兰州市第八届"教学新秀"。2009年被评为兰州市教科研先进个人和兰州市市级骨干教师。2010年被评为甘肃省第五届青年教学能手。2009年获得兰州市第八届信息技术与课堂教学整和课例三等奖。2008年获兰州市中学课堂竞赛二等奖。2013年被评为永登县师德楷模教师。2013年获永登县高效课堂教学大比武一等奖。2014年获永登县水平测试七年级英语第一名。主要教学科研成果：2006年2月—2008年6月参与中央电化教育馆国家级课题《利用网络资源进行英语学科整合的问题与对策》的研究，通过鉴定并获优秀奖。2008年3月申请并主持甘肃省十二五规划课题《课改下的英语课堂教学设计、实施与反思研究》，2010年12月结题。2010年11月获兰州市课题阶段性成果评选二等奖。其文《谈班级细节管理》发表于2008年第6期《甘肃教育》。《在活动中学习，在游戏中提高》发表于2010年第3期《甘肃教育》。《如何引导教师应对新的教学模式》发表于2014年第12期《甘肃教育》。《精心预设学生活动提高英语教学效率》发表于2014年第18期《甘肃教育》。

简　　介：1990年毕业于永登师范学校，同年在苦水镇周家庄学校任教；1993年—1995年在兰州市教育学院英语系进修学习；2004年毕业于兰州大学网络学院英语专业。

0254　胡世海

性　　别：男

出生年月：1969-11-10

民　　族：汉族

政治面貌：中共党员

职　　称：副高

学　　历：大学本科

所在单位：永登县苦水镇南峰初级中学

成　　就：多次在省级刊物发表论文并获奖，获兰州市百所示范性初中建设"优秀个人"称号、永登县"优秀共产党员"、"优秀教师"、"模范校长"等称号。

0255　王秋香

性　　别：女

出生年月：1962-08-01

民　　族：汉族

政治面貌：中共党员

职　　称：副高

学　　历：大学专科
所在单位：永登县第八中学
成　　就：2010 被评为永登县名师工程第三届初中英语"教学骨干"。2012 获永登八中"优秀教师"称号，永登县第八中学教学大比武三等奖。2013 获永登县第八中学教学大比武二等奖和永登县第八中学"优秀教师"称号。2014 获永登县第八中学"优秀教师"称号和"美丽教师"称号。

0256　刘仁荣
性　　别：男
出生年月：1966-08-26
民　　族：汉族
政治面貌：群众
职　　称：副高
学　　历：大学本科
所在单位：永登县第一中学
成　　就：1990 年前后自己发动、组织学校的文学爱好者创办"春芽"文学社，并在校领导支持下出版了正式刊物《春芽》。1995 年带学生参加"甘肃杯"作文大赛指导 8 人次获二、三等奖因而被授予"伯乐奖"。1996 年获永登县优秀教师称号，2002 年 5 月被评为兰州市中学骨干教师。曾入围参加"甘肃省中小学青年教学能手"的评比。在《语文教学通讯》《西北师大学报》(特刊)《作文导报》等杂志上发表论文 4 篇，其中一篇获兰州市教科所论文评比二等奖。
简　　介：1984 年 7 月考入陕西师范大学汉语言文学系学习；1988 年 6 月毕业于陕西师范大学汉语言文学系并被授予文学学士学位；1988 年 8 月参加工作后进入永登师范学校从事一线的课堂教学并长期兼任班主任工作；2006 年调入永登一中任教至今。

0257　张惠祥
性　　别：男
出生年月：1957-11-04
民　　族：汉族
政治面貌：群众
职　　称：副高
学　　历：大学专科
所在单位：永登县苦水中学
成　　就：2001 年度被兰州市政府授予优秀教师称号；2007 年度被评为兰州都市圈十大乡村教师，2009 年度被评为永登县优秀高三任课教师。
简　　介：1979 年 3 月参加工作，任中学语文教学工作，1995 年 12 月取得中学一级教师任职资格，2009 年 12 月取得中学语文高级教师任职资格。

0258　张桂花
性　　别：女
出生年月：1967-01-07
民　　族：汉族
政治面貌：群众
职　　称：副高
学　　历：大学本科
所在单位：永登县武胜驿镇石英矿小学
成　　就：2001 年荣获永登县教学能手称号，2013 年荣获兰州市教学骨干称号。发表省级论文两篇。

0259　刘万波
性　　别：男
出生年月：1963-12-08
民　　族：汉族
政治面貌：中共党员
职　　称：副高
学　　历：硕士研究生
所在单位：甘肃省兰州市永登县连电学校

成　　就：从事农村基础教育工作32年，为各级各类学校输送大量人才。曾荣获甘肃省电力局、永登县委县政府、兰州市委市政府等授予多项荣誉。

0260 张春花

性　　别：女
出生年月：1968-11-19
民　　族：汉族
政治面貌：群众
职　　称：副高
学　　历：大学本科
所在单位：苦水镇南峰初级中学
成　　就：在这二十多年的教学中，兢兢业业，爱护学生，热爱自己的本职工作，曾多次获得优秀辅导员、优秀班主任等称号。

0261 郑丹

性　　别：男
出生年月：1974-05-11
民　　族：汉族
政治面貌：群众
职　　称：副高
学　　历：大学本科
所在单位：兰州市永登县连铝学校
简　　介：从大学毕业以来，一直在连铝学校任教。从事连铝学校高中教育教学工作、班主任工作。

0262 黄彬

性　　别：女
出生年月：1977-04-01
民　　族：汉族
政治面貌：中共党员
职　　称：副高
学　　历：硕士研究生
所在单位：中共永登县委党校

成　　就：在《茂名学院学报》发表论文《论诚实信用与和谐社会的构建》。在《淮阴工学院学报》发表其论文《人大代表的角色利益冲突及其化解》。在《天津市工会管理干部学院学报》发表其论文《全球化背景下我国文化发展的思考》。

0263 火久伟

性　　别：男
出生年月：1970-05-18
民　　族：汉族
政治面貌：群众
职　　称：副高
学　　历：大学本科
所在单位：永登县第二中学
成　　就：2004年7月在《语文报文科综合版》第30期发表论文《浅析对政党认识的十大误区》，2004年9月在《中学政治教学参考》第9期发表论文《对实践标准的辩证法理解》，2005年9月在《中学政治教学参考》第9期发表论文《善待的价值》，2009年9月在《教育科学论坛》第9期发表论文《让哲学教学踏歌前行》，2009年9月在《读与写》第9期发表论文《好风凭借力 送我上青云——政体知识教法探析》，2009年11月在《中学政治教学参考》第11期发表了论文《对美国总统选举的几个认识误区》。2010年5月参与编辑教辅资料《金版教程》。2014年10月在《中学政治教学参考》上旬刊第十期发表论文《用美的语言营造美的哲学课堂》。

0264 苗培河

性　　别：男
出生年月：1965-07-12
民　　族：汉族
政治面貌：群众

职　　称：副高
学　　历：大学专科
所在单位：永登县上川镇初级中学
成　　就：兢兢业业在教育战线奋战了三十年，培养了一批批优秀人才。中学副高级职称。

0265 杨喜春

性　　别：男
出生年月：1963-05-24
民　　族：汉族
政治面貌：中共党员
职　　称：副高
学　　历：大学本科
所在单位：永登一中
成　　就：2001年获兰州市"优秀教师"称号；2000年获永登县"优秀教师"称号；甘肃省骨干教师；2007年入选兰州市151人才。

0266 罗定山

性　　别：男
出生年月：1956-04-30
民　　族：汉族
政治面貌：中共党员
职　　称：副高
学　　历：大学专科
所在单位：兰州市永登县大同镇第一初级中学
成　　就：自担任大同镇文教办主任后，不断强化学校教育教学常规管理，优化教育资源配置，激发教师教学积极性，全镇中学教育教学质量在全县名列前茅，小学教育教学质量位居全县上游，因而文教办多次被市、县两级党委、政府和两级教育行政部门授予教育管理先进单位。其于2000年被市委市政府授予教育教学管理先进个人称号。

0267 王安定

性　　别：男
出生年月：1945-07-22
民　　族：汉族
政治面貌：中共党员
职　　称：副高
学　　历：大学本科
所在单位：中共永登县委党校
成　　就：在工作期间多次荣获优秀共产党员称号，并被评为党校系统优秀教师。长期从事党的政治理论研究及教学工作，多次受到上级党委的表彰奖励，并在相关刊物发表多篇论文，参与相关教材的编写工作。
简　　介：退休前系中共永登县委党校常务副校长，高级讲师。

0268 杨发奎

性　　别：男
出生年月：1963-12-17
民　　族：汉族
政治面貌：中共党员
职　　称：副高
学　　历：大学专科
所在单位：永登县民乐乡中心校
成　　就：1991年9月10日被评为永登县优秀教师；1999年5月12日被评为永登县"两基"达标先进个人；2013年11月20日被评为县级骨干教师。

0269 杜晓霞

性　　别：女
出生年月：1971-10-20
民　　族：汉族
政治面貌：中共党员
职　　称：副高
学　　历：大学本科
所在单位：兰州新区舟曲中学

成　　就：《语文课的"茶馆式"教学》获1999年"全国铁路第六届基础教育论文"二等奖，并在《铁路基础教育》（1999年第5期）发表。《清新明快，意趣相谐》发表于《语文报》第347期。《"博喻"的三种用法及其审美效应》发表于《语文报》第356期。《初中教学中鲁迅作品的字词障碍》发表于《语文报》第361期。《"女性"的几种称谓》发表于《语文报》（高中版）第331期。《只着一字，尽得风流》获全国语文教师精短论文大赛一等奖。

简　　介：1989年9月—1991年7月在庆阳师专汉语言文学专业学习；1991年7月—2003年8月武威铁路分局张掖铁中教师（期间：1995年9月—1998年8月西北师范大学汉语言文学教育专业在职学习，取得本科学历）；2003年8月—2014年11月，在武威铁路中学从事高中语文教学；2014年11月至今，在兰州新区舟曲中学，担任高三语文教学工作。

0270　王集和

性　　别：男

出生年月：1971-04-14

民　　族：汉族

政治面貌：群众

职　　称：副高

学　　历：大学本科

所在单位：兰州新区舟曲中学

成　　就：多年来扎根教学一线，担任班主任工作16年，教学业绩突出。所带四届高三毕业班高考语文成绩均居市级示范性中学一、二名。在省级期刊上公开发表论文7篇，主编、参编教学用书2部，主要参与完成教师基金十一五规划课题《教师考核制度研究》，主持市级重点课题、甘肃省十一五规划课题《中学生主动阅读心理探究及养成》。

获兰州市优秀公开课，担任兰州市教学新秀评委，2013年被聘为兰州市面试考官专家库成员。近些年获得兰化总校优秀班主任、优秀教师、师德先进、总校标兵、总校教学能手、兰化公司园丁奖、兰州石化优秀教师等荣誉；2007年评为兰州市优秀教师，受到市委市政府表彰。

简　　介：1995年西北师范大学中文系毕业，现任新舟中学办公室主任。

0271　吴淑琴

性　　别：女

出生年月：1967-11-13

民　　族：汉族

政治面貌：群众

职　　称：副高

学　　历：大学本科

所在单位：兰州新区舟曲中学

成　　就：2010年被评为武威市骨干教师。2010年7月参加甘肃省普通高中新课程实验学科骨干教师教材培训并被评为优秀学员。2008年获武威市课堂教学竞赛二等奖。2006年主编武威铁中校本教材《武威历史文化》。2001年所带文科考生一人考入北大并总分位居全省第四名、历史成绩125分位居全省前列。论文《与时俱进，倡历史创新教学》获2002年中学历史教学参考杂志社"全国当代历史教学优秀论文"二等奖，并在《中学历史教学参考》（2003年第1期副刊）发表。论文《以史为鉴，激发爱国情感》荣获2004年新时期全国优秀论文征文一等奖（国家级）。《汉代税制及特点浅议》参加2003年度《教与学》全国教师论文征文荣获论文征文优秀教研成果一等奖（国家级）。

简　　介：1987年9月—1989年6月庆阳师专历史教育专业学习；1989年7月—1997年7月武威铁路分局河西堡铁中教师，团委书记；1997 年 8 月—2014 年 7 月武威铁路中学高级教师，从事高中历史教学（期间，2003 年 3 月—2005 年 7 月在中央电大东北师大汉语言文学专业在职学习，取得大学本科学历证书）；2014 年 8 月至今兰州新区舟曲中学高级教师，从事高中历史教学。

0272 毛万财

性　　别：男
出生年月：1973-02-06
民　　族：汉族
政治面貌：中共党员
职　　称：副高
学　　历：大学本科
所在单位：兰州新区舟曲中学
成　　就：工作 18 年，担任高三毕业班教学 12 年，班主任工作 11 年。2009 年 9 月指导的研究性学习案例《探索拿破仑死亡之谜》荣获"甘肃省研究性学习案例交流评比"三等奖。2009 年作为第二人参与完成了甘肃省"十一五"规划省级重点课题《新课程下中学生历史发展性学力的培养研究》，并通过省级鉴定。2012 年参与完成了甘肃省新课程实验样本校课题《普通高中新课程教学研究》并通过省级鉴定。2014 年主持完成了甘肃省"十二五"规划课题《新课程下中学文史学科整合的实践研究》并通过省级鉴定。
简　　介：1992 年 8 月—1996 年 7 月西北师范大学学习；1996 年 7 月—2014 年 1 月在甘肃省金塔县中学工作；2014 年 2 月至今在兰州新区舟曲中学工作。

0273 孙学军

性　　别：女
出生年月：1968-08-01
民　　族：汉族
政治面貌：中共党员
职　　称：副高
学　　历：大学本科
所在单位：酒泉市肃州区委党校
成　　就：1999 年在兰州大学出版社出版 21 万字专著《意义的追寻》，该书获得了酒泉地区"五个一工程"优秀奖。论文《毛泽东与〈论十大关系〉》一文参加甘肃省毛泽东诞辰 110 周年理论研讨会获得优秀论文奖；《肃州区农业产业化发展现状与对策》一文参加甘肃省委党校邓小平理论研究中心理论研讨会获优秀奖；撰写的 13 万字《电梯说服术》一书人民邮电出版社出版发行，撰写《低碳经济视角下的酒泉新能源产业发展研究》在《发展》杂志发表。2002 年她被省委党校授予"全省党校系统优秀教师"，2003 年她被酒泉市委党校授予酒泉学区优秀教师。2012 年荣获酒泉市优秀思想政治工作者称号。

0274 宋汉军

性　　别：男
出生年月：1969-12-23
民　　族：汉族
政治面貌：中共党员
职　　称：副高
学　　历：硕士研究生
所在单位：酒泉市肃州区委宣传部
成　　就：目前担任肃州区讲师组组长，兼管全区社会研究工作。

0275 李炳臣

性　　别：男
出生年月：1970-04-15
民　　族：汉族
政治面貌：中共党员
职　　称：副高

学　　历：大学本科

所在单位：敦煌市敦煌中学

成　　就：担任《教师专业成长的途径与方法的研究》课题负责人，2011年10月本课题经甘肃省教科所专家鉴定为省级优秀课题。2011年2月荣获敦煌市高中政治学科带头人称号，发表论文：甘肃省教科所主编《教育革新》2010年第5期发表其论文《"引导—设境—指导"研究性学习法》。南京师范大学主编《文教资料》2010年1月号发表其论文《浅谈中学思想政治课教学中的心理教育》。甘肃省教科所主编《教育革新》2009年第3期发表其论文《政治课研究性学习的选题与操作》。甘肃省普通高中毕业会考办公室编《2007年甘肃省普通高中毕业会考政治试卷抽样分析报告》（《教育学报》）发表其论文。《中小学教研》杂志社2007年2期发表其论文《浅谈政治课堂提问》。2008年9月30日参与甘肃省教育科学规划领导小组办公室甘肃省教育科学"十一五"规划课题：作业布置的研究。

简　　介：1992年7月毕业于张掖师范专科学校政史系，现已任教23年了，2011年5月任中学高级教师。这期间于1998年8月—2001年8年参加西北师大政治教育函授本科进修学习，取得本科学历；1992年7月—1996年8月，在敦煌市三危中学从初中、职业高中政治教学；1996年8月—2001年7月，在敦煌市职教中心职业高中担任政治课教学；2001年8月至2012年在敦煌市第三中学任高中政治教师，期间一直担任班主任和政史地教研组长工作；2012年8月至今在敦煌中学任高中政治教师和学校保管工作。

0276　陈进科

性　　别：男

出生年月：1955-09-05

民　　族：汉族

政治面貌：中共党员

职　　称：副高

学　　历：大学专科

所在单位：敦煌市敦煌三中

成　　就：《素质教育的问卷与思考》发表于《教育革新》1999年第一期。《课堂教学要做到三个重视》发表于《甘肃教育》2012年第二期。

简　　介：1976年毕业于酒泉师范学校参加工作；1986年8月至1988年7月在甘肃省教育学院政教系离职进修；参加工作以来，先后在敦煌市转渠口中学、西关小学、敦煌三中从事教学和学校管理工作。

0277　李顺平

性　　别：男

出生年月：1967-06-06

民　　族：汉族

政治面貌：中共党员

职　　称：副高

学　　历：大学本科

所在单位：敦煌市西关小学

成　　就：1988被评为酒泉市模范班主任；1996被评为敦煌市模范共产党员；1996被评为优秀教育工作者；2006被评为敦煌市优秀党务工作者；2008被评为敦煌市优秀教育工作者；2012被评为敦煌市优秀教育工作者；2012被评为酒泉市体育运动先进个人。

简　　介：1986年7月在南湖中学任教，先后但任南湖中学教导主任、副校长校长；2004年11月—2012年12月在转渠口中学任校长，2013年1月起任西关小学校长；2006年11月，在北京师范大学海威教育培训中心参加中学校长培训班1月；2009年7月10日—2009年7月20日参加教育部2009年农村义务教育中小学校长预算管理国家级专题培训，并被评为优秀学员；2012年11月—2012年12月参国培计划初中历史学科培训，并被评为优秀学员。

0278 李晓菊

性　　别：女
出生年月：1965-12-13
民　　族：汉族
政治面貌：中共党员
职　　称：副高
学　　历：大学本科
所在单位：敦煌市敦煌三中
成　　就：在省级刊物发展多篇论文。2011年7月被评为甘肃省中小学省级骨干教师；2011年4月被聘为甘肃省教育学会中小学外语教学专业委员会理事；所辅导的学生在全国中学生英语能力竞赛中多人次获全国二等奖、三等奖及市级奖项等，其个人多次获优秀辅导教师奖。
简　　介：1985年7月参加工作，大学本科学历，中学高级教师职称。1985年7月至2013年7月，一直在敦煌市杨家桥中学担任初中英语教学工作；2013年8至2014年2月在敦煌二中任教；2014年3月至今在敦煌三中任教。

0279 吕慧萍

性　　别：女
出生年月：1965-02-16
民　　族：汉族
政治面貌：中共党员
职　　称：副高
学　　历：硕士研究生
所在单位：敦煌艺术旅游中专学校
成　　就：2001年11月获甘肃省首届中等职业学校英语竞赛优秀指导教师奖。2002年10月获职教系统第一届英语竞赛优秀指导奖。2002年10月获酒泉市职教系统英语优秀课三等奖。2003年被评为敦煌市委优秀教师。2004年获酒泉市委优秀教师。此外，多次被评为校级模范班主任和优秀教师，荣获酒泉市骨干教师和学科带头人的荣誉称号。作为主持人独立完成多个省级课题。在省级刊物发表论文多篇。
简　　介：1985年毕业于酒泉师范，同年7月参加工作。自1985年起，先后在敦煌三危中学、敦煌二中、敦煌艺术旅游中专学校从事中学、职业教育教学工作，期间取得英语大专、英语和计算机专业两个本科文凭、教育硕士研究生文凭。

0280 黄汉林

性　　别：女
出生年月：1970-04-22
民　　族：汉族
政治面貌：中共党员
职　　称：副高
学　　历：大学本科
所在单位：敦煌市敦煌中学
成　　就：2010年被敦煌市教育局评为骨干教师；2010年参加酒泉市高中英语教学观摩课评选活动，获三等奖。2011年被评为敦煌市第三中学高考优秀辅导教师；2013年被评为敦煌中学优秀教师。在省级刊物发表论文多篇。
简　　介：1989—1991年在新疆石河子大学基础部英语系就读；1991年8月至2005年7月在新疆库车县第二中学任教；1996年4月被聘为中学二级教师；2000年11月取得中学一级教师资格，2001年4月被聘为中学一级教师；2001年8月—2004年8月在新疆教育学院函授本科；2005年7月由新疆库车县第二中学调入敦煌市第三中学工作。2011年4月取得中学高级教师任职资格，

2012年5月被聘为高级教师；2012年8月调入敦煌中学任教。

0281 曾万选

性　　别：男

出生年月：1954-12-23

民　　族：汉族

政治面貌：中共党员

职　　称：副高

学　　历：大学专科

所在单位：敦煌市五墩中学

成　　就：在省级刊物发表论文多篇。

简　　介：1973年1月高中毕业，曾从事生产队财务工作；1976年1月选拔进入五墩中学工作；1988年取得中小学二级教师资格，1993年取得中小学一级教师资格，2007年取得高级教师资格。历年来，担任初中数学、物理、地理、政治、历史等学科的教学工作，并多年担任初中毕业班数学和政治的教学工作，且成绩优异。

0282 康生清

性　　别：男

出生年月：1962-10-02

民　　族：汉族

政治面貌：群众

职　　称：副高

学　　历：大学专科

所在单位：敦煌市郭家堡中学

成　　就：组织参与"学生质疑、批研究判性思维的培养研究"课题研究，获酒泉市三等奖；《后进生习作不必作为讲评的对象》发表于《甘肃教育报》2001年6月15日；《学贵有疑》发表于《未来导报》2004年5月7日；《语文教学中教师角色的转换》发表于《未来导报》2007年11月30日；《中学生语文成绩两极分化的成因及对策》发表于《甘肃教育》2009年3月。

简　　介：1981年7月任职于郭家堡学区土塔小学；1984年6月以优异的成绩考入酒泉师范；1986年8月分配到郭家堡中学任教；先后担任初中语文教学工作、班主任工作、语文教研组组长；1988年8月至1990年7月，利用业余时间参加甘肃省广播电视大学汉语言专业的学习。

0283 王喜明

性　　别：男

出生年月：1965-01-12

民　　族：汉族

政治面貌：中共党员

职　　称：副高

学　　历：大学本科

所在单位：敦煌市五墩中学

成　　就：多篇论文和作品曾分别在《酒泉教育》《中学语文参考》《甘肃教育督导》《中小学教育》等刊物上发表并获奖。2009年主持的国家级课题《传统文化与语文教学》获得中央教科所一等奖。在2010年被敦煌市委评为全市优秀共产党员。

简　　介：现任五墩中学校长，党支部书记，中学高级教师。

0284 田俊

性　　别：男

出生年月：1969-11-19

民　　族：汉族

政治面貌：中共党员

职　　称：副高

学　　历：硕士研究生

所在单位：敦煌市敦煌中学

成　　就：2005年被酒泉市录用为"3215人才工程"资源库成员。2010年荣获敦煌市语文学科骨干教师称号。2011年荣获敦煌市语文学科学科带头人称号。在省级刊物发表论文多篇。参与的"自主—合作"文言文教学模式研究与实验课题结题并通过鉴定。"自主—合作"文言文教学模式研究与实验获全国中学语文教学优秀教育教学艺术成果二等奖。省级课题"依托校刊资源进行创新作文教学的实验与研究"于2011年10月26日结题。2001年12月荣获第三届全省中小学生书信文化大赛优秀辅导奖。2011年12月辅导学生权国伟、白雪荣获"我为酒泉添风采"酒泉市第三届征文大赛优秀奖,其荣获优秀辅导奖。

简　　介:1990年7月毕业于甘肃省张掖师专中文系,同年参加工作。1990年7月至1994年7月敦煌市三危职业中学工作。1994年8月至2001年7月敦煌市职业中学工作。2001年8月至2012年7月敦煌市第三中学工作。1994年7月—1997年8月在西北师大在职进修汉语言文学本科学历。2003年12月—2006年12月在西北师大文学院在职进修教育硕士专业学位研究生。2006年10月毕业。2012年8月至今在敦煌中学工作。至今从事中学高中语文教学工作24年年。

0285 陈芳

性　　别:女
出生年月:1968-01-01
民　　族:汉族
政治面貌:中共党员
职　　称:副高
学　　历:大学本科
所在单位:敦煌市敦煌中学

成　　就:2001年到2014年期间,14次任敦煌中学高中英语辅导教师,高考成绩名列酒泉地区前茅。自1988年以来有8篇论文在国家级或省级刊物上发表,1篇论文在全国英语研讨会上交流并获优秀论文奖。3篇论文在地、市化学英语研讨会上交流。2008年至2011年参加的国家级课题研究,其获得优秀教研员称号。曾九次被评为甘肃省英语竞赛优秀辅导教师。1990年被评为敦煌市"优秀德育工作者"。1996年被评为敦煌市优秀教师。2005年被评为酒泉地区十大杰出母亲。2009年被评为敦煌市骨干教师。2010年被评为敦煌市学科带头人。2010年被评为敦煌市优秀德育工作者。

简　　介:1988年毕业于酒泉师范英语班;1993年4月参加自学考试英语专科学习,于1996年12月毕业;1998年参加自学考试英语本科学习,于2001年6月毕业,中教一级(2005年9月9日任职)。

0286 朱兆槐

性　　别:男
出生年月:1969-10-25
民　　族:汉族
政治面貌:中共党员
职　　称:副高
学　　历:大学本科
所在单位:敦煌市敦煌中学

成　　就:2007年获省教科所组织的甘肃省高中地理课堂教学竞赛三等奖。2006年获敦煌市全市师德标兵称号。2012年获敦煌市"飞天园丁奖"优秀教师称号。2008年获甘肃省环保局、甘肃省教育厅组织的全省"优秀环境教育教学方案"中学组三等奖。承担并完成多项省、地级课题,在省级刊物发表多篇论文。

简　　介:1990年9月至1994年6月在西北师范大学地理系读书;1994年7月至今在敦煌市敦煌中学从事地理教学工作;从教20年来担任18年班主任工作,并做青年教师的指导培养工作。

0287 魏振平

性　　别：男
出生年月：1964-01-07
民　　族：汉族
政治面貌：中共党员
职　　称：副高
学　　历：大学本科
所在单位：敦煌市敦煌二中
成　　就：参加的课题《张思中英语教学法研究》获酒泉市教育科研成果一等奖。主持的课题《如何培养学生学习英语的良好习惯》通过了酒泉市教育局的鉴定和验收。2008年被敦煌市选为敦煌奥运火炬传递护跑手，并圆满完成任务，同年被敦煌市教育局党委评为优秀共产党员，2012年被敦煌市委授予"飞天先锋"之"育才先锋"称号。

0288 许建辉

性　　别：男
出生年月：1962-08-26
民　　族：汉族
政治面貌：中共党员
职　　称：副高
学　　历：大学本科
所在单位：敦煌市敦煌二中
成　　就：1991年荣获敦煌市"优秀德育工作者"称号，1993年被酒泉市委市政府评为"优秀教师"，所带班级也被树立为酒泉市"文明班集体"。1997年调入敦煌市第二中学，担任语文教学和班主任工作，多次被学校评为"优秀教师"，期间参加自学考试，取得汉语言文学本科学历，并担任语文教研组组长，撰写并发表多篇论文，其中有两篇发表在省级刊物《语文教学与研究》并获奖，积极参与地级、校级课题研究，由于教研工作出色，教研组屡次被学校评为"先进集体"。2012年9月被敦煌市委市政府评为"飞天园丁奖"优秀教师。
简　　介：1981年酒泉师范毕业后分配到转渠口中学工作，担任语文教学和班主任工作；1988年酒泉教育学院毕业，仍在转渠口中学担任语文教学和班主任工作；1997年调入敦煌市第二中学，担任语文教学和班主任工作；期间参加自学考试，取得汉语言文学本科学历。

0289 王国志

性　　别：男
出生年月：1969-01-15
民　　族：汉族
政治面貌：中共党员
职　　称：副高
学　　历：大学本科
所在单位：敦煌市敦煌三中
成　　就：2003年9月被敦煌市委、政府授予"师德模范"称号。2005年4月所带高三（1）班被授予酒泉市"文明班集体"称号，7月获敦煌市"优秀共产党员"称号。2006年9月被酒泉市委政府授予"优秀教师"称号。2009年7月获酒泉市"首批专业技术拔尖人才"称号。2012年2月被酒泉市委宣传部等七家单位授予酒泉市"风采市民"称号；6、2012年4月被授予酒泉市"语文骨干教师"称号。2011年专著《行知班的那些事》有甘肃人民出版社出版。
简　　介：1993年参加工作，大学本科学历。工作中提出了"369"教学模式，尝试"导学案"课堂教改模式，实验取得了良好的效果，形成了鲜明的教学风格。

0290 罗星

性　　别：男
出生年月：1964-04-27
民　　族：汉族

政治面貌：中共党员
职　　称：副高
学　　历：大学本科
所在单位：敦煌市转渠口中学
成　　就：1998年被评为敦煌市优秀教师；1995年获首届甘肃省作文大赛"伯乐"奖；论文《语文课程改革中可比性原则初探》刊登于《酒泉教育》2006年第二期，《谈语文情感编、导、演》刊登于《酒泉教育》2006年第五期，《语文教学激趣手段》刊登于《甘肃教育督导》2006年第十一期。
简　　介：1984年7月参加工作，副高级教师。1981年9月至1984年7月在酒泉师范学校学习；1984年7月至1988年9月在七里镇中学工作；1988年9月至1990年7月在酒泉教育学院学习；1990年7月至2003年1月在七里镇中学工作；2003年1月在转渠口中学工作，任副校长（期间于2004年取得中央广播电视大学汉语言本科学历证书）；2013年10月任转渠口中学校长。

0291 刘文

性　　别：男
出生年月：1963-05-25
民　　族：汉族
政治面貌：中共党员
职　　称：副高
学　　历：大学专科
所在单位：敦煌市北街小学
成　　就：2006年被评为敦煌市优秀教育工作者；2006年研究课题《构建适应素质教育的新模式农村中学实施合作学习初探》通过酒泉市教育专家组鉴定；2010年论文《以特色立校用质量兴校》被敦煌市教育教学论文评选三等奖；2009年《新课改背景下和谐教育的行动研究》通过省级鉴定；2010年《新课改背景下和谐教育的行动研究》获酒泉市第十届基础教育优秀成果评选三等奖；2012年论文《以特色立校　用质量兴校》发表于《教育革新》第四期；2011年被酒泉市评为"两基工作"先进个人；2012年被酒泉市评为教育先进个人；2012年被甘肃教育厅评为创建绿色学校先进个人。
简　　介：1981年毕业于酒泉市中等师范专科学校；1981年被分配到敦煌市黄渠中学任教；1988年7月于酒泉教育学院生化系毕业；历任黄渠中学副校长、三危中学副校长、校长，2012年8月任北街小学校长至今。

0292 范金萍

性　　别：女
出生年月：1966-02-08
民　　族：汉族
政治面貌：中共党员
职　　称：副高
学　　历：大学本科
所在单位：敦煌市艺术旅游中专
成　　就：多次参加学科竞赛并获奖。2005年获全校优质课评选第一名，2006年获多媒体课件制作一等奖。2007年评为酒泉地区骨干教师，2010年评为酒泉地区学科带头人，2006年敦煌市委评为优秀教师，2011年被评为市级优秀共产党员，2010年被任甘肃省中等职业学校专业学科课程组成员，2012年被任酒泉市教育学会职业教育分会理事会理事。2013年学校申报了2个地级课题和2个省级课题。
简　　介：多年来一直担任班主任和教研组长、教务处主任职务，并承担思想品德、经济政治等课程的教学工作。

0293 赵红昌

性　　别：男
出生年月：1972-01-16

民　　族：汉族
政治面貌：中共党员
职　　称：副高
学　　历：大学本科
所在单位：敦煌市敦煌中学
成　　就：在省级刊物发表论文多篇。2007年5月酒泉市中小学第四届书信文化大赛优秀辅导教师；2008年3月被评为酒泉市中小学第五届书信文化大赛优秀辅导教师。
简　　介：1990年7月—2001年7月，在敦煌市转渠口中学任教；2001年8月—2012年7月，在敦煌市第三中学任教；2012年8月至今在敦煌中学任教；在高中任教期间，多次担任高中理科重点班班主任，兼任两个重点班语文教学。

0294 赵军立

性　　别：男
出生年月：1968-05-03
民　　族：汉族
政治面貌：中共党员
职　　称：副高
学　　历：大学本科
所在单位：敦煌市转渠口中学
成　　就：1996年获得敦煌市"优秀少先队辅导员"称号。1994年、2001年、2012年、2012年获得乡镇和学校级"优秀教师"称号；1998年、2000年先后获得敦煌市骨干教；2011年获得学科带头人；在省、地级刊物发表论文多篇。作为主持人或者参与者参与多项省、地级课题。
简　　介：1990年7月12日毕业于酒泉地区师范学校，在转渠口学区五圣宫小学教学并兼任少先队辅导员；1997年12月25日参加兰州大学汉语言文学专科自学考试毕业；于1998年秋从转渠口学区五圣宫小学调到转渠口中学任语文教师；2005年6月25日本科毕业；2007年秋调任新建明德小学（转渠口中学小学部），并兼任校长。

0295 韩学仁

性　　别：男
出生年月：1962-09-03
民　　族：汉族
政治面貌：中共党员
职　　称：副高
学　　历：大学本科
所在单位：敦煌市三危中学
成　　就：2006年著作《巴尔湖纪事》正式出版发行；教研课题《搞好中小衔接，提高教育教学质量》获得甘肃省第三届基础教育教学科研优秀成果二等奖；2010年参与编写的全国中小学生民族精神乡土教育读本《敦煌》，在中央教科所《传统文化与语文教学》课题专题总结大会上荣获国家教科研成果一等奖；论文《初中作文教学主体性的几点尝试》发表在教育部主管的《中小学教育》2009年第10期，并荣获全国优秀论文评选一等奖
简　　介：1982年7月参加工作，大学本科学历，中学高级教师。自参加工作以来，先后担任中学教师、中学教导处副主任、主任、中学副校长、校长等职，现任敦煌市三危中学党支部书记、校长。

0296 何宗军

性　　别：男
出生年月：1968-12-16
民　　族：汉族
政治面貌：中共党员
职　　称：副高
学　　历：大学本科
所在单位：敦煌市转渠口中学
成　　就：1995年被评为敦煌市教育教学标

兵；2006年被敦煌市教育局命名为"敦煌市初中语文学科带头人、中小学骨干教师"；2010年被酒泉市教育局命名为"酒泉市中小学骨干教师"；2013年被评为"甘肃省农村乡镇骨干教师"；参与甘肃省教育科研"十五"规划课题《以"校刊"为龙头，带动校园文化发展》的研究；在省、地级刊物发表论文多篇。

简　　介：1985年9月—1988年7月在金塔县中学就读高中；1988年9月—1990年7月在张掖高等师范专科学校中文系就读大专；1990年8月在敦煌市转渠口中学参加工作；1990年8月至1996年7月在敦煌市转渠口中学担任初中语文教学工作、班主任；1996年8月至1999年7月在敦煌市转渠口中学担任初中语文教学工作、语文教研组长、班主任。1999年8月至2001年7月，在敦煌市转渠口中学担任初中语文教学工作、教导处干事、班主任（其间，1999年8月—2001年12月，在中央党校法律专业函授本科，并取得法律本科学历）；2001年8月至2014年7月在敦煌市转渠口中学担任初中语文教学工作、教导处主任（其间，2003年3月—2005年12月，参加汉语言文学本科自学考试，并取得汉语言文学本科学历）；参加工作以来，甘做为人师表的典范。

0297 葛忠明

性　　别：男

出生年月：1962-09-22

民　　族：汉族

政治面貌：中共党员

职　　称：副高

学　　历：大学本科

所在单位：敦煌市敦煌二中

成　　就：2004年被酒泉市委政府评为"优秀教师"。2008年甘肃省委政府评为优秀教师，授予"园丁奖"。论文《要善于寻找教育的契机》发表在2005年11月20日《德育报》上，论文《浅析鲁迅作品的语言特色》发表在《语文教学与研究》2006年第6期，论文《愿你洒向学生的都是爱》发表于《教学交流》2008年第4期。

简　　介：1981年毕业于酒泉师范，毕业后分配到敦煌市孟家桥中学任教；1986年在酒泉教育学院进修，取得汉语言大专学历；1993年调入敦煌市第二中学任教；2003年12月通过参加自学考试取得兰州大学汉语言本科学历；1998年被聘为中学一级教师，2009年晋升为中学高级教师，是敦煌市学科带头人。

0298 田河

性　　别：男

出生年月：1959-11-28

民　　族：汉族

政治面貌：中共党员

职　　称：副高

学　　历：大学专科

所在单位：敦煌市五墩中学

成　　就：2002年课题《抓好中小学衔接，全面提高教育质量》合作课题获甘肃教育厅二等奖；2006年主持小学课题《加强语文教学，提高小学生作文水平》获敦煌市课题研究二等奖。论文《爱是构建和谐班集体的灵魂》发表于甘肃省《教育革新》杂志上。

简　　介：1980年—1991年在靖远小学担任语文、数学、体育等科目的教学工作（期间在敦煌市教师进修学校进修中等师范课程）；1992年—1996年在五墩中学担任语文教学、班主任工作；1996年9月在五墩中学学区教研组任教研员；2006年至今任五墩中学小学教研组长。

0299 何正彦

性　　别：男
出生年月：1966-02-28
民　　族：汉族
政治面貌：群众
职　　称：副高
学　　历：大学专科
所在单位：敦煌市郭家堡中学
成　　就：论文《谈谈学会与会学》2002年11月在《甘肃教育报》发表；论文《语文教学如何培养学生的创造性学习能力》2006年12月在《甘肃教育督导》发表；课题《研究性学习与思想政治学科的整合研究》通过酒泉市鉴定验收；多次获得校级、乡级"优秀教师"称号。
简　　介：1984年7月毕业于酒泉师范学校，同年分配到敦煌市郭家堡中学任教至今。

0300 吴太祺

性　　别：男
出生年月：1962-05-31
民　　族：汉族
政治面貌：中共党员
职　　称：副高
学　　历：大学本科
所在单位：敦煌市敦煌中学
成　　就：2010年被敦煌市委市政府授予"优秀教师"称号，2011年被教育局评为敦煌市"政治学科带头人"。2013年被酒泉市教育局授予"文明班集体"称号。2009年参加甘肃省十一五规划课题《校园文化建设模式策略及效益评价研究》并通过甘肃省教育科学规划领导小组鉴定，该项课题获得甘肃省教育科学优秀成果一等奖，其排名第二位，负责子课题"班级文化建设"研究，其中论文《新课标下班级文化建设模式探索与实践》获中央教科所教育论文评比一等奖。
简　　介：高级教师，现任教于敦煌中学。

0301 王敦

性　　别：男
出生年月：1973-05-13
民　　族：汉族
政治面貌：中共党员
职　　称：副高
学　　历：大学本科
所在单位：转渠口中学
成　　就：1994年获敦煌市优秀教育工作者。获得第四届"叶圣陶杯"全国中学生新作文大赛作文教学成果二等奖。论文《放手——巧妙的留白艺术》获酒泉市教育局论文评选三等奖；省级课题《以校刊创办为龙头，带动校园文化发展》2006年10月验收结题，第五参与人；《如何在阅读教学中实现从知识到能力的迁移》发表于《中学语文教学参考》2008年第九期。《构建开放型学习课堂》发表于《中学语文教学参考》2009年第十一期。《三招让新课改中的语文教学"活"起来》发表于《甘肃教育》2013年15期。获2013年甘肃省教科所教育教学论文一等奖获奖、《创设问题情境　引领高效课堂》发表于《文教资料》2014年第三期。
简　　介：1992年毕业于酒泉师范，2006年自学考试取得汉语言文学专业本科学历，中学高级教师，现任教于敦煌市转渠口中学，从事语文教学工作。

0302 李宝

性　　别：男
出生年月：1971-03-19
民　　族：汉族
政治面貌：中共党员
职　　称：副高
学　　历：大学本科

所在单位：敦煌市转渠口中学

成　　就：1999年获市级骨干教师荣誉，2003年获乡级优秀教育工作者荣誉，2004年获乡级优秀共产党员荣誉，2011年7月中旬刊论文《让朗读成为语文教学的核心》发表于《文教资料》。论文《多媒体技术在语文教学中的应用》发表于2014年第五期《甘肃教育》。

简　　介：1990年7月酒泉师范学习毕业，1990年8月参加工作；1996年6月通过自学考试，汉语言文学专科毕业，2006年6月通过自学考试，汉语言文学本科毕业；参加工作后被分配到转渠口学区工作；1990年8月至1992年1月在转渠口乡秦安小学任教；1992年3月调整到转渠口中学任教至今；2003年1月取得一级教师任职资格，2004年10月被聘任为一级教师，2013年7月取得高级教师资格，2013年10月被聘任为高级教师。

0303　金支平

性　　别：男

出生年月：1961-11-02

民　　族：汉族

政治面貌：中共党员

职　　称：副高

学　　历：大学本科

所在单位：敦煌市敦煌中学

成　　就：2006年8月论文《浅谈新课标下的语文新课型》在《新课程》发表，并获中央教育科学研究所二等奖；2007年论文《探究 创新 应用》在《教育革新》杂志发表；2007年论文《新课标下中学语文中的形式美教育》在《中国教师与教学》杂志发表，并获中国国际教育学会二等奖；2003年制作的课件《义和团运动和八国联军侵华战争》课件获酒泉市教育局三等奖；板书设计《沁园春·雪》获全国语文教师四项全能竞赛一等奖。2013年主编的《我们的生活充满阳光——公寓生活指南》一书，被敦煌中学定为校本教材。

简　　介：1980年3月参加工作至今已从事教学工作30多年。1983年7月毕业于酒泉师范学校，取得中专学历；1999年6月毕业于酒泉教育学院中文系，取得大专学历证书；2006年6月毕业于兰州大学，学习汉语言文学专业，取得本科学历证书。1994年12月取得中学一级教师资格，1997年1月被正式聘为中学一级教师；2007年8月获得中学高级教师资格。在任职期间，先后从事职业高中语文教学、初中语文教学、高中历史教学、高中语文教学工作，并连续多年担任教研组长和班主任工作。2001年至2004年担任高中历史教学工作。

0304　徐军

性　　别：男

出生年月：1963-03-01

民　　族：汉族

政治面貌：中共党员

职　　称：副高

学　　历：大学本科

所在单位：敦煌市七里镇中学

成　　就：2006年被评为市级优秀教师。2001年参与地级重点课题《学生良好学习品质的培养是学生终身学习的需要》的研究，2003年参与省级重点课题《小组合作学习的内容与形式》的研究，2006年自己负责地级重点课题《现代远程教育三种模式在教学中的应用》的研究已结题，2009年6月学校被确定为甘肃省学校课程示范学校，其组织并参与项目研究，2013年3月学校被甘肃省教育厅挂牌命名为"甘肃省学校课程示范学校"。编写的校本教材《环境教育》2010年在学校七、八年级开始使用。在省地级刊物发表多篇论文。

简　　介：1980年参加工作，2006年毕业于中央广播电视大学，中学高级教师。先后在吕家堡学区、七里镇中学任教。在七里镇中学，1993年—2003年担任语文教研组组长，2003至现在担任教导主任。

0305 龚巧云

性　　别：女
出生年月：1968-05-02
民　　族：汉族
政治面貌：中共党员
职　　称：副高
学　　历：大学本科
所在单位：敦煌市敦煌三中
成　　就：1998年9月年荣获"敦煌市优秀教师"称号；1999年9月荣获"酒泉地区优秀教师"称号；2007年、2012年荣获"学区优秀班主任"称号；2011年荣获"学区优秀教师"称号；2013年荣获"敦煌三中优秀教师"称号；2011年在征文比赛中荣获"甘肃省优秀辅导教师"称号；2011年被评为"酒泉地区骨干教师"；2012年所带班级被酒泉市教育局、共青团酒泉市委评为"文明班集体"；2013年12月被评为"酒泉地区学科带头人"。在省级以上报刊发表论文共三十余篇。

简　　介：中学一级教师。1986年7月参加工作，现任敦煌市第三中学语文教师，兼管心理咨询工作。

0306 杨建春

性　　别：男
出生年月：1963-03-25
民　　族：汉族
政治面貌：中共党员
职　　称：副高
学　　历：大学本科
所在单位：敦煌市敦煌二中
成　　就：1997年论文《语文教学中有形与无形刍议》获全国语文教师论文大赛一等奖，并被《中国语文教师优秀论文集》一书收录。1999年论文《如何在语文教学中实施素质教育》获《中国教育报》思想理论部组织的全国素质教育论文竞赛三等奖，并被《中国素质教育》一书收录。论文《〈北京立交桥〉一文中写"桥"的独到之处》发表在《中学课程辅导》1996年第9期。论文《从〈人民解放军百万大军横渡长江〉看新闻"三性"》发表在《中学课程辅导》1997年第12期。论文《歧义句分析》发表在《语文教学与研究》2006年第5期。论文《古代诗词审美刍议》发表在《语文教学与研究》2006年第11期。2003年辅导学生王瑞雪《关于敦煌土地沙化原因的调查报告》获甘肃省青少年科技创新大赛省级二等奖。

简　　介：1981年参加工作；1981至1991年在敦煌市孟家桥中学任教，从事初中语文教学，期间担任班主任6年，先后担任年级组长、教导处副主任、办公室主任；1992年至今在敦煌市第二中学任教，继续从事初中语文教学，期间担任班主任14年，又先后担任教研组组长、年级组组长、教导处副主任。

0307 马新明

性　　别：男
出生年月：1963-03-07
民　　族：汉族
政治面貌：中共党员
职　　称：副高
学　　历：大学本科
所在单位：敦煌市敦煌中学

成　　就：2001年被甘肃省教育厅评为"甘肃省英语骨干教师";2009年获酒泉市第九届基础教育教学优秀成果一等奖;2009年中央教科所教育科研课题优秀成果一等奖2个;2009年全国中学教育联合体 全国教育科研"十一五"规划教育部课题组教育科研课题阶段性成果一等奖;2008年全国教育系统优秀教案、论文评选一等奖;2008年获中央教科所学术论文一等奖2篇。2006年—2008年主持国家级课题《新课程标准理念下英语作业的处理》已结题。2006年—2008年主持国家级课题《全国英语"四位一体"教学法实验研究》已结题。2008年—2011年主持国家级课题《新课程标准理念下教师处理作业的模式探究》已结题。发证单位：全国教育科学规划领导小组办公室。2004年—2006年参加省级课题《敦煌中学校本系列课程研究》已结题。2008年—2010年参加省级重点课题《校园文化策略与效益评价研究》已结题。2009年—2011年主持省级课题《普通高中课程改革校本课程开发研究》已结题。

简　　介：西北师范大学外语系英语教育专业本科毕业。有34年英语学科的教学经验。前后19年担任班主任工作。曾担任英语教研组长、敦煌中学教研室主任、教导处副主任。现任敦煌中学考务处主任、甘肃酒泉市教育学会英语教育研究中心副理事长、敦煌市兼职英语教研员、国家基础教育外语教育研究中心研究员。

0308 王秀玲

性　　别：女
出生年月：1964-10-18
民　　族：汉族
政治面貌：中共党员
职　　称：副高
学　　历：大学本科
所在单位：敦煌市三危中学
成　　就：2005—2008年主持市级教研课题《感受传统文化魅力，培养学生语文素养》荣获一等奖;2010年参与研究省级课题《新课程背景下和谐教育的行动研究》;2004年10月在全市"走进新课程，应用新理念"初中优秀课评选中获二等奖;2007年论文《巧设情景，妙用活动》在甘肃省教育学会优秀论文交流评比活动中获一等奖;2008年论文《古诗文朗读教学重在"积累"》发表于《中学语文教学参考》;2008年论文《让思想品德课"活"起来》发表于《教育教学论文汇编》;2008年论文《问渠哪得清如许，为有源头活水来》发表于《教学交流》;2009年论文《学会用两条腿走路》发表于《甘肃教育督导》;2010年论文《地方媒体如何办好中小学教育类节目的思考》在全省优秀广播电视节目评比中获二等奖;2010年教学课件《口技》获国家级三等奖;曾被评为敦煌市骨干教师、敦煌市学科带头人、酒泉市骨干教师。

简　　介：1985年参加工作，本科学历。现任职称中学高级教师。

0309 曹铭

性　　别：男
出生年月：1956-01-04
民　　族：汉族
政治面貌：中共党员
职　　称：副高
学　　历：大学专科
所在单位：敦煌市杨家桥中学
成　　就：1989年荣获敦煌市"优秀德育工作者"称号;1990年荣获甘肃省"优秀德育工作者"称号;1999年荣获敦煌市"优秀教师"称号。2002—2004年，排名第二人参与甘肃教育科研"十五"计划教研课题《利用电教媒体，大面积提高教学质量》经过 3 年研究实验，通过结题鉴定已推广；2006 年题为《以维格目标构建三维网络，以系统训练提高写作能力》的教研论文在《教育革新》2006 年第 5 上发表；2007 年题为《利用投影和电视提高地理学科课堂教学效果》教研论文在《教育革新》2007 年第 10 期上发表。

简　　介：1983 年 7 月毕业于酒泉师范；1988 年 7 月大专毕业于酒泉教育学院汉语言文学专业；1980 年 4 月参加工作，先后在月牙泉小学、杨家桥中学任教，先后担任杨家桥中学教导主任、总务主任和教研组长。

0310 张国生

性　　别：男
出生年月：1962-07-15
民　　族：汉族
政治面貌：中共党员
职　　称：副高
学　　历：大学专科
所在单位：敦煌市郭家堡中学

成　　就：1990 年至今，先后四次被评为校级或乡级先进教育工作者，一次被评为市级优秀德育工作者，一次被评为市级优秀共产党员。参与了一个省级教研课题并通过结题。有三篇论文发表在不同级别的教研刊物上。

简　　介：1979 年 8 月考入酒泉师范学校，1982 年毕业，分配到敦煌市郭家堡中学任教，主要从事初中语文教学工作；1988 年 7 月通过参加"电大"学习，取得了汉语言文学的大专学历，1993 年取得中学一级教师资格，1996 年 12 月被聘；2009 年取得中学高级教师资格。

0311 李菊玲

性　　别：女
出生年月：1962-01-24
民　　族：汉族
政治面貌：中共党员
职　　称：副高
学　　历：大学专科
所在单位：敦煌市西关小学

成　　就：2000 年被评为"甘肃省首批省级骨干教师"。2005 年被评为"酒泉市优秀教师"。2011 年被评为酒泉市课程改革先进个人。2012 年辅导的综合实践活动课《水果与蔬菜》在甘肃省优质课评选活动中荣获辅导老师一等奖。2009 年辅导的作文课在酒泉市优质课评选中获辅导老师二等奖。承担市级课题《优化课堂教学结构 提高课堂教学效益》获酒泉市第六届优秀教研成果二等奖。课题"小学数学教学中创新思维培养的研究"获酒泉市第七届基础教育科研成果评比一等奖。主持承担省级课题《对教师教学评价的研究》已结题并在本校推广应用。系列论文《加强校本教研，深化课程改革》获酒泉市第八届优秀教研成果二等奖。并在省、地级刊物发表多篇论文。

简　　介：1981 年参加工作，大专学历，中学高级教师。1994 年 8 月从七里镇学区调入西关小学工作；2002 年 12 月任西关小学副校长。

0312 史元

性　　别：男
出生年月：1955-07-17
民　　族：汉族
政治面貌：中共党员
职　　称：副高
学　　历：大学专科
所在单位：敦煌市七里镇中学

成　　就：1989 获敦煌市委、敦煌市人民政府、优秀教师奖；1992 年—1995 年连续三年获七里镇人民政府优秀教师奖励；1997 年被七里镇党委评为模范共产党员；1998年获七里镇人民政府优秀教师奖；1999年—2003年在《酒泉教育》上发表有关英语教学论文三篇；2000年在酒泉地区优秀教案评选中撰写的《初中英语第二册第18课》教案荣获二等奖；2001年在酒泉地区英语教学研究中心年会上交流《谈交际法英语口语教学》论文获二等奖；2001年指导的马春娥同学在全国中学生英语竞赛中荣获二等奖。

简　　介：1975年6月参加工作，现在敦煌市七里镇中学任教。

0313 王朝晖

性　　别：男

出生年月：1963-05-24

民　　族：汉族

政治面貌：群众

职　　称：副高

学　　历：大学专科

所在单位：敦煌市孟家桥中学

成　　就：论文《为有源头活水来——中学生作文教学重在开源》发表于《甘肃教育督导》，论文《创设模拟错例情景，提高学生作文能力》发表于《中学语文教学参考》。2001年1月被敦煌市教育局评为骨干教师。

简　　介：1984年12月参加工作，1988年12月毕业于甘肃省电视大学汉语言专业；2003年12月被聘为中学一级教师，2009年11月被聘为中学高级教师；长期担任班主任和语文教学工作，近年来主要担任中学历史课教师。

0314 崔玉孝

性　　别：男

出生年月：1962-08-03

民　　族：汉族

政治面貌：群众

职　　称：副高

学　　历：大学专科

所在单位：敦煌市敦煌三中

成　　就：1998年获敦煌市"优秀教师"；《英语教学中如何引导学生自我发展》发表于《教育情报成参考》2006年8月；《激参与，培育学生的创新能力》发表于《甘肃教育督导》2008年6月；《注重文化背景教育，改进英语课堂教学》发表于《教育革新》2008年6月。参与研究的省级课题《新课程中如何利用课程之外的学习资源进行学习》于2005年1月0由省教科所通过鉴定验收。

简　　介：1980年7月毕业于酒泉师范，分配到敦煌市南街小学任教英语（在此期间于1983年8月到1984年3月借调到敦煌中学担任英语教学工作）；1984年9月—2013年7月在敦煌市肃州中学初中教英语；2013年8月至今在敦煌三中任教；1982—1985年在敦煌电大汉语言专业学习取得大专学历；1986年9月—1988年7月本人又在酒泉教育学院英语系脱产学习两年取得英语大专学历，于1993年9月取得中学一级教师资格，1998年受聘，2010年9月年取得副高资格，并在11月受聘。

0315 苏浩有

性　　别：男

出生年月：1956-11-27

民　　族：汉族

政治面貌：中共党员

职　　称：副高

学　　历：大学专科

所在单位：敦煌市七里镇中学

成　　就：1986年获得敦煌市委市政府园丁奖；1999年获得敦煌市优秀共产党员称号；《转变地理教学理念优化地理教学效果》发表于2004年8月《未来导报》；《体味初

中地理新教材》发表于 2001 年《中学地理教学参考》。

简　　介：1977 年 3 月参加工作。1980 年 7 月毕业于酒泉师范学校；1989 年 7 月淮北教育学院史地专业毕业，先后担任郭家堡中学教导主任、政教主任，1990 年 8 月任郭家堡中学副校长，2010 年 5 月至今任七里镇中学副校长，兼工会主席。

0316 齐瑞瑛

性　　别：女
出生年月：1967-09-18
民　　族：汉族
政治面貌：中共党员
职　　称：副高
学　　历：硕士研究生
所在单位：敦煌市敦煌中学
成　　就：《中学英语学用指南》，与多人合著 1997 年由中山大学出版社出版。《笨手偶得》，与郑宝生合著，2013 年由中国戏剧出版社出版。在省、地级刊物发表多篇论文。《集中教学与单元重组》，2009 年获甘肃省教科所优秀论文一等奖并被收入《第十七期省级中小学骨干教师培训班经验交流汇编》。《掌握课堂教学的主动权》2009 年获中央教科所优秀论文二等奖。2009 年由本人主持的甘肃省"十一五"规划课题"高中英语课堂教学有效性活动策略的探索研究"获得中央教科所优秀科研成果二等奖。曾两次被评为敦煌市优秀教师，优秀班主任，敦煌市"巾帼十佳"，多次被评为"优秀共产党员"。2001 年 4 月，酒泉地区优质课评选中获第一名，2001 年 11 月获甘肃省优质课评选中获三等奖。

简　　介：甘肃省青年教学能手、甘肃省高中英语骨干教师、酒泉市"3251 人才工程"人才、酒泉市专业技术拔尖人才、酒泉市英语骨干教师、学科带头人、全国中学生英语竞赛优秀辅导教师。1988 年 7 月至今一直在敦煌中学任教。

0317 孙玉

性　　别：男
出生年月：1964-10-10
民　　族：汉族
政治面貌：中共党员
职　　称：副高
学　　历：大学本科
所在单位：敦煌市敦煌中学
成　　就：1989、1993、2003、2012 四次被敦煌市委市政府评为"优秀教师"及"先进工作者"光荣称号；2002 年所带班级被共青团酒泉市委酒泉市教育局评为"文明班集体"；2010 年被甘肃省教科文卫工会评选为"全省师德标兵"；2013 年 8 月被酒泉市委市政府评为"全市教育质量管理先进个人"。

0318 闫虎

性　　别：男
出生年月：1966-03-30
民　　族：汉族
政治面貌：中共党员
职　　称：副高
学　　历：大学本科
所在单位：敦煌市敦煌三中
成　　就：2000 年获酒泉市"中学政治骨干教师"称号；2007 年评为酒泉市优秀教师；《充分发挥课程资源促进学生有效学习》发表于《教育革新》2005 年第 1 期；《重视"五性"转变学生的学习方式》发表于《酒泉教育》2005 年第 3 期；《初中毕业生心理分析与指导》发表于《中学政治教学参考》2010 年第 4 期；《试论教育中的"马太效应"》

发表于《中学政治教学参考》2010年第7期；《中学生思想道德教育现状分析及对策》发表于《素质教育》2013年第12期。参加的《新课程中如何利用课程之外的学习资源进行学习》课题研究于2005年10月由省教科所通过鉴定验收。

简　　介：1986年7月参加工作，行政管理专业本科毕业，中学高级教师。参加工作以来，一直担任初中语文、政治教学工作，担任班主任工作10余年，担任办公室工作10余年。

0319　杨兵

性　　别：男

出生年月：1960-08-22

民　　族：汉族

政治面貌：中共党员

职　　称：副高

学　　历：大学专科

所在单位：敦煌市转渠口中学

成　　就：参与甘肃省教育科研"十一五"规划课题"校园文化"于2006结题验收；2006年获敦"煌市优秀教师"称号，论文《浅谈班主任工作中的"尊重"教育》于2007年发表在《甘肃教育》第10期；论文《把握初中历史教学的命脉》于2008年发表在《中学教学参考》第6期；主持的甘肃省教育科研"十一五"规划课题《在语文教学活动中如何去促进新课标的落实》于2007年1月结题并验收。

简　　介：1982年3月参加工作。1969年2月至1974年1月在转渠口石槽读书；1974年2月至1976年1月在转渠口中学读书；1976年2月至1978年7月在转渠口中学读高中；1981年8月至1983年7月。酒泉师范学校学习；1983年7月至1989年8月在转渠口中学中学工作；1989年9月至1991年7月在酒泉教育学院学习；1991年7月至现在在转渠口中学工作。

0320　李文强

性　　别：男

出生年月：1963-04-13

民　　族：汉族

政治面貌：中共党员

职　　称：副高

学　　历：大学本科

所在单位：敦煌市敦煌中学

成　　就：近年来，一直担任高三年级的语文课教学工作和班主任工作。在长期的教育教学实践中，逐渐形成了自己的教学理念和风格。并先后在《甘肃教育报》《中国教育理论与实践研究》《甘肃教育导报》《未来导报》等刊物，先后发表了《班主任，叫我如何热爱你》《创新，生命的另一种体验》《批语，语文教学的另一个空间》《怎样培养学生作为的独创性》《作为教学中的思维品质训练》《充分激活语文教学》《最大限度地激发学生的潜能》等文章。并于2013年12月底，完成了《风雅》一书的写作。完成了散文集《在敦煌的》的编排和校订。2006年被评为敦煌市优秀教师。2007年，被评为酒泉市地级优秀教师。参与和完成了国家级三结合德语课题的研究和论文撰写工作。多次被评为校级优秀教师。

简　　介：1982年毕业于庆阳师范专科学校中文系；1982年7月在通渭二中参加工作，从事高中语文课的教学工作。1986年考入甘肃省教育学院进修，1988年毕业，继续到通渭二中工作；19998年1月调入敦煌中学工作，一种从事高三语文课教学和班主任工作至今。

0321 姬振海

性　　别：男
出生年月：1965-01-18
民　　族：汉族
政治面貌：民主党派
职　　称：副高
学　　历：大学本科
所在单位：敦煌中学
成　　就：2003年入选酒泉市第二批"3251"人才工程；2008年被评为敦煌市"优秀教师"；2009年入选酒泉市专业技术拔尖人才；2002年自己任班主任的班学生张大伟高考荣获酒泉市文科状元；2004年其任班主任的班学生吴建军高考荣获酒泉市文科状元；2008年其任班主任的班学生刘万鹏高考荣获酒泉市理科状元；其辅导的数名学生在全国英语能力竞赛中获二、三等奖；其主持的全国教育发展"十五"计划重点课题《学校·社会·家庭三结合德育创新研究和实验》结题并获全国教育科研"十五"成果二等奖。其主持的省级重点课题《中学生学习心理问题探究及对策建议》《敦煌中学学校校本系列课程研究》结题，并获酒泉市优秀成果二等奖；自己作为主要参与的三项国家级课题结题，有两项省级课结题；其翻译的著作《奇石敦煌》《永远的敦煌》《敦煌旅游指南》先后正式出版。撰写的十几篇论文先后在《人民日报》《甘肃教育》《学英语》等报纸杂志上发表。
简　　介：现任中教高级教师，1985年8月参加工作，从教29年。

0322 秦辽远

性　　别：男
出生年月：1956-10-26
民　　族：汉族
政治面貌：中共党员
职　　称：副高
学　　历：大学专科
所在单位：敦煌市郭家堡中学
成　　就：2000年、2003年、2007年获乡镇"优秀教育工作者"荣誉称号。论文《以人论史，强化以史育人的效果》2008年3月在甘肃《教育革新》第3期发表。论文《浅谈素质教育的两基本点》2008年6月在《甘肃教育督导》发表。
简　　介：1976年8月参加工作。1979年8月毕业于酒泉师范学校；1994年5月毕业于甘肃广播电视大学（政史专业）；参加工作以来一直从事初中教育教学工作。当过班主任，教研组组长；1990年9月至2003年9月任郭家堡中学教导处主任，2003年10月至今任郭家堡中学总务处主任。

0323 杨兴元

性　　别：男
出生年月：1963-06-14
民　　族：汉族
政治面貌：中共党员
职　　称：副高
学　　历：大学专科
所在单位：敦煌市敦煌三中
成　　就：发表论文有：《改进课堂教学环节，提高语文教学质量》《帮助学生战胜拖延》《中小学生如何有效地开展课外阅读》《语文教学中"读进去、想开来"》。
简　　介：现在敦煌市第三中学工作。

0324 孙荣峡

性　　别：女
出生年月：1963-03-30
民　　族：汉族
政治面貌：中共党员
职　　称：副高
学　　历：大学本科

所在单位：敦煌市敦煌二中

成　　就：敦煌二中模范班主任和优秀教师。所带班级多次被学校评为"先进班集体"，其中2005年所带班级被评为酒泉市"先进班集体"。论文《中国皇帝称谓知多少》发表在《语文教学与研究》；《再读〈背影〉》发表在《语文教学与研究》；说课稿《那棵树》荣获"2010年全国中小学教师说课展示活动"甘肃赛区二等奖。参加了地级课题《转变学生的学习方式》的调研、结题工作。2001年辅导学生马玉在第四届"语文报杯"全国中学生创新大赛中荣获全国三等奖。

简　　介：1982年参加工作，先后在敦煌市杨家桥中学、敦煌二中任教，从事初中语文教学，担任班主任近20余年。

0325 于振江

性　　别：男

出生年月：1967-06-23

民　　族：汉族

政治面貌：中共党员

职　　称：副高

学　　历：大学本科

所在单位：敦煌市敦煌中学

成　　就：多次获得学校模范班主任；1996年、2008年两次获得酒泉市优秀团干部，并多次获得敦煌市优秀团干部；2013年获得敦煌市委、市政府"教育质量奖"，教育教学管理先进个人。2001年以第一名的身份参加完成了地级课题《魏书生班主任可操作性试验》并获得地级基础教育成果二等奖。2008年5月—2009年11月主持完成了省级课题《校园文化建设模式、策略及效益评价研究》；2009年4月—2010年10月主持完成了省级课题《新课改背景下教师心理健康与调试地研究》；2010年4月—2011年6月以第一名的身份参加完成了省级课题《学校心理健康教育模式研究》。论文《古典诗歌鉴赏方法探索》发表在2011年第四期的《甘肃教育》，论文《对班级管理的几点思考》发表在2011年10月2日的《甘肃日报》；论文《诗歌鉴赏中的审美活动》发表在2012年12月的《甘肃日报》。

简　　介：1985年参加工作。1985年7月毕业于酒泉师范，1985年7月—1988年9月在敦煌七里镇中学担任初中语文教学和班主任、教导处副主任工作；1988年9月到1990年7月在甘肃教育学院进修政治专业，毕业后调入敦煌中学工作至今；在敦煌中学工作期间担任高中政治、语文教学工作和班主任、校团委书记、学校政教处的工作。期间：1995年12月，中央党校函授学院函授经济管理本科毕业；2006年12月兰州大学汉语言文学自学考试本科毕业；2010年取得国家心理咨询师三级资格证书，2001年至2004年在日本学习四年；1999年获得中学一级教师任职资格，2014年5月获得中学高级教师任职资格。

0326 付春娥

性　　别：女

出生年月：1963-09-15

民　　族：汉族

政治面貌：中共党员

职　　称：副高

学　　历：大学本科

所在单位：敦煌市敦煌中学

成　　就：1999年被评为酒泉地区英语骨干教师。2000年被评为酒泉地区英语学科带头人。2000年评为甘肃省中小学省级骨干教师。2002年被评为"敦煌市巾帼十佳标兵"。2011年辅导学生在《全国中小学英语能力竞赛中》获二等奖。2012年辅导学生在《全国中小学英语能力竞赛中》获一等奖。2013年辅导学生在《全国中小学英语能力竞赛中》获一等奖。2008年甘肃省教育科（研课）"十一五"规划课题《作业布置的研究》已结题，排序第一。2013甘肃省教育科学课题《高中新课改背景下英语听力教学问题及对策的研究》。2014年国家级课题《学校教育中民族文化的传承与发展研究》排序第五。在省地级刊物发表论文多篇。

简　　介：1980年毕业于酒泉师范学校，在敦煌市三危中学工作三年以后，考入甘肃省教育学院，四年后毕业。之后进入职教中心，在职教中心工作的十一年期间，连续带班十年，先后被市政府及学校多次评为模范班主任。2001年因为工作需要，服从组织安排到新成立的敦煌三中工作。

0327　赵丽婷

性　　别：女

出生年月：1965-01-22

民　　族：汉族

政治面貌：中共党员

职　　称：副高

学　　历：大学本科

所在单位：敦煌市敦煌二中

成　　就：曾多次获得了全国初中化学竞赛优秀辅导教师奖和酒泉市优秀教师和骨干教师的荣誉称号。所写论文《让合作学习落到实处》在《甘肃教育》上发表。

0328　赵金

性　　别：男

出生年月：1963-03-21

民　　族：汉族

政治面貌：中共党员

职　　称：副高

学　　历：大学本科

所在单位：敦煌市孟家桥中学

成　　就：《中学语文教学中的创新意识》于2007年9月发表在《甘肃教育》；《对中学语文课程改革的思考》于2007年9月发表在《甘肃教育督导》。2000年被敦煌市教育局评为骨干教师。

简　　介：1982年7月参加工作，1990年11月毕业于甘肃省电视大学汉语言专业，大专学历。2003年被聘为中学一级教师，2008年被聘为中学高级教师。

0329　靳正江

性　　别：男

出生年月：1960-03-17

民　　族：汉族

政治面貌：中共党员

职　　称：副高

学　　历：大学本科

所在单位：敦煌市艺术旅游中专

成　　就：2000年被命名为酒泉地区名校长称号；2003年被酒泉市委市政府评为优秀校长；2007年被敦煌市委市政府评为优秀教育工作者；1999年，2001年，2007年，2008年被敦煌市委评为优秀共产党员。主持的省级教研课题《学生良好学习品质培养研究》2004年5月通过鉴定；主持的省级教研课题《小组合作学习的形式与内容的研究》2009年8月通过鉴定。现在承担着中等职业学校校企结合的课题研究任务。先后在市级学术刊物《酒泉教育》发表论文3篇。

简　　介：1981年参加工作，先后担任孟家桥中学、七里镇中学副校长、校长职务，2010年5月调入敦煌艺术旅游中专学校担任校长。

0330　李智

性　　别：男

出生年月：1973-03-15

民　　族：汉族
政治面貌：中共党员
职　　称：副高
学　　历：大学本科
所在单位：敦煌艺术旅游中专
成　　就：2007年12月获全省公务员师资培训优秀学员称号。2008、2009、2010连续三年年终考核为优秀。2008年6月参加酒泉市理论辅导宣讲评比获优秀奖。2011年获酒泉艺术展演活动优秀指导教师。《企业与高等院校互利双赢的继续教育合作模式初探》被评为得"甘肃继续教育论坛"2008年年会论文评选三等奖。主持甘肃省教育科学"十二五"一般规划课题《中职学校与企业互利双赢合作教育模式的实践研究》课题。在省、地级刊物发表多篇论文。
简　　介：1991年7月参加工作，高级讲师，现任敦煌艺术旅游中专学校副校长、敦煌职业教育培训中心副主任、敦煌文化产业示范园区管委会办公室副主任（兼）。1991年起，先后在孟家桥中学、孟家桥小学、武威庙小学、敦煌二中从事中小学教育教学工作（期间分别在甘肃教育学院和西北师范大学教育系脱产学习，获得教育管理大专和本科学历）；2001年通过全市统一招考，进入敦煌市委党校工作，主要从事党员干部教育培训、党校大专、本科学历教育教学工作和行政工作；2004年获评讲师职称；2010年12月进入敦煌艺术旅游中专学校任副校长，主管教学、学生管理、德育、体育卫生、助学金发放等工作；2013年11月获得高级讲师任职资格。

0331　沙媛真

性　　别：女
出生年月：1968-10-18
民　　族：回族
政治面貌：中共党员
职　　称：副高
学　　历：大学本科
所在单位：敦煌市敦煌中学
成　　就：论文《人文素养·创新思维·本色作文》在2009年酒泉市教育教学优秀论文评选中获一等奖；在2009年11月甘肃省优秀教育教学论文评比中再获一等奖；2009年，在第五届全国中小学生迎奥运作文大赛中辅导14名学生获奖，其获中学组优秀指导教师二等奖；2009年论文发表在《探索与研究》并获中央教科所优秀学术论文一等奖；2009年论文在酒泉市中学教育教学优秀论文评选中获二等奖；2011年编写了敦煌中学丛书之《关于汉族地区民族教育问题研究》；参与编写了敦煌中学丛书之《向上·向善》，后者于2011年10月由中国言实出版社出版；2009年4月在第五届全国中小学生迎奥运作文大赛中获中学组优秀指导教师二等奖。
简　　介：2011年被评选为酒泉市人大代表，2014年被中共敦煌市委市政府评选为敦煌市"十大巾帼榜样人物"。

0332　王军明

性　　别：男
出生年月：1965-11-20
民　　族：汉族
政治面貌：中共党员
职　　称：副高
学　　历：大学本科
所在单位：敦煌市敦煌中学
成　　就：2013年被评为酒泉市高中英语骨干教师。2013年荣获敦煌市"教育质量奖"优秀教师荣誉。在省、地级刊物发表多篇论文。2008年参与甘肃省教育科学"十一五"规划课题：高中英语课堂教学有效性活动的策略研究，通过科研课题鉴定。2008年参与课题：新课程标准理念下教师如何科学地布置作业，高效批改作业的模式研究，获酒泉市第九届基础教育教学优秀成果奖。2009年参与的课题：新课程标准理念下英语作业的处理，通过国家级验收结题。

简　　介：1985年7月—1988年7月敦煌市七里镇中学从事英语教学。1988年9月—1991年7月敦煌市杨家桥中学从事英语教学。1991年9月—今敦煌市敦煌中学从事英语教学及班主任工作。

0333　温全禄

性　　别：男
出生年月：1965-12-09
民　　族：汉族
政治面貌：中共党员
职　　称：副高
学　　历：大学本科
所在单位：敦煌市七里镇中学
成　　就：1992年被评为敦煌市优秀教师；2001—2009年三次被评为黄渠乡、七里镇优秀教师；2010年被评为敦煌市优秀共产党员；在省、地级刊物发表多篇论文。2006年独立编写的12万字地方课教材《敦煌历史》经市教育局批准在部分中学校使用。

简　　介：1984年7月参加工作，现在敦煌市七里镇中学任教。2007年7月被聘为中学高级教师。

0334　杨丽英

性　　别：女
出生年月：1962-12-27
民　　族：汉族
政治面貌：群众
职　　称：副高
学　　历：大学本科
所在单位：敦煌市敦煌中学

成　　就：2005年、2009年被评为敦煌中学优秀教师，2003年度优秀班主任。所辅导的学生有多名在2002年、2003年、2006年和2007年的全国中学生英语能力竞赛中分获全国二、三等奖，自己也获得高中组优秀辅导教师奖。任现职以来在省、地级刊物发表论文四篇。参加教研课题4项：地级课题《高中英语教学活动的操作性技巧》；省级课题《新课程标准理念下如何科学高效地批改学生作业的模式探究》；甘肃省"十一五"规划课题《高中英语课堂教学有效性活动的策略研究》《小组合作学习与活动的研究》；国家级《新课程标准理念下英语作业的处理》于2009年4月通过鉴定并获国家级教育科研优秀成果一等奖。

简　　介：1982年7月毕业于酒泉师范学校英语班；2001年6月毕业于甘肃教育学院外语系英语教育专业；30多年来一直从事英语教学工作。

0335　叶金花

性　　别：女
出生年月：1967-11-18
民　　族：汉族
政治面貌：中共党员
职　　称：副高
学　　历：大学本科
所在单位：敦煌市敦煌二中
成　　就：发表的论文有：《充分发掘课程资源，促进学生有效学习》发表于《教育革新》（2005年1月）；《重视"五性"，转变学生的学习方式》发表于《酒泉教育》（2005年6月）；《提高语文课吸引力的几点做法》发表于《新课程学习》（2010年2月）；《快乐语文的追求》发表于《中学语文教学参考》（2010年7月）；《让传统文化活跃校园文化生活》发表于《甘肃教育督导》（2009年8月）；《比较探究课的教学尝试》发表于《中学语文教学参考》（2013年8月）参与的课题研究《转变学生的学习方式》（2009年7月结题）；《中学生心理问题的研究及其疏导》（2012年1月结题）；《未成人思想道德面临的挑战及对策研究》（2014年7月结题）。

0336 郑宝生

性　　别：男
出生年月：1963-02-03
民　　族：汉族
政治面貌：中共党员
职　　称：副高
学　　历：大学本科
所在单位：敦煌市敦煌二中
成　　就：2005年到2014年，在《语文教学与研究》《甘肃教育》等省级以上刊物上发表文章20篇，主持完成省级课题2个，国家级3个。出版专著《笨手偶得》《母亲的节日》《灵动飞天》3部，被甘肃省委政府授予"园丁奖"、"特级教师"，多次受到地、市党政部门奖励。

简　　介：曾就读于酒泉师范、西北师大，参加兰大自考。先后在转渠口中学、敦煌中学、敦煌三中、敦煌二中工作，教授高中语文、政治课，为卫电高师上过课。多年担任班主任，辅导高考。在学校担任过办公室主任、副校长、校长。是敦煌三中主要创建人之一。曾任敦煌市政协委员、甘肃省教育学会常务理事、中国散文学会会员。

0337 王金芬

性　　别：女
出生年月：1963-02-08
民　　族：汉族
政治面貌：中共党员
职　　称：副高
学　　历：大学专科
所在单位：敦煌市敦煌三中
成　　就：于2006年至2008年在省级刊物《教育革新》《甘肃教育督导》上先后发表论文三篇，标题分别是《正确运用评价手段，促进学生发展》《初中语文教学中的比较法之谈》《巧妙处理各类矛盾，做好班主任工作》。参加了国家级课题《阅读与写作教学的资源开发》，省级课题《学校如何发挥美育在未成年人思想道德建设中的作用》《在社会实践中培养学生责任感的研究》《汉族地区少数民族学生在校教育研究》，都已结题。

简　　介：1981年3月—7月在肃州学区任民办教师；1981年8月考入酒泉师范，1983年毕业于酒泉师范学校，被分配到敦煌市孟家桥学区任教；1984年调入肃州中学工作；2013年8月调入敦煌三中；于1987年8月至1989年11月在职进修于甘肃电大汉语言文学专业，并取得毕业证。2000年取得中学一级教师资格，2011年5月取得副高资格。

0338 裴永红

性　　别：男
出生年月：1958-12-06
民　　族：汉族
政治面貌：中共党员
职　　称：副高
学　　历：大学专科
所在单位：敦煌市郭家堡中学
成　　就：1986年获敦煌市初中英语最佳课一等奖。1998年、2004年、2007年三次被评为酒泉市优秀教研员。主持地级课题《"学导式教学法"推广应用研究》《新课改背景下教学模式与教学形式研究》分别于2003年、2009年通过验收结题，其中《"学导式教学法"推广应用研究》获酒泉市第七届基础教育优秀科研成果一等奖，获中央教科所优秀成果二等奖。2013年主持省级课题"在教研活动中提高农村小学教师新课程实施能力研究"通过结题验收。论文《以教研活动为载体，促进教师专业化成长》于2010年在《中国校外教育》发表；论文《小学主要学科评价方式的探索与实践》于2011年8月在《酒泉教育》刊载。2011年被为酒泉市优秀少先队辅导员。1988年、1995年、2004年分别被评为敦煌市优秀教师、敦煌市优秀教育工作者、敦煌市教研工作先进个人。

简　　介：1977年1月高中毕业入伍，1980年12月退伍。1981年1月到郭家堡学区任教至今，期间获得中师、大专学历。现任敦煌市郭家堡学区教研组主任、学区少先队总队辅导员、敦煌市青少年科技协会理事。2013年获副高任职资格，被聘为中小学高级教师。

0339 龚凤鸣

性　　别：女

出生年月：1967-01-10

民　　族：汉族

政治面貌：中共党员

职　　称：副高

学　　历：大学本科

所在单位：敦煌市敦煌中学

成　　就：曾多次获得校级和市级"优秀教师"称号，被评为敦煌市"教学骨干"。2007年所带学生刘万鹏考取了敦煌市理科状元，2008年所带学生王娇考取酒泉市文科状元，2012年所带教学班有两名同学分别考入清华北大。2014年所带毕业班一名同学考入清华。撰写了多篇有价值的教育教学论文。分别在《教育革新》《甘肃教育》上发表了论文《语文教师应该追求怎样的课堂语言》《怎样开好德育主题班会》《创新——作文教学的灵魂》。撰写的论文《虚心、公心、耐心、关心、苦心》《用诗歌的眼光教诗》分别获得全省优秀教学论文交流一等奖和三等奖大赛中荣获一等奖。主持的国家级课题"创新写作教学研究与实验"被评全国一等奖。2009年8月在全国中语会西部送教行活动中担任省级示范课主讲，获得专家和同仁的好评。

简　　介：1989年走上三尺讲台，任教25年来，一直从事中学语文教学，担任多年的班主任工作。从1989年到2014年，她先后在七里镇中学、敦煌中学任教。在镇中学工作六年，由于教学成绩优异，她被调到了敦煌中学任教。

0340 刘军

性　　别：男

出生年月：1970-11-23

民　　族：汉族

政治面貌：中共党员

职　　称：副高

学　　历：大学本科

所在单位：敦煌市敦煌中学

成　　就：有5篇论文在省级刊物上发表。2008年12月"课改·实践·探索"主题论文大赛获二等奖。参加一项国家级课题研究，参加二项省级课题研究，主持一项校级课题研究。2006年，2007年酒泉市中小学第三、四届书信文化大赛优秀辅导教师。2006年，2008年第七、九届"新世纪"杯全国中学生作文大赛指导二等、三等奖。2009、2010、2011年，评为校级优秀班主任。2011年12月被评为敦煌市高中语文骨干教师。

简　　介：1989年7月毕业于酒泉师范，1996年6月取得甘肃省教育学院卫电高师汉语言文学专科学历，2001年6月取得甘肃省教育学院汉语言文学本科学历。现已任教整25年了。1989年7月—1992年7月在敦煌市孟家桥学区闸坝岔小学任教；1992年8月—2001年7月在敦煌市孟家桥中学任初中语文教师；2002年8月—2004年7月在敦煌市第三中学任初中语文教师；2004年8月2012年7月在敦煌市第三中学任高中语文教师。2012年8月至今在敦煌中学任教。

0341 唐志琴

性　　别：女
出生年月：1969-03-07
民　　族：汉族
政治面貌：中共党员
职　　称：副高
学　　历：大学本科
所在单位：敦煌市敦煌中学
成　　就：在省、地级刊物发表论文多篇。曾多次获得学校"优秀教师"、"模范班主任"等光荣称号。在2004年和2005年的两年中考中，她所带班级的中考成绩无论是及格率还是平均分，都高居全市榜首。从2005年到2009年，她所带班级高中政治会考成绩的通过率为100%，优良率居于全区前列。2008年被妇联评为"敦煌市十大巾帼标兵"，2008年被敦煌市政府评为"优秀班主任"。2009年取得普通中学副高级专业技术职称。
简　　介：1990年张掖师专毕业后，从1990年到1994年在三危中学任教；1994年到2002年在敦煌市职教中心任教；2002年到2012年在敦煌三中任教；2012年因高中合并进入敦煌中学工作。

0342 龚建锋

性　　别：女
出生年月：1967-01-15
民　　族：汉族
政治面貌：中共党员
职　　称：副高
学　　历：大学本科
所在单位：中共金塔县委党校
成　　就：撰写了《解读"三农"问题，促进农村经济发展》《营造良好宽松环境，促进非公有制经济发展》《西部大开发中的生态环境问题及解决对策》《正确应对社区党建中的新问题》《学习邓小平理论不断推进社会主义民主法制建设进程》《金塔县工业发展情况调查》等高质量的调研材料20多篇，在《甘肃社会科学》《甘肃理论学刊》《党政周刊》等刊物刊登，有多篇论文、调研报告被县委、县政府采用。

0343 俞德荣

性　　别：男
出生年月：1963-08-15
民　　族：汉族
政治面貌：中共党员
职　　称：副高
学　　历：大学本科
所在单位：中共金塔县委党校
成　　就：在《学习时报》《时代学刊》《甘肃理论学刊》《甘肃社会科学》等国家和省级报刊发表了《县域经济发展必须正确选择主导产业》《对再造酒泉战略的几点思考》等20余篇理论文章。其中，《农村精神文明建设值得注意的几个问题》入选《中国特色社会主义研究"九五"科学研究成果选》，并被人民日报社《时代潮》杂志转载。

0344 殷丰有

性　　别：男
出生年月：1964-01-10
民　　族：汉族

政治面貌：中共党员

职　　称：副高

学　　历：大学本科

所在单位：金塔县第四中学

成　　就：1990年教师节，被金塔县委、县政府授予"优秀教师"称号；1998年教师节，被酒泉地委、行署评为优秀教师，2001年被酒泉地教委评为初中语文骨干教师，2002年被酒泉市教育局评为学科带头人。有10多篇文章在不同刊物上发表，如《提高班主任素质"十要"》发表于陕西省教委教科所主办的《教育管理报》第70期，《用民主与科学搞好班级建设》于1997年在县级论文交流中获一等奖，《课堂学法引导十二种》发表于《酒泉教育》。《教而有方，学而有获》分别于2011年10月、11月获市教研室二等奖、省教研所二等奖。1996年获第五届全国中小学生纠正错别字竞赛组织指导一等奖。2012年获第十四届"语文报杯"全国中学生作文大赛特等奖。

简　　介：1985年毕业于张掖师专中文系；2002年毕业于兰州大学汉语言文学专业；2004年被评聘为中学高级教师，曾多年担任金塔中学初中部年级组长。1985年毕业至今一直担任班主任。

0345　陈贵年

性　　别：男

出生年月：1956-04-21

民　　族：汉族

政治面貌：中共党员

职　　称：副高

学　　历：大学本科

所在单位：金塔县南关小学

成　　就：1986年获得"县级优秀班主任"称号；1987年获得"优秀教师"称号；1989年获得"县级优秀教育工作者"称号；1992年获得"酒泉市优秀教师"称号；2005年、2007年分别获得"优秀党务工作者"称号。

简　　介：1975年参加工作，曾先后在金塔县古城中学、教师进修学校、职业中学、金塔县第二中学、金塔乡中学、南关小学等学校工作。1975年2月—1976年8月在金塔县古城乡旧寺墩小学任民办教师；1976年8月—1978年8月在酒泉师范学校学习；1978年8月—1987年8月在金塔县古城中学任教导主任；1987年8月—1995年8月在金塔县教师进修学校、职业中学任办公室主任；1995年8月—2000年8月在金塔县二中任副校长；2000年8月—2004年9月在金塔县金塔镇学区任学区校长；2004年8月—2005年11月在金塔县职教中心任党支部副书记；2005年11月在金塔县南关小学任党支部书记。

0346　杨致春

性　　别：男

出生年月：1959-08-27

民　　族：汉族

政治面貌：中共党员

职　　称：副高

学　　历：大学本科

所在单位：金塔县第四中学

成　　就：2003年被县教育局党委评为优秀共产党员，2005年被中共金塔县委、县人民政府评为优秀教师，2010年被陇南市文县教育局评为优秀支教教师，2011年被金塔县四中党总支评为优秀共产党员，2012年论文《阅读教学中学生问题的生成》《谁言寸草心 报得三春晖》分别获酒泉市基础教育课程改革十周年征文评选一、二等奖，2012年在第十四届语文报杯全国中学生作文大赛中荣获写作指导特等奖，2011、2012年分别荣获全省第十二届、十三届青少年书信文化大赛优秀辅导教师奖。

简　　介：1979年8月参加工作，1983年7月毕业于酒泉师范；1989年7月毕业于酒泉教育学院汉语言文学专业，后通过参加自学考试于2003年6月毕业于兰州大学汉语言文学专业，取得本科学历证书；自1979年8月参加工作以来在金塔县中东学区先后从事小学、初中、高中教学；1992年8月调入金塔县中学从事语文教学并兼任教导处干事；2008年8月调入金塔县第四中学至今，一直从事初中语文教学。

0347　高占生

性　　别：男
出生年月：1963-04-12
民　　族：汉族
政治面貌：中共党员
职　　称：副高
学　　历：大学本科
所在单位：金塔县东坝学区

成　　就：2009年被评为"全国模范教师"、2010年被评为"甘肃省电化教育先进个人"，所在学校被命名为市级"标准化学校"和"信息技术示范校"。2013年荣获酒泉市"全面推进素质教育奖"。酒泉市优秀教师；酒泉市先进教育工作者；酒泉市初中政治骨干教师。金塔县优秀教师；金塔县先进教育工作者。主持完成了《农村寄宿制小学管理的实践与探索》《以校园文化为引领，构建适合小学生健康成长的育人环境》《农村寄宿制小学课余文化活动的实践研究》等省市课题实验，发表论文20余篇。

简　　介：现任甘肃省金塔县东坝小学校长。

0348　付宗荣

性　　别：男
出生年月：1963-05-12
民　　族：汉族
政治面貌：中共党员
职　　称：副高
学　　历：大学本科
所在单位：金塔县中学

成　　就：1989年评为县级优秀教师，1994年评为全区自学考试优秀个人，1995年评为地级先进教育工作者，1999年评为地级骨干教师，2005年评为县级优秀党务工作者。先后在省级刊物上发表了7篇论文。

简　　介：1982年7月参加工作，先后在金塔县双城中学、东坝中学工作，其间曾任东坝中学教导主任、副校长等职；1995年进入金塔县中学工作，2005年11月任金塔县中学党办主任，2012年8月任金塔县中学副校长、党总支书记。

0349　赵林荫

性　　别：男
出生年月：1960-03-06
民　　族：汉族
政治面貌：中共党员
职　　称：副高
学　　历：大学本科
所在单位：金塔县汽修中专

成　　就：1997年被评为酒泉地区优秀共产党员；2004年被金塔县教育局党委评为优秀共产党员；2008年被评为金塔县教育系统党务工作者。

简　　介：1977年8月参加工作。1977年8月至1979年12月在酒泉市下河清乡学区教书；1979年12月至1985年7月在金塔县大庄子学区和中学任教；1985年8月至1986年7月在金塔县南关小学任教；1986年8月至2008年8月在金塔县中学任教；2008年9月至2009年8月在金塔县四中任教；2009

年9月至现在，在金塔汽修中专任教。

0350 杜志明

性　　别：男
出生年月：1963-04-09
民　　族：汉族
政治面貌：群众
职　　称：副高
学　　历：大学本科
所在单位：金塔县中学
成　　就：2010年10月参与完成甘肃省"十一五"规划课题《农村中小学文学教育研究》并通过省级鉴定。酒泉市一般课题《创新性班主任工作模式的研究与实践》课题组负责人。《我教〈一剪梅〉》发表于《酒泉教育》2005年第4期。《契诃夫短篇注说的艺术特色》2006年公开发表于《现代语文》第16期。《创设适合于个性发展的语文课堂教学模式》发表于2006年第3期《作文教学研究》。论文《它山之石，可以攻玉——浅谈"引用"在考场作文中的妙用》发表于《中学语文教学园地》2006年第9期。在国家级、省级、市级报刊、杂志发表论文、课件、教学设计、教学案例等23篇，获省市县奖励12次；完成省级课题1项；主持省市级课题2项。连续十多年被金塔县中学授予优秀班主任、优秀教师称号。2005年被授予"学生最满意的老师"称号。2006年被县委、政府授予模范班主任称号。
简　　介：中学高级教师。金塔县语文首席教师。

0351 马振升

性　　别：男
出生年月：1969-01-03
民　　族：汉族
政治面貌：中共党员
职　　称：副高
学　　历：大学本科
所在单位：金塔县第三中学
成　　就：酒泉市学科带头人、骨干教师，金塔县首席教师。2000年获酒泉地区第五届教育教学优秀成果一等奖，2006年获甘肃省第六届基础教育科研优秀成果贰等奖。主持完成的两项省级课题通过鉴定，在《中国教师报》、《甘肃教育》、《语文教学之友》《教育革新》等报刊发表论文、文章30余篇，另有10余篇论文获奖。
简　　介：1989年参加教育工作，在金塔县西坝乡中学任教；1993年至2012年在金塔县中学任教；2004年至2009年担任金塔县中学教科处主任（副科级），2009年至2012年担任金塔县中学办公室主任（副科级），2012年至今担任金塔县第三中学副校长。

0352 马建国

性　　别：男
出生年月：1964-02-01
民　　族：汉族
政治面貌：中共党员
职　　称：副高
学　　历：大学专科
所在单位：金塔县羊井子湾学区
成　　就：2012年被评为市级先进教育工作者。2013年书法作品获县教育系统三等奖。
简　　介：1980年9月参加工作，西北师范大学汉语言文学专业毕业，大学专科学历，现任羊井子湾学区主任兼羊井子湾小学校长，高级教师。1980年从三合中学高中部毕业，后在本村任民办教师；1983年以民办教师身份考入酒泉师范学校学习，1985年毕业后回本乡任初中语文教师兼班主任，1989年任三合学区辅导员，期间于1990年8月通过自学取得西北师大大专学历，专修中文；1992年任三合中学教导处主任，1994年8月任三合中学副校长，2001年8月调任东坝中学副校长，2004年8月任双城学区主任兼双城中学校长，2008年9月调任西坝学区主任兼西坝小学校长，2013年11月调任羊井子湾学区主任兼羊井子湾小学校长至今。

0353 李春社

性　　别：男
出生年月：1967-06-20
民　　族：汉族
政治面貌：中共党员
职　　称：副高
学　　历：大学本科
所在单位：金塔县汽修中专
成　　就：2002年9月经酒泉地区教育学会批准，授予荣誉称号；1999年4月经酒泉地区教育委员会批准，授予荣誉称号。
简　　介：1983年9月到1986年7月在甘肃省酒泉师范学习；1986年7月到1993年8月在甘肃省金塔乡中学教师（其间，1988年7月—1994年6月西北师大自考政治管理专业本科学习）；1993年8月—2009年4月甘肃省金塔县教育局教研室工作（其间，1996年9月—1999年12月兰州大学自考汉语言文学专业本科班学习）；2009年4月至今在甘肃省金塔县职教中心（职业中专）任副主任（副校长）；甘肃省教育学会会员。

0354 李圯

性　　别：男
出生年月：1968-01-29
民　　族：汉族
政治面貌：群众
职　　称：副高
学　　历：大学本科
所在单位：金塔县第二中学
成　　就：2002年被评为酒泉市高中语文骨干教师。2007年被评为酒泉市高中语文学科带头人。2008年被命名为金塔县初中语文首席教师。2009年5月被评为中学高级教师。2012年被评为酒泉党外知识分子联谊会优秀理事。2013年被确定为为甘肃省乡镇中小学骨干教师培养对象。他发起创办的"弱水"校园文学社20多年坚持活动，创办的校园文学刊物《弱水月报》定期出版，刊发师生诗文1000多篇。他先后在《甘肃教育》、《现代语文》等刊物发表教育教学类论文21篇。另外，他撰写的多篇论文、案例、教学设计获得国家、省、市奖励。获酒泉市基础教育优秀成果奖2项，获得甘肃省基础教育优秀成果奖1项。近年来，他在报纸杂志共发表文学作品和文史类文章60余篇，并有多篇获得国家、省、市级奖励。合编出版了《金塔诗苑》一书。2011年被酒泉市政协评为"党外知识分子联谊会优秀理事"。

0355 张金泉

性　　别：男
出生年月：1959-08-04
民　　族：汉族
政治面貌：中共党员
职　　称：副高
学　　历：大学本科
所在单位：金塔县建新路小学
成　　就：2002年自己主持工作的双城乡中学被酒泉市委市政府命名为教育工作先进单位。
简　　介：1978年3月参加工作，先后分别在金塔乡多金大小学、金塔乡中学任教师、教导主任；在金塔县鼎新学区、西坝学区、双城学区任学区主任兼中学校长；在金塔县汽修中专学校、金塔县第三中学任副校长；

自 2009 年 8 月起在金塔县建新路小学任党支部书记。在工作期间曾分别离职和在职进修取得了大学专科及本科学历，并分别于 1995 年和 2009 年取得了中学一级教师和中学高级教师资格，并被同期聘任。

0356 王玉荣

性　　别：男
出生年月：1968-10-03
民　　族：汉族
政治面貌：中共党员
职　　称：副高
学　　历：大学本科
所在单位：金塔县金塔镇学区，
成　　就：2010 年被甘肃省教育厅授予"甘肃省中小学省级骨干教师"荣誉称号。2003 年被甘肃省教育厅授予"甘肃省第二届青年教学能手"荣誉称号。2003 年被甘肃省教育厅、甘肃省少工委、共青团甘肃省委授予：甘肃省第二届"陇原十佳辅导员"荣誉称号。2008 年被共青团酒泉市委、酒泉市教育局、酒泉市少工委评为酒泉市优秀少先队辅导员。2009 年被共青团酒泉市委、酒泉市教育局、酒泉市少工委评为酒泉市优秀少先队辅导员。2014 年荣获"酒泉市教育科研先进个人"荣誉称号。2013 年荣获"酒泉市家庭教育工作公益人物"荣誉称号。2008 年荣获金塔县首席教师荣誉称号；1999 年荣获金塔县优秀教师荣誉称号；1994 年荣获"金塔县首届十佳青年"荣誉称号。主持 2 项省级研究课题，1 项市级研究课题，其中一项省级研究课题荣获甘肃省优秀课题三等奖；在国家、省级刊物发表文章 60 多篇；有多幅书画作品在《北方作家》等刊物发表。
简　　介：中国家庭教育高级指导师，国家三级心理咨询师。

0357 朱凤珍

性　　别：女
出生年月：1963-06-09
民　　族：汉族
政治面貌：群众
职　　称：副高
学　　历：大学本科
所在单位：金塔县中学
成　　就：2005 年荣获金塔县中学"学生最满意教师"荣誉称号；2007 年荣获金塔县中学"优秀教师奖"；2010 年荣获金塔县中学"优秀教师奖"；2012 年，金塔县中学"优秀教师奖"。
简　　介：1981 年 7 月—2002 年 7 月，在新疆奎屯 128 团中学任教，1994 年荣获奎屯市"教坛新秀奖"，2002 年 7 月—2004 年 7 月，在新疆米泉市二中任教，2003 年 6 月获米泉市"优秀班主任奖"；2004 年 7 月至今，在金塔县中学任教。

0358 李军武

性　　别：男
出生年月：1966-09-15
民　　族：汉族
政治面貌：中共党员
职　　称：副高
学　　历：大学本科
所在单位：金塔县中学
成　　就：2008 年被教育局评为全县优秀教研组长；2010 年被金塔县委县政府授予"科技工作先进个人"荣誉称号；2010 年被金塔县教育局评为金塔县历史首席教师。已在《中学历史教学参考》《甘肃教育》等国家级、省级刊物发表论文 10 余篇，主持和参与完成了包括《新课程下中学生历史发展性学力的培养研究》的多项省级课题。
简　　介：1987 毕业于西北师范大学。现为金塔县中学高级教师、金塔县首席教师、酒泉教育学会历史教研中心副理事长、酒泉市骨干教师。

0359 刘中海

性　　别：男
出生年月：1965-01-30
民　　族：汉族
政治面貌：中共党员
职　　称：副高
学　　历：大学本科
所在单位：金塔县建新路小学
简　　介：1981年8月—1984年6月在酒泉师范学习；1984年7月—1985年8月在中东中学任教；1985年9月—1988年8月在酒泉教育学院中文系学习；1990年9月—2006年6月在大庄子中学任教；2006年7月—2008年8月在古城学区担任党支部书记；2008年9月—2012年7月在鼎新学区担任学区主任；2012年8月—现在在建新路小学担任副校长。

0360 高维峰

性　　别：男
出生年月：1964-12-03
民　　族：汉族
政治面貌：中共党员
职　　称：副高
学　　历：大学本科
所在单位：金塔县中学
成　　就：1999年度先后被评为教育系统优秀党员、县级优秀教师。2003年获酒泉市"优秀教师"荣誉称号。2004年再次被评为县教育系统优秀党员。2008年荣获甘肃省"园丁奖"。
简　　介：1980年7月参加工作，1990年7月毕业于上海外国语学院英语系。现为金塔县中学外语教研组组长、酒泉市骨干教师、金塔县高中英语首席教师。

0361 彭辉

性　　别：男
出生年月：1963-08-22
民　　族：汉族
政治面貌：群众
职　　称：副高
学　　历：大学本科
所在单位：金塔县中学
成　　就：2005年荣获金塔县中学"学生最满意教师"荣誉称号；2007年荣获金塔县"优秀班主任奖"；2013年获金塔县中学"优秀教师奖"。
简　　介：1983年3月—2002年7月在新疆奎屯128团中学任教；2002年7月—2004年7月在新疆米泉市二中任教；2004年7月至今在金塔县中学任教。

0362 马建喜

性　　别：男
出生年月：1963-07-28
民　　族：汉族
政治面貌：群众
职　　称：副高
学　　历：大学本科
所在单位：金塔县中学
成　　就：论文《如何有效地培养学生的英语语感》发表于2006年《陕西教育》第6期，论文《把"教案"变为"学案"的理性思考》发表于2006年《文教资料》第9期。县级学科带头人。
简　　介：1982年参加工作，中学高级教师，现任金塔县中学高中英语教师。

0363 杨玉文

性　　别：男
出生年月：1961-07-04
民　　族：汉族
政治面貌：中共党员
职　　称：副高
学　　历：大学本科
所在单位：金塔县汽修中专
成　　就：主持的县级课题"中职学生心理健康教育研究"（已通过县教育局鉴定）。主编了校本教材《中职生心理健康》，编辑了《中职生心理健康教育案例选》。在省、地级刊物发表多篇论文。2012年获甘肃省职业与成人教育教学名师称号。
简　　介：1979年9月—1981年7月在甘肃省酒泉师范学习；1981年8月—1997年8月在甘肃省金塔县双城中学从事语文教学（其中1986在酒泉教育学院中文系汉语言文学专业学习）；1997年8月—2005年7月在甘肃省金塔县汽修中专从事语文教学；2003年取得自学考试取得兰州大学主考的汉语言文学专业本科学历。

0364 运文红

性　　别：男
出生年月：1970-04-12
民　　族：汉族
政治面貌：中共党员
职　　称：副高
学　　历：大学本科
所在单位：金塔县中学
成　　就：2002年获得县级优秀教师称号；2006年获得县级优秀党员称号；2010年获得酒泉市普通高中毕业会考先进工作者称号；2011年获得县级优秀教育工作者称号；2012年获得"酒泉风采市民提名奖获得者"称号，撰写的论文《写英语日记，提高英语成绩》《加强学法指导，促进习惯养成》等在省级报刊《甘肃教育》上发表。
简　　介：1977年3月—1982年8月在金塔县古城乡上号小学学习。1982年9月—1985年8月在金塔县古城中学学习。1985年8月—1988年6月在酒泉师范学校。1988年7月—1992年8月在金塔县古城中学任教。1992年9月—1994年7月在酒泉教育学院外语系英语专业学习。1994年8月—现在 在金塔县中学任教。（1994年7月—1997年8月 在西北师范大学外语系英语专业学习并毕业）2013年11月被任命为金塔县中学副校长。

0365 苏长宏

性　　别：男
出生年月：1958-12-01
民　　族：汉族
政治面貌：中共党员
职　　称：副高
学　　历：大学专科
所在单位：金塔县汽修中专
成　　就：2007—2008年编写了金塔汽车维修中等专业学校校史。2008年参与编写了《金塔县志》，2013—2014年编写《金塔县教育志》等地方史志书籍。数10篇教育教学论文、史话、评论文章发表在《西北职教》《甘肃教育》《酒泉教育》《酒泉日报》《金塔文史资料》等刊物。
简　　介：1974年6月—1995年8月在金塔县西坝中学任教；1995年9月—1997年8月在金塔县三合中学任教；1997年9月—现在金塔汽车维修中等专业学校任教；2003年12月取得中学高级教师职称。主要从事过初中数学、地理，职业中学、中专政治、职业道德、法律、文秘档案、应用写作等课程的教学工作。多年担任初中、职业高中、中专的班主任、年级（学科）组长。

0366 魏国珍

性　　别：男
出生年月：1956-12-05
民　　族：汉族
政治面貌：中共党员
职　　称：副高
学　　历：大学本科
所在单位：金塔县第四中学
成　　就：在任四中校长期间，指导开展了"新教师汇报课与老教师示范课"、"新老教师结对帮扶拜师学教"、"校园课件制作大赛"、"校园十大名师工程"、"校园精品学科工程"、"学生比学赶帮超"等一系列教育教学活动开展有声有色，成果斐然，教师的业务素质和学生的学习素质有了全面提高。

简　　介：1979年8至1992年8在鼎新中学任教，先后担任教导处副主任、主任；1992年9月至1994年12月在鼎新中学任教，担任副校长；1994年12月至1997年5月在中东中学任教，担任副校长；1997年5月至1997年9月在古城中学任教，担任副校长；1997年9月至2007年8月任古城中学校长；2007年8月至2012年9月任金塔县四中校长；2012年9月至今任金塔县教育局督导室副主任。

0367 闫萍

性　　别：女
出生年月：1963-11-27
民　　族：汉族
政治面貌：群众
职　　称：副高
学　　历：大学本科
所在单位：金塔县中学
成　　就：2003年被评为市级高中英语骨干教师；2008年被评为金塔县优秀教师；2008年所承担的甘肃省教育科学"十一五"规划课题《学生英语课外阅读的现状调查与实验研究》通过鉴定；2009年授予酒泉市"巾帼十杰"荣誉称号；2009年获得甘肃省"巾帼建功"标兵荣誉称号；2010年被评为全县高中英语首席教师。2010年被评为全县教研成果推广应用先进个人；2013年评为市级学科带头人，撰写的论文《掀起书面表达的盖头来》在省级刊物《学周刊》发表。

简　　介：1980年7月至1984年7月在金塔县大庄子乡中学工作，并兼任学区少先队辅导员及班主任工作；1984年8月至1986年7月在酒泉教育学院进修；1986年7月至今在金塔县中学从事高中英语教学工作，担任金塔县中学女职工委员会主任和女学生工作部工作。

0368 王奎

性　　别：男
出生年月：1966-10-15
民　　族：汉族
政治面貌：中共党员
职　　称：副高
学　　历：硕士研究生
所在单位：金塔县第四中学
成　　就：2010年被中共甘肃省委、甘肃省人民政府授予"甘肃省优秀教育工作者"荣誉，并授予甘肃省"园丁奖"。2010年所带的五（2）班被授予全市"小公民思想道德先进班级"称号。2009年被中共金塔县委、金塔县人民政府授予"先进教育工作者"荣誉。2011年在全县小学语文教学评选观摩活动中荣获二等奖。论文《气壮山河情动天地〈周总理你在哪里〉第一课时教案》于2000年获得《中国教育研究论坛》大型征文活动一等奖、全国教育科研成果征文评选一等奖。指导制作的课件《长方体和正方体的体积计算》多媒体课件获第十届全国多媒体软件大赛甘肃赛区优秀奖。

简　　介：1986年7月参加工作，研究生学历。高级教师，市级学科带头人，现任金塔县第四中学校长。金塔县教育局教研室兼职教研员，酒泉市高级职务评审委员会委员。

0369 王正元

性　　别：男

出生年月：1962-12-15

民　　族：汉族

政治面貌：群众

职　　称：副高

学　　历：大学本科

所在单位：金塔县第四中学

成　　就：2000年被授予"县级骨干教师"称号，2001年被授予"县级学科带头人"称号。县级课题《加强语文教学的导读训练，实现素质教育的自主创新》已通过验收，成绩显著。市级课题《自主、合作、交流式课堂探究》通过验收，已在新课改教学实践中发挥了很好的作用。他将自己的教学体会写成论文，两篇发表于《酒泉教育》，两篇获市教育局论文交流三等奖，一篇《联想—想象—作文》发表在《语文教学与研究》。

简　　介：自1982年7月参加工作至今，从事教学工作32年。

0370 赵桂香

性　　别：女

出生年月：1962-07-06

民　　族：汉族

政治面貌：中共党员

职　　称：副高

学　　历：大学专科

所在单位：金塔县南关小学

成　　就：1996年获得"金塔县优秀教师"称号。1999年获得"酒泉地区学科带头人"称号。2001年获得金塔县教育系统"优秀共产党员"称号。2002年获得"酒泉地区优秀教师"称号。2004年获得"甘肃省骨干教师"称号。2005年获得"金塔县劳动模范"称号。2008年获得"金塔县首席教师"称号。先后在省、市级教育刊物发表论文7篇，另有两篇论文分获市级一、二等奖。

简　　介：1982年7月—1984年8月在金塔县中东镇三湾沟村小学教师；1984年9月—1986年2月在金塔县中东镇上四分村小学教师；1986年3月—1988年3月在金塔县中东镇中学教师；1988年4月—2009年4月在金塔县南关小学教师（其间：1998年7月—2000年在甘肃省酒泉教育学院汉语言文学专业学习，取得大专学历；2003年5月任副校长）2009年4月至今任金塔县南关小学副校长。

0371 仲福林

性　　别：男

出生年月：1956-04-18

民　　族：汉族

政治面貌：中共党员

职　　称：副高

学　　历：大学本科

所在单位：金塔县双城学区

成　　就：近3年连续被评为镇级优秀教育工作者，优秀共产党员。他撰写的论文《素质教育初探》已收编入《中国教育改革与发展》论文选2000年卷上卷中；《浅谈学校德育教育的四个途径》已收编入《北京阳光书苑》中学德育教育论文集中；论文《让每个学生都得到发展》发表在《甘肃教育报》上；《农村中学学生辍学原因浅析》一文曾发表在甘肃《酒泉日报》上；《如何构建学校管理和谐体系》与《构建发展性学校评价模式》将在《甘肃教育督导》2008年第6期和8期上发表。

简　　介：1994年8月—1978年7月在金塔县上元初中部任教；1978年8月—1980年7月在酒泉师范学习；1980年8月—1982年7月在金塔县鼎新中学任教；1982年8月—1984年7月在金塔县双城中学任教；1984年8月—1985年7月在金塔县中学任教；1985年8月—1987年7月在酒泉教育学院学习；1987年8月—1994年7月在金塔县中学任教；1994年6月—2001年7月在金塔县东坝中学任副校长；2001年8月—2006年3月在金塔县三合中学任副校长；2006年4月至2016年任双城学区党支部书记。

0372　魏国勤

性　　别：男

出生年月：1963-03-17

民　　族：汉族

政治面貌：中共党员

职　　称：副高

学　　历：大学本科

所在单位：金塔县鼎新镇学区

成　　就：2007年学区支部被乡党委评为"先进党支部"；2008年学校被县委、县政府评为"平安学校"；2011年荣获金塔县"优秀共产党员"称号；2011年荣获甘肃省教育厅"电化教育先进个人"称号。

0373　高殿英

性　　别：男

出生年月：1964-07-03

民　　族：汉族

政治面貌：中共党员

职　　称：副高

学　　历：大学本科

所在单位：金塔县幼儿园

成　　就：2002年酒泉市高中语文学科带头人；2004年甘肃省高中语文骨干教师。撰写的教育教学论文有《立足素质教育，培养创新人才》发表于《新世纪语文教育改革与探索（第二辑）》（陕西师范大学出版社2000年6月出版），《一线穿珠 双线合璧 多线辐射》（《酒泉教育》1996年第二期）等多篇。主要参与的甘肃省"十一五"科研课题《创设大语文教学环境，培养学生的创新意识和实践能力》，2004年10月获得省教科所鉴定。《美丽的金塔我的家》在"诗韵金塔"栏目播出，《弱水四韵》收编入《印象金塔》中。

简　　介：1984年7月至1992年8月在金塔县双城乡中学任教（期间，1986年3月至1989年5月参加高等教育自学考试，获兰州大学汉语言文学专科毕业证书，1989年9月至1991年6月甘肃教育学院汉语言文学教育专业本科毕业证书）；1992年8月至1995年7月，在金塔县鼎新镇中学任教；1995年8月至2012年7月，在金塔县第二中学工作；2003年4月担任金塔县第二中学副校长；2012年7月至今在金塔县幼儿园担任党支部书记。

0374　吴福斌

性　　别：男

出生年月：1967-12-25

民　　族：汉族

政治面貌：中共党员

职　　称：副高

学　　历：大学本科

所在单位：金塔县中学

成　　就：2007年被评为金塔县优秀教师；2012年被评为酒泉市高中政治骨干教师；

2014 年被评为酒泉市教科研先进个人；自 2003 年以来主持或参与完成省级课题 2 项；先后在国家级、省级、地级刊物和发表课件、教学设计、论文等近 30 篇。

简　　介：1990 年 7 月毕业于张掖师专政史系；1990 年 7 月在金塔县中学参加工作；1994 年 7 月至 1997 年 8 月在职函授西北师大政治教育专业。

0375　祁亚荣

性　　别：女
出生年月：1968-01-28
民　　族：汉族
政治面貌：中共党员
职　　称：副高
学　　历：大学本科
所在单位：金塔县第四中学

成　　就：2000 年被乡党委政府评为优秀教师。1999 年辅导本班学生在省级刊物发表作品 2 篇，市级 1 篇。2001 年被评为县级骨干教师。2002 年被评为县级优秀教师。2003 年被评为县级学科带头人。2004 年被评为市级骨干教师。2007 年 1 月被评为市级学科带头人。

简　　介：1982 年 10 月—1988 年 7 月在金塔县古城中学担任班主任、教研组长；1988 年 8 月—1989 年 7 月，在中东中学担任初三班主任工作；1989 年 8 月—2008 年 7 月，在金塔镇学区塔院、金大、红光、建国等小学先后担任班主任、小学教导主任工作；2008 年至今，在金塔县四中从事初中语文课教学，兼副班主任。

0376　李勇

性　　别：男
出生年月：1963-02-01
民　　族：汉族
政治面貌：中共党员
职　　称：副高
学　　历：大学本科
所在单位：金塔县第三中学

成　　就：2003 年在担任金塔中学党总支书记，2007 年—2013 年担任县第三中学校长期间，学校因创办城乡教育均衡发展的"窗口学校"成绩显著，被《甘肃工作》、《甘肃经济日报》、甘肃电视台《今日聚焦》栏目、《酒泉日报》等专题报道。他所撰写的《学校管理创新重在积极实践》交流于国家教育行政学院举办的教育部第三期西部地区中学校长培训班上，荣获二等奖；《创设大语文环境、培养学生的创新精神和实践能力》被列为全省教育科学"十五"计划课题，并获得全省教育科学"十五"计划课题三等奖；还有数 10 篇论文在《教育革新》、《甘肃教育》和《酒泉教育》发表。

简　　介：1981 年参加工作的，先后在初、高级中学工作，担任过班主任、教研组长、主任职务。1988 年任刚刚创建的县职业中学副校长。现任第三中学校长。

0377　王丽霞

性　　别：女
出生年月：1975-09-04
民　　族：汉族
政治面貌：中共党员
职　　称：副高
学　　历：硕士研究生
所在单位：甘肃省嘉峪关市委党校

成　　就：在《中国教育与发展》《中国教育教学杂志》《传承》《科技创业》《法制与社会》《决策与信息》《党校教育研究》等杂志发表各类论文 10 余篇，并取得省委党校系统、省行政学院系统的优秀科研成果奖数次。获得省委党校系统优秀教师、市委党校优秀教师、市委党校优质课等荣誉称号，获得省委党校系统教学竞赛一等奖、市委党校教学竞赛一等奖。

简　　介：1995年9月—1997年7月在西北师范大学政治法律系读经济法专业；1998年2月—今在嘉峪关市委党校上班；1998年9月—2001年7月在甘肃政法学院读法学函授本科；2004年9月—2007年7月在甘肃省委党校读法学理论函授研究生。

0378 杨玉柱

性　　别：女
出生年月：1972-09-30
民　　族：汉族
政治面貌：中共党员
职　　称：副高
学　　历：大学本科
所在单位：甘肃省嘉峪关市委党校
成　　就：自任教以来，所担任各班次课程与专题有：《经济学》《会计学》《国际经济与贸易》《现代企业管理》"聚集经济与城市化战略研究""嘉峪关市城乡一体化发展""农村土地制度简析""生态文明与生态城市建设"等。近年来先后在《商业文化》《决策与信息》《法制与社会》《新财经》《经济生活文摘》等刊物上发表论文多篇。获得2011年甘肃省委党校优秀教师称号及2012年甘肃省行政学院科研成果二等奖
简　　介：1993至1997年在兰州大学经济系就读；1997年9月至今在嘉峪关市委党校任教。

0379 秦伟峰

性　　别：男
出生年月：1965-11-04
民　　族：汉族
政治面貌：中共党员
职　　称：副高
学　　历：大学本科
所在单位：甘肃省嘉峪关市委党校
成　　就：论文《20世纪初中国政治思潮与中国共产党》发表于《甘肃理论学刊》；《抗日根据地民主政权建设》发表于《河西学院学报》；《对党校教学中所形成的社会主义道路再认识的一些理论思考》发表于《省委党校理论研究》；《对搞好基层党建的认识》入选甘肃建党90周年论文选编。

简　　介：1982年7月—1986年7月西北师大历史系学习；1986年7月—1987年11月酒泉中学教师；1987年11月—1993年11月市委党校教师；1993年11月—2000年12月市志办工作；2000年12月始任市委党校教师。

0380 张静

性　　别：女
出生年月：1964-07-19
民　　族：汉族
政治面貌：中共党员
职　　称：副高
学　　历：硕士研究生
所在单位：甘肃省嘉峪关市委党校
成　　就：嘉峪关市社科联，先后被授予了甘肃省党校系统优秀教师、嘉峪关市级优秀教师、校级优秀教师、党校系统精品课教师等荣誉称号。《依法行政与协商行政》荣获全省行政学院系统优秀教学成果二等奖。有20多篇论文在国家、省、市多家法学类刊物上发表或获奖。论文《论农村土地使用权流转法律制度的完善》入选第十一届海峡两岸行政法学学术研讨会并参会。2010年论文《论依法行政是依法治国的核心内容》发表于核心期刊《经济与法》。2012年参与了国家社科基金项目《河西走廊葡萄产业发展研究》。论文《我国葡萄酒企业发展策略分析》

发表于全国中文工业经济类核心期刊《消费导刊》，并被人大报刊复印资料《商界导刊》全文转载。积极参加课题研究，主持了甘肃省行政学院省级课题一项。

简　　介：1985年7月参加工作，在市区划办公室工作；1987年5月调入嘉峪关市委党校从事教学工作至今。

0381 何显亮

性　　别：男

出生年月：1969-12-05

民　　族：汉族

政治面貌：中共党员

职　　称：副高

学　　历：硕士研究生

所在单位：甘肃省嘉峪关市委党校

成　　就：先后主讲了《世界主要国国家发展进程》《中美关系》《中国能源安全》《战略机遇期的机遇和挑战》《新时期党的群众》等专题。

简　　介：1990年毕业于张掖师专；1997年毕业于西北师大本科；2008年毕业于西北师大；2008年至今在嘉峪关市委党校工作。

0382 戴会霞

性　　别：女

出生年月：1971-10-20

民　　族：汉族

政治面貌：中共党员

职　　称：副高

学　　历：大学本科

所在单位：甘肃省嘉峪关市委党校

成　　就：《行政审判社会效果初探》发表于《兰州工专学报》2000年第4期。《浅析行政案件审理依据的适用》载于《甘肃理论学刊》2001年第2期，并获全省党校系统第三届优秀科研成果三等奖。《试析行政不作为赔偿责任的划分》载于《审判理论与实》2005年第3期。《论利益衡量在行政审判中的运用》载于《甘肃行政学院学报》2006年第4期。《利益衡量及其在行政审判中的作用》载于2007年《法治与和谐》一书，获中国政法大学举办"首届中国法治论坛"优秀论文奖。

简　　介：1997年7月毕业于西北政法大学法学系，获法学学士学位；1997年9月进入中共嘉峪关市委党校教研室从事法学教学及科研工作至今；2010年取得法学副教授资格，2011年获聘本校法学副教授。

0383 同巨平

性　　别：男

出生年月：1959-06-08

民　　族：汉族

政治面貌：中共党员

职　　称：副高

学　　历：大学本科

所在单位：甘肃省嘉峪关市委党校

成　　就：30多年在教学工作岗位辛勤耕耘，发表论文30多篇，完成科研项目20多项。

简　　介：1979年上大学；1983年参加工作。1986年应聘嘉峪关市委党校，2007年被聘为市委党校副教授，2010年任经济法律教研室主任。

0384 陈俊

性　　别：女

出生年月：1977-03-23

民　　族：汉族

政治面貌：中共党员

职　　称：副高

学　　历：博士研究生

所在单位：金昌市委

成　　就：2009年3月至2012年8月清华

大学公共管理院公共管理作博士后。金昌市委党校从事教学和研究工作，多次在省级以上刊物发表文章、学术论文，出版著作。

简　　介：曾先后就读于西安建筑科技大学、东北大学，取得工学学士、经济学硕士、公共管理博士学位，就读期间在日本东北大学交换留学一年。毕业后在中国海洋大学法政学院公共管理系任教两年，2013 年 8 月从清华大学公共管理学院博士后出站。目前主要从事循环经济相关研究和课程讲解。

0385　张宏伟

性　　别：男

出生年月：1965-07-12

民　　族：汉族

政治面貌：中共党员

职　　称：副高

学　　历：硕士研究生

所在单位：金昌市委党校

成　　就：金昌市党校科研室主任、甘肃省哲学学会常务理事、甘肃省哲学学会常务理事，兼任市社科联副秘书长。多次在省级以上刊物发表文章，参与并完成甘肃省重点社科规划课题一项，参编、主编教材 9 部，两次被评为全省党校系统优秀教师。在《甘肃理论学刊》等省级以上刊物发表文章 20 多篇，地市级以上刊物发表文章 50 多篇，文章曾被《人大报刊复印资料》全文复印、辑目。2004 年、2008 年 2013 年被评为金昌市第三批、第四批、第五批拔尖人才。2011 年被评为金昌市优秀人才。1999 年和 2006 年两次被评为全省党校系统优秀教师。2005 年被评为全国党校系统期刊优秀编辑。

简　　介：1989 年 7 月毕业于福建师范大学政治教育系政治教育专业，教育学学士，省委党校哲学研究生。现任中共金昌市委党校科研室主任，副教授。甘肃省哲学学会常务理事，兼任市社科联副秘书长。1989 年 8 月至 1994 年 7 月任市委党校助教；1994 年 8 月至 2000 年 7 月任市委党校讲师；2000 年 8 月任市委党校副教授；1997 年 7 月任市委党校科研室副主任；2003 年 6 月任市委党校科研室主任；2004 年任市社科联副秘书长；2006 年当选为甘肃省哲学学会理事，2011 年当选为甘肃省哲学学会常务理事。

0386　马静娟

性　　别：女

出生年月：1971-11-28

民　　族：回族

政治面貌：中共党员

职　　称：副高

学　　历：硕士研究生

所在单位：金昌市委党校

成　　就：长期在党校从事党的理论教育和研究工作，主要进行散杂居地少数民族流动人口和宗教理论研究。在全国中文核心期和省级学术刊物《青海师大民族师范学院学报》《甘肃统战理论研究》《甘肃社会科学》《凝聚》《金昌日报》《当代金昌》《工作研究与通讯》《祁连论丛》等发表学术论文 23 余篇。作品先后多次获统战理论奖。2005 年获"甘肃省第四次全省各族青年团结进步模范个人"荣誉称号。

简　　介：1995 年 6 月毕业于西北民族大学历史系，获历史学学士学位；2000 年 9 月至 2003 年 6 月，在西北民族大学宗教研究与管理专业读研究生；1997 年 8 月起在金昌市委党校任教，2005 年 12 月晋升为副教授。从大学毕业至今。

0387　宿好军

性　　别：男

出生年月：1970-12-25

民　　　族：汉族
政治面貌：中共党员
职　　　称：副高
学　　　历：硕士研究生
所在单位：甘肃省金昌市委党校
成　　　就：在全国中文核心期和省级学术刊物《名作欣赏》《甘肃日报》《西部新世纪文学》《西安电子科技大学学报》《黄冈师范学院学报》《乌鲁木齐职业大学学报》《吉林教育学院学报》《牡丹江大学学报》《哈尔滨学院学报》《和田师专学报》等发表学术论文20余篇，部分论文被中国人民大学书报资料复印中心摘录或辑目。主编《金昌城市文化软实力发展研究》由金昌市委党校内部发行。作品先后多次获，著作《沉思与守望》获得甘肃省党校系统第五届优秀科研成果一等奖，主编的《金昌城市文化软实力发展研究》获得甘肃省党校系统第八届（2010—2011年度）优秀科研成果三等奖、甘肃省行政学院系统（2010—2011年度）优秀科研成果二等奖。
简　　　介：1991年6月毕业于西北师范大学历史系，获历史学学士学位；1991年7月起在金昌市委党校任教，2002年12月晋升为副教授；2002年9月至2005年6月在西北师范大学文学院攻读中国现当代文学硕士，2005年6月获文学硕士学位；从大学毕业至今，长期在党校从事党的理论教育和研究工作，主要进行文化、文学理论研究。

0388 王湘萍

性　　　别：女
出生年月：1976-07-11
民　　　族：汉族
政治面貌：群众
职　　　称：副高
学　　　历：硕士研究生
所在单位：金昌市委党校
成　　　就：在全国中文核心期、省地级学术刊物《社科纵横》《扬州大学学报》《甘肃联合大学学报》《金昌日报》等发表学术论文10余篇，部分论文被人民网摘录，进行了并完成了《金昌市工业反哺农业问题研究》《对金昌医疗保险工作的调查研究》2008、2010年度全省党校系统调题研课。其中《对保障农民工金权益的思考》《和谐社会建设中的城市社区安全问题浅析》《建设和谐文化 推进城市和谐发展》获得金昌市2007、2008、2009年度"五个一工程"一篇好文章二等奖。参与编写的《金昌城市文化软实力发展研究》获得甘肃省党校系统第八届（2010—2011年度）优秀科研成果三等奖、甘肃省行政学院系统（2010—2011年度）优秀科研成果二等奖。
简　　　介：1999年7月毕业于山西财经大学金融系投资经济专业；1999年进入金昌市委党校从事教学科研工作；2004年考入北京师范大学管理学院就读，2006年7月取得公共管理硕士学位；2009年取得经济学副教授资格，主要从事经济学、城市文化研究。

0389 靳晓玲

性　　　别：女
出生年月：1964-06-08
民　　　族：汉族
政治面貌：中共党员
职　　　称：副高
学　　　历：硕士研究生
所在单位：金昌市委党校
成　　　就：曾获全国青年学习十六大精神和"三个代表"重要思想征文二等奖，获纪念中国共产党建党80周年探索新时期思想政治工作全国征文二等奖，获纪念中国共产党诞辰90周年甘肃省征文三等奖在。在学历班、函授班、主体班等各种班次进行专题教学、讲座辅导；先后在各种刊物发表理论文章 50 多篇，参与撰写著作教材 14 部，担任课题负责人 1 项。在发表的理论文章中 17 篇获奖，曾多次获省市级优秀教师等荣誉称号。

简　　介：中共金昌市委党校教师，党史党建研究生、副教授，主要从事教学科研工作。

0390 王韬

性　　别：男
出生年月：1973-01-13
民　　族：汉族
政治面貌：中共党员
职　　称：副高
学　　历：硕士研究生
所在单位：金昌市委党校
成　　就：主要从事经济学的教育教学研究以及干部教育培训管理研究工作。在《中国行政管理》《甘肃省委党校学报》《甘肃行政学院学报》等刊物发表理论文章多篇。参与《干部教育理论研究与实践》、《统筹金昌经济社会发展问题研究》等课题撰写，参与编写《马克思主义基本问题研究》、《干部理论学习纲要》等书。

简　　介：1995 年 6 月毕业于西北师范大学政教系，获法学学士学位；2006 年 12 月，在获甘肃省委党校国民经济学专业研究生学历；1995 年 7 月起在金昌市委党校任教，2006 年 12 月获副教授资格，2010 年 3 月任金昌市委党校培训部主任至今。

0391 马登攀

性　　别：男
出生年月：1967-04-11
民　　族：汉族
政治面貌：中共党员
职　　称：副高
学　　历：硕士研究生
所在单位：金昌市委党校
成　　就：副教授，任金昌市党校办公室主任，多次在省级以上刊物发表论文，曾获甘肃省委党校邓小平理论研究中心科研成果优秀奖、甘肃省委党校研究生"科研奖"等奖励。从事党的理论创新问题和党建问题研究，积极承担党校主体班教学任务，在省级、市级刊物发表理论文章 10 数篇，参与市委党校研究课题和编写著作、教材多部。

简　　介：1991 年西北师范大学历史系毕业；1997 年调入市委党校工作；2004 年省委党校哲学专业研究生毕业。

0392 殷莉

性　　别：女
出生年月：1961-12-01
民　　族：汉族
政治面貌：中共党员
职　　称：副高
学　　历：硕士研究生
所在单位：金昌市委党校
成　　就：任金昌市党校文史教研室主任。长期从事教学与党的理论研究。任职以来，在不同的刊物和报纸发表和合作出版了若干论文和著作。近几年来在不同的刊物发表论文有《教学也要创名牌》发表于《学习时报》2000 年 3 月 20 日。《科学哲学新议》收录 2002 年《耕耘与收获》一书中。《浅谈与时俱进与创新》发表在《甘肃理论》。《转变思维方式推动政府转变经济发展方式》获金昌市 2012 年度精神文明建设"五个一工程"，"一篇好文章"二等奖。

简　　介：1981 年中专毕业于酒泉师范学校；1985 年大专毕业于甘肃电大中文专业；1997 年本科毕业于中央党校函授学院经济管

理专业；1999年研究生毕业于甘肃省委党校哲学专业；2000年取得副教授任资格并受聘。

0393 姜有杰

性　　别：男
出生年月：1974-09-01
民　　族：汉族
政治面貌：中共党员
职　　称：副高
学　　历：大学本科
所在单位：金昌市双湾中学
成　　就：主持撰写甘肃省教育科学"十一五"规划2009年规划课题《寄宿制学校建设校本教材——乡土文化游戏》2011年10月28日通过甘肃省教育科学规划领导小组鉴定。《浅谈信息技术与体育课程整合》发表于国家级刊物《中国信息技术教育》2010年1月上总第105期。《寄宿生课余生活现状调查》发表于省级刊物《都市家教》2010年第四期。
简　　介：1992年7月参加工作，西北师大体育教育本科毕业，中学高级教师、金昌市优秀教师。长期在教学一线工作，教学经验丰富、教学业绩突出、专业技能过硬，参与或组织的运动项目在市区级竞赛中，成绩优异，多次受到表彰。

0394 韩玉华

性　　别：女
出生年月：1973-03-01
民　　族：汉族
政治面貌：群众
职　　称：副高
学　　历：大学本科
所在单位：金昌市双湾中学
成　　就：论文《营造和谐课堂范围进行"质疑——讨论"教学》发表于《中国信息技术教育》（国家级）2008年；论文《如何培养学生学习语文的兴趣》发表于《甘肃联合大学学报》（省级）；2005年参与《初中时快速作文法教学的借鉴与实验研究》并通过省级鉴定；2006年参与课题《中学文科教学中愉快教学实验研究》通过省级鉴定；2008年主持参与《西部农村中学文科成功教学实验与研究》通过省级鉴定；2013主持《课堂问题式教学法应用实效性实验研究》通过省级鉴定。

0395 张豪武

性　　别：男
出生年月：1971-12-01
民　　族：汉族
政治面貌：中共党员
职　　称：副高
学　　历：大学本科
所在单位：金昌市金川区一小
成　　就：省级课题《关注学生个体差异和不同学习需要的教学策略研究》《小学数学试卷》获优秀成果奖；省级课题《探究性学习的课堂支持策略》《校本教研模式与网络化校本教研机制》《构建和谐课堂的实践研究》通过鉴定。

0396 周梅

性　　别：女
出生年月：1969-11-05
民　　族：汉族
政治面貌：中共党员
职　　称：副高
学　　历：大学本科
所在单位：金昌市金昌区区教育局
成　　就：2005年开始主编的校本课程《安全教育》（小学1—2年级、3—6年级，初中7—9年级），填补了金川区校本课程开发的空白；2006 年主持进行了《中小学综合实践活动》课题研究，通过了省级鉴定，随后主编了《中小学综合实践活动指导》一书，并在全区教育系统试用；2009 年在国家级刊物《硅谷》上发表论文《浅谈新课程改革中教研员应具备的素质》；2009 年在国家级刊物《管理观察》上发表论文《浅谈新时期如何加强教师职业道德素质》；2009 年，参加完成全国中小学校德育研究规划课题中的"德育与心理健康教育问题研究"课题，通过了省级鉴定，并获得课题成果二等奖。

0397　杨恒林

性　　别：男
出生年月：1965-12-02
民　　族：汉族
政治面貌：中共党员
职　　称：副高
学　　历：大学本科
所在单位：双湾中学
成　　就：2010 年在《基础教育参考》上发表了论文《新课改让语文作业活起来》，2009 年所承担的课题《学科教学中德育渗透问题研究》通过全国中小学德育研究规划课题组鉴定，2009 年承担的课题研究《德育要加强班集体的基础地位》被全国青少年文明礼仪普及活动组织委员会评选为优秀研究成果二等奖。2009 年论文《"经营人心"构建和谐校园》被国家教师科研基金十一·五科研规划重点课题总课题组、国家基础教育实验中心评为一等奖。

0398　石丽

性　　别：女
出生年月：1976-04-24
民　　族：汉族
政治面貌：中共党员
职　　称：副高
学　　历：大学本科
所在单位：金川区财政局
成　　就：《由游资炒作对民资投资流向、决策与监管的思考》发表于《财会研究》杂志 2012 年第 13 期；《关于我国地方政府发行城市债券思考》发表于《甘肃审计》杂志 2012 年第 10 期。

0399　梁航久

性　　别：男
出生年月：1968-01-01
民　　族：汉族
政治面貌：中共党员
职　　称：副高
学　　历：大学本科
所在单位：金昌市双湾中学
成　　就：《计算机辅助教学深层应用技术研究》发表在 2009 年 11 月《中学课程资源》；《语文教师如何钻研教材》发表在 2011 年 3 月《语文教学与研究》；《计算机辅助教学深层应用技术研究》获得第二届"中国移动校讯通杯"全国教师论文大赛甘肃赛区二等奖；主持研究省级规划课题《教师指导下的农村初中学生自主学习英语的研究》于 2012 年 6 月通过鉴定。

0400　王育林

性　　别：男
出生年月：1961-12-01
民　　族：汉族
政治面貌：中共党员
职　　称：副高
学　　历：大学本科
所在单位：金昌市宁远中学
成　　就：论文《浅谈对寄宿学生的思想品

德教育》发表于《中国校外教育》2007 年第 12 期；省级课题《中小学综合实践活动研究指导》，2006 年 5 月结题。

0401 许明善

性　　别：男
出生年月：1961-12-01
民　　族：汉族
政治面貌：中共党员
职　　称：副高
学　　历：大学本科
所在单位：金昌市金川区一小
成　　就：论文《校园文化建设与学校德育研究》获省级论文评比一等奖。

0402 王国仁

性　　别：男
出生年月：1970-10-01
民　　族：汉族
政治面貌：中共党员
职　　称：副高
学　　历：大学本科
所在单位：金昌市八冶一小
成　　就：课题《德育与心理健康教育问题研究》2009 年 6 月经全国中小学德育研究规划课题组签定结题；课题研究《新时期学校德育工作研究》被评为优秀科研成果一等奖；课题《小学语文课外阅读的实践与研究》2009 年 6 月被甘肃省教育科学规划组确定为甘肃省十一五规划课题，2011 年结题；课题研究《新时期学校德育工作研究》被评为优秀科研成果一等奖；教学案例《爱护有益动物》在甘肃省首届小学组自然教学案例评比中获二等奖；论文《小学作文：写出"真"归于"情"》在 2010 年 4 月《基础教育参考》发表；论文《小学中年级作文教学浅探》2005 年在《当代教育教学文论》发表。2003 年 6 月被金川区教育局评为"金川区骨干教师"，2007 年 12 月被金川区教育局评为"金川区优秀教学管理工作者"，2010 年 4 月被金昌市教育局评为金昌市骨干教师"。2014 年 9 月被金川区评为"优秀教学管理工作者。

简　　介：1990 年参加工作。1990—2009 年在宁远堡镇中心学校任教；2009 年至 2017 年在八冶一小任教，兼管学校总务工作。

0403 潘竟龙

性　　别：男
出生年月：1962-01-01
民　　族：汉族
政治面貌：中共党员
职　　称：副高
学　　历：大学本科
所在单位：金昌市宁远中学
成　　就：参与省级课题《中小学综合实践活动研究指导》2006 年 5 月结题。自参加工作至今，一直从事教学第一线工作，教学成绩优良，多年担任班主任工作，多次被评为优秀班主任或先进工作者。在教育教学研讨过程中，积极学习新的教学经验，多次发表论文，其中国家级一篇，省级三篇。

简　　介：1980 年 3 月参加工作，兰州大学毕业，所学汉语言文学专业；1980 年 3 月至 1985 年 8 月在宁远学区任教；1985 年 9 月至 1988 年 6 月在张掖师专进修；1988 年 9 月至 2005 年 7 月在金东中学任教；2002 年 9 月至 2005 年 6 月在兰州大学函授班学习；2005 年 8 月至今在宁远中学工作。

0404 甄世贤

性　　别：男
出生年月：1962-03-01
民　　族：汉族

政治面貌：中共党员
职　　称：副高
学　　历：大学本科
所在单位：金昌市双湾中学
成　　就：论文《从传统文化的兴衰看新世纪课程改革》在2006年《陕西教育》杂志发表；2003年所负责的《初中数学自学辅导教学实验研究》课题已经通过甘肃省教育科学规划领导小组鉴定。

0405　温娟

性　　别：女
出生年月：1971-11-01
民　　族：汉族
政治面貌：群众
职　　称：副高
学　　历：大学本科
所在单位：金昌市宁远中学
成　　就：论文《发挥教师作用　搞好素质教育》2001年在《中国新世纪创新教育论丛》中荣获论文评选二等奖；论文《优化课堂教学　提高教学质量——浅谈中学生物课堂改革》2001年荣获甘肃省中学生物优秀论文评选三等奖；论文《创设情景式课堂，体现以人为本新理论——新课改下对初中历史教学的思考》2006年荣获甘肃省论文评选二等奖；论文《新课程下的农村历史课堂创新教学——历史新课改的实践和感悟》2008年在"新时期中国教师优秀教案（论文）"评选中荣获二等奖；课题研究成果《多媒体计算机辅助教学对初中学生地理识图能力的培养》2009年通过省级鉴定；课题研究成果《新课改理念下中学历史地理自主合作探究学习的课堂模式与操作策略研究》2011年通过省级鉴定（第2位）；论文《在历史教学中构建自主合作探究学习方式》，2010年发表在《中国信息技术教育》；《秦汉时期先进的科学技术》教学设计2010年发表于《中学历史教学参考》；论文《在历史教学中构建自主合作探究学习方式》2010年在中国基础教育研究会主办的"第六届全国中青年教师论文大赛"活动中获三等奖。

0406　赵泉

性　　别：男
出生年月：1969-02-28
民　　族：汉族
政治面貌：中共党员
职　　称：副高
学　　历：大学本科
所在单位：金昌市宁远中学
成　　就：《初中语文课堂教学"五部自究法"教学模式初探》发表在2004年2期《中学语文教学通讯》上；《实施语文素质教育应从说话、写字、作文开始》荣获市级一等奖、省级二等奖；主持构建的实验课题初中语文课堂教学"五部自究法"教学模式，2007年获省级二等奖。

0407　丁文香

性　　别：女
出生年月：1961-01-01
民　　族：汉族
政治面貌：群众
职　　称：副高
学　　历：大学专科
所在单位：金昌市宁远中学
成　　就：2007至2010年参加的甘肃省教育科学"十一五"规划课题《大班额环境下课堂教学小组合作学习的有效性研究》经专家组评审，通过鉴定。

0408 吕雅文

性　　别：女
出生年月：1966-08-21
民　　族：汉族
政治面貌：中共党员
职　　称：副高
学　　历：大学本科
所在单位：金昌市金昌区区教育局
成　　就：参与的省级实验课题《学生的心理与意志品质的培养》于 2005 年 5 月通过甘肃省科学规划办鉴定；论文《怎样发展少儿美术观察力的实践和探索》发表在《东西南北·教育观察》（2010 年 1 月期）；论文《美术教学中学生创新能力的培养》发表在《甘肃教育》（2010 年 9 月期）。

0409 张文恒

性　　别：男
出生年月：1969-06-01
民　　族：汉族
政治面貌：中共党员
职　　称：副高
学　　历：大学本科
所在单位：金昌市宁远中学
成　　就：参与国家级课题《中小学综合实践活动指导》的研究，于 2006 年 5 月结题。2010 年获得国家基础教育外语研究中心组织的全国中学生英语能力竞赛辅导二等奖。2008 年，教学论文《浅谈如何创设一个轻松愉快的英语课堂》荣获论文评选二等奖。并发表在国家级大型系列丛书《新时期中国教师优秀教案选编》上。2008 年教学论文《初中英语教学中的情感教育》在中学课程辅导中发表。2010 年教学论文《浅谈多媒体手段在初中英语课堂中的作用》在全国优秀外语期刊《中小学外语教学》上发表。

0410 王向琴

性　　别：女
出生年月：1969-05-01
民　　族：汉族
政治面貌：群众
职　　称：副高
学　　历：大学本科
所在单位：金昌市宁远中学
成　　就：2005 年制作的课件《纸船》作品在第八届全国多媒体教育软件大奖赛甘肃赛区中荣获三等奖；论文《浅析中学历史教学中的情感教育》2008 年在"2008 年中国教育系统优秀教案（论文）全国评选"活动中荣获二等奖；论文《浅析北师大版历史教材》2010 年在全国基础教育论文评比大赛中获一等奖；课题《多媒体计算机辅助教学对初中学生地理识图能力的培养》2009 年在省级教育科研中获得鉴定；课题《新课改理念下中学历史地理自主合作探究学习的课堂模式与操作策略研究》2011 年在省级教育科研中获得鉴定；课题《初中语文作业设计的优化与创新研究》2013 年在省级教育科研中获得鉴定。

0411 刘晓琴

性　　别：女
出生年月：1971-12-01
民　　族：汉族
政治面貌：群众
职　　称：副高
学　　历：大学本科
所在单位：金昌市宁远中学
成　　就：论文《浅谈合作教学》在省级刊物发表；主持的省级课题《在小学语文教学中提倡独立思考、组织合作学习、引导探索发现的研究》通过鉴定。

0412 李珏

性　　别：男
出生年月：1962-01-01
民　　族：汉族
政治面貌：中共党员
职　　称：副高
学　　历：大学本科
所在单位：金昌市金川区一小
成　　就：省级课题《学生心理与意志品质的培养》《学科教学中德育渗透问题研究》《新时期学校德育问题及对策》通过鉴定。

0413 李发礼

性　　别：男
出生年月：1971-12-01
民　　族：汉族
政治面貌：中共党员
职　　称：副高
学　　历：大学本科
所在单位：金昌市宁远中学
成　　就：论文《经营人心，构建和谐校园》发表于《新课程研究》第39期并获全国第五届"园丁杯"教科研成果评比一等奖；论文《如何设计课堂教学中的提问》发表于《新课程研究》2012年第四期，并获全国优秀论文评选一等奖；课题《在小学语文教学中提倡独立思考、组织合作学习、引导探索发现的研究》在2010年10月通过省级验收鉴定。

0414 白远道

性　　别：男
出生年月：1968-03-01
民　　族：汉族
政治面貌：中共党员
职　　称：副高
学　　历：大学本科
所在单位：金昌市宁远中学
成　　就：参与的省级课题《中小学综合实践活动研究指导》于2006年5月结题。

0415 马登和

性　　别：男
出生年月：1968-07-01
民　　族：汉族
政治面貌：中共党员
职　　称：副高
学　　历：大学本科
所在单位：金昌市宁远中学
成　　就：论文《班主任工作点滴谈》刊载于《新作文（教育教学研究）》2008年10月；论文《校长如何拉近与教师的心理距离进行心理沟通》刊载于《中国教育指南》2013年4月。

0416 王国新

性　　别：男
出生年月：1971-04-15
民　　族：汉族
政治面貌：中共党员
职　　称：副高
学　　历：大学本科
所在单位：金昌市金川区天生炕分场学
成　　就：论文《真诚"经营人"构建和谐校园》在全国第五届"园丁杯"优秀教科研成果评比展示活动中，被评为一等奖。论文《"经营人心"构建和谐校园》发表于《新课程研究》（总第39期）2010年5月。论文《有效课堂提问，落实三维目标》发表于《新课程研究》（总第64期）2012年4月。2012年6月省级课题《新课改下课堂教学设计、实施与反思研究》结题。2013年10月省级课题《课堂问题式教学法应用实效性研究》结题。

0417 闫忠伦

性　　别：男
出生年月：1967-12-01
民　　族：汉族
政治面貌：中共党员
职　　称：副高
学　　历：大学本科
所在单位：金昌市宁远中学
成　　就：2005年课题《初中生快速作文法教学的借鉴与实验研究》10月结题；2009年课题《开发双湾乡土文化及校本课程实验研究》11月结题。

0418 王有云

性　　别：男
出生年月：1972-02-14
民　　族：汉族
政治面貌：中共党员
职　　称：副高
学　　历：大学本科
所在单位：金昌市金川区天生炕分场学校
成　　就：2011年课题《新课改理念下中学历史地理自主合作探究学习的课堂模式与操作策略研究》通过省级鉴定；2012年省级课题《中学语文教学生活化的实践与研究》通过省级鉴定；1999年论文《指导学生理解断段与段之间的联系》在省级刊物《教育革新》第三期发表；2009年论文《农村学校撤并后创建和谐校园的几点做法》在《西北成人教育学报》第六期发表；2011年论文《如何做好中学生德育工作》在国家级刊物《基础教育参考》第二期发表；2013年论文《尝试让思品课成为学生欢迎的课堂》在《新课程研究》第三期发表并荣获优秀科研成果一等奖。

0419 崔玉菊

性　　别：女
出生年月：1965-04-01
民　　族：汉族
政治面貌：中共党员
职　　称：副高
学　　历：大学专科
所在单位：金昌双湾中学
成　　就：《亲情的晴雨表，爱情的红纽带》发表在省级刊物2010年《学问·现代教育研究》；《洋务运动与中国近代化》发表在省级刊物2010年《试题与研究》；2011年参与省级课题《寄宿制学校建设校本教材——乡土文化游戏》、《中学文科教学中的愉快教学实验研究》的研究，并通过省级鉴定。

0420 潘竞清

性　　别：男
出生年月：1971-03-01
民　　族：汉族
政治面貌：中共党员
职　　称：副高
学　　历：大学本科
所在单位：金昌双湾中学
成　　就：长期在教学一线工作，多次在市、区语文教学观摩活动中获奖。论文《新课改中语文课堂教学的误区及反思》发表于《教学交流》；论文《新课改中语文课堂教学的误区及反思》获中华教育学会成长研究会、教学交流杂志编辑部一等奖，2008年8月；论文《语文新课程教学如何进行情商教育》发表于《吉林教育》刊物第32期；论文《如何在语文课堂教学中培养阅读能力》发表在《中小学电教》刊物第3期上；2010—2014年，获得金川区骨干教师、金川区中小学名师、金昌市骨干教师、金昌市学科带头人、甘肃省农村乡镇骨干教师等专业荣誉称号。
简　　介：1986年7月参加工作，西北师大汉语言文学本科毕业，中学语文高级教师。

0421 魏玉平

性　　别：男
出生年月：1970-05-01
民　　族：汉族
政治面貌：中共党员
职　　称：副高
学　　历：大学本科
所在单位：金昌双湾镇中心小学
成　　就：论文《我是这样解读北师大版初中语文教材的》发表于《新一代》2010年5月；省级课题研究《中小学综合实践活动指导》——2006年10月；省级课题研究《寄宿制学校建设校本教材——乡土文化游戏》——2011年10月。

0422 唐丽萍

性　　别：女
出生年月：1972-08-26
民　　族：汉族
政治面貌：中共党员
职　　称：副高
学　　历：大学本科
所在单位：金川区教育局
成　　就：课题《口语交际中的激趣互动研究》被省教科所评为省级优秀教育科研成果奖；课题《针对学生个体差异确定有效教学策略》被省教科所评为优秀科研成果奖；论文《以校为本，积极深化课程改革，促进发展，努力提升教学质量》发表于《新课程改革与校务管理》（光明日报出版社）；论文《关注教学对象心理结构的"金三角"》发表于中国人民教育部、北京师范大学主办的国家级刊物《中国教师》；论文《浅谈家庭教育与学校教育的关系》发表于《教师》2010年4月出版、省级）。

0423 严正琴

性　　别：女
出生年月：1968-02-01
民　　族：汉族
政治面貌：群众
职　　称：副高
学　　历：大学本科
所在单位：金昌宁远中学
成　　就：参与研究课题《新课程背景下中学地理自主、合作探究性教学的探索与研究》省级，2008年8月结题；参与研究课题《中学语文教学生活化的实践与研究》2012年6月结题；参与研究课题《初中语文课堂教学高效性策略研究》2013年3月结题。1998年9月被金川区区委区政府授予"金川区教学能手"；2009年9月，荣获金昌市"市级优秀教师"荣誉称号；2010年4月，荣获金昌市"市级骨干教师"荣誉称号；2013年11月，荣获金昌市"学科带头人"荣誉称号；2014年5月，被推举为甘肃省"乡村骨干教师"候选人。

简　　介：1988年7月毕业于金昌师范；1988年8月—1993年7月在永昌县水源镇西沟中学从事初中语文教育教学工作；1993年8月—1997年9月在永昌农中从事初中语文教育教学工作；1997年10月—1998年7月在金川区龙景小学从事小学语文教育教学工作；1998年8月—2005年7月在金川区金东中学从事初中语文教育教学工作；2005年8月至今在宁远中学从事初中语文教育教学工作；1990年4月—1996年6月参加兰州大学组织的自学考试，获专科学历证书；2001年7月—2004年7月在西北师大进行函授学习，获本科学历证书。

0424 安红梅

性　　别：女

出生年月：1968-04-01

民　　族：藏族

政治面貌：中共党员

职　　称：副高

学　　历：大学本科

所在单位：金昌市金川区一小

成　　就：省级课题《初中语文课堂教学五步自究法教学模式实验研究》《班主任如何对学生进行德育教育》获优秀成果奖。

0425 叶德奎

性　　别：男

出生年月：1967-06-01

民　　族：汉族

政治面貌：中共党员

职　　称：副高

学　　历：大学本科

所在单位：金昌市金川区一小

成　　就：省级课题《口语交际中的激趣互动研究》《关注学生个体差异和不同学习需要的教学策略研究》获省级优秀成果奖。

0426 马忠国

性　　别：男

出生年月：1966-12-01

民　　族：汉族

政治面貌：群众

职　　称：副高

学　　历：大学本科

所在单位：金昌市双湾中学

成　　就：《政治课教学的几点思考》1999年9月发表于《教育革新》；《抓住"减负"契机，搞好政治教学改革》2000年12月发表于《中学政治教学参考》；《成功教育需要关注学生心灵》2008年9月发表于《教学交流》；课题《西部农村中学文科成功教学实验与研究》在2008年9月通过省级验收。

0427 李艳

性　　别：女

出生年月：1976-08-01

民　　族：汉族

政治面貌：中共党员

职　　称：副高

学　　历：大学本科

所在单位：金昌市八冶一小

成　　就：甘肃省骨干教师、省级青年教学能手。省级课题《小学语文课堂观察与教学反思的应用研究》通过结题鉴定。先后主持、参与多项省级、市级课题研究并结题；先后在国家级、省级和市级刊物上发表多篇论著，指导学生在省市级刊物上发表优秀作文数十篇。

简　　介：1995年参加工作，一直在金川区八冶一小任教。

0428 韩文萃

性　　别：男

出生年月：1969-12-01

民　　族：汉族

政治面貌：中共党员

职　　称：副高

学　　历：大学本科

所在单位：金昌市宁远中学

成　　就：2001年8月至2004年12月，进行《学生心理与意志品质的培养》课题实验、研究，担任课题组组长，2005年10月通过甘肃省教育科学规划领导小组省级鉴定；论文《探究式教学应注意的几个问题》2009年4月发表于《甘肃教育》；论文《浅谈生物教学中德育渗透》2010年8月发表于《中国新教育研究》。

0429 孔祥荣

性　　别：女

出生年月：1962-08-06
民　　族：汉族
政治面貌：中共党员
职　　称：副高
学　　历：大学专科
所在单位：金昌市金川区教育局
成　　就：省级实验课题《大班额环境下课堂教学小组合作学习的有效性研究》于2010年10月通过甘肃省科学规划办鉴定；论文《优化课堂教学模式，构建高效课堂》发表在《当代教学杂志》（2013年1月）；论文《如何在外语教学中开展素质教育》发表在《甘肃教育》（2005年11月期）。

0430　胡金义

性　　别：男
出生年月：1959-02-01
民　　族：汉族
政治面貌：中共党员
职　　称：副高
学　　历：大学专科
所在单位：金昌市金川区一小
成　　就：论文《校长的权利之我见》获省级论文评比一等奖。

0431　秦淑莲

性　　别：女
出生年月：1970-10-01
民　　族：汉族
政治面貌：群众
职　　称：副高
学　　历：大学本科
所在单位：金昌市宁远中学
成　　就：主持省级课题《新课改理念下的中学历史地理自主合作探究学习的课堂模式与操作策略研究》的研究，本课题于2011年10月结题。参与（第2名）省级课题《多媒体计算机辅助教学对初中学生地理识图能力的培养》的研究，本课题于2009年11月结题。参与省级课题《初中语文作业设计的优化与创新研究》的研究，该课题已于2013年10月结题。2014年，在第三届"新课程教学创新"全省中小学教师交互式电子白板应用大赛中获三等奖。说课设计《"物华天宝"——江西省》发表于全国优秀地理期刊《中学地理教学参考》2009年9月。2010年教学论文《地理课堂中注重学生识图探究意识的培养》获全国论文评选活动二等奖。课件《东南亚》2011年荣获全国优秀课件大赛特等奖。

0432　王德玉

性　　别：男
出生年月：1963-11-02
民　　族：汉族
政治面貌：中共党员
职　　称：副高
学　　历：大学本科
所在单位：金昌市双湾中学
成　　就：《"以人为本"创新班级管理》2009年1月发表于国家级期刊《教学交流》；《让课堂成为学生的乐园——新课标下的中学语文教学》2009年2月发表于国家级期刊《金色年华》；2008年合作完成《西部农村中学文科成功教学实验与研究》课题研究；2009年合作完成《开发双湾乡土文化及校本课程实验研究》课题研究。1996年被评为金川区骨干教师。
简　　介：1984年6月毕业于金昌师范普通班；1984年6月分配到双湾中学工作；1992年通过自学考试取得兰州大学汉语言专业大专学历；2009年12月通过自学考试取得兰州大学汉语言专业大学学历；2013年聘任为中学高级教师。

0433 王永贤

性　　别：男
出生年月：1965-11-01
民　　族：汉族
政治面貌：中共党员
职　　称：副高
学　　历：大学专科
所在单位：宁远中学
成　　就：参与省级课题《中小学综合实践活动研究指导》（2006年5月结题）；多媒体课件《眼和视觉》在2004年10月获省级一等奖。

0434 杨开昭

性　　别：男
出生年月：1962-11-01
民　　族：汉族
政治面貌：中共党员
职　　称：副高
学　　历：大学本科
所在单位：金昌市金川区二小
成　　就：论文《教师劳动特点与学校管理》收入《西部跨越式发展之路》在全国发行。主持省级重点课题《农村寄宿制学校建设与研究》正在研究中。

0435 袁秀华

性　　别：女
出生年月：1971-08-01
民　　族：汉族
政治面貌：中共党员
职　　称：副高
学　　历：大学本科
所在单位：金昌市八冶一小
成　　就：甘肃省骨干教师、省级青年教学能手甘肃省优质课二等奖。从教二十多年来，先后8次获得省、市、区优质课竞赛一、二等奖。先后被评为甘肃省骨干教师、甘肃省青年教学能手、金昌市优秀教研员、金昌市小学教学能手、金川区"名师"、金川区优秀教师等。先后5次主持或参与省、市级重点课题研究。指导青年教师、辅导学生方面有特长，其中2008年获甘肃省优质课竞赛指导老师二等奖，2014年获甘肃省书信大赛先进个人。先后在国家、省、市杂志上发表论文16篇。
简　　介：1990年参加工作，先后在金川区白家嘴小学、金川区一小、金川区八冶一小任教

0436 肖立诚

性　　别：男
出生年月：1971-02-01
民　　族：汉族
政治面貌：中共党员
职　　称：副高
学　　历：大学本科
所在单位：金昌市双湾中学
成　　就：论文《农村作文教学探究》发表于《教学交流》；论文《新课改中语文课堂趣味教学探究》获中华教育学会成长研究会、教学交流杂志编辑部一等奖。课题《初中生快速作文法的借鉴与实验的研究》2005年10月通过甘肃省教育科学规划领导小组办公室的验收。长期在教学一线工作，多次在市、区语文教学观摩活动中获奖。主持或参与完成省级研究课题二项，发表省级以上论文四篇，参与编写校本教材两部。被评为金川区、金昌市优秀教师、甘肃省农村乡镇骨干教师等专业荣誉称号。
简　　介：1994年7月参加工作，西北师大汉语言文学本科毕业。中学语文高级教师。

0437 雷庆华

性　　别：女
出生年月：1969-10-04
民　　族：汉族
政治面貌：群众
职　　称：副高
学　　历：大学本科
所在单位：永昌县第六中学
成　　就：《农村初级中学英语口语教学策略之探究》发表在《中国校外教育》（2009年11期）、《中学生英语学习动机与英语教学》发表于《教师文苑》（2011年1期）并获一等奖。课题：甘肃省"十一五"规划省级课题《农村中小学英语口语教学策略的研究与实践》已结题。辅导奖：辅导赵乐同学参加2005全国中学生英语能力竞赛 中获三等奖。辅导王海燕同学参加2006全国中学生英语能力竞赛获初一年级组甘肃赛区三等奖。辅导陈晨同学参加2011全国中学生英语能力竞赛中获 二等奖。
简　　介：1989年7月结业于甘肃教育学院；1993年6月专科毕业于西北师范大学；1997年12月毕业于中央党校，先后于永昌县河西堡青山堡中学、永昌县河西堡中学、永昌六中从事初中英语教育教学工作；教龄达25年。2001年被评定为中学一级教师，2002年5月被聘任，任职12年。2011年8月被评定为中学高级教师。

0438 李兴国

性　　别：男
出生年月：1968-05-19
民　　族：汉族
政治面貌：群众
职　　称：副高
学　　历：大学本科
所在单位：金昌市永昌第六中学
成　　就：2011年7月《地理课堂教学要有创新意识》发表于《中国校外教育》杂志。
简　　介：1990年7月毕业于西北师范大学；1990年8月分配至永昌县新城子中学从事中学地理教学工作；1998年7月调入永昌县青山堡中学，先后担任过班主任、教研组长、教务主任、校长等职，从事初中语文教学和学校管理工作；2010年8月由于河西堡地区初中的整合来到了永昌六中，从事中学地理教学和总务副主任工作。

0439 杨有明

性　　别：男
出生年月：1968年9月.16
民　　族：汉族
政治面貌：中共党员
职　　称：副高
学　　历：大学本科
所在单位：永昌县第五中学
成　　就：论文《中学英语课堂教学的调控艺术》发表于《教育艺术》2012年第三期；《倾听，与孩子沟通的心桥》发表于《中学英语之友》2011第一期；论文《如何在英语教学中实施素质教育》发表于《学英语》报初中教师版第48期；《英语例句的设计艺术》发表在《教学与管理》杂志中；课题《新课改下初中英语学习的成功策略和误区研究》于2011年研究并结题；2010年10月在全国教育教学优秀论文评比活动中获甘肃赛区二等奖。2007年被评为永昌县骨干教师。2009—2010年度被评为"金昌市优秀教师"。2011年被永昌县委组织部授予"永昌县领导干部理论培训优秀学员称号"。2009年在全市优质课大奖赛中获职教组一等奖，2001年在全县优质课竞赛活动中，他获得中学组一等奖。
简　　介：1989年9月参加工作，先后在永昌职中从事初中英语教学工作并长期担任班主任、英语教研组组长、初中学部主任，永昌县农业中学教务主任兼高中英语课教师。现担任永昌五中教务主任并兼任七年级英语教学工作。

0440 李玉萍

性　　别：女
出生年月：1966-10-13
民　　族：汉族
政治面貌：群众
职　　称：副高
学　　历：大学本科
所在单位：金昌市永昌县职业中学
简　　介：现任永昌县职业中学数学教师。先后担任过小学、初中和高中的语文、数学及思想政治科教学工作。并多年担任班主任工作和教研组领导工作。

0441 李林武

性　　别：男
出生年月：1960-05-04
民　　族：汉族
政治面貌：中共党员
职　　称：副高
学　　历：大学专科
所在单位：永昌县第六中学
成　　就：2002年2月论文《注意基本技能训练、提高学生写作水平》获《教师报》全国教师教育教学论文一等奖。2013年论文《送你阳光、助你灿烂》发表在《新课程》上，并获一等奖。2013年调研报告《青少年爱国主义教育创新研究》获甘肃省思想政治工作课题研究优秀奖。2014论文《浅谈高效课堂模式下学生学习自觉性的培养》在《中国教育改革论丛》上发表。1996年甘肃省年获得农垦总公司先进工作者荣誉称号。2000年获得农垦总公司优秀教师荣誉称号。2014年获得中共少工委"关爱明天、普法先行"优秀辅导员荣誉称号。
简　　介：1978年参加工作，1981年从事教育工作，工龄36年。1983—1985在新疆兵团教育学院中文系进修；毕业后在金昌农垦学校任教；1995年—2001年任农垦职业中学副校长；2002年—2006年任农垦职业中学书记；2007年—2010年7月任农垦中学副书记；2010年8月到永昌县第六中学任第六中学学生处主任。

0442 齐爱国

性　　别：男
出生年月：1962-02-19
民　　族：汉族
政治面貌：中共党员
职　　称：副高
学　　历：大学本科
所在单位：永昌六中
成　　就：2006年《中国素质教育》第五期刊其论文《运用现代教育技术，提高教学质量》。1997年获《中学英语之友》优秀作者。在1988年所带班成绩曾高于省均分10.8分，1991年高于省均3.6分，2001年获市级优质课三等奖。
简　　介：1979年8月参加工作，先后在农垦中学、永昌六中从事中学英语教学。

0443 马权

性　　别：男
出生年月：1963-09-01
民　　族：汉族
政治面貌：群众
职　　称：副高
学　　历：大学本科
所在单位：永昌一中

成　　就：2005年7月，论文《正确对待交际法和语法》在省级刊物《甘肃教育》上发表。
简　　介：1979年7月定西市教育学院英语系毕业；2006年5月中央电大英语系毕业，取得大专学历；1979年8月参加工作；中学高级教师，现承担永昌县第一高级中学英语学科教学。

0444 杜志龙

性　　别：男
出生年月：1968-04-05
民　　族：汉族
政治面貌：中共党员
职　　称：副高
学　　历：大学本科
所在单位：金昌市永昌县第四中学
成　　就：论文《如何提高高中语文课堂教学效率》发表在《中学语文》2013年第6期。
简　　介：1990年8月参加工作，大学本科学历，中学高级教师，现为永昌县第四中学语文教师。1989年9月—1990年7月，西北师范大学汉语言文学专业毕业；1990年8月—2002年7月，永昌县北海子中学任教；2002年8月至今在永昌县第四中学工作。

0445 石云山

性　　别：男
出生年月：1958-11-02
民　　族：汉族
政治面貌：中共党员
职　　称：副高
学　　历：大学本科
所在单位：金昌市永昌县第七中学
成　　就：2001年被中国教育学会外语教学专业委员会授予"优秀辅导教师奖"。2002年被国家基础教育实验中心授予"优秀辅导员奖"。2003年主持完成省级科研课题《德育工作的针对性、实效性和主动性》，通过省教育科学规划领导小组专家评审验收。2012年申报的省级课题《新建学校文化建设的实践与研究》被省教育科学规划领导小组立项。2014年在《甘肃教育》发表论文《校园文化建设中的大美意识》。
简　　介：1975年5月参加工作。1975年至1979年4月在原水源人民公社工作；1979年5月至2007年10月在永昌一中任英语教师（其中：2001年3月至2002年3月任永昌一中教务副主任，2002年4月至2007年9月任永昌一中政教处主任）；2007年10月至2011年5月任永昌五中副校长；2011年6月至2013年7月任永昌七中筹建处主任；2013年8月至2018年任永昌县第七中学校长。

0446 高建军

性　　别：男
出生年月：1970—09
民　　族：汉族
政治面貌：中共党员
职　　称：副高
学　　历：大学本科
所在单位：永昌县六坝中心小学
成　　就：2011年被评为甘肃省中小学省级骨干教师；2012年被被甘肃省两基办评为"两基先进个人"；2010年在《新课程》第八期上发表论文《实施教学生活化策略，收获语文原生态效果》；2011年在《考试周刊》第70期上发表论文《提高农村小学作文水平之我见》；2012年5月在《教育教学论坛》第2期上发表论文《在语文教学中如何构建有效的课堂教学》。
简　　介：1994年8月参加工作，在永昌职中从事一线教学。2007年10月任永昌县六坝中心小学校长。2012年破格晋升为中学高级教师。

0447 辛秉刚

性　　别：男

出生年月：1962-09-01

民　　族：汉族

政治面貌：中共党员

职　　称：副高

学　　历：大学专科

所在单位：永昌县红山窑中学

成　　就：2010年11月在《学习导刊》发表论文《新课改背景下如何培养学生的作文能力》；2011年1月在《学习导刊》发表论文《寄宿制带给新生的几种心理问题及对策》。

简　　介：1982年9月至今在永昌县红山窑中学任教，2002年9月至今任红山窑中学总务主任。

0448 柯长兴

性　　别：男

出生年月：1971—07

民　　族：汉族

政治面貌：群众

职　　称：副高

学　　历：大学本科

所在单位：永昌一中

成　　就：2010年发表论文《如何在思想政治课中开展多向互动式合作教学》（《新课程》2010年第三期）；省级课题《乡土文化对中学生的影响》，于2010年10月通过甘肃省教科所鉴定。

简　　介：1997年7月西北师大政治系毕业，大学本科学历，1997年8月参加工作，中学高级教师，现承担永昌县第一高级中学政治学科教学。

0449 李桃香

性　　别：女

出生年月：1972-09-17

民　　族：汉族

政治面貌：群众

职　　称：副高

学　　历：大学本科

所在单位：永昌县职业中学

成　　就：论文《让语文课堂真情涌动》发表于《语文学刊》（2009年11月）；《初中语文教学中情育的思与行》发表于《课外阅读》（2012年3月）；《初中语文教学中的情育及其目标的设置》发表于《中小学教育》（2012年第三期）；2003"新世纪星杯"全国少儿文学及书画大赛中获佳作辅导老师奖；2007年课件《沁园春 雪》在"中国教育系统优秀教案全国评选"活动中获奖；2011年论文《课内外结合，提高初中语文教学中情育的实效性》获"第二届中国移动'校讯通杯'全国中小学教师信息技术与教育创新论文大赛"甘肃赛区二等奖。2009年被评为永昌县骨干教师、金昌市青年教学能手；积极推进教育教学改革的能力，主持研究的专项课题《职高语文"激励·熏陶式"教学模式探究》通过市教育行政部门鉴定，并在省市级刊物上发表多篇教学论文。

简　　介：1992年8月参加工作，从事语文教学工作22年。

0450 石作东

性　　别：男

出生年月：1970-06-28

民　　族：汉族

政治面貌：群众

职　　称：副高

学　　历：大学本科

所在单位：金昌市永昌县教育局

成　　就：课题和研究成果：主持完成全国教育科学"十五"规划教育部重点课题《新

课程改革中教育理念与方法研究》的子课题《课程实施中的策略与方法——初中语文》研究结题，本课题研究成果"新课程语文教学改革教育理念与方法探究（系列论文）"获得2008年甘肃省第七届基础教育科研优秀成果三等奖。参与甘肃省教育科学规划课题（课题第一人）《高中新课改背景下地理校本课程资源的开发与研究》于2012年6月通过鉴定。发表论文《浅探语文教学的生活化》发表于2005年6月期《教与学研究》（省级）。《学习陶行知"生活教育"思想，推进当代语文素质教育》发表于2005年1月期《中小学课程教材研究》。《反弹琵琶可别走了调》发表于2006年9月期《新课程研究》（国家级）。《答案并不唯一》发表于2007年2月期《中国德育》（国家级）。《谁折断了孩子梦想的翅膀》发表于2006年10月期《生活教育》（国家级），《让养成教育真正落到实处》发表于2006年6月期《新教育》（省级）。

简　　介：1992年8月参加工作，先后在永昌三中、永昌一中从事语文教学工作，2007年评为金昌市市级优秀教研员。2008年8月获中学高级教师任职资格。现为永昌县教育局教研室语文教研员、教研室副主任。

0451 罗永华

性　　别：女
出生年月：1970—11
民　　族：汉族
政治面貌：群众
职　　称：副高
学　　历：大学本科
所在单位：永昌一中
成　　就：在省级刊物上发表论文1篇：《浅谈高中英语课堂提问策略》（《新课程改革论坛》2006年第10期）。

简　　介：1994年7月张掖师专英语系毕业，2003年7月中央电大英语系函授毕业，取得大学本科学历，1994年8月参加工作，中学高级教师，现承担永昌县第一高级中学英语学科教学。

0452 常本利

性　　别：男
出生年月：1957-10-10
民　　族：汉族
政治面貌：中共党员
职　　称：副高
学　　历：大学本科
所在单位：金昌市永昌县农业中学

简　　介：1978年3月参加工作，陕西米脂人。曾任教育永昌县胜利中学，2008年任永昌县农业中学党支部书记，2013年9月任永昌县农中正科级干部，中学高级教师。

0453 康天祥

性　　别：男
出生年月：1968-09-16
民　　族：汉族
政治面貌：中共党员
职　　称：副高
学　　历：大学本科
所在单位：金昌市永昌县河西堡第三小学
成　　就：论文《新课改作秀现象成因及对策》2008年发表于《吉林教育》。论文《直面新课改中的作秀现象》2009年获得国家级二等奖。承担的省级重点研究课题《农村中小学小班额情况下提高教育教学质量对策研究》2010年通过成果鉴定。

简　　介：1989年7月从金昌师范毕业后，在原青山堡中学任教，1994年调入原河西堡中学任教，2000年调入原河西堡学区工作，2003年在原河西堡中心小学工作，2011年至今在河西堡第三小学工作。2003年取得了在西北师大汉语言文学教育本科学历。2008年取得中学高级教师任职资格，2009年被聘任，参加工作以来，忠诚党的教育事业，能够认真贯彻党的教育方针，教育理念先进。

0454 周晓玲

性　　别：女
出生年月：1976-12-27
民　　族：汉族
政治面貌：群众
职　　称：副高
学　　历：大学本科
所在单位：金昌市永昌县教育局
成　　就：论文《谈语文教学生活化的必然性》发表于《甘肃教育》（2011年11月总第449期）；论文《浅谈如何培养中学生的写作兴趣》发表于《中学教学参考》（2011年4月第10期）；论文《初中个性化作文初探》发表于《中小学教育》（2011年7月第7期）；教学案例《陋室铭》2011年11月甘肃省教育科学研究所一等奖；论文《初中个性化作文初探》及其课件制作2011年在教师优质论文及教学案例课件制作评选活动中荣获"全国性教科成果"一等奖（中国教育教学研究会）。
简　　介：1996年8月参加工作，永昌县教育局教研员。2012年9月被评为中学高级教师。

0455 安殿全

性　　别：男
出生年月：1968-07
民　　族：汉族
政治面貌：中共党员
职　　称：副高
学　　历：大学本科
所在单位：金昌市永昌县第四中学
成　　就：论文《多媒体技术在英语教学中的应用》在国家级杂志《素质教育论坛》2008年第7期上刊出。
简　　介：1989年8月参加工作，2012年6月加入中国共产党，中学高级教师，现为永昌县第四中学总务处主任。1987年9月—1989年7月甘肃教育学院英语教育专业毕业；1989年8月—1994年1月永昌县焦家庄中学任教；1994年2月—2002年7月永昌县第一高级中学任教；2002年8月至今永昌县第四中学工作。2007年10月被任命为永昌四中教务处副主任，2013年8月被任命为永昌四中总务处主任。

0456 王世忠

性　　别：男
出生年月：1963-12-18
民　　族：汉族
政治面貌：中共党员
职　　称：副高
学　　历：大学本科
所在单位：永昌县第五中学
成　　就：2001年被甘肃省教育厅评为"甘肃省骨干教师"；在省级以上各刊物发表论文15篇；2001年被评为"中国中小学幼儿教师奖励基金第三届优秀教师"；主持的国家级课题《农村初中学校环境德育深化研究》通过省教育科学规划领导小组鉴定；主持的省十五规划课题《新课程背景下的古诗文教学》通过省教育科学规划领导小组鉴定；主持的省十二五规划课题《以"导学案"为依托提高课堂教学效益的校本化研究》通过省教育科学规划领导小组鉴定。
简　　介：1979年参加工作，中学高级教师，省骨干教师，现任永昌县第五中学副校长。曾获得中国中小学幼儿教师基金第三届优秀教师、金昌市劳动模范、金昌市学科带头人、金昌市教学十佳、金昌市教育系统先进个人、金昌市基础教育新课改实验先进个人、永昌县教学管理先进个人、永昌县德育工作先进个人等荣誉。

0457 李永刚

性　　别：男
出生年月：1967-7-5
民　　族：汉族
政治面貌：群众
职　　称：副高
学　　历：大学本科
所在单位：永昌县新城子中学
成　　就：2012年4月，在《金色年华》上发表论文《浅谈学校管理中的以人为全策略》。2013年科技创新作品《寻找我身边的历史——节子舞》获甘肃省科技创新大赛三等奖（第二作者）。
简　　介：1983年8月—1986年6月在金昌师范学习。1986年7月至今在新城子中学任教。

0458 祁加领

性　　别：男
出生年月：1963-03-16
民　　族：汉族
政治面貌：中共党员
职　　称：副高
学　　历：大学本科
所在单位：永昌县第六中学
成　　就：论文《问渠哪得清如许，为有源头活水来》载于《甘肃教育》2007年3月；论文《浅议培养学生语文阅读的能力》载于《甘肃联合大学学报》2007年6月；论文《激发兴趣，引领学生走进语文乐园》载于《甘肃联合大学学报》2010年4月；省级课题《新课程理念下中学语文综合性学习教学方法研究》2012年6月月结题；2014年7月，被评为"关爱明天，普法先行"活动优秀辅导员。
简　　介：1984年9月在河西堡镇中学任代课教师；1990年8月考入金昌师范；1992年7月毕业；1992年8月宗家庄中学任教；1996年8月任宗家庄中学教导主任；1999年12月任宗家庄中学校长；自考2005年12月取得兰州大学汉语言文学本科学历；2007年10月调入永昌县河西堡中学筹建处工作；2010年8月至今担任永昌六中办公室主任。多年的教育教学工作中成绩突出，多次受到了学校和上级部门的表彰奖励。

0459 冯开基

性　　别：男
出生年月：1965-07-05
民　　族：汉族
政治面貌：中共党员
职　　称：副高
学　　历：大学本科
所在单位：金昌市永昌县职业中学
成　　就：《让语文课堂真情涌动》发表于《语文学刊》（2009年11月）。《初中语文教学中情育的思与行》发表于《课外阅读》（2012年3月）。《初中语文教学中的情育及其目标的设置》发表于《中小学教育》（2012年第三期）。2003年"新世纪星杯"全国少儿文学及书画大赛中获佳作辅导老师奖。2007年课件《沁园春·雪》在"中国教育系统优秀教案全国评选"活动中获二等奖。2011年论文《课内外结合，提高初中语文教学中情育的实效性》获"第二届中国移动'校讯通杯'全国中小学教师信息技术与教育创新论文大赛"甘肃赛区二等奖。在省、市级报纸杂志上发表数学教育教学论文多篇，在论文评比中，多次获得一、二等奖。所任的数学课在全县会考中多次位列一、二名。优质课竞赛、说课竞赛、案例评比曾获市、县级一、二等奖；由于教育、教学工作出色，被学校评为"优秀班主任"、"优秀教师"。

简　　介：毕业于西北师范大学，于1983年3月参加工作，大学学历，现任永昌县职业中学数学教师。

0460　杨兆柏

性　　别：男

出生年月：1964-09-14

民　　族：汉族

政治面貌：群众

职　　称：副高

学　　历：大学本科

所在单位：金昌市永昌县新城子中学

成　　就：2011年《绿色金昌》获得金昌报社、金川区政府组织的"美好金昌"征文优秀奖。

简　　介：永昌县新城子中学高级教师。1990年8月—1993年7月在金昌师范学习；1984年3月至今在新城子中学任教。

0461　王志奎

性　　别：男

出生年月：1971-06-05

民　　族：汉族

政治面貌：群众

职　　称：副高

学　　历：大学本科

所在单位：金昌市永昌县第七中学

成　　就：2010年在省级刊物《科技·致富·向导》上发表论文《语文教学中学生精读能力的培养》。2010年在省级刊物《新校园》上旬刊上发表论文《怎样在课堂教学中提高中学生的语言表达能力》。2011年在省级刊物《快乐作文》上发表论文《中学语文教学浅论》。2014年在省级刊物《现代教师教学研究》上发表论文《进行思想教育要疏导》。2014年在国家级刊物《中国素质教育论坛》上发表论文《浅谈中学生语言表达能力的培养》。

简　　介：毕业于兰州大学汉语言文学专业，中学高级教师，现任永昌县第七中学语文教师。自1991年8月参加工作以来，一直从事语文教学一线工作和班主任工作。

0462　杨咏梅

性　　别：女

出生年月：1968-12-04

民　　族：汉族

政治面貌：群众

职　　称：副高

学　　历：大学本科

所在单位：金昌市永昌县第三中学

成　　就：论文：《谈新课程下教师对学生关注的变化》发表于《中州今古·教育科学历史文化》（2007年第5期）；《让真性情的作文流淌于学生笔端》发表于《中学教育科研》（2010年第11期）；《农村中小学语文教学的现状及对策》发表于《中学教育科研》（2012年第1—2期）；《浅谈多媒体在语文教学中的运用》发表于《新课程·中学版》（2010年第31期）；《让每一朵花蕾都健康绽放》发表于《中学课程辅导》2013年第32期）。获奖成果：作品《多媒体技术走进语文课堂》在甘肃省"数字校园杯"信息技术与课程整合优秀论文与教学设计征集活动中荣获"二等奖"（甘肃省教育科学研究所2012年2月）。

简　　介：中学高级教师，教龄23年。

0463　蔡恒

性　　别：男

出生年月：1967—01

民　　族：汉族
政治面貌：群众
职　　称：副高
学　　历：大学本科
所在单位：永昌一中
成　　就：2013年论文《"独立寒秋"之"独立"赏析》发表于《现代语文》。
简　　介：甘肃省永昌县人。1990年7月金昌师范毕业；2004年12月中央广播电视大学汉语言文学专业毕业，取得大学本科学历；1984年8月参加工作；中学高级教师，现担任永昌县第一高级中学学生处干事。

0464 张连菊
性　　别：女
出生年月：1970-06-29
民　　族：汉族
政治面貌：群众
职　　称：副高
学　　历：大学本科
所在单位：金昌市永昌县第七中学
成　　就：2008年5月获得金昌市中学语文优质课大赛二等奖。论文《中考作文对策及策略》发表在2008年10期《素质教育论坛》上。
简　　介：1988年7月参加工作，现为永昌七中教师。1988年7月至1991年7月在永昌三中工作；1991年8月至2013年7月在永昌县六坝中学工作。

0465 刘绍斌
性　　别：男
出生年月：1968-01-12
民　　族：汉族
政治面貌：群众
职　　称：副高
学　　历：大学本科
所在单位：金昌市永昌县一中
成　　就：省级课题《省级示范性高中班主任工作深化研究》，于2007年9月通过甘肃省教育科学规划领导小组专家鉴定验收，取得显著成效。
简　　介：1988年7月金昌师范毕业；2005年7月西北师大中文系毕业，取得大学本科学历；1988年9月参加工作，中学高级教师，现承担永昌县第一高级中学高二年级干事。

0466 郭玉梅
性　　别：女
出生年月：1966-11-09
民　　族：汉族
政治面貌：群众
职　　称：副高
学　　历：大学本科
所在单位：金昌市永昌县第七中学
成　　就：多次被所在学校评为优秀教师。
简　　介：1991年7月参加工作。1991年7月至2001年7月在永昌一中工作；2001年8月至2013年7月在永昌县职业中学工作；现为永昌七中教师。

0467 郑国梅
性　　别：女
出生年月：1969-01-26
民　　族：汉族
政治面貌：群众
职　　称：副高
学　　历：大学本科
所在单位：金昌市永昌县一中
成　　就：在省级刊物上发表论文1篇：《改变教学观念，优化课堂教学》（《西部教育参考》2008年4月）。
简　　介：1992年7月张掖师专英语系毕业；2002年12月西北师大英语系毕业，取得大学本科学历；1992年7月参加工作，中学高级教师，现承担永昌县第一高级中学英语学科教学。

0468 李鸿春

性　　别：男
出生年月：1960-02-29
民　　族：汉族
政治面貌：中共党员
职　　称：副高
学　　历：大学本科
所在单位：永昌县教育局

成　　就：论文《鲁迅故乡中的第二个故乡》发表于《甘肃教育》（2001年9月第九期）。2010年荣获甘肃省基础教育会考先进个人荣誉称号。2012年被评为金昌市教育局先进个人。

简　　介：1980年8月—2002年3月在永昌三中工作；2002年3月在永昌县教育局工作；先后任永昌县人民政府教育督导室主任、永昌县教研室主任、永昌县教育局副局长。

0469 郭生寿

性　　别：男
出生年月：1955-04-17
民　　族：汉族
政治面貌：中共党员
职　　称：副高
学　　历：大学本科
所在单位：永昌县第六中学

成　　就：2010年主持的省级课题《农村初中学生思想道德建设研究》通过鉴定，编辑的《金川区志》由甘肃文化出版社出版。

简　　介：1976年1月—1978年9月民勤县蔡旗中学任民办教师；1978年9月—1980年7月在武威地区师范学校理科班学习，获中师学历；1980年7月—1989年9月在永昌县河西堡镇青山堡学校工作，历任教师、教导主任、校长；1989年9月—2010年10月在永昌县河西堡中学任副校长（期间：1993年9月—1996年7月在西北师范大学中文系函授获大专学历；1996年9月—1998年12月在中央党校函授学院党政管理专业学习，获本科学历）；2008年被评为中学高级教师，2009年被永昌县教育局聘任。

0470 侯有平

性　　别：男
出生年月：1961—02
民　　族：汉族
政治面貌：中共党员
职　　称：副高
学　　历：大学本科
所在单位：永昌县第五中学

成　　就：《班主任工作严与爱》发表于《班主任》刊物。《职高学生思想转化及对策》发表于《职业教育》刊物。

简　　介：1981年8月参加工作，在宗家庄中学担任化学教学及班主任工作，1984年3月在河东小学任教导主任，2007年在永昌职业中学担任初高中政治学科教学工作先后任教务主任、副校长，2007年3月任永昌县农业中学校长，2013年9月任永昌县第五中学党支部书记。

0471 李武岳

性　　别：男
出生年月：1964-02-12
民　　族：汉族
政治面貌：群众
职　　称：副高
学　　历：大学本科
所在单位：金昌市永昌县职业中学

成　　就：2011年论文《职高学生角色转变障碍分析及对策》在《教学与研究》第7期发表。2011年在金昌市优秀案例评选活动中作品《珍爱生命·远离毒品》获得二等奖。1989年荣获"永昌县优秀教育工作者"称号；1990年荣获"金昌市优秀德育工作者"称号；2002年在永昌县"法律进万家"知识竞赛中获个人一等奖。

简　　介：1981年参加工作。甘肃省教育学会会员、甘肃省法学会会员。在教育教学中曾系统学习过思想政治、历史和法律等专业知识。先后担任过小学、初中和高中的语文、数学及思想政治科教学工作。并多年担任班主任工作和教研组领导工作。

0472 田莉

性　　别：女

出生年月：1970-09-04

民　　族：汉族

政治面貌：群众

职　　称：副高

学　　历：大学本科

所在单位：永昌县第六中学

成　　就：2006年，《郁丝缠绕的生命情结——刘忠文散文阐释》发表于《甘肃农垦》；《让学生成为作文的主人》发表于《作文周刊》2007年第23期；《"沁园春·雪"朗读教学之我见》发表于《新课程》2011年总第190期；《中学语文教学衔接探究》发表于《甘肃教育》2011年第2期上。2009年在全国青少年文明礼仪普及活动中获优秀工作者奖。2008年至2012年她参加了甘肃省教育科学"十一五"规划的两个课题并成功结题，多次荣获校、县级以上的荣誉。

简　　介：1994年8月参加工作以来，先后在农垦中学、永昌六中任教。

0473 张金霞

性　　别：女

出生年月：1968-08-01

民　　族：汉族

政治面貌：群众

职　　称：副高

学　　历：大学本科

所在单位：永昌一中

成　　就：《"互动式"在英语教学模式中的实践》《甘肃教育督导》2006年1月；2008年6月执教的《Teaching Plan》一课在中国教育教学研究会主办的"2008中国教育系统优秀教案全国评选"优质课评选活动中荣获二等奖（中国教育教学研究会）。

简　　介：1990年7月张掖师专英语系毕业；2003年7月中央电大英语系毕业，取得大学本科学历；1992年8月参加工作，中学高级教师，现承担永昌县第一高级中学英语学科教学。

0474 陆桂林

性　　别：女

出生年月：1968-11-09

民　　族：汉族

政治面貌：群众

职　　称：副高

学　　历：大学本科

所在单位：金昌市永昌县第七中学

成　　就：2008年在省级刊物《成才之路》杂志上发表论文一篇。2010年在国家级刊物《现代阅读》杂志上发表论文一篇。2011年参加甘肃省课题研究阶段性优秀成果评选活动获三等奖。2012年参加金昌市优质课竞赛活动获二等奖。

简　　介：现为永昌县第七中学语文教师。

0475 杨吉新

性　　别：男
出生年月：1968-08-22
民　　族：汉族
政治面貌：中共党员
职　　称：副高
学　　历：大学本科
所在单位：永昌县职业中学
成　　就：在《英语周报》发表论文3篇，分别为《歌谣教学点滴谈》《向45分钟要质量》《新课改下的教学常规》；在甘肃省教科院组织的论文大赛中，参赛论文《英语活动课之我见》荣获二等奖；在《学英语》报与《西北师大成人》报发表论文《英语教学中的三多三忌》《农村中小学生英语教学的现状》。2002年被评为永昌县优秀少先队辅导员，并于2013年评为永昌县骨干教师。在任职班主任期间，所带班级成绩前茅，多次被评为优秀班主任。
简　　介：1989年参加工作，在2000年至2012年从事初中英语教学工作。

0476 陈金莲

性　　别：女
出生年月：1969-03-13
民　　族：汉族
政治面貌：群众
职　　称：副高
学　　历：大学本科
所在单位：金昌市永昌县职业中学
成　　就：研究的课题《思想政治新课改理念下的教学互动研究》通过金昌市教育委员会验收并推广使用。撰写的论文《浅谈教学媒体在思想品德课教学中的作用》《浅谈八年级学生心理特征及对策》《学生如何克服上课"走神"》分别发表在《素质教育论坛》《金昌教育》等杂志上。2000年5月在全省优质课竞赛中荣获三等奖，2000年9月和2001年6月在金昌市中学政治优质课竞赛中荣获一等奖。多次被学校评为"心中的好老师"、"师德标兵"，2007年被评为永昌县骨干教师。
简　　介：1989年7月参加工作，中学高级教师。1989年6月—1998年1月在永昌县红山窑中学担任政治课教学工作及班主任工作；1998年2月至今在永昌职业中学担任政治课教学工作。

0477 许峰德

性　　别：男
出生年月：1969-08-21
民　　族：汉族，
政治面貌：群众
职　　称：副高
学　　历：大学本科
所在单位：金昌市永昌县一中
成　　就：论文《发挥主题活动在班级管理中的作用》发表于《班主任》2006年第6期。
简　　介：1988年7月金昌师范毕业，1994年6月甘肃省继续教学院中文系毕业，取得大学本科学历，1980年7月参加工作，中学高级教师，现承担永昌县第一高级中学语文学科教学。

0478 吕超基

性　　别：男
出生年月：1959-1-18
民　　族：汉族
政治面貌：中共党员
职　　称：副高
学　　历：大学本科
所在单位：永昌县第四中学
成　　就：2009年在刊物《教学交流》上发表论文《健康的心理是教师必备的素质》，

并被评为教研成果一等奖；2009年在"魅力校园第九届全国校园春节联欢晚会暨'和谐盛世'全国校园艺术作品展"中荣获优秀教师辅导奖。

简　　介：1979年7月参加工作，大学本科学历，中学高级教师，现为永昌县第四中学办公室主任。先后在永昌农中、永昌职中、永昌县教育局、永昌四中工作。

0479 张希光

性　　别：男

出生年月：1965-02-21

民　　族：汉族

政治面貌：中共党员

职　　称：副高

学　　历：大学专科

所在单位：金昌市永昌县第七中学

成　　就：1999年被评为金昌市优秀教育工作者。

简　　介：1984年8月参加工作，1991年8月—2007年3月在焦家庄中学工作，2007年3月—2013年7月在六坝中学工作，2013年8月至今在永昌七中工作。

0480 闫世界

性　　别：男

出生年月：1969-08-03

民　　族：汉族

政治面貌：中共党员

职　　称：副高

学　　历：大学本科

所在单位：金昌市永昌县农业中学

成　　就：论文《在高中思想政治课教学中问题教学法的应用》发表于《西部教育参考》2009年第一期。

简　　介：1990年8月参加工作，先后任教于永昌县胜利中学、永昌县第三中学，现任永昌县农业中学副校长，中学高级教师。

0481 张国强

性　　别：男

出生年月：1975-05-21

民　　族：汉族

政治面貌：中共党员

职　　称：副高

学　　历：大学本科

所在单位：金昌市永昌县第四中学

成　　就：2008—2009学年获校级"先进教育工作者"荣誉称号；2009—2010学年获校级"优秀共产党员"荣誉称号；2009年、2010年在中国教育教学研究会主办的"2009中国教育系统（基础教育）年度论文评选"活动中荣获园丁奖；2012年被评为永昌县教育系统"优秀共产党员"、永昌县骨干教师；2013学年获校级"先进教育工作者"荣誉称号。论文发表：国家级1篇，省级4篇，市级2篇，县级2篇。论文、案例等获奖：省级5次，市级1次，县级1次。多次参与省级鉴定课题1项；主持市级鉴定课题1项，参与市级鉴定课题1项；主持县级鉴定课题1项。

简　　介：1995年7月参加工作，2001年6月加入中国共产党。

0482 李成录

性　　别：男

出生年月：1960-11-19

民　　族：汉族

政治面貌：中共党员

职　　称：副高

学　　历：大学专科

所在单位：金昌市永昌县第一小学

成　　就：2008年9月，省"十五"规划重点课题《校本课程阅读、写字实施的途径与方法》在省第七届基础教育科研优秀成果奖中被评为二等奖；2008年，申报的课题《小学数学有效学习策略的研究》被甘肃省教育科学研究所立项为教育科研"十五"规划重点课题；论文《新时期班主任工作的策略》发表在《新课程改革论坛》（2007年第5期）上；撰写的论文《科研兴教天地宽——永昌县教研工作总结》发表在《甘肃省教育科学研究所二十周年教研论文集》上；撰写的论文《与孩子做朋友》在2004年"西北地区全面推进基础教育课程改革实验工作研讨会"优秀论文评审中被评为二等奖。2009年被中共金昌市教育局委员会、金昌市教育局评为"优秀教育管理工作者"，2010年被中共金昌市教育局委员会、金昌市教育局、金昌市政府教育督导办公室评为"优秀校长"，2012年10月被评为甘肃省两基工作先进个人。2009年8月被破格评为中学高级教师。

简　　介：1981年参加工作，曾任永昌县教研室主任。2004年任永昌县城关第一小学校长。

0483　杨飞忠

性　　别：男

出生年月：1973-06-09

民　　族：汉族

政治面貌：中共党员

职　　称：副高

学　　历：大学本科

所在单位：金昌市永昌县第六中学

成　　就：2010年6月，被全国铁道团委、铁道部安全监察司、铁道部公安局联合命名为"中国少年儿童铁路平安行动"优秀路外辅导员。2013年11月，论文《构建高效课堂的认识与实践》在《甘肃基础教育》上发表并获奖。在省市县发表论文4篇，主持参与多项县级以上课题并结题，2008年、2013年两次被市县教育管理部门评为年度优秀教育管理工作者。

简　　介：1992年8月参加工作，在原金昌铁路中学任教，先后担任金昌铁路中学团委书记、办公室主任、教务主任等职务，2007年担任金昌铁路中学校长。2010年河西堡教育资源整合后任永昌县第六中学教务主任。

0484　刘克厚

性　　别：男

出生年月：1955年10月

民　　族：汉族

政治面貌：中共党员

职　　称：副高

学　　历：大学专科

所在单位：永昌县第一小学

成　　就：2000年获甘肃省"两基"工作先进个人。

简　　介：1974年3月参加工作，毕业于甘肃电大教育管理专业；1974年3月—1980年9月甘肃省永昌县在新城子中学教师；1980年9月—1982年8月甘肃省永昌县红山窑中学教师；1982年8月—1985年8月甘肃省永昌县第一中学教师；1985年8月—2000年8月甘肃省永昌县新城子中学校长；2000年8月—2002年8月甘肃省永昌县新城子学区区长；2002年8月—2007年3月甘肃省永昌县第四中学政教主任；2007年3月—2013年8月甘肃省永昌县第一小学党支部书记。

0485　李昭君

性　　别：女

出生年月：1972-03-05

民　　族：汉族

政治面貌：群众

职　　称：副高

学　　历：大学本科
所在单位：金昌市永昌县第六中学
成　　就：发表省级论文《强化学生问题意识，树立创新学习观念》和《嵇康尘俗意识探微》。教学设计《保护环境，从我做起》获省级二等奖。整合课例《狼》获省级优秀奖。
简　　介：1994年8月参加工作，先后在原水源乡胜利中学、河西堡镇青山堡中学、河西堡中学任教。一直从事初中语文教学工作和班主任工作。

0486 刘建军

性　　别：男
出生年月：1971-07-10
民　　族：汉族
政治面貌：中共党员
职　　称：副高
学　　历：硕士研究生
所在单位：天水师范学院
成　　就：自参加工作以来，长期坚持在教学一线工作岗位。近年来，主要承担了全校的思想政治理论课、形势与政策课和行政法与行政诉讼法学等专业课程，获得"教书育人"先进个人、优秀班主任、优秀论文指导教师、甘肃省思想政治理论课"精彩一课"奖等，先后在省级期刊与全国中文核心期刊发表了多篇研究论文，曾获得天水市纪念建党90周年理论研讨会一等奖，《行政指导：政府治理的一种制度选择》获天水市第三届优秀社科成果三等奖。

0487 张晓莉

性　　别：女
出生年月：1965-03-25
民　　族：汉族
政治面貌：群众
职　　称：副高
学　　历：大学本科
所在单位：天水市市委宣传部
成　　就：2003年12月，编辑《伏羲文化论丛》一书，由甘肃人民出版社出版发行。2005年6月，编辑出版《伏羲古籍录》一书。2010年6月，编辑出版《伏羲文化70问》《伏羲女娲的故事》。2011年参与天水市志办编辑《天水市委志》。2012年6月编辑出版《中华伏羲文化研究论文集》上下卷。2005年初至2013年，编辑中华伏羲文化研究会会刊。
简　　介：大学文化汉语言文学专业毕业。副高职称（副编审）。

0488 赵文刚

性　　别：男
出生年月：1975-12-07
民　　族：汉族
政治面貌：中共党员
职　　称：副高
学　　历：硕士研究生
所在单位：天水师范学院教师教育学院
成　　就：主要从事教师教育相关理论的研究，近年来在《基础教育改革》、《现代教育科学》《天水师范学院学报》等刊物上发表论文10余篇。主编出版教学用书一部，参编教材三部，获得校级教学成果一等奖一项。
简　　介：2006年硕士毕业于西北师范大学教育学原理专业，现就职于天水师范学院教育学院，教育系系主任。主讲《公共教育学》、《学校管理学》《课堂管理原理》《学校卫生学》等课程。

0489 丁晓刚

性　　别：男
出生年月：1961-11-05
民　　族：汉族

政治面貌：中共党员
职　　称：副高
学　　历：大学本科
所在单位：天水市委宣传部
成　　就：摄影作品三次入选国展；出版专著《摄影探美》。
简　　介：作家、诗人、书法家、国画家、摄影家。毕业于兰州大学新闻传播系，文学、法学学士。中国艺术家协会书画专业委员会理事、中国（香港）艺术交流协会副秘书长。

0490 王贵禄

性　　别：男
出生年月：1967-11-05
民　　族：汉族
政治面貌：中共党员
职　　称：副高
学　　历：博士研究生
所在单位：天水师范学院
成　　就：2005年以来先后在 CSSCI 等学术刊物发表论文40多篇，出版专著3部。主持国家社科基金项目、省社科项目、省教育厅项目等科研项目多项，并参与国家社科重大招标项目"延安文艺与20世纪中国文学研究"。主要研究领域为西部文学、底层写作、延安文艺、消费文化、当代影视。
简　　介：2005年毕业于兰州大学文学院，获文学硕士学位；2008年赴陕西师范大学文学院攻读博士学位，并于2011年6月获文学博士学位。

0491 高喜元

性　　别：男
出生年月：1967-02-21
民　　族：汉族
政治面貌：中共党员
职　　称：副高
学　　历：大学本科
所在单位：中共天水市秦州区委党校
成　　就：论文《浅谈秦州区新农村建设》发表于2012年3月30日《新农村》；2012年10月12日"关中——天水经济区文化体制改革与文化产业发展"研讨会上《浅议丰富农村文化生活的途径》一文获二等奖。2014年6月，中央党校干部教育学院发表论文《转变政府职能，理顺"两只手"的关系》。2011年被评为秦州区优秀共产党员；2012年1月被评为2011年度秦州区法院优秀人民陪审员。2012年9月，被甘肃省委党校评为甘肃省委党校系统优秀教师。
简　　介：1988年毕业于天水市第二师范。现任秦州区委党校教务处主任，秦州区委党校高级讲师。1997年7月毕业于中央党校函授学院本科政法专业；1988年7月参加工作，在秦州区关子中学任教；1994年7月在太京中学任教；1999年7月至今，在秦州区委党校任教。

0492 刘华

性　　别：男
出生年月：1955-01-14
民　　族：汉族
政治面貌：中共党员
职　　称：副高
学　　历：大学本科
所在单位：中共天水市秦州区委党校
成　　就：《浅谈社会主义荣辱观》发表于《天水行政学院学报》2007年第1期。
简　　介：1978年10月参加工作，高级讲师。中央党校函授本科党政管理专业毕业；1987年3月到秦州区委党校工作；1997年任秦州区委党校校委委员，主要从事党史党建和中国特色社会主义理论的教学工作。

0493 王永利

性　　别：女
出生年月：1972-09-28
民　　族：汉族
政治面貌：中共党员
职　　称：副高
学　　历：大学本科
所在单位：中共天水市秦州区委党校
成　　就：完成2013—2014年度市级科研课题《基层公务员道德环境与道德建设探析——以天水市秦州区为例》。2013年，论文《发展天水旅游文化产业的思考》在宝天党校系统研讨会上获得三等奖。2014年1月9日其课获得天水市委党校优秀专题课荣誉。
简　　介：1994年7月毕业于原天水师专汉语言文学专业；1994年7月至1998年7月在麦积区马跑泉镇政府工作；1998年7月至2004年12月在秦州区天水郡街道办事处工作；2004年12月至今在秦州区委党校工作；2006年12月晋升为讲师职称，2012年11月晋升为高级讲师。

0494 毛文辉

性　　别：男
出生年月：1967-10-09
民　　族：汉族
政治面貌：中共党员
职　　称：副高
学　　历：大学本科
所在单位：甘肃机电职业技术学院
简　　介：1989年7月参加工作，省委党校本科学历，行政管理专业，高级讲师。现任甘肃机电职业技术学院党委委员、副院长。1987年9月—1989年7月天水师范专科学校英语专业学习；1989年7月—1993年2月天水市第三中学教师；1993年3月—1996年6月甘肃省机械技工学校校长办公室秘书；1996年7月—2000年10月甘肃省机械技工学校校长办公室副主任（1996年9月至1998年12月在甘肃省委党校行政管理专业在职本科学习）；2000年11月—2006年4月甘肃省机械技工学校校长办公室主任、学校纪委委员；2006年5月甘肃省机械技工学校党委委员、纪委委员、副校长；2010年2月任甘肃机电职业技术学院党委委员、副院长。

0495 章越琴

性　　别：女
出生年月：1962-05-29
民　　族：汉族
政治面貌：群众
职　　称：副高
学　　历：大学本科
所在单位：中共天水市秦州区委党校
成　　就：《中国回族史上独一无二的翰林公——哈锐》发表于2003年12月《甘肃文史资料》第58辑；《关于保护天水古民居的对策思考》发表于台湾《甘肃文献》2008年第54—55期；《从文献中探索千年史学之谜》发表于2007年4月中国文史出版社出版的《神农山与神农文化》一书；20万字专著《揭秘三皇五帝都——三皇五帝都考辨》，中国文艺出版社2012年6月出版；2004年12月荣获甘肃省党校系统第四届优秀科研成果优秀奖。2012年10月荣获天水市社科联、宝鸡市社科联、天水市委宣传部举办的第三届宝天文化发展论坛征文活动二等奖。
简　　介：1976年3月参加工作，在陇南成县支旗插队；1979年9月在成县店林乡任计生专干；1981年2月在省林业厅白龙江中学高中部任教；1985年12月至今在天水市秦州区委党校工作。

0496 武丽

性　　别：女
出生年月：1969-12-13
民　　族：汉族
政治面貌：中共党员
职　　称：副高
学　　历：大学本科
所在单位：中共天水市秦州区委党校
成　　就：《新形势下我国人口问题的思考》发表于 2006 年《天水行政学院学报》；《浅议新型农村合作医疗制度和人口健康》发表于《天水学刊》2007 年第 3 期；《建立农村社会养老保险制度探析》发表于《天水学刊》2008 年第 3 期；《老龄事业的新理念——和谐老龄化》发表于《天水学刊》2010 年第 3 期。
简　　介：1991 年在河北省石家庄市栾城县柳林中学任教；1996 年 11 月调入甘肃省天水市秦州区委党校工作，主要从事汉语言文学、大学语文、党史党建方面的教学工作。

0497 杨福林

性　　别：男
出生年月：1962-10-04
民　　族：汉族
政治面貌：中共党员
职　　称：副高
学　　历：大学本科
所在单位：中共天水市秦州区委党校
成　　就：《人民民主是社会主义的生命》发表在 2008 年《天水学刊》第 4 期；《构建和谐社会与企业管理创新的思考》发表在 2006 年《科学时代》第 7 期；2010 年 7 月 8 日被甘肃省委党校评为全省党校系统优秀教师；2010 年 6 月 29 日被中共秦州区委评为优秀党务工作者，2007 年 4 月被秦州区委宣传部评为 2006 年度宣传思想暨精神文明建设工作先进个人。

简　　介：1979 年 12 月参加工作，高级讲师。中央党校函授本科党政管理专业毕业；1987 年 12 月到秦州区委党校工作；1997 年任秦州区委党校校委委员，主要从事哲学、党史党建和党的方针政策方面的教学工作。

0498 陈于柱

性　　别：男
出生年月：1977-11-27
民　　族：汉族
政治面貌：中共党员
职　　称：副高
学　　历：博士研究生
所在单位：天水师范学院
成　　就：长期从事敦煌文献的整理研究工作，主持并完成国家社科基金项目 2 项、教育部人文社科规划项目 1 项、中国博士后科学基金 1 项、地厅级科研项目 3 项。著有《敦煌写本宅经校录研究》《区域社会史视野下的敦煌禄命书研究》《英藏敦煌社会历史文献释录》《敦煌占卜文献叙录》等专著 6 部，在《民族研究》《敦煌研究》等权威核心学术刊物发表论文 40 余篇。其成果先后荣获甘肃省高校社科成果奖一、二等奖 3 次。于 2012、2013 年先后赴英国国家图书馆、法国国家图书馆考察，对其馆藏敦煌文献原件进行了全面核查，积累了极为难得的学术经验。2010 年入选天水师范学院青蓝人才工程。
简　　介：现任天水师范学院历史文化学院副教授、教育部人文社科重点研究基地兰州大学敦煌学研究所兼职教授、硕士研究生导师。2011 至 2013 年任首都师范大学历史学博士后。

0499 秋汇

性　　别：女
出生年月：1961-08-16

民　　族：汉族
政治面貌：中共党员
职　　称：副高
学　　历：大学本科
所在单位：中共天水市秦州区委党校
成　　就：《新形势下我国人口问题的思考》发表于 2006 年《天水行政学院学报》；《浅议新型农村合作医疗制度和人口健康》发表于《天水学刊》2007 年第 3 期；《建立农村社会养老保险制度探析》发表于《天水学刊》2008 年第 3 期。
简　　介：1981 年 7 月参加工作，1992 年 7 月加入中国共产党，1997 年 12 月取得中央党校函授学院的本科法律专业学历，2005 年 11 月取得高级讲师资格，1993 年 10 月调至天水秦州区委党校至今，从事法律方面的教学工作。

0500　王银英

性　　别：女
出生年月：1964-03-19
民　　族：汉族
政治面貌：中共党员
职　　称：副高
学　　历：大学本科
所在单位：中共天水市秦州区委党校
成　　就：《农村计划生育工作要坚持以人为本理念》发表于 2010 年《新农村》第 10 期；《儒家核心价值观的优劣势及其现实意义》发表于 2011 年《传承》杂志第 10 期；2012 年 10 月与王永利合作的论文《天水文化融入关中经济旅游圈的优劣性》在宝天文化论坛上获二等奖；2009 年被天水市委党校评为天水市党校系统科研先进个人；2012 年获得天水市委党校秋季班第五期理论骨干班优秀学员称号；2013 年被评为天水市委党校优秀班主任。

简　　介：2004 年 7 月毕业北京师范大学中文系函授汉语言文学专业；1986 年 7 月在天水市秦城区皂郊中学任教；1991 年 8 月在皂郊乡兴隆中学任教，主要从事中学语文等教学及班主任工作；1996 年 4 月调入皂郊中学，主要担任中学毕业班语文学科教学及毕业班历史、地理学科等教学工作；1998 年 4 月评为中学二级教师，2003 年 12 月评为中学一级教师；2005 年 1 月调入秦州区委党校工作，主要担任中专语文教学及党建、农村建设方面等教研教学工作；2009 年 11 月被评为高级讲师。

0501　王康录

性　　别：男
出生年月：1956-07-12
民　　族：汉族
政治面貌：中共党员
职　　称：副高
学　　历：大学本科
所在单位：中共天水市秦州区委党校
成　　就：《建设新农村必须加强对村干部的教育培训》发表于 2006 年《天水学刊》第 6 期；《略论领导干部养德修学之要义》发表于 2007 年《天水学刊》第 6 期；《秦州区新农村建设的调查与思考》发表于 2008 年《天水学刊》第 4 期；《西部欠发达地区新农村建设要重视民俗民间文化》发表于 2009 年《中国发展杂志》第 6 期（合作）。
简　　介：1977 年 7 月至 1992 年 12 月在甘肃省天水市秦州区汪川中学任教；1998 年任汪川中学副校长；1992 年 12 月至 1996 年 4 月在天水市秦州区平南中学任副校长，从事政治课教学工作；1996 年 4 月调入秦州区委党校工作，任副校长；1997 年 7 月任常务副校长。

0502 张海龙

性　　别：男
出生年月：1976-07-19
民　　族：汉族
政治面貌：民主党派
职　　称：副高
学　　历：博士研究生
所在单位：天水师范学院

成　　就：近年来先后主持国家社科基金项目1项，甘肃省高校科研项目1项，参与多项国家和省部级科研项目；在《管理评论》《软科学》等国内重要期刊发表研究论文10多篇，获得甘肃省社科成果三等奖1次，天水市社科成果二等奖1次。现从事财务管理及财务分析等课程的教学和科研工作。2012受到天水师院"青蓝人才工程"资助。

简　　介：1976年毕业于西北师范大学企业管理专业，获学士学位；2005年毕业于天津工业大学会计系，获管理学硕士学位；2012年毕业于西安理工大大学经济与管理学院，获管理学博士学位。

0503 董建民

性　　别：男
出生年月：1974-06-14
民　　族：汉族
政治面貌：中共党员
职　　称：副高
学　　历：硕士研究生
所在单位：甘肃机电职业技术学院

成　　就：主要研究方向为人力资源管理、市场营销。获得过院级首届说课比赛一等奖，多次获得优秀教师、优秀教育工作者和优秀党务工作者荣誉。从事教学及教学管理工作17年，发表教学研究论文6篇，参编教材2部。

简　　介：1997年本科毕业于河南科技大学，2008年研究生毕业于兰州大学。主要研究方向为人力资源管理、市场营销。

0504 张国昀

性　　别：男
出生年月：1971-04-05
民　　族：汉族
政治面貌：群众
职　　称：副高
学　　历：博士研究生
所在单位：天水师范学院

成　　就：成功申报一项国家社科基金项目《马克思主义经济学视域中的国家理论研究》；参与完成教育厅项目一项：《发展小城镇与建设新农村关系研究》；出版专著一部：《马克思主义经济学框架下的国家理论研究》，中国社会科学出版社出版。在各类刊物共发表论文20余篇。2012年被评为中国《资本论》研究会理事。

简　　介：1995年本科毕业于西北师范大学；1999年硕士毕业于苏州大学，主修经济史；2011年博士毕业于河南大学，专业政治经济学，主攻国家理论。长期从事政治经济学、经济学说史、货币银行学与制度经济学的教学与研究；近年来，一直负责学院专业改造和学科建设工作。共发表论文20余篇，专著一部，主持国家社科项目一项，参与完成的教育部项目一项。

0505 霍五堂

性　　别：男
出生年月：1958-07-12
民　　族：汉族
政治面貌：中共党员
职　　称：副高
学　　历：大学本科
所在单位：甘肃机电职业技术学院，

成　　就：曾获甘肃省人事厅大中专毕业生

分配先进个人、省工业与信息化委员会先进教育工作者、学校优秀党员、先进教育工作者等荣誉。在《甘肃教育》《甘肃经济管理学院学报》《甘肃成人教育》《职业技术教育杂志》等专业期刊上发表论文10多篇。

简　　介：1975年3月参加工作，1987年4月加入中国共产党。2007年4月至2010年2月任甘肃机械电子职工大学校长助理、校长办公室主任、甘肃省机械工业学校校长助理、校长办公室主任、学校纪委委员；2010年2月任甘肃机电职业技术学院党委委员、同年3月任甘肃省机械技工学校副校长；2011年5月任甘肃机电职业技术学院党委委员、副院长；1983年8月至1992年6月在空军工程部天水航修厂子弟学校任教（期间，担任厂团委副书记、学校团总支书记、党支部委员等；曾多次获得厂级、校级先进工作者，兰空政治部优秀团总支书记、优秀团干等荣誉）。1992年6月至今，在甘肃省机械工业学校工作。

0506　廖天滨

性　　别：男

出生年月：1971-01-02

民　　族：汉族

政治面貌：中共党员，

职　　称：副高

学　　历：大学本科

所在单位：甘肃机电职业技术学院

成　　就：公开发表论文5篇，参编教材1部。多次获得学校优秀共产党员、先进教育工作者称号和省经委职业教育先进工作者、省工信委系统优秀班主任等荣誉称号。

简　　介：1993年7月参加工作，2001年加入中国共产党，中央党校函授学院法律专业毕业，大学学历，副教授，职业指导师。1993年7月至2010年9月在甘肃省机械技工学校工作（期间，2000年7月取得大专学历，2001年12月取得本科学历）；2010年9月至今在甘肃机电职业技术学院工作，现任学院现代制造工程系党支部书记、副主任。

0507　安公平

性　　别：男

出生年月：1965-09-13

民　　族：汉族

政治面貌：中共党员

职　　称：副高

学　　历：大学专科

所在单位：中共天水市秦州区委党校

成　　就：2013年获得三等功科级公务员；2014年3月12日被秦州区委、秦州区人民政府评为全区联村联户、为民富民行动先进个人；《天水宝鸡村庄建设的现状、问题及对策》获得"天水—宝鸡党校系统关天经济区经济社会发展理论研讨会"二等奖。

简　　介：1986年7月参加工作，中学高级教师，中国人民大学科技哲学与管理专业函授研究生毕业，参加工作后在中学任教，先后担任中学教导主任、原秦城区工农教育委员会办公室副科级干部、原秦城区教育局人事科副科级干部、原秦城区教育局副局长、秦州区教育局副局长兼区政府教育督导室主任、秦州区区委宣传部副部长兼文明办主任，2010年7月调入党校工作，任秦州区委党校常务副校长。

0508　刘淑芳

性　　别：女

出生年月：1962-01-15

民　　族：汉族

政治面貌：中共党员

职　　称：副高

学　　历：大学专科

所在单位：甘肃省天水市麦积区龙园小学

成　　就：2000年9月被评为甘肃省优秀教师；省委、省政府特授予省"园丁奖"；2009年5月辅导学生参加"新人杯"全国中小学校园文化大赛，获"全国校园文学优秀辅导奖"；2010年3月辅导学生参加"新人杯"全国中小学校园文化大赛，获"全国校园文学辅导三等奖"。

简　　介：1979年11月参加工作。1979年11月至2010年7月在天水市麦积区道北小学任教；2010年8月至今在龙园小学任教。

0509　张怀福

性　　别：男

出生年月：1958-03-29

民　　族：汉族

政治面貌：中共党员，

职　　称：副高

学　　历：硕士研究生

所在单位：天水市麦积区委党校

成　　就：2010年7月，获得中共甘肃省委党校系统优秀教师荣誉称号。

简　　介：1976年10月—1979年8月甘肃省天水县石佛中学教师；1979年8月—1981年7月甘肃渭南师范专科学校中专普师班学习；1981年7月—1985年7月甘肃省天水县教育局教师（其间：1983年7月—1985年7月在西北师范大学教育行政专业大专班学习）；1985年7月—995.06中共天水市北道区委党校教师（其间：1989年8月—1991年7月在中央党校函授学院党政管理本科班学习）；1995年6月—2002年2月中共天水市北道区党校副校长；2002年2月—2012年7月中共天水市麦积区委党校常务副校长（其间：2007年3月—2012年7月中共天水市麦积区委党校党总支书记；2002年9月—2004年8月在西北师范大学文学院区域经济专业研究生班学习）；2012年7月—中共天水市麦积区党校主任科员。

0510　李存葆

性　　别：男

出生年月：1961-09-05

民　　族：汉族

政治面貌：中共党员

职　　称：副高

学　　历：硕士研究生

所在单位：天水市麦积区区委党校

成　　就：多项研究成果获省、地级科研成果奖，曾被评为甘肃省委党校、函授教育优秀教师、天水市委党校优秀教师、优秀班主任、科研工作先进个人。

简　　介：1978年7月至1996年6月在麦积区（天水县）教育系统工作，期间：1982年9月至1984年6月，在天水地区礼县示范读中师，1995年9月至2000年7月参加西北师范大学政治专业（本科）函授学习；1995年11被评为中学一级教师；1996年6月至今在中共天水市麦积区委党校工作，期间，1997年9月至1999年12月参加中共中央党校函授学院涉外经济专业（本科）学习；2003年9月至2005年12月参加西北师范大学区域经济研究所课程进修班学习。2003年11月获高级技师职称。

0511　柳怀英

性　　别：男

出生年月：1960-02-24

民　　族：汉族

政治面貌：中共党员

职　　称：副高

学　　历：硕士研究生

所在单位：天水市麦积区委党校

成　　就：2008年获得中共甘肃省委党校系

统优秀教师称号；2012年获得中共甘肃省委党校系统优秀教师称号。

简　　介：1978年10月—1980年7月在甘肃省礼县师范专科学校普师专业中专班学习；1980年7月—1989年8月甘肃省天水县甘泉中学教师（其间：1986年9月—1989年7月在西北师范大学政治教育理论大专班学习）；1989年8月—1997年11月甘肃省天水市北道区马跑泉中学教师（其间：1997年9月—1999年12月在甘肃省委党校函授学院行政管理本科班学习）；1997年11月—2002年4月中共天水市北道区委党校教师，2002年4月—2004年4月中共天水市北道区委党校校委委员，其间，2002年9月—2004年8月在西北师范大学文学院区域经济研究生班学习并结业；2004年4月—2012年7月任中共天水市麦积区委党校副校长；2012年7月始任中共天水市麦积区委党校主任科员。

0512　赵永林

性　　别：男

出生年月：1965-12-20

民　　族：汉族

政治面貌：中共党员

职　　称：副高

学　　历：大学本科

所在单位：甘肃省天水市第二中学

成　　就：2012年被评为麦积区优秀教师，2011年被评为市级骨干教师，2010年被评为麦积区骨干教师。发表论文数篇，其中论文《浅谈如何轻松地教英语》发表在2013年《中学生英语》（第六期）杂志上；省级1篇，在2008年3月《甘肃教育》杂志上登载，题目为《英语词汇复习的几种方法》。2010年编写一本由内蒙古大学出版社出版的名为《2011甘肃高考（英语）》高考复习专著。

简　　介：1986年7月毕业于天水师专英语系；2003年7月通过由中央广播电视大学与北京外国语大学合办的专科起点两年本科英语专业的函授获得大学本科文凭；1986年7月至1996年7月在麦积区中滩中学任教；1996年8月至2002年12月在天水市第十中学任教；2003年调入天水市二中任教。

0513　李东明

性　　别：男

出生年月：1961-10-16

民　　族：汉族

政治面貌：中共党员

职　　称：副高

学　　历：大学本科

所在单位：马跑泉中心学校

成　　就：在省级刊物发表论文5篇。承担省级课题研究三项：主持一项：学校工作中未成年人犯罪预防实践与研究，2011年10月28日甘肃省教育科学规划领导小组办公室鉴定通过。参与（第一参与人）两项：农村中小学生养成教育案例分析与实践研究，2010年10月26日甘肃省教育科学规划领导小组办公室鉴定通过。农村留守儿童问题实践与研究2011年10月28日，甘肃省教育科学规划领导小组办公室鉴定通过。课题《农村留守儿童问题实践与研究》荣获甘肃省第九届基础教育科研优秀成果二等奖。2013年6月被评为甘肃省教育科研先进个人。

简　　介：现就职于马跑泉中心学校。

0514　罗怀玉

性　　别：男

出生年月：1962-06-18

民　　族：汉族

政治面貌：中共党员

职　　称：副高

学　　历：硕士研究生
所在单位：天水市麦积区委党校
简　　介：1978年7月—1986年9月甘肃省天水县琥珀中心小学教师；1986年9月—1993年9月甘肃省天水市北道区琥珀学区教师（其间，1990年8月—1993年8月在西北师范大学汉语言文学本科班学习）；1993年9月—1998年7月中共天水市北道区委党校教师；1998年7月—2002年2月中共天水市北道区委党校校委委员2002年2月至今中共天水市麦积区委党校副校长，（其间，2002年9月—2004年8月在西北师范大学文学院区域经济专业研究生班学习并结业）。

0515　刘玉堂

性　　别：男
出生年月：1963-02-11
民　　族：汉族
政治面貌：中共党员
职　　称：副高
学　　历：大学本科
所在单位：中共清水县委党校
成　　就：曾被省教育厅等单位评为"优秀大学毕业生"。被省委党校评为全省党校函授教育优秀教师，被清水县委、县政府授予"园丁奖"，被天水市委党校评为"科研工作先进个人"。多次参加天水市党校系统理论研讨会、天水市统战理论研讨会并在交流会上交流发言。多年来，共在地级以上刊物发表论文20余篇。
简　　介：1981年9月—1985年6月在西北师范大学历史系学习；1985年7月—1996年9月在清水县第三中学工作；1996年9月至今在清水县委党校工作。

0516　赵天琴

性　　别：女
出生年月：1969-07-01
民　　族：汉族
政治面貌：中共党员
职　　称：副高
学　　历：大学本科
所在单位：中共清水县委党校
成　　就：多年来，在《天水学刊》《天水日报》《甘肃社会科学》《甘肃党校报》《甘肃妇工》《中央党校函授专刊》《现代科学》等刊物发表理论文章数篇。多次参加理论研讨会，有论文，并做交流发言。2010年被评为全省党校系统优秀教师。
简　　介：1990年7月毕业于庆阳师专；1997年12月取得中央党校函授学院本科文凭；1990年7月至1994年8月在清水县温泉附中任教；1994年8月至今在清水县委党校任教。

0517　马治军

性　　别：男
出生年月：1963-04-30
民　　族：汉族
政治面貌：中共党员
职　　称：副高
学　　历：大学本科
所在单位：中共清水县委党校
成　　就：热爱党校干部教育培训事业，作风严谨、勤奋工作，在平凡工作岗位上作出了一定成绩，曾被省党校表彰为优秀教师，市委市政府对论文《目前影响农村稳定因素》评定为优秀奖，被县委、县政府分别表彰为优秀党员和先进工作者，被市委党校多次表彰为科研先进个人。至目前在国家、省市级刊物上发表文章、调研报告等20余篇。
简　　介：1980年12月—1984年8月清水县新城乡政府干部；1984年9月—1986年7月清水县委党校电大班学员；1986年8月始

任清水县委党校教师。

0518 刘玉敏

性　　别：男
出生年月：1967-08-01
民　　族：汉族
政治面貌：中共党员
职　　称：副高
学　　历：硕士研究生
所在单位：中共清水县委党校
成　　就：近年来，先后在《天水学刊》《甘肃理论学刊》《发展》等刊物发表理论文章10余篇。多次参加省市党校、社科联举办的理论研讨会和师资培训班。2012年先后获天水市党校系统科研先进个人和全省党校系统优秀教师称号。2014年3月甘肃行政学院第一期创新社会治理体制师资培训班上获优秀学员。
简　　介：1988年7月—1990年8月在清水二中任教；1990年9月—1992年7月在天水师专英语系学习；1992年8月—1994年8月在清水一中任教；1994年9月—1999年12月在清水农中任教；2000年1月开始在清水党校从事教学工作和党校干训管理。

0519 缑浩祎

性　　别：男
出生年月：1967-09-25
民　　族：汉族
政治面貌：中共党员
职　　称：副高
学　　历：大学本科
所在单位：中共清水县委党校
成　　就：自参加工作以来，多次评为校级优秀教师和优秀教师工作者。发表市级论文（包括参加市党校论文研讨会、哲学年会、宝天论坛等）共11篇，在《甘肃理论学刊》《科技与教育》等刊物发表论文9篇。2000年撰写的《论依法治国的制约因素》一文选入国家级大型书刊《中国世纪魂》被评为明星作者。2003年被清水县委评为党员先进性教育试点先进个人。2006年被省委党校评为优秀教师。2012年撰写的《清水县轩辕文化厉害开发情况的调查与思考》一文在宝天论坛研讨会获得二等奖。
简　　介：1988年9月—1990年6月在天水师院政教系学习；1990年7月—1997年7月在清水县三中任教；1997年8月始在清水县委党校从事教学工作（1997年8月—1999年12月在中央党校函授学院党政管理专业学习）。

0520 池英福

性　　别：女
出生年月：1963-08-08
民　　族：汉族0
政治面貌：中共党员
职　　称：副高
学　　历：大学本科
所在单位：中共清水县委党校
成　　就：2006年被评为甘肃省党校系统优秀教师，论文《清水县民营企业人力资源管理的问题探究》获2013年天水—宝鸡党校系统"关天经济区经济社会科学发展"理论研讨会三等奖，论文《清水县少数民族干部队伍建设情况研究》获2012年全市统战政策理论研究优秀成果优秀奖。论文《清水县践行党的群众路线众志成诚重建家园》获2013年省党校系统"党的群众路线"理论研讨会三等奖。
简　　介：1988年7月至今在清水县委党校工作。

0521 贠世世
性　　别：男
出生年月：1965-03-14
民　　族：汉族
政治面貌：民主党派
职　　称：副高
学　　历：大学本科
所在单位：秦安一中
成　　就：一直从事教育事业，2004年获得天水市"骨干教师"称号。
简　　介：毕业于西北师大地理系，本科，1987年7月参加工作，在秦安一中任教。

0522 宋宏平
性　　别：男
出生年月：1970-07-20
民　　族：汉族
政治面貌：群众
职　　称：副高
学　　历：大学本科
所在单位：秦安三中
简　　介：毕业于天水师专汉语言专业，专科，1992年8月参加工作，在秦安三中任教。

0523 潘茂生
性　　别：男
出生年月：1958-01-01
民　　族：汉族
政治面貌：群众
职　　称：副高
学　　历：大学专科
所在单位：秦安县教体局
简　　介：毕业于渭南师范，中师，1979年8月参加工作，在秦安教体局工作。

0524 王廷常
性　　别：男
出生年月：1955-08-26
民　　族：汉族
政治面貌：中共党员
职　　称：副高
学　　历：大学本科
所在单位：秦安一中
简　　介：毕业于西北师大中文系，1982年8月参加工作，在秦安一中任教。

0525 王继文
性　　别：男
出生年月：1956-11-08
民　　族：汉族
政治面貌：群众
职　　称：副高
学　　历：大学专科
所在单位：秦安三中
简　　介：毕业于甘肃师大政史教育专业，专科，1974年3月参加工作，在秦安三中任教。

0526 宋兆明
性　　别：男
出生年月：1962-09-01
民　　族：汉族
政治面貌：群众
职　　称：副高
学　　历：大学本科
所在单位：秦安五中
简　　介：毕业于甘肃地质学校地理系，中专，1983年8月参加工作，在秦安五中任教。

0527 邵金兔
性　　别：男
出生年月：1966-12-15
民　　族：汉族
政治面貌：民主党派
职　　称：副高

学　　历：大学本科
所在单位：秦安一中
简　　介：毕业于西北师大历史系，本科，1989年8月参加工作，在秦安一中任教。

0528　卢武

性　　别：男
出生年月：1956-04-25
民　　族：汉族
政治面貌：中共党员
职　　称：副高
学　　历：大学专科
所在单位：秦安二中
成　　就：一直从事教育事业，2004年获得天水市"骨干教师"称号。
简　　介：毕业于甘肃师范大学英语专业，专科，1974年3月参加工作，在秦安二中任教。

0529　刘国珍

性　　别：女
出生年月：1969-02-13
民　　族：汉族
政治面貌：中共党员
职　　称：副高
学　　历：大学本科
所在单位：中共秦安县委党校
成　　就：2004年被共青团天水市委评为"青年岗位能手"；2005年和2006年被秦安县委党校评为"优秀教师"；2007年被天水市委党校评为"先进工作者"。论文著作有：《社会主义市场经济条件下推进"大素质教育"的思考》刊发在国家级刊物《中国当代教育教学研究与实践》（2001年8月）；《做好"三农"工作，推进小康建设》刊发在国家级刊物《中国世纪情》（2005年5月）；《积极实施工业强县战略全力推动县域经济又好又快发展》刊发在国家级刊物《21世纪》（2009年9月）；《浅谈新世纪党校函授教师必备的素质》刊发在《甘肃理论学刊》（2002年6月）；《正确处理人民内部矛盾，努力构建和谐社会》刊发在《发展》（2008年3月）；《充分发挥妇女在新农村建设中的作用》登载在《天水行政学院学报》（2008年2月）；《对新农村建设情况的调查与思考》刊发在《农业科技与信息》（2009年19月）；《"廉洁准则"是新时期反腐倡廉建设的重要举措》刊发在《发展》（2010年6月）；《对新型农民培育的思考》刊发在《农业科技与信息》（2010年21月）。
简　　介：1989年7月至1991年7月在天水市秦州区玉泉学区从事教学工作；1991年8月至今在秦安县委党校任教（期间：1994年9月—1996年7月天水市委党校经济管理大专毕业；1999年9月—2001年12月甘肃省委党校函授学院经济管理大学毕业）。

0530　陈国田

性　　别：男
出生年月：1966-06-15
民　　族：汉族
政治面貌：中共党员
职　　称：副高
学　　历：大学本科
所在单位：中共秦安县委党校
成　　就：2002年被秦安县委组织部评为抽调机关干部下基层帮助工作先进个人；2003年、2005年被中共秦安县委分别评为农村先进性教育活动试点工作先进个人、秦安县千名机关干部下基层活动优秀工作队员；2009年至2012年连续四年被秦安县纠风领导小组评为民主评议政风行风工作先进个人；多篇论文发表在省、市级刊物。
简　　介：1985年7月毕业于天水渭南师范

普师专业；1993 年 12 月自学考试取得兰州大学法律专科文凭；2010 年 12 月自学考试取得兰州大学法律本科文凭；1985 年 7 月参加工作，1985 年 7 月至 2000 年 9 月，在秦安县好地位峰中学任教；2000 年 10 月至今，在秦安县委党校任教，主要从事教学工作或班主任工作，并从事党校科研、调研工作。

0531 康鸿

性　　别：女

出生年月：1962-12-01

民　　族：汉族

政治面貌：中共党员

职　　称：副高

学　　历：大学专科

所在单位：秦安县兴国中学

成　　就：一直从事教育事业，2004 年获得天水市"骨干教师"荣誉。

简　　介：毕业于甘电大中文系，专科，1980 年 1 月参加工作，在秦安兴国中学任教。

0532 任芳天

性　　别：男

出生年月：1968-11-03

民　　族：汉族

政治面貌：群众

职　　称：副高

学　　历：大学专科

所在单位：秦安县吊湾中学

简　　介：毕业于甘广电历史专业，大专，1992 年 4 月参加工作，在秦安吊湾中学任教。

0533 王志爱

性　　别：男

出生年月：1965-05-01

民　　族：汉族

政治面貌：群众

职　　称：副高

学　　历：大学本科

所在单位：秦安县西川中学

简　　介：毕业于西北师大地理系，本科，1989 年 8 月参加工作，在秦安西川中学任教。

0534 何丙贵

性　　别：男

出生年月：1960-08-04

民　　族：汉族

政治面貌：民主党派

职　　称：副高

学　　历：大学本科

所在单位：秦安一中

成　　就：一直从事教育事业，2000 年获得天水市"骨干教师"。

简　　介：毕业于西北师范大学地理专业，本科，1982 年 8 月参加工作，在秦安一中任教。

0535 张世太

性　　别：男

出生年月：1970-05-12

民　　族：回族

政治面貌：中共党员

职　　称：副高

学　　历：大学本科

所在单位：秦安县教体局

简　　介：毕业于中央电大汉语言，专科，1991 年 8 月参加工作，在秦安教体局工作。

0536 祁元

性　　别：男

出生年月：1955-11-16

民　　族：汉族

政治面貌：群众

职　　称：副高

学　　历：大学本科

所在单位：秦安县郭嘉中学
成　　就：一直从事教育事业，2004年获得甘肃省级"骨干教师"。
简　　介：毕业于渭南师范，中专，1980年8月参加工作，在秦安郭嘉中学任教。

0537 吴喜才

性　　别：男
出生年月：1965-12-01
民　　族：汉族
政治面貌：群众
职　　称：副高
学　　历：大学本科
所在单位：秦安县职教中心
简　　介：毕业于西北师大地理系，1989年8月参加工作，在秦安职教中心工作。

0538 李志春

性　　别：男
出生年月：1955-12-22
民　　族：汉族
政治面貌：群众
职　　称：副高
学　　历：大学专科
所在单位：秦安县王铺中学
简　　介：毕业于天水师专汉语言专业，1980年8月参加工作，在秦安王甫中学任教。

0539 杨志平

性　　别：男
出生年月：1968-01-01
民　　族：汉族
政治面貌：群众
职　　称：副高
学　　历：大学本科
所在单位：秦安五中
简　　介：毕业于天水二师汉语言专业，1987年8月参加工作，在秦安五中任教。

0540 靳国栋

性　　别：男
出生年月：1956-02-01
民　　族：汉族
政治面貌：中共党员
职　　称：副高
学　　历：大学专科
所在单位：秦安一中
简　　介：毕业于天水师专中文系，1978年12月参加工作，在秦安一中任教。

0541 杨国顺

性　　别：男
出生年月：1965-11-15
民　　族：汉族
政治面貌：民主党派
职　　称：副高
学　　历：大学本科
所在单位：秦安一中
成　　就：一直从事教育事业，2000年获得"市园丁"荣誉；2013年获得天水"骨干教师"荣誉。
简　　介：毕业于西北师大中文系，1990年8月参加工作，在秦安一中任教。

0542 安保红

性　　别：男
出生年月：1967-12-08
民　　族：汉族
政治面貌：群众
职　　称：副高
学　　历：大学本科
所在单位：秦安二中
简　　介：毕业于福建师范大学汉语言文学专业，1989年7月参加工作，在秦安二中任教。

0543 郭变娣

性　　别：女
出生年月：1966-02-28
民　　族：汉族
政治面貌：群众
职　　称：副高
学　　历：大学本科
所在单位：秦安二中
简　　介：毕业于西北师范大学地理专业，1989年8月参加工作，在秦安二中任教。

0544 成永太

性　　别：男
出生年月：1955-03-15
民　　族：汉族
政治面貌：中共党员
职　　称：副高
学　　历：大学本科
所在单位：秦安二中
简　　介：毕业于天水师院中文专科，1972年12月参加工作，在秦安二中任教。

0545 杨堆胜

性　　别：男
出生年月：1963-12-10
民　　族：汉族
政治面貌：群众
职　　称：副高
学　　历：大学本科
所在单位：秦安二中
成　　就：一直从事教育事业，2008年被评为"市骨干教师"。
简　　介：毕业于西北师范大学地理系，本科，1987年8月参加工作，在秦安二中任教。

0546 李武德

性　　别：男
出生年月：1963-12-07
民　　族：汉族
政治面貌：群众
职　　称：副高
学　　历：大学本科
所在单位：秦安一中
简　　介：毕业于西北师大地理系，1988年8月参加工作，在秦安一中任教。

0547 杨建华

性　　别：男
出生年月：1955-11-01
民　　族：汉族
政治面貌：中共党员
职　　称：副高
学　　历：大学专科
所在单位：秦安五中
简　　介：毕业于渭南师范汉语言专业，1979年11月参加工作，在秦安五中任教。

0548 吴永明

性　　别：男
出生年月：1971-10-03
民　　族：汉族
政治面貌：中共党员
职　　称：副高
学　　历：大学本科
所在单位：秦安县委党校
成　　就：近年来在《中国世纪情》《甘肃社会科学》《甘肃理论学刊》《新世纪》《新农村》《农民致富之友》《发展》《天水学刊》等国家级论文集、省市级学术性刊物上共发表理论文章11篇；撰写有一定参考价值的调研报告10余篇，有些调研报告被相关部门留用，有些在研讨会上交流。先后多次被秦安县委党校评为"优秀教师"，2010年7月被秦安县委授予"优秀党务工作者"荣誉称号，2010年、2014年被甘肃省委党校评为"全省党校系统优秀教师"。

简　　介：1989年9月至1993年6月在天水二师学习；1993年9月至2004年2月在秦安县千户中学任教（期间：1996年8月—2000年6月在甘肃学院进修）；2004年3月至今在秦安县委党校工作。

0549　张建顺

性　　别：男
出生年月：1967-01-01
民　　族：汉族
政治面貌：中共党员
职　　称：副高
所在单位：秦安四中
简　　介：毕业于天水师专汉语言专业，1986年7月参加工作，在秦安四中任教。

0550　徐孝忠

性　　别：男
出生年月：1962-10-02
民　　族：汉族
政治面貌：中共党员
职　　称：副高
学　　历：大学本科
所在单位：秦安一中
成　　就：一直从事教育事业，2000年获得"市骨干教师"。
简　　介：毕业于西北师范大学政治专业，本科，1983年8月参加工作，在秦安一中任教。

0551　刘保国

性　　别：男
出生年月：1963-01-01
民　　族：汉族
政治面貌：民主党派
职　　称：副高
学　　历：大学本科
所在单位：秦安县西川中学
简　　介：毕业于渭南师范英语系，中师，1981年8月参加工作，在秦安西川中学任教。

0552　王万平

性　　别：男
出生年月：1966-01-06
民　　族：汉族
政治面貌：中共党员
职　　称：副高
所在单位：秦安三中
成　　就：一直从事教育事业，2008年获"市园丁"。
简　　介：毕业于天水师专汉语言文学专业，1989年8月参加工作，在秦安三中任教。

0553　任小元

性　　别：男
出生年月：1973-11-13
民　　族：汉族
政治面貌：中共党员
职　　称：副高
学　　历：大学本科
所在单位：中共秦安县委党校
成　　就：曾荣获天水学区2002年度"精品课"观摩教学一等奖；在职进修时被评为2003—2004学年度甘肃省委党校函授学院天水学区优秀学员；2005年党员先进性教育演讲比赛获三等奖；2006年被县委统战部聘为特邀对台宣传员；2008年度优秀班主任；2010年度优秀教师；2011年6月在甘肃省党校系统优秀教学比赛中获三等奖。《创建"学习型党组织"才能不落后时代》

登载在甘肃人民出版社《交流与提高》(2011年7月)；《对秦安县农业产业化发展情况的调研报告》刊发在国家级刊物《中国农业信息》(2012年2月)。

简　　介：1995年3月参加工作。1995年3月—2000年10月任教于秦安三中，担任高中语文教师；2000年11月调入中共秦安县委党校工作至今（期间：2002年9月—2004年12月甘肃省委党校行政管理专业在职进修，取得本科文凭）；2011年5月申请加入中国共产党，2012年11月获高级讲师任职资格。

0554　陈堆稳

性　　别：男

出生年月：1958-02-02

民　　族：汉族

政治面貌：民主党派

职　　称：副高

学　　历：大学本科

所在单位：秦安一中

成　　就：一直从事教育事业，2003年获得"省学科带头人"，2000年获得"省骨干"教师称号。

简　　介：毕业于西北师范大学中文本科，1983年8月参加工作，在秦安一中任教。

0555　王巧玲

性　　别：女

出生年月：1968-03-01

民　　族：汉族

政治面貌：群众

职　　称：副高

学　　历：大学本科

所在单位：秦安五中

简　　介：毕业于金城联大英语系，专科，1990年8月参加工作，在秦安五中任教。

0556　何小荣

性　　别：男

出生年月：1969-11-19

民　　族：汉族

政治面貌：中共党员

职　　称：副高

学　　历：大学本科

所在单位：秦安县王窑中学

简　　介：毕业于天水师专汉语言文学，大专，1990年8月参加工作，在秦安王窑中学任教。

0557　周来顺

性　　别：男

出生年月：1963-04-01

民　　族：汉族

政治面貌：群众

职　　称：副高

学　　历：大学本科

所在单位：秦安五中

简　　介：毕业于渭南师范英语系，中专，1982年8月参加工作，在秦安五中任教。

0558　蔡国世

性　　别：男

出生年月：1955-07-01

民　　族：汉族

政治面貌：中共党员

职　　称：副高

学　　历：大学专科

所在单位：秦安三中

简　　介：毕业于甘教院汉语言文学专业，1977年3月参加工作，在秦安三中任教。

0559　王小斌

性　　别：男

出生年月：1964-07-01

民　　族：汉族
政治面貌：群众
职　　称：副高
学　　历：大学专科
所在单位：秦安县兴国中学
简　　介：毕业于天水师专中文系，1983年8月参加工作，在秦安兴国中学任教。

0560 宋汉文
性　　别：男
出生年月：1958-10-14
民　　族：汉族
政治面貌：中共党员
职　　称：副高
所在单位：秦安一中
成　　就：一直从事教育事业，2004年获得"市骨干教师"。
简　　介：毕业于庆阳师专英语系，1984年9月参加工作，在秦安一中任教。

0561 成喜来
性　　别：男
出生年月：1965-03-01
民　　族：汉族
政治面貌：群众
职　　称：副高
学　　历：大学专科
所在单位：秦安县兴国中学
简　　介：毕业于天水师范政治专业，1984年8月参加工作，在秦安兴国中学任教。

0562 李仁子
性　　别：男
出生年月：1956-08-27
民　　族：汉族
政治面貌：中共党员
职　　称：副高
学　　历：大学本科
所在单位：秦安县教体局
简　　介：毕业于渭南师范，中专，1980年8月参加工作，在秦安教体局工作。

0563 南嗜
性　　别：男
出生年月：1966-09-10
民　　族：汉族
政治面貌：群众
职　　称：副高
学　　历：大学本科
所在单位：秦安县桥南中学
成　　就：一直从事教育事业，2012年获得"市园丁"。
简　　介：毕业于天水师专中文系，中专，1990年12月参加工作，在秦安桥南中学任教。

0564 姚广才
性　　别：男
出生年月：1968-11-01
民　　族：汉族
政治面貌：中共党员
职　　称：副高
学　　历：大学本科
所在单位：秦安五中
简　　介：毕业于天水学院汉语言专业，中专，1989年8月参加工作，在秦安五中任教。

0565 陈双成
性　　别：男
出生年月：1965-02-25
民　　族：汉族
政治面貌：群众
职　　称：副高
学　　历：大学本科
所在单位：秦安二中

简　　介：毕业于西北师范大学汉语言文学专业，1988年8月参加工作，在秦安二中任教。

0566　王煊

性　　别：男

出生年月：1955-05-15

民　　族：汉族

政治面貌：中共党员

职　　称：副高

学　　历：大学专科

所在单位：秦安二中

简　　介：毕业于天水师专英语系，中专，1974年8月参加工作，在秦安二中任教，2009年2月获副高职称。

0567　顾登洲

性　　别：男

出生年月：1968-07-01

民　　族：汉族

政治面貌：中共党员

职　　称：副高

学　　历：大学本科

所在单位：秦安县教体局

简　　介：毕业于天水师专汉语言专业，1991年8月参加工作，在秦安教体局工作。

0568　王增义

性　　别：男

出生年月：1968-07-11

民　　族：汉族

政治面貌：群众

职　　称：副高

学　　历：大学本科

所在单位：中共秦安县委党校

成　　就：2009年被评为"全市党校系统科研工作先进个人"；2012年被评为"全省党校系统优秀教师"。论文著作有：《树立发展是第一要务的思想，聚精会神抓建设，一心一意谋发展》（《甘肃理论学刊》2003年5月）；《调整和完善所有制结构式经济体制改革新的突破》（《长白学刊》1999年9月）；《社会自觉的哲学思考》（《甘肃日报》2008年1月24日）；《共产主义理想信念不能动摇》（《华夏星火》2008年5月）；《农机教育培训工作的现状与对策》（《甘肃农业科技与信息》2008年8月）；《农村干部教育培训刍议》（《甘肃日报》2009年8月）；《剖析德治与法制的科学精神》（《甘肃日报》2009年8月）；《公民思想道德建设调查思考》（《21世纪：理论实践探索》2009年8月）；《完善机制，创新内容，着力构建干部教育培训新格局》（《管理观察》2009年9月）；《农村基层干部培训工作探讨》（《和谐社会与小康中国》2010年3月）；《打造坚实堡垒，甘当人民的公仆》（《科学发展在中国》2011年4月）；《浅谈如何提升干部工作效率》（《无线音乐》2012年9月）；《浅谈如何加强基层党建工作》（《东方青年》2012年11月）；《谋发展是永远的主题》（《城市建设理论研究》2012年10月）。

简　　介：1989年9月至1991年7月在天水师范专科学校上学；1991年8月参加工作，大专学历；1996年9月至1998年12月在中央党校函授学习进修本科；2000年12月取得讲师资格，2008年11月取得高级讲师任职资格。

0569　蔡小钰

性　　别：男

出生年月：1963-03-12

民　　族：汉族

政治面貌：民主党派

职　　称：副高

学　　历：大学本科

所在单位：秦安二中

成　　就：一直从事教育事业，2004年获"市园丁"。

简　　介：毕业于西北师范大学政治教育专业，本科，1986年8月参加工作，在秦安二中任教。

0570 张继明

性　　别：男

出生年月：1955-01-15

民　　族：汉族

政治面貌：中共党员

职　　称：副高

学　　历：大学专科

所在单位：秦安县王尹中学

简　　介：毕业于甘肃教育学院中文系，专科，1982年8月参加工作，在秦安王尹中学任教。

0571 贾寓宸

性　　别：男

出生年月：1965-08-09

民　　族：汉族

政治面貌：中共党员

职　　称：副高

学　　历：大学本科

所在单位：秦安县委党校

成　　就：2001年《优化课堂教学，培养思维能力》一文获天水市教研成果二等奖；2001年《改革英语教学，缩小"两极分化"》一文获秦安县教研成果三等奖；2001年《论情、理、行在学校管理中的作用》发表在《中国当代教育文集》第六卷，获二等奖；2002年《要注重素质教育的家庭、社会环境建设》发表在《二十一世纪教育论坛》第四卷，获一等奖；2013年《融入大关中，促进秦安经济跨越式发展》在宝鸡天水两市党校系统举办的"关天经济区经济社会科学发展理论研讨会"上获优秀奖；1995年、1996年连续两年被秦安县团委评为"优秀团员"；1996年被天水市教委评为"优秀班主任"；2005年被天水市教育局评为天水市骨干教师；2013年在天水市骨干教师、学科带头人远程培训中被中国教育电视台、天水市教育局评为优秀学员。论文著作有：《如何在英语教学中引导学生'探究'》刊发在《成功教育》（2007年5月）；《关于统筹城乡教育的思考》刊发在《二十一世纪理论实践探索》2009年9月）；《用"五环三练发"识记英语单词》刊发在《教育研究》（2012年12月）。

简　　介：1982年8月至1985年7月在渭南师范读书；1986年8月至2008年7月在中山中学任教（期间：1989年8月—1991年7月在天水师专英语系离职进修；1997年8月—1999年12月在中共中央党校函授学习；2003年6月—2005年6月在中央广播电大英语函授学习）；2008年8月至今在秦安县委党校任教。

0572 王海生

性　　别：男

出生年月：1968-07-01

民　　族：汉族

政治面貌：群众

职　　称：副高

学　　历：大学本科

所在单位：秦安县教体局

简　　介：毕业于礼县师范，中师，1979年8月参加工作，在秦安教体局工作，2007年12月获副高职称。

0573 郭银宝

性　　别：男

出生年月：1962-07-01
民　　族：汉族
政治面貌：群众
职　　称：副高
学　　历：大学专科
所在单位：秦安县西川中学
简　　介：一直从事教育工作，现在秦安县西川中学任教，于2007年12月获副高职称。

0574 吴炳孝

性　　别：男
出生年月：1964-02-14
民　　族：汉族
政治面貌：群众
职　　称：副高
学　　历：大学专科
所在单位：秦安县王湾中学
简　　介：毕业于天水师专中文系，大专，1985年8月参加工作，在秦安王湾中学任教。

0575 郭世奎

性　　别：男
出生年月：1963-05-13
民　　族：汉族
政治面貌：群众
职　　称：副高
学　　历：大学本科
所在单位：秦安二中
成　　就：一直从事教育事业，2002年获得"市园丁"、"市骨干教师"；2004年获"省骨干教师"荣誉。
简　　介：毕业于渭南师范英语系，中师，1982年8月参加工作，在秦安二中任教。

0576 王明明

性　　别：男
出生年月：1963-08-01

民　　族：汉族
政治面貌：中共党员
职　　称：副高
学　　历：大学专科
所在单位：秦安县王铺中学
简　　介：毕业于天水师专英语系，大专，1982年8月参加工作，在秦安王甫中学任教。

0577 陈有生

性　　别：男
出生年月：1957-02-01
民　　族：汉族
政治面貌：中共党员
职　　称：副高
学　　历：大学专科
所在单位：秦安县兴国中学
简　　介：毕业于礼县师范中文专业，中师，1980年9月参加工作，在秦安兴国中学任教。

0578 周海荣

性　　别：男
出生年月：1966-04-10
民　　族：汉族
政治面貌：群众
职　　称：副高
学　　历：大学本科
所在单位：秦安县王铺中学
简　　介：毕业于天水电大汉语言专业，专科，1992年4月参加工作，在秦安王甫中学任教。

0579 徐忠祥

性　　别：男
出生年月：1968-07-01
民　　族：汉族
政治面貌：群众
职　　称：副高

学　　历：大学本科
所在单位：秦安县教体局
简　　介：毕业于天水师专中文系，专科，1991年11月参加工作，在秦安教体局工作。

0580 李扬

性　　别：男
出生年月：1966-12-19
民　　族：汉族
政治面貌：群众
职　　称：副高
学　　历：大学本科
所在单位：秦安县兴国二小
简　　介：毕业于甘肃电大英语教育专业，专科，1990年12月参加工作，在秦安兴国二小任教。

0581 蔡进祥

性　　别：男
出生年月：1955-10-26
民　　族：汉族
政治面貌：群众
职　　称：副高
学　　历：大学本科
所在单位：秦安二中
简　　介：毕业于甘肃师范大学汉语言文学专业，专科，1974年4月参加工作，在秦安二中任教。

0582 马云鹏

性　　别：男
出生年月：1971-09-14
民　　族：汉族
政治面貌：中共党员
职　　称：副高
学　　历：大学本科
所在单位：甘谷县土桥初级中学
成　　就：2010年获甘谷县基础教育课程改革初中语文优质课一等奖，2011年获天水市初中语文优质课三等奖，2012年被评为县先进教师。论文《对人教版语文教材的认识和合理运用》在《甘肃教育》2012年第10期发表。经常指导青年教师的教育教学工作。在学校"师带徒"活动中，培养出郭玉红、裴永林等优秀青年教师。郭玉红在2008—2009学年学校举行的"青年教师教学大奖赛"中获得语文组一等奖；裴永林在2009—2010学年中考中名列全学区第一，深受好评。
简　　介：1992年7月毕业于天水第二师范学校；1996年6月甘肃教育学院汉语言文学专业专科毕业；2006年6月兰州大学汉语言文学专业本科毕业；1992年8月分配到甘谷县蔡家寺初中任教；2004年8月调往土桥初级中学任教。中学一级教师。

0583 王德元

性　　别：男
出生年月：1963-02-20
民　　族：汉族
政治面貌：中共党员
职　　称：副高
学　　历：大学本科
所在单位：甘谷县西坪初级中学
成　　就：2006年9月获天水市"园丁奖"，2005年在《甘肃经济日报》发表论文《贫困地区中学校长素质之我见》，2009年7月在《甘肃日报》发表《班主任工作中的表扬与批评》和《语文教学与学生心理素质》。1998年被评为"县级先进教师"，2004年被评为"县骨干教师"，2005年被评为"天水市骨干教师"。
简　　介：2011年7月毕业于陕西师范大学教育管理专业；1999年8月至2002年7月任西坪初中教导主任；2002年8月至今任西

坪初中校长；现为西坪初级中学校长。

0584 颉黎春

性　　别：女
出生年月：1964-09-08
民　　族：汉族
政治面貌：群众
职　　称：副高
学　　历：大学本科
所在单位：甘谷县第二中学
成　　就：2006—2007学年度被评为县级师德先进个人。在2003—2004学年度被评为县级教育教学先进，2008年被确定为天水市中小学市级骨干教师。2009年2月20日经天水市中学教师高级职务任职资格评审委员会通过被评为中学高级教师。在教育教学的同时注意教育教学研究，2004年发表论文《浅谈秦九韶的数学思想》。2006年在《宁夏教育》第4题发表论文《学生"情感、态度与价值观"的培养》。2012年和2013年连续担任天水市中学教师高级职称评审委员会成员。
简　　介：1984年8月至1988年7月在西北师大历史系学习；1988年7月毕业，所学专业为历史专业；1988年8月至2000年7月在甘摩厂子弟学校任教；在2000年8月至今在甘谷县第二中学任教；2009年2月被评为中学高级教师。

0585 毛根好

性　　别：男
出生年月：1964-10-16
民　　族：汉族
政治面貌：中共党员
职　　称：副高
学　　历：大学本科
所在单位：甘谷县磐安初级中学
成　　就：曾于1990年、1994年、1995年、2010年、2011年五次被中共甘谷县委、甘谷县人民政府评为"先进教师"，多次被中共磐安镇党委、磐安镇人民政府评为"先进教师"。其教学论文《新课改与语文教学》、《如何培养初中学生写作兴趣》在《甘肃日报》上发表，《试析初中语文教学怎样进行爱国主义教育》在《甘肃教育论丛》第三集上发表，并获天水市教学论文三等奖，《关于促进"普九"再上新特台阶的几点思考》在《天水市中小学教师教育教学论文选》上刊载。
简　　介：1985年7月毕业于天水市渭南师范学校，分配到甘谷县磐安镇大庄小学附中任教；1996年6月取得自考汉语言文学大专学历；1998年8月调入甘谷县磐安初级中学任教；1999年12月取得中央党校党政管理本科学历；2012年4月获得中学高级教师任职资格。

0586 李光明

性　　别：男
出生年月：1956-11-23
民　　族：汉族
政治面貌：中共党员
职　　称：副高
学　　历：大学本科
所在单位：甘谷一中
成　　就：获甘肃省中小学骨干教师、天水市学科带头人、天水市优秀共产党员。
简　　介：现任甘谷一中校长。1975年—1976年在甘谷县白家乡安家湾村任民办教师；1978年10月—1989年12月在天水二师任教；1989年12月—现在在甘谷一中任教天水市优秀共产党员甘谷县先进个人。

0587 李想定

性　　别：男

出生年月：1974-03-03
民　　族：汉族
政治面貌：中共党员
职　　称：副高
学　　历：大学本科
所在单位：甘肃省甘谷县第二中学
成　　就：2000年被评为天水市"先进班主任"；2003年被评为"县级先进教师"；2003年被评为"县级骨干教师"；2007年被评为"县级优秀教师"；2008年被评为天水市中小学"市级骨干教师"；2013年被评为"省级骨干教师"；2013年被评为"华中师范大学实习生优秀指导教师"；2014年被评为"山东师范大学实习生优秀指导教师"。在省、地级刊物发表专业文章多篇。2012年被聘为甘谷县高中政治兼职教研员；2014年被评为甘肃省乡村教师培训"三计划"市州/县区专家团队成员。指导姚文芳获2011年天水市优质课竞赛二等奖，2010年获甘谷县优质课竞赛一等奖。
简　　介：1993年8月至1996年7月在天水师院政教系学习，同年7月毕业，所学专业为思想政治教育专业；1996年7月至今在甘谷县第二中学任教（期间，2001年6月—2004年6月在西北师范大学本科班学习）；2012年12月被评为中学高级教师。

0588　马永德

性　　别：男
出生年月：1965-02-08
民　　族：汉族
政治面貌：群众
职　　称：副高
学　　历：大学本科
所在单位：甘谷县第三中学
成　　就：一直从事高中语文教学工作，任教研组长；2000年获天水市"园丁奖"，2001年被评为省级骨干教师。《生动的意象 凝重的愁情》发表于《少年文史报》，《品一品"秋味"》获天水市首届中小学语文素质教育论文二等奖，《"垂天之云"是怎样的云》一文发表于《中学语文教学参考》。
简　　介：1988年毕业于西北师范大学中文系，一直在甘谷三中从事语文教学工作，担任教研组长，连续15年任班主任。曾任级主任，校园刊物《芨芨草》主编。

0589　王仰东

性　　别：男
出生年月：1966-10-12
民　　族：汉族
政治面貌：中共党员
职　　称：副高
学　　历：大学本科
所在单位：甘谷一中
成　　就：获省级学科带头人及骨干教师。
简　　介：1983年8月至现在在甘谷一中任教，荣获甘肃省"园丁奖"、天水市"园丁奖"、甘谷县劳动模范称号。

0590　雒卫中

性　　别：男
出生年月：1969-10-14
民　　族：汉族
政治面貌：群众
职　　称：副高
学　　历：大学本科
所在单位：甘谷县第二中学
成　　就：1997年荣获甘谷县先进教师荣誉称号。2002年在天水市历史优质课竞赛中获二等奖。2011年评为甘谷县优秀教师。2012年4月在《中学历史教学参考》发表《优化高中历史教学应注意的问题》。2012年6月在《教育学》发表《浅析第一次世界大战对中国的影响》。1999年、2007年、2009年、2012年、2014年五次被学校评为优秀教师或先进班主任。

简　　介：1991年7月毕业于庆阳师专历史系，并分配至甘谷二中任教至今，长期从事高中历史教学，多年在高三历史教学岗位任教；从1993年9月开始长期担任史地教研组组长，并担任班主任工作；1995年9月取得中教二级任职资格，1996年8月至1999年8月又通过函授取得了西北师大历史教育本科文凭，2000年3月取得中教一级任职资格，2012年12月取得中学高级教师任职资格。

0591　张菊秀

性　　别：女
出生年月：1966-03-20
民　　族：汉族
政治面貌：群众
职　　称：副高
学　　历：大学本科
所在单位：甘谷县第二中学
成　　就：2002年评为甘肃省骨干教师；2004年在甘肃省第九期中小学骨干教师培训班《交流经验汇编》一书中发表《三角法在等高线地形坡度陡缓中的应用》论文一篇；2006年评为天水市园丁；2007年在《中学地理教学参考》发表《试题精解》论文一篇；2012年承担甘肃省普通高中学业水平考试《质量分析报告》（地理）编写；2013年在甘肃省承担的《培训项目成果汇编》一书中发表《台湾学习考察中的点点滴滴》论文一篇。2007年被评为中学高级地理教师，2010年被评为天水市高中地理新课改指导组成员。
简　　介：1989年毕业于西北师范大学地理系，现任甘谷二中高中地理教学工作，从教25年。

0592　颉炜

性　　别：男
出生年月：1968-12-20
民　　族：汉族
政治面貌：中共党员
职　　称：副高
学　　历：大学本科
所在单位：甘谷县南街小学
成　　就：《电化教学与语文素质教育》在天水市第五次小学教师论文评选中获三等奖；《语文阅读课"激、导、析、练"》教学模式实验在全市电化教学优秀论文评比中获一等奖，甘肃省中小学优秀论文三等奖；《小学语文学法指导之我见》刊载于《未来导报》2009第22期；天水市小学语文优质课评选一等奖。甘肃省小学语文学科带头人，2004年被评为天水市小学骨干教师、学科带头人，2004年、2006年获天水市"园丁奖"，2000年、2001年被评为甘谷县先进教师。
简　　介：1988年8月至1990年7月在金山乡常家庙附中任教；1990年8月至2004年7月在大像山镇柳汁小学任教，历任副教导主任、教导主任、校长等职；2004年8月至今在大像山镇南街小学任教，后任校长。

0593　贾映芳

性　　别：女
出生年月：1972-07-28
民　　族：汉族
政治面貌：群众
职　　称：副高
学　　历：大学本科
所在单位：甘谷县磐安初级中学

成　　就：2010年被评为"甘谷县优秀教师;"2013年被评为"天水市优秀班主任";2013年在《甘肃教育》发表题为《良好心理素质是学好语文的基石》论文一篇。2014年12月被评为中学高级教师。

简　　介：1997年6月毕业于天水师范高等专科学校;1997年8月至2000年7月,在甘谷县十里铺初级中学任教;2000年8月至今,在甘谷县磐安初级中学任教;2007年6月通过自考,获得兰州大学汉语言文学专业本科学历。

0594　李宗胜

性　　别：男

出生年月：1972-03-14

民　　族：汉族

政治面貌：中共党员

职　　称：副高

学　　历：大学本科

所在单位：甘肃省甘谷县第二中学

成　　就：长期在一线承担语文教学和班主任工作,被评为甘肃省"骨干教师"、"青年教学能手"、"优秀少先队辅导员",天水市"中小学优秀班主任",甘谷县"优秀教师"等,主持甘肃省普通高中新课程实验样本校专项课题"普通高中新课程背景下高中生道德行为养成教育研究"课题,并获得甘肃省第九届基础教育科研优秀成果三等奖。

简　　介：1980年9月—1988年7月在贯寺小学附中读小学、初中;1988年9月—1991年7月在甘谷三中上高中;1991年9月—1992年7月在甘谷一中高三补习;1992年9月—1995年7月在天水师范专科学校学习;1995年8月至2014年12月在甘谷二中任教;2001年9月—2003年7月参加西北师范中文本科函授学习,获得本科文凭。

0595　马胜海

性　　别：男

出生年月：1960-10-28

民　　族：汉族

政治面貌：中共党员

职　　称：副高

学　　历：大学专科

所在单位：甘谷县新兴镇马家磨村

成　　就：自2007年以来,教师职业道德考核历年优秀;历年参加了各级各类继续教育培训学习,继续教育证书齐全,中小学教师继续教育登记册记录完满。2001年6月所带班级获得天水市级优秀班级,其任班主任;1993年、2006年、2012年获得甘谷县级先进教师3次;1996年、2001年、2006、2009年获得新兴镇级先进教师4次;在省级刊物发表论文2篇。

简　　介：1978年8月任教,从教35年,热爱本职工作,忠诚党的教育事业,能以《甘谷县中小学教师队伍管理办法》严格要求自己,取得了显著的成绩,深受学校领导的好评。

0596　宁春梅

性　　别：女

出生年月：1967-09-13

民　　族：汉族

政治面貌：群众

职　　称：副高

学　　历：大学本科

所在单位：甘肃省甘谷县第二中学

成　　就：自任教以来,多次担任高三级班主任工作和语文教学工作,工作出色,成绩优秀。多次被评为校级优秀教师和优秀班主任。并先后被评为县级骨干教师,市级骨干教师,省级乡镇骨干教师及县级先进教师。发表《用图形想象作文教学实例》《刘兰芝为何被焦母休遣》《试论孔乙己的多重悲剧意蕴》等论文，获得好评。

简　　介：1989年毕业于天水师专中文系，分配甘谷二中至今。2001年获得本科学历。

0597　杨碎福

性　　别：男

出生年月：1966-03-18

民　　族：汉族

政治面貌：中共党员

职　　称：副高

学　　历：大学本科

所在单位：甘谷县第二中学

成　　就：一直从事教育教学一线工作，既熟悉教材，并对教材有所研究，驾驭课堂能力强，业务精通，是教学上的一把好手。期间发表了专业论文《孔子缘何"吾与点也"》《让语文教学多一些质疑》《语文课究竟探究什么》《晏殊词作有何审美特质》。1999年被市教委评为"优秀班主任"；2001年被市团委评为"青年岗位能手"；2002年、2003年连续两年被评为县级"先进教师"；2008年、2009年、2010年连续三年评为校级"先进班主任"；2010年被评为县级"先进教师"；2011年被县委评为"优秀共产党员"。

0598　周铭

性　　别：男

出生年月：1966-07-09

民　　族：汉族

政治面貌：民主党派

职　　称：副高

学　　历：大学专科

所在单位：甘谷县康路初级中学

成　　就：2008年被评为甘谷县优秀教师，2012年获天水市园丁奖，论文《语文教学中如何激发学生的学习兴趣》在2012年9月发表于《甘肃教育督导》，论文《语文课堂提问之我见》在2011年10月发表于《教育教学论坛》。

简　　介：1987年7月参加工作，大专学历，现供职于甘谷县康庄中学，中学高级教师。

0599　康引成

性　　别：男

出生年月：1970-08-16

民　　族：汉族

政治面貌：中共党员

职　　称：副高

学　　历：大学本科

所在单位：甘肃省甘谷县康庄中学

成　　就：从参加工作以来长期从事中学思想品德教学工作，2000年至今连续担任初三思想品德教学工作，成效显著，得到各方面肯定。主要教育教学科研成果有：《浅谈学生学习习惯的形成及培养》（《教育论丛第三集》甘肃省教育研究会）、《学生护短心理略议》（《天水日报教育周刊》2004年4月14日）。

简　　介：1992年7月—1999年8月在甘谷二中任教；1999年8月至今在甘谷县康庄中学任教。

0600　王锋军

性　　别：男

出生年月：1968-08-15

民　　族：汉族

政治面貌：中共党员

职　　称：副高

学　　历：大学本科

所在单位：甘谷二中

成　　就：一直担任班主任工作，曾五次评为校级先进，2001年所带班级被评为市级优秀班集体。自任教一来，始终坚持教研教课，在校报以及市、省级刊物发表论文数篇。每学年都承担公开课、示范课、观摩课、均收到良好的示范作用。2011年到2012年与本组成员共同编写甘谷二中思想政治课校本教材。1997年评为县级教学新秀，2000年评为县级先进教师，2001年评为市级优秀班主任。曾多次评为校级优秀班主任。同时注重教学研究，撰写教学论文，先后有两篇在省、市级刊物发表。一是2012年在《甘肃教育》发表的《新课改下高中政治教学的弊端和反思》。二是2003年在《天水师范学院学报》发表的《论哲学原理在政治高考主观试题中的运用》。

简　　介：从事中学政治教学工作，现为中学高级教师。一直担任班主任工作。

0601　郭富强

性　　别：男

出生年月：1965-11-21

民　　族：汉族

政治面貌：中共党员

职　　称：副高

学　　历：大学本科

所在单位：甘谷县第二中学

成　　就：自1991年始，在所任教的学校均担任高三级教学工作和班主任工作，教学成绩优异。获县级先进、市园丁、省骨干教师等多项荣誉。先后在省、地级刊物发表了数十篇论文。

0602　移保林

性　　别：男

出生年月：1957-03-23

民　　族：汉族

政治面貌：中共党员

职　　称：副高

学　　历：大学本科

所在单位：甘谷一中

成　　就：1993年至1996年连续获天水市优秀生物教师称号，曾获天水市骨干教师、学术带头人、省骨干教师荣誉称号，2006年被评为甘肃省特级教师。1993年、1994年获天水市"园丁奖"1993年、1994年获天水市"园丁奖"。

简　　介：1975年元月—1978年3月在新兴移家村任民办教师；1978年3月—1982年元月在西北师大生物系学习；1982年元月至今在甘谷一中任教；2006年获甘肃省特级教师。

0603　付永前

性　　别：男

出生年月：1965-09-16

民　　族：汉族

政治面貌：民主党派

职　　称：副高

学　　历：大学本科

所在单位：甘肃省甘谷县第三中学

成　　就：英语教学多年全县均分第一名，所带班级多届任务完成率居全县第一名；2002年被评为"天水市优秀班主任"；2005年被评为"天水市圆丁"；2008年被评为"天水市学科骨干"；2010年被评为"天水市学科带头人"；在全国中学生英语奥林匹克竞赛中，所辅导的学生多次获一等奖，多次被评为优秀辅导教师。

0604　王林子

性　　别：男

出生年月：1956-06-21

民　　族：汉族

政治面貌：中共党员

职　　称：副高

学　　历：大学本科
所在单位：甘谷一中
成　　就：1992年论文《中学历史教学中趣味性的运用》被甘肃省历史教学研究会评为优秀论文一等奖。1996年《太平天国的禁烟、妇女问题探讨》获天水市教委第四次基础教育教学科研优秀成果三等奖。1998年被评为全国优秀教师，授予全国优秀老师称号。2003年被评为2002年度甘肃省特级教师。1992年、1993年、1994年三次被评为天水市优秀教师，获市"园丁奖"。
简　　介：现任甘谷一中校长。1982年—1985年在甘谷县第四中学任教；1985年—现在在甘谷一中任教。

0605 张贤

性　　别：男
出生年月：1967-04-26
民　　族：汉族
政治面貌：中共党员
职　　称：副高
学　　历：大学本科
所在单位：甘谷县第二中学
成　　就：荣获甘肃省"园丁奖"（2006年）、"骨干教师"（2009年）、"星星火炬奖"（2004年）、"青年教学能手"（2000年），天水市"骨干教师"（2009年）、"学科带头人"（2009年）、"思想政治教育先进工作者"（2010年）等多项荣誉。
简　　介：中学英语高级教师。中共天水市第五届、六届党代会代表，现任甘谷县第二中学校长。

0606 雒贵祥

性　　别：男
出生年月：1973-02-04
民　　族：汉族
政治面貌：中共党员
职　　称：副高
学　　历：大学本科
所在单位：甘谷县第二中学
成　　就：2001年在中国教育学会中语会主办的全国校报校刊评比中，参与编辑出版的校报《溪源》荣获一等奖，本人获秀指导教师荣誉。2004年校报《溪源》获得德育报社举办的全国首届校报校刊一等奖。2006年，校报《溪源》再在全国大赛中荣获一等奖，丰富了校园文化，提升了学校品位。2011年被天水市教育局评为"中小学青年教学能手"。2009年参与甘肃省"十二五"课题"普通高中新课程背景下高中生道德行为养成教育"研究，2012年该课题经甘肃省教育科学规划领导小组专家组评审，通过鉴定。
简　　介：1993年9月至1996年6月在天水师范学院中文系学习，同年7月毕业，所学专业为汉语言文学教育专业；1996年8月至今在甘谷县第二中学任教（期间：1998年7月—2001年6月在兰州大学本科班学习）；2013年被评为中学高级教师。

0607 杨岁虎

性　　别：男
出生年月：1978-07-11
民　　族：汉族
政治面貌：群众
职　　称：副高
学　　历：大学本科
所在单位：甘谷县第三中学
成　　就：在《中学语文教学参考》《语文报》《创新作文》《疯狂作文》《甘肃教育》《新课程教案》等发表教育教研文章百余篇，主编、参编中学教辅图书80多部，指导学生作文900多篇发表获奖。甘肃省作家协会会员，《芨芨草》文学月报主编，出版有诗集《纸上的舞者》。其作品入选《中国当代诗歌大展》、《中国年度诗选》、《甘肃的诗》等多种权威选本。作品进入大学课堂中学教辅。

简　　介：1999年8月参加工作。多年执教毕业班，成绩突出，2013年12月，取得"中学高级教师"任职资格。2014年12月，结业于"国培计划—甘肃骨干教师培训北京师范大学高级研修班"。

0608 武和平

性　　别：男

出生年月：1965-08-27

民　　族：汉族

政治面貌：中共党员

职　　称：副高

学　　历：大学本科

所在单位：甘肃省甘谷第一中学

成　　就：1993年被天水市教育局评为"先进班主任"。1994年被县委、县政府评为"先进教师"。1999年被学校评为"优秀示范课教师"。2003年被学校评为"先进班主任"。2010年被一中党总支评为"优秀党务工作者"。2011年获天水市普通高中新课程英语学科优质课竞赛三等奖。2011年被甘谷县委评为"优秀党员"。2011年被学校评为"优秀班主任"。2012年被学校评为"优秀班主任"。2012年获天水市委、市政府园丁奖。发表省级论文2篇。

简　　介：1986年7月至1989年7月在甘谷五中任教；1989年7月至今在甘谷第一中学任教。教龄29年，从事班主任工作29年。

0609 郭桦

性　　别：男

出生年月：1966-12-22

民　　族：汉族

政治面貌：群众

职　　称：副高

学　　历：大学本科

所在单位：甘谷县磐安初级中学

成　　就：先后有多篇教育教学论文发表于省市报刊。2007年、2009年被中共甘谷县委、县政府授予"优秀教师"称号。学校中考成绩一直位于全县前列。并致力改善办学条件，优化育人环境。尤其是任磐安初中校长以来，2007年、2008年、2009年、2012年学校被甘谷县委、政府评为"先进学校"，2009年被天水市委、市政府评为"文明单位"。

简　　介：1985年7月毕业于天水渭南师范，8月被分配到杨家庄初中任教，历任团支部书记、教导主任和副校长职务；2004年8月调入磐安初中，现任教导主任和主管教学的副校长职务；2001年12月晋升为中学一级教师，2012年晋升为中学高级教师。

0610 魏国赟

性　　别：男

出生年月：1969-09-18

民　　族：汉族

政治面貌：中共党员

职　　称：副高

学　　历：大学本科

所在单位：甘谷县新兴镇姚庄小学

成　　就：大力推行素质教育，提升教师素养，坚持"育人为本，突出特点，全面发展"的教学方针，关注学生身心健康发展。学校的教学成绩一直处于全县前茅，连续五年被评为县先进学校。2000年被评为甘谷县先进教师；2003年被评为甘谷县优秀共产党员。

简　　介：1990年8月—1992年7月任姚庄小学教师；1992年8月—2000年7月任姚庄小学总务主任；2000年8月—2004年

7月任姚庄小学教导主任；2004年8月至今任姚庄小学校长。

0611 汪进义

性　　别：男

出生年月：1963-04-08

民　　族：汉族

政治面貌：中共党员

职　　称：副高

学　　历：大学专科

所在单位：甘谷县大石初级中学

成　　就：2009年被甘谷县委、甘谷县人民政府评为优秀教师；2010年被天水市委、天水市人民政府评为优秀教师，授予"园丁奖"荣誉称号；2010年4月24日在《甘肃日报》发表浅析《背影》一文的主题论文一篇；2010年4月20日在《天水日报》发表《浅析古诗词的阅读和欣赏》。

简　　介：1980年6月毕业于甘肃省天水地区渭南师范学校；1980年8月—1992年7月在甘谷县大石乡榆川小学附中任教；1992年8月—1997年2月在甘谷县大石乡贯寺学校任教；1997年3月—2004年7月在甘谷县大石乡榆川学校任教；2004年8月—2009年7月在甘谷县大石乡王川学校任教；2009年8月至今在甘谷县大石初级中学任教。

0612 王菊梅

性　　别：女

出生年月：1968-09-09

民　　族：汉族

政治面貌：中共党员

职　　称：副高

学　　历：大学本科

所在单位：大像山镇柳湖小学

成　　就：1998年被评为"天水市优秀少先队辅导员"。2002年在天水市第五次小学教师优秀课评选活动中，荣获市级优质课一等奖。2005年被评为甘肃省第三届中小学"青年教学能手"。2007年被评为天水市第七批小学骨干教师。2007年被甘谷县委县政府评为县级优秀教师。2008年被评为天水市中小学市级学科带头人。2009年被甘肃省教育厅评为"省级骨干教师"。2009年被甘谷县委县政府评为县级优秀教师。2012年被甘谷县委县政府评为县级优秀教师。

0613 谢景繁

性　　别：男

出生年月：1964-07-26

民　　族：汉族

政治面貌：群众

职　　称：副高

学　　历：大学本科

所在单位：甘谷县第三中学

成　　就：多篇论文发表于省、地级刊物1997年被评为甘谷县先进教师，1999年被评为甘谷县首批骨干教师。2007年又被评为甘谷县先进教师。2008年被天水市教育局评为市级骨干教师。

简　　介：1986年7月毕业于金城联合大学英语专业，获大专文凭；同年在甘谷县第三中学参加工作，任教至今；2005年毕业于中央电大英语专业，获本科文凭；1998年取得中教一级教师资格，2012年4月获得中学教师高级职务任职资格。

0614 魏国栋

性　　别：男

出生年月：1966-11-28

民　　族：汉族

政治面貌：中共党员

职　　称：副高

学　　历：大学专科

所在单位：甘谷县磐安初级中学

成　　就：2003—2004学年度和2009—2010学年度分别被县委、县政府评为"优秀教师"；2011—2012学年度被县委、县政府评为"优秀教育工作者"。2001年撰写论文《抓住机遇不放松，教改创新好育人》被天水市中小学外语教育教学优秀论文评奖中获一等奖；2003年撰写论文《浅谈西部农村小学英语教学的现状及对策》在《中国当代教育研究》全国教育教学优秀论文征集活动中，被评为一等奖；2012年撰写论文《把德育教育作为初中政治教育的核心内容》在甘肃《发展》杂志上发表。

简　　介：1990年7月毕业于西北师范大学，任教于武家河林牧业中学；1993年8月调任磐安镇东南街小学附中校长；2004年9月调甘谷县磐安初级中学任教。

0615 杨忠应

性　　别：男

出生年月：1962-07-01

民　　族：汉族

政治面貌：中共党员

职　　称：副高

学　　历：大学本科

所在单位：甘谷县磐安初级中学

成　　就：2006—2007学年度被甘谷县人民政府评为县级"师德先进个人"；2008—2009学年度被甘谷县人民政府评为县级"优秀教育工作者"；2011—2012学年度被甘肃省人民政府评为省级"甘肃省基本普及九年义务教育基本扫除青壮年文盲工作先进个人"；2014年获得天水市首届"校长论坛"优秀论文奖。

简　　介：1981年7月毕业于天水市渭南师范学校，分配到甘谷县磐安镇李家坪初中任教，历任语文教师、副校长、校长；1998年8月—2004年7月在磐安镇杨家庄初级中学任校长职务，承担语文教学工作；2004年8月至今任磐安初级中学校长。1996年6月取得自考汉语言文学大专学历，1999年12月取得函授党政管理本科学历，2009年获得中学高级教师任职资格。

0616 蒋灿霞

性　　别：女

出生年月：1968-09-21

民　　族：汉族

政治面貌：群众

职　　称：副高

学　　历：大学本科

所在单位：甘谷县康庄路初级中学

成　　就：2004年9月获得县级先进教师，在《甘肃日报》发表教学论文《浅谈初中文言文教学》《教育教学论文选》（甘谷卷）收编论文《初中文言文教学的点滴尝试》。

简　　介：现任教于甘谷县康庄路初级中学，大学本科学历，中学语文高级教师。

0617 张胜明

性　　别：男

出生年月：1970-08-12

民　　族：汉族

政治面貌：群众

职　　称：副高

学　　历：大学本科

所在单位：甘谷县康庄路初级中学

成　　就：1990年被评为县级优秀教师，2009年、2011年被评为县级优秀教育工作者，2013年获得天水首届汉字听写大会优秀指导教师奖。2010年7月在《甘肃日报》发表教学论文《浅谈对联与初中语文教学》，2013年编著出版《魅力张家川》地方文史资料一书。天水市书协会员，取得中国书法家协会专业一级考级证书，书法作品先后获得全国中师书法大赛优秀奖、天水市首届"沈鹏杯"书画大赛二等奖。在《青海青年报》发表诗歌《龙槐写意》，在《甘肃残疾人》发表诗歌《陌生》。

简　　介：天水市书法家协会会员，多年来一直从事初中语文教育教学研究工作。

0618　宋东芳

性　　别：女

出生年月：1969-12-06

民　　族：汉族

政治面貌：中共党员

职　　称：副高

学　　历：大学本科

所在单位：甘谷一中

成　　就：多次受到学校及上级主管部门的表彰奖励。2002年被评为县级"骨干教师"，2009年被评为校"优质教改示范课"教师，2007年被评为县级"师德先进个人"，2009年被评为校优秀班主任，2010年被定为"国培计划"网络远程培训合格班主任，2011年获"天水市新课改三等奖"。2011年获局党委颁发的"优秀党务工作者"称号。在认真搞好教育教学的同时，她还不断总结教学经验，积极开展教育教学研究。论文《情感，解读诗歌的钥匙》发表在2011年第二期《甘肃教育》上，《怒涛湍流 尽显文学人性之美——窦娥崔莺莺反抗叛逆性格之比较》发表在2010年8月的《教育前沿》上。

简　　介：1991年7月毕业于庆阳师专中文系；2003年7月获西北师大中文函授本科学历；1991年7月参加工作，一直从事高中语文教学及班主任工作，2011年起兼任办公室工作。

0619　原双前

性　　别：男

出生年月：1966-03-16

民　　族：汉族

政治面貌：中共党员

职　　称：副高

学　　历：大学本科

所在单位：甘谷县磐安学区

成　　就：在省、地级刊物发表论文多篇。1994年、1995年、2001年先后三次被武家河乡教育管理委员会、武家河乡党委、政府评为优秀班主任；1998年、1999年、2000年分别被武家河乡党委、政府评为"先进教师"。2001年被评为甘肃省小学语文研究会会员。

简　　介：1984年4月至1991年8月在武家河乡秦家坪小学任教；1991年9月至1993年7月在天水二师上学；1993年8月至1999年7月在武家河小学任教；1999年8月至2001年12月在武家河林牧业中学任教；2002年1月至2004年4月在武家河中心小学任教；2004年5月至2007年8月在磐安镇西北街小学任教；2007年9月至今在磐安镇东南街小学任教；2009年3月被甘肃省人民政府评为2008年度甘肃省特级教师。

0620　苑耀霞

性　　别：女

出生年月：1966-10-05

民　　族：汉族

政治面貌：群众

职　　称：副高

学　　历：大学本科

所在单位：甘肃省甘谷一中

成　　就：2009年9月在《甘肃教育》发表《漫画教学ABC》。2001年6月在《甘肃日报》发表《营造良好氛围，推进素质教育》2001

年8月在《甘肃日报》发表《素质教育需要教师的高情商》2001年在《中学生政治报》发表《浅谈逆反心理的正效应》《中学生心理健康的九大行为特征》《提高中学生耐挫能力的六个条件》。1996年获"甘谷县先进教育工作者"称号。1997年九月获"天水市中学政治优质课竞赛"三等奖。2001年获甘肃省中小学青年教学能手称号。

简　　介：1989年6月毕业于西北师范大学教育系学习；1989年7月至1991年8月在甘肃省甘谷县教师进修学校任教；1991年至今在甘谷县第一中学任教。

0621　李鹏文

性　　别：男

出生年月：1965-08-01

民　　族：汉族

政治面貌：群众

职　　称：副高

学　　历：大学专科

所在单位：甘谷县永丰初级中学

成　　就：1996—1997学年度被评为县级优秀教育工作者；2012年3月，论文《对中学语文教学中加强传统人文精神培养的若干思考》发表在《学周刊》；2011—2012学年度被评为县级优秀教师；2013年被评为天水市优秀班主任；2013年1月，论文《在初中语文教学中加强华夏美学哲学教育的若干思考》发表在《学周刊》。

简　　介：1990年6毕业于西北师范大学中文专科；1990年9月在大石乡贯寺附中任教；1996年11月获得中学二级教师资格，1998年8月至今，在甘谷县永丰初级中学任教；2001年3月获得中学一级教师资格，2012年12月获得中学高级教师资格；从教以来，一直从事初中语文教学工作，并多次获得学校、上级教育主管部门的奖励。

0622　王贵子

性　　别：男

出生年月：1963-01-22

民　　族：汉族

政治面貌：中共党员

职　　称：副高

学　　历：大学本科

所在单位：甘谷县第二中学

成　　就：先后被评为省市园丁、省级骨干教师、全国学校德育工作先进个人、入选天水市222人才工程。他发表的教学论文十多篇，他的教育论文《加强德育建设，构建和谐校园》一文荣获全国第五届中小学思想道德建设优秀成果展评活动一等奖，他还主编了甘谷二中教师论文集《犁韵》两集。

简　　介：现任甘谷二中教师。1985年7月至2001年12月甘谷三中教学；2001年12月至现在甘谷二中从事教育管理及教学工作。

0623　张芳琴

性　　别：女

出生年月：1962-05-01

民　　族：汉族

政治面貌：群众

职　　称：副高

学　　历：大学本科

所在单位：甘谷第二中学

成　　就：2000年被评为"天水市优秀班主任"；2004年被评为"甘谷县先进教师"；2012年获市级"园丁奖"；2012年在《中学生英语》发表《高考完型填空试题特点与解题技巧》论文一篇。曾3次获国家优秀辅导奖，1次省级优秀辅导奖。6次市级优秀辅导奖。

简　　介：1981年7月参加工作。在30多年的教学生涯中，长期担任班主任工作及高中英语教学工作。

0624 卢彩琴

性　　别：女
出生年月：1965-08-10
民　　族：汉族
政治面貌：群众
职　　称：副高
学　　历：大学本科
所在单位：甘谷二中

成　　就：天水市骨干教师。五年来，她所带英语高考单科成绩一直在学校乃至全县名列前茅，其中2009年高考英语单科均分94.5，及格率达78%，居全县理科第一；2010年所带两个文科班高考英语平均成绩86.5，名列全县文科第一；在2007年、2008年、2010年全国中学生英语能力竞赛中，安茹等十几名学生先后获省、市一、二、三等奖，她4次获省市优秀教师辅导奖。在搞好教学工作的同时，她认真开展教学研究，积极撰写教学论文。多篇论文公开发表。2003年被评为县级先进教师，2010年被评为市级骨干教师。

简　　介：1986年7月毕业于金城联合大学；1986年8月分配至甘谷二中从事高中英语教学工作至今；2006年通过函授取得本科文凭；中学高级教师。

0625 丁虎印

性　　别：男
出生年月：1962-08-18
民　　族：汉族
政治面貌：中共党员
职　　称：副高
学　　历：大学本科
所在单位：甘谷县磐安初级中学

成　　就：2006年教学成绩突出，被评为"县级先进教师"。2009年被评为"县级优秀教师"。2010年被评为"县级优秀教师"。2011年被评为"市级骨干教师"。

简　　介：1981年7月毕业于天水师范学校，同年分配到甘谷县磐安镇东南街附中任教；1996年6月取得自考汉语言文学大专学历，2002年12月取得自考汉语言文学本科学历；2007年8月调入甘谷县磐安初级中学任教。

0626 张念儒

性　　别：男
出生年月：1966-07-25
民　　族：汉族
政治面貌：中共党员
职　　称：副高
学　　历：大学本科
所在单位：甘谷县谢家湾学区

成　　就：2001年度、2005年度分别被评为县级先进教师，2011年度被评为县级优秀教育工作者，2010年被评为天水市骨干教师，2011年被评为甘肃省骨干教师。2003年教研论文《初中语文教学的几点做法》选入《天水市中小学教师教育教学论文选（甘谷卷）》及人民教育出版社编的《中国教育二十年—甘肃教育教学成果展》。多篇论文在省、地级刊物公开发表。

简　　介：1985年分配至盘安学区任教，大学本科，2007年获得中学高级教师职称，历任盘安初中主任、杨家庄初中校长、谢家湾学区校长。

0627 张河清

性　　别：男
出生年月：1965-08-06
民　　族：汉族
政治面貌：中共党员
职　　称：副高

学　　历：大学本科
所在单位：甘谷县第四中学
成　　就：先后被评为"甘谷县学科带头人"、"天水市中小学骨干教师"、"甘肃省中小学骨干教师"。
简　　介：现任甘谷县第四中学校长。1989年7月至今在甘谷四中工作，多次荣获天水市园丁奖，被评为天水市新长征突击手甘谷县先进教师，甘谷县先进校长。

0628　王常喜

性　　别：男
出生年月：1957-02-19
民　　族：汉族
政治面貌：群众
职　　称：副高
学　　历：大学专科
所在单位：甘谷县第三中学
成　　就：任现职以来，一直担任班主任、年级组长，将德育工作放在首要位置，所带班级两次被评为优秀班集体，其两次被评为优秀辅导员，德育先进个人；辅导青年教师撰写教学论文，在市级刊物上发表教学论文四篇，省级刊物发表论文一篇；在教学研究活动中撰写的教学案例《夏》荣获市级优秀三等奖，《感悟人生含蓄隽永》荣获甘肃省论文三等奖。
简　　介：1965年2月—1970年1月在蒋山小学上学；1970年2月—1973年12月在甘谷三中上学；974年1月—1976年8月在生产队劳动；1976年9月—1978年7月在渭南师范上学；1978年8月至今在甘谷县第三中学任教。

0629　牛维录

性　　别：男
出生年月：1965-03-25
民　　族：汉族
政治面貌：中共党员
职　　称：副高
学　　历：大学本科
所在单位：甘谷县大像山镇柳湖小学
成　　就：从教25年来，一直从事小学语文教学和学校管理工作。他的教学业绩突出，学校管理有方，多年来一直是全县小学教育的示范学校和窗口学校，全市教学质量监控学校，教学质量一直居全县前茅。有4篇论文在省、市报刊上发表，有一项教育课题研究成果通过市级鉴定。现已成为全县小学校长中有贡献的模范人物。办学经验和成果得到主管部门的认可，在全县推广。1994年获甘肃省"园丁奖"。2008年获甘肃省师德标兵称号。2001年被评为全市中小学德育工作先进个人。2002年被评为天水市体育工作先进个人。2004年获天水市"园丁奖"。2003年、2004年两年被评为县先进教师。
简　　介：现任甘谷县大像山镇柳湖小学校长。1981年9月—1984年7月 在天水渭南师范上中师；1984年8月—1990年3月 在甘谷县新兴镇亮江附中任教；1990年4月—2009年6月 在大像山镇柳湖小学任教导主任、副校长、校长等职务。

0630　王贵录

性　　别：男
出生年月：1974-08-27
民　　族：汉族
政治面貌：中共党员
职　　称：副高
学　　历：大学本科
所在单位：甘谷县第三中学
成　　就：2004年被县委县政府评为优秀教师，2011年被县委县政府评为优秀教师，2013年被天水市教育局评为师德先进个人。

简　　介：中学政治高级教师，甘谷县第三中学教师。

0631　王尚志

性　　别：男

出生年月：1965-09-23

民　　族：汉族

政治面貌：中共党员

职　　称：副高

学　　历：大学本科

所在单位：甘谷一中

成　　就：被评为甘肃省中小学骨干教师、天水市学科带头人。

简　　介：现任甘谷一中校长。1983年8月至今在甘谷一中任教。

0632　陈勋

性　　别：男

出生年月：1975-09-23

民　　族：汉族

政治面貌：中共党员

职　　称：副高

学　　历：大学本科

所在单位：甘谷县第三中学

成　　就：2002年荣获"天水市优秀班主任"荣誉称号；2010年被中共甘谷县委评为2010年度优秀共产党员；2011年被评为甘谷县优秀专业技术人才；2012年被评为甘谷县优秀教育工作者。多篇论文在省、地级刊物公开发表。

0633　贾向林

性　　别：男

出生年月：1973-06-28

民　　族：汉族

政治面貌：中共党员

职　　称：副高

学　　历：大学本科

所在单位：甘谷县礼辛初级中学

成　　就：1995年评为市优秀班主任；1997年被评为县级先进教师；2000年被评为县级先进教师；2000年获市优质课三等奖；2002年被评为县第二批骨干教师；2008年获得"市园丁"称号；2013年被确定为天水市骨干教师。2012年论文《政治教学中学生思维能力的培养策略》在《甘肃教育》2012年第21期发表。

简　　介：1994年6月毕业于天水师范专科学校，所学专业是政治教育，自毕业分配参加工作至今，一直在礼辛学区任教，任教学科主要有初中思想品德、初中数学、初中地理。于1996年1月晋升为中学一级教师，2013年12月晋升为中学高级教师。

0634　王来禄

性　　别：男

出生年月：1962-06-15

民　　族：汉族

政治面貌：中共党员

职　　称：副高

学　　历：大学本科

所在单位：甘谷县西关中学

成　　就：近年来带领学校连续被评为县先进学校办学单位，2008年获"甘肃省集体园丁奖"。

简　　介：1979年8月至1981年8月在天水师专上学；1981年8月至1986年8月在甘谷五中任教；1986年8月至1988年8月在甘肃教育学院进修；1988年8月至2000年8月在金山农中任教；2000年9月至今在甘谷县西关中学任职。曾获市园丁奖、市德育先进工作者荣誉。

0635 杨岩如

性　　别：男
出生年月：1965-12-13
民　　族：汉族
政治面貌：中共党员
职　　称：副高
学　　历：大学专科
所在单位：甘谷一中
成　　就：1998年获天水市"园丁奖"，天水市优秀班主任荣誉，曾三次获县级先进教师荣誉。
简　　介：现任甘谷一中政教主任。1986年7月至今在甘谷一中任教。

0636 汪济华

性　　别：男
出生年月：1968-03-25
民　　族：汉族
政治面貌：中共党员
职　　称：副高
学　　历：大学本科
所在单位：甘谷县永丰初级中学
成　　就：2009年6月，在《中学语文教学参考》发表教学论文《中学作文教学序列化探索》；2011年11月10日，在《天水日报》上发表教学论文《浅谈初中语文趣味性作业设计》；2009年被甘谷县委、县政府评为2008—2009学年度优秀教师；2011年被评为2010—2011学年度优秀教师；2012年被谢家湾乡党委、乡政府评为2011—2012学年度优秀教师；2012年被中国教育电视台评为2011版"课程标准解读"远程培训优秀学员；在"2009年度中国中学语文教学论文（设计）大赛活动"中，教学论文《中学作文教学序列化探索》荣获二等奖；在"2011年度中国中学语文教学论文（设计）大赛活动"中，教学论文《浅谈初中语文趣味性作业设计》荣获一等奖；2012年被谢家湾乡党委评为2011—2012年度优秀共产党员。
简　　介：1989年7月毕业于天水市第二师范学校，现任教于甘谷县永丰初级中学。

0637 巩彦忠

性　　别：男
出生年月：1963-11-21
民　　族：汉族
政治面貌：民主党派
职　　称：副高
学　　历：大学本科
所在单位：甘肃省甘谷一中
成　　就：在各级各类刊物发表教育教学论文多篇。2001年被评为甘肃省中小学省级骨干教师。2008年被评为天水市中小学市级骨干教师。

0638 张玲

性　　别：女
出生年月：1964-04-02
民　　族：汉族
政治面貌：群众
职　　称：副高
学　　历：大学本科
所在单位：甘谷一中
成　　就：2008年被县委、县政府评为优秀教师；2011年其课被天水市教育局、天水市课改办评为优质课竞赛三等奖；2011年被天水市教育局评为师德先进个人。

0639 李文光

性　　别：男
出生年月：1962-08-03
民　　族：汉族
政治面貌：群众

职　　称：副高
学　　历：大学本科
所在单位：甘谷县大石初级中学
成　　就：2004 年被甘谷县县委、甘谷县人民政府评为优秀教师。2006 年被天水市委、天水市人民政府评为优秀教师；论文《马致远曲作中的"适世"思想》发表于《甘肃日报》（2007 年 6 月 29 日）；论文《知识传授与能力培养》发表于《甘肃日报》（2009 年 10 月 17 日）；论文《谈如何加强学校管理》发表于《甘肃日报》（2009 年 11 月 22 日）。2010 年被天水市教育局评为天水市中学骨干教师；2011 年被甘肃省教育厅评为甘肃省中学骨干教师；2011 年被天水市教育局评为天水市师德先进个人。
简　　介：1981 年 7 月毕业于甘肃省天水地区渭南师范学校；1981 年 7 月—1998 年 7 月，在甘谷县大石乡王川小学附中任教；1998 年 8 月—2004 年 5 月任甘谷县大石初级中学校长；2004 年 6 月—2012 年 3 月任甘谷县安远学区学区校长；2012 年 4 月至今任甘谷县大石学区学区校长。

0640　郭兴

性　　别：男
出生年月：1969-09-18
民　　族：汉族
政治面貌：中共党员
职　　称：副高
学　　历：大学本科
所在单位：甘谷县杨家庄初级中学
成　　就：2008 年荣获天水市"园丁奖"，有论文《如何提高学生的思想素质》发表于 2007 年 5 月 23 日《甘肃日报（教育专版）》；《培养唯物主义哲学观》发表于 2010 年 6 月 5 日《甘肃日报（教育专版）》；《重视课堂导入艺术 提高课堂教学效率》发表于《甘肃教育》2012 年 4 月第七期。
简　　介：1990 年 8 月参加工作，到甘谷县杨家庄初中任教至今。

0641　张凤兰

性　　别：女
出生年月：1970-11-10
民　　族：汉族
政治面貌：中共党员
职　　称：副高
学　　历：大学本科
所在单位：甘谷县土桥初级中学
成　　就：2007 年被甘谷委县政府授予"优秀教师"称号；2008 年经审定确定为天水市中小学市级骨干教师；2011 年被评为陕西师范大学免费师范生实习优秀指导教师；2012 年被中共天水市委、天水市人民政府评为"市园丁"；多篇论文在省、地级刊物发表。
简　　介：1994 年 7 月毕业于西北师范大学；2006 年 1 月毕业于中央广播电视大学汉语言文学本科专业；1994 年 9 月，分配到甘谷县蔡家寺初中任教；2004 年 9 月调往土桥初级中学任教。中学一级教师。

0642　王建军

性　　别：男
出生年月：1973-01-17
民　　族：汉族
政治面貌：中共党员
职　　称：副高
学　　历：大学本科
所在单位：甘谷县模范初级中学
成　　就：教学论文《特色强课 创新活课——浅析义务教育课程标准七年级下册〈安塞腰鼓〉说课技巧》在《中学语文教学参考》（2012 年第 1 期）上发表；教学论文《培养初中生说话能力的实践体会》在《甘肃教

育》（2014年2期）上发表。2012年被省委、省政府授予"两基"工作先进个人；2012年其课荣获市级优质课。

简　　介：1993年6月参加工作，多次被评为天水市骨干教师，1997年5月加入中国共产党，2011年3月28日获得中学高级教师资格，现在甘谷县模范初级中学任教。1979年9月至1989年7月在甘谷县礼辛小学附中读小学；1989年9月至1993年7月在天水第一师范就读；1995年9月至1997年7月在甘肃教育学院脱产进修。2000年9月至2003年6月在兰州大学参加汉语言文学自考。1993年7月至1998年7月在甘谷县礼辛小学附中任教；1998年9月至2012年1月在甘谷县礼辛初级中学任教；2012年2月至今在甘谷县模范初级中学任教。

0643　牛尚志

性　　别：男

出生年月：1967-08-15

民　　族：汉族

政治面貌：民主党派

职　　称：副高

学　　历：大学本科

所在单位：甘谷县康庄路初级中学

成　　就：1992年被评为甘谷县先进教师；1997年所任班级被评为天水市优秀班集体，1998年获天水市"园丁奖"；2006年授予甘肃省"园丁奖"；2009年、2012年被评为甘谷县优秀教师。2002年评为第二批甘谷县骨干教师，2004年被评为县级学科带头人；2008年在甘谷县初中教师优质课竞赛活动中荣获一等奖；2010年在甘谷县基础教育课程改革初中优质课评选活动中荣获语文组一等奖。2010年被聘为天水市教师认定教育教学能力测试评委。努力学习，不断进取，在教育教学改革中勇于创新。发表论文多篇。

简　　介：民盟盟员，中学语文高级教师，1988年8月参加工作，现任教于甘谷县康庄路初级中学。一直担任初中语文教育教学工作，并兼任班主任工作27年。

0644　高万华

性　　别：男

出生年月：1973-07-25

民　　族：汉族

政治面貌：中共党员

职　　称：副高

学　　历：大学本科

所在单位：甘谷县职业技术学校

成　　就：教育论文《加强德育工作，培养良好校风》获天水市厂办校论文评比优秀奖；教学论文《浅议学生思维努力的培养》获甘肃省教学论文评比三等奖；2000年获天水市"园丁奖"。

简　　介：现任甘谷县职业技术学校校长。1983年7月—2008年8月甘谷石棉厂子弟学校任教；2000年9月—2001年9月甘谷县二中任教；2001年10月—2004年9月任甘谷县职业技术学校党支部书记；2004年10月至今任甘谷县职业技术学校校长。

0645　张东宏

性　　别：男

出生年月：1965-09-27

民　　族：汉族

政治面貌：中共党员

职　　称：副高

学　　历：大学本科

所在单位：武山县职业中等专业学校

成　　就：曾获甘肃省职业教育先进个人、兰州大学远程教育先进个人、甘肃省杰出校长等荣誉称号。他主持编写的全国中职教材

《职业生涯规划》和地方乡土教材《可爱的武山》分别由知识出版社和北京师范大学出版社出版发行，他担任副主编的全国中职教材《心理健康教育》由知识出版社出版发行。此外，他还主编了校本教材《英语会话教程》，由西北工业大学出版社出版发行。曾获甘肃省职业教育教学科研成果一等奖一次，甘肃省基础教育科研成果三等奖一次，天水市哲学社会科学优秀成果三等奖一次（第二届社科奖）。

0646 王焕成

性　　别：男
出生年月：1963-08-15
民　　族：汉族
政治面貌：中共党员
职　　称：副高
学　　历：大学本科
所在单位：武山县职业中等专业学校
成　　就：天水市领军人才、天水市跨世纪创新人才、甘肃省职业与成人教育协会常务理事、中国职业技术教育学会德育委员会会员。2006年主编地方教材《可爱的武山》。个人专著《武山民俗文化》（作家出版社出版）获天水市社会科学优秀成果二等奖。主编《心理健康教育》《职业道德与法律》《实用礼仪教程》等10部全国中职教材。主持完成5项甘肃省教育科学课题，其中2项为重点课题。曾获甘肃省基础教育科研成果奖、甘肃省职业教育科研成果奖、天水市科技进步奖、天水市社会科学优秀成果奖。
简　　介：甘肃省作家协会会员、天水市跨世纪创新人才、天水市学术技术带头人。现任武山县职业中等专业学校高级讲师、党支部书记。

0647 马凤英

性　　别：女
出生年月：1968-03-11
民　　族：回族
政治面貌：中共党员
职　　称：副高
学　　历：大学本科
所在单位：张家川县第二高级中学
成　　就：多次获得县委、县政府及县教体局的奖励，2000年获得天水市优质课二等奖。在《吉林教育》《甘肃联合大学学报》《人民教师论坛》《考试》等刊物上发表论文多篇，参与编写了2008年《创新构想》（首都师范大学出版社）高考总复习一书，以及《解读甘肃高考》（中国书籍出版社）高考总复习一书。
简　　介：中学高级教师。1986年9月—1990年7月，就读于西北师范大学政治系；1990年8月—1991年8月，在张家川县第三高级中学从事高中政治课教学；1991年9月—现在，一直在张家川县第二高级中学从事高中政治课教学。

0648 刘立勤

性　　别：男
出生年月：1957-05-07
民　　族：汉族
政治面貌：群众
职　　称：副高
学　　历：大学专科
所在单位：张家川回族自治县龙山镇中学
成　　就：1982年被评为"县园丁"，1996年被评为"县园丁"。
简　　介：1976年4月在张家川县龙山镇榆树附中人民办教师；1979年8月至1981年7月在礼县师范上学；1981年8月至1983年7月张家川县马鹿中学任教；1979年8月

1992年2月在张家川县三中任教；1989年8月至1991年6月在酒泉教育学院进修；1992年8月至2000年7月在张家川县二中任教；2000年8月至2017年在张家川县龙山镇中学任教。

0649 摆玉霞

性　　别：女
出生年月：1965-05-01
民　　族：回族
政治面貌：群众
职　　称：副高
学　　历：大学本科
所在单位：张家川县教育局
简　　介：中学高级教师，现在张家川县教育局工作。

0650 马志学

性　　别：男
出生年月：1961-05-28
民　　族：回族
政治面貌：中共党员
职　　称：副高
学　　历：大学本科
所在单位：张家川县第三高中学
成　　就：1996年获天水市优秀班主任称号，1998年获张家川县教育局优质课一等奖，1998年获县园丁奖。2008年获天水市中小学学科带头人称号，2008年获天水市中小学骨干教师称号。
简　　介：中学高级教师，天水市中级教师评审委员会委员。1979年9月在张家川县第二中学任教；1996年9月任张家川县第二中学教导主任；2002年8月任张家川县第二中学副校长；2005年7月任张家川县第四中学校长；2007年9月任张家川县第二中学校长；2010年8月任张家川第三高级中学书记。

0651 李小林

性　　别：男
出生年月：1963-11-10
民　　族：汉族
政治面貌：群众
职　　称：副高
学　　历：大学专科
所在单位：张家川县大阳乡中学
成　　就：1998年被评为县园丁；2009年被评为市级骨干教师。发表论文有《积累.观察.写作》，2008年5月在《甘肃日报》上发表了《爱，教育的本源》。1998年被评为县园丁，2001年在全市"电化教学优质课"评比中，讲授的《醉翁亭记》获二等奖。曾担任张家川县第10届政协委员。
简　　介：1982年7月毕业于渭南师范，同年8月分配到大阳中学任教，1995年毕业于甘肃省广播电视大学。毕业后仍在大阳中学任教，坚持在教学第一线，担任九年级语文、历史教师。

0652 芳林

性　　别：女
出生年月：1972-06-01
民　　族：汉族
政治面貌：群众
职　　称：副高
学　　历：大学本科
所在单位：甘肃张家川县张川学区
成　　就：《甘肃日报》2010年1月9日第六版发表其论文《浅谈课堂教学艺术》。内蒙古师范大学《语文学刊》2012年第八期（总计390期）发表其论文《中学生记叙文写作指导浅谈》。
简　　介：1991年9月至1994年8月，在张家川县马关学区任教；1994年9月至现在在张川学区任教。

0653 海文科

性　　别：男
出生年月：1962-05-10
民　　族：回族
政治面貌：群众
职　　称：副高
学　　历：大学专科
所在单位：张家川县教育体育局
成　　就：荣获高考优胜奖（1990、1999、2007）。
简　　介：中学高级教师，现在张家川教育局教研室工作。

0654 窦亚平

性　　别：男
出生年月：1963-06-11
民　　族：汉族
政治面貌：中共党员
职　　称：副高
学　　历：大学专科
所在单位：张家川县龙山镇中学
成　　就：2001年在县初二年级语文竞赛中，荣获辅导教师一等奖；2003年全县教师优质课评选中获一等奖；2006年获全县"两基"工作先进个人荣誉；2008年被天水市授予"绿色单位创建活动先进个人"；2010年被评为"县园丁"。
简　　介：1979年8月至1981年7月在天水渭南师范学校上学；1981年8月至1987年7月在张家川县三中工作；1987年8月至2007年3月在张家川县四中工作；1993年8月至1996年6月在甘肃教育学院学习；2007年4月至今在张家川县龙山镇中学工作。

0655 王骎

性　　别：男
出生年月：1969-03-29
民　　族：汉族
政治面貌：群众
职　　称：副高
学　　历：大学专科
所在单位：张家川县第二高级中学
成　　就：长期从事高中政治课教学。

0656 刘九林

性　　别：男
出生年月：1963-07-27
民　　族：汉族
政治面貌：群众
职　　称：副高
学　　历：大学专科
所在单位：张家川县阿阳中学
成　　就：2010年被评为甘肃省中小学优秀班主任，2002年被评为甘肃省骨干教师，1993年被评为天水市园丁，2001年被评为天水市十佳教学能手，2001年被评为天水市学科带头人，2000年被评为天水市骨干教师。
简　　介：中学高级教师，现任教于张家川县阿阳中学。

0657 糟福林

性　　别：男
出生年月：1968-07-01
民　　族：回族
政治面貌：群众
职　　称：副高
学　　历：大学专科
所在单位：张家川县川王学区
成　　就：《浅谈语文阅读和作文的教学质量》发表于《语文学刊》2011年第8期
简　　介：1992年7月毕业于甘肃合作民族

高等师范专科学校；1992年8月分配到川王中学工作；2003年在川王学区工作至今。

0658 赵录生

性　　别：男
出生年月：1965-03-01
民　　族：汉族
政治面貌：中共党员
职　　称：副高
学　　历：大学专科
所在单位：张家川县阿阳中学
成　　就：张家川县2005年庆五一篮球比赛中被评为全县优秀工作者，2011年被评为天水市阳光体育系列联赛高中阶段篮球联赛中表现突出被评为优秀教练员。
简　　介：1985年8月—1987年7月就读于天水师专；1987年8月—1993年7月在县二中工作；1993年8月—2001年7月在县三中工作；2001年8月—2013年7月在张川镇中学工作；2013年8月至今在张家川县阿阳中学工作。

0659 马国升

性　　别：男
出生年月：1971-02-09
民　　族：回族
政治面貌：中共党员
职　　称：副高
学　　历：大学本科
所在单位：梁山中学
成　　就：2001年、2010年分别获县园丁荣誉。发表论文多篇，多次获得荣誉。
简　　介：1989年7月毕业于天水市第二师范学校，同年8月参加工作；2004年获得本科学历，在张家川县大阳中学工作，从事初中教学任务并担任该校副校长；2007年9月通过岗位竞聘担任张家川县梁山中学校长。

0660 张永生

性　　别：男
出生年月：1966-01-25
民　　族：汉族
政治面貌：群众
职　　称：副高
学　　历：大学本科
所在单位：张家川县第三高级中学
成　　就：1993年获张家川县优秀教师奖；2004年获甘肃省首届"英才杯"中学生征文大赛优秀辅导教师奖；2008年、2009年获天水市第二届"爱家乡、爱自然、爱生活"学生演讲比赛优秀指导奖；2007年6月5日获2007年度纪念"6.5"世界环境日征文比赛优秀指导教师奖；2009年获张家川县环境保护征文活动优秀指导教师奖；2008年评为天水市中小学市级骨干教师；2010年被评为"天水市优秀教师"，被授予市"园丁奖"；2011年在天水市普通高中新课程语文学科优质课竞赛中获三等奖。在省、地级刊物发表论文多篇。
简　　介：1984年8月参加工作，1984年8月至1989年7月在渠子中学任教；1989年8月至1999年7月在大阳中学任教，担任初中语文教学工作；1999年8月至2001年6月在甘肃教育学院进修，学习汉语言文学教育专业；2001年8月至2004年7月在西北师范大学函授学习，获得本科学历；2004年8月至2005年7月在大阳乡中学任教，从事初中语文教学工作；2005年8月被聘任到张家川县上磨中学工作；从2008年到现在一直在张家川县第三中学（原上磨中学、第五中学）任教，先后担任初中和高中语文教学工作。

0661 马彩娥

性　　别：女
出生年月：1967-10-26
民　　族：回族
政治面貌：群众
职　　称：副高
学　　历：大学本科
所在单位：甘肃省天水市张家川县张川镇西关小学
成　　就：所写论文《浅谈观摩课到底在为谁服务》于2010年6月在中国人民大学书报资料中心出版的《教育学文摘》上发表。《多媒体在小学语文教学中的应用》在《教育与教师》杂志举行的"关注教育，关心教师"全国论文评选活动中被评为一等奖。参加了由香港乐施会资助、县教育局组织、龙山学区承办的乡土教材《美丽的张家川》的编写工作。2003年被评为市级骨干教师。2011年被评为省级骨干教师。2011年被龙山学区评为"优秀班主任"。2012年被龙山学区评为"学科带头人"。在全市"电化教学优质课"评比中荣获三等奖。在全县赛课活动中荣获一等奖。
简　　介：1989年8月参加工作以来，被评为中学高级教师，语文教学沉稳踏实中不乏开拓创新，教学成绩优秀。

0662 卢春生

性　　别：男
出生年月：1958-11-29
民　　族：汉族
政治面貌：中共党员
职　　称：副高
学　　历：大学专科
所在单位：张家川县教育局
简　　介：中学高级教师，现在张家川县教育局督导室工作。

0663 赵根生

性　　别：男
出生年月：1971-01-15
民　　族：汉族
政治面貌：群众
职　　称：副高
学　　历：大学本科
所在单位：张家川县第三高级中学
成　　就：2014年获得天水市校园足球优秀指导员。
简　　介：1992年6月毕业于天水师专，2002年7月函授北师大体育教育专业获得本科学历证书；1992年8月至2005年7月，在张家川县龙山镇中学任教；2005年8月至2009年7月，在张家川五中任教；2009年8月至今，在张家川县第三高级中学任教。

0664 李国明

性　　别：男
出生年月：1968-11-07
民　　族：汉族
政治面貌：群众
职　　称：副高
学　　历：大学本科
所在单位：张家川县大阳中学
成　　就：在1994至1995学年度所带初二（1）班荣获"市级先进班集体"。在1999年、2001年两次被评为"县园丁"。在2001年全市电化教学优质课评比获三等奖。2003年被评为"市级骨干教师"。2008年被评为"市级学科带头人"。辅导的学生多人在全国中学生英语能力竞赛中获奖。发表的论文有《优化英语教学方法》《生动活泼地开展农村英语教学》等。
简　　介：中学高级教师。1991年天水电大英语专业毕业；1991年至现在在张家川县大阳中学任教；2007年天水师范学院毕业。

0665 马世明

性　　别：男
出生年月：1975-03-04
民　　族：回族
政治面貌：中共党员
职　　称：副高
学　　历：大学本科
所在单位：张家川县木河乡中心小学
成　　就：2005年被评为"县园丁"。2006年被评为两基攻坚先进个人。一直担任小学数学教学和班主任工作，所任教的学科在全县调研考试和学区统考、抽考中一直名列前茅，受到家长和学校的一致好评。
简　　介：1996年8月至1999年7月在合作民族师专上学；2003年8月至2005年7月在天水师院函授学习取得本科文凭；1999年8月至2007年7月在木河中学任教；2007年8月至现在，在木河学区中心小学任教。

0666 祁世江

性　　别：男
出生年月：1963-08-22
民　　族：汉族
政治面貌：中共党员
职　　称：副高
学　　历：大学专科
所在单位：张家川县胡川学区
成　　就：1999年撰写的《差生转化三步骤》发表在国家级刊物红旗出版社教育专辑《托起明天的太阳》上，2002年撰写的《小学作文三步五环教学模式初探》被天水市教育科研所评为三等奖，2008年撰写的《黄河是怎样变化的》获甘肃省"优秀环境教育教学方案"征文三等奖，2009年撰写的《语文课的导入艺术》发表在《甘肃教育》2009第5期上。多年来学校获得学区级以上各类奖励、荣誉40余项。2001年获天水市首批市级骨干教师称号；2003年荣获张家川县优秀教育工作者称号，2006年被县政府评为"两基"先进个人，2012被评为张家川县优秀共产党员。
简　　介：1980年3月至1986年8月在胡川学区祁沟小学任教；1986年9月至1990年8月在胡川中学任教；1990年9月至1992年7月在天水第二师范上学；1992年8月至1994年8月在胡川中学任教；1994年9月调任胡川学区仓下小学校长至1999年8月；1999年9月调任胡川学区胡川小学校长至2004年4月；2002年9月至2005年7月在兰州师专汉语言专业函授学习；2004年5月调任胡川学区教育专干至2011年1月；2011年2月调任胡川学区中心小学副校长。1997年7月加入中国共产党党员。2001年被评为天水市首批市级骨干教师；2002年1月被聘为中学一级教师，2013年12月获中学高级教师资格。

0667 王全平

性　　别：男
出生年月：1965-12-07
民　　族：汉族
政治面貌：中共党员
职　　称：副高
学　　历：大学本科
所在单位：张家川县第三高级中学
成　　就：1993年和1994年获县"优秀教师"奖，2003年和2013年获县"园丁"奖，多次获学校优秀班主任奖与高考上线奖。论文《现代汉语中名词动词的同形现象》与《文言实词几种语法推断法之尝试》分别在《兰州学刊》（2007年第6期）和《语文教学参考》（2008年第4期）发表。
简　　介：1985年8月被分配到闫家中学工

作，2000 年 8 月调至张家川县第三高级中学任教。

0668 马树瑾

性　　别：女

出生年月：1962-10-24

民　　族：回族

政治面貌：群众

职　　称：副高

学　　历：大学专科

所在单位：张家川县阿阳中学

成　　就：2007 年 1 月作品《强化归纳总结拓展多向思维》获得中国教育教学创新成果奖银奖，2006 年 5 月荣获省级辅导三等奖，2010 年 5 月荣获省级辅导三等奖，2001 年在全市中青年初中数学评优课中荣获一等奖，2007 年荣获市级辅导三等奖，2006 年被评为县级优秀教师。

简　　介：现任教于张家川县阿阳中学。

0669 李义广

性　　别：男

出生年月：1969-11-12

民　　族：回族

政治面貌：群众

职　　称：副高

学　　历：大学本科

所在单位：张家川县阿阳中学

成　　就：2001 年被评为甘肃省中小学"青年教学能手"，2002 年 11 月论文《对素质教育的几点看法》荣获市级二等奖，1999 年 8 月论文《由大到小》荣获国家级一等奖，2010 年 11 月优质课荣获市级三等奖，2001 年被评为县级优秀教师。

简　　介：现任教于张家川县阿阳中学

0670 石秀杰

性　　别：男

出生年月：1966-09-01

民　　族：回族

政治面貌：群众

职　　称：副高

学　　历：大学专科

所在单位：张家川县第二高级中学

成　　就：连续工作 27 年，当了 27 年班主任；辅导学生参加竞赛，获得市级以上奖励 6 次，县级优秀园丁奖励一次，市级优秀园丁奖一次，市级优秀班主任两次。

简　　介：1979 年 8 月—1985 年 7 月在中学读书；1985 年 8 月—1988 年 7 月在庆阳师专读书；1988 年 8 月—2009 年在张川四中工作；2009 年 8 月至现在在张家川县第二高级中学工作。

0671 刘青春

性　　别：男

出生年月：1966-12-25

民　　族：汉族

政治面貌：群众

职　　称：副高

学　　历：大学专科

所在单位：张家川县职业技术学校

成　　就：2002 年获省骨干教师荣誉称号；2003 年获全县初二级英语学科竞赛辅导教师三等奖；《让学困生插上自信的翅膀》2010 年 11 月发表于《甘肃教育》。

0672 陈久珍

性　　别：男

出生年月：1962-05-16

民　　族：汉族

政治面貌：中共党员

职　　称：副高

学　　历：中专
所在单位：张家川县连五中学
成　　就：自1982年参加工作以来，爱岗敬业，乐于奉献，四次被评为"优秀教师"及"市园丁""市级骨干教师"，并于2010年被省委省政府授予"省园丁"。近几年曾三次参加省级培训，在参加市级优质课竞赛中获二等奖。同时，能积极参加教育教学研究，及时将钻研教育教学的成果写成论文，曾在《甘肃日报》《吉林教育》等报刊发表论文多篇。
简　　介：1982年毕业于天水师范学校，同年8月分配到连五中学工作至今。在从教的三十年中，一直从事初中语文教学及班主任工作。现任连五中学副校长，一直热衷于党的教育事业。

0673 汪堆江

性　　别：男
出生年月：1963-06-11
民　　族：汉族
政治面貌：中共党员
职　　称：副高
学　　历：大学专科
所在单位：张家川县第三高级中学
成　　就：在陕西师范大学《中学语文教参考》（2007年11月）上独立发表了《在中学语文教学中兼教成语》；2008年被评为天水市中学骨干教师；2013年、2014年连续被张家川县委评为优秀知识分子党员；三十多年来多次受到学校领导的表扬奖励，在教育教学上取得了优异的成绩。
简　　介：1982年参加教育教学工作至今，一直致力于中学语文教学工作和研究。三十多年来，在教育教学工中做出了巨大的贡献，取得了优异的成绩，受到社会和各级领导的多次好评和肯定。

0674 马忠义

性　　别：男
出生年月：1956-07-17
民　　族：回族
政治面貌：中共党员
职　　称：副高
学　　历：大学专科
所在单位：张家川县第二中学
成　　就：2010年被评为甘肃省"园丁奖"。
简　　介：1975—1979马堡附中任教；1979—1989县四中任教导主任；1989—1991任县一中人教导主任；1991—2000任县三中校长；2000至2016年任县二中书记。

0675 洪志勤

性　　别：男
出生年月：1955-03-18
民　　族：汉族
政治面貌：中共党员
职　　称：副高
学　　历：大学专科
所在单位：张家川县龙山镇东关小学
成　　就：1985年获得县先进工作者荣誉；1992年、1996年、2006年获得县优秀教师荣誉；2010年获得县"园丁"荣誉；1999年获得市骨干教师荣誉。
简　　介：1977年12月参加工作。

0676 马春林

性　　别：男
出生年月：1958-02-23
民　　族：回族
政治面貌：中共党员
职　　称：副高
学　　历：大学专科
所在单位：张家川县教育体育局
成　　就：省市课题研究省级个人先进；市

骨干教师，县园丁。

0677 李向前

性　　别：男
出生年月：1963-06-20
民　　族：汉族
政治面貌：群众
职　　称：副高
学　　历：大学本科
所在单位：张家川县第三高中学
成　　就：1994 年被评为县高考优秀辅导教师，1996 年荣获县级高考历史学科一等奖，1995 年和 1997 年被评为市级优秀班主任，2010 年被聘为天水市普通高中新课程实验历史学科指导组成员，2010 年被聘为县教研室历史学科兼职教研员，2011 年当选为天水市第六届政协委员。
简　　介：1984 年 7 月毕业于天水师专中文系，曾先后在张家川县第二中学、张家川县第一中学从事高中教学，长期担任班主任、年级主任和教研组长；2007 年任张家川县第一中学政教主任；2011 年 11 月任张家川县第一中学副校长；2014 年 12 月任张家川县第三中学校长。

0678 李存锡

性　　别：男
出生年月：1967-01-01
民　　族：回族
政治面貌：中共党员
职　　称：副高
学　　历：大学本科
所在单位：张家川县教育体育局
成　　就：所任初中政治取得县级调研考试第二名，毕业班考试第一名。获得县园丁称号 2 次。
简　　介：1983 年 8 月—1987 年 7 月：在天水第二师范读书；1987 年 8 月—1989 年 7 月：在闫家学区工作；1989 年 8 月—2004 年 3 月在刘堡中学工作，担任初中语文教学工作；2004 年 4 月—2009 年 6 月在渠子中学工作，担任政治教学工作；2009 年 7 月至今在教育体育局工作。

0679 王文玉

性　　别：男
出生年月：1959-11-08
民　　族：回族
政治面貌：群众
职　　称：副高
学　　历：高中
所在单位：张家川县木河乡中心小学
成　　就：2012 年 9 月被评为"省园丁"。
简　　介：1972 年 2 月—1974 年 1 月在木河中学上初中；1974 年 2 月—1976 年 1 月在张川一中上学；1976 年 2 月—1978 年 9 月在原生产队劳动；1978 年 10 月—2007 年 7 月在木河中学任教；2007 年 8 月—现在在木河学区中心小学任教。

0680 张新平

性　　别：男
出生年月：1969-11-06
民　　族：汉族
政治面貌：中共党员
职　　称：副高
学　　历：大学本科
所在单位：张家川县第二高级中学
成　　就：1997 年获"县园丁"称号；2005 年获"县园丁"称号；2009 年获"县园丁"称号；2010 年获"县园丁"称号；2007 年被评为天水市第七批骨干教师。2003 年获首届学英语杯全国中小学英语听读能力竞赛优秀辅导奖，2007 年获全国英语能力竞赛优秀辅导奖国家级三等奖.

简　　介：1985年9月—1989年7月天水二师读中师；1989年8月—2007年7月胡川中学任教；1991年8月—1992年7月西北师范大学进修英语专业；1992年8月—1994年7月酒泉教育学院进修，英语专业专科毕业；2001年8月—2004年7月兰州大学网络教育学院进修，英语专业本科毕业；2006年8月至今张川二中任教。2000年取得教二级任职资格，2004年取得中教一级任职资格，2009年破格取得中教高级任职资格。

0681 梁小红

性　　别：男
出生年月：1959-09-15
民　　族：汉族
政治面貌：中共党员
职　　称：副高
学　　历：大学专科
所在单位：张家川县第二高级中学
成　　就：自1982年工作至现在，三十多年来，能够忠诚于党的教育事业，安心少数民族教育，工作勤恳，任劳任怨，为人师表，为适应现代教学的需要，坚持在职自修，于1991年8于获取高中教师专业合格证。曾先后撰写教学论文数篇（其中两篇属于国家级），两次获取天水市生物优质课二等奖。自1986年9月至2013年5月曾多次获取县级高考一等、二等、三等奖。2005年被评为"县园丁"，2012年被龙山镇人民政府评为"十家人民满意教师"。

简　　介：1982年8月至1984年7月在梁山中学任教；1984年8月至1986年7月在兰大生物系进修学习；1986年8月至现在在张家川县第二高级中学任教。

0682 麻志君

性　　别：男
出生年月：1966-10-24
民　　族：回族
政治面貌：群众
职　　称：副高
学　　历：大学专科
所在单位：恭门镇中学
成　　就：长期从事教育教学，国家、省级刊物发表论文多篇。

0683 马生科

性　　别：男
出生年月：1967-01-09
民　　族：回族
政治面貌：中共党员
职　　称：副高
学　　历：大学本科
所在单位：张家川县龙山镇中学
成　　就：1995年被评为"优秀辅导教师"，受到了县委、县政府的表彰奖励。1995年被评为县级"教学新秀"。2000年被推荐成为天水市首批骨干教师。2006年获得张家川县"两基工作先进个人"奖励；2010年获得天水市"市园丁"称号；2012年获得甘肃省"电化教育先进个人"奖励。

简　　介：1985年7月毕业于天水市第二师范学校；于2005年参加中央电大函授取得本科文凭；1985年8月分配于张家川县胡川中学工作；1989年8月调入龙山镇中学工作至今。

0684 李文忠

性　　别：男
出生年月：1962-08-08
民　　族：回族
政治面貌：群众

职　　称：副高
学　　历：大学专科
所在单位：张家川县第二中学
成　　就：1996年县园丁 2002年天水市骨干教师。
简　　介：1982年至今在张家川县第二中学任教。

0685　李升林
性　　别：男
出生年月：1968-03-23
民　　族：汉族
政治面貌：群众
职　　称：副高
学　　历：大学本科
所在单位：梁山中学
成　　就：1999年、2003年分别获县园丁荣誉，2011年获市骨干教师荣誉。

0686　余万来
性　　别：男
出生年月：1972-01-25
民　　族：汉族
政治面貌：中共党员
职　　称：副高
学　　历：大学本科
所在单位：张家川县第三高级中学
成　　就：1997年获得天水市先进班主任称号。2003年获得县"园丁奖"；2005年获得"甘肃省第五届青年教学能手"荣誉；2012年获得县"园丁奖"。2010年在天水市高中优质课评选中获得一等奖；2008年在"华天电子杯"环境教育课件评选中，获得一等奖；2010年在天水市普通高中新课程实验课堂教学竞赛活动中，获得二等奖。在国家、省地级刊物发表论文多篇。
简　　介：1993年6月毕业于天水师专，1993年8月参加工作；2005年7月在天水师院函授思想政治专业，取得大学本科学历；2002年7月加入中国共产党，中学高级教师。1993年8月至2005年7月，在张家川县龙山镇中学任教；2005年8月至2009年7月，在张家川县五中任教；2009年8月至今，在张家川县第三高级中学任教。

0687　米文贵
性　　别：男
出生年月：1962-10-10
民　　族：回族
政治面貌：中共党员
职　　称：副高
学　　历：大学本科
所在单位：张家川县教育体育局
成　　就：2009获市"园丁奖"，2010年被评为天水市首届十佳校长。
简　　介：1986年7月毕业于陕西师范大学物理系，曾担任县三中校长、县一中校长，现任教体局局长。

0688　汪宝林
性　　别：男
出生年月：1963-06-06
民　　族：汉族
政治面貌：群众
职　　称：副高
学　　历：大学本科
所在单位：张家川县第二高级中学
成　　就：1989年被县政府授予优秀教师称号，1998年获市"园丁奖"，2000年被评为市"骨干教师"，2001年被评为省"青年教学能手"，2002年被评为省级"骨干教师"，2010年被评为县"十佳教师"之一，多次获全国数学联赛优秀辅导教师荣誉。

0689 马长安

性　　别：男
出生年月：1973-10-23
民　　族：回族
政治面貌：中共党员
职　　称：副高
学　　历：大学本科
所在单位：张家川县恭门中心小学
成　　就：近年来，自己独撰的多篇论文在市级以上刊物上发表，尤其论文《浅谈教育初中厌学学生》在省级刊物《吉林教育》杂志上发表。2008年获市级骨干教师；2012年获"市园丁"称号。
简　　介：1993年8月参加工作，本科学历，中学一级教师职称；2005年5月至2010年9月任张家川县龙山学区教育专干；2010年9月至现在任张家川县恭门学区校长；2011年被评为优秀美德校长。

0690 马好学

性　　别：男
出生年月：1962-06-01
民　　族：回族
政治面貌：群众
职　　称：副高
学　　历：大学专科
所在单位：甘肃省天水市张家川县木河中学
成　　就：《如何让中学思想品德教学"活"起来》一文在2012年《教育学文摘》第63期发表。多次承担学校安排的观摩课、公开课。1994年县委县政府授予"优秀园丁"称号；2011年被县委县政府授予"优秀园丁"称号。
简　　介：1979年10月参加工作，教龄35年。1987年7月天水师范毕业，2006年7月获得中央电大计算机应用专业大专文凭。1998年评审为小学高级教师，2011年被评为中学一级教师，在2013年获得中学高级教师任职资格。

0691 马治国

性　　别：男
出生年月：1964-05-11
民　　族：回族
政治面貌：中共党员
职　　称：副高
学　　历：大学本科
所在单位：张家川县第二中学
成　　就：2014年被甘肃省人力资源和社会保障厅、甘肃省体育局评为"全省群众体育先进个人"，2012年被天水市教体局评为"优秀校长"，2011年被评为"甘肃省骨干教师"，2008年被评为"天水市骨干教师"，2003年获《中国教育理论与实践研究》论文奖，2001年被评为"张家川县优秀教师教师"，1995年获天水市"园丁奖"，1994年获天水市"优秀班主任奖"。
简　　介：1988年8月参加工作；1988年8月—1990年8月在县二中工作；1990年8月在县一中工作（期间：先后任县一中政教主任（2000年4月—2007年8月），副校长（2007年8月—2010年9月）；2010年9月至今任县二中校长。

0692 姚玉琴

性　　别：女
出生年月：1968-07-12
民　　族：回族
政治面貌：中共党员
职　　称：副高
学　　历：大学本科
所在单位：龙山镇西街小学
成　　就：领导学校多次获得县级调研考试一等奖。

0693 师宝明

性　　别：男
出生年月：1972-12-03
民　　族：回族
政治面貌：中共党员
职　　称：副高
学　　历：大学本科
所在单位：张家川回族自治县龙山镇中学
成　　就：1997年获得张家川县"园丁"奖；1998年获得"天水市优秀班主任"荣誉称号；1999年获得天水市"园丁"奖；2010年获得张家川县"十佳校长"荣誉称号；2011年获得张家川县"优秀共产党员"荣誉。
简　　介：1993年7月毕业于合作师专；1993年8月分配于张家川县胡川中学工作，一直担任初三政治教学及初三班主任工作；2002年公选为胡川中学校长兼学区负责人；2007年3月竞调聘为龙山镇中学校长。

0694 杨存贵

性　　别：男
出生年月：1966-08-25
民　　族：回族
政治面貌：群众
职　　称：副高
学　　历：大学本科
所在单位：张家川县第二中学
成　　就：1994年被评为"县园丁"；1998年被评为"县园丁"。
简　　介：1989年7月—2001年8月在龙山镇中学任教；2001年8月至今在张家川县第二中学任教。

0695 杨平

性　　别：女
出生年月：1968-06-27
民　　族：回族
政治面貌：群众
职　　称：副高
学　　历：大学本科
所在单位：张家川县张川镇东街小学
成　　就：2006年被天水市教育局授予"天水市骨干教师"荣誉称号；2007年被评为"2006—2007学年度优秀教师"，受到中共张家川县委、县人民政府的表彰奖励；2008年被天水市教育局授予"天水市学科带头人"荣誉称号。《应重视解题习惯》一文发表于《天水日报（教育周刊）》；《农村学生写作能力培养初探》一文发表于陕西师范大学主办的《中学语文教学参考》。
简　　介：1988年7月毕业于天水市第二师范学校，中学高级教师；1988年8月—1993年7月在张家川县梁山中学任教；1993年8月—2001年7月在张家川县上磨学区上磨小学任教；2001年8月—现在在张家川县张川镇学区东街小学任教。

0696 马玉环

性　　别：女
出生年月：1965-07-12
民　　族：回族
政治面貌：中共党员
职　　称：副高
学　　历：大学本科
所在单位：张家川县张川镇东街小学
成　　就：2006年被选为天水市第五次党代表，2008年被评为张家川县优秀教师，2011年被评为甘肃省骨干教师。论文《让学生学"问"》《优化课堂管理，提高教学效率》《困难，我们不怕》分别获省市奖，《培养学生创新能力四步骤》发表在《甘肃教育》2012第5期。

0697 杨富强

性　　别：男
出生年月：1963-02-11
民　　族：汉族
政治面貌：群众
职　　称：副高
学　　历：大学专科
所在单位：张川县新建小学
成　　就：1998年获得天水市"园丁奖"，2006年被评为甘肃省特级教师。2009年破格晋升为中学高级教师。2001年被评为甘肃省中小学省级骨干教师，2003年被评为甘肃省中小学省级学科带头人，2001年被评为甘肃省中小学"青年教学能手"。1999年被评为天水市骨干教师、天水市学科带头人。自2000年以来，一直担任天水市小学高级教师评委。1996年获得中央教科所教学论文二等奖，1998年获得甘肃省小学语文课堂教学观摩比赛三等奖，同时获得省小学语文教学论文二等奖，1996年荣获天水市第四次基础教育科学、科研优秀成果一等奖，2001年被评为甘肃省小学语文研究会先进工作者。2001年被评为天水市骨干教师、学科带头人。撰写的120余篇教学论文在《中国民族教育》、《小学各科教与学》(人大复印资料中心)、《小学语文教学》、《小学教学研究》、《甘肃教育》等省级以上期刊发表；有80余篇论文分别被评为国家级、省级、市级优秀论文。
简　　介：1982年7月毕业于天水市第二师范学校；2005年12月取得兰州大学汉语言专科自考文凭；1982年8月参加教育教学工作。现供职于张家川县新建小学，担任中高年级语文课和班主任工作，所带班级教学成绩一直名列全县前茅。

0698 马宗仁

性　　别：男
出生年月：1964-02-14
民　　族：回族
政治面貌：群众
职　　称：副高
学　　历：大学本科
所在单位：张川县教体局
成　　就：2011年"课程标准解读"远程培训中被评为优秀工作者，2014年被评为天水市教师继续教育先进个人。
简　　介：中学高级教师，1982年8月参加工作。

0699 洪克勤

性　　别：男
出生年月：1962-06-08
民　　族：汉族
政治面貌：群众
职　　称：副高
学　　历：大学专科
所在单位：张家川县龙山镇中学
成　　就：1994年被张家川县委、县政府授予"县级优秀教师"称号。于1997年被天水市委、市政府评为教学新秀，特授予市"园丁奖"。于1998年获天水市第二届初中青年教学教师优秀课评比二等奖。
简　　介：1979年8月至1981年7月在天水渭南师范学校上学；1993年8月至1996年6月在甘肃教育学院学习；1981年8月至2000年7月在张家川县二中任教；2000年8月至今在张家川县龙山镇中学任教。

0700 吴晓芳

性　　别：女
出生年月：1963-08-25
民　　族：回族

政治面貌：群众

职　　称：副高

学　　历：大学专科

所在单位：张家川县新建小学

成　　就：讲授的《飞夺泸定桥》一课，在全市"电化教学优质课"评比中被评为一等奖，在天水市第二届小学语文教师素养大赛中荣获二等奖。论文《新理念新教材新感受》《教案我有话要说》在甘肃省中小学骨干教师培训班中进行交流并出版；《语文"挫折教育"初探》荣获全国小学教学论文一等奖，《浅谈新形势下的班级管理》荣获一等奖，《如何培养学习兴趣》被《甘肃日报》发表。2000年获得了甘肃省"园丁奖"；2001年被评为甘肃省骨干教师；2001年被评为天水市劳动模范；2002年被评为天水市"三八"红旗手；2004年获市级优秀作文辅导奖；2008年在全县学科调研考试中荣获三年级数学学科辅导一等奖。

简　　介：中教高级教师。从事小学教育教学工作30多年，在这30多年的教学生涯中经常坚持教育理论学习，更新观念，积极探索，不断总结，逐渐形成了自己的教学风格。

0701 黄玉堂

性　　别：男

出生年月：1967-08-15

民　　族：回族

政治面貌：中共党员

职　　称：副高

学　　历：大学本科

所在单位：张家川县恭门镇中学

成　　就：多年来，在教学工作中，取得了优异成绩，1988年所带学科取得县级竞赛第二名，1989年所带学科获县级学科竞赛第三名，1989年所带学科在全县统考中获单科总评第一名，1990年被评为"县级优秀教师"。2007年、2008年、2009年连续三年被评为校级优秀班主任。撰论文《提高素质，教好"四会"》《创新—提高乡村语文教学质量的关键》先后被收入《中国当代教育文集》《新中国基础教育优秀论文选集》，分别获得二等奖、一等奖。

简　　介：1987年西北师范大学毕业分配到张家川县第三中学从事教育教学工作，现担任恭门镇中学教导主任。

0702 白俊英

性　　别：男

出生年月：1958-05-20

民　　族：回族

政治面貌：中共党员

职　　称：副高

学　　历：大学本科

所在单位：张家川县张川镇中学

成　　就：2001年被评为市级教学能手，授予"园丁奖"，受市政府表彰；2000年被评为市级教学新秀，授予"园丁奖"，受市政府表彰；1998年被授予县级"优秀教师"荣誉称号。

简　　介：1985年8月—1987年7月在西北师大学习；1985年8月—1993年1月在张家川县第三中学教学；1993年2月至现在，在张川镇中学教学。

0703 何锡源

性　　别：男

出生年月：1954-03-01

民　　族：回族

政治面貌：中共党员

职　　称：副高

学　　历：大学本科

所在单位：张家川县一中

成　　就：1990年获全国中小学作文竞赛"育才奖"。1978年、1985年、1994年、1995年、1997年、1998年先后多次获县级"优秀教师"、"模范党员"称号，2004年获市级"优秀党务工作"称号。

0704 李清源
性　　别：男
出生年月：1959-09-10
民　　族：汉族
政治面貌：群众
职　　称：副高
学　　历：大学专科
所在单位：张家川县第二中学
成　　就：2007年被评为县级优秀教师，2011年荣获"县园丁"称号。
简　　介：1978年至今在张家川县第二中学任教。

0705 杨雨
性　　别：男
出生年月：1973-01-17
民　　族：回族
政治面貌：中共党员
职　　称：副高
学　　历：大学本科
所在单位：张家川县张川镇学区
成　　就：2009年发表省级论文《夜雨寄北与夜雨寄内》。2010年所代八年级地理会考获得全县第一名。2013年获得"国培计划"甘肃省农村中小学骨干教师置换脱产培训研修项目征文比赛一等奖。
简　　介：1995年毕业于合作师专，同年分派到张川县渠子中学工作。2004年取得大学本科文凭。2011年获得中学教师高级职称。

0706 魏玉芳
性　　别：女
出生年月：1972-10-02
民　　族：回族
政治面貌：群众
职　　称：副高
学　　历：大学本科
所在单位：张家川县张川学区
成　　就：2004年撰写的论文《课堂是实施素质教育的主阵地》一文获得全县小学论文三等奖；2008年在全县优质课赛课活动中，所授《雷雨》一课获语文组一等奖；2008年在天水市优质课赛课活动中，获语文组二等奖；2009年被张家川县委县政府评为优秀教师；2011年被评为天水市骨干教师。
简　　介：1994年7月毕业于合作师专政史系政治专业，2006年通过自学考试取得兰州大学汉语言专业本科学历。先后在木河中学、张川学区任教。

0707 马晓军
性　　别：男
出生年月：1979-01-28
民　　族：回族
政治面貌：中共党员
职　　称：副高
学　　历：大学本科
所在单位：张家川县马关中学
成　　就：2013年取得中教高级。2012年被省委省政府评为甘肃省基本普及九年义务教育基本扫除青壮年文盲工作先进个人。2013年10月1日在《甘肃教育》第19期上发表论文《校园报刊创办中存在的问题及对策》。
简　　介：2002年7月毕业于西北师范大学中文系，学士学位；2003年3月参加工作；2010年9月至今担任马关中学校长，从事初中语文教学工作。

0708 王和平
性　　别：男
出生年月：1973-07-23
民　　族：汉族
政治面貌：中共党员
职　　称：副高
学　　历：大学本科
所在单位：张家川县马关学区
成　　就：2000年甘肃教育学院评为"优秀班干部"；2008年被评为"天水市骨干教师"。2012年撰写的教学论文《提高学生素质的有效途径》一文在《吉林教育》发表。2013年取得中教高级职称。
简　　介：1993年8月参加工作，一直在马关学区担任语文教学工作。

0709 铁钦
性　　别：男
出生年月：1967-02-03
民　　族：回族
政治面貌：中共党员
职　　称：副高
学　　历：大学本科
所在单位：张家川县第一中学
成　　就：2004年国家级辅导教师三等奖
简　　介：1987年7月毕业于西北师大，现为一中英语教师、教研组长。

0710 苏建璞
性　　别：男
出生年月：1966-12-06
民　　族：回族
政治面貌：中共党员
职　　称：副高
学　　历：大学本科
所在单位：张家川县阿阳中学
成　　就：1996年获天水市园丁奖，2006年获全省民族团结进步模范个人荣誉称号。
简　　介：现任张家川县阿阳中学校长。

0711 丁志华
性　　别：男
出生年月：1963-07-28
民　　族：回族
政治面貌：中共党员
职　　称：副高
学　　历：大学本科
所在单位：张家川县第一中学
成　　就：曾担任学校后勤主任，现担任副校长。
简　　介：1987年7月毕业于陕西师大，曾担任县教育局办公室主任，现任一中副校长。

0712 马占锋
性　　别：男
出生年月：1966-05-20
民　　族：回族
政治面貌：群众
职　　称：副高
学　　历：大学本科
所在单位：张家川县木河中学
成　　就：1998年在《甘肃教育学院学报》上发表《叶圣陶创作的现实主义特征》；2004年《语文教学中创造性思维的培养》发表于《教育家》；《浅谈差生转化问题》发表于2004年的《数学教学研究》；《初中语文综合性学习探微》发表于2010年的《教育学文摘》；《提高中学生写作能力之我见》发表于2012年的《教育学文摘》。2012年在第一节联盟杯全国论文评选中获一等奖。
简　　介：1987年7月毕业于西北师大中文

系；1987年8月至1989年7月在木河中学任教；1989年8月至1994年7月在张家川县四中任教；1994年8月至2009年7月在渠子中学任教；2009年8月至今在木河中学任教。

0713 毛银祥

性　　别：男
出生年月：1955-04-01
民　　族：汉族
政治面貌：群众
职　　称：副高
学　　历：大学专科
所在单位：张川学区瓦泉小学
成　　就：从教30余年，积累了丰富的教学经验，发表论文数篇。
简　　介：1973年参加工作至今，在张川学区。

0714 陈彦斌

性　　别：男
出生年月：1975-04-02
民　　族：汉族
政治面貌：群众
职　　称：副高
学　　历：大学本科
所在单位：张家川县胡川中学
成　　就：曾获2001年县园丁荣誉，2003、2009年初中教师优质课一、二等奖，2006—2009年全国中学生英语能力竞赛中多次获一、二、三等奖，2010年在《甘肃教育》第一期发表论文一篇。
简　　介：1997年毕业于甘电大天水分校英语专业；1997年8月至今一直在张家川县胡川中学担任英语教学；2002年—2004年在兰州大学函授英语本科。

0715 杨春

性　　别：男
出生年月：1970-09-18
民　　族：回族
政治面貌：中共党员
职　　称：副高
学　　历：大学本科
所在单位：张家川县第三高级中学
成　　就：先后两次被授予"市园丁"称号，两次被授予"县园丁"称号，一次被授予市级"优秀班主任"称号。撰写的论文《班主任是素质教育的主力军》《思想政治教育与心理咨询的关系探讨》等论文在省级刊物上发表。
简　　介：1995年6月毕业于西北师范大学政治系；1995年8月分配到张川县三中工作；2009年调入张家川县第三高级中学工作。

0716 王军平

性　　别：男
出生年月：1967-08-29
民　　族：汉族
政治面貌：中共党员
职　　称：副高
学　　历：大学本科
所在单位：张川县职业教育中心
简　　介：中学高级教师，现在张川县职业教育中心任教。

0717 马建锋

性　　别：男
出生年月：1965-05-17
民　　族：回族
政治面貌：中共党员
职　　称：副高
学　　历：大学专科
所在单位：张家川县张川镇中学

成　　就：1994年、1997年两次获得县级"优秀教师"；1996年、2013年两次在全县初二语文竞赛中获得"优秀辅导教师"；2000年被确定为天水市"学科骨干教师"；2001年在天水市语文观摩课比赛中获市级二等奖；2006、2007年在全县"纪念六·五世界环境日征文比赛"中获得"优秀辅导教师奖"；2008年被评为天水市"十佳班主任"；2010年在全市《我是90后》学生征文比赛中获"优秀辅导教师奖"；2011年被确定为天水市"学科带头人"。

简　　介：1973年8月—1979年7月在张良中学读小学；1979年8月—1982年7月在张良中学读初中；1982年8月—1985年8月在张家川县第一中学读高中；1985年8月—1987年7月在西北师大学习；1987年8月—1993年1月在张家川县第三中学教学；1993年2月—现在在张川镇中学教学。

0718　窦晓晖

性　　别：男

出生年月：1967-02-08

民　　族：汉族

政治面貌：中共党员

职　　称：副高

学　　历：大学本科

所在单位：张家川县马关中学

成　　就：2010年获初中英语高级教师任职资格，发表论文《英语课堂教学方式探析》、《中西文化冲突下当代中学英语教学的思考》并多次获得优秀教师奖和优秀团干部奖。

简　　介：1989年7月毕业于甘肃农业大学畜牧系；1989年9月分配于张家川第二中学任教；1991年9月调于张家川第四中学担任初中英语教学工作，担任学校团委书记、英语教研组长；2004年被聘任为中学一级英语教师，2010年获初中英语高级教师任职资格。

0719　马海青

性　　别：男

出生年月：1968-06-01

民　　族：回族

政治面貌：中共党员

职　　称：副高

学　　历：大学本科

所在单位：张家川县一中

成　　就：1999年被评为"市园丁"；2000年被评为"省园丁"；2005年被评为县级"优秀党员"2009年被评为"全国优秀教师"，2011年县十佳教师。

简　　介：1990年7月毕业于西北师大，现为一中语文教师，语文教研组长。

0720　毛烈娥

性　　别：女

出生年月：1967-01-28

民　　族：回族

政治面貌：群众

职　　称：副高

学　　历：大学本科

所在单位：张家川县张川镇中学

成　　就：2009年9月撰写的《有效发挥导入在地理教学中的作用》论文在甘肃教育发表。2009年撰写的《如何在新课改、新教材的基础上使〈新评价与考试制度〉达标》在2009年甘肃省教育科学研究所举办的甘肃省优秀教育教学论文评比活动中荣获三等奖。

简　　介：1990年7月毕业于陕西师范大学地理专业；1990年8月参加工作；2003年12月被聘为中学一级教师，现任教于张家川县张川镇中学。

0721 马文喜

性　　别：男
出生年月：1969-05-04
民　　族：回族
政治面貌：中共党员
职　　称：副高
学　　历：大学本科
所在单位：甘肃省张家川县第二高级中学
成　　就：多次获得县教体局、县委、县政府的奖励，2001年获得天水市优秀班主任，2014年获得第四届全国少数民族地区中小学英语教学与教师发展研讨会优秀指导教师奖，2014年获得甘肃省新课改先进个人奖。在《吉林教育》《甘肃联合大学学报》《人民教师论坛》《考试》等刊物上发表论文多篇，参与编写了2008年《创新构想》（首都师范大学出版社）高考总复习一书，主编了《解读甘肃高考》（中国书籍出版社）高考总复习一书。
简　　介：中学高级教师。1986年9月—1990年7月就读于西北师范大学政治系；1990年8月—现在，在张家川县第二高级中学从事高中政治课教学（期间，1994年任张家川县第二高级中学政史地教研组组长）；2007年任张家川县第二高级中学教导主任。

0722 马骋

性　　别：男
出生年月：1973-07-03
民　　族：回族
政治面貌：群众
职　　称：副高
学　　历：大学本科
所在单位：张家川县胡川中学
成　　就：2002年被张家川县委县政府评为县园丁；2010年被评为张家川县十佳校长；2011年被市委市政府评为天水市师德先进个人；2012年被天水市市委政府评为天水市优秀教育工作者；2012年在中央社会主义学院参加了甘肃省第十期无党派人士培训学习。2009年起兼任天水市党外知识分子联谊会常务理事，2011年起任政协张家川县第十二届委员会常委。撰写的论文《养习惯、塑形象、强素质——浅谈民族地区学校教育中的德育教育》在2009年的《甘联大学报》上发表，《怎样做好留守儿童的教育工作》在2011年《甘肃科技报》上发表，《在学校管理中如何加强教师队伍建设》在2011年的《甘肃教育督导》上发表，《浅谈加强中小学学校的管理》在2013年的《吉林教育》上发表。
简　　介：1995年7月毕业于合作师专数学教育专业；2008年1月取得天水师院思想政治本科学历；1995年分配到连伍中学任教；1996在张川镇中学任教；2004担任张川镇中学任副校长；2007至今任胡川中学校长；2011年11月取得中学高级教师任职资格。

0723 李耀驹

性　　别：男
出生年月：1963-04-24
民　　族：汉族
政治面貌：群众
职　　称：副高
学　　历：大学本科
所在单位：张家川县第一中学
成　　就：1999年"获市级优质课二等奖；2002年被评为"县园丁"；2004年被评为"市园丁"；2009年获市级辅导教师二等奖。
简　　介：1985年7月毕业于中央电大，现为一中语文教师。

0724 刘小明

性　　别：男
出生年月：1963-08-19
民　　族：汉族
政治面貌：群众
职　　称：副高
学　　历：大学本科
所在单位：张家川县第一中学
成　　就：1993年被评为"县园丁"；1995年被评为天水市"优秀中小学班主任"；2006年被评为"县园丁"。
简　　介：1982年7月毕业于西北师大，现为一中地理教师。

0725 马耀贵

性　　别：男
出生年月：1967-07-05
民　　族：回族
政治面貌：中共党员
职　　称：副高
学　　历：大学本科
所在单位：梁山中学
成　　就：2001年获"市骨干"荣誉，2007年获"县园丁"荣誉。
简　　介：1988年7月毕业于庆阳师专中文系，同年8月分配在张家川县第一中学工作；1994年8月调入梁山中学工作，同年任教导主任，2003年1月任梁山中学副校长至今；2009年被聘为中学高级教师；2011年3月取得西北师范大学政治教育专业，函授本科文凭。

0726 马成

性　　别：男
出生年月：1968-03-25
民　　族：回族
政治面貌：中共党员
职　　称：副高
学　　历：大学本科
所在单位：张家川县连五中学
成　　就：2008年被评为天水市"骨干教师，"2004年被评为甘肃省"骨干教师"，2008年被评为"市园丁"2010年在天水市优质课竞赛中获一等奖。2013年编著乡土教材《中国梦·爱我家乡张家川》一书。
简　　介：1989年8月至1990年7月在川王学区任教；1990年8月至1991年3月在龙山镇中学任教；1994年4月至2000年4月在西小任教；2000年5月在张川中心小学任教；2010年9月调入连五学区；现为连五学区校长，中学高级教师。

0727 马富恒

性　　别：男
出生年月：1965-11-17
民　　族：回族
政治面貌：群众
职　　称：副高
学　　历：大学专科
所在单位：张家川县木河中学
成　　就：1999年获得全县初中竞赛一等奖。2000年获得县级学科竞赛辅导教师三等奖。
简　　介：1988年7月毕业于庆阳师范专科学校，同年8月参加工作；1988年8月至1996年7月在龙山镇中工作；1997年8月至今在木河中学任教；2000年1月被聘为中学一级教师，2009年3月被聘为中学高级教师。

0728 蒲玉凤

性　　别：女
出生年月：1968-09-01
民　　族：回族

政治面貌：群众
职　　称：副高
学　　历：大学本科
所在单位：张家川县一中
成　　就：2004年被评为"县优秀教师"；2002获市级优质课二等奖；2008年"市骨干教师"。
简　　介：1991年7月毕业于西北师大，现为一中历史教师。

0729 李世成

性　　别：男
出生年月：1966-08-24
民　　族：回族
政治面貌：中共党员
职　　称：副高
学　　历：大学本科
所在单位：张家川县大阳中学
成　　就：2008年10在《甘肃教育》发表论文《中学文言文课堂教学新招数》，2010年11月在《教育学文摘》发表论文《关于学校人本管理工作的探索》。2006年被评为县优秀教师；2010年被评为市绿色单位创建活动先进个人；2010年被评为省群众体育先进个人；2012年被评为省"两基"工作先进个人；2013年被评为县"十佳教师"之一。
简　　介：1984年8月至1988年7月，就读于天水第二师范学校；1988年8月至1992年7月，在张棉中学任教；1992年8月至2007年7月，在木河中学任教，期间担任教导主任、副校长等职务；1998年8月至2005年7月在天水师院函授学习，相继取得中文专科、本科学历；2007年8月参加校长岗位公选，竞聘上岗，被分配到大阳中学担任校长职务至今；2009年12月被评为中学高级教师。

0730 马天翼

性　　别：男
出生年月：1970-05-05
民　　族：回族
政治面貌：群众
职　　称：副高
学　　历：大学本科
所在单位：甘肃天水张家川龙山镇四方附中
成　　就：从2008至今教学成绩连续达标，连续四年荣获优秀班主任称号。论文《浅谈英语动词填空题的解题思路》和《利用心理效应进行有效提问》分别在2010年《新作文教育教学研究》第五期和《新疆教育》2013年第七期下半月上发表。
简　　介：1994年毕业于合作师专政史系。2005年于中央广播电视大学中文专业函授毕业。自参加工作以来，一直在龙山镇四方附中担任初中英语、政治课的教学工作、班主任工作以及政史组教研工作。

0731 糟学元

性　　别：男
出生年月：1962-02-13
民　　族：回族
政治面貌：中共党员
职　　称：副高
学　　历：大学本科
所在单位：张家川县张川镇中学
成　　就：1994年获县"园丁"奖；2000年获天水市"园丁"奖；2001年获市"骨干教师"荣誉称号。
简　　介：1977年3月至1979年7月，在县第二中学高中部读书；1979年8月至1981年7月在天水地区渭南师范读书；1997年8月—200.7，在天水师院汉语言专业学习；1981年8月至2005年7月，在川王中学工作；

2005年8月至2008年7月,在县上磨中学工作,担任初中语文教学,任副校长;2008年8月至2009年7月,在县第五中学工作,担任初中语文教学,任副校长;2009年8月至今,在张川镇中学工作,担任初中语文教学,任副校长;2011年11月取得中学高级教师资格。

0732 马建成

性　　别：男

出生年月：1966-12-03

民　　族：回族

政治面貌：群众

职　　称：副高

学　　历：大学本科

所在单位：张家川县张川镇中学

成　　就：1995年被张家川县评为"教学"新秀。1996年被天水市评为优秀班主任,获市"园丁奖"称号。2011年被张家川县评为优秀教师,获县"园丁奖"称号。2008年被张家川县教育体育局评为优秀辅导教师,获二等奖。2011年被张家川县教育体育局评为优秀辅导教师,获一等奖。2014年2月,被张家川县教育体育局评为优秀辅导教师,获一等奖。

简　　介：1974年3月—1979年8月在张川镇赵阳小学小学;1979年9月—1982年8月在张川镇中学上初中;1982年9月—1985年8月在张家川县一中上高中;1985年9月—1989年7月在西北师范大学上大学;1989年8月—2005年8月在张家川县三中教学;2005年9月—2009年8月张家川县五中教学;2009年8月至今在张川镇中学教学。

0733 马羊录

性　　别：男

出生年月：1968-06-29

民　　族：回族

政治面貌：中共党员

职　　称：副高

学　　历：大学本科

所在单位：甘肃省张家川回族自治县张川镇东街小学

成　　就：1995年被县委、县政府授予"优秀班主任"称号;1997年被县委、县政府授予"优秀教师"称号;2006年被市委、市政府授予"天水市园丁"称号;2010年被县委、县政府授予"县十佳校长"称号;2012年省委、省政府授予"两基先进个人"称号;

简　　介：1988年8月—1991年7月在川王中学任教;1991年8月—2007年5月在龙山镇中学任教,2004年5月任龙山镇中学副校长;2007年6月—2010年8月任龙山镇学区中心小学校长兼学区负责人;2010年9月至今任张家川回族自治县张川镇东街小学校长兼学区校长。

0734 张喜平

性　　别：男

出生年月：1973-09-23

民　　族：汉族

政治面貌：中共党员

职　　称：副高

学　　历：大学本科

所在单位：张家川县张棉中学

成　　就：发表了多篇教学论文。被张家川县教育体育局聘为张家川县教研室中学语文学科兼职教研员,2012年被评为中教高级教师。先后获得县园丁奖、市园丁奖,2014年被确定为省级乡镇骨干教师。

简　　介：天水师范学院汉语言文学专业毕业,现任教于张家川县张棉中学,2010年被聘为张家川县教研室中学语文学科兼职教研员。

0735 纪斌

性　　别：男
出生年月：1974-09-08
民　　族：汉族
政治面貌：中共党员
职　　称：副高
学　　历：大学本科
所在单位：张家川县职教中心
成　　就：曾发表文章《改进作业布置方式、提高学生学习兴趣》《洪秀全迷信对太平天国运动的影响初探》《班主任如何抓好问题学生的转化》《教师逐步向研究型教师过渡的三个主要途径》《近代西学的历程及影响》。
简　　介：中学高级教师。

0736 王晓太

性　　别：男
出生年月：1961-05-26
民　　族：汉族
政治面貌：中共党员
职　　称：副高
学　　历：大学专科
所在单位：张家川县教育体育局
成　　就：2002年至2003年获得市级优秀案例和优秀论文奖。2012年获省级优秀共产党员，同年发表省级论文1篇。
简　　介：1981年8月参加工作，现在张家川县教育体育局工作。

0737 李继宗

性　　别：男
出生年月：1968-08-08
民　　族：回族
政治面貌：中共党员
职　　称：副高
学　　历：大学本科
所在单位：张家川县第二中学
成　　就：2001年获天水市"园丁奖"；2004年被评为天水市骨干教师；2006年被评为张家川县优秀教师；2009年被评为张家川县优秀教师；在省、地级刊物发表论文多篇。2007年7月出版专著诗集《场院周围》（甘肃人民美术出版社），散文集《人们的梦》（甘肃人民美术出版社）；2010年诗集《场院周围》获甘肃省第五届少数民族文学奖；2010年散文集《人们的梦》获甘肃省第四届黄河文学奖。
简　　介：1991年8月至今，在张家川县第二中学工作。期间，1999年5月—2007年9月，任校团委书记；2007年10月—2009年8月，任政教主任；2009年9月至今，任副校长。

0738 李玉峰

性　　别：男
出生年月：1969-10-21
民　　族：回族
政治面貌：中共党员
职　　称：副高
学　　历：大学本科
所在单位：张家川县刘堡乡中心小学
成　　就：2008年被评为县"优秀共产党员"；2009年天水市"十佳道德模范标兵"；2003年县"预防非典"先进个人；2013年获得"县园丁"荣誉称号。
简　　介：1985年8月—1989年7月就读于天水第二师范，取得中师学历；1989年8月参加工作，1997年通过函授学习取得大专学历，2005年通过参加成人高考，取得本科学历；曾先后在张家川县龙山镇中学、张川镇中学工作；2007年任张川镇中学副校长兼教导主任，2010年任刘堡乡中心小学校长兼学区负责人。

0739 张新文

性　　别：男
出生年月：1963-04-20
民　　族：汉族
政治面貌：中共党员
职　　称：副高
学　　历：大学专科
所在单位：张家川县教育体育局
成　　就：曾被评为甘肃省青年教学能手、甘肃省骨干教师。
简　　介：中学高级教师。

0740 梁满仓

性　　别：男
出生年月：1961-06-17
民　　族：汉族
政治面貌：中共党员
职　　称：副高
学　　历：大学专科
所在单位：张家川县恭门镇中学
成　　就：1995年被评为县级优秀班主任。2001年被评为市园丁。2002年被评为省级骨干教师。2006年获全国英语能力竞赛辅导一等奖。
简　　介：现在任恭门镇中学任教。

0741 马金珍

性　　别：男
出生年月：1970-10-08
民　　族：回族
政治面貌：群众
职　　称：副高
学　　历：大学本科
所在单位：张家川县龙山镇四方中学
成　　就：2010年撰写的论文《新课改中的人文语文课堂》发表于《吉林教育》；2002、2005、2007、2009年曾四次获得全县语文会考第一名；2003年获得"县园丁"荣誉称号；2011年获得"市园丁"荣誉称号。
简　　介：1994年7月毕业于合作师范专科学校，并于2006年6月获得中央电大汉语言本科学历；1994年8月至2011年2月在张家川县龙山镇中学任初中语文教学（2006年聘为中学一级教师）；2011年3月调入四方中学工作，并担任副校长（2012年5月获得中学高级教师任职资格）。

0742 马国选

性　　别：男
出生年月：1961-07-01
民　　族：回族
政治面貌：群众
职　　称：副高
学　　历：大学专科
所在单位：张家川县一中
成　　就：2013年天水市优秀教练员。
简　　介：1981年7月毕业于天水师院，优秀的体育老师、教练员，带领一中篮球队、县教育系统篮球队征战各类篮球赛成绩突出。

0743 张进存

性　　别：男
出生年月：1964-02-11
民　　族：汉族
政治面貌：中共党员
职　　称：副高
学　　历：大学专科
所在单位：张家川县新建小学
成　　就：1992年被中共张家川县委、县政府评为"优秀教师"。2006年在全国初中数学竞赛中荣获三等奖。2006年被中共张家川县委、县政府评为"优秀教师"。2006年8月论文《坚持以教学为中心》在《天水教育周刊》发表。2013年1月论文《教活书、活教书、书教活》在《甘肃教育》发表。

简　　介：中学高级教师。1982年7月毕业于天水渭南师范学校，先后在大阳中学、川王中学、渠子中学工作，现任新建小学党支部书记。

0744 马建军

性　　别：男
出生年月：1962-09-30
民　　族：回族
政治面貌：中共党员
职　　称：副高
学　　历：大学本科
所在单位：张家川县张川镇中学
成　　就：1985年获张家川县园丁奖。
简　　介：1980年8月—1982年7月在天水市渭南师范学习；1998年8月—2001年7月在天水师范学院学习；1982年8月—2007年7月在张家川县马鹿中学工作；2007年8月—2010年7月在张家川县恭门镇张良中学工作；2010年8月—现在在张川镇中学工作，任党支部书记。

0745 杨录合

性　　别：男
出生年月：1963-07-12
民　　族：汉族
政治面貌：中共党员
职　　称：副高
学　　历：大学专科
所在单位：张川县职业教育中心
简　　介：中学高级教师，现在张川县职业教育中心任教。

0746 李爱霞

性　　别：女
出生年月：1965-11-29
民　　族：汉族
政治面貌：群众
职　　称：副高
学　　历：大学本科
所在单位：张川县职业教育中心
简　　介：中学高级教师，现在张川县职业教育中心任教。

0747 毛志军

性　　别：男
出生年月：1969-06-12
民　　族：回族
政治面貌：中共党员
职　　称：副高
学　　历：大学本科
所在单位：张家川县大阳乡小阳小学
成　　就：在省、地级刊物发表论文多篇。还曾多次受到县委县政府、县教育体育局、大阳学区和学校的表彰奖励。1995年荣获张家川县委、县政府"教学新秀"荣誉称号，2000年荣获张家川县委、县政府"优秀教师"荣誉称号，2006年在全县"两基"工作中成绩显著，被张家川县委、县政府评为"先进个人"，2009年荣获"县园丁"荣誉称号。2011年荣获县"优秀教师"荣誉称号。
简　　介：中学高级教师，张家川县大阳学区总辅导员、学区教研员。

0748 汪宝瑗

性　　别：男
出生年月：1956-08-29
民　　族：汉族
政治面貌：中共党员
职　　称：副高
学　　历：中专
所在单位：张川县教体局

简　　介：中学高级教师，现在张川县教育局工作。

0749　马效成

性　　别：男

出生年月：1967-10-08

民　　族：回族

政治面貌：中共党员

职　　称：副高

学　　历：大学专科

所在单位：张家川县第三高级中学

成　　就：1996年获县级"优秀教师"荣誉；2009年获县级"优秀教师"荣誉；2012年获县级"优秀共产党员"荣誉；2013年获市级"优秀班主任"荣誉；2014年被陕师大聘为兼职副教授。

简　　介：1986年9月—1988年7月在庆阳师专中文系学习；1988年8月—2009年7月在张家川县第三中学工作；2009年8月—2014年12月在张家川县第三高级中学工作。

0750　王克科

性　　别：男

出生年月：1962-08-29

民　　族：汉族

政治面貌：中共党员

职　　称：副高

学　　历：中专

所在单位：张川县职教中心

简　　介：现在张川县职业教育中心任党委副书记。

0751　李蕊荞

性　　别：女

出生年月：1965-01-28

民　　族：汉族

政治面貌：群众

职　　称：副高

学　　历：大学本科

所在单位：张家川县张川镇中学

成　　就：2003年和2008年分别获县级"优质课"一等奖，并于同年度被评为"县园丁"；2004论文《对课改中新教师的理解》于2004年获得县级三等奖；2006年发表论文《听力教学初谈》于《天水教育周刊》；2009年获第二届省级参与式教学优质课展示活动三等奖；2009年被评为天水市中小学市级骨干教师；2010年聘为天水市教师资格认定教育教学能力测试评委；2010年被评为优秀教师，授予天水市"园丁奖"；2011年被评为"甘肃省中小学骨干教师"；2013年被聘为天水市教育学会中小学外语教学专业委员会理事，论文《中学英语课堂教学的思考》荣获本次参赛一等奖；2013年被授予张家川县"全县民族团结进步事业十佳妇女"荣誉称号。

简　　介：1980年8月—1983年7月张家川县大阳中学乡上学并毕业；1983年8月—1987年7月礼县师范上学并毕业；1993年3月—1996年12月甘肃教育学院（在职）学习并毕业，获英语专科学历；1987年8月—2005年8月张家川县龙山镇中学工作；2005年8月—2008年7月张家川县上磨中学工作；2008年8月—2009年7月张家川县五中工作；2009年8月至今在张家川县张川镇中学工作。

0752　铁志亮

性　　别：男

出生年月：1965-04-24

民　　族：回族

政治面貌：中共党员

职　　称：副高

学　　历：大学专科
所在单位：恭门镇中学
成　　就：长期从事教育教学，国家、省级刊物发表论文多篇。

0753　王文安

性　　别：男
出生年月：1970-06-26
民　　族：汉族
政治面貌：中共党员
职　　称：副高
学　　历：大学专科
所在单位：张川县教育局
成　　就：2010年获"县园丁"称号。中学高级教师，现在张川县教育局资金中心工作。

0754　窦景琦

性　　别：男
出生年月：1969-01-01
民　　族：汉族
政治面貌：中共党员
职　　称：副高
学　　历：大学本科
所在单位：张川县恭门镇中学
成　　就：1997年被评为"市园丁"。2006年被评为县两基工作先进个人。2001年获市创建绿色单位先进个人。1997年被评为市园丁，2006年获县两基工作先进个人，2001年被评为创建绿色校园先进个人。
简　　介：中学高级教师，1990年7月毕业于天水师范学院，2004年3月担任张家川县第三中学副校长，2009年8月任恭门镇中学校长至今。

0755　李晓东

性　　别：男
出生年月：1966-07-01
民　　族：回族
政治面貌：中共党员
职　　称：副高
学　　历：大学本科
所在单位：张川县一中
成　　就：2000年荣获"市骨干教师"称号。
简　　介：1987年7月毕业于中央民大，现为一中数学教师、办公室主任。

0756　李国雄

性　　别：男
出生年月：1956-12-08
民　　族：回族
政治面貌：中共党员
职　　称：副高
学　　历：大学专科
所在单位：张川县教育局
简　　介：中学高级教师。

0757　李合林

性　　别：男
出生年月：1965-02-23
民　　族：回族
政治面貌：中共党员
职　　称：副高
学　　历：大学本科
所在单位：甘肃省张家川县马关乡中心小学
成　　就：甘肃省骨干教师、天水市骨干教师、天水市学科带头人、天水市园丁、县园丁。
简　　介：现任马关学区中心小学校长兼学区负责人。1985年8月参加工作。2011年10月破格晋升为中学高级教师任职资格并聘任为中学高级教师，从事小学教学及管理工作。工作认真钻研、不断创新、改进教法，成绩名列前茅。

0758 马刚

性　　别：男
出生年月：1972-07-23
民　　族：回族
政治面貌：中共党员
职　　称：副高
学　　历：大学本科
所在单位：张川县恭门镇中学
成　　就：2007年获县级优秀教师。2010被评为"县园丁"。所带班级历史高考成绩分别三次获得过全县第二名。发表论文有《中小学民族团结教育》。
简　　介：1995年8月被分配到原县四中一直承担高中历史学科教学任务和班主任工作；2004年被调往四方中学，七年里一直承担初中历史教学；2006年被评聘为中学一级教师，2011年被调往恭门镇中学，至今一直担任初中历史教学；2012年被评聘为中学高级教师。

0759 韦国库

性　　别：男
出生年月：1970-10-25
民　　族：汉族
政治面貌：中共党员
职　　称：副高
学　　历：大学本科
所在单位：张川县龙山镇四方附中
成　　就：1999年获天水市优秀班主任，2002年被评为"县园丁"，2004年获甘肃省"优秀少队辅导员"称号，2007年县环保作文优秀指导教师，2014年县第二届汉字听写大赛优秀指导教师奖。撰写论文市级1篇，省级1篇，国家级1篇。
简　　介：1991年8月至1993年7月在四方学区马河小学任教，1993年8月至今在四方中学任教。工作以来，一直坚持在教育教学一线，担任语文教学工作、班主任工作、学区、校团队工作及学校语文教研工作至今。

0760 杨春莲

性　　别：女
出生年月：1970-08-08
民　　族：回族
政治面貌：群众
职　　称：副高
学　　历：大学本科
所在单位：张家川县龙山镇中心小学
成　　就：2011年在吉林教育发表论文《浅谈初中语文课堂提问的艺术》；2001年获得县学科竞赛二等奖；2012年获得县辅导教师三等奖。
简　　介：1993年8月参加工作以来一直在龙山学区工作。

0761 马志俊

性　　别：男
出生年月：1964-01-24
民　　族：回族
政治面貌：中共党员
职　　称：副高
学　　历：大学专科
所在单位：张家川县教育局
简　　介：现在张家川县教育局工作。

0762 马宝太

性　　别：男
出生年月：1972-02-02
民　　族：回族
政治面貌：中共党员
职　　称：副高
学　　历：大学专科
所在单位：张家川县梁山学区

成　　就：曾被评为县园丁两次、县级优秀辅导教师三次，被评为学区骨干教师及学科带头人，先后发表省级以上论文4篇。

简　　介：1992年8月—现在在梁山学区工作。

0763 苏昕臻

性　　别：男

出生年月：1972-10-25

民　　族：回族

政治面貌：中共党员

职　　称：副高

学　　历：大学本科

所在单位：张家川县胡川中学

成　　就：2007年4月在《甘肃联合大学学报》上发表论文《浅谈新课程中语文教学的预习方法及效果》，2007年被评为张家川县"县园丁"。2010年学校推荐参加天水市教委组织的全市优质课评选中，获得二等奖。2011年被评为天水市"市骨干教师"，2011年11月在《甘肃教育督导》上发表《培养中学生阅读兴趣之我见》；2012年被学校推荐为天水市"市学科带头人"。

简　　介：1999年7月毕业于甘肃省高等民族师范学校；1999年8月被分派到张家川县胡川乡中学工作；2002年11月参加中央电大远程开放教育汉语言文学本科学习，2005年5月毕业；2003年6月获得中学二级教师职称，2008年12月获得中学一级教师职称。

0764 陈长虹

性　　别：男

出生年月：1966-01-15

民　　族：汉族

政治面貌：群众

职　　称：副高

学　　历：大学专科

所在单位：张家川县龙山镇中学

成　　就：1996年被张家川县委、县政府评为优秀教师。2008—2009学年度、2010—2011学年度、2011—2012学年度被评为龙山镇中学优秀班主任。2010年被张家川县委、县政府评为评为首届十佳教师之一。

简　　介：中学高级教师，现在张家川县龙山镇中小学担任初中语文教学工作，教龄30年。1984年8月至1990年8月在张家川县连五中学任教；1990年9月至今在龙山镇中学任教。

0765 杨建勋

性　　别：男

出生年月：1969-02-01

民　　族：回族

政治面貌：中共党员

职　　称：副高

学　　历：大学专科

所在单位：张家川县马鹿中学

成　　就：2002年获张家川县"县园丁"称号；2010年获天水市中小学"市园丁"称号；2006年在省刊《甘肃日报》发表论文一篇，2012年在省刊《吉林教育》发表论文一篇。

简　　介：于1992年8月参加工作至今，一直在马鹿中学任教并担任初中语文教师、班主任、学校语文教研组长、学校教导主任、副校长等多项工作。

0766 马小东

性　　别：男

出生年月：1974-10-23

民　　族：回族

政治面貌：中共党员

职　　称：副高

学　　历：大学本科

所在单位：张家川县川王中学

成　　就：多次被评为"教学能手"、"优

秀班主任"、"德育标兵",2008 年被评为中学一级教师;2009 年获"县园丁"荣誉;2010 年 9 月获县级"十佳校长";2013 年被评为中学高级教师。2010 年撰写的论文《探析陶渊明〈饮酒〉(其五)的思想)》在陕西师范大学主办的《初中语文教学参考》2010 年第 7 期上发表,2012 年撰写的论文《从学校管理理念激发教师潜能谈》在《文理导航》2012 年第八期上发表并获二等奖。

简　　介:1994 年 8 月至 1996 年 7 月分配在川王中学任教。1996 年 8 月至 2004 年元月,在张家川县新建小学任教。2004 年 1 月至 2007 年 3 月,在张家川县张川学区担任副校长。2007 年 3 月至今,在张家川县川王中学工作,并担任川王中学校长。

0767　李学文

性　　别:男

出生年月:1964-11-26

民　　族:汉族

政治面貌:群众

职　　称:副高

学　　历:大学本科

所在单位:张家川县第一中学

成　　就:1994、1996 获县级"优秀教师"荣誉;2002 年被评为市级"骨干教师";2004 年被评为省级"骨干教师"。

简　　介:1989 年 7 月毕业于西北师大,现为一中政治教师。

0768　糟永革

性　　别:男

出生年月:1966-04-01

民　　族:回族

政治面貌:群众

职　　称:副高

学　　历:大学本科

所在单位:张家川县一中

成　　就:1996 年被评为县级"优秀教师",2006 年被评为县级"优秀教师"。

简　　介:1990 年 7 月毕业于西北师大,现为一中语文教师。

0769　马福海

性　　别:男

出生年月:1976-03-17

民　　族:回族

政治面貌:中共党员

职　　称:副高

学　　历:大学本科

所在单位:张川县教育局

简　　介:中学高级教师。现在张川县教育局工作。

0770　田珍平

性　　别:男

出生年月:1972-01-04

民　　族:汉族

政治面貌:群众

职　　称:副高

学　　历:大学本科

所在单位:张家川县新建小学

成　　就:1994 年、2001 年、2009 年三次获得县园丁称号,2000 年被评为天水市骨干教师,2008 年被评为天水市学科带头人,2009 年被评为甘肃省骨干教师,2014 年被确定为甘肃省"金钥匙"导师团导师成员。教学工作中,能够勤于钻研,善于总结,在各级各类报纸杂志发表文章 20 多篇。其中主持的市级课题《小学学生习作起步阶段教师指导策略研究》于 2013 年通过鉴定,顺利结题。

简　　介:1992 年 7 月毕业于天水第二师范,同年 8 月被分配到张家川县张棉中学工作;

1995年8月至2012年1月在张棉学区田湾小学任教；2012年2月调张家川县新建小学工作。其间，参加汉语言文学专业自学考试，于1995年6月取得大专学历证书，2003年12月取得本科学历证书。

0771 马骏先

性　　别：男

出生年月：1968-01-23

民　　族：回族

政治面貌：群众

职　　称：副高

学　　历：大学专科

所在单位：张川县恭门镇毛山小学

成　　就：《千古一人话庄公》于2003年在中国出版社的《中华教师文存》上发表。《小圈子，大舞台》于2012年在陕西师范大学主编的期刊《中学语文教学参考》发表。

简　　介：中学高级教师。现在张家川香教育体育局工作。

0772 韩兆瑞

性　　别：男

出生年月：1963-04-12

民　　族：汉族

政治面貌：群众

职　　称：副高

学　　历：大学专科

所在单位：张家川县连五中学

成　　就：近年来，主要探索高效课堂教学法。在省级刊物上发表了论文《有效激发学生兴趣》在全国继教网上发表了多篇探讨历史教学法的文章。

简　　介：1981年毕业于天水地区渭南师范学校；毕业后分派到连五中学任教到现在。其间，1993年到1995年在甘肃广播电视大学脱产学习，获得大专学历证书。

0773 马国琪

性　　别：男

出生年月：1965-10-25

民　　族：回族

政治面貌：中共党员

职　　称：副高

学　　历：大学本科

所在单位：张家川县第一中学

成　　就：2001年被评为甘肃省中小学"青年教学能手"；2003年被评为市级骨干教师；2003年被评为县民族团结先进个人；2009年获国家级辅导教师二等奖；2009年获市级辅导教师一等奖；2009年被评为县园丁。

简　　介：1987年7月毕业于西北师大，现任一中英语教师，教务主任。

0774 吴晓梅

性　　别：女

出生年月：1969-12-01

民　　族：回族

政治面貌：群众

职　　称：副高

学　　历：大学本科

所在单位：张家川县一中

成　　就：2003年被评为省级先进个人；2003年被评为县庆优秀个人；2008年获省级优质课一等奖。

简　　介：1989年7月毕业于天水师院，现为一中音乐教师。

0775 李全国

性　　别：男

出生年月：1962-06-04

民　　族：汉族

政治面貌：群众
职　　称：副高
学　　历：大学专科
所在单位：张家川县龙山镇四方中学
简　　介：1983年7月毕业于天水师范学校，1983年8月参加工作。2004年4月聘为中学高级教师。

0776 赵成恩
性　　别：男
出生年月：1965-04-10
民　　族：汉族
政治面貌：群众
职　　称：副高
学　　历：大学专科
所在单位：张家川县马关中学
成　　就：2000年被评为县优秀教师，2005年被评为市骨干教师，2012年被评为市级优秀教师。2000年和2012年被学校评为优秀教研组长。2004年论文《积小流以成江海》在全市论文评比中获一等奖，同年评为县优质课教师。2010年发表省级论文《甘肃古代文学与甘肃旅游文化浅谈》，2011年又发表省级论文《诵读：语文教学中流动的文脉》在《吉林教育》上。
简　　介：1985年毕业于天水渭南师范，1996年获大专文凭，中学高级教师。从事初中语文教学并担任语文教研组组长、班主任工作近20年。

0777 海万荣
性　　别：男
出生年月：1967-03-15
民　　族：回族
政治面貌：群众
职　　称：副高
学　　历：大学本科
所在单位：张家川县第二高级中学
成　　就：1990年8月至今在张家川县第二高级中学任教，并担任班主任至今，受到学校的多次表彰。1997年获"县园丁"荣誉。2011年获"县园丁"荣誉。并在《考试周刊》《考试》《甘肃日报》上多次发表文章，潜心于民族县的教育事业。
简　　介：1983年8月—1986年7月在张家川县第二高级中学读高中；1986年9月—1990年7月在西北师范大学读书；1990年8月至今在张家川县第二高级中学任教。

0778 张万宝
性　　别：男
出生年月：1958-03-15
民　　族：回族
政治面貌：中共党员
职　　称：副高
学　　历：大学专科
所在单位：张川县教育局
成　　就：1999年获得"市园丁"荣誉，2010年获得"是民族团结模范个人荣誉称号"
简　　介：1976年3月参加工作，1991年7月加入中国共产党，2013年获中学高级教师职称。现在张家川县教育局督导室工作。

0779 杨德存
性　　别：男
出生年月：1962-04-17
民　　族：汉族
政治面貌：中共党员
职　　称：副高
学　　历：大学专科
所在单位：张家川教育体育局
成　　就：获得"全国优秀教研员"称号。
简　　介：中学高级教师。

0780 王跃进

性　　别：男

出生年月：1958-08-15

民　　族：汉族

政治面貌：中共党员

职　　称：副高

学　　历：中专

所在单位：张家川县张川镇西关小学

成　　就：2008年荣获张家川县园丁奖；1999年荣获天水市园丁奖；2000年荣获甘肃省园丁奖；2005年被甘肃省委省政府聘为省特级教师。

简　　介：1976年3月—1978年7月任民办教师；1978年8月—1980年7月在礼县师范上学；1976年3月—1978年7月在张良乡任民办教师；1980年8月—1982年7月在大阳中学任教；1982年8月—1990年7月在新建小学任教；1990年8月到现在在张川镇西关小学任教。

0781 马建国

性　　别：男

出生年月：1966-07-15

民　　族：回族

政治面貌：群众

职　　称：副高

学　　历：大学专科

所在单位：张家川县第二中学

成　　就：2008年11月在考试周刊上发表《高一阶段对学生语文学习习惯的培养方法》，2010年在《甘肃日报》上发表《也谈初中语文教学》，2008年获县优"秀教师"称号，2011年12月获县"十佳教师"称号。

简　　介：1985年—1987年在西北师大中文系学习；1987年—2009年在张家川县四中任教；2009年至今在张家川县第二中学任教。

0782 韩军吉

性　　别：男

出生年月：1963-06-01

民　　族：汉族

政治面貌：群众

职　　称：副高

学　　历：大学本科

所在单位：张家川县一中

成　　就：2008年被评为"市十佳教学能手"；2009年被评为"与祖国同行·理想与光荣·天水市60佳60位荣誉教师"；2012年被评为省师德模范。

简　　介：1982年毕业于天津教育学院，优秀的语文教师、文学创作者，为一中校刊《蓓蕾》的主编。

0783 杨金萍

性　　别：女

出生年月：1967-11-01

民　　族：回族

政治面貌：群众

职　　称：副高

学　　历：大学本科

所在单位：张家川县一中

简　　介：1987年7月毕业于甘肃教育学院，现为一中语文教师。

0784 铁友华

性　　别：男

出生年月：1968-03-01

民　　族：回族

政治面貌：群众

职　　称：副高

学　　历：大学本科

所在单位：张家川县一中

简　　介：1991年7月毕业于西北师大，现为一中地理教师。

0785 杨鸿武

性　　别：男

出生年月：1962-12-29

民　　族：回族

政治面貌：中共党员

职　　称：副高

学　　历：大学本科

所在单位：张家川县职业教育中心

成　　就：2010年，在"创先争优"活动中荣获"优秀党员"称号；教研教改成效显著，近年已有4篇教育教学论文在省级刊物发表：《职业高中学科教学应体现职业性》在《甘肃教育》2011年9月（B）刊登；《教会阅读 培养学习型人才》在《吉林教育》2011年第二期刊登；《抓住教学环节 培养创新人才》在陕西师范大学主办的《中学政治教学参考》2010年第9期刊登；《物理实验教学"五忌"》在《甘肃教育》2010年1月刊登。2011年，获得"县园丁"、"县十佳教师"等称号，受到县委县政府表彰奖励。

简　　介：中学高级教师，现在张家川县职教中心任副主任。

0786 张新江

性　　别：男

出生年月：1962-08-29

民　　族：汉族

政治面貌：中共党员

职　　称：副高

学　　历：大学专科

所在单位：张川县职业教育中心

简　　介：中学高级教师，现在张川县教育局任副主任。

0787 李小荣

性　　别：男

出生年月：1965-11-01

民　　族：汉族

政治面貌：中共党员

职　　称：副高

学　　历：大学本科

所在单位：张川县一中

简　　介：1988年7月毕业于西北师大，现为一中政治教师、团委书记。

0788 马杰

性　　别：男

出生年月：1972-04-23

民　　族：回族

政治面貌：群众

职　　称：副高

学　　历：大学本科

所在单位：张家川县川王中学

成　　就：2004年荣获县"园丁奖"，2004年至2006年连续三年被评为"学区优秀教师"和"优秀班主任"。2010、2011年九年级语文在毕业会考中取得了优异成绩，同时被学校评为"优秀班主任"。2010年至2011年学度所担任毕业班语文的优秀率和合格率都居全县会考前列；第二学期被评为"优秀教师"。多篇论文在省、地级刊物发表。2011年3月，被任命为川王中学教导主任。

简　　介：1993年8月分配在川王中学任教至今。1993年8月至2006年7月一直担任初中语文教学及班主任工作；2006年8月到现在，任初中各班语文教学工作及九年级毕业班班主任工作。

0789 马志千

性　　别：男

出生年月：1965-03-10

民　　族：回族

政治面貌：中共党员

职　　称：副高

学　　历：大学本科
所在单位：张家川县教育体育局
简　　介：中学高级教师。1986年参加工作，在张家川县一中任教；2006年10月担任张家川县第四中学校长；2010年9月任张家川县教育体育局教研室主任；2012年7月起任张家川县教育体育局纪检书记。

0790　马友不

性　　别：男
出生年月：1964-10-15
民　　族：回族
政治面貌：群众
职　　称：副高
学　　历：大学本科
所在单位：张家川县第二中学
成　　就：2006年在《甘肃农业》发表《狼图腾与中国文学中的狼意象》。2005年在中国教育教学丛书中发表论文《背诵是语文学习的主要方法》。
简　　介：1987年7月毕业于西北师大中文系汉语言文学专业；1987年8月—1994年8月在县二中任教；1994年8月—2009年8月在县四中任教；2009年8月至今在县二中任教。

0791　侯新喜

性　　别：男
出生年月：1964-07-12
民　　族：汉族
政治面貌：中共党员
职　　称：副高
学　　历：大学本科
所在单位：张家川县木河中学
成　　就：1999年获"县园丁"称号；2006年获全县"两基先进个人"称号；2010年获"十佳校长"称号；2010年获乡"优秀共产党员"称号；2005年论文《中学生思想政治教育浅谈》获省级优秀论文评选三等奖；2006年论文《山区复式教学调查与探究》获市级小学论文评审一等奖；在相关省、地级刊物发表论文多篇。
简　　介：1980年8月—1982年7月渭南师范读书并毕业；1982年8月—2000年4月龙山镇中学工作；1988年8月—1991年7月参加西北师范大学函授学习，获专科学历；2000年5月—2000年8月在梁山中学工作，担任校长职务；2003年3月—2005年7月在职参加中央电学习,获本科学历；2007年9月—现在在木河中学工作，担任校长职务。

0792　南润科

性　　别：男
出生年月：1963-01-26
民　　族：汉族
政治面貌：群众
职　　称：副高
学　　历：大学本科
所在单位：张家川县教体局
简　　介：中学高级教师，现在张家川县教体局教研室工作。

0793　马勤思

性　　别：男
出生年月：1966-11-01
民　　族：回族
政治面貌：中共党员
职　　称：副高
学　　历：大学本科
所在单位：张家川县一中
成　　就：2006年被评为"县园丁"；2010年被评为"县园丁"。
简　　介：1988年7月毕业于兰州大学，现为一中语文教师。

0794 马继红
性　　别：男
出生年月：1962-09-09
民　　族：回族
政治面貌：群众
职　　称：副高
学　　历：大学本科
所在单位：张家川县第一中学
成　　就：1993年获全国语文教师论文大奖赛二等奖；2008年获"县园丁"；2010年县十佳教师；2011年评为天水市"劳模"；2013年评为"县园丁"。
简　　介：1981年7月毕业于中央电大，现为一中语文教师。

0795 李志斌
性　　别：男
出生年月：1962-12-01
民　　族：回族
政治面貌：群众
职　　称：副高
学　　历：大学本科
所在单位：张家川县一中
成　　就：2002年市级骨干教师；2004年省骨干教师；2003年省园丁。
简　　介：1983年7月毕业于陕西师范大学，优秀的地理教师，现担任一中后勤主任。

0796 张新兵
性　　别：男
出生年月：1964-05-07
民　　族：汉族
政治面貌：群众
职　　称：副高
学　　历：大学本科
所在单位：张川职教中心
简　　介：中学高级教师，现在张川县职业教育中心任教。

0797 马文波
性　　别：男
出生年月：1966-03-07
民　　族：回族
政治面貌：群众
职　　称：副高
学　　历：大学本科
所在单位：张家川县龙山镇中学
成　　就：2001年12月在县初二年级语文竞赛中，荣获辅导教师一等奖。2003年在全县教师优质课评选中荣获一等奖。于2003年全县教师优质课评选中获一等奖。2008年获"县园丁"称号。
简　　介：1989年7月毕业于陕西师范大学中文系，1989年8月分配至张家川二中工作；2000年8月至今在龙山镇中学任教。

0798 马志毅
性　　别：男
出生年月：1967-01-23
民　　族：回族
政治面貌：中共党员
职　　称：副高
学　　历：大学专科
所在单位：张家川县川王中学
成　　就：2000年被评为县级优秀教师。2008年5月发表论文《让语文课堂"活"起来》。2009年3月被聘为中学高级教师。
简　　介：1986年9月—1988年6月考入庆阳师专中文系读书；1988年9月毕业分配到张家川县第二中学从事语文教学工作；1990年9月调到川王中学从事语文教学工作。

0799　马俊良

性　　别：男
出生年月：1968-09-08
民　　族：回族
政治面貌：中共党员
职　　称：副高
学　　历：大学本科
所在单位：张家川县大阳乡中心小学
成　　就：1998年获"县园丁"荣誉称号。
简　　介：1987年7月毕业于天水第二师范学校，先后于1993年6月参加省卫电高师培训获得汉语言专科学历，2008年参加天水师范函授获得汉语言本科学历，1987年8月至2004年2月在张家川县四方中学任初中语文学科教学，（期间：2002年聘为中学一级教师）2004年3月至2007年2月在张家川县马关学区工作，2007年3月至2010年8月在张家川县梁山学区任学区校长，2010年8月至今在大阳学区工作并任学区校长（期间，2012年5月获得中学高级教师任职资格）。

0800　王广智

性　　别：男
出生年月：1968-08-28
民　　族：汉族
政治面貌：中共党员
职　　称：副高
学　　历：大学本科
所在单位：张家川县马关学区
成　　就：甘肃省中小学骨干教师（2010）；天水市中小学学科带头人（2008）；天水市中小学骨干教师（2001）；张家川县"优秀教师"（1992年、1993年、1997年）；马关乡"优秀教师"（2001）。优质课《声音的产生》，在天水市"电化实验教学优质课"评比中获奖（2000年12月）；论文《谈学困生教育的误区》，在《天水日报教育周刊》上发表（2004年2月）；论文《语文教师要敢于"下水"作文》，在省级刊物《吉林教育》上发表，（2010年2月）；论文《新课程背景下怎样上好语文课》，在天水市初中、小学及幼儿园优秀论文评选中荣获一等奖（2010年12月）；论文《浅论鲁智深之"花"》，2011年13月在省级刊物《现代语文》上发表；论文《提升语文教学效能的策略》，2014年14月在国家级刊物《语文教学与研究》上发表。
简　　介：1989年8月参加工作，1994年7月加入中国共产党。天水市第二师范学校毕业，自考本科学历，中学高级教师。

0801　马维忠

性　　别：男
出生年月：1965-07-27
民　　族：回族
政治面貌：中共党员
职　　称：副高
学　　历：大学本科
所在单位：张家川县第一中学
成　　就：1995年获县级高考语文单科优胜教师奖，1997年获县级语文学科高考单科二等奖，2002年被评为县级"优秀共产党员"。
简　　介：1987年7月毕业于西北师大中文系，曾担任四中副校长，现任一中副校长。

0802　秦慧萍

性　　别：女
出生年月：1965-08-04
民　　族：汉族
政治面貌：群众
职　　称：副高
学　　历：大学专科
所在单位：张川县职业教育中心

简　　介：中学高级教师。现在张川县职业教育中心任教。

0803　党晓庆

性　　别：男
出生年月：1967-08-22
民　　族：汉族
政治面貌：中共党员
职　　称：副高
学　　历：大学本科
所在单位：中共武威市委党校
成　　就：1996年荣获1996年度"中华扫盲奖"，受到原国家教育委员会的表彰；1999年7月，论文《从日记做起 唯浮言务去》在首届"语通杯"全国语文教研成果大赛中获二等奖；2012年主持完成甘肃省社科规划项目（2010年度）课题《推进学习型党组织建设问题研究》；2012年主持完成2011—2012年度全省党校系统调研课题《红西路军在武威》；2012年论文《武威市凉州区实施城乡一体化的战略思考》获甘肃省党校系统第八届（2010—2011年度）优秀科研成果二等奖；2012年论文《建设"三型政党"的几点认识》获甘肃省科学社会主义学会年会暨十八大精神理论研讨会二等奖；有10多篇论文在省级刊物发表。

0804　陈开雄

性　　别：男
出生年月：1962-08-05
民　　族：汉族
政治面貌：中共党员
职　　称：副高
学　　历：大学本科
所在单位：中共武威市委党校
成　　就：近年来，主要从事区域经济和经济管理学的教学与研究工作。先后与甘肃省委党校合作完成了1项甘肃省科技厅软科学计划项目和1项甘肃省社科规划项目，主持完成了2项全省党校系统调研课题。在《教学与研究》《现代商业》《财经界》《管理观察》《学习时报》《甘肃理论学刊》《甘肃农业》《党校教育研究》等学术期刊发表论文数十篇，有多篇论文获奖。先后被武威市委党校授予"优秀共产党员"、"优秀教师"、"优秀班主任"称号及"科研先进奖"。

0805　杨发青

性　　别：男
出生年月：1956-02-28
民　　族：汉族
政治面貌：中共党员
职　　称：副高
学　　历：大学本科
所在单位：中共武威市委党校
成　　就：38年来，一直从事教学科研工作。在做好本职工作的同时，先后被西安体育学院武威教学点、甘肃经济管理干部学院武威教学点、武威市凉州区农业广播学校、武威市卫生学校、兰州大学医学院成人教育学院等学校聘为政治理论课教师。2000年被授予甘肃省党校系统优秀教师。近年来公开发表论文40多篇；著作有《高举伟大旗帜，推进宏伟事业》（合著），《建设现代农村的伟大纲领》（担任副主编）。

0806　蔡生菊

性　　别：女
出生年月：1976-08-04
民　　族：藏族
政治面貌：中共党员
职　　称：副高
学　　历：硕士研究生
所在单位：中共武威市委党校

成　　就：近年来，承担各类主体班专题讲授任务，省级以上期刊上发表专业论文10多篇，获成果奖6项。

简　　介：毕业于西北师范大学，1999年12月参加工作，2006年12月加入中国共产党。期间（2007—2008年）在兰州大学哲学社会学院攻读硕士研究生，先后取得区域经济学硕士学位和社会学硕士学位。现为中共武威市委党校副教授。

0807 裴国辉

性　　别：男

出生年月：1972-01-12

民　　族：汉族

政治面貌：中共党员

职　　称：副高

学　　历：大学本科

所在单位：中共武威市委党校

成　　就：主要从事经济管理类教学科研工作，先后完成甘肃省委党校系统课题3项，在《甘肃农业》《甘肃省委党校教育》《武威日报》和《天马论坛》发表论文20余篇，先后获得"武威市委党校优秀教师"、"武威市委党校优秀班主任"和"甘肃省党校系统优秀教师"等荣誉称号。

简　　介：现为中共武威市委党校农村基层干部专修学校副校长、副教授。

0808 王万俊

性　　别：男

出生年月：1958-08-15

民　　族：藏族

政治面貌：中共党员

职　　称：副高

学　　历：大学本科

所在单位：中共武威市委党校

成　　就：主要从事国学、文化学、民族宗教学的教学与研究，在"儒家学说"与"人文关怀"、"人本管理"等领域钻研较深。发表科研论文40多篇，文学作品20多篇。代表作有：《科学与艺术的完美结合——解析〈红楼梦〉医学描写的艺术性》（《西北师大学报》）、《论元曲在思想性上对传统诗歌的超越》（《西北民大学报》）、《执卷留恋，若难遽别》（《甘肃理论学刊》）、《对武威市生态建设体制创新的思考》（《理论前沿》杂志社《中国世纪情》下卷）。近年来潜心钻研的《儒学的人文精神与领导干部人文素养的提高》《当代世界民族宗教与我党的民族理论及政策》《人本管理的核心理念与服务型政府建设的路径选择》《中华传统文化与中华民族精神》《加强文化研究，提高综合国力》等课题在各主体班讲授后，社会反响较好。还承担西北师大中文本科古典文学的教学任务和社会各行业邀约授课任务。曾连续三年职称考核获优秀等次。2009年和2011年、2012年荣获市委党校"优秀教师"称号。

0809 张伟

性　　别：女

出生年月：1973-05-09

民　　族：汉族

政治面貌：中共党员

职　　称：副高

学　　历：大学本科

所在单位：武威市委党校

成　　就：从事法律教学，在《天马论坛》、《甘肃农业》等杂志发表《西部非公有制经济发展与法制环境的改善》《西部地区村民自治发展滞后的原因及对策》《武威市农村土地流转问题调查》等论文20余篇。

0810 薛建平

性　　别：女
出生年月：1961—04
民　　族：汉族
政治面貌：中共党员
职　　称：副高
学　　历：大学本科
所在单位：中共武威市委党校
成　　就：在成人教育学历大专、本科班讲授过市场经济概论、公共经济学等课，在主体班独立讲授"农村公共产品问题分析""宏观经济政策分析""区域经济与财政政策"等专题。在地级刊物上发表过5篇论文。获得过"优秀班主任""优秀共产党员""先进工作者"等称号。
简　　介：1986年—现在在武威市委党校工作。1989年9月—1991年12月取得中央党校函授本科学历；2003年9月—2006年12月取得甘肃省委党校国民经济管理研究生学历。

0811 刘忠宝

性　　别：男
出生年月：1961-10-12
民　　族：汉族
政治面貌：中共党员
职　　称：副高
学　　历：大学本科
所在单位：中共武威市委党校
成　　就：主要从事领导学教学和研究工作。近三年在党校主体班重点讲授了《领导科学与领导艺术》《领导授权与用权艺术》《领导决策与领导创新》《怎样做一名副职领导干部》等专题。在有关刊物上发表了《领导干部要提高辩证思维能力》《力戒"衙门作风 提升机关效能》《协商民主制度是推进政治体制改革的大胆探索》等理论文章。
简　　介：1979年8月—1981年6月在武威师范学习；1981年8月—1987年2月凉州区大河中学任教；1987年3月—2009年9月中共凉州区委党校教师、校委委员；（期间：1989年8月—1992年6月中央党校函授学院本科班上学）；2009年10月至今中共武威市委党校教研室主任。

0812 张荣

性　　别：女
出生年月：1972-12-15
民　　族：汉族
政治面貌：中共党员
职　　称：副高
学　　历：大学本科
所在单位：中共武威市委党校
成　　就：主持并完成省部级课题一项，国家级及省级刊物发表论文10篇。
简　　介：1993年9月至1997年7月在甘肃农业大学经济贸易系学习；1998年9月至2000年7月在甘肃省委党校脱产研究生班学习；1997年9月至今在武威市委党校工作。

0813 马迁

性　　别：男
出生年月：1960-03-29
民　　族：汉族
政治面貌：中共党员
职　　称：副高
学　　历：大学本科
所在单位：中共武威市委党校
成　　就：在省级刊物发表论文多篇。代表作有：《依法治国必须加强社会主义思想道德建设》发表于《西北师大学报》2001年5月。《加强廉政建设，树立全心全意为人民服务的思想》发表于《甘肃农业》2003年7月。《实现司法公正，必须深化司法改革》发表于《甘肃农业》2003年8月。《领导干部必须牢固树立正确的权力观》发表于《甘肃农业》2005年8月。

简　　介：1980—1982在武威师范学习；1982年7月—1986年7月凉州区永昌镇中学；1986年8月至今武威市委党校。

0814 文华

性　　别：女

出生年月：1966-10-02

民　　族：汉族

政治面貌：中共党员

职　　称：副高

学　　历：大学本科

所在单位：中共武威市委党校

成　　就：多次参加市委宣传部政策宣讲团，宣讲中央、省、市政策、法规。在各种类型的主题班上讲授"武威工业经济形势分析""武威经济工作会议精神解读""市委三届五次全委扩大会议精神解读""城市社区职能研究""管理情商与沟通技巧""改革开放是重要法宝和关键一招"等20多个主题。在成人学历教育大专、本科、研究生班上主讲过公共经济学、区域经济学、当代西方经济学、会计学、统计学、教育学等专业课程。发表过省、市级论文20多篇，参加校级课题8次，参加各种研讨会10多次。多次荣获"优秀教师""优秀班主任""先进工作者""函授教育优秀管理人员""优秀共产党员"等称号。

简　　介：1986年9月—1990年7月，在西北师范大学经济系学习，计划统计专业，获经济学学士；1990年8月—现在，在武威市委党校工作；2003年9月—2006年12月，在甘肃省委党校学习，取得国民经济管理专业研究生学历；2004年1月，取得经济学副教授资格。

0815 张积品

性　　别：男

出生年月：1966-04-04

民　　族：汉族

政治面貌：中共党员

职　　称：副高

学　　历：大学本科

所在单位：中共武威市委党校

成　　就：2000年荣获武威市党校系统"优秀班主任"称号；2002年、2009年、2010年先后荣获武威市委党校"优秀教师"称号；2010年荣获全省党校系统"优秀教师"称号。在各级刊物上公开发表论文共计30余篇，编著《基层党建工作实务》（教材），由兰州大学出版社出版。

简　　介：从事教育教学工作二十九年。思想政治素质好，理想信念坚定，教学水平较高，业务能力较强，乐于勤奋学习，勇于创新进取，科研能力较强。

0816 王泽才

性　　别：男

出生年月：1962-07-18

民　　族：汉族

政治面貌：中共党员

职　　称：副高

学　　历：博士研究生

所在单位：凉州区和平街小学

成　　就：甘肃省特级教师、中学高级教师，中国教育创新成就奖获得者，"示范作文法"创始人，甘肃省基础教育教学科研优秀成果一等奖获得者，中英项目全省中小学校长培训班培训者，武威市优秀人才。现任甘肃省武威市凉州区和平街小学校长。武威电视台、《学生天地》等媒体特邀主持人和特约撰稿人，首创的"示范作文法"荣获甘肃省基础教育教学科研优秀成果一等奖。

简　　介：1981年7月—1985年7月甘肃省原武威县红星中学任教；1985年7月—1993年3月原武威市和平街小学任教；1993年3月—2006年2月担任原武威市共和街小学副校长；2006年2月—2007年7月担任武威市凉州区南关小学校长；2007年8月担任武威市凉州区和平街小学校长。

0817　任永年

性　　别：男

出生年月：1961-12-09

民　　族：汉族

政治面貌：中共党员

职　　称：副高

学　　历：大学本科

所在单位：武威第七中学

成　　就：1996年被武威市教育委员会评为优秀党员；1996年被武威市人民政府评为优秀教育工作者，2003年被评为全区中小学骨干教师，2004年被评为市级第四批骨干教师，2011年被评为全区教育先进个人，2011年甘肃省教育厅评为甘肃省义务教育监测先进个人，2012年获得武威市第三届基础教育科研优秀成果一等奖，2013年获评为甘肃省第九届基础教育科研优秀成果三等奖。

简　　介：1978年7月至1983年7月在凉州区洪祥镇果园小学任教；1983年8月至1985年7月在武威师范就读；1985年7月至2007年9月在武威第五中学任教；2007年9月至2013年7月在武威第十二中学工作；2013年7月至今在武威第七中学工作。

0818　辛义生

性　　别：男

出生年月：1963-03-03

民　　族：汉族

政治面貌：中共党员

职　　称：副高

学　　历：大学本科

所在单位：武威第八中学

成　　就：1998年被凉州区教育局评为"教学质量标兵"；2002年被市委市政府评为"优秀教育工作者"；2010年被武威市教育局评为"武威市学校督导评估先进个人"。

简　　介：1980年8月—0982年7月武威师范政文班学习；1982年7月—1989年7月武威市凉州区河东乡中学工作；1989年7月—2007年8月武威第七中学工作（其间：1994年7月担任武威第七中这副校长；1997年7月担任武威第七中学校长）；2007年8月—至今，武威第八中学工作（其间：2007年9月免去武威第七中学校长职务，任武威第八中学党支部书记）。

0819　任忠堂

性　　别：男

出生年月：1971-03-02

民　　族：汉族

政治面貌：中共党员

职　　称：副高

学　　历：大学本科

所在单位：凉州区下双乡九年制学校

成　　就：2004年被凉州区委、区政府评为凉州区"教学质量标兵"；2006年被武威市委、市政府评为武威市"园丁奖"优秀教师；2009年被甘肃省教育厅评为甘肃省中小学省级骨干教师；2008年主持甘肃省教育科学"十一五"规划重点课题《农村学校校本教研活动有效推进策略的研究》，该课题2011年通过省级鉴定，2012年获武威市基础教育科研优秀成果二等奖。

简　　介：1990年7月—1992年8月甘肃省原武威市下双乡河水小学教师；1992年8

月任甘肃省武威市凉州区下双乡九年制学校教师。

0820 叶祥元

性　　别：男
出生年月：1971-10-01
民　　族：汉族
政治面貌：中共党员
职　　称：副高
学　　历：大学本科
所在单位：武威第十九中学
成　　就：先后获凉州区"名教师"、武威市首届"百名教学能手"、武威市"园丁奖"优秀教师等荣誉，被评为甘肃省中学语文骨干教师、甘肃省青年教学能手。先后主持和参与完成4项省级课题。先后有7篇论文获区级以上优秀论文奖。在省、地级刊物发表教育教学论文30多篇。在《散文》《散文选刊》《中国铁路文艺》《西北军事文学》《雪莲》《语文报》《武威日报》《西凉文学》《凉州文艺》等发表散文作品360余篇。
简　　介：1991年7月—2007年7月任发放镇双树中学教师；2007年8月任武威第十九中学教师。

0821 王玉德

性　　别：男
出生年月：1963-06-13
民　　族：汉族
政治面貌：中共党员
职　　称：副高
学　　历：大学本科
所在单位：凉州区教育局
成　　就：1998年被评为武威市"十佳班主任"，被评为甘肃省优秀教师，授予甘肃省"园丁奖"。2010年被甘肃省教育厅评为"中英甘肃普及九年义务教育项目"先进个人。2010年被甘肃省教育厅评为"2010年普通高中新课程实验'国培计划'网络远程培训项目"合格班主任。2012年被甘肃省教育厅和北师大明德项目管理办公室评为"提升明德小学教育质量"项目省际优秀培训员。2013年被北京外国语大学全国基础外语教育研究培训中心和外研社联合聘为培训专家。2013年被中国教师发展基金会和国家基础教育实验中心外语教育研究中心评为"第二届全国中小学外语教师名师"。
简　　介：1980年8月—1982年7月在武威师范上学；1982年8月—1988年7月在武威七中工作；1988年8月—1991年7月在武威十七中工作；1991年8月—2000年7月在武威六中工作（期间1998年7月至2000年7月任教导处副主任）；2000年3月至今在凉州区教育局工作，期间，2004年3月至1998年任教研室负责人；1998年2月至2010年9月任区教育局直属小学管理办公室主任，2010年9月至今任区教育局教育质量检测中心办公室主任。

0822 冯雄德

性　　别：男
出生年月：1975-06-11
民　　族：汉族
政治面貌：中共党员
职　　称：副高
学　　历：大学本科
所在单位：武威第七中学
成　　就：2005年被评为凉州区"教学质量标兵"，2006年被评为凉州区"教学能手"、教育系统"优秀共产党员"，2007年、2011年、2012年、2013年获得凉州区"高考优秀课任教师奖"，2008年被甘肃省委、省政府授予"园丁奖"，2011年被评为"全市优秀共产党员"，2013年获得甘肃省"陇原师德标兵"荣誉称号。

简　　介：1998年8月至2008年在武威第七中学工作；2008年至2013年担任武威第七中学学校教导主任；2013年至今任武威第七中学校副校长。

0823　蓝聚林

性　　别：男
出生年月：1966-02-09
民　　族：汉族
政治面貌：中共党员
职　　称：副高
学　　历：大学本科
所在单位：凉州区发展街小学
成　　就：1992年在全区小学（幼儿园）课堂教学评优活动中获奖，2002年确定为市级小学语文骨干教师，同时被确定为市级小学语文学科带头人，2002年确定为甘肃省中小学省级骨干教师，2006年评为2006年度武威市优秀教师，并授予"园丁奖"称号，2006年被评为武威市基础教育课程改革实验工作先进个人，2012年被评为甘肃省基本普及九年义务教育基本扫除青壮年文盲工作先进个人。

简　　介：1984年8月—1988年7月原武威市吴家井中学任教；1988年8月—1990年7月原武威市发放中学任教；1990年8月—2001年10月原武威市和平街小学任教；1998年8月—2001年12月在中央电大教育管理本科班学习）；2001年11月—2004年3月凉州区和平街小学任教；2004年4月—凉州区发展街小学任教、校长。

0824　王生龙

性　　别：男
出生年月：1964-10-11
民　　族：汉族
政治面貌：中共党员
职　　称：副高
学　　历：大学本科
所在单位：武威第五中学
成　　就：1996年被评为地级"优秀教师"，2000年被武威地区行署教育处评为"中小学骨干教师"，2004年被武威市教育局评为"新课改与督导评价论文评选活动先进个人"，2005年至2012年连续8年被凉州区教育局评为"先进教育工作者"，2007年、2009年、2010年、2011年先后4次被评为区级"优秀教育工作者"，2001年被评为"甘肃省中小学青年教学能手"，2010年被评为"实施中英甘肃普及九年义务教育项目先进个人"，2011年被评为义务教育监测试点工作先进个人，2012年被评为甘肃省"两基"工作先进个人，2014年获"甘肃省园丁奖"。

0825　张同祯

性　　别：男
出生年月：1966-06-13
民　　族：汉族
政治面貌：中共党员
职　　称：副高
学　　历：大学本科
所在单位：凉州区职业中专
成　　就：1996年被原武威地委、行署授予"优秀教师"荣誉称号；2000年、2005年先后被凉州区教育局党委授予"优秀共产党员"荣誉称号；2003年被凉州区教育局评为骨干教师；2007年被凉州区委、区政府授予"优秀教育工作者"荣誉称号；2009年、2010年均被凉州区教育局授予"先进教育工作者"荣誉称号；2011年被省教育厅授予"全省中等职业学校德育工作先进个人"荣誉称号；2012年被凉州区委授予"优秀共产党员"

荣誉称号。

简　　介：1987年12月—1992年9月甘肃省原武威市永昌职业中学教师；1992年9月—1998年3月甘肃省原武威市职业中专教师；1998年3月—1998年12月甘肃省原武威市职业中专教导副主任；1998年12月—2016年任甘肃省武威市凉州区职业中等专业学校副校长。

0826 赵生文

性　　别：男
出生年月：1966-09-09
民　　族：汉族
政治面貌：中共党员
职　　称：副高
学　　历：大学本科
所在单位：武威第七中学
成　　就：2004年被区委区政府评为"名教师"；2006年分别被凉州区教育局、武威市教育局评为区级和市级政治学科"骨干教师"；2010年被区教育局评为"先进教育工作者"；2011年被区教育局评为"质量标兵"；2013年被区委区政府评为"优秀教育工作者"；2014年被区教育局评为"先进教育工作者"。

简　　介：1984年9月考入武威师范学校；1987年至1998年8月在凉州区双城镇南安中学任教；1998年8月至2000年8月在双城镇中山小学工作，任教导主任；2000年8月至2005年2月调入武威第十六中学，任教导主任；2005年2月至2008年2月调入武威第十七中学，任教导主任；2008年2月至今公选至武威七中任副校长。

0827 王学年

性　　别：男
出生年月：1967-01-13
民　　族：汉族
政治面貌：中共党员
职　　称：副高
学　　历：大学本科
所在单位：凉州区永昌镇和寨九年制学校
成　　就：2006年被凉州区教育局评为凉州区基础教育课程改革工作先进个人；2007年被凉州区教育局评为2007年度职业教育先进工作者；2007—2013年连续七年被凉州区教育局评为先进教育工作者；2009年被武威市凉州区委、区政府评为凉州区十佳校长；2010年被中共武威市委、市政府评为2010年度武威市优秀教育工作者，并授予"园丁奖"。

简　　介：1986年7月至2004年2月在大柳乡王城中学工作（其中：1997年7月至2004年2月任大柳乡王城中学教导主任）；2004年2月至今在永昌镇和寨九年制学校工作（其间，2004年2月至2008年3月任永昌镇和寨九年制学校副校长，2008年2月至今任永昌镇和寨中学校长）。

0828 张屹

性　　别：女
出生年月：1963-09-18
民　　族：汉族
政治面貌：中共党员
职　　称：副高
学　　历：大学专科
所在单位：凉州区和平街小学
成　　就：2002年被甘肃省委、省人民政府评为甘肃省优秀教师，特授予甘肃省"园丁奖"；2004年被中国爱国工程联合会评为"爱国教育最佳园丁"。2009年4月教学论文《小学思想品德教育探析》发表于《甘肃日报》；2009年5月教学论文《捕捉教育契机 对学生进行德育教育》发表于甘肃省《教育革新》

第 5 期。

简　　介：1975 年 8 月—1979 年 7 月在武威第一中学学习；1980 年 8 月—1982 年 7 月在武威师范学校学习；1982 年 7 月—2006 年 2 月在武威市第一幼儿园任教；2006 年 2 月至今在凉州区和平街小学任教。

0829　田玉荣

性　　别：男
出生年月：1968-06-03
民　　族：汉族
政治面貌：中共党员
职　　称：副高
学　　历：大学专科
所在单位：凉州区教师进修学校
成　　就：2004 年被区委、区政府评为"十佳校长"；2006 年被中共武威市委评为"优秀共产党员"；2006 年被武威市委、市政府评为优秀教师，获"园丁奖"；2007 年被评为"全国模范教师"；2003 年《校本教研与和谐教育》在甘肃继续教育论坛年会上获三等奖；论文《亲情单元教学案例》发表于《教育革新》2009 年第 9 期；论文《学校管理中要处理好的四对关系》发表于《甘肃教育督导》2009 年第 10 期。
简　　介：1988 年 7 月—1989 年 9 月，凉州区上泉乡萱麻山小学教师；1989 年 9 月—2007 年 7 月，凉州区张义镇上泉中学教师、团委书记、教导主任、副校长、校长；2007 年 7 月—2013 年 7 月武威第十一中学校长；2013 年 7 月—凉州区教师进修学校校长。

0830　明朋年

性　　别：男
出生年月：1964-05-11
民　　族：汉族
政治面貌：中共党员
职　　称：副高
学　　历：大学本科
所在单位：武威第十三中学
成　　就：2000 年被原武威地委评为"优秀教师"，获得"园丁奖"，2006 年被凉州区区委、政府评为"十佳校长"，2009 年被凉州区委评为政治思想优秀工作者，2011 年凉州区区委、政府评为先进教育工作者，2011、2012、2013 年被凉州区教育局评为先进教育工作者，2012 年被省委、省政府评为全省"两基"工作先进个人。
简　　介：1981 年 8 月至 1983 年 8 月天祝县西沟口学校教师；1983 年 9 月至 1985 年 9 月天祝县第三中学教师；1985 年 10 月至 1989 年 8 月武威第十二中学教师；1989 年 9 月至 1994 年 7 月原武威市发放中学教师；1994 年 7 月至 2003 年 8 月武威第十二中学副校长；2003 年 8 月至 2007 年 8 月武威第十二中学校长；2007 年 8 月至 2010 年 9 月武威第十九中学、凉州区东关民族小学党支部书记、副校长；2010 年 9 月至 2013 年 7 月武威第十九中学、凉州区东关民族小学校长；2013 年 7 月至今任武威第十三中学校长。

0831　马中玲

性　　别：女
出生年月：1964-06-13
民　　族：汉族
政治面貌：中共党员
职　　称：副高
学　　历：大学本科
所在单位：凉州区会馆巷小学
成　　就：1998 年被凉州区人民政府评为"教学能手"；2001 年被甘肃省教育厅评为"青年教学能手"；2003 年被凉州区人民政府"优

秀教育工作者"；2004年被甘肃省教育厅评为"骨干教师"；2004年被武威市教育局评为"学科带头人"；2004年被武威市教育局评为"骨干教师"；2004年被凉州区人民政府评为"十佳教师"；2006年被凉州区人民政府评为"优秀教育工作者"。

简　　介：1982年7月至1985年7月在民勤县泉山镇小西小学任教；1985年8月至1987年7月在原武威地区师范学校学习；1987年7月至1992年7月在原武威市柏树学区中畦学校任教；1992年8月至现在在原武威市凉州区会馆巷小学任教。（期间：1993年3月至1996年6月参加甘肃深高等师范专科自学考试汉语言文学专业大专班学习）；2002年3月至2005年6月在中央广播电视大学汉语言文学专业本科班学习）。

0832 闫照强

性　　别：男

出生年月：1963-05-02

民　　族：汉族

政治面貌：中共党员

职　　称：副高

学　　历：大学本科

所在单位：凉州区共和街小学

成　　就：先后被凉州区授予"名师"、"十佳"校长荣誉称号；被武威市评为"两基"工作先进个人、"星星火炬"奖章获得者；2001年荣获"全国优秀教师"荣誉称号；2003年被甘肃省人区政府授予"甘肃省特级教师"荣誉称号。2003年被全国高等教育自学考试指导委员会授予"全国自学成才奖励基金会"优秀考生。

简　　介：1980年7月—1982年7月甘肃省原武威师范学校学生；1982年7月—1985年6月甘肃省原武威市武南镇中畦中学教师；1985年6月—1988年8月甘肃省原武威市武南镇中畦中学教师；1988年8月—1990年11月甘肃省原武威市武南镇中畦中学校长；1990年11月—1993年9月甘肃省原武威市和平街小学副校长；1993年9月—1994年8月甘肃省原武威市西关小学副校长；1994年8月—1998年2月甘肃省原武威市会馆巷小学书记、副校长（其间：1995年4月—2002年6月在兰州大学汉语言文学专业学习）；1998年2月—2001年7月甘肃省原武威市会馆巷小学校长；2001年7月—2007年8月甘肃省武威市凉州区会馆巷小学校长（其间：2001年8月—2003年12月在中央党校函授学院行政管理专业学习）；2007年8月始任甘肃省武威市凉州区共和街小学校长。

0833 马子海

性　　别：男

出生年月：1935-01-05

民　　族：汉族

政治面貌：中共党员

职　　称：副高

学　　历：大学本科

所在单位：武威第三中学

成　　就：1989年被中华人民共和国国家教育委员会、中华人民共和国人事部、中国教育工会全国委员会评为"全国教育系统劳动模范"并授予人民教师奖章；1992年被武威市委、市政府选拔确定为"武威市知识分子拔尖人才"；1994年被甘肃省人民政府评为"甘肃省特级教师"。

简　　介：1958年8月至1982年11月曾先后在靖远、榆中、武威七中工作。1982年12月调至武威第三中学工作。

0834 李建民

性　　别：男
出生年月：1962-03-28
民　　族：汉族
政治面貌：中共党员
职　　称：副高
学　　历：大学本科
所在单位：武威第六中学

成　　就：曾获甘肃省优秀德育工作者、武威市市级学科带头人、武威市十大优秀青年知识分子、凉州区十佳校长、甘肃省先进工作者（甘肃省劳动模范）、全国学校创新管理典范校长、全国科研兴教杰出校长、甘肃省十一次党代会代表、享受国务院特殊津贴专家等荣誉。

简　　介：1986年7月—1994年7月担任甘肃武威第六中学担任教师、教导主任，任高中地理学科教师；1994年8月—2003年6月担任甘肃武威第六中学副校长，任高中地理学科教师；2003年7月—2007年3月担任甘肃武威第六中学校长（正科级），任高中地理学科教师；2007年4月—担任甘肃武威第六中学校长（副县级），任高中地理学科教师。

0835 周开宝

性　　别：男
出生年月：1963-07-13
民　　族：汉族
政治面貌：中共党员
职　　称：副高
学　　历：大学本科
所在单位：凉州区会馆巷小学

成　　就：2001年被甘肃省教育厅评为"青年教学能手"；2003年被凉州区人民政府评为"十佳公仆"；2004年被武威市教育局评为"骨干教师"；2004年被甘肃省教育厅评为"骨干教师"；2004年被凉州区人民政府评为"十佳校长"；2006年被甘肃省人民政府授予"园丁奖"称号；2006年被甘肃省教育厅评为"优秀少先队辅导员"；2009年被甘肃省人民政府评为"省特级教师"，2010年被凉州区人民政府评"优秀教育工作者"；2013年被凉州区人民政府评为"优秀教育工作者"。

简　　介：1980年8月至1982年7月在原武威地区师范学校学习；1982年7月至1985年7月在原武威市红星中学任教；1985年8月至1993年7月在原武威市和平街小学任教（期间：1985年8月至1990年12月在兰州大学汉语言文学专业大专班学习）；1993年8月至1996年7月在原武威市西关小学任教导主任、副校长（期间：1991年.08月至—1994年.08月在在西北师大汉语言文学专业本科班学习）；1996年8月至2000年2月在原武威市东关民族小学任校长；2000年2月至2007年7月在凉州区共和街小学任校长；2007年8月至在凉州区会馆巷小学任校长。

0836 王希保

性　　别：男
出生年月：1963-02-26
民　　族：汉族
政治面貌：中共党员
职　　称：副高
学　　历：大学本科
所在单位：凉州区教育局

成　　就：1986年被武威地委、行署评为地区"教坛新秀"，1995年被省教委评为甘肃省初、高中毕业会考工作先进个人，1996年被中共武威地委、武威行署评为全区优秀教育工作者，1998年被武威地区招委、教委评为"武威地区普通高校（中专）招生工作先进个人"，2001 年被武威市教育局评为武威市中等学校文艺汇演先进个人。2004 年被凉州区委、区政府武威市授予"十佳校长"，2006 年被省体育局评为 2000—2005 年度全省群众体育先进个人，2006 年被省委、省政府授予甘肃省优秀教师"园丁奖"，2012 年被甘肃省教育厅、甘肃省财政厅评为甘肃省学生资助工作先进个人。

简　　介：1983 年 7 月毕业于西北师范大学物理系，分配到武威八中从事教育教学工作；1991 年 9 月任武威八中政教处副主任；1994 年任武威八中副校长；1997 年 8 月任武威八中校长。2007 年 9 月任凉州区教育局勤工站站长，兼任凉州区爱心助学协会办公室主任，从事学生资助工作；2013 年 6 月任凉州区学生资助管理中心主任。

0837　张爱春

性　　别：女
出生年月：1963-01-13
民　　族：汉族
政治面貌：中共党员
职　　称：副高
学　　历：大学本科
所在单位：凉州区会馆巷小学
成　　就：1986 年被武威市人民政府评为"教坛新秀"；1993 年被武威市城关镇人民政府评为"优秀教育工作者"；1998 年被武威市教育局评为"先进教育工作者"；1998 年被武威市教育局"优秀共产党员"；2000 年被武威市教育局评为"先进教育工作者"；2000 年被甘肃省人民政府授予"园丁奖"称号；2006 年被凉州区人民政府评为"十佳校长"；2007 年被凉州区教育局评为"先进教育工作者"。

简　　介：1980 年 8 月至 1982 年 7 月，在武威师范幼师专业学习；1982 年 8 月至 1985 年 8 月，在武威县幼儿园工作；1985 年 9 月至 1992 年 12 月，在武威市第二幼儿园工作，任园长助理；1992 年 12 月至 1998 年 3 月，在武威市第二幼儿园工作，任副园长；1998 年 3 月至 2007 年 8 月，任凉州区第二幼儿园园长；2007 年 9 月，任凉州区会馆巷小学党支部书记。

0838　马国华

性　　别：男
出生年月：1961-02-01
民　　族：汉族
政治面貌：中共党员
职　　称：副高
学　　历：大学本科
所在单位：凉州区武南铁一小
成　　就：2005 年甘肃省教科所授予优秀辅导奖，2006 年武威市委市政府授予优秀教师"园丁奖"，2007 年中国教育学会小数会授予优秀指导奖，2008 年《中国科技教育》发表论文《深化课程整合的思考》，2008 年甘肃省小语会授予优秀指导奖，2008 年在《教育革新》发表论文《提升教育理念，细化教学过程》，2010 年武威市委市政府授予优秀教师"园丁奖"，2010 年国家基础教育实验中心授予优秀指导奖。

简　　介：1977 年 3 月—1985 年 7 月武南机务段工人；1985 年 8 月—1987 年 7 月张掖师专学习；1987 年 8 月—2000 年 1 月打柴沟铁小校长；2001 年 1 月—2004 年 4 月武南铁二小党支部书记、校长；2004 年 5 月—2007 年 2 月武南铁二小校长；2007 年 2 月始任武南铁一小校长。

0839　蔡国瑛

性　　别：男
出生年月：1962-03-07

民　　族：汉族
政治面貌：中共党员
职　　称：副高
学　　历：大学本科
所在单位：武威第六中学
成　　就：2000年，甘肃省首届骨干教师、市区及骨干教师；1997—2004年，3次评为全国高中数学联赛"优秀指导教师"、"优秀教练员"；2000年，区教育系统"优秀共产党员"；2004年，武威市"优秀人才"；2008年，武威市"园丁奖"优秀教育工作者，苏步青数学教育奖者，享受国务院特殊津贴专家。
简介：1979年8月—1980年7月在原武威县古城乡中学任民办教师；1980年8月—1982年7月在原武威师范学校上学；1982年8月—1985年7月在原武威县古城乡中学任教；1985年8月—1987年6月在甘肃教育学院进修学习；1987年8月—1992年7月在原武威市古城乡中学任教；1992年8月—今在武威第六中学工作。

0840　王志录

性　　别：男
出生年月：1963-01-11
民　　族：汉族
政治面貌：中共党员
职　　称：副高
学　　历：大学本科
所在单位：武南学区
成　　就：1993年甘肃省委、省政府评为甘肃省"园丁奖"；1995年被国家教育委员会、中华人民共和国人事部评为全国优秀教师；2004年被中共武威宣传部、武威市教育局评为全市德育先进个人；2006年被凉州区人民政府评为凉州区"十佳校长"之一。
简　　介：1979年8月—1985年8月甘肃省原武威市怀安乡甘里小学任教。1985年8月—1987年8月甘肃省原武威市教师进修学校学习。1987年8月—1989年9月甘肃省原武威市怀安中学任教。1989年9月—1997年8月甘肃省原武威市怀安中学任教教导主任。（期间：1989年7月—1992年7月，在西北师范大学函授学院中文专业大专班学习）1997年8月—2001年7月甘肃省原武威市怀安乡中学任校长。（期间：1998年8月—2000年12月，在中央党校函授学院党政管理专业本科班学习）2001年7月—2004年2月甘肃省武威市凉州区怀安乡中学任校长。2004年2月—2010年9月甘肃省武威市凉州区中坝镇中学任校长。2010年9月始任甘肃省武威市凉州区武南学区教育管理服务站任站长。

0841　何生玉

性　　别：男
出生年月：1965-04-13
民　　族：汉族
政治面貌：中共党员
职　　称：副高
学　　历：大学本科
所在单位：甘肃省武威市凉州区职业中等专业学校
成　　就：1997年被武威地区评为"地区级优秀班主任"；2001年被武威市委评为"双文明先进个人"；2003年被区委、区政府授予"先进教育工作者"。自2004年以来，先后获得"优秀共产党员"、"凉州区十佳校长""全市教育项目工作先进个人"等荣誉称号。2008年被中共武威市、武威市人民政府评为"武威市优秀教师"，并授予"园丁奖"称号。2010年被评为甘肃省特级教师。
简　　介：1980年3月—2001年7月武威市青林中学教师、总务主任、教导主任、副校长、校长；2001年8月—2004年1月武威十三中学校长；2004年2月—2013年6月武威第九中学校长；2013年7月任凉州区职业中专校长。

0842 刘晓燕

性　　别：女
出生年月：1963-09-10
民　　族：汉族
政治面貌：中共党员
职　　称：副高
学　　历：大学本科
所在单位：凉州区第一幼儿园
成　　就：2002年评为甘肃省优秀教师，被甘肃省人民政府授予"园丁奖"。2002年10月研究报告《作品类型对音乐欣赏能力影响研究》获甘肃省第四届基础教育科研优秀成果奖。2006年7月论文《如何看待孩子间的争吵》被中央教育科学研究所评为三等奖。2008年12月作品《学习8的加减及自编应用题》获第二届全国幼儿园信息技术作品评比甘肃赛区一等奖。实验报告《以区域活动为特色的幼儿园课程改革》被武威市教科所评为二等奖。2013年2月主持的省级课题《不同年龄段幼儿区角游戏的开展与材料投放的研究》被鉴定为优秀课题并获甘肃省教科研成果二等奖。
简　　介：1980年9月—1982年7月，在武威师范幼师班学习幼儿教育。1982年7月—1992年3月，在原武威县第一幼儿园任教师。1992年3月—1998年3月，在武威市第一幼儿园任园长助理。1993年9月—1996年7月，在中央党校函授学院大专班学习党政管理专业。1998年3月—2001年3月，在武威市第一幼儿园任副园长。2001年3月—2006年2月，在凉州区第二幼儿园任副园长。2004年12月—2007年12月，在甘肃电视大学学习教育管理专业。2006年2月至今任凉州区第一幼儿园园长。

0843 钱惠文

性　　别：女
出生年月：1957-08-28
民　　族：汉族
政治面貌：中共党员
职　　称：副高
学　　历：大学专科
所在单位：凉州区和平街小学
成　　就：2000年被甘肃省骨干教师；2005年被评为特级教师；2003年论文《四环节课堂教学实验报告》发表于《教育革新》，《何为教师角色转变——从教学案例看当前课改中存在的问题》发表于《西北成人教育学报》；2007年《校园文化建设引发的反思》发表于《甘肃教育》第4期，论文《班级管理应追求多元化》发表于《甘肃教育》第7期。1998年论文《提高作文教学能力的三结合法》获甘肃省小学语文教学论文三等奖，1999年，作文教案《过生日》在首届全省课堂教学优秀教案评选中获三等奖，2000年论文《作文修改五法》获全省小学语文教育科研三等奖，2002年论文《关于文科初级教材教法改革的设想》和论文《重活动参与 激发习作兴趣》均获甘肃省小学语文教育教学优秀论文二等奖，2003年论文《对学生学习的评价方式研究》获甘肃省小学语文新课改优秀论文二等奖。
简　　介：1980年7月至1983年4月在武威市金羊乡新鲜小学、新鲜中学任教；1983年4月至19878年7月在武威市东关民族小学任教；1993年3月至1996年12月在职进修甘肃教育学院汉语言文学毕业；1978年7月至2013年8月在武威市和平街小学任教；2013年8月在武威市和平街小学退休。

0844 王登彪

性　　别：男
出生年月：1957-11-13
民　　族：汉族
政治面貌：中共党员
职　　称：副高
学　　历：大学本科
所在单位：武威第十九中学
成　　就：1982年年被共青团中央少年部、新华书店总店等多家单位评为全国"红领巾读书奖章"先进个人；1985年被共青团甘肃省委、甘肃省教育厅评为全省优秀少先队辅导员；1987年被甘肃省体委、甘肃省教育厅评为全省学校体育优秀领导；1987年被国家教育委员会、中国科学技术协会授予"全国优秀青少年科技辅导员"；连续6年被区教育局评为教育系统先进工作者；1998年被原武威市委、市政府评为"十佳校长"；1998年被国家教育部授予"全国优秀教师"称号；2000年被甘肃省人民政府授予"甘肃省特级教师"称号；2002年被武威市委市政府授予"星星火炬奖章"荣誉称号；2002年在第十七届青少年科技创新大赛中，获优秀辅导教师；2003年被省教育厅评为：甘肃省电教工作先进个人；2007年被武威市委、市政府授予"武威市劳动模范。
简　　介：1976年1月—1978年7月，在甘肃省原白银市景泰县芦阳中学任教；1978年8月—1980年7月甘肃省武威师范学校学生；1980年8月—1994年7月甘肃省原武威市和平街小学任教师、教导主任、校长；1994年7月—1996年7月甘肃省原武威市第一幼儿园任园长；1996年7月—2007年8月甘肃省武威市凉州区西苑实验小学任校长；2007年8月—2010年9月甘肃省武威第十九中学任校长；2010年9月始任甘肃省武威市凉州区教育局区直小学管理办公室主任。

0845 丁兆泉

性　　别：男
出生年月：1963-03-01
民　　族：汉族
政治面貌：中共党员
职　　称：副高
学　　历：大学本科
所在单位：武威第八中学
成　　就：2011年被凉州区教育局评为"2010年度教育先进工作者"；2011年被凉州区委、区政府评为"优秀教育工作者"；2012年被区教育局评为"2012年度教育工作先进个人"；2013年被凉州区委、区政府评为"优秀教育工作者"；2004年被武威市教育局评为"武威市德育工作先进个人"；2004年被武威市人民政府授予武威市"园丁奖"优秀教师荣誉。
简　　介：1974年8月—1977年7月在原武威市下双中学读初中；1977年8月—1980年7月在武威三中读高中；1980年8月—1982年7月武威师范学习；1982年7月—1985年7月武威市凉州区九墩中学工作；1985年8月—1987年7月甘肃教育学院学习；1987年8月—1992年7月武威第四中学工作；1992年8月—2007年8月武威第六中学工作（其间：1998年12月担任武威第六中学党支部副书记；2003年8月担任武威第六中学党支部书记）2007年8月至今担任武威第八中学校长。

0846 侯万辉

性　　别：男
出生年月：1963-01-01
民　　族：汉族
政治面貌：中共党员

职　　称：副高
学　　历：大学专科
所在单位：凉州区西苑实验小学
成　　就：2000年被武威市政府授予武威市学校艺术教育工作先进个人；2003年被武威市教育局确定为市级小学骨干教师；2004年被甘肃省教育厅确定为省级骨干教师；2004年被武威市教育局评为德育工作先进个人；2004年被甘肃省政府授予优秀教师、省园丁；2010年被凉州区教育局评为先进教育工作者；2011年被凉州区教育局评为优秀教育工作者；2011年被凉州区人民政府授予法制宣传教育先进个人；2014年被凉州区教育局评为先进教育工作者。
简　　介：1981年7月—1990年7月在凉州区四坝乡中学、羊下坝中学任教；1990年7月—2000年2月在凉州区东关民族小学任教；2000年2月—2005年2月在凉州区西苑实验小学任副校长；2005年2月—2007年7月在凉州区西关小学任校长；2007年7月在凉州区西苑实验小学任校长。

0847　丁国文

性　　别：男
出生年月：1961-12-07
民　　族：汉族
政治面貌：中共党员
职　　称：副高
学　　历：大学本科
所在单位：中共古浪县委党校
成　　就：《实现中国梦必须激励农民群众积极参与共同发展》发表在《党建网》《共产党员网》《党的建设》2014年第1期、《发展》2013年的2期、《思想政治工作纵横》等媒体，获全省党校系统2012—2013年度优秀科研成果二等奖。《创新载体典型引导着力推进学习型党组织建设》发表在《深入贯彻落实科学发展观理论与实践》、《甘肃宣传工作》2010年第11期。《对贫困地区农民负担问题的思考》发表在《中国世纪坛》。《铸民心工程创世纪辉煌》发表在《时代学刊》2001年第8期。《政府要关心支持群众业余文化活动》发表在《甘肃日报》2008年8月4日。《陇人品格的思想内涵》发表在《甘肃经济日报》2006年11月6日。《把握机遇加快贫困地区农村文化站室建设》发表在《思想政治工作纵横》2009年第2期。《加强中国特色社会主义理论体系普及教育的实践途径》发表在《思想政治工作纵横杂志》2010年第1期。《贫困地区农村文化站建设管理的思考》发表在《光芒》2010年第1期。《建设幸福美好新甘肃必须激励农民群众积极参与共同发展》在甘肃科学社会主义学会2014年年会上交流并获二等奖。
简　　介：1981年6月—1987年7月古浪县民权学区任教小学初中（自学考试汉语言文学大专毕业）；1987年8月—1992年7月古浪县第三中学任教高（参加自学考试本科学习）；1992年8月—1993年12月古浪县教委工作（自学考试汉语言文学本科毕业）；1994年1月—1998年8月古浪县第三中学任教导主任；1998年8月—2002年4月中共古浪县委宣传部任县委讲师组副组长；2002年4月—2006年8月中共古浪县委宣传部任县文联专职副主席兼县委讲师组副组；2006年8月—2008年8月中共古浪县委宣传部副部长兼古浪县文联专职副主席；2008年8月—2013年4月中共古浪县委宣传部副部长；2013年4月始任中共古浪县委党校常务副校长。

0848　孙志远

性　　别：男
出生年月：1963-01-16

民　　族：汉族
政治面貌：中共党员
职　　称：副高
学　　历：大学本科
所在单位：中共古浪县委党校
成　　就：2001年获全省党校系统优质课堂比赛一等奖，在省市杂志上发表理论文章36篇。
简　　介：1981—1998在古浪二中工作，曾任教导主任。1998至今在中共古浪县委党校任副校长。

0849　施忠
性　　别：男
出生年月：1958-02-01
民　　族：汉族
政治面貌：中共党员
职　　称：副高
学　　历：大学专科
所在单位：中共古浪县委党校
成　　就：2009年获市委宣传部理论宣讲对谈先进个人。
简　　介：1979—2006年在县委宣传部、县纪委、县人事局工作；2007年—2012年任县委党校常务副校长；2012年至今在县委党校任高级讲师。

0850　杜生坚
性　　别：男
出生年月：1965-08-01
民　　族：汉族
政治面貌：中共党员
职　　称：副高
学　　历：大学本科
所在单位：中共古浪县委党校
成　　就：在省市刊物上发表理论文章78篇。2012年被省行政学院授予优秀学员称号。

简　　介：1994年毕业于西北师范大学政治系，高级讲师。1996年加入中国共产党，古浪县第十三次党代会代表。1997年至今任古浪县委党校副校长。

0851　高康泰
性　　别：男
出生年月：1974-01-28
民　　族：汉族
政治面貌：群众
职　　称：副高
学　　历：大学本科
所在单位：古浪县委党校
成　　就：从事中学教学工作和党校干部教育工作多年。省市县科技特派员工作先进个人。《关于薛家水村村民受教育程度的调查》辑录于《甘肃教育学院优秀调查报告文集：来自第一线的报告》；《黄羊川镇地名探析》发表在中国轻工业联合会主办的《消费导刊》2012年6期。
简　　介：1995年参加工作，曾在古浪县黄羊川职业中学任教。2011年调入古浪县委党校，主要从事政治理论、中共党史教学和研究工作。

0852　杨林山
性　　别：男
出生年月：1970-01-14
民　　族：汉族
政治面貌：中共党员
职　　称：副高
学　　历：大学本科
所在单位：古浪县委党校
成　　就：编写《黄羊川农民教育读本》《县情咨询》；发表省级论文四篇；获省党校系统论文优秀成果二等奖1个、优秀奖3个。
简　　介：1990年参加工作，曾在泗水中学任教。2002年调入古浪县委党校，主要从事政治理论教学与研究工作。

0853 张振云

性　　别：男
出生年月：1967-12-01
民　　族：汉族
政治面貌：中共党员
职　　称：副高
学　　历：硕士研究生
所在单位：古浪县委党校
成　　就：论文《新农村建设中甘肃农民专业合作组织探讨》《古浪县无公害高原夏菜生产现状的调查与分析》分别获甘肃省党校优秀科研成果二等奖；《古浪县剩余农村劳动力转移情况的调查与分析》获甘肃省党校系统科研成果三等奖。
简　　介：1987年参加工作，曾在古浪四中、古浪二中任教。2001年调入古浪县委党校，主要从事经济管理教学和研究工作。

0854 王有志

性　　别：男
出生年月：1964-05-01
民　　族：汉族
政治面貌：中共党员
职　　称：副高
学　　历：大学本科
所在单位：古浪县委党校
成　　就：论文《思想政治工作是农村落实科学发展的生命线》《浅谈干部培训理念、方法和机制的创新》获优秀论文；《新形势下加快县域发展的对策》获党校研讨论文二等奖；《财政政策与县域经济发展》获党校研讨论文三等奖。
简　　介：1989年参加工作，曾在裴家营职中任教。1996年调入古浪县委党校，主要从事经济理论教学与研究工作。

0855 刘新盛

性　　别：男
出生年月：1970-08-11
民　　族：汉族
政治面貌：中共党员
职　　称：副高
学　　历：大学本科
所在单位：天祝县广播电影电视局
成　　就：2000年—2012年先后被甘肃省村村通广播电视建设领导小组评为全省村村通广播电视建设先进个人；被天祝县委、县政府评为"天祝藏族自治县县庆五十周年活动先进个人"；被天祝县委、县政府评为"第一届天祝三峡民俗风情旅游节活动先进个人"；在全省广播电视技术能手竞赛中，以全省第三名的成绩荣获"全省广播电视技术能手"称号；获全县经济技术创新先进个人；被县委、县政府授予"全县技术标兵"；被县委、县政府授予"全县十大青年知识分子"；被授予武威市十佳青年岗位能手；被评为全省境外卫星电视传播秩序专项整治工作先进个人等荣誉称号。2010年度、2011年度、2012年度连续三年被授予全县科级领导班子和领导干部工作实绩考核优秀领导干部。
简　　介：1995年6月毕业于原西北第二民族学院（现北方民族大学）应用电子技术专业；2004年12月取得中央广播电视大学、中国政法大学法学本科学历证书；1995年7月参加工作，2002年2月加入中国共产党，2006年5月任天祝县广播电视网络中心副主任，2012年2月任高级工程师，2012年6月任天祝县毛毛山微波台副台长。

0856 黄兴军

性　　别：男

出生年月：1965-10-27
民　　族：汉族
政治面貌：中共党员
职　　称：副高
学　　历：硕士研究生
所在单位：张掖医学高等专科学校
成　　就：工作以来一直从事英语教学工作。任中国外语专业委员会英语教学协会会员、甘肃省翻译协会理事。参与省级教材编写一部，撰写论文9篇，完成省级课题1项，指导学生参加省级英语比赛获得团体三等奖及优秀指导教师2次。
简　　介：1994—1996年西北师范大学学习；2001—2003年张掖地区卫生学校教师；2003—2014年张掖医学高等专科学校教师。

0857 刘亚薇

性　　别：女
出生年月：1962-01-02
民　　族：汉族
政治面貌：中共党员
职　　称：副高
学　　历：大学本科
所在单位：张掖医学高等专科学校
成　　就：参与的甘肃省科技厅软科学项目《甘肃省纠风治乱研究》达到国内先进水平；《高职院校党建工作与大学生思想政治教育工作有机结合的实践探索》获甘肃省思想政治工作课题研究优秀成果二等奖；《探索新媒体对大学生影响的调查报告》获甘肃省思想政治工作课题研究优秀奖；《辛伐他汀联合藻酸双酯钠疗治肾病综合征高脂血症的临床研究》获张掖市科技进步三等奖；《藏药珠穆根胶囊改善脑缺血再灌流后学习记忆障碍的实验研究》获张掖市科技进步二等奖；《中国裕固族人糖尿病流行病学调查与研究》获张掖地区科技进步三等奖；《张掖市城乡中小学生体质状况及常见病调查分析》获张掖市科技进步三等奖。主要论著有《大学生职业素养提升》（新华出版社 2009年8月）；《大学生自我管理》（陕西人民教育出版社 2010年7月）；《信仰的力量—当代大学生社会主义核心价值体系融入论》（中央文献出版社 2013年5月）；4.《大学生入党积极分子培训教程》（中共党史出版社2011年2月）。
简　　介：1980年8月—1995年7月原张掖地区育才中学工作；1995年7月—2003年4月原张掖地区卫生学校工作，党委副书记、兼纪委书记、副校长；2003年4月—2006年6月张掖医学高等专科学校工作，党委副书记兼纪委书记、副校长；2006年6月至今，张掖医学高等专科学校工作，党委副书记（正处）兼纪委书记。

0858 魏剑英

性　　别：男
出生年月：1964-04-14
民　　族：汉族
政治面貌：中共党员
职　　称：副高
学　　历：大学本科
所在单位：张掖医学高等专科学校
成　　就：2002年获甘肃省骨干教师称号，2005年获第七届"甘肃省优秀青年"称号，同年十月获"全国优秀教研员"称号；2008年获甘肃省就业工作先进个人称号。2012年被张掖市委、市政府授予"教育系统先进个人"称号，2013年被市委、市政府授予"精神文明先进工作者"称号。负责完成课题两项。其中课题《在校院合作背景下对医学院校德育工作的研究》在中国高等教育学会立项为"十一五"规划课题并通过鉴定。课题《教师教学评价的研究》2008年7月获甘肃省第七届基础教育科研优秀成果二等奖。

专著《大学生思想政治教育的难题与破解》由甘肃科学技术出版社出版。参编教材《大学生就业与创业指导教程》2011年6由中国传媒大学出版社出版；《新编军事理论教程》由吉林大学出版社出版。2008年学校被评为张掖市"平安校园"单位、市级精神文明先进单位，自2009年连续五年被综治部门评为"社会综合治理先进单位"。为该校社会声誉的显著提升做出了积极的贡献。

简　　介：1988年7月大学毕业并参加工作；2006年6月任张掖医专副校长。

0859　闫立宏

性　　别：男
出生年月：1971-09-11
民　　族：汉族
政治面貌：中共党员
职　　称：副高
学　　历：大学本科
所在单位：甘肃省张掖中学
成　　就：曾首获甘肃省"园丁奖"优秀教师、甘肃省骨干教师、甘肃省第四届中小学"青年教学能手"等称号。2007年获甘肃省高中历史课堂教学竞赛一等奖；获张掖市市管拔尖人才、首届"张掖名师"（张掖市政府）等称号。课题《建设高中班级文化的思路和举措》全国科研成果一等奖。课题《教师教学评价的研究》省二等奖。多篇论文发表在省、地级相关刊物。

简　　介：中学历史高级教师。在教学一线工作20年，担任班主任20年，主持参与完成课题研究4项，发表论文8篇。

0860　陈波

性　　别：女
出生年月：1968-08-11
民　　族：汉族
政治面貌：中共党员
职　　称：副高
学　　历：大学本科
所在单位：张掖医学高等专科学校
成　　就：2007年指导学生参加全国中学生英语能力竞赛2名学生获张掖赛区一等奖；2006年《马承"三位一体"英语教学法实验》获临泽县2006年度基础教育优秀成果三等奖；2006年指导学生参加全国中学生英语能力竞赛1名学生获张掖赛区优胜奖；2003年课件《Lesson 97》获张掖市首届多媒体优质课件评比中获三等奖；2003年《张思中外语教学法推广实验研究》获张掖市第五届基础教育教学科研优秀成果一等奖；2002年指导学生参加全国中学生英语能力竞赛1名学生获国家三等奖；2002年甘肃省教育厅确定为甘肃省中小学省级骨干教师；2001年张掖地区行署、教育处确定为张掖地区中小学地级骨干教师；2001年甘肃省教育厅授予甘肃省中小学青年教学能手；2001年指导学生参加全国中学生英语能力竞赛2名学生获国家优胜奖；参编教材一部：《全国英语等级考试教程》（第二级） 东北师范大学出版社2012年5月出版，担任副主编，总字数48.9万字，其完成15万字。

简　　介：1987年8月参加工作。1987年8月至2009年7月在临泽县中学从事中学英语教学，2009年8月至今在张掖医专从事大学英语教学。

0861　王建文

性　　别：男
出生年月：1967-08-29
民　　族：汉族
政治面貌：中共党员
职　　称：副高
学　　历：大学本科

所在单位：张掖医学高等专科学校

成　　就：论文《学校制度建设的原则》在《中小学校长》2005年第六期发表；《民乐县实施农民素质教育培训工程的实践》在《吉林工程技术师范学院学报》2005年第六期发表，《学校制度建设应注意的几个问题》在《甘肃教育督导》2005年第7—8期发表。2009年，担任副主编，编辑普通高等教育规划教材《大学生职业发展与就业指导》，由新华出版社出版，总字数29.3万字，其完成10.06万字。论文《高职院校思想政治教育与马克思主义大众化的路径》《提升高职院校学生党建工作质量的途径探析》在《课程教育研究》2014年第10、11期发表。

简　　介：1986年7月—1995年8月民乐县洪水中学任教（其间1990年7月—1992年7月西北师范大学数学系函授）；1995年8月—2007年8月民乐县职教中心学校任办公室副主任、主任（其间；2000年7月—2002年7月西北师范大学教育学院函授）；2007年8月—2009年9月张掖市职业技术学院筹建办公室工作；2009年9月—2010年5月张掖医学高等专科学校工作；2010年5月—至今张掖医学高等专科学校任党委宣传部副部长、部长；1986年7月—1995年8月民乐县洪水中学任教（其间1990年7月—1992年7月西北师范大学数学系函授）；1995年8月—2007年8月民乐县职教中心学校任办公室副主任、主任（其间2000年7月—2002年7月西北师范大学教育学院函授）；2007年8月—2009年9月张掖市职业技术学院筹建办公室工作；2009年9月—2010年5月张掖医学高等专科学校工作；2010年5月至今张掖医学高等专科学校任党委宣传部副部长、部长。

0862 刘建瑛

性　　别：女
出生年月：1966-02-28
民　　族：汉族
政治面貌：中共党员
职　　称：副高
学　　历：大学本科
所在单位：甘肃省张掖市甘州区北街小学

成　　就：先后荣获获甘州区"优秀德育工作者"、甘州区教育系统"优秀共产党员"和"优秀党务工作者"、甘州区"双十佳"女教师、甘州区"优秀支教教师"、甘州区"教育科研先进工作者"、甘州区"区管拔尖人才"、张掖市"学术技术带头人"、张掖市"市级骨干教师"、张掖市"创先争优优秀共产党员"、张掖市"十佳和谐家庭"、甘肃省"青年教学能手"、甘肃省"省级骨干教师"、"舟曲抢险救灾心理援助先进个人"、甘肃省"心理健康教育工作先进个人"、甘肃省"陇原名师"、全国"最关心孩子的家长"、全国"'十一五'教育科研先进工作者"、全国"新课程改革优秀教师"和全国"基础教育课程改革先进个人"等荣誉称号。2008年被甘肃省中小学心理健康教育指导中心选拔确定为甘肃省中小学心理健康教育骨干。主持或参与研究的8项课题荣获甘肃省基础教育教学科研优秀成果奖，在《小学德育》等省级以上刊物上发表论文20多篇。

简　　介：中学高级教师，国家三级心理咨询师。中国共产党张掖市第三次代表大会代表。在教学过程中，她突出学生的主体地位，注重学生实践能力和创新思维能力的培养，教学有特色；她爱岗敬业，有创新精神，注重学习研究实践先进的教育教学理论，先后获得省市区各级各类荣誉。

0863 李亦武

性　　别：男
出生年月：1957-01-07
民　　族：汉族
政治面貌：中共党员
职　　称：副高
学　　历：大学本科
所在单位：张掖市第二中学
成　　就：主编乡土教材《张掖市地理》，1994年由甘肃省教育出版社出版；担任《张掖史地读本》（地理分册）副主编；承担过《甘肃地理》等教材审定工作。参编《甘肃省普通高中毕业会考考试纲要与解读·地理》、普通高中课程标准实验教科书配套《导学练》高中地理必修一、二、三、《2013年甘肃省普通高中学业水平考试大纲与解读·地理》；发表《变"静"为"动"》、《通过调查学生写出了联系实际的小论文》、《地理教育与乡土建设》、《高中地理教学中进行辩证唯物主义教育的思考》、《河西走廊民俗旅游资源及开发》、《课堂教学运用探究性学习方式面临的问题及解决思路》等论文20余篇。作为由中国科学院地理科学与资源研究所和甘肃省旅游局组成的"甘肃省旅游业发展规划"专家组成员，参加甘肃省旅游业发展规划的编制。获甘肃省教育学会优秀教育成果奖1次、中国教育学会地理教学研究会优秀论文奖1次，主持的省级重点课题《校本课程的开发与研究》和《校本研究与校本培训研究》分别获张掖市第七届、第九届基础教育成果二等奖。荣获张掖地区首届高中优质课评选地理学科一等奖。
简　　介：1982年6月西北师范大学地理系本科毕业，获理学学士学位。1992年12月破格晋升为中学高级教师。历任张掖县地理联校教研组组长、张掖市第二中学教学研究室副主任、教导处副主任、科研室主任、教导处主任、副校长等职务。中国教育学会地理教学研究会会员、中国地理学会会员、甘肃省地理学会理事、甘肃教育学会地理教学研究会理事、张掖市教育学会地理教学研究会会长。第五届甘肃省中小学教材审定委员会中学地理学科审查组核心成员。甘肃省学科教学研究专家。长期从事中学地理教学工作，多次担任甘肃省高中地理会考和高中学业水平考试命题工作，在甘肃省地理学界有较高声誉。

0864 王希文

性　　别：男
出生年月：1945-05-03
民　　族：汉族
政治面貌：中共党员
职　　称：副高
学　　历：中专
所在单位：张掖市都二农业中学
成　　就：1982年被评为张掖地区优秀教师，1982至1987年多次被评为张掖县教育系统及张掖县教育局优秀教师、先进工作者、优秀共产党员。1988年被甘肃省人民政府授予"园丁奖"，受到省政府的表彰奖励。1989年被评为全国优秀教师，获全国优秀教师奖章，受到中华人民共和国教育部等三部委的表彰奖励。1991年破格晋升为中学高级教师。2004年被评为张掖市教育局职业教育先进工作者。1990年当选张掖市第十二届人民代表大会代表。1991年被张掖市人大常委会评为优秀人大代表。1995年当选中共张掖市第九届党代表，2002年当选中共张掖市甘州区第一届党代表。工作任职期间，创办了寺儿沟花园式学校和张掖市（原张掖县）教育教学示范性学校，1992年寺儿沟学校被评为甘肃省教育系统先进集体。2003年主持了国家九. 五科研项目张掖子项目张掖市第二农业中学课题组"职成教发展的前景"课题研讨取得成效，得到了专家充分肯定。2005年4月退休。2009年主编《水磨湾村志》。2013年编著《寺儿沟学校志》。

简　　介：1966年毕业于张掖师范，同年10月分配在张掖县明永人民公社明永小学任教；1968年调张掖县沙井人民公社寺儿沟学校任教；1982年任沙井人民公社寺儿沟学校校长；1991年4月任张掖市第一农业中学校长兼党支部书记；1993年8月至2005年4月任张掖市第二农业中学校长兼党支部书记。

0865　单成鹏

性　　别：男

出生年月：1963-05-25

民　　族：汉族

政治面貌：中共党员

职　　称：副高

学　　历：大学本科

所在单位：张掖市第二中学

成　　就：荣膺甘肃省"园丁"奖、张掖地区"十佳青年"教师称号。省级中学骨干教师，张掖市学术技术带头人，2014年被评为"张掖名师"。现任张掖市教育学会外语教学研究会会长，张掖二中课改处主任。有20多篇论文发表在相关刊物。2010年担任副主编的《张掖市第二中学志》获省级地方志成果二等奖。2010年省级重点课题《新课程背景下的高中英语互动模式及时效性研究》通过省级鉴定。

0866　李颖

性　　别：女

出生年月：1971-03-17

民　　族：汉族

政治面貌：群众

职　　称：副高

学　　历：硕士研究生

所在单位：河西学院教师教育学院

成　　就：发表论文10篇，主持或参与科研项目6项。

简　　介：1996年6月毕业于西北师范大学教育系应用心理学专业，获学士学位；2007年6月西北师范大学教育学院研究生毕业，获教育学硕士学位；自1996年分配到张掖师专任教以来，先后承担普通心理学、教育心理学、中学教育学、教育科学研究方法、课程与教学论、小学数学教学技能训练、班主任工作技能训练、家庭教育学、教育学原理、公共教育学、小学综合实践活动设计等课程的教学任务。

0867　雒焕国

性　　别：男

出生年月：1968-05-10

民　　族：汉族

政治面貌：中共党员

职　　称：副高

学　　历：大学本科

所在单位：河西学院教师教育学院

成　　就：获国家级教学成果二等奖、甘肃省教学成果一等奖、三等奖各1次，甘肃省社会科学成果奖三等奖2次；主持教育厅科研项目4项，与人合作完成参加全国教育科学规划课题1项；主编专著1部，参编专著3部，完成其中35万字；核心期刊发表论文4篇。

简　　介：1991年7月毕业于西北师范大学教育系学校教育专业，获学士学位；1999年7月毕业于北京师范大学发展与教育心理学硕士研究生课程进修班；2006年7月毕业于西北师范大学教育学院，获课程与教学论硕士学位；1997年12月晋升讲师，2003年

12月晋升副教授，现任河西学院教师教育学院副院长、甘肃省中小学心理健康教育指导团队成员。被张掖市妇女儿童心理咨询服务中心、甘肃省第三劳教所聘为心理咨询专家。

0868 徐雪琴

性　　别：女
出生年月：1974-05-01
民　　族：汉族
政治面貌：民主党派
职　　称：副高
学　　历：大学本科
所在单位：河西学院外语学院
成　　就：主编教材一部；参与省级课题六项；主持校级课题两项。
简　　介：1998年毕业于西北师范大学外语系俄语专业；1998年7月至今，在河西学院外国语学院任教，担任大学俄语等课程的教学工作；2003年晋升中级职称，2010年晋升副高职称。2014年2月取得四川外国语大学文学硕士学位。

0869 张玉国

性　　别：男
出生年月：1967-01-22
民　　族：汉族
政治面貌：群众
职　　称：副高
学　　历：大学本科
所在单位：河西学院政法学院
成　　就：获地厅级以上2次科研奖励，发表核心期刊论文2篇。
简　　介：河西学院政法学院教师，主要承担《民事诉讼法学》《行政法与行政诉讼法》等专业课教学任务。

0870 陈艳玲

性　　别：女
出生年月：1977-07-25
民　　族：汉族
政治面貌：中共党员
职　　称：副高
学　　历：硕士研究生
所在单位：河西学院外语学院
成　　就：自2000年参加工作以来，出版与其专业相关专著两部，共计完成22.6万字，发表专业论文共计13篇，获"祁连青年骨干教师"荣誉称号，并入选甘肃省基础教育评估专家专家库。
简　　介：1996年9月—2000年6月西北师范大学外国语学院，大学本科阶段学习；2000年7月—2001年7月原张掖师专校长办公室见习，2001年7月—2005年11月河西学院外国语学院教师，助教；2005年11月—2012年9月，河西学院外国语学院教师讲师。其中：2009年9月—2012年6月西北民族大学外国语学院，硕士研究生阶段学习。2012年9月—今任河西学院外国语学院教师副教授。

0871 徐有芳

性　　别：女
出生年月：1977-09-20
民　　族：汉族
政治面貌：中共党员
职　　称：副高
学　　历：大学本科
所在单位：河西学院信息技术与传媒学院
成　　就：省级创新杯优秀指导教师2次；参与教育厅科研项目1项；参编教材2部。发表论文10篇，出版教材2部，支持教育厅科研项目一项，校级教学改革项目3项。
简　　介：2001年参加工作，河西学院信息技术与传媒学院副院长，教师。

0872 杨万寿

性　　别：男
出生年月：1967-08-11
民　　族：汉族
政治面貌：中共党员
职　　称：副高
学　　历：大学本科
所在单位：河西学院文学院
成　　就：发表论文20多篇，获省级教学成果奖一项，专著一部，参编教材两部。现为文学院副教授。教学和研究方向为文学理论。在《甘肃社会科学》《人大复印资料：近代文学》等杂志上发表学术论文20余篇。编著有《写作训练教程》《河西当代文学论丛》等。教学改革项目《现当代文学教学改革与研究》获得省级教学成果二等奖，获校级教学成果成果奖2次，教学优秀奖1次。主持的省教育厅项目"茅盾文学奖获奖作品研究"，已结项。
简　　介：1992年6月毕业于西北师范大学中文系，同年7月进入河西学院工作至今。

0873 李虎

性　　别：男
出生年月：1974-09-15
民　　族：汉族
政治面貌：中共党员
职　　称：副高
学　　历：大学本科
所在单位：河西学院外语学院
成　　就：主编参编教材3部；主持并参与多项研究课题；获省级奖励一次。曾获校级教学优秀奖两次及优秀共产党员、青年骨干教师、毕业论文优秀指导教师、精神文明建设先进个人、"CCTV杯"全国英语演讲大赛甘肃赛区优秀指导教师等荣誉称号。
简　　介：1999年毕业于西北师大英语语言文学专业，主要研究方向为二语习得和英语教学法，主讲基础英语、高级英语、英语教学法等课程。

0874 王旭霞

性　　别：女
出生年月：1973-01-17
民　　族：汉族
政治面貌：中共党员
职　　称：副高
学　　历：硕士研究生
所在单位：甘肃政法学院
成　　就：主要从事民法学、婚姻家庭法学及商法学的教学和研究工作。参与编写教材、专著各一部，在《兰州大学学报》《甘肃社会科学》《甘肃政法学院学报》等期刊发表论文数篇。曾获得甘肃省教育厅社科成果奖、校优秀中青年教师及三育人先进个人等荣誉称号。

0875 李建宗

性　　别：男
出生年月：1972-03-23
民　　族：汉族
政治面貌：民主党派
职　　称：副高
学　　历：硕士研究生
所在单位：河西学院文学院
成　　就：获甘肃省高等学校社科成果奖三等奖1次，先后在《民族文学研究》《读书》《西北民族研究》《青海民族研究》《内蒙古社会科学》(汉文版)《北方民族大学学报》(哲学社会科学版)《西北民族大学学报》(哲学社会科学版)等刊物上发表论文20余篇。主持并完成国家社科基金项目1项，参与国家级、省部级项目多项。2010年获得甘肃省高等学校社科成果奖三等奖，2012年获得第三届甘肃民间文艺百合花奖·首届学术理论论文三等奖。

简　　介：河西学院文学院讲师，文学博士，主要从事民俗学、文化人类学的教学和研究。兼任中国少数民族文学学会理事，现为中国民俗学会会员、中国少数民族文学学会会员、甘肃省民俗学会常务理事、甘肃省民间文艺家协会会员。

0876 王美蓉

性　　别：女
出生年月：1969-04-12
民　　族：汉族
政治面貌：民主党派
职　　称：副高
学　　历：大学本科
所在单位：河西学院历史文化与旅游学院
成　　就：主持完成学校教学科研项目2项；参编《中国现代史》一部；发表核心论文3篇。
简　　介：民进会员。河西学院历史文化与旅游学院副教授，地理教研室主任，张掖市青联委员，中国现代史学会会员，甘肃省历史学会会员。1988年9月—1992年6月在西北师范大学历史系攻读本科，获历史学学士学位；2007年3月—2009年6月在西北大学文博学院攻读硕士，获中国近现代史专业硕士学位；1992年7月毕业至今一直在河西学院（原张掖师专）历史文化与旅游学院（原政史系和历史系）任教；1998年晋升为讲师，2001年9月—2002年1月在天津商业大学（原天津商业学院）旅游管理本科班进修学习；2004年晋升为副教授；2014年3月—2014年12月在复旦大学历史学系师从朱荫贵教授做访问学者。

0877 王明博

性　　别：男
出生年月：1972-04-18
民　　族：汉族
政治面貌：中共党员
职　　称：副高
学　　历：博士研究生
所在单位：河西学院文学院
成　　就：先后在《兰州大学学报》《社会科学战线》《小说评论》等刊物发表论文《文学人类学的当代诉求》《当代台湾女性诗作的主体意识及其特色》《西部叙事的古典意蕴与现代追求——评王新军长篇小说〈最后一个穷人〉兼及其他》等多篇论文。主持甘肃省科技厅科技支撑计划项目《国家非物质文化遗产河西宝卷的数字化保护与开发应用研究》。
简　　介：兰州大学文学院中国现当代专业毕业。

0878 周新武

性　　别：男
出生年月：1967-06-17
民　　族：汉族
政治面貌：中共党员
职　　称：副高
学　　历：大学本科
所在单位：河西学院外语学院
成　　就：主持省级、校级教学研究课题3项，参与完成的《大学英语》课程建设荣获校级精品课程，获得校级教学成果奖多项，先后参与实施省级、校级科研课题10项，发表学术论文12篇，参编专著2部。
简　　介：2001年毕业于西北师范大学外国语学院。主要研究方向为英语教学法、中西文化对比，主要讲授课程有《大学英语》《圣经与西方文化》。

0879 顾文兵

性　　别：男
出生年月：1975-07-27
民　　族：汉族
政治面貌：群众
职　　称：副高
学　　历：硕士研究生
所在单位：河西学院政法学院
成　　就：获地厅级以上2次科研奖励；主持（或完成）社科规划项目1项（地厅级以上）；主编专著1部；发表核心期刊论文1篇。
简　　介：1998年毕业于西北师范大学政法系思想政治教育专业，获法学学士学位；2006年毕业于中国人民大学马克思主义学院马克思主义基本原理专业，获法学硕士学位；中国人民大学马克思主义学院2014级在读博士生；现为河西学院政法学院副教授，思想政治教育教研室主任，河西学院马克思主义研究所成员。

0880 赵典书

性　　别：男
出生年月：1965-08-26
民　　族：汉族
政治面貌：群众
职　　称：副高
学　　历：大学本科
所在单位：河西学院外语学院
成　　就：获甘肃省高等学校大学英语教学优秀奖一次，获河西学院教学优秀奖四次。2012年获自治区大学生实习支教优秀指导教师。
简　　介：1986年7月毕业于张掖师范专科学校英语系；1986年7月至1995年7月在民乐一中任教；1995—1997年在西北师范大学学习，1997年7月毕业；1997年7月至今在河西学院外国语学院任教（期间，2007—2008年间，先后两次担任澳大利亚赴张掖畜牧专家考察翻译工作。2010年1月随考察团到德国、法国、荷兰、比利时做随团翻译。2013年1月至2014年1月在英国谢菲尔德大学访学一年）。

0881 张涛

性　　别：男
出生年月：1962-03-18
民　　族：汉族
政治面貌：中共党员
职　　称：副高
学　　历：大学本科
所在单位：河西学院政法学院
成　　就：出版《陇文化概论》《大漠长河——河西长城》等专著六部，发表《河西诗魂——王维〈使至塞上〉新释》《"河西学"的学科构建和初步设想》《论河西文化的特征——兼谈挖掘研究河西文化的策略和现实意义》等论文10多篇。
简　　介：西北师范大学政治系毕业，政法学院教师。主要研究方向：马克思主义中国化和河西文化，承担《中国近现代史纲要》《中国近现代史》《毛泽东思想与中国特色社会主义体系想概论》等思政理论课教学任务。

0882 曾贤兆

性　　别：男
出生年月：1977-05-20
民　　族：汉族
政治面貌：中共党员
职　　称：副高
学　　历：硕士研究生
所在单位：河西学院文学院
成　　就：获省社科院青年社科优秀成果三等奖1次；发表核心期刊论文3篇。主讲中国古代文学等课程，在《兰州大学学报》《西北师大学报》《船山学刊》等刊物发表论文10余篇。论文《廖燕的文论主张及其文化品格》载于《西北师大学报》2012年第1期；《谭嗣同散文论略》载于《船山学刊》2012年第1期；《唐孙华的诗歌与诗论》载于《兰州大学学报》2013年第6期。

简　　介：兰州大学在读博士。

0883 王晓玲

性　　别：女

出生年月：1972-03-05

民　　族：汉族

政治面貌：民主党派

职　　称：副高

学　　历：硕士研究生

所在单位：河西学院外语学院

成　　就：发表核心期刊论文1篇；主编专著1部，参编1部；获省级奖励一次。从教以来先后承担过语音、听力、翻译、英美概况、语言学、综合英语、英语教学法、阅读与理解、教学技能训练等多门课程的教学，曾获教学优秀奖，并曾多次参与国培项目教学，2010年获"国培项目优秀培训专家"荣誉称号。参与省级课题5项，一项获甘肃省教学成果二等奖；主持完成校级教学研究课题一项，该课题获河西学院2012年度教学成果三等奖。发表论文十多篇，出版专著一部，参编教材两部，带领的语言学教学研究团队获河西学院"巾帼建功先进集体"荣誉称号，2013年主持完成校级精品课程一门。

简　　介：1991年9月—1993年6月 在原张掖师专英语系学习，同年毕业留校工作。1993年9月—1995年6月 在西北师范大学外语系学习。2006年2月—2007年2月 在英国卡迪夫大学做国家公派访问学者。2008年9月—2009年12月 在英国斯旺西大学读研并获得文学硕士学位。工作经历：1993年6月参加工作。2000年2月—2000年7月，在西北民院外语系作为中英交际教学法项目教师进行交换教学。

0884 孙锐

性　　别：男

出生年月：1966-05-16

民　　族：汉族

政治面貌：中共党员

职　　称：副高

学　　历：硕士研究生

所在单位：河西学院外语学院

成　　就：先后获得校级"优秀班主任"、"优秀共产党员"、"优秀实习管理工作先进个人"等荣誉称号。在国内公开发表的刊物与大学学报上发表《辩证思维影响下的汉语对偶句及其英译技巧》、《英语形合手段在中国古诗翻译中的应用》等论文数篇，参编专业论著《英语阅读与写作技巧新解》一部。

简　　介：1991年7月毕业于上海外国语学院，获文学学士学位。2003年9月至2007年3月在上海外国语大学攻读英国语言文学硕士学位，于2007年3月毕业并获文学硕士学位。自1998年1月至今，先后担任外国语学院语法、翻译、阅读、精读、教学法等专业课的教学工作，其中主要教授翻译与语法，主要研究方向为翻译、语法、修辞。

0885 张亮晶

性　　别：女

出生年月：1975-03-03

民　　族：汉族

政治面貌：群众

职　　称：副高

学　　历：大学本科

所在单位：河西学院经管学院

成　　就：先后在《干旱区资源与环境》《商业时代》等核心期刊和省级期刊发表论文 10 余篇。主持校级课题 2 项，参与国家、省、厅和学校课题 4 项。获甘肃省社科优秀成果奖三等奖，河西学院第四届、第十届教学优秀奖，大学生暑期社会实践优秀指导教师等奖项和荣誉。先后在《干旱区资源与环境》《商业时代》等核心期刊和省级期刊发表论文 10 余篇。

简　　介：2000 年 7 月毕业于西北师范大学经济系工商管理专业，获管理学学士学位，2009 年进入兰州商学院攻读企业管理硕士学位。多年来从事工商管理专业的教学和研究工作，先后为本、专科学生讲授《市场营销学》《消费者行为学》《推销与谈判》《营销心理学》《组织行为学》等课程。

0886　高天霞

性　　别：女
出生年月：1978-02-26
民　　族：汉族
政治面貌：群众
职　　称：副高
学　　历：博士研究生
所在单位：河西学院文学院

成　　就：主要从事传统语言文字研究，兼涉方言及敦煌文献语言文字研究。近年来在《汉语史学报》《汉语史研究集刊》《东南学术》《河西学院学报》等刊物发表论文 11 篇。现主持甘肃省教育厅高等学校科研项目 1 项，河西学院青年基金项目 1 项。教学方面，自参加工作以来，曾先后承担现代汉语、教师口语、古代汉语、音韵学基础、训诂学等课程的教学任务，学生评教结果均为良好或优秀，并于 2014 年获得河西学院第七届青年教师教学技能大赛推荐组二等奖。

简　　介：2001 年毕业于西北师范大学中文系，获文学学士学位；2010 年毕业于西北师范大学汉语言文字学专业，获文学硕士学位；2013 年毕业于四川大学汉语言文字学专业汉语词汇史方向，获文学博士学位，现为河西学院文学院副教授。

0887　李春霞

性　　别：女
出生年月：1976-02-24
民　　族：汉族
政治面貌：中共党员
职　　称：副高
学　　历：大学本科
所在单位：河西学院文学院

成　　就：主持校级青年教师基金项目 1 项，参与完成校级教学改革项目 2 项，校级科研项目 1 项；参编教材 1 部，参编完成 11 万字（2—2）；发表核心期刊论文 3 篇。曾获河西学院教学优秀奖，教师教学技能竞赛三等奖，及"青年骨干教师"、"优秀班主任"、"毕业论文优秀指导教师"、"优秀实习指导教师"等荣誉称号。曾先后三次获河西学院教学优秀奖，一次获教师教学技能竞赛文科推荐组三等奖，两次获河西学院"优秀班主任"荣誉称号及"毕业论文优秀指导教师"荣誉称号。2011 年荣获河西学院第二批"青年骨干教师"荣誉称号。2012 年获河西学院"优秀共产党员"荣誉称号。2013 年获"新疆维吾尔自治区大学生实习支教优秀指导教师"和"河西学院校外实践教学优秀指导教师"等荣誉称号。

简　　介：2000 年 6 月毕业于西北师范大学中文系，现为河西学院文学院副教授。

0888　张富民

性　　别：男

出生年月：1971-08-05

民　　族：汉族

政治面貌：民主党派

职　　称：副高

学　　历：大学本科

所在单位：河西学院外语学院

成　　就：出版著作1部；主持甘肃省级课题1项。先后获"2009年全国高等师范院校外语教学精品课评选三等奖"等各级各类奖励18项；主持完成校级教研课题、甘肃省教育科学"十一五"规划课题各1项，参与完成校级、省级科研课题10余项，先后在《湖北广播电视大学学报》《高校外语教学与研究》等刊物发表论文16篇，主编著作《大学英语学习入门》一部。2009年被中国教育改革研究会和中国校园文学社授予"2009年度全国教育改革优秀教师"荣誉称号。

简　　介：现任外国语学院大学外语教学部主任，硕士研究生学历，翻译硕士；主要研究方向为英语教学、英美文学、汉英文化对比与翻译。主要讲授《大学英语》《大学英语辅导》《高级大学英语》《英语禽灵诗赏析》等课程。

0889　宁军

性　　别：男

出生年月：1971-06-18

民　　族：汉族

政治面貌：中共党员

职　　称：副高

学　　历：大学本科

所在单位：河西学院政法学院

成　　就：获地厅级以上4次科研奖励，近年来，先后在《西北农林科技大学学报》《西南民族大学学报》《山西高等学校社会科学学报》《牡丹江大学学报》《甘肃高师学报》等CSSCI期刊、北大中文核心期刊及省级学术期刊发表论文20多篇，其中有多篇论文被中国人民大学复印报刊资料全文转载或索引。

简　　介：1996年7月毕业于西北师范大学政治法律系思想政治教育专业，获得法学学士学位；2006年7月攻读天津师范大学政治与行政学院政治学理论专业学位，获得法学硕士学位；现为河西学院政法学院副教授。主要从事马克思主义政治学理论教学与研究工作，主要讲授政治学原理、马克思主义基本原理、世界政治经济与国际关系等课程。

0890　张惠林

性　　别：女

出生年月：1974-04-13

民　　族：汉族

政治面貌：群众

职　　称：副高

学　　历：大学本科

所在单位：河西学院文学院

成　　就：在《甘肃社会科学》《河西学院学报》等刊物发表论文10篇。主持校级科研项目1项，参与国家社科基金项目2项，参与省教育厅科研项目多项，获得甘肃省高等教育教学成果省教育厅级奖。获得甘肃省高等教育教学成果省教育厅级奖。获河西学院2013年教学成果奖一等奖，第六届教师教学技能竞赛（说课程比赛）文科随机组三等奖。在2003年—2012年间任班主任9年，获得"优秀班主任"称号。获暑期社会实践"优秀指导教师"第六届"挑战杯"大学生课外学术科技作品赛优秀指导教师、第七届"挑战杯"大学生课外学术科技作品赛优秀指导教师荣誉。

简　　介：1999年毕业于西北师范大学中文系。

0891 王作伟

性　　别：男
出生年月：1974-03-14
民　　族：汉族
政治面貌：民主党派
职　　称：副高
学　　历：硕士研究生
所在单位：河西学院外语学院
成　　就：参编教材 1 部；参与翻译作品 1 部；参与获得甘肃省教学成果奖 1 次。主要研究方向为翻译理论与实践、英美文学等。近年来，在国家级和省级刊物上发表论文 12 篇；参与翻译小说 1 部；参编教材 1 部；主持及参与省级及校级科研项目 8 项；获得过省级教学成果奖、河西学院教学优秀奖、国培项目优秀培训专家、张掖市民盟先进个人等奖励和荣誉称号 10 多次。2007 年曾被聘为中英甘肃普及九年义务教育项目培训讲师；曾担任过张掖市'引智项目'口译，张掖'绿洲论坛'陪同口译及河西学院以色列农业考察团口译。
简　　介：中国民主同盟盟员。中国翻译协会会员。1999 年 7 月毕业于西北师范大学，获得英语语言文学学士学位；2010 年 7 月毕业于西安外国语大学，获得外国语言学及应用语言学专业翻译方向硕士学位；2011 年 6 月获得英语语言文学专业英美文学方向硕士学位；持有国家二级翻译证。

0892 吕玉铭

性　　别：男
出生年月：1966-06-23
民　　族：汉族
政治面貌：民主党派
职　　称：副高
学　　历：大学专科
所在单位：河西学院文学院
成　　就：曾获得过"张掖地区职业道德标兵""优秀教研组长""优秀实习指导教师""优秀教师"等荣誉称号。2004 年调入河西学院中文系，主要教授《语文课程与教学论》《新课程理念与创新》《文学写作》《逻辑学》等课程，多次参与教育实习指导，担任班主任。曾获得河西学院第十届、第十一届"教学优秀奖"和第三届教师教学技能大赛推荐组二等奖。先后在《教育理论与实践》《名作欣赏》《甘肃广播电视大学学报》《哈尔滨学院学报》《宝鸡文理学院学报》《河西学院学报》《语文学刊》等刊物发表论文 10 多篇，主持并参与省级科研课题多项。
简　　介：民盟盟员。中国小说学会成员、甘肃省省级普通话测试员。1987 年 7 月毕业于西北师范大学中文系，毕业后分配至张掖师范工作。

0893 张芬昀

性　　别：女
出生年月：1973-11-07
民　　族：汉族
政治面貌：中共党员
职　　称：副高
学　　历：硕士研究生
所在单位：河西学院政法学院
成　　就：主持地级项目两项，完成一项；参编专著一部，完成 10 万字；发表核心期刊论文 2 篇。在《开发研究》《农业现代化研究》《西北农林科技大学学报》等期刊发表论文 13 篇，合著《西北少数民族聚居地区的农村基层民主与社会自治研究》一部，参与教育部社科规划一项，主持并完成河西学院校长基金一项，主持河西学院教改项目一项。获得 2014 年甘肃省哲学社会科学三等奖一项、河西学院第十二届教学优秀奖、优秀班主任、教学技能三等奖等荣誉。

简　　介：研究方向：农村与农业经济。1996年8月参加工作，自2007年7月进入河西学院工作以来，先后主讲《政治经济学》《管理学》《美学原理》《马克思主义基本原理》《科学社会主义理论与实践》等课程。

0894　王国俭

性　　别：男

出生年月：1977-07-13

民　　族：汉族

政治面貌：中共党员

职　　称：副高

学　　历：大学本科

所在单位：河西学院信息技术与传媒学院

成　　就：发表省级以上论文10篇，出版专著2部。

简　　介：河西学院信息技术与传媒学院教师。主要承担《教育技术学》等专业课教学任务。

0895　张怀林

性　　别：男

出生年月：1975-04-05

民　　族：汉族

政治面貌：中共党员

职　　称：副高

学　　历：硕士研究生

所在单位：河西学院经管学院

成　　就：获甘肃省社科成果二等奖1项，甘肃省高校教学成果奖1项，主持校级教学科研项目4项，参与社科规划、教育厅科研项目5项，在期刊发表论文十多篇，参编著作1部，共8万多字。参与了2008年度省社科规划项目和教育厅高校社科项目，并获省社科二等奖和教育厅高校社科二等奖，获学校第五届教学优秀奖。

简　　介：2000年7月毕业于西北师范大学经济系信息管理与信息系统专业，获管理学学士学位；2010年毕业于兰州大学企业管理专业，获管理学硕士学位；多年来先后为本、专科学生开设政治经济学、微观经济学、宏观经济学、管理信息系统、电子商务、人力资源管理、项目管理等课程。期间，兼职人事处师资职称工作，现任经管学院副院长，物流管理教研室主任。

0896　王进才

性　　别：男

出生年月：1976-06-05

民　　族：汉族

政治面貌：中共党员

职　　称：副高

学　　历：硕士研究生

所在单位：河西学院教师教育学院

成　　就：参编教材2部，参与课题3项，发表论文10余篇，获校级奖2次。

简　　介：河西学院教师教育学院讲师。2000年毕业于西北师范大学教育学院教育管理专业，获教育学学士学位；2011年毕业于兰州大学教育学院高等教育管理专业，获教育学硕士学位；2000年分配到原张掖师专任教以来，先后承担公共教育学、公共心理学、小学数学教学法、学校管理学等课程的教学和班主任工作。

0897　沈文田

性　　别：男

出生年月：1959-10-25

民　　族：汉族

政治面貌：群众

职　　称：副高

学　　历：大学专科

所在单位：河西学院信息技术与传媒学院

成　　就：发表论文10篇，出版专著1部。

简　　介：河西学院信息技术与传媒学院教师，主要承担《软件工程》《计算机教学法》等专业课教学任务。

0898　董家丽

性　　别：女
出生年月：1964-11-04
民　　族：汉族
政治面貌：民主党派
职　　称：副高
学　　历：硕士研究生
所在单位：河西学院外语学院
成　　就：出版及参编著作 2 部；主持省厅级课题 2 项，获得省级教学成果奖 1 项。主要研究方向为英语测试学、英语教育学及跨文化交际学。主讲西方文化、英语测试理论、英语学术论文写作等课程，主持并参与多项省级、校级研究课题，参与的研究课题曾获省级和校级奖。近年来在《时代文学》《河西学院学报》《中国校外教育》等刊物发表多篇论文。
简　　介：曾获英国伍斯特大学英语教育硕士。曾任甘肃省留学归国人员联谊会理事，甘肃省大学英语研究会副会长，甘肃省翻译工作者协会常务理事。

0899　孙爱莲

性　　别：女
出生年月：1965-11-15
民　　族：汉族
政治面貌：群众
职　　称：副高
学　　历：大学本科
所在单位：河西学院教师教育学院
成　　就：获得地厅级基础教育科研成果二次，发表核心期刊论文一篇，参编教材一部，完成 8 万字。
简　　介：1987 年毕业于西北师范大学学校教育专业，获学士学位；2001 年至 2003 年在西北师范大学教育学院学习，获硕士学位；现主要承担《课程与教学论》《小学语文课程与教学论》《中外教育史》《家庭教育学》《幼儿教育学》《幼儿园课程》等教学及研究工作。

0900　孙文婷

性　　别：女
出生年月：1969-09-09
民　　族：汉族
政治面貌：群众
职　　称：副高
学　　历：大学本科
所在单位：河西学院经管学院
成　　就：参与了甘肃省教育厅 2003 年度关于"河西走廊农业可持续发展研究"科研项目，几年来在国家级和核心刊物上发表了经济学等方面论文十余篇。
简　　介：1993 年 7 月毕业于西北师范大学政治系，获法学学士学位；2005 年兰州大学区域经济学专业学习，获经济学硕士学位；现任管理系经济教研室主任，经济学副教授。多年来一直从事政治经济学的教学与研究工作，先后为本、专科学生开设过政治经济学、市场经济概论、发展经济学等课程。

0901　刘晓真

性　　别：女
出生年月：1965-12-25
民　　族：汉族
政治面貌：群众
职　　称：副高
学　　历：大学本科
所在单位：河西学院外语学院
成　　就：发表核心期刊论文 10 篇；主持

（或完成）地厅级项目 2 项；获地厅级科研奖励 4 次。

简　　介：1987 年 7 月—2008 年 7 月 张掖中学任教；2008 年 7 月至今在河西学院外国语学院任教。学习经历：1985 年 7 月—1987 年 7 月 原张掖师专英语系学习，1995 年 7 月—1997 年 7 月在西北师大外语学院学习，获学士学位，2003 年 7 月—2006 年 7 月 西北师大外语学院学习，获硕士学位。

0902　王储

性　　别：男

出生年月：1970-09-05

民　　族：汉族

政治面貌：中共党员

职　　称：副高

学　　历：硕士研究生

所在单位：河西学院历史文化与旅游学院

成　　就：主持和参与甘肃省社科规划项目和甘肃省教育厅研究生导师项目 3 项，河西学院教学研究和教学改革项目 5 项。在《历史教学》《社会科学战线》《甘肃社会科学》《生产力研究》及《开发研究》等省级以上学术刊物发表论文 10 余篇。曾获得教育部第十一届全国多媒体课件大赛优秀奖、张掖市社会科学成果二等奖、河西学院教学技能竞赛一等奖、河西学院教学优秀奖等奖励。

简　　介：1992 年兰州大学历史系本科毕业，2001 年兰州大学硕士研究生毕业，获历史学硕士学位。从教二十余年来，主要从事世界近现代史的教学和研究，兼及河西旅游产业，先后承担过世界古代史、世界近代史、世界现代史、世界文化史及世界近现代国际关系史等课程的教学。

0903　赵玉龙

性　　别：男

出生年月：1959-03-19

民　　族：汉族

政治面貌：中共党员

职　　称：副高

学　　历：大学本科

所在单位：河西学院政法学院

成　　就：获农业厅科研奖励 1 次；参编专著一部、教材一部共计十万字以上；发表核心期刊论文 5 篇。从教 30 余年，积累了丰富的实践教学经验。在国家级或省级刊物上发表教学或专业论文十多篇，参编著作 2 部；在思想政治教育或指导学生参加社会实践活动等方面都取得过优异的成绩。

简　　介：现任职河西学院政法学院。曾先后主讲过高等数学、马克思主义理论、中国革命史、法律、马克思主义政治经济学原理和当代世界经济与政治等课程。

0904　祁昌平

性　　别：男

出生年月：1976-09-19

民　　族：汉族

政治面貌：群众

职　　称：副高

学　　历：大学本科

所在单位：河西学院信息技术与传媒学院

成　　就：发表论文 19 篇，出版教材 1 部，主持并完成校级科研项目 4 项。主要承担《程序设计基础》《网络工程技术》等专业课教学任务。

简　　介：2001 年 7 月至今在河西学院信息技术与传媒学院工作，2008 年获得电子科技大学工程硕士学位，2012 年顺利晋升副教授。

0905　周秀兰

性　　别：女

出生年月：1976-05-06

民　　族：汉族
政治面貌：中共党员
职　　称：副高
学　　历：硕士研究生
所在单位：河西学院经管学院
成　　就：近年来在《统计与信息论坛》《管理现代化》《华东经济管理》《企业经济》《江苏商论》《商业时代》等核心刊物上发表学术论文10篇。参与省社科规划项目2项，省教育厅科研项目1项，并获省社科优秀成果二等奖。
简　　介：2000年7月毕业于中北大学经济管理系管理工程专业，获管理学学士学位；2011年毕业于兰州大学企业管理专业，获管理学硕士学位；现主要从事企业管理的教学和研究工作。

0906　岳军祥

性　　别：男
出生年月：1976-03-10
民　　族：汉族
政治面貌：中共党员
职　　称：副高
学　　历：博士研究生
所在单位：河西学院教师教育学院
成　　就：主编中小学英语教材5部，专著1部，主编大学教材1部。参加、主持国际、国家及有关部委、省市、校级项目课题20余项，发表学术论文20余篇。
简　　介：教育学博士。教育经济与管理方向，担任《教育学》《教育测量与评价》《SPSS与统计学》《教师专业发展》《学前儿童家庭教育》《幼儿文学》等课程教学与研究工作。

0907　王旺多

性　　别：男
出生年月：1966-11-08
民　　族：汉族
政治面貌：中共党员
职　　称：副高
学　　历：大学本科
所在单位：河西学院政法学院
成　　就：获甘肃省高校社会科学成果奖1次，获张掖市社会科学优秀成果奖2次。主持并完成甘肃省教育厅科研课题2项。作为第一主编出版专著一部，完成15万字。发表论文20多篇。2002年获甘肃省高校社会科学成果三等奖，两次获河西学院学术带头人荣誉称号，两次获张掖市社会科学优秀成果三等奖。
简　　介：从事思想政治理论课教学与研究。

0908　张青

性　　别：男
出生年月：1975-12-15
民　　族：汉族
政治面貌：中共党员
职　　称：副高
学　　历：大学本科
所在单位：河西学院外语学院
成　　就：在国外期刊上公开发表论文1篇；主编专著2部，共完成26万字；获省级奖励一次。
简　　介：1995年9月—1999年6月西北师范大学外语系学习，获文学学士学位；1999年7月—2000年7月河西学院英语系工作；2000年8月—2004年8月河西学院英语系任教；2004年9月—2007年6月西安外国语大学研究生部学习；2007年8月—2010年1月河西学院英语系任教；2010年1月—2011年1月英国谢菲尔德大学学习做访问学者；2011年2月—2012年7月河西学院外国语学院任教，任语言学与翻译教研室主任；2012 年 8 月—2013 年 8 月河西学院外国语学院任教，大学外语教学部主任；2013 年 9 月—2014 年 4 月河西学院外国语学院任教，副教授，大学外语教学部主任；2014 年 5 月至今，在河西学院外国语学院任教。

0909 赵建国

性　　别：男
出生年月：1969-12-10
民　　族：回族
政治面貌：中共党员
职　　称：副高
学　　历：硕士研究生
所在单位：河西学院文学院
成　　就：先后在《国外文学》《中山大学学报》《外国文学研究》等刊物上发表论文 10 余篇。
简　　介：主讲外国文学、比较文学等课程。

0910 赵立韦

性　　别：男
出生年月：1977-12-05
民　　族：汉族
政治面貌：中共党员
职　　称：副高
学　　历：大学本科
所在单位：河西学院经管学院
成　　就：发表论文 10 余篇。
简　　介：河西学院经管学院教师。

0911 贾自明

性　　别：男
出生年月：1970-12-02
民　　族：汉族
政治面貌：群众
职　　称：副高
学　　历：大学本科
所在单位：河西学院文学院
成　　就：完成著作《孔子从周论》（17 万字）。先后发表论文 10 余篇，出版专著一部。
简　　介：1994 年毕业于西北师范大学汉语言文学系，现主要从事中国古代文化、明清小说的研究。

0912 韩杰

性　　别：男
出生年月：1960-03-01
民　　族：藏族
政治面貌：民主党派
职　　称：副高
学　　历：大学本科
所在单位：河西学院文学院
成　　就：主持 2011 年度国家社会科学基金项目（西部项目）"口述史视野下的裕固族文化变迁研究"；甘肃省教育厅 2011 年研究生导师项目"口述史视野下的西部裕固族文化变迁研究"。参与并完成了 2005 年甘肃省教育厅立项课题"裕固族文学研究"、甘肃省教育厅 2009 年研究生导师项目"文化视野下的裕固族口头文本与书面文学"、2010 年度国家社会科学基金项目（西部项目）"裕固族口头文学研究"等科研项目。近年来在《广西民族大学学报》《黑龙江社会科学》《中国民族》等刊物发表论文 10 余篇。
简　　介：人文教育教研室主任。主要从事民俗学、民间文学、文化人类学等课程的教学和研究。

0913 任立刚

性　　别：男
出生年月：1963-06-24
民　　族：汉族

政治面貌：民主党派

职　　称：副高

学　　历：大学本科

所在单位：河西学院政法学院

成　　就：发表的学术论文主要有：《马克思主义主体性思想的研究与反思》(《哲学动态》)《概念仅仅是思维对象的类抽象》(《甘肃社会科学》)《中国改革实践对马克思"世界历史"理论的贡献》(《中国社会科学院院报》)等。曾获省教育厅颁发的"甘肃省高等学校社科成果奖"三等奖。

简　　介：1981年9月考入西北师范学院政治系政治教育专业学习。1985年7月毕业，到张掖师专任教。多年来一直从事《逻辑学》《西方哲学史》《现代西方哲学》和《哲学通论》等课程的教学与研究。

0914　杨丽丽

性　　别：女

出生年月：1972-01-20

民　　族：汉族

政治面貌：群众

职　　称：副高

学　　历：大学本科

所在单位：河西学院外语学院

成　　就：在省级及核心刊物发表学术论文十多篇，参与编写教材2部，获省级奖励2次。

简　　介：1991年9月—1995年6月在西北师范大学英语系英语语言与文学专业学习；1995年6月—2000年9月任河西学院英语系助教；2000年10月—2007年10月任河西学院英语系讲师；2007年10月—今任河西学院外国语学院副教授；2001年9月—2002年7月到西北师范大学英语系英语语言与文学专业研究生进修；2005年12月获英语语言文学硕士学位；2008年10月—2009年9月英国拉夫堡大学访学（国家公派访问学者）。

0915　章晓璇

性　　别：女

出生年月：1977-04-05

民　　族：汉族

政治面貌：民主党派

职　　称：副高

学　　历：硕士研究生

所在单位：河西学院教师教育新学院

成　　就：参与课题2项，发表论文10余篇。

简　　介：民盟盟员。2002年毕业于西北师范大学教科院学前教育系学前教育专业，获教育学学士学位，目前在西北师范大学教育学院读硕士。2007年11月晋升为讲师。自2002年在河西学院任教以来，先后承担儿童文学、学前儿童艺术教育、学前卫生学、幼儿文学、教学设计原理、教育学、教育心理学等课程的教学任务。

0916　周彦军

性　　别：男

出生年月：1978-02-28

民　　族：汉族

政治面貌：民主党派

职　　称：副高

学　　历：大学本科

所在单位：河西学院外语学院

成　　就：参编教材1部。

简　　介：1997年9月—2001年6月西北师范大学外语系学习；2001年7月—2002年7月河西学院英语系任教；2002年8月—2006年11月河西学院英语系任教；2006年11月—2012年12月河西学院英语系任教讲师；2006年12月至今河西学院外国语学院任教。

0917 王莉

性　　别：女
出生年月：1975-08-15
民　　族：汉族
政治面貌：中共党员
职　　称：副高
学　　历：硕士研究生
所在单位：河西学院教师教育学院
成　　就：主持并完成校级课题2项；主持并完成省教育科学规划办课题1项；主持省教育厅课题一项；作为第一副主编参编专著一部，其个人完成10万字；发表核心期刊论文3篇。
简　　介：1992年考入张掖中等师范学校；1996年被保送到西北师范大学教科院学习；2000年6月毕业于西北师大教科院学校教育学专业，获教育学学士学位；2010年毕业于西北师大教育学院课程与教学论专业，获教育学硕士学位；自2000年到河西学院任教以来，先后承担教育学、教育心理学、小学语文课程与教学、课程与教学论、教育原理、班主任工作技能训练等课程的教学任务。

0918 张泽锋

性　　别：男
出生年月：1970-03-03
民　　族：汉族
政治面貌：中共党员
职　　称：副高
学　　历：大学本科
所在单位：河西学院政法学院
成　　就：获地厅级以上2次科研奖励，发表核心期刊论文2篇。
简　　介：1989年9月—1993年6月在西北师范大学学习；1993年6月—1994年10月张掖师专见习教师；1994年11月—1999年12月张掖师专政史系助教；2000年1月—2007年8月河西学院讲师 2007年9月—河西学院副教授；2011年6月—2014年6月河西学院政法学院院长助理；2014年6月始任河西学院政法学院（马克思主义学院）副院长。

0919 张秀英

性　　别：女
出生年月：1969-03-03
民　　族：藏族
政治面貌：群众
职　　称：副高
学　　历：大学本科
所在单位：河西学院外语学院
成　　就：发表论文10余篇。
简　　介：1990—1994在西北师范大学外国语学院学习；1994年6月—现在，在河西学院外国语学院任教；2014年在西北师范大学获得英语语言学硕士学位。

0920 武鸿钧

性　　别：男
出生年月：1969-11-15
民　　族：汉族
政治面貌：中共党员
职　　称：副高
学　　历：硕士研究生
所在单位：河西学院历史文化与旅游学院
成　　就：主持教育厅项目1项，校级项目3项。所主讲的课程有：世界现代史、世界当代史、世界近现代史、世界史专题讲座、当代世界政治经济与国际关系、旅游资源学、中国旅游地理、中国旅游客源国概况等专业基础课。并开设全校性公共通识教育选修课西方文化史选讲，取得了较好的教学效果。
简　　介：1992年7月自西北师范大学历史

教育专业毕业，获历史学士学位，同年分配至张掖师专（现河西学院）工作；2002年9月至2005年6月在兰州大学历史文化学院攻读历史学世界史专业亚太地区政治经济与国际关系方向硕士研究生学位，2005年6月毕业并获历史学硕士学位；自1992年7月工作至今，主要从事与世界史方面课程和旅游管理方面课程的教学与研究工作。

0921 张彦军

性　　别：男

出生年月：1977-10-11

民　　族：汉族

政治面貌：民主党派

职　　称：副高

学　　历：硕士研究生

所在单位：河西学院教师教育学院

成　　就：参与课题4项，发表论文10余篇。

简　　介：2001年7月参加工作。讲师、硕士，国家三级心理咨询师。研究方向为发展与教育心理学。

0922 王焰

性　　别：女

出生年月：1970-01-12

民　　族：汉族

政治面貌：民主党派

职　　称：副高

学　　历：大学本科

所在单位：河西学院外语学院

成　　就：出版编著、专著和教材4部；发表核心论文4篇；获2013年张掖市社科奖教育类一等奖一次。

简　　介：1995年6月毕业于西北师范大学英语系；1995年7月到河西学院英语系任教至今；2002年—2005年在西安外国语大学攻读硕士学位；2006年晋升为副教授。研究方向为应用语言学和英语教学。

0923 郭秀娟

性　　别：女

出生年月：1972-09-11

民　　族：汉族

政治面貌：民主党派

职　　称：副高

学　　历：硕士研究生

所在单位：河西学院外语学院

成　　就：发表核心期刊1篇，主要讲授英语语言学、英语词汇学、英语应用文写作及英语学术论文写作等课程。曾主持和参与多项研究课题，参与完成的课题先后荣获河西学院2009年度及2011年度教学成果二等奖和三等奖。此外，还荣获教学优秀奖、教育实习先进个人、甘肃省第八届"挑战杯"优秀指导教师、外研社杯英语演讲大赛及写作大赛优秀指导教师等荣誉称号，发表论文多篇，出版专著一部，主编教材1部。

简　　介：1991—1995年在西北师大外语系学习，获得学士学位；2004年9月至2007年7月在西安外国语大学读研，获得硕士学位；1995年8月—1999年7月在高台县第一中学任教；1999年8月至今在河西学院外国语学院任教。

0924 韩燕

性　　别：女

出生年月：1980-03-08

民　　族：汉族

政治面貌：中共党员

职　　称：副高

学　　历：大学本科

所在单位：河西学院外语学院

成　　就：近年来在省级以上刊物发表论文10余篇，参与出版专著1部，并主持和参与多项科研课题。先后获得首届"外教社杯"全国大学英语教学大赛甘肃赛区复赛综合课组优胜奖及河西学院第十二届教学优秀奖等荣誉。

简　　介：2002年毕业于西北师范大学；2011—2014年于四川外国语大学攻读硕士学位；自2002年起在河西学院工作至今。主要研究方向为语用学及中外文化比较；主讲大学英语。

0925 李红英

性　　别：女

出生年月：1966-10-18

民　　族：汉族

政治面貌：群众

职　　称：副高

学　　历：大学本科

所在单位：陇南师范高等专科学校

成　　就：省级刊物论文4篇。

0926 李贵生

性　　别：男

出生年月：1968-11-08

民　　族：汉族

政治面貌：民主党派

职　　称：副高

学　　历：硕士研究生

所在单位：河西学院文学院

成　　就：获2012年甘肃省社科成果二等奖；主持国家社科基金项目《河西走廊民间口头说唱文学研究》（13BZW157）；出版专著1部，共完成38万字；发表核心期刊论文2篇。近年来主要从事河西方言与民俗研究，在河西方言研究、河西民俗研究、传统汉语言文字学研究等方面均有论文发表。近年来在《华南农业大学学报》（社会科学版）《语文学刊》《青海民族大学学报》《宝鸡文理学院学报》《河西学院学报》等刊物发表论文10多篇，2011年3月出版专著《凉州贤孝唱词整理与研究》（甘肃人民出版社）。

简　　介：1988年7月毕业于武威师范；1988年7月至2002年8月在武威市凉州区张义镇任教；2002年9月至2005年6月在西北师范大学攻读汉语言文字学专业硕士学位研究生；2005年7月至今在河西学院文学院工作，现任文学院副教授，主要讲授语言学概论、文字学、汉语基础等课程。

0927 胡湘辉

性　　别：女

出生年月：1970-03-11

民　　族：汉族

政治面貌：中共党员

职　　称：副高

学　　历：硕士研究生

所在单位：河西学院外语学院

成　　就：发表论文10余篇。

简　　介：1989年9月—1993年6月在西北师范大学外语系上大学；1993年9月至今在甘肃省河西学院（原张掖高等师范专科学校）任教；1993年6月—1994年6月在张掖市第一中学见习；1994年1月—1999年6月在河西学院（原张掖高等师范专科学校）任助教；1999年9月—2006年8月在河西学院任讲师；2006年8月至今，在河西学院任副教授，任外国语学院语音语法教研室主任；2010年1月—2012年2月受国家汉办委派，在俄罗斯布里亚特国立大学任教，并在该大学英语系攻读硕士学位。

0928 贾小军

性　　别：男

出生年月：1979-10-09

民　　　族：汉族
政治面貌：中共党员
职　　　称：副高
学　　　历：博士研究生
所在单位：河西学院历史文化与旅游学院
成　　　就：获甘肃省社科成果一等奖1次、二等奖1次，甘肃省高校社科成果奖二等奖2次、三等奖1次，甘肃省社科院青年社科优秀成果一等奖1次；发表核心期刊论文2篇。先后主持2014年度国家社会科学基金西部项目"汉唐时期河西走廊墓葬壁画整理研究"、2012年度教育部人文社会科学研究青年基金项目"魏晋十六国河西镇墓文、墓券整理与研究"、2013年甘肃省社科规划项目"魏晋十六国河西墓葬壁画分类整理与研究"等，参与国家社科基金项目、教育部人文社会科学项目、甘肃省社科基金项目、甘肃省教育厅科研项目多项。
简　　　介：现为河西学院历史文化与旅游学院副教授，西北师范大学历史文化学院在读博士研究生。主要从事魏晋南北朝史、西北边疆史、河西史地、考古学的教学和科研工作。

0929　段国正

性　　　别：男
出生年月：1957-12-01
民　　　族：汉族
政治面貌：群众
职　　　称：副高
学　　　历：大学本科
所在单位：河西学院政法学院
成　　　就：获地厅级以上1次科研奖励，发表核心期刊论文5篇，专著1部。
简　　　介：1978年至1981年底在西北师大历史系读本科；1982年至1985年夏在89720部队中学任教；1985年9月2017年在张掖河西学院任教（其间，于1997—1998学年在北京大学历史学系作访学）。

0930　钱秀琴

性　　　别：女
出生年月：1974-10-09
民　　　族：汉族
政治面貌：中共党员
职　　　称：副高
学　　　历：大学本科
所在单位：河西学院文学院
成　　　就：近年来主要从事河西方言及中国现当代文学的研究，在《名作欣赏》《河西学院学报》等刊物发表论文10余篇，参编专著一部（《凉州贤孝唱词整理与研究》，于2011年3月由甘肃人民出版社出版，获甘肃省高校社科成果二等奖）；参与国家社科规划基金项目2项，甘肃省教育厅科研课题1项，曾荣获河西学院"优秀班主任"、"教学优秀奖"、"教师技能竞赛二等奖"、"大学生挑战杯"优秀指导教师等奖项。
简　　　介：现任河西学院文学院副教授，省级普通话测试员。主要讲授现代汉语、教师口语、演讲与口才等课程。

0931　雒进才

性　　　别：男
出生年月：1967-04-16
民　　　族：汉族
政治面貌：中共党员
职　　　称：副高
学　　　历：硕士研究生
所在单位：河西学院教师教育学院
成　　　就：在《宁波大学学报》《西北师范大学学报》《黑龙江高教研究》《中小学管理》等刊物上发表学术论文多篇，曾参撰《地方多科性大学办学模式研究》、《教师口语训练教程》等著作。现主持《语文课程与教学论》校级重点课程建设工作。

简　　介：河西学院教育学院副院长，中国教育学会语文教学法专业委员会会员。现任教师教育学院副院长。

0932 马富成

性　　别：男

出生年月：1976-11-06

民　　族：回族

政治面貌：中共党员

职　　称：副高

学　　历：硕士研究生

所在单位：河西学院教师教育学院

成　　就：先后在《内蒙古师范大学学报》等刊物发表科研论文近10篇。参编教材1部，获校级教学成果奖1项。主要从事学前课程与教学、学前儿童心理健康教育与学前教师教育的教学与研究工作。

简　　介：2001年西北师范大学教育学院学前教育专业毕业，2012年陕西师范大学教育学院学前教育学专业毕业，获教育学硕士学位。自2001年参加工作以来，先后承担教育学、教育心理学、学前心理学、学前教育学、学前教育管理学等课程的教学任务。

0933 张晓兵

性　　别：男

出生年月：1976-01-24

民　　族：汉族

政治面貌：中共党员

职　　称：副高

学　　历：大学本科

所在单位：河西学院经管学院

成　　就：发表论文10余篇。

简　　介：2000年7月毕业于甘肃农业大学经济贸易系，主讲管理学、运营管理、项目管理等课程，主要从事企业管理方面的研究工作。

0934 李丽

性　　别：女

出生年月：1980-05-04

民　　族：汉族

政治面貌：中共党员

职　　称：副高

学　　历：大学本科

所在单位：河西学院历史文化与旅游学院

成　　就：从教十年来，先后承担过"旅游学"、"饭店管理"、"餐饮管理"、"菜点酒水知识"、"导游业务"等课程的教学。主要研究方向为生态旅游、饭店管理。主持并参与省级、校级科研项目多项，出版《旅游心理学》教材1部，在《吉首大学学报》《河西学院学报》等省级以上学术刊物发表论文13篇。一直以来参与旅游管理实验室的全面建设，负责专业实验教学与日常管理，同时积极承担张掖市各县区及内蒙古阿右旗旅游技能的社会培训工作。

简　　介：河西学院历史文化与旅游学院酒店管理教研室主任，旅游管理实验室主任，酒店管理专业学科带头人，副教授。2002年西北民族大学经济管理学院旅游管理专业本科毕业，获得管理学学士学位；2008年—2011年在桂林理工大学旅游学院学习，获管理学硕士学位。

0935 李玉敏

性　　别：女

出生年月：1975-10-18

民　　族：汉族

政治面貌：群众

职　　称：副高

学　　历：硕士研究生

所在单位：河西学院经管学院

成　　就：主持完成省教育厅研究生导师项目一项、河西学院青年教师科研基金项目一项，参与省教育科学"十一五"规划项目、河西学院教学方法改革项目等省、厅、校级教学科研项目4项。出版专著一部、主编教材一部，先后在《财会通讯》《商业会计》《绿色财会》《中国管理信息化》等核心刊物和省级刊物志发表学术论文10余篇。

简　　介：1995—1999年就读于西南民族大学会计学本科专业，获经济学学士学位；2007—2010年，就读于兰州商学院会计学研究生专业，获管理学硕士学位；现主要从事会计学的教学与研究工作，担任会计学、电算会计、成本会计、管理会计、会计综合模拟实训等课程的教学工作。

0936　牛毅琴

性　　别：女

出生年月：1971-07-08

民　　族：汉族

政治面貌：中共党员

职　　称：副高

学　　历：大学本科

所在单位：河西学院政法学院

成　　就：获地厅级以上2次科研奖励，发表核心期刊论文2篇。现主讲课程有《中国政治思想史》《西方政治思想史》《思想政治教育学原理》等。参编教材一部，参与课题及指导学生论文三次获省级奖，发表科研论文10余篇。多次被评为河西学院"优秀班主任"、"河西学院优秀共产党员"，2011年评为河西学院首届"师德标兵"，2013年评为河西学院第二届学生心目中"我最喜爱的老师"。

简　　介：1994年本科毕业于西北师大政教系；1994年7月来校任教；2006年6月在上海交通大学获得法学硕士学位；同年8月晋升副教授。现为河西学院政法学院副教授，担任政法学院实践教学指导中心教研室主任。

0937　杨春黎

性　　别：女

出生年月：1978-02-25

民　　族：汉族

政治面貌：群众

职　　称：副高

学　　历：大学本科

所在单位：政法学院

成　　就：河西学院校级教学技能奖励两次；主持校级教学方法改革项目一项，完成厅级项目一项；参编专著1部，完成8万多字。

简　　介：1998年9月至2002年6月在甘肃政法学院学习，取得学士学位；2011年5月至2014年10月在兰州大学学习，取得硕士学位；2002年9月至今在河西学院工作。

0938　王万兵

性　　别：男

出生年月：1969-10-21

民　　族：汉族

政治面貌：中共党员

职　　称：副高

学　　历：大学本科

所在单位：河西学院外语学院

成　　就：发表论文10余篇。

简　　介：1992年7月毕业于西北师范大学英语系，获英语语言文学学士；2001年在西北师范大学外国语学院进行学习，并于2004年获得英语语言文学专业硕士学位；自1992

年以来，在河西学院外国语学院工作至今。

0939 孔德播
性　　别：男
出生年月：1968-06-20
民　　族：汉族
政治面貌：中共党员
职　　称：副高
学　　历：硕士研究生
所在单位：河西学院政法学院
成　　就：获地厅级以上科研奖励4次，发表核心期刊论文3篇。撰写专著《现代法理学》和《刑事侦查程序中的沉默权》等论文20多篇。
简　　介：曾任河西学院管理系副主任、经济管理系副主任、甘肃省法学会会员、河西学院法律顾问。2011年考入兰州大学管理学院攻读行政管理博士学位，现任河西学院政法学院党总支书记，法学副教授。主讲刑法学、行政法学等课程。主要从事法学教学和研究等工作，先后为张掖市各级行政机关职员和企事业单位做行政管理和法律讲座多场。

0940 周晓云
性　　别：女
出生年月：1965-11-21
民　　族：汉族
政治面貌：中共党员
职　　称：副高
学　　历：大学本科
所在单位：河西学院文学院
成　　就：主持完成甘肃省教育厅社科项目1项；参编专著或教材5部，共完成200万字；发表核心期刊论文1篇。发表学术论文10多篇，参编教材多部。主持完成省教育厅社科项目一项。多次获得"优秀班主任"、"教学优秀奖"、"优秀教研室主任"、"优秀党员"、"巾帼建功"先进个人等荣誉称号。
简　　介：主要承担语文教育学、语文教学技能训练、新课程的理念与创新的教学工作。是教师教育国家级精品课程《中学语文课程与教学设计》的主讲教师。任中国教育学会中学语文教学研究会单元教学研究中心理事、甘肃省教育学会中学语文教学专业委员会常务理事和学术委员会副主任委员以及"甘肃省骨干教师培训"、国培计划"中西部农村骨干教师培训项目"语文学科教师培训者。

0941 朱丽华
性　　别：女
出生年月：1966-07-04
民　　族：汉族
政治面貌：群众
职　　称：副高
学　　历：大学本科
所在单位：甘肃省张掖市甘州区北街小学
成　　就：在多年的工作中，教育教学效果显著。获得张掖市"教改实验优秀教师"称号；多次成功地承担了全市和全区教学示范课并获奖。1994年被评为甘肃省优秀教师，并获甘肃省"园丁奖"。2000年被评为甘肃省首批骨干教师。2001—2010年连续4届被中共张掖市委授予"市管专业技术拔尖人才"称号。2013年荣获"甘州名师"荣誉称号。2000年作为中国青年优秀教师代表到日本进行了参观学习。
简　　介：中学高级教师，现在张掖市甘州区北街小学任教。

0942 席彩霞
性　　别：女

出生年月：1967-12-25
民　　族：藏族
政治面貌：中共党员
职　　称：副高
学　　历：大学本科
所在单位：张掖市甘州区南关学校
成　　就：2001年取得张掖市优秀教师称号。2006年，荣获甘州区模范班主任称号。2008年荣获甘肃省"园丁奖"和甘州区"师德标兵"称号。2010年获甘肃省教科文卫工会"师德标兵"荣誉。2002年当选张掖市第一届人大代表。2011年当选为政协张掖市第三届委员。2010年，被甘州区妇联、甘州区工委评为"十佳优秀母亲"。2003年起，连续五年被张掖电力聘请为业余监督员。2010年，经推选，被张掖市公安局和交警大队聘请为"文明交通形象大使"，在承担社会工作中，能认真履职，受到聘任单位好评。
简　　介：1987年参加工作，先后在甘州区三闸乡第二中学、甘州区青西小学、甘州区青西中学甘州区南关学校从事教学和班主任工作。

0943　董玉梅

性　　别：女
出生年月：1971-06-23
民　　族：汉族
政治面貌：民主党派
职　　称：副高
学　　历：大学本科
所在单位：张掖市第一中学
成　　就：2002年被甘州区委区政府表彰为"优秀教师"。2010年获得学校"巾帼爱岗敬业奖"荣誉称号。2011年被张掖市委、市政府表彰为"全市优秀专业技术人才"。2002—2012年辅导学生参加全国中学生英语能力竞赛中多次获得国家级、省级优秀辅导教师荣誉，共有30多名学生获奖。2006年参与课题《初中英语学困生对策》研究，获张掖市基础教育科研成果一等奖。2011年撰写论文《英语教师如何解决学生学习中两极分化问题》发表在《甘肃职业与成人教育》2011年第6期。2012年被张掖市教育局授予"张掖市教师培训英语学科主讲教师"。2012年被甘肃省政府授予"甘肃省园丁奖"。
简　　介：中学一级教师，1992年7月参加工作。长期从事初中英语教学工作。

0944　张向阳

性　　别：男
出生年月：1953-01-16
民　　族：汉族
政治面貌：中共党员
职　　称：副高
学　　历：大学本科
所在单位：张掖市职教中心
成　　就：1996年被评为甘肃省优秀教师授予"园丁奖"。张向阳先后兼任甘肃省中等职业教育教学指导委员会委员、张掖市高评会成员、张掖中华职教社副主任、张掖市政府兼职督学、张掖市中职学校联校教研财经组组长、甘州区城乡劳动力职业技能培训中心办公室主任、甘州区初级职称评审委员会委员、《职教论坛》特约评论员等社会职务。张向阳工作之余坚持写作，有多篇文学作品在市级以上报刊发表。
简　　介：1973年3月参加工作，1983年6月张掖师范专科学校中文系毕业；1988年甘肃教育学院中文系毕业。参加工作后先在张掖县沙井镇寺儿沟学校任教，担任初中语文教学和班主任工作；1981年9月调入张掖市第二农业中学任教，担任高中语文教学工作；1984年2月任张掖市第二农业中学副校长；1991年6月任市第二农业中学校长；1993

年8月调任张掖市第一农业中学校长兼党支部书记；1996年8月任张掖市职教中心副校长。

0945 郑飞

性　　别：男
出生年月：1969-03-18
民　　族：汉族
政治面貌：中共党员
职　　称：副高
学　　历：大学本科
所在单位：张掖市甘州区西街小学
成　　就：1996年被评为张掖市"十佳青年教师"，2000年评为"张掖地区优秀教师"，2004年被张掖市人民政府评为"张掖市学术技术带头人"（甘肃省555人才工程第三层次人选），2012年被评为"甘肃省'两基'工作先进工作者"，2013年被张掖市委、市政府评为"优秀校长"。撰写的《小学生自学能力的培养》《新课程改革与教育教学管理改革》等13篇论文分别在《甘肃教育》《甘肃教育督导》《教育革新》和《张掖教研》等刊物上发表；参与、主持的《小学"异步教学法"推广试验研究》《开展主体实践活动，全面落实德育目标》等5项课题分别荣获市、区基础教育科研优秀成果奖一、二、三等奖。
简　　介：1988年8月张掖师范毕业分配到党寨中心学校任教；1991年8月调入西街小学；1997年9月任副校长；2002年3月任校长。

0946 谢生国

性　　别：男
出生年月：1959-06-19
民　　族：汉族
政治面貌：中共党员
职　　称：副高
学　　历：大学专科
所在单位：甘州区平山湖中心学校
成　　就：先后获得乡级先进工作者、优秀党员、道德模范、优秀共产党员、先进教育工作者、优秀教师、统战工作先进个人共7次；区级团委、总工会、教育局评选的优秀团员、优秀教师、优秀辅导员、工会积极分子共5次，市级优秀教师、民族团结进步先进个人2次，省级民族团结进步模范个人1次。2010年甘州电视台在《今晚有约》栏目专题报道了他的事迹。2006年被评为全省民族团结进步模范个人。
简　　介：1976年3月参加教育工作，1981年3月担任副校长，1983年9月担任校长。1976年3月兼任总会计到2002年8月，1998年7月兼任教育支部书记，2002年8月任中心学校校长兼支部书记，曾当选为中共甘州区第一届党代表。

0947 于得才

性　　别：男
出生年月：1942-11-18
民　　族：汉族
政治面貌：中共党员
职　　称：副高
学　　历：大学专科
所在单位：张掖市第二中学
成　　就：1988年被评为优秀党员，受张掖市直机关党委奖励。1990年被评为先进工作者，受市教委奖励。1991年被评为优秀党员，受市教委总支奖励。1991年获甘肃省"园丁奖"，受甘肃省委、省政府奖励。
简　　介：1964年参加工作，于2003年退休。

0948 王斌

性　　别：男
出生年月：1949-10-07

民　　　族：汉族
政治面貌：中共党员
职　　　称：副高
学　　　历：大学本科
所在单位：张掖市第二中学
成　　　就：在教学生涯的几十年中，他撰写教学论文 30 多篇。参编《甘肃省中学生优秀作文选》《中学语文现代词语 2000 例》，主编《张掖二中校志》。多次评为地市先进教师，1996 年获甘肃省园丁奖。2004 年获全国模范教师称号，同年被教育部选派为中华人民共和国访美教师代表团成员赴美国考察。
简　　　介：1968 年插队下乡，从事教育工作 44 年。连续高三语文教学 23 年。曾任跃进学校校长、和平中学副校长、张掖四中语文组长、高三年级组长、张掖二中政教主任、办公室主任、校长助理。2009 年—2012 年被聘为甘肃张掖育才技工学校副校长。2013 年退休。

0949　任文玉

性　　　别：女
出生年月：1969-01-25
民　　　族：汉族
政治面貌：群众
职　　　称：副高
学　　　历：大学本科
所在单位：张掖市甘州区西街小学
成　　　就：2003 年荣获甘州区青年教师优质课评选语文学科一等奖；2006 年张掖市优质课评选中荣获语文学科二等奖。2003 年被评为甘州区"师德标兵"，2008 年被评为甘肃省"师德标兵"；2011 年被河西学院聘为"国培计划"甘肃省农村中小学骨干教师培训的指导老师；2013 年被评为首届"甘州名师"；2014 年又被评为"区级骨干教师。"在省、地级刊物发表论文多篇。参与的课题《与新课改相适用的小学语文作业设计与研究》获张掖市第五届基础教育科研成果二等奖；参与的课题《小学生常见心理问题矫正措施与研究》获甘州区第五届基础教育科研优秀成果一等奖；自己主持的课题《小学高年级作文教学有效性的实践研究》已被立项为甘肃省教育科学"十二五"规划课题。
简　　　介：从 1988 年走上讲台，一直从事小学高年级语文教学。

0950　于岩梅

性　　　别：女
出生年月：1967-06-22
民　　　族：汉族
政治面貌：中共党员
职　　　称：副高
学　　　历：大学本科
所在单位：张掖市第四中学
成　　　就：2012 年获甘肃省优秀教师"园丁奖"，2004 年评为甘肃省第四届"青年教学能手"，先后获得省教改课二等奖、区教改课三等奖、全国中学生英语能力竞赛"优秀指导教师"奖、"甘州名师"、甘州区"优秀教师"、"模范班主任"、"十佳百杰青年教师"、连续获得学校"优秀教师"、"模范班主任"、"育才先锋"、"学生心目中的好老师"等荣誉。2011 年被聘为"国培计划"甘肃省农村中学骨干教师培训教师，并在多家报纸杂志发表论文，其中《浅谈中学英语词汇教学的艺术》在《现代教育教研》被评为一等奖。主持的课题《独生子女心理健康教育研究》获市级二等奖。
简　　　介：1988 年参加工作，担任班主任工作 23 年。

0951 王兰芳

性　　别：女
出生年月：1948-11-10
民　　族：汉族
政治面貌：中共党员
职　　称：副高
学　　历：中专
所在单位：甘肃省张掖市甘州区北街小学
成　　就：在省、地级刊物发表论文多篇。课题《以"减负"为龙头 全面实施素质教育的研究》1999年获张掖市第三届基础教育科研优秀成果一等奖，2000年获甘肃省第三届基础教育科研优秀成果一等奖。1997年评为甘州区教育系统优秀共产党员；1995年7月—2001年8月担任张掖市小学高级教师评审委员会委员；1999年评为甘州区优秀教育工作者；2002年评为张掖市学校对口支援先进个人；1990年荣获甘肃省优秀辅导员称号；1999年获全国异步教学改革优秀指导者称号。2000年评为甘肃省优秀教师，特授予甘肃省"园丁奖"；2001年参加甘肃省教育考察团赴台湾考察。名列《中国当代教育家辞典》。2003年评为甘肃省特级教师。2004年1月退休。
简　　介：1967年7月毕业于张掖师范，小学高级教师。先后在甘州区和平乡、梁家墩镇、民族小学、北街小学任教。

0952 黄岳年

性　　别：男
出生年月：1960-07-18
民　　族：汉族
政治面貌：中共党员
职　　称：副高
学　　历：硕士研究生
所在单位：张掖市第四中学
成　　就：1999年被评为甘肃省优秀教师，获"园丁奖"，先后获甘肃省青少年科技创新活动先进个人、甘肃省绿色学校工作优秀教师、张掖地区十佳优秀教师、张掖地区新长征突击手、张掖市跨世纪学术带头人和优秀教师、模范班主任等省、市、区校荣誉称号。是省、市、区骨干教师。先后在省、地级刊物发表论文多篇。
简　　介：1978年参加工作后，一直从事教育工作。1996年起担任张掖四中副校长。作为优秀教师代表，曾参加省委省政府组织的优秀教师座谈会，赴外参访团。

0953 贾红元

性　　别：男
出生年月：1963-04-15
民　　族：汉族
政治面貌：中共党员
职　　称：副高
学　　历：大学本科
所在单位：张掖市甘州区南关学校
成　　就：1998年评为甘肃省优秀教师获"园丁奖"，甘肃省骨干教师，甘肃省青年教学能手，张掖市初高中语文优质课一等奖获得者，甘肃省高中语文优质课一等奖获得者。2001年被评为甘肃省中小学"青年教学能手"，2002年被确定为甘肃省"中小学省级骨干教师"，2005年获"甘肃省高中语文课堂教学竞赛一等奖"。
简　　介：中学高级教师。南关学校党支部书记兼副校长。

0954 杨一木

性　　别：男
出生年月：1956-10-18
民　　族：汉族
政治面貌：中共党员
职　　称：副高

学　　历：大学专科

所在单位：张掖市职教中心

成　　就：1992年被张掖地委行署评为先进教育工作者，2002年被评为甘肃省优秀教师并被授予甘肃省"园丁奖"，2005年被中国职业技术教育学会等机构评为全国职业院校杰出校长，2008年被评为甘肃省职业教育先进工作者。重视教育科研，先后在省级以上刊物上发表教育教学论文5篇，负责完成的国家级课题"中等职业学校教学过程控制研究"，2005年8月获一等奖；主编《中职生就业教育导航》和《中职生优秀作文选评》由兰州大学出版社出版发行。

简　　介：中学高级教师。1987年7月毕业于甘肃广播电视大学政治专业；1977年10月参加工作；曾任教于张掖市第一中学，先后担任市一中教导干事、政教主任、党支部副书记、书记，1999年3月起任张掖市职教中心党委书记、校长，兼任甘肃省政府督学。

0955　王建军

性　　别：男

出生年月：1964-03-23

民　　族：汉族

政治面貌：中共党员

职　　称：副高

学　　历：大学本科

所在单位：张掖市第二中学

成　　就：先后被评为全国优秀教师，甘肃省中小学骨干教师，张掖市跨世纪学术技术带头人，张掖市优秀教师，张掖市优秀班主任，张掖市"十佳"青年教师，甘州区优秀党员等。近年来在省级以上刊物发表论文十多篇；指导的青年教师参加优质课比赛获省市级一等奖；主持省级以上立项课题5项，其中获省、市级一等奖3项。主编、参编校本培训教材与教师论文集5本。

简　　介：中学高级教师。任张掖二中教导处副主任。兼任张掖市高中数学学会常务理事、甘州区中学数学教学研究会副会长。

0956　邵富存

性　　别：男

出生年月：1955-09-20

民　　族：汉族

政治面貌：中共党员

职　　称：副高

学　　历：大学本科

所在单位：张掖市第四中学

成　　就：1998年评为甘肃省优秀教育工作者获"园丁奖"，曾被教育部和国家环保总局授予全国绿色园丁奖以及张掖市十佳校长。先后在甘肃省张掖市第六中学、第一中学、第四中学和金觻中学担任校长二十五载有余，著书《学校教育与管理》和校本教材《教学简笔划》，并在省级以上刊物先后发表教育教学论文20余篇，承担并主持研究国家级科研课题一项，省级科研课题二项并获奖。1999年6月代表甘肃省出席了党中央国务院召开的全国教育工作会议，受到江泽民、胡锦涛等党和国家领导人的接见。2004年应邀参加了首届中国教育家大会受到韩启德副委员长的接见。2002年创办了张掖市乃至甘肃省最大的民办中学——金觻中学。

简　　介：中学高级教师。先后在甘肃省张掖市第六中学、第一中学、第四中学和金觻中学担任校长二十五载有余。

0957　刘勇

性　　别：男

出生年月：1956-05-15

民　　族：汉族

政治面貌：中共党员

职　　称：副高
学　　历：大学本科
所在单位：张掖市职教中心
成　　就：1995年被原张掖地委、行署授予"优秀德育工作者"称号。1998年被甘肃省委、省政府评甘肃省优秀教师，授予甘肃省"园丁奖"。2004年被张掖市人民政府授予"张掖市学术技术带头人（甘肃省555人才工程第三层次人选）"称号。2006年被甘州区委、区政府授予"精神文明建设先进个人"称号。曾在《张掖日报》、《西北职教》等报刊发表多篇论文，2001年参加张掖市委宣传部组织的"思想政治工作大家谈"征文大赛，论文《学校思想政治工作要突出"三性"》获得三等奖并入选《思想政治工作之路》。2006年论文《平凡的工作，闪光的事业》参加《班主任》杂志"中等职业学校提高德育实效论坛"并获一等奖。
简　　介：1976年3月参加工作；1979年9月张掖师范学校中师班毕业；1998年12月中央党校党政干部专业毕业，曾先后在张掖县青西小学、南关小学任教；1986年8月调入张掖市职业中学任教，并多年担任班主任；1993年8月至1995年8月任张掖市职业中学政教处主任，1995年9月至1997年2月任张掖市职业中学教导处副主任，1997年3月至2007年5月任中共张掖市职教中心委员会委员、张掖市职教中心学生科副科长，主持学生科工作，负责学生教育管理与德育工作；2007年5月至2014年5月任中共张掖市职教中心委员会委员、校长助理。

0958　裴新英

性　　别：女
出生年月：1946-04-05
民　　族：汉族
政治面貌：中共党员
职　　称：副高
学　　历：大学专科
所在单位：张掖市第二中学
成　　就：连续17年被评为学校"优秀教师"或"模范班主任"。1988年被市委、市政府评为"模范班主任"。1989年被市教委评选为"学校思想政治工作先进个人"，并荣获"优秀共产党员"荣誉。1992年被甘肃省委、省政府评为"优秀教师"，荣获"园丁奖"。1996年再次被市教委评为"优秀党员"。1987年所带班级团支部因工作突出，被授予省级"优胜团支部"称号，其支部书记被评为地区级"优秀团干部"。1988年所带的文科班应届考生的高考入学率达66.6%，创张掖市应届班高考入学率的最佳纪录。所撰写的论文《高中英语总复习初探》在城区高考研讨会上交流并发表在《张掖教研》上。
简　　介：1966年毕业于甘肃教育学院英语科，1967年经国家统一分配至张掖二中工作（因文革，在校待分配一年），直至退休，在校工作35年。担任班主任27年。此间有32年一直在教学第一线，退休前三年离开教学岗位，专事行政管理。曾负责学校团委工作多年。历任年级组长、教研组长、教导主任、政教主任。退休前任学校工会主席。1987年首次实行技术职务评聘制时，被评聘为中学一级教师。1992年又被评聘为中学高级教师。

0959　彭肃

性　　别：男
出生年月：1969-04-28
民　　族：汉族
政治面貌：中共党员
职　　称：副高
学　　历：硕士研究生

所在单位：张掖市甘州区党寨中心学校

成　　就：先后荣获过"张掖地区优秀教师""张掖市教育行业十佳青年""全市优秀教师""张掖市优秀共产党员""张掖市教研教改先进个人"等荣誉称号，两次荣获过市、区优质课奖，曾获"市级骨干教师""张掖市学术技术带头人""甘肃省骨干教师""甘肃省优秀教师"荣誉。2002年主持的"张掖市党寨中学教学改革实验"课题成果获甘肃省第三届基础教育教学科研优秀成果一等奖，2006年主持的"农村初中自学能力的培养研究"课题成果获张掖市哲学社会科学优秀成果二等奖，2006年主持的课题"农村初中快速实现现代远程教育项目效益的实践研究"通过省级鉴定，获张掖市第七届基础教育优秀成果二等奖。2008年，参与主持的课题"农村学校改善艺术教育实施条件研究"荣获全国农村学校艺术教育实验二级课题研究成果评选二等奖。参与课题"中学生心理健康教育实验研究"荣获省教育厅基础教育科研成果第二届优秀成果一等奖。在工作实践中，或主持或参与的多项课题在市级以上教育行政部门和学术团体评奖中获奖，截至2014年2月，有十多篇论文在地、市级以上刊物上发表。被河西学院教育系聘为客座讲师，河西学院教育科学研究所兼职研究员。

简　　介：1988年8月张掖师范毕业，系甘州区党寨中心学校校长，大学本科学历，教育硕士学位。从事初中语文教学26年，中学高级教师。

0960　裴涛

性　　别：男

出生年月：1967-08-26

民　　族：汉族

政治面貌：中共党员

职　　称：副高

学　　历：大学本科

所在单位：山丹县委党校

成　　就：论文《创新党校教育，构筑区域性终身教育基地》获甘肃省党校系统第四届教学科研成果优秀奖。论文《西部欠发达地区乡镇机构改革的思考——以甘肃山丹为例》获甘肃行政学院系统"推进行政管理体制改革与转变地方政府职能"征文二等奖。在省、地级刊物公开发表论文多篇。

0961　龙作联

性　　别：男

出生年月：1966-12-01

民　　族：汉族

政治面貌：中共党员

职　　称：副高

学　　历：大学本科

所在单位：山丹县委党校

成　　就：在全国第三届语文教师范文写作比赛中，论文《大沙河杏树林》被中国教育学会小学语文教学研究会评为三等奖。论文《怎样引导学生课外阅读》被中央教育科学研究所评为"全国基础教育研究优秀论文"，收入《中国基础教育改革论丛》。2003年论文《山丹县发展亚麻加工业的优势及对策》（合著）收入《当代社会科学文库》，获甘肃省党校系统第四届优秀科研成果三等奖。在省、地级刊物上发表论文多篇。

0962　邢波

性　　别：男

出生年月：1961-10-06

民　　族：汉族

政治面貌：中共党员

职　　称：副高

学　　历：大学专科

所在单位：民乐县委党

成　　就：出版发行的《中国当代农村改革发展战略》《加强党的执政能力建设全面提高党的执政水平》中担任主编、副主编，撰写了多篇论文在《西部教育参考》《张掖市第二届社会科学优秀成果获奖作品集》《21世纪教育改革与发展文献》《中国优秀教师创新教育思想宝库》《黑河论坛》《党校教育动态》等刊物上发表；2007年获得全市党校系统骨干教师培训班"精品课"教学优秀奖，2008年获全省党校系统优秀教师称号；2009年获张掖市第二届社会科学优秀成果三等奖，2010年获甘肃省委党校系统区域发展战略理论研讨会论文优秀奖，2011年获全省党校系统优秀教学比赛一等奖。

简　　介：中共民乐县委党校副校长，讲师。1981年8月—1982年8月高台县镇远中学工作；1982年8月—1985年8月民乐一中工作；1985年8月—1988年8月甘肃电大汉语言文学专业民乐教学班学习（教师进修学校）；1988年8月—2003年9月民乐县洪水中学工作；2003年9月30日在民乐县委党校工作。

0963　盛作新

性　　别：男

出生年月：1964-03-07

民　　族：汉族

政治面貌：中共党员

职　　称：副高

学　　历：高中

所在单位：新坝乡人民政府

成　　就：先后多次获得县乡"优秀共产党员""先进工作者"荣誉称号；2002年被张掖地区人大工委表彰为先进人大代表；2008年被县委县政府评为"创业之星"；2009年被县委县政府评为"十大创业典型人物"。

2010年被授予国家级"劳动模范"荣誉。

0964　叶自强

性　　别：男

出生年月：1966-07-19

民　　族：汉族

政治面貌：中共党员

职　　称：副高

学　　历：大学本科

所在单位：白银市平川区红会学校

成　　就：先后在省、地级刊物公开发表论文多篇。先后荣获靖远矿务局先进教师荣誉（1986—1987，1994—1995）、荣获靖远矿务局教育处优秀辅导员荣誉（2004年）。先后荣获靖远矿务局教育处优秀共产党员荣誉（2002年、2006年）。先后荣获本校优秀辅导员荣誉（2000年、2002年、2005—2006、2007—2008）。

简　　介：1986年7月毕业于靖远师范学校；1999年8月取得西北师范大学函授汉语言文学专科学历；2004年12月取得兰州大学自考汉语言文学本科学历；1986年8月—2015年1月一直在平川区红会学校从事教育教学工作。中学高级教师。

0965　王兴菊

性　　别：女

出生年月：1967-01-28

民　　族：汉族

政治面貌：群众

职　　称：副高

学　　历：大学本科

所在单位：白银市平川中学

成　　就：取得中学高级教师资格，获白银市优秀教师"园丁奖"，参与完成的课题《中学课堂渗透研究性学习，培养学生能力的研究》通过甘肃省教育科研课题鉴定，论文《历史教学与培养学生能力》在白银市中学历史学科论文评选中获三等奖，《历史教学与加强素质教育》在《二十一世纪中国教育改革论坛》（国家级）上发表并获一等奖，《浅谈历史课堂节奏的把握》在《中学文科》（国家级）上发表。《清明节涵盖的爱国情感》在《教育研究导刊》（国家级）上发表。

简　　介：1991 年 7 月至 1992 年 7 月在白银市靖远一中任教；1992 年 8 月至今在白银市平川中学任教

0966　王保林

性　　别：男

出生年月：1968-11-11

民　　族：汉族

政治面貌：中共党员

职　　称：副高

学　　历：大学本科

所在单位：白银市平川区水泉镇教育管理中心

简　　介：2006 年被评为平川区优秀教育工作者。撰写的论文《浅议课改新理念》发表于《中华教育论坛》2004 年第 6 期；《改革学生评价方式，促进学生全面发展》发表于《西北民族大学学报》2004 年增刊。主持的"十五"规划课题《对学生学习的评价方式的研究》于 2005 年 10 月通过省级鉴定，该课题于 2006 年 9 月获第六届甘肃省基础教育科研优秀成果一等奖。

简　　介：1986 年 8 月参加工作，本科学历，中学高级教师（2008 年 8 月聘任），平川区骨干教师。

0967　樊晓峰

性　　别：男

出生年月：1965-09-09

民　　族：汉族

政治面貌：群众

职　　称：副高

学　　历：大学本科

所在单位：白银市第九中学

成　　就：从教三十载，曾获白银市优秀教师、白银市优秀班主任、白银市"园丁奖"等荣誉。

简　　介：中学高级教师。1986 年 6 月毕业于庆阳师专数学系，1994 年 8 月取得西北师范大学函授本科。

0968　杨世源

性　　别：男

出生年月：1967-01-03

民　　族：汉族

政治面貌：群众

职　　称：副高

学　　历：大学本科

所在单位：白银市平川中学

成　　就：曾被评为甘肃省首届陇原名师、中小学特级教师、优秀教师（园丁）、中小学骨干教师、第二届青年教学能手。截至目前，已在《名作欣赏》《语文教学通讯》《中学语文教学》《中学语文教学参考》等国家级核心期刊发表论文 13 篇。

简　　介：白银市平川中学语文高级教师。

0969　汤汉

性　　别：男

出生年月：1957-05-06

民　　族：汉族

政治面貌：群众

职　　称：副高

学　　历：大学本科

所在单位：白银市平川区第三中学

成　　就：曾被评为靖远矿务局"先进教师"，"师德模范"；获白银市"园丁奖"。有多篇论文获国家省部级奖。辅导的学生作文多次多人获国家省部级奖。

简　　介：1978年12月月参加工作到靖煤公司三中任教至今；1987年7月月毕业于西北师大中文专业。所教学科：中学语文，担任班主任工作；1988年10月月取得中教二级教师（1989年3月聘任），1992年12月月评为中教一级教师（1993年4月聘任），1999年12月被评为中学高级教师（2001年2月20日聘任）。

0970 张金桥

性　　别：男

出生年月：1945-03-01

民　　族：汉族

政治面貌：群众

职　　称：副高

学　　历：大学本科

所在单位：平川区教育家

成　　就：1980年被靖远煤炭基建评为立功教师。

简　　介：1965年8月—1969年6月在西北财经学院学习；1969年7月—1971年7月在渭南商业局工作；1971年8月—1978年7月在陕西潼关革命委员会计委工作；1978年8月—1983年7月在靖远矿务局第二中学任教；1983年8月—1988年7月在河西肃南一中任教；1988年8月—2005年5月在白银市第五中学任教。

0971 刘海龙

性　　别：男

出生年月：1964-10-15

民　　族：汉族

政治面貌：中共党员

职　　称：副高

学　　历：大学本科

所在单位：平川中恒学校

成　　就：1990年获得冶金厅优秀教师；1992年获得冶金厅优秀教师；2010年获得高考成绩三等奖。

简　　介：1984年9月—1988年7月毕业于西北师范大学；1988年8月—2006年7月任教于西北铁合金中学；2006年8月至今任教于平川中恒学校。

0972 牛俊林

性　　别：男

出生年月：1954-10-16

民　　族：汉族

政治面貌：民主党派

职　　称：副高

学　　历：大学专科

所在单位：白银市平川区红会学校

成　　就：曾先后被评为靖煤公司先进教师、平川区优秀教师，并荣获"园丁奖"。先后有多篇论文获省级一、二等奖，有四篇论文先后在省报、省级以上杂志上发表。

简　　介：民进会员，大专学历，中学高级教师。1978年8月毕业分配到原靖煤公司二中（现平川区红会学校）任教，教龄已38年。

0973 王振堂

性　　别：男

出生年月：1946-05-09

民　　族：汉族

政治面貌：中共党员

职　　称：副高

学　　历：大学本科

所在单位：白银市平川区红会学校

成　　就：1995年获得靖远矿务局优秀教师，1999年获得白银市优秀教师"园丁"奖。

简　　介：1969年兰州大学地质地理系毕业，定西地委工作；1980年到白银市平川区红会学校任教。2000年5月退休。

0974 岳敏兰

性　　别：女
出生年月：1965-03-07
民　　族：汉族
政治面貌：群众
职　　称：副高
学　　历：大学本科
所在单位：白银市平川区第四中学
成　　就：2000年授予"全国教育科学研究优秀教师"，2001年被评为青年教学能手。2011年全国英语竞赛市优秀指导奖。2004年被评为白银市骨干教师。
简　　介：1985年7月参加工作，中学高级教师。1985年7月—2002年7月靖煤公司三中担任英语教师兼任班主任；2002年8月—至今在白银市平川区第四中学任英语教师兼任班主任。

0975 张兰芳

性　　别：男
出生年月：1966-07-04
民　　族：汉族
政治面貌：中共党员
职　　称：副高
学　　历：大学本科
所在单位：甘肃省白银市平川教育局
成　　就：曾获"全国教育科学研究'优秀'教师"、白银市"骨干教师"、白银市首届"教学能手"、靖煤公司"教学能手"、多次获先进教师荣誉称号，多次参加各级优质课竞赛并获奖，发表论文多篇。工作28年来一直承担较重的教学任务，教学成绩始终名列前茅。
简　　介：1985年7月参加工作，2001年6月加入中国共产党，2002年3月—2011年3月任中学主管副校长。近年任平川区人民政府副科级督学。

0976 张正儒

性　　别：男
出生年月：1969-12-20
民　　族：汉族
政治面貌：中共党员
职　　称：副高
学　　历：大学本科
所在单位：白银市平川区第四中学
成　　就：1998、2000年获靖远矿务局先进工作者称号；2003年获甘肃省优秀共青团员称号；2004年获靖煤公司教育处优秀党务工作者称号；2005年获白银市园丁称号；2005、2006年获靖煤公司优秀辅导员称号；2005、2006年获靖煤公司优秀共产党员称号；2005、2007年获靖煤公司优秀党务工作者称号；2005、2006、2007年获靖煤公司优秀团干部称号；2005、2006年获靖煤公司优秀思想政治工作者称号。在省、地级刊物发表多篇论文。
简　　介：中学高级教师。1990年7月—1992年7月靖煤公司二中担任语文教师兼任班主任；1992年8月—1998年2月靖煤公司教育处工会工作；1998年3月—2001年2月靖煤公司教育处任团委副书记（副科级）；2001年3月—2004年6月靖煤公司教育处任团委书记（正科级）；2004年7月—2007年12月靖煤公司教育处任党委工作部部长（正科级）2008年1月至今白银市平川区第四中学任副校长。

0977 李永军

性　　别：男
出生年月：1965-09-07
民　　族：汉族

政治面貌：中共党员
职　　称：副高
学　　历：大学本科
所在单位：白银市平川区教育局
简　　介：1984年9月—1986年7月天水师专中文系就读；1986年9月—1988年7月西北师大中文系就读；1988年8月—1995年5月靖远师范任教；1995年5月—2002年5月平川区教育局工作；2002年6月—2006年6月任区职教中心副主任；2006年7月—2013年3月任区教育党委副书记；2013年4月至今，任区教育督导室正科级督学。

0978 赵巍

性　　别：女
出生年月：1965-05-09
民　　族：汉族
政治面貌：群众
职　　称：副高
学　　历：大学本科
所在单位：平川区第四中学
成　　就：2005年被评为白银市优秀教师、园丁。2008年被评为平川区优秀教师、园丁。2009年被评为白银市中学骨干教师。2003年被评为靖煤公司优秀教师。2002年9月被评为靖煤公司先进教师。2004年论文《浅谈中学英语教学中的朗读于阅读》发表于《教师报》。2006年论文《谈多媒体在中学英语教学中的应用》发表于《甘肃教育督导》，《激发学生的内在需要,培养学生的创造力》发表于《甘肃教育督导》。2003年获《教师报》举办的第五届全国教师论文大赛一等奖。
简　　介：1989年6月毕业于定西教育学院英语专业；2004年1月毕业于中央广播电视大学英语专业；1985年2月参加工作，中学高级教师。1985年2月—1993年7月靖煤公司王矿中学；1993年8月—1996年6月靖煤公司三中；1996年7月至今白银市平川区第四中学。

0979 马耀孔

性　　别：男
出生年月：1963-05-08
民　　族：汉族
政治面貌：中共党员
职　　称：副高
学　　历：大学专科
所在单位：白银市平川区大水头学校
成　　就：1996年白银市语文优质课竞赛获三等奖；1998年获靖远矿务局"教学能手"称号；1999年获靖远矿务局先进工作者称号；2000年被确定为白银市中学骨干教师。2009年10月《教育革新》（省级）发表论文《好的教育应该让孩子像个孩子》。
简　　介：中学高级教师。1981年7月毕业于靖远师范，分配到靖远箬笠中学教学；1986—1988年6月于兰州师专中文系进修；1989年调到平川区大水头学校工作；1998年任教于平川区大水头学校；2005年至现在任大水头学校党支部书记。

0980 刘世义

性　　别：男
出生年月：1960-06-06
民　　族：汉族
政治面貌：中共党员
职　　称：副高
学　　历：大学本科
所在单位：白银市平川区教育督导室
成　　就：2009年担任中学高级教师，曾担任"邱学华尝试教学法"靖远矿务局理事会理事长，获中国教育学会尝试教学理论研究会一等奖两次，数篇论文在省级以上刊物发表。

简　　介：中学高级教师。1978年至2007年先后在会宁县任岔中学、靖远矿务局第一小学（教导主任）、靖远矿务局第二小学（副校长）、靖煤公司三中（副校长）工作；2008年至2014年在平川区教育科学研究室、教育督导室工作。

0981　师尚威

性　　别：男

出生年月：1967-11-03

民　　族：汉族

政治面貌：中共党员

职　　称：副高

学　　历：大学本科

所在单位：白银市平川区四矿学校

成　　就：2009年12月《绿色之花开冬野》发表于《中学生语数外》；2012年7月《初中作文教学探析》发表于《现代阅读》；2009年所带班被评为2008—2009学年度白银市先进班集体；2013年被评为学校优秀班主任；2012年获第14届语文报杯写作指导一等奖；2009年获白银市第五届书信大赛优秀辅导员称号。

简　　介：1989年6月毕业于临洮师范；1989年7月至1991年8月任教于甘肃临洮县漫洼独立初中；1991年9月调入靖远矿务局红会四矿学校任教至今。

0982　陈维兴

性　　别：男

出生年月：1957-05-10

民　　族：汉族

政治面貌：群众

职　　称：副高

学　　历：大学专科

所在单位：平川区教育局教育科学研究室

成　　就：发表教学论文两篇，指导青年教师撰写教案指导教学，让他们提高教育教学水平，使他们在各自的教学岗位发挥作用，取得了较好成绩。

简　　介：1976年3月参加工作。1976年3月至1978年2月共和镇打啦池小学任教；1978年3月至1979年8月靖远师范学校深造；1979年9月至1983年7月复兴中学任教；1983年8月至1994年2月共和中学任教；1994年3月至今平川区教育局教育科学研究室工作。

0983　寇宗兴

性　　别：男

出生年月：1958-07-15

民　　族：汉族

政治面貌：中共党员

职　　称：副高

学　　历：大学本科

所在单位：白银市平川区宝积中学

成　　就：省优秀少先队辅导员。发表省市论文二篇。参与省级重点课题《农村寄宿初中学生习惯养成培养之研究》的研究，通过市级鉴定。

简　　介：1983年毕业于靖远师范，同年8月参加工作，大专学历，中学高级教师。现任学校工会主席。

0984　王世芳

性　　别：女

出生年月：1973-03-11

民　　族：汉族

政治面貌：群众

职　　称：副高

学　　历：大学本科

所在单位：甘肃省白银市平川区向阳小学

成　　就：在学术追求上，立足本职，拓宽视野，强化专业教育技能培养，提高教育教学水平，曾荣获市、区语文优质课竞赛一等奖。在课堂教学中，践行"以生为本，还原真实语文"的理念，展示了以学生为主体、教师为主导、训练为主线、问题为主轴、思维为主攻的教育思想。

简　　介：中学高级教师，现从事小学语文教学工作，曾获白银市园丁奖、白银市优秀教师、平川区园丁奖等荣誉，所带班级曾被评为白银市先进班集体，2009年被评为甘肃省骨干教师，2011年获白银市名教师称号。

0985　田继忠

性　　别：男

出生年月：1963-11-28

民　　族：汉族

政治面貌：中共党员

职　　称：副高

学　　历：大学专科

所在单位：白银市平川中学

成　　就：1999—2000学年度被评为平川中学优秀教师；2010年获白银市平川区"高考功臣奖"一等奖；2013年评为平川中学优秀教师；在《中学语文教学参考》《名作欣赏》《语数外学习》《语文教学与研究》、白银市《教研通讯》《白银教育》发表论文十篇；在省市刊物发表了诗、散文、报告文学等文学作品。

简　　介：1988年7月毕业于甘肃省天水师范专科学校中文系汉语言文学专业；1988年8月分配到白银市平川中学任教。

0986　张国林

性　　别：男

出生年月：1969-08-02

民　　族：汉族

政治面貌：群众

职　　称：副高

学　　历：大学本科

所在单位：白银市平川中学

成　　就：一直从事一线教学且担任班主任工作16年。

简　　介：1991年7月—2002年12月在甘肃煤炭卫生职工中专从事政治课教学并担任班主任；2003年1月—2014年12月在白银市平川中学从事高中政治课教学并担任班主任6年。

0987　孙文生

性　　别：男

出生年月：1965-12-10，

民　　族：汉族

政治面貌：中共党员

职　　称：副高

学　　历：大学本科

所在单位：白银市平川教育局

成　　就：在省、地级刊物公开发表多篇论文。2006年，获靖煤公司"优秀教师"。2007年被靖煤公司评为"先进工作者"。

简　　介：1984年7月毕业于靖远师范学校；1996年参加自学考试汉语言文学专业毕业；2008年1月取得中央电大函授本科学历；先后在靖远县靖安中学、靖远矿务局第三中学工作，历任靖远矿务局第三中学副校长、校长，现任平川区教育局副局长、平川区人民政府教育总督学。

0988　陈耀先

性　　别：男

出生年月：1966-06-09

民　　族：汉族

政治面貌：中共党员

职　　称：副高

学　　历：大学专科

所在单位：白银市平川区乐雅学校

成　　就：1998年被评为平川区优秀教育工作者；2001年被确定为市级骨干教师；1999年至2002年连续四年被聘为白银市小学教师优质课竞赛评委；论文《挖掘教材内涵培养思维能力》获市级一等奖；论文《语文课堂如何提高学生素质》发表于《文苑》2010年第2期；论文《浅谈目前中小学作文教学中常见的弊病》发表于《中学教育科研》2010年第6期。2002年获白银市第四届基础教育教学、科研优秀成果二等奖。2004年主持的甘肃省教育科学"十五"规划课题《现代教育技术在新课程教学中的应用》通过省级鉴定，并获市级科研优秀成果二等奖。2005年被确定为平川区骨干教师。2006年主持的甘肃省教育科学"十一五"规划课题《综合实践活动的研究》通过省级鉴定，2008年12月该课题获省级三等奖。作品《知荣辱学做人》在全市"以社会主义荣辱观促进家庭教育"论文研讨会上荣获一等奖。2009年被评为全国优秀教师。

简　　介：1988年8月参加工作。现任平川乐雅学校校长。

0989 杨小林

性　　别：女

出生年月：1967-10-17

民　　族：汉族

政治面貌：群众

职　　称：副高

学　　历：大学本科

所在单位：平川区宝积山学校

成　　就：2002年被靖煤公司评为先进女职工，2004年被靖煤公司教育处评为优秀教师，2004年被白银市教育局评为白银市骨干教师，2009年被平川区教育局评为优秀教师。

简　　介：1990年7月毕业于西安矿业学院，自毕业以来一直担任中学政治课的教学。

0990 魏彦璞

性　　别：男

出生年月：1964-09-03

民　　族：汉族

政治面貌：中共党员

职　　称：副高

学　　历：大学本科

所在单位：白银市平川区王家山小学

成　　就：获白银市园丁奖、白银市名校长等荣誉。

简　　介：1988年8月参加工作，中学高级教师。从事教育教学与管理工作27年。

0991 陈凡平

性　　别：女

出生年月：1968-12-08

民　　族：汉族

政治面貌：群众

职　　称：副高

学　　历：大学本科

所在单位：白银市平川区第四中学

成　　就：曾参与编写出版过小学语文《同步练习》《寒假作业》《素质评估卷》等教学辅助用书。多次被评为靖煤公司先进教师、优秀辅导员。参与或主持多项课题研究，有多篇论文发表。

简　　介：中学高级教师。1990年6月毕业于甘肃省靖远师范学校。曾在西北师范大学汉语言文学教育专业函授学习，在职取得专科、本科学历。在靖远矿务局第二中学、第三中学、靖煤公司二小、平川区第四中学从事教学工作。

0992 张兴春

性　　别：男

出生年月：1962-09-05
民　　族：汉族
政治面貌：中共党员
职　　称：副高
学　　历：大学本科
所在单位：白银市平川区宝积乡教育管理中心
成　　就：2002年12主持的白银市"九五"规划科研课题《儿童道德启蒙教育的实验与研究》获白银市第四届基础教育教学、科研优秀成果二等奖；2004年12月论文《养成教育要在小学教育中形成序列》参加全国论文大赛获一等奖，并入选发表在马芳亭主编的《教育研究》一书；2006年9月主持的白银市"十五"规划科研课题《素质教育中培养学生创新精神及实践能力的研究》通过省、市鉴定，并获白银市第六届基础教育科研优秀成果三等奖，发表论文《在阅读教学中培养学生创新思维》、《创新教育浅谈》。2006年9月《新课程评价工具综合类》参加甘肃省小学新课程评价工具设计大赛获一等奖，2013年11月主持的白银市"十二五"规划科研课题《综合实践活动校本课程的开发利用的实践研究》通过市级鉴定。在省、地级刊物发表论文多篇。1996年被评为平川区"先进教育工作者"，1998年获白银市"两基"工作先进个人，2000年获白银市"园丁奖"，2004年获甘肃省"园丁奖"称号，2007年被评为平川区"教育质量管理年活动"先进个人，2012年获甘肃省"两基"工作先进个人，2013年获白银市"园丁奖"。
简　　介：中学高级教师。1983年7月毕业于甘肃省临洮师范学校，1999年12月取得中央党校函授本科学历。先后在平川区共和中学，平川区宝积乡贺家川中心小学任教，历任宝积乡贺家川中心小学教导主任，宝积学区干事，宝积学区校长，现任宝积乡教育管理中心主任。

0993　雷复生
性　　别：男
出生年月：1963-09-13
民　　族：汉族
政治面貌：群众
职　　称：副高
学　　历：大学本科
所在单位：平川中恒学校
成　　就：1998年获得靖煤公司优秀辅导员称号；2000年获得靖煤公司优秀教师称号；2001年获得白银市骨干教师称号。
简　　介：1982年8月毕业于靖远师范；1987年7月毕业于定西教育学院；1982年8月—1985年7月任教于水泉中学；1987年8月—1989年7月任教于白银市第五中学；1989年8月—2008年8月任教于靖煤公司王矿中学；2008年8月至今任教于平川中恒学校。

0994　苏再勤
性　　别：男
出生年月：1969-10-08
民　　族：汉族
政治面貌：中共党员
职　　称：副高
学　　历：大学本科
所在单位：白银市平川中学
成　　就：2003年获全市业余训练工作先进个人（市一运会组织委员会）荣誉，2005年获平川区中小学田径运动会优秀教练员荣誉，2007年获全市业余体育训练工作先进个人荣誉，2010年获白银市第二届中学生球类运动会优秀教练员荣誉，2010年担任白银市体育优质课评委。2006年12月论文《提高跳远成绩的关键因素》在全省教育教学优秀论文评比活动中获三等奖，2007年论文《提高跳远成绩的关键因素》在《甘肃教育督导》

（省级）上发表，2001 年论文《备好体育课的环节与方法》在《教育革新》（省级）上发表。

简　　介：1992 年 8 月参加工作，1992 年 6 月毕业于西北师范大学。1993 年 9 月取得中学二级教师资格，2001 年 12 月取得中学一级教师资格，2008 年 12 月取得中学高级教师资格。

0995 张海花

性　　别：女
出生年月：1971-04-08
民　　族：汉族
政治面貌：中共党员
职　　称：副高
学　　历：大学本科
所在单位：甘肃省白银市平川区育才小学
成　　就：1993 年在全区语文优质课竞赛中获一等奖；1995 年被区委、区政府评为教育系统先进个人；1998 年在全区语文优质课竞赛中获一等奖，全市语文优质课竞赛中获二等奖；2001 年在《教育革新》、《白银教育》上各发表论文一篇；2001 年被评为白银市小学骨干教师；2001 年被评为甘肃省首届"青年教学能手"；2004 年在全市课程改革实验工作会上，获得小学语文示范课一等奖；2004 年在全市小学语文优质课竞赛中，被市教育局聘为评委；2005 年获得市委、市政府授予的白银市"园丁奖"；2005 年辅导学生杨润泽荣获《人民文学》主办中国校园文学"新人杯"作文大赛小学组三等奖；2006 年被区直机关工委评为"优秀共产党员"；2007 年被聘为全区小学语文优质课竞赛评委，并担任组长；2008 年被评为白银市学科带头人；2009 年其负责的《构建德育新模式，促进学生和谐发展的研究》通过省级鉴定；2010 年，论文《语文教学改革中的点滴思考》、《让活动成为学生习作的良好素材》分别发表于国家级刊物《教育观察》；2010 年 12 月《追寻有效课堂，提高教学质量》发表于《教育革新》；2011 年 3 月被评为甘肃省中小学省级骨干教师。

简　　介：1988 年 9 月—1991 年 7 月甘肃省靖远师范学校学习。19910 年 7 月—1994 年 8 月甘肃省白银市平川区共和镇任教。1994 年 8 月—2006 年 11 月甘肃省白银市平川区平川一小任教。2006 年 11 月任白银市平川区育才小学副科级副校长。

0996 李国栋

性　　别：男
出生年月：1974-11-18
民　　族：汉族
政治面貌：中共党员
职　　称：副高
学　　历：大学本科
所在单位：白银市平川区第四中学
成　　就：获得甘肃骨干教师、白银市骨干教师、白银优秀教师等荣誉。所带班级被评为白银市先进班集体，多篇论文在国家级期刊发表，所主持的课题通过省级鉴定，多次在平川区中考中获奖，成绩优异，获得平川区"丁玉平"奖，所带班在质检考试获得第二名的好成绩。2012 年被评为中学高级教师。

0997 李佩琴

性　　别：女
出生年月：1963-11-05
民　　族：汉族
政治面貌：群众
职　　称：副高
学　　历：大学本科
所在单位：白银市平川区乐雅学校
成　　就：曾获得靖煤公司"先进教师" 3 次，

"先进个人"1次,"先进女职工"2次,"先进班主任"多次;所带班级被评为"先进班级体"和"先进团支部"等。获县级优质课二等奖2次,参与国家级科研课题2个。发表省级论文3篇。

简　　介:1983年8月参加工作,大学本科学历,中学高级技师。

0998 张宗堂

性　　别:男

出生年月:1965-11-26

民　　族:汉族

政治面貌:群众

职　　称:副高

学　　历:大学本科

所在单位:白银市第五中学

成　　就:1999年获平川区"优秀教师"称号,2001年获白银市"青年教学能手"称号,2003年获平川区"优秀教师"称号、"园丁奖",2005年确定为平川区骨干教师。其主持的课题及其成果《增强课堂教学活力的有效方法研究》通过甘肃省教科研"十一五"规划课题市级鉴定,参与的课题《针对学生的网络道德与教育策略的研究》通过甘肃省教科研"十二五"规划课题市级鉴定。论文《正视"差生",全面提高》《中学生作文互动批阅法浅谈》分别在《中学语文》杂志社、白银市教科所举办的优秀论文比赛中获奖。组织学生分别参加《中国教育报》社、白银市委宣传部组织的"书写世纪光辉"、"税收与未来"征文比赛并获得"优秀组织奖"和"优秀辅导教师"称号。

简　　介:1988年6月毕业于兰州师专中文系,分配至白银市第五中学任教;2005年6月取得中央广播电视大学汉语言专业本科学历;2006年兼任教务处副主任并长期主持教务工作;1992年9月获得"中学二级教师"任职资格,2001年3月获得"中学一级教师"任职资格,2009年12月获得"中学高级教师"任职资格。

0999 牛双平

性　　别:男

出生年月:1968-12-06

民　　族:汉族

政治面貌:群众

职　　称:副高

学　　历:大学本科

所在单位:白银市第九中学

简　　介:中学高级教师。1991年7月毕业于庆阳师专英语系,2001年6月取得西北师范大学自考本科。先后在通渭一中、白银九中任教。

1000 许可荣

性　　别:男

出生年月:1967-10-07

民　　族:汉族

政治面貌:中共党员

职　　称:副高

学　　历:大学本科

所在单位:甘肃白银平川区复兴中学

成　　就:1995年获靖远矿务局尝试教学观摩研讨活动一等奖;在省级刊物上发表论文6篇。参与研究的省级重点研究课题《心理健康教育在小学各科教学中的渗透的研究》,2008年9月通过省级鉴定。负责研究的省级课题《中小学各科教学方法改革促进学生创新思维和实践能力发展研究》,2013年通过省级鉴定。1997年获得靖远矿务局"教学能手"称号,1999年获得靖远矿务局"模范教师"称号,2000年获白银市"骨干教师"称号、甘肃省"骨干教师"称号,2003年获甘肃省"学科带头人"称号。1999年被评为尝试教学理论研究全国先进工作者；1999年破格晋升为小学高级教师；2009年正常晋升为中学高级教师；2009年被评为白银市首批名教师。

简　　介：1988年毕业于靖远师范学校，于1995年、2004年分别取得成人自学考试大专学历和本科学历。1988至1990年在王矿一小任教；1991年至1993年在王矿中学任教；1994年至2001年在王矿二小担任教导处主任；2002年至2003年任王矿一小副校长；2004年至2009年9月任王矿二小党支部书记；2009年10月至今任平川区复兴中学校长。

1001　万国林

性　　别：男
出生年月：1955-01-11
民　　族：汉族
政治面貌：中共党员
职　　称：副高
学　　历：大学专科
所在单位：白银市平川区教育局
成　　就：曾获平川区先进教师、市园丁、甘肃省人民政府督导先进个人等荣誉。
简　　介：1973年6月—1974..08水泉学区民办教师；1974年9月—1976年7月靖远师范上学；1976年8月—1979年7月先后在石门学校、水泉学校任教；1979年8月—1982年6月定西教育学院进修；1982年7月—1986年5月水泉中学任教；1986年6月至今在白银市平川区教育局工作。

1002　邓永发

性　　别：男
出生年月：1963-02-24
民　　族：汉族
政治面貌：民主党派
职　　称：副高
学　　历：大学专科
所在单位：白银市平川区宝积中学
成　　就：获区级"优秀班主任""先进教育工作者"，白银市"十佳中学教师"荣誉。有数篇论文在省市刊物发表或获奖。
简　　介：1981年毕业于靖远师范，同年8月参加工作，大专学历，中学高级教师。现任宝积中学副校长。

1003　黄学花

性　　别：女
出生年月：1968-08-09
民　　族：汉族
政治面貌：群众
职　　称：副高
学　　历：大学本科
所在单位：白银市平川区第二中学
成　　就：2001年被评为区级优秀教师；2004年区级优质课一等奖，市级优质课三等奖；2005年被评为区级优秀班主任，并授予"园丁奖"；2007年11月在国家级刊物《中学生阅读》举办的"现代文阅读练习"征文大赛中参赛作《〈夕阳透入书房〉阅读》荣获三等奖；2007年11月在全市中小学教师说课竞赛活动中被聘为中学语文评委；2008年5月论文《物质的奴隶，精神的主宰》荣获第十五节中华叶圣陶杯中青年教师论文大赛三等奖；2009年被评为市级优秀班主任，并授予"园丁奖"；2013年荣获"语文报杯"优秀辅导员称号。
简　　介：1991年毕业于兰州师范专科学校汉语言专业，大学专科；2005年通过函授取得了西北师范大学本科学历；1991年毕业分配到平川中学（2002年后平川二中）教语文；中学高级教师，一直担任班主任工作。

1004 李瑞

性　　别：女
出生年月：1963-09-30
民　　族：汉族
政治面貌：群众
职　　称：副高
学　　历：大学专科
所在单位：平川区大水头学校
成　　就：30余年的教学生涯中，2003年初中会考成绩为靖煤公司第一，2004年辅导学生获全国二等奖。2005—2006年评为局先进女工。2008年参与《高中英语考试研究与实践》课题研究通过省级鉴定并发证书。2006—2012年有四篇论文发表在省级和国家级刊物中，其中有两篇获奖。
简　　介：1982年12月—1989年7月在王矿中学任教；1989年8月至今在大水头学校任教；1985年8月—1987年6月毕业于定西教育学院英语系。

1005 高荣

性　　别：男
出生年月：1960-02-28
民　　族：汉族
政治面貌：中共党员
职　　称：副高
学　　历：大学专科
所在单位：平川区职业技术教育培训中心
成　　就：1997年获白银市"园丁奖"，1998年被评为白银市"两基"工作先进个人，1999年被评为平川区优秀共产党员，2002年被评为"九五"期间全市实施教育基本建设项目工作先进个人。2002年获甘肃省"园丁奖"。
简　　介：1978年3月—1982年8月在水泉乡野麻小学任民教。1982年9月—1984年6月在靖远师范学习。1984年8月—1986年8月在水泉乡下村学校任教。1986年9月—1989年8月在水泉中心学校任教。1989年9月—1990年8月任旱平川小学校长。1990年9月—1996年8月任水泉初级中学副校长。1996年9月—2002年8月任平川区水泉中学校长。2002年9月—2003年1月任平川中学副校长。2003年2月—2006年3月任平川区第二中学校长。2006年3月—今任平川区职业技术教育培训中心主任。

1006 吴玉梅

性　　别：女
出生年月：1972-08-01
民　　族：汉族
政治面貌：中共党员
职　　称：副高
学　　历：硕士研究生
所在单位：白银市平川中学
成　　就：二十多年来一直坚守教学第一线，被确定为区级中学语文骨干教师和十佳德育工作者之一，获区"园丁奖"，2007年获省优质课竞赛一等奖，并获"省青年教学能手"和"市园丁"、"白银市优秀教师"称号；2009年被授予"白银市名师"称号，并获得市"园丁奖"和省骨干教师称号。2010年获省新课程优质课大赛一等奖。2008年、2010年、2011年三次获省市青少年书信大赛优秀指导教师奖。2012年获区首届十大名师和优秀共产党员称号。所主持的5项教研课题通过省级鉴定，有20多篇教研论文在各级报刊发表或获奖。
简　　介：1997年毕业于甘肃省教育学院；2005年1月取得西北师范大学教育硕士学位；1997年至今在甘肃省白银市平川中学任教；2005年至今担任学校团委书记、党支部副书记和年级主任职位，同时兼任高中语文课的教师。

1007 李志信

性　　别：男
出生年月：1966-10-05
民　　族：汉族
政治面貌：中共党员
职　　称：副高
学　　历：大学本科
所在单位：白银市平川区政府教育督导室
成　　就：曾获靖远矿务局小学优质课一等奖、初中青年教学能手；被评为白银市骨干教师、甘肃省骨干教师；白银市"两基工作"先进个人；参与多项课题研究，是"情境探疑"教学模式核心成员；参与主编过《同步练习》《寒假作业》《平川区教育志》等；多次担任市、区优质课竞赛评委；有《稼轩词的心态流程》等论文发表。
简　　介：中学高级教师。1988年参加工作以来，先后在靖远矿务局三中、靖煤公司二小、靖煤公司教育处、靖煤公司第四中学、平川区教育科学研究室、平川区人民政府教育督导室工作，曾担任过学校稍显大队辅导员、团总支书记、党支部书记、副校长、校长、教研督导部副部长等职，现任平川区人民政府教育督导室主任。

1008 窦世文

性　　别：男
出生年月：1965-06-16
民　　族：汉族
政治面貌：群众
职　　称：副高
学　　历：大学本科
所在单位：甘肃省白银市第五中学
成　　就：1997年获得高级中学教师资格。2002年取得中学一级教师任职资格。1999年获得区优秀班主任。2001年8月指导的张任洁同学的作文《地球—母亲》在甘肃"飞天杯"中小学作文评选中荣获三等奖。2014年8月与展吉林、党志聪等人合作研究的《提高农村中学德育实效性的对策研究》课题通过市教科所鉴定，2014年8月与徐祥、侯文智等人合作研究的《农村中学英语教学中学生自主学习能力培养策略的研究》课题通过市教科所鉴定。
简　　介：1989年7月毕业于天水师院。2008年12月通过自学考试获得兰州大学汉语言文学文凭。1989年8月—1991年7月在甘肃省平川区共和中学任高中、初中语文教学。1991年8月—1994年7月在甘肃白银市第五中学任高中语文教学。1994年8月—2000年7月在甘肃白银市第五中学任初中语文教学。2000年8月—2004年7月在甘肃白银市第五中学任高中语文教学。2004年8月—2005年7月在甘肃白银市第五中学任高中地理教学。2006年8月—2009年7月在甘肃白银市第五中学任初中语文教学。2010年8月—2013年7月在甘肃白银市第五中学任初中地理教学。2013年8月—2014年7月在白银五中公寓楼参与学生管理工作，2014年8月在白银五中治安室工作。

1009 孙自财

性　　别：男
出生年月：1963-10-19
民　　族：汉族
政治面貌：中共党员
职　　称：副高
学　　历：大学本科
所在单位：白银市第九中学
成　　就：曾获白银市优秀教师、白银市"园丁"荣誉、白银市骨干教师荣誉，所带班级曾获"白银市先进班集体"称号。
简　　介：中学高级教师。1982年7月靖远师范（中师）毕业，1989年西北师范大学外语系（本科）毕业，先后在保积乡魏家地初中、白银九中任教。

1010 李其叶

性　　别：女
出生年月：1955-11-06
民　　族：汉族
政治面貌：群众
职　　称：副高
学　　历：大学本科
所在单位：平川区教育局
成　　就：曾荣获平川区优秀教师；白银市群体组织先进工作者；市优秀教练员；白银市园丁奖；市先进教研员等十一项奖项。
简　　介：1972年1月—1973年9月在靖远县印刷厂工作；1973年9月—1976年1月在西北师范大学上学；1976年—1981年5月在靖远一中任教；1981年6月—1996年5月在靖远县体委工作；1996年6月—2009年8月在平川区教育局工作。

1011 张芳

性　　别：女
出生年月：1963-01-13
民　　族：汉族
政治面貌：中共党员
职　　称：副高
学　　历：大学专科
所在单位：甘肃省白银市平川区第二中学
成　　就：2002年被评为白银市中学骨干教师，2005年被评为白银市平川区中学骨干教师。
简　　介：中学高级教师。1982年6月毕业于庆阳师专中文系。先后在靖远县五合中学、东湾中学、平川中学、平川二中任教。

1012 罗淑娴

性　　别：女
出生年月：1964-09-21
民　　族：汉族
政治面貌：民主党派
职　　称：副高
学　　历：大学本科
所在单位：白银市平川区第四中学
成　　就：多次被评为优秀教师、教育能手和先进教育工作者。
简　　介：1982年7月参加工作，中学高级教师。1982年7月—1983年6月在靖煤公司总机厂工作；1983年7月—1985年6月在定西教育学院学习；1985年7月至今在白银市平川区第四中学任教。

1013 熊克仁

性　　别：男
出生年月：1964-01-05
民　　族：汉族
政治面貌：群众
职　　称：副高
学　　历：大学本科
所在单位：白银市平川中学
成　　就：从教27年，中学高级教师。1994年获得靖远矿务局"先进教师"称号，1996年获得靖远矿务局"先进教师"称号，1999年获得靖远矿务局教育处德模范，2000年被评为白银市中学骨干教师，2008年获得平川区高考功臣二等奖，2006年在《语文教学与研究》（省级）上发表论文《中学语文教学中的爱情教育》。
简历：1987年8月参加工作，1987年7月毕业于西北师范学院，本科学历，1991年12月取得中学二级教师资格，1993年10月取得中学一级教师资格，2006年12月取得中学高级教师资格。

1014 李英旭

性　　别：男
出生年月：1963-11-17
民　　族：汉族
政治面貌：民主党派
职　　称：副高
学　　历：大学本科
所在单位：平川中恒学校
成　　就：1984年获白银市教学新秀，2002年被评为白银市骨干教师，2003年被授予全国优秀辅导教师，2002年至2004年在《英语辅导报》和《英语通》上发表论文10余篇。

1015 吴学仁

性　　别：男
出生年月：1968-07-28
民　　族：汉族
政治面貌：群众
职　　称：副高
学　　历：大学本科
所在单位：平川中恒学校
成　　就：被评为中卫市优秀教师和海原县先进工作者；获平川区园丁奖。
简　　介：宁夏海原人，毕业于宁波大学。1988年—1998年在海原西安中学任教；1998年—2005年在海原一种任教；2005年至今在平川中恒学校任教。

1016 刘兴斌

性　　别：男
出生年月：1966-09-10
民　　族：汉族
政治面貌：群众
职　　称：副高
学　　历：大学本科
所在单位：白银市第五中学
成　　就：1998年被评为平川区优秀教师。1994年撰写的论文《高中语文作文分层训练体会》获白银市优秀教育科研论文三等奖。2005年评为平川区"骨干教师"。2006年撰写的论文《巧妇善为有米之炊》获白银市优秀教育科研论文一等奖。2006年获全国中学生英语竞赛优秀指导教师奖。2006年撰写的论文《谁是杀害祥林嫂的凶手？》发表在《新作文·教学研究》12期上并获"中华教育理论与实践科研论文成果选编"一等奖。2007年参与研究的省级重点课题《增强课堂教学活力的有效方法研究》白银市级鉴定通过。
简　　介：中学高级教师。1989年6月毕业天水师专中文系，同年8月分配至白银市第五中学任教至今；2002年4月通过自学考试取得兰州大学汉语言专业本科学历；1993年10月获得"中学二级教师"任职资格，2002年10月获得"中学一级教师"任职资格，2009年12月获得"中学高级教师"任职资格。

1017 陈丽莉

性　　别：女
出生年月：1968-08-06
民　　族：汉族
政治面貌：群众
职　　称：副高
学　　历：大学本科
所在单位：白银市第九中学
成　　就：获靖煤公司、靖煤公司教育处教学新秀、先进教师等称号。
简　　介：山西省晋城市人。中学高级教师。1990年7月毕业于西北师范大学地理系，同期分配至白银九中任教至今。

1018 梁维华

性　　别：女
出生年月：1962-12-14

民　　族：汉族
政治面貌：中共党员
职　　称：副高
学　　历：大学本科
所在单位：白银市平川中学
成　　就：2001年获区级"师德先进个人"称号；2006年获白银市教育局颁发的"优秀学员"称号；2003年获全国中学生英语能力竞赛中获市级优秀指导奖；2006年获全国中学生英语竞赛获国家级二等奖；2001年《When用法浅议》获白银市中学论文三等奖；2003年《浅议定语位置》获全市优秀交流论文三等奖。2007年4月《浅议定语位置》论文在中国核心期刊《科技纵横》（国家级）上发表，并获中国教育管理文献学术交流一等奖；2006年10月参与完成的课题《语块对高中学生英语口语流利性的作用》通过省级鉴定（排第5位），并于2008年11月获白银市七届基础教育科研成果二等奖（排第5位）。
简　　介：1981年7月参加工作；2002年12月毕业于中央党校（函授）；2004年7月毕业于北京外国语学院（函授）；1987年11月取得中教二级教师资格，2001年12月取得中教一级教师资格，2008年12月取得中学高级教师资格。

1019　陈陆军
性　　别：男
出生年月：1965-10-05
民　　族：汉族
政治面貌：中共党员
职　　称：副高
学　　历：大学本科
所在单位：白银市平川中恒学校
成　　就：连续担任高三班主任，所带学生考上重点大学有500多人，二本以上1000多人。所带语文学科高考成绩位列全市前茅。
简　　介：1984年8月—1987年7月：在兰州师专中文系学习。1987年7月—1989年8月：在平川区共和中学任教。1989年8月—2005年8月：在靖远二中任教。其中1993—1995：在西北师范大学中文系函授学习。2005年8月至今在平川中恒学校任教。

1020　赵学民
性　　别：男
出生年月：1966-03-16
民　　族：汉族
政治面貌：群众
职　　称：副高
学　　历：大学本科
所在单位：平川中恒学校
成　　就：自2005年中恒学校创建以来，一直工作在教学一线，多年来带高三或补习班历史课，历史学科带头人，历史教研组组长，教学成绩显著，所带学生成绩优秀，多人被厦门大学、南京大学、北京师范大学录取。
简　　介：1990年7月参加工作。1990年7月至2003年7月在西北铁合金厂中学工作；2003年7月至2005年7月在会宁一中工作；2005年7月至今在平川中恒学校工作。

1021　梁建荣
性　　别：男
出生年月：1961-05-13
民　　族：汉族
政治面貌：民主党派
职　　称：副高
学　　历：大学专科
所在单位：平川区黄峤中学
成　　就：2005年获得白银市"优秀德育工

作者"称号；2007 年获得"白银市优秀班主任"称号；2008 年获得中学高级职称。

1022 李春晖

性　　别：女
出生年月：1966-10-07
民　　族：汉族
政治面貌：群众
职　　称：副高
学　　历：大学本科
所在单位：白银市平川区电厂学校
成　　就：主要成绩和奖项：1997 年—1998 年度第一学期获甘肃省电力局教学质量奖。2007 年度学校优秀教师。2009 年平川区中考历史第一名，获丁玉平慈善教育奖励救助基金奖励。2010 年 3 月被聘为平川区中学优质课竞赛初中历史课评委。2010 年所带班级获平川区中考历史第一名，获丁玉平慈善教育奖励救助基金奖励。被评为 2009—2011 年度白银市优秀教师，被白银市委市政府授予"园丁奖"荣誉。2011 年所带班级获平川区中考历史第一名，获丁玉平慈善教育奖励救助基金奖励。2012 年所带班级获平川区中考历史第二名，获丁玉平慈善教育奖励救助基金奖励。
简　　介：1989 年 6 月毕业于庆阳市专历史系，1989 年 9 月参加工作。一直在白银市平川区电厂学校从事教学工作。2005 年 12 月取得甘肃省自学考试本科学历。1991 年 10 月取得初级专业技术职务任职资格，1997 年 3 月取得中级专业技术职务任职资格，2002 年 12 月取得高级专业技术职务任职资格。

1023 司喜强

性　　别：男
出生年月：1968-03-20
民　　族：汉族
政治面貌：群众
职　　称：副高
学　　历：大学本科
所在单位：甘肃白银平川中恒学校
成　　就：在省、地级刊物发表论文多篇。2006 和 2007 年在全国中学生能力竞赛中分获优秀指导奖（市级）。2010 年全国中学生能力竞赛中获高一级三等奖指导奖（国家级）。2011 年在全国中学生能力竞赛中两人获高二级二等奖指导奖（国家级）。2009 年其文《农村高中学生英语学习动机类型因子分析》获甘肃省教科所优秀论文评比一等奖。Canada—"The True North"教学设计获 2011 年全市高一新课程优秀教学设计一等奖。2011 年在平川区高中"同课异构"教学竞赛中获二等奖。
简　　介：1988 年 7 月陇西师范英语班毕业，同年分派至通渭一中教学，1994 年 6 月通过自考专科，2000 年 6 月通过自考本科，2009 年 1 月获西北师大教育硕士学位，2005 年 8 月调至白银平川中恒学校。

1024 刘进珍

性　　别：男
出生年月：1962-04-23
民　　族：汉族
政治面貌：中共党员
职　　称：副高
学　　历：大学专科
所在单位：白银市平川区 种田中学
成　　就：1992 年获"白银市园丁奖"，2000 年评为白银市骨干教师，2006 年 9 月获白银市"园丁奖"。2009 年获市教育局、市慈善总会"优秀教师奖"，2010 年、2011 年受聘为"白银市高级教师评审委员会"委员。2012 年获得第六届全国规范汉字书写大赛成人组硬笔优秀奖、组织贡献奖。2013 年

7月获得了中央电视台科技频道、教育部语言文字应用管理司联合授予的2013年度《中国汉字听写大会》优秀指导教师称号。2006年9月《探究身边的人口状况》获甘肃省教育学会甘肃省教科所三等奖。2006年8月，署名编者之一的甘肃义务教育地方课程教材《综合实践活动》（八年级下册）由甘肃文化出版社出版。2014年主持的省级教育科研课题"农村学校写字教学研究"通过鉴定。

简　　介：1975年3月—1977年2月在当时的靖远县种田中学读初中；1977年3月—1980年7月在当时的靖远县种田中学读高中；1980年8月—1982年7月在甘肃省庆阳师专数学科上学；1982年8月—2014年7月在白银市平川区种田中学工作；2000年4月评为白银市骨干教师，1987年9月起担任白银市平川区种田中学教导主任。1999年9月起担任白银市平川区种田中学副校长。2015年3月至今担任平川区种田中学校长。

1025　杜雪峰

性　　别：男
出生年月：1966-02-21
民　　族：汉族
政治面貌：中共党员
职　　称：副高
学　　历：大学本科
所在单位：白银市平川中学

成　　就：1997年被评为平川区优秀教师，1999年被评为白银市优秀教师并获"园丁奖"称号，2002年确定为白银市市级中学骨干教师，2003年被授予平川区"优秀共产党员"，2005年被确定为平川区骨干教师，2008年9月参与省级研究课题《新课标下语文课人文精神内化的研究》，通过省级鉴定。2001年《教育革新》（专刊）发表其论文《高层次的要求》，2006年10月在《甘肃日报》（省级）上发表论文《谈新课标下的语文教学》。

简　　介：1990年8月参加工作，1990年7月毕业于宁夏大学，1991年8月取得中学二级教师资格，2001年3月取得中学一级教师资格，2006年12月取得中学高级教师资格。

1026　朱德仓

性　　别：男
出生年月：1957-05-19
民　　族：汉族
政治面貌：中共党员
职　　称：副高
学　　历：大学本科
所在单位：白银市平川区教育局

成　　就：1993年在靖远煤业有限公司第二小学任校长职位期间，被评为白银市优秀校长，受到市委市政府表彰奖励。并多次被评为靖远煤业有限公司省煤炭公司先进工作者，优秀党务工作者等称号。

简　　介：1974年12月—1978年3月应征入伍；1978年4月—1982年8月在会宁县中川乡化合中学任民教；1982年9月—1984年6月在甘肃省靖远示范学校读书；1984年7月—1986年11月在靖远矿务局第二小学任教师、教导主任；1986年12月—1998年2月在靖远矿务局第二小学任校长；1998年3月—2007年12月分别任靖远矿物局教育处、靖远煤业有限公司教育处政工科科长、劳人部部长；2008年1月—2014年10月在平川区教育局教研室任教研员，在平川区人民政府教育督导室任正科级督学；2014年10月起被批准提前退休。

1027　何如

性　　别：男
出生年月：1965-11-28

民　　　族：汉族
政治面貌：中共党员
职　　　称：副高
学　　　历：大学本科
所在单位：白银市平川区电厂学校
成　　　就：2003年所写论文《帮助学生解决记叙文写作中的五个问题》在2003年全市中学语文优秀论文交流评比中被白银市教科所评为一等奖。同年，在2003年全省新课程新理念论文交流评比中被甘肃省教科所评为二等奖。2003年被平川教育局评为平川区区级中学骨干教师。2003年获白银市第二届"青年教学能手"称号。2004年被甘肃白银市平川区教育局评为优秀班主任。2003年参加白银市教科所组织的"全市初中语文新课程说课竞赛"中获二等奖。2009年9月，被中共白银市委、白银市人民政府评为2007——2009学年优秀教师，并授予"园丁奖"荣誉。2010年获得白银市教育局、白银市慈善总会授予"优秀教师"称号。
简　　　介：甘肃礼县人。1989年7月毕业于陕西师范大学中文系，获汉语言文学学士学位。1989年7月参加工作，在甘肃省白银市平川区电厂学校担任中学语文教学工作。

1028 邓世成

性　　　别：男
出生年月：1956-08-20
民　　　族：汉族
政治面貌：中共党员
职　　　称：副高
学　　　历：大学专科
所在单位：甘肃省白银市第五中学
成　　　就：2005年被评为平川区中小学区级骨干教师，1998年被评为平川区优秀教师，2004年被评为白银市优秀教师，并授予白银市"园丁奖"。2000年撰写的论文《如何紧扣课文培养学生的交际能力》获平川区基础教育教学科研成果论文一等奖，2003年获得全国中学生英语能力竞赛市级优秀指导教师奖，2003年撰写的论文《如何看待农村中学英语教学中的两级分化现象》获市级一等奖，2004年获得全国中学生英语能力竞赛市级优秀指导教师奖。在省、地级公开发表论文多篇。
简　　　介：1978年7月参加工作，专科学历，中学高级教师。1978年7月毕业于靖远师范，1992年6月取得西北师大高等自考英语专业专科学历。1987年11月取得中学二级教师任职资格，1996年8月取得中学一级教师任职资格证，2005年12月取得中学高级教师任职资格，1997年6月取得高级中学教师资格。

1029 郑晓丽

性　　　别：女
出生年月：1971-03-02
民　　　族：汉族
政治面貌：群众
职　　　称：副高
学　　　历：大学本科
所在单位：白银市平川区第四中学
成　　　就：2008年、2009年、2010年所带六个班中考历史成绩均为平川区第二名并获中考优秀成果奖；2008年历史教学设计获省级二等奖；2011年历史教学设计获省级一等奖；2008年被评为平川区"优秀教师"，并获园丁奖；2007年被评为白银市教学能手；2009年被评为平川区骨干教师；2010年被评为甘肃省教学能手；2014年3月被评为白银市技术标兵。2007年至2009年主持参与省"十一五"规划课题《现代课堂教学中三维目标的实践与研究》的研究并通过鉴定。
简　　　介：1990年6月毕业于甘肃煤炭技工学校；01996年毕业于兰州大学汉语言文学

专业自考专科；2004年毕业于陕西师范大学汉语言文学函授本科；1994年9月至2009年7月在王矿中学任教；2009年9月至今在平川区第四中学任教。

1030 贾崇

性　　别：男
出生年月：1959-10-19
民　　族：汉族
政治面貌：群众
职　　称：副高
学　　历：大学专科
所在单位：白银市平川区红会学校
成　　就：多次获得平川区先进教师，曾担任区、市两级地理科目优质课竞赛评委。
简　　介：民进会员，中学高级教师，白银市骨干教师。1979年11月参加工作，1990年7月毕业于兰州教育学院地理系，一直在平川区红会学校担任中学地理教学工作。

1031 宋冬玲

性　　别：女
出生年月：1967-08-03
民　　族：汉族
政治面貌：群众
职　　称：副高
学　　历：大学本科
所在单位：白银平川四中
成　　就：曾获得先进教师，优秀先进班集体，优秀辅导员等荣誉。
简　　介：1990年7月—1998年7月王矿中学任教；1998年7月—现在在平川四中任教。

1032 李玉花

性　　别：女
出生年月：1969-04-13
民　　族：汉族
政治面貌：中共党员
职　　称：副高
学　　历：大学本科
所在单位：甘肃省白银市平川区育才小学
成　　就：1997年被评为平川区优秀班主任；1997年在平川区优质课竞赛中获一等奖，1997年获白银市小学语文优质课竞赛二等奖；2002被评为白银市优秀教师，并被授予白银市"园丁奖"称号；2004被确定为甘肃省中小学省级骨干教师；2004所带班级获白银2003—2004年度"先进班集体"称号；2005被确定为平川区区级骨干教师；2007被评为平川区新课改先进个人；2008年12月所负责的课题《新课程背景下小学语文教学有效策略的研究》通过市级鉴定；2009年所带班级被评为2008—2009学年度白银市"先进班集体"；2010年10月所负责的课题《新课程背景下小学语文教学有效策略的研究》通过省级鉴定；2012年被评为平川区首届"十大名师"。
简　　介：副高级职称。现从事小学语文教学及学校教务工作。

1033 陈林山

性　　别：男
出生年月：1971-06-24
民　　族：汉族
政治面貌：民主党派
职　　称：副高
学　　历：大学本科
所在单位：甘肃省白银市平川中学
成　　就：2008年9月论文《浅议班主任德育工作的有效途径》被中国教育学术委员会评为优秀论文并获一等奖。2008年2月论文《论中学语文教学中的审美教育》发表于《四川教育学院学报》2008年第二期，并被全文转载于中国人民大学书报资料中心的《中学语文教与学》2008年第7期；2008年9月论文《浅议班主任德育工作的有效途径》，发表于《中国教学与研究》2008年第九期，2008年被吸收为白银市社会科学联合会会员。

简　　介：1997年6月毕业于兰州大学（自考），1995年12月取得中学二级教师资格，2002年12月取得中学一级教师资格，2008年12月取得高级教师资格，2009年10月聘任。

1034 冉玉玺

性　　别：男
出生年月：1957-07-11
民　　族：汉族
政治面貌：中共党员
职　　称：副高
学　　历：中专
所在单位：白银市平川区宝积山学校

成　　就：2009年在《中国教育发展研究》发表《中学生思想道德教育新探索》论文，2013年在《考试》发表《初中历史"情境探疑"教法之我见》论文。1993年获靖远矿务局宝积山矿优秀共产党员荣誉。1995年、1997年获局优秀教师称号。2001年获得先进个人称号。2004年获优秀教师。2005年获优秀思想政治工作者称号。参与课题《中小学课程改革中教师的应为与难为》。

简　　介：中学高级教师。1980年7月毕业于靖远师范学校；1980年至今在宝积山学校任教；现任宝积山学校政教主任。

1035 孙占师

性　　别：男
出生年月：1964-05-13
民　　族：汉族
政治面貌：中共党员
职　　称：副高
学　　历：大学本科
所在单位：白银市平川中学

成　　就：多年高三任课，成绩优异。主持完成国家级科研课题《新课改下学科教育教学改革与课程教法开发研究》的子课题《新课改下高中政治探究式教学的应用与实践研究》，并圆满结题。10多篇论文在国家或省市级刊物上发表。白银市骨干教师。

简　　介：1984年9月—1988年7月西北师范大学政治系政治专业学习；19880年7月—现在任白银市平川中学教师、教研处主任。

1036 高国珺

性　　别：男
出生年月：1965-01-20
民　　族：汉族
政治面貌：群众
职　　称：副高
学　　历：大学本科
所在单位：甘肃省白银市平川中恒学校

成　　就：2002年获靖远县骨干教师称号，2003年获靖远县园丁奖及优秀班主任，2006年获得平川区高考进步奖。

简　　介：1982年8月至1999年7月在靖远县糜滩中学任教；1999年8月至2006年7月在靖远县第三中学任教；2006年8月至今在平川中恒学校任教；1990年2月被评聘为中学二级教师；2002年4月被评聘为中学一级教师；2009年12月被评为中学高级教师。

1037 张强

性　　别：男
出生年月：1970-12-13
民　　族：汉族

政治面貌：群众
职　　称：副高
学　　历：大学本科
所在单位：白银市平川中学
成　　就：近年来，先后有《2012年高考语文38例病句透析》等10多篇论发表于《教育革新》等省级刊物上。在课题研究方面，主持、参与了《中学硬笔书法教育的校本课程开发利用的实践研究》等5项省市级教育科研课题，均已通过鉴定。连续荣获第三届、第六届白银市青少年书信文化大赛优秀辅导奖。2010年被评为平川区骨干教师，2010年获得共青团系列"心理健康辅导与资格证书"。
简　　介：1995年8月参加工作，1995年7月毕业于淮北煤炭师范学院，本科学历。1996年12月被评为中学二级教师，2001年10月被评为中学一级教师，2008年12月被评为高级教师。

1038　王学军

性　　别：男
出生年月：1970-12-20
民　　族：汉族
政治面貌：中共党员
职　　称：副高
学　　历：大学本科
所在单位：白银市平川中恒学校
成　　就：白银市骨干教师，白银市优秀班主任，获市"园丁奖"。
简　　介：1992年7月—1994年7月在靖远县东湾中学任教；1994年8月—2005年7月，靖远一中任政治课教师；2005年8月至今，在平川中恒学校任政治课教师和年级主任。

1039　张锦惠

性　　别：女
出生年月：1964-02-04
民　　族：汉族
政治面貌：群众
职　　称：副高
学　　历：大学专科
所在单位：甘肃省白银市平川区大水头学校
成　　就：1996年被评为市园丁。1996年被评为优秀辅导员。2002年被评为王家山先进矿先进工作者。2002年被评为靖煤公司教学能手。2004年被评为白银市骨干教师。2005年被评为靖煤公司先进教师。2006年被评为靖煤公司优秀教师。2011年中考成绩优异获二等奖。2011年辅导学生曾俊宁获全国数学竞赛一等奖。2014年被评为师德师风先进个人，获园丁奖。多篇论文在省、地级刊物发表。
简　　介：1980—1983年在靖远矿务局煤三处子弟学校代课教师。1983—1987年在靖远矿务局煤三处子弟学校任教。1987—2003年靖远矿务局王家山煤矿中学任教。2003至今在靖煤公司大水头学校任教。

1040　王明光

性　　别：男
出生年月：1965-08-26
民　　族：汉族
政治面貌：中共党员
职　　称：副高
学　　历：大学本科
所在单位：白银市平川区职业技术教育培训中心
成　　就：曾获得靖远矿务局优秀教师、优秀党员称号，获靖远矿务局全局中学语文优质课奖。先后在省级刊物《教育改革与教学研究》《创新教育》《教师教育科研》《读写算》《教育教学研究》《科学时代》发表论文数篇。

简　　介：1983年9月至1986年6月甘肃靖远师范读书；1986年7月靖远矿务局宝积山初中任语文教师；2008年5月靖远煤业公司二中任语文、政治教师；2010年9月平川区魏家地中学任语文、政治教师；2011年3月在平川区职业技术教育培训中心工作。

1041 张犁

性　　别：女

出生年月：1956-12-06

民　　族：汉族

政治面貌：中共党员

职　　称：副高

学　　历：大学专科

所在单位：平川区靖煤小学

成　　就：多次被评为靖煤集团先进教师、三八红旗手、优秀共产党员；2004年被评为白银市"优秀教育工作者"并授予"园丁奖"；2008年被平川区评为"优秀教育工作者"并授予"园丁奖"。

简　　介：1975年3月—1978年12月靖远县水泉公社陡城大队知青；1978年12月—1981年12月定西氮肥厂生产科工作；1981年12月—1984年8月靖远矿务局第一小学任教；1984年9月—1986年7月在定西教育学院历史专业脱产进修。1986年8月—1995年2月在靖远矿务局第一小学任教；1995年3月—1998年2月靖远矿务局第一小学任副校长（副科级）；1998年3月—2001年8月靖远矿务局第一小学任校长（正科级）；2001年9月—2010年5月靖煤公司第一小学任校长（正科级）；2010年6月—今任白银市平川区靖煤小学校长（正科级）。

1042 周有勤

性　　别：女

出生年月：1970-01-19

民　　族：汉族

政治面貌：群众

职　　称：副高

学　　历：硕士研究生

所在单位：白银市平川中学

成　　就：从教27年以来，工作上务实创新，不断进取，业绩卓著，1998年、2006年两次获得白银市高中英语优质课竞赛一等奖，2013年4月获甘肃省中小学外语教师新课程优秀课例比赛高中组一等奖；2012年因高考成绩突出，被平川区教育局授予"教育功臣"特等奖，还曾先后被评为白银市骨干教师，甘肃省"青年教学能手"，甘肃省骨干教师，并于2013年获得全国中小学外语教师园丁奖。

1043 库爱平

性　　别：女

出生年月：1963-09-26

民　　族：汉族

政治面貌：群众

职　　称：副高

学　　历：大学专科

所在单位：会宁县中川乡教育管理中心

成　　就：2009年荣获会宁县"园丁奖"称号；2010年在甘肃日报发表论文《也谈班级管理》。

简　　介：1982年3月参加工作，1995年8月至1997年7月在甘肃省教育学院汉语言专科班学习，自参加工作以来，一直在农村中小学任教，并担任班主任工作，特别重视对班级管理工作的研究。

1044 郭俊龙

性　　别：男
出生年月：1963-08-20
民　　族：汉族
政治面貌：群众
职　　称：副高
学　　历：大学专科
所在单位：会宁县教育局督导室
成　　就：2001年、2004年在实施美国"认养乡村学校图书室"项目中被省教科所评为优秀工作者；2002年被确定为白银市中小学市级"骨干教师"；2004年被县委、县政府授予县"园丁奖"；2009年，被县教育局评为2008年度教育督导先进工作者；2010年，被会宁县委、县政府评为教育督导先进个人，并获得县"园丁奖"；2001年、2002年、2003年，在省、地级刊物发表论文多篇。2009年至2012年，主持编纂共80万字《会宁县教育督导工作手册》（一、二）集；2007年、2012年分别被会宁县人民政府聘为第四、第五届政府督学。
简　　介：1983年至1985年在会宁一中任教；1985年至1987年在会师中学任教；1987年至1989年在定西教育学院学习；1989年至2008年在会宁县教育局教研室工作；2008年至今在会宁县教育局督导室工作。

1045 陈爱萍

性　　别：女
出生年月：1970-01-29
民　　族：汉族
政治面貌：群众
职　　称：副高
学　　历：大学本科
所在单位：会宁县第四中学
成　　就：在省市级刊物获奖或发表论文六篇；曾获县市级优质课竞赛一、二等奖；主持了一项省级科研课题、参与了三项省市级科研课题；指导学生多次参加全国作文大赛，多人多次获一、二等奖。
简　　介：2004年汉语言文学专业毕业，中学高级教师。1989年8月参加工作，现从事高中语文教学工作。

1046 王凤岐

性　　别：男
出生年月：1964-06-06
民　　族：汉族
政治面貌：群众
职　　称：副高
学　　历：大学本科
所在单位：甘肃省会宁县第一中学
成　　就：任职期间，教学效果好，成绩优异。

1047 王廷荣

性　　别：男
出生年月：1955-02-02
民　　族：汉族
政治面貌：群众
职　　称：副高
学　　历：大学专科
所在单位：会宁县土门岘乡初级中学
成　　就：受过学校几次优秀教师奖；受过两次县级园丁奖；发表了《论语十则三辩疑》《浅谈学生语文学习的兴趣培养》《话题作文创新思路之探微》《浅谈学生的德育教育》《对学生德育教育问题的思考》《历史知识记忆方法谈》《激发写作情趣，提高作文素养》10多篇论文；所带语文曾获得全县中考第五名。
简　　介：1971年8月至1973年7月在本村任民教；1973年8月至1975年7月在靖

远师范上学；1975年8月至1976年7月在大沟中学任教；1976年8月至1981年7月在新源乡老庄初中任教；1981年8月至现在在土门岘初中任教。

1048 何应吉

性　　别：男
出生年月：1968-10-03
民　　族：汉族
政治面貌：中共党员
职　　称：副高
学　　历：大学本科
所在单位：会宁县老君坡乡老君初级中学
成　　就：1992年获得会宁县优质课堂教学竞赛三等奖，2010年被授予会宁县第六届"青年教学能手"称号。在近五年时间里先后在省、市、县级教育类刊物上发表论文4篇，获奖教学案例1篇，主持研究市级课题1项，参与市级研究课题1项。多篇论文发表在省、地级刊物。2009年10月，教学案例《记承天寺夜游》获得市级论文、教学案例大赛二等奖；2010年10月，主持研究的课题《课改下的语文课堂教学设计、实施与反思的研究》通过市教育科学研究所的鉴定；参与研究的课题《新课程实施中师生教学活动方式转变的研究》通过市教育科学研究所的鉴定。
简　　介：中学高级教师，1989年8月参加工作。会宁县老君坡乡老君初级中学教师。从事初中语文教学25年，连续7年担任初三年级语文教师。2011年3月始担任学校总务主任，兼教九年级历史教师。

1049 牛宗义

性　　别：男
出生年月：1966-07-11
民　　族：汉族
政治面貌：民主党派
职　　称：副高
学　　历：大学本科
所在单位：会宁县教研室
成　　就：从事英语教学22年。2001年获得会宁县园丁奖。2003年、2007年、2009年分别获得白银市园丁奖。1999年、2005年分别获得市级优秀班主任奖。2010年被评为白银市法制宣传先进个人。2012年获得"白银市统一战线树立和践行社会主义核心价值体系先进人物"称号。
简　　介：1991年6月毕业于西北师范大学；1991年8月—2004年8月在会宁一中任教；2004年8月—2012年10月在会宁五中任教；2012年10月至今在会宁县教育局教研室工作。2004年9月—2008年5月任会宁五中政教处主任；2008年5月—2012年10月任会宁五中副校长；现任会宁县第八届政协委员会委员、民盟会宁支部副主委、第五届会宁县人民政府行政兼职督学、会宁县市级依法行政社会督查员。

1050 南居钱

性　　别：男
出生年月：1958-12-03
民　　族：汉族
政治面貌：中共党员
职　　称：副高
学　　历：大学本科
所在单位：会宁县人民政府教育督导室
成　　就：从事农村教育管理及教育教学工作30余年，长期致力于对农村教育的探索与研究。1994年被白银市人民政府授予"白银市优秀校长"。1996年被白银市教育局授予"先进教育工作者"。2000年在贫困地区教育改革与发展的讨论与研究中，撰文《认清形势，摆脱困境，办好贫困地区的教育事业》，得到了有关方面充分肯定，并发表在2000年第十一期《甘肃高师学报》。自2001年所任职学校被白银市确定为"白银市德育教育实验学校"以来，加强对学校教育、家庭教育、社会教育有机结合的探究。论文《家庭教育的重章叠唱》发表在2005年7月20日《甘肃日报》。2003年论文《问题式五步教学法与创新学习》发表在2003年第三期《白银教育》。2003年被中共会宁县委、会宁县人民政府授予"园丁"奖。2006年被白银市高等学校招生委员会、白银市教育局授予"招生工作先进个人"。2002年至2004年承担并完成甘肃省教育科学省"十五"规划课题"问题式教学法及其应用"。

简　　介：1976年11月—1978年7月会宁县头寨子镇共丰村河西小学任民教；1978年8月—1980年7月甘肃省陇西师范学校学习；1980年8月—1985年7月会宁县塬边乡学区、塬边中学工作，任塬边学区教育专干、塬边中学教务主任；1985年8月—1994年7月会宁县头寨子镇共丰中学工作，任校长；1994年8月—2001年10月会宁县郭城独立中学工作，任校长；2001年11月—2008年4月在会宁县会师中学工作，任校长；2008年5月至今在会宁县人民政府教育督导室工作，任县政府督学。

1051　王彦瑚

性　　别：男
出生年月：1963-04-08
民　　族：汉族
政治面貌：中共党员
职　　称：副高
学　　历：大学专科
所在单位：会宁县甘沟中学
成　　就：1994年获白银市"园丁奖"；2005年获会宁县"骨干教师"称号；2009年7月参加全县中学"有效课堂教学"优质课竞赛获"行政课堂"三等奖；2009年获会宁县"园丁奖"；2011年参加全县中学"有效课堂教学"优质课竞赛获全县优质课竞赛初中"行政课堂"一等奖；2013年获白银市"两基"先进工作者荣誉。特别在担任王马山初中校长以来，亲自带领全校师生利用节假日组织师生进行平整校园大会战，从1996至2006这十年中共拉土方二万余方，使校园面积扩大一倍，学校面貌焕然一新，学校办学条件大有改善。

简　　介：1985年3月参加工作。近三十年一直扎根于农村学校，为农村教育的发展在勤奋耕耘。2011年调到甘沟中学。

1052　李建业

性　　别：男
出生年月：1964-04-18
民　　族：汉族
政治面貌：群众
职　　称：副高
学　　历：大学专科
所在单位：会宁二中
成　　就：参加工作三十年来，因教学成绩优异，曾两次被评为会宁县优秀教师、会宁县骨干教师，2003年被评为白银市优秀教师，获白银市"园丁奖"，2001年、2002年、2003年、连续三年年度考核成绩优秀。并于2008年、2009年、2010年被聘为会宁县和白银市中学英语教师优质课竞赛评委。先后在《英语学习》、《甘肃教育》、《甘肃日报》、《中学英语之友》等报刊发表论文多篇。

简　　介：1984年参加工作，曾先后在党岘中学、甘沟中学任教。1994年调入会宁二中。2009年被评为中学高级教师。

1053 苏钰碧

性　　别：男
出生年月：1963-07-05
民　　族：汉族
政治面貌：中共党员
职　　称：副高
学　　历：大学本科
所在单位：会宁县平头川乡教管中心
成　　就：2008年获副高职称。2011年被白银市教育系统先进集体。2012年被甘肃省委省政府授予两基先进集体。
简　　介：1982年8月参加工作。1996年任教管中心主任至今。2008年获副高职称。

1054 武登江

性　　别：男
出生年月：1962-08-12
民　　族：汉族
政治面貌：群众
职　　称：副高
学　　历：大学本科
所在单位：甘肃省会宁县第一中学
成　　就：从事高中历史教学工作27年，兢兢业业，任劳任怨，深受领导和学生好评。

1055 魏毅

性　　别：男
出生年月：1965-07-11
民　　族：汉族
政治面貌：中共党员
职　　称：副高
学　　历：大学本科
所在单位：甘肃省会宁县第四中学
成　　就：教学效果良好，任现职以来，每年学校进行学生民主测评，满意度高达90%。积极参与学生思想政治教育及班主任管理工作。为此获得会宁县"优秀教师、园丁奖"称号一次。获得会宁县"优秀班主任"称号。从事英语学科教学29年，足量承担教学工作任务，2006年、2009年、2012年担任毕业班教学工作，教学成绩优秀。2007年辅导学生获得全国中小学生《学英语》杯英语征文大赛二等奖。2009年参与甘肃省教科所课件竞赛获得二等奖。在省级以上刊物发表教育教学论文3篇。
简　　介：1984年6月靖远师范毕业参加工作；1994年6月兰州师专外语系毕业年获得大专学历；2004年6月中央广播电视大学英语教育专业毕业，获得大学本科学历；中学高级级教师。现为会宁四中具有高级中学任职资格的英语教师，1998年8月调入会宁四中。

1056 邵登明

性　　别：男
出生年月：1955-07-22
民　　族：汉族
政治面貌：中共党员
职　　称：副高
学　　历：大学专科
所在单位：会宁县老君坡乡谢岔小学
成　　就：2002年获得副高职称；2004年老君坡乡谢岔初级中学被白银市委、市政府授予全市教育系统先进集体；2009年老君坡乡谢岔初级中学被白银市委、市政府授予全市教育系统先进集体。
简　　介：1974年3月参加工作，1976年12月加入中国共产党，1995年至2009年担任老君坡乡谢岔初级中学校长，2002年12月获得副高职称，现在老君坡乡谢岔小学任教。

1057 童毅

性　　别：男
出生年月：1974-08-16

民　　　族：汉族
政治面貌：中共党员
职　　　称：副高
学　　　历：大学本科
所在单位：会宁二中
成　　　就：1999年荣获白银市高中英语教师演讲比赛优秀奖；2001年所带班级高三（8）班被白银市教育局授予"白银市先进班集体"称号；2007年荣获白银市优秀指导教师奖；2008年所指导学生荣获全国英语能力竞赛国家级二等奖1人次；2009年所指导学生荣获全国英语能力竞赛国家级二等奖1人次；2010年在甘肃省2010年哲学社会科学宣传普及周白银示范活动哲学社会科学知识竞赛中荣获三等奖；2011年被白银市教育局授予"优秀教师"称号；2011年荣获白银市高一新课程优秀教学设计评选一等奖；2011年所指导学生荣获全国英语能力竞赛国家级三等奖1人次，省级二等奖1人次；2012年被白银市教育党工委评为"创先争优先进党务工作者"。主持的2009年度甘肃省教育科研"十一五"规划课题《农村中学生英语听力训练方法研究》在2011年12月通过鉴定。2013年被白银市教育局确定为市级骨干教师。
简　　　介：1993年8月—1995年6月在兰州师范高等专科学校，获大专学历；1995年8月参加工作，至今一直在甘肃省会宁县第二中学任教（其间于2001年4月—2005年6月参加西北师范大学英语本科专业自考，获本科学历证书、文学学士学位证书）。于2008年5月、2010年6月、2013年9月先后在北京大学、华东师范大学和北京师范大学短期培训学习。

1058　张宗梅

性　　　别：女

出生年月：1965-12-07
民　　　族：汉族
政治面貌：中共党员
职　　　称：副高
学　　　历：大学本科
所在单位：甘肃省会宁县第一中学
成　　　就：从教以来，在省级和国家级刊物上发表多篇文章，参与和负责两项省级科研项目。一直担任班主任工作，所带班级被评为白银市先进班集体。2011年被评为白银市骨干教师。2008年被甘肃省精神文明建设委员会评为优秀教师。
简　　　介：1997年8月—1990年7月在甘肃教育学院进修；1990年8月—现在在会宁一中工作。

1059　孙湖

性　　　别：男
出生年月：1961-07-30
民　　　族：汉族
政治面貌：群众
职　　　称：副高
学　　　历：大学专科
所在单位：会宁县韩家集乡初级中学
成　　　就：1987年至2004年主要从事中学数学教学工作，并担任班主任工作。所教学生在2003年全县中考中获得第三名的好成绩。2004年至今从事中学地理教学。2010年3月在《发展》杂志上发表了题为《初中地理教学与探究式学习》的论文，2013年在《读写算》杂志上发表了题为《我心里的学校德育工作》的论文。
简　　　介：1970年3月—1979年7月先后在韩集乡东西坡小学、袁咀中学、河畔高中就读；1979年9月—1981年7月在靖远师范普师班学习；1981年8月—1985年7月在通渭县文庙街小学任教；1985年8月—

1987年7月在会宁县八里乡白户小学任教；1987年8月至今在会宁县韩家集乡初级中学任教。

1060 魏义珍

性　　别：男
出生年月：1960-11-16
民　　族：汉族
政治面貌：群众
职　　称：副高
学　　历：大学专科
所在单位：会宁县第四中学
成　　就：1981年7月参加工作，中学高级教师，会宁县骨干教师，从事英语教学三十余年。在《中学英语之友》《甘肃教育》《白银教育》等刊物上发表论文数篇。2000年被会宁县人民政府授予《师德标兵》称号。在历年的考核中连续取得了良好的成绩。2001年、2002年、2003年连续被评为校级先进教师、优秀班主任。在2003年全国中学生英语能力竞赛中获市级优秀指导奖。2000年在《中学英语之友》国家级刊物上发表题为《现在进行时的被动语态》论文一篇。2001年在《定西教育学院学报》上发表题为《谈英语听力教学》论文一篇。2011年担任甘肃省普通高中新课程教师远程培训辅导教师。
简　　介：1979年8月—1981年7月在临洮师范上学。1981年8月—1983年8月在刘寨中学任教。1983年9月—1985年7月在定西教育学院进修。1985年8月—1989年7月在会宁一中任教。1989年8月—1998年7月在会宁三中任教。1998年8月至今在会宁四中任教。

1061 杨虎

性　　别：男
出生年月：1963-07-21
民　　族：汉族
政治面貌：群众
职　　称：副高
学　　历：大学专科
所在单位：会宁县教育局教研室
成　　就：1982年参加工作，在教学第一线26年，从事教学研究工作6年，1989年获得会宁县"园丁"奖，1994年获得白银市"青年教学能手"荣誉称号。获得校级优秀班主任荣誉10次。在省级刊物上发表论文8篇。
简　　介：1982年7月至1998年7月在会宁县天平中学任教；1998年8月至2008年7月会宁县第四中学任教；2008年至今在会宁县教育局教研室从事教学研究工作。

1062 李云昌

性　　别：男
出生年月：1967-03-08
民　　族：汉族
政治面貌：中共党员
职　　称：副高
学　　历：大学本科
所在单位：会宁县第四中学
成　　就：曾被评为1992年度会宁县优秀教师、2001—2002年度会宁县教育系统优秀党员、2003年会宁县优秀教育工作者；在省市级教育刊物发表论文10余篇。
简　　介：中学高级教师。1986年参加工作，曾任掌里中学校长、会宁四中政教主任，现担任会宁四中工会主席。1983年8月—1986年6月靖远师范学习；1994年12月兰州大学汉语言大专毕业；1995年8月—1997年6月甘肃教育学院教育管理本科毕业。1986年8月—1988年7月大沟中心任教；1988年8月—1995年7月掌里中学任教；1997年8月—1998年7月会宁一中任教；1998年8月—

现在会宁四中任教。

1063 刘凯

性　　别：男
出生年月：1975-10-01
民　　族：汉族
政治面貌：中共党员
职　　称：副高
学　　历：大学本科
所在单位：白银市会宁县河畔初级中学
成　　就：在省级刊物发表多篇论文。著有《大学体育舞蹈教程》甘肃教育出版社2008年8月第一版。主持甘肃省教育科学"十五"规划课题两项《新课改下体育与健康课课堂教学设计、实施与反思研究》《高效课堂模式下小组合作学习的策略研究》。
简　　介：1995年6月毕业于兰州师专，1995年7月参加工作，在会宁三中从事高中体育教学及校团委工作；1999年7月毕业于首都体育学院体育教育专业；2002年—2008年担任年级副主任，2002年至今担任班主任工作，1998年—2003年任会宁三中团委副书记，2003年至今任会宁三中团委书记，2011年3月提拔为副科级，任会宁三中团委书记，2012年6月任河畔初级中学校长；2009年破格晋升中学高级教师。

1064 任红霞

性　　别：女
出生年月：1974-10-05
民　　族：汉族
政治面貌：群众
职　　称：副高
学　　历：大学本科
所在单位：会宁县枝阳中学
成　　就：2014年获"甘肃省骨干教师"称号。2011年获"白银市骨干教师"称号。2012年获"甘肃省青年教学能手"称号。2010年获"会宁县青年教学能手"称号。2013年被聘为白银市高评会评委。
简　　介：1998年6月毕业于甘肃农业大学，毕业后分配到会宁县柴门乡鸡儿中学担任初中生物与化学教学和班主任工作，2003年2月调入枝阳中学担任初中生物与化学教学和班主任工作。2003年12月取得中学一级教师任职资格，2009年取得中学高级教师任职资格。

1065 张志魁

性　　别：男
出生年月：1960-04-03
民　　族：汉族
政治面貌：中共党员
职　　称：副高
学　　历：大学专科
所在单位：会宁县丁沟初级中学
成　　就：2004年度获白银市优秀班主任荣誉并被授予园丁奖。2004年度获得甘肃省中学生优秀作文大奖赛辅导奖。2012年在省级刊物《人文教育》发表论文一篇。曾受乡级奖励多次。

1066 张景荣

性　　别：男
出生年月：1963-04-01
民　　族：汉族
政治面貌：群众
职　　称：副高
学　　历：大学专科
所在单位：会宁县教师进修学校
成　　就：多次荣获县级、市级骨干教师、优秀教师奖励。
简　　介：1978年参加工作，中学高级教师。在省、市级刊物发表论文数篇，多次荣获优秀班主任称号，现从事教师培训工作。

1067 李生有

性　　别：男

出生年月：1962-11-30

民　　族：汉族

政治面貌：中共党员

职　　称：副高

学　　历：大学本科

所在单位：会宁县教育局

成　　就：1992年被评为优秀教师，获得"园丁奖"荣誉；1999年评为白银市中学骨干教师；在省、地级刊物发表论文多篇。所辅导学生在2012年全国高中数学联赛中获得二等奖。

简　　介：现任会宁县人民政府教育督导室副主任。1982年7月参加工作，1982年至2012年11月在会宁一中从事教育教学、学校管理工作，曾任会宁一中副校长。

1068 卢鸿雁

性　　别：女

出生年月：1974-08-23

民　　族：汉族

政治面貌：群众

职　　称：副高

学　　历：大学本科

所在单位：会宁县职教中心

成　　就：主要论文《语文教学如何妙用导语》。

简　　介：1998年8月至2000年7月在新庄中学任教；2000年8月至2006年7月在甘沟中学任教；2006年7月至今在会宁职教中心任教。

1069 张维恒

性　　别：男

出生年月：1962-09-18

民　　族：汉族

政治面貌：群众

职　　称：副高

学　　历：大学专科

所在单位：会宁县北关小学

成　　就：1999年被评为县级骨干教师。2000年被评为市级骨干教师。2002年被评为省级骨干教师。2002年被评为市级学科带头人。2003年荣获县级园丁奖。多次荣获优质课奖励。在省地级刊物发表论文多篇。

简　　介：1982年8月参加工作。小学高级教师，甘肃省省级骨干教师。

1070 马志卓

性　　别：男

出生年月：1961-07-09

民　　族：汉族

政治面貌：中共党员

职　　称：副高

学　　历：大学本科

所在单位：甘肃会宁县第一中学

成　　就：高中数学课教学工作和班主任工作。

1071 邹国军

性　　别：男

出生年月：1965-01-29

民　　族：汉族

政治面貌：中共党员

职　　称：副高

学　　历：大学专科

所在单位：会宁县大沟中学

成　　就：在省地级刊物发表论文多篇。2006年10月，"十五"省级立项课题《新课改中互动教学与创新能力培养》结题并通过省级鉴定，排名第二。2008年9月，

"十一五"省级立项课题《新课标下"自主、合作、探究"与"导学"的整合研究》结题并通过省级鉴定,排名第二。2010年9月,主持的"十一五"省级立项课题《新课改背景下学科教育体现素质教育要求研究》结题并通过省级鉴定。

简　　介:1984年7月毕业于靖远师范,1984年8月参加工作;1984年8月—1994年7月在会宁县掌里初中任教;1994年8月—现在在会宁县大沟中学从事语文教学工作;1990年12月通过自学考试获得汉语言文学专科学历,2004年12月取得中学一级教师任职资格,2005年12月被聘任为中学一级教师。

1072 闫新旭

性　　别:男
出生年月:1959-01-19
民　　族:汉族
政治面貌:中共党员
职　　称:副高
学　　历:大学本科
所在单位:会宁三中
成　　就:教育管理及教育教学。

1073 张斌

性　　别:男
出生年月:1969-02-02
民　　族:汉族
政治面貌:中共党员
职　　称:副高
学　　历:大学本科
所在单位:甘肃省会宁县第二中学
成　　就:一直在一线工作23年,担任18年班主任;曾获甘肃省骨干教师、甘肃省园丁荣誉。

1074 南树功

性　　别:男
出生年月:1965-08-18
民　　族:汉族
政治面貌:群众
职　　称:副高
学　　历:大学本科
所在单位:会宁县特殊教育学校
成　　就:从教以来一直致力于高中政治课教学与研究。2003年在全县中小学优质课竞赛中获高中文科组二等奖,2004年被评为会宁县优秀教师,并授予会宁县"园丁奖"。在省、地级刊物发表论文多篇。

简　　介:法学学士,中学高级教师。1985年9月—1989年7月就读于西北师范大学政治系政治教育专业,获法学学士学位;1989年7月—1992年9月在山丹农场子弟学校任教;1992年10月—2013年9月在会宁县第三中学任教;2013年10月—现在在会宁县特殊教育学校任教。

1075 崔正

性　　别:男
出生年月:1963-02-02
民　　族:汉族
政治面貌:中共党员
职　　称:副高
学　　历:大学本科
所在单位:会宁县教育局
成　　就:会宁县首届"宏志班"班主任,"县园丁""市园丁""省优秀教师""奥林匹克竞赛优秀辅导员""全省教育宣传工作先进个人"等称号获得者;发表的论文有《如何办好宏志班》《一题多解》《"逆向思维"教学法初探》等。

简　　介:1982年7月至1989年8月在会宁县河畔中学任教;1989年9月至1990年

8月在会宁县甘沟中学任教；1990年9月至1991年8月在会宁县会师中学任教；1991年9月至2007年8月在会宁县第一中学任教；2007年9月至今在会宁县教育局工作。

1076 孙文章

性　　别：男
出生年月：1959-06-26
民　　族：汉族
政治面貌：中共党员
职　　称：副高
学　　历：大学专科
所在单位：会宁县鸡儿咀初级中学
成　　就：在省、地级刊物发表论文多篇。2005年主持并参加的白银市十五课题研究《适合新时期青少年学生不同年龄特点的思想教育、品德教育、纪律教育、法制教育、心理健康教育》通过市级鉴定。
简　　介：1977年3月参加工作，中学副高级教师。1977年3月—1987年8月在孙家去学校任教；1987年9月—1993年8月在王家庙小学任教并担任教导主任职务；1993年9月—2005年8月在王家庙初中任教并担任教导主任、副校长职务；2005年9月—2014年10月在鸡儿咀学校任教。

1077 陆广林

性　　别：男
出生年月：1968年7月
民　　族：汉族
政治面貌：中共党员
职　　称：副高
学　　历：大学本科
所在单位：会宁县第五中学
成　　就：1993年9月被白银市委、市政府评为优秀班主任，2001年获县园丁奖，2002年10月被评为市级学校德育工作先进个人，2004年7月被评为市级"两基"工作先进个人，2004年12月被评为市教育系统师德先进个人，参与课题《浅析学生厌学之因》通过市级鉴定，主持课题《普通高中开展感恩教育　构建和谐校园的实践与研究》通过省"十一五"规划课题鉴定，发表省级论文两篇。
简　　介：1974年9月—1980年8月在会宁县鸡儿咀小学读书；1980年9月—1983年8月在会宁县鸡儿咀初中读书；1983年9月—1986年7月在靖远师范普师班读书；1986年8月—2004年7月在会宁县甘沟驿乡六十铺学校任教；2004年8月—现在在会宁县第五中学任教。

1078 段永宏

性　　别：男
出生年月：1961-12-18
民　　族：汉族
政治面貌：中共党员
职　　称：副高
学　　历：大学专科
所在单位：会宁县太平店镇教育管理中心
成　　就：长期担任学校及教管中心领导工作，所在乡镇、校教学成果优秀。1988年获市园丁奖。
简　　介：1980年3月—1988年7月在太平小学工作；1988年8月—1990年7月在线教师进修学校学习；1990年8月—1995年7月在太平中学教务处工作；1993年3月—1996年6月参加卫电高师政教专业学习；1995年8月—2003年2月任太平小学校长；2003年3月—2005年7月任韩集中学校长；2004年9月—2009年7月参加兰州大学网络教育行政管理专业学习；2005年8月—2012年3月任翟所乡教管中心主任；2012年10月至今任太平店镇教管中心党总支书记。

1079 岳宗智

性　　别：男
出生年月：1960-11-26
民　　族：汉族
政治面貌：中共党员
职　　称：副高
学　　历：大学专科
所在单位：会宁县柴门乡教育管理中心
成　　就：2002年获青少年作文大赛辅导国家级二等奖；2010年获柴门乡优秀教师；2012年获柴门乡优秀园丁奖。
简　　介：中学高级教师。1979年9月—1981年6月在陇西师范学习；1993年3月—1996年3月在甘肃省教育学院函授学习；1977年5月—1979年9月在甘沟乡陈家坪小学任教；1981年8月—1996年7月在柴门初中任教；1997年8月至今在柴门乡中心小学任教。

1080 张剑

性　　别：男
出生年月：1963-04-05
民　　族：汉族
政治面貌：中共党员
职　　称：副高
学　　历：大学专科
所在单位：会宁县丁沟中学
成　　就：2009年9月《甘肃教育督导》发表其文《作业——师生交流的第二平台》，2010年3月《教书育人》发表其文《从课堂入手 培养阅读能力》，2010年10月完成市级课题成果《农村中学语文教学中学生能力培养的研究》，2003所带班级获县级优秀班集体称号。

1081 陈馥蓉

性　　别：女
出生年月：1965-08-09
民　　族：汉族
政治面貌：中共党员
职　　称：副高
学　　历：大学专科
所在单位：会宁县东关小学
成　　就：2005年被评为甘肃省青年教学能手。2009年被评为甘肃省骨干教师。2001年被评为白银市骨干教师。获得全国类教学成果指导奖10多次，省级教学成果奖10多次，市级奖励10多次。
简　　介：1981年9月—1984年7月在靖远师范读书；1993年8月—1996年9月在西北师大读；1984年8月—1992年7月在会宁县草滩中学任教；1992年8月—2000年7月在会师镇回民小学任教；2000年8月—现在在会宁县东关小学任教。

1082 薛玉霞

性　　别：女
出生年月：1964-04-25
民　　族：汉族
政治面貌：中共党员
职　　称：副高
学　　历：大学本科
所在单位：会宁县幼儿园
成　　就：1987年获"白银市托幼先进个人"。1997年获"白银市园丁"。2001年获会宁县骨干教师。2004年"优秀共产党员"。2005年被评为"甘肃省幼儿教育先进个人"。2005年授予"爱国教育最佳园丁"称号。2007年获"白银市先进工作者"称号。2008年被评为会宁县"勤工俭学先进个人"。2011年被评为会宁县"三八"红旗手。2012年获"甘肃省园丁奖"。2013年获"宋庆龄基金幼儿教育奖。"
简　　介：1984年8月参加工作，现任县幼儿园园长。

1083 韦应河
性　　别：男
出生年月：1964-10-02
民　　族：汉族
政治面貌：群众
职　　称：副高
学　　历：大学本科
所在单位：甘肃省会宁职业中等专业学校
成　　就：2007年辅导学生获得省级三等奖，其个人获得优秀辅导教师称号。曾在省级以上刊物发表论文多篇。
简　　介：1989年6月毕业于甘肃农业大学，本科学历，2007年12月评为中学高级教师，自1989年参加工作以来，一直从事教学工作，教学成绩显著，深受学生欢迎。

1084 刘继高
性　　别：男
出生年月：1956-10-18
民　　族：汉族
政治面貌：中共党员
职　　称：副高
学　　历：大学专科
所在单位：甘肃省会宁县第一中学
成　　就：从事一线教育教学工作33年。
简　　介：1979年8月—1981年7月在天水师范学院读书；1981年8月—1988年7月在会宁刘寨中学任教；1988年8月—1989年7月在会宁土木中学任教；1989年8月—现在在会宁一中任教。

1085 吕保国
性　　别：男
出生年月：1963-07-18
民　　族：汉族
政治面貌：中共党员
职　　称：副高
学　　历：大学专科
所在单位：会宁县汉岔中学
成　　就：2001年获市"园丁奖"。课题《提高农村初中语文教师新课程实施能力的有效途径与方法研究》2011年通过市级鉴定。在省、地级刊物发表论文多篇。2013年被评为中学高级教师。
简　　介：1971年至1980年在汉岔初中读书；1980年9月至1982年在甘肃省临洮师范学校学习；1982年8月参加工作；1995年通过自学，获得汉语言文学大专文凭。参加工作后，一直担任初中语文、历史等学科的教学。

1086 陈志远
性　　别：男
出生年月：1965-06-20
民　　族：汉族
政治面貌：群众
职　　称：副高
学　　历：大学本科
所在单位：会宁三中
成　　就：教育教学。
简　　介：1981年8月—1983年6月在甘肃省陇西师范学校英语班读书。2001年8月—2004年6月在职参加北京外国语大学函授学习。1983年7月—1984年1月在会宁县教师进修学校任教。1984年3月—1984年7月，在会宁县第一中学任教。1984年8月—1987年7月在会宁县头寨中学任教。1987年8月—1999年7月在会宁县郭城农业中学任教。1999年8月—现在在会宁县第三中学任教。

1087 朱向阳

性　　别：男
出生年月：1963-08-06
民　　族：汉族
政治面貌：群众
职　　称：副高
学　　历：大学本科
所在单位：会宁二中
成　　就：在省地级刊物公开发表了多篇教学论文。1991年评为会宁县优秀教师，2001年评为会宁县骨干教师，2002年获得市优质课二等奖，2003年获白银市第二届"青年教学能手称号"，2004被年评为白银市骨干教师，2013年被聘为会宁县政府兼职督学。
简　　介：1982年毕业于临洮师范，最初分配到东岔学校任教；1987年在兰州教育学院离职进修；1993年进入二中工作；1997年在西北师大函授历史本科毕业；2013年被聘为会宁县政府兼职督学。

1088 何明理

性　　别：男
出生年月：1959-09-22
民　　族：汉族
政治面貌：中共党员
职　　称：副高
学　　历：大学专科
所在单位：甘肃省会宁县第一中学
成　　就：2006年2月在《甘肃教育督导》上发表论文《侧面烘托，描写形象，议论高妙，句句含情——杜甫〈咏怀古迹〉[其三其五]比较》，2007年10月18日在《甘肃日报》上发表论文《培养语文学习的兴趣》。

1089 岳汉平

性　　别：男
出生年月：1955-03-16
民　　族：汉族
政治面貌：中共党员
职　　称：副高
学　　历：大学专科
所在单位：会宁县新塬初级中学
成　　就：2000年被评为白银市中学骨干教师。2001年人民日报时代潮周刊聘请为编委，曾发表《无悔的人生》。2001年被评为会宁县中学骨干教师。2005年调新塬教管中心任督导员。2007年任会宁县第四督导责任区组长、会宁县人民政府督学。
简　　介：中学高级教师。1973年1月参加工作，在土门乡胜利七年制学校任教；1980年毕业于靖远师范，分配到土门中学任教；1996年6月毕业于甘肃省教育学院历史专业；1997年9月任土门中学校长。

1090 何智龙

性　　别：男
出生年月：1961-08-28
民　　族：汉族
政治面貌：群众
职　　称：副高
学　　历：大学本科
所在单位：会宁二中
成　　就：教育教学与写作方面出版《议论文创造性思维指导》（专著）；美学出版《梦悟与幻象——美的思维》（合著）；诗歌创作发表《风火河流》（组诗），《海与歌者》（组诗）等代表作；担任《黄土魂》纪录片文学顾问并创作《感恩》歌词；创作《孝亲敬老·道德模范——康义义》纪录片，获第三届中国西部国际电影节宣教类一等奖。
简　　介：1982年参加工作。省市两级骨干教师。从事语文教学工作32年，工作吃苦耐劳，扎实肯干，教学成绩突出。在教育教学研究、哲学美学、文学及其创作诸领域都取得一定成绩。现在仍在会宁二中教学一线从事语文教学工作。

1091 曹永福

性　　别：男
出生年月：1964-08-06
民　　族：汉族
政治面貌：中共党员
职　　称：副高
学　　历：大学本科
所在单位：会宁县新庄中学
成　　就：2012年10月份担任新庄中学校长，2013年学校中考成绩由原来的倒数名次提升到全县农村初中第6名，并使良好的势头继续延续下来。
简　　介：1981年9月—1984年6月在临洮师范学校读书；1984年7月—1988年8月在会宁县草滩初级中学任教；1988年9月—1990年6月在甘肃教育学院进修；1990年7月—1999年8月在会宁县河畔初级中学任教；1999年9月—2008年8月在会宁三中任教；2008年9月—2012年9月在会宁县河畔初级中学任教；2012年10月在会宁县新庄初级中学担任校长职务。

1092 何满荣

性　　别：男
出生年月：1976-09-19
民　　族：汉族
政治面貌：中共党员
职　　称：副高
学　　历：大学本科
所在单位：会宁县职教中心
成　　就：发表省市级论文多篇，教具制作获县级二等奖；2010年省获级课题研究阶段性成果二等奖，2011年获省市级教学论文二、三等奖。2012年获国家级辅导员三等奖等奖。

1093 苏统军

性　　别：男
出生年月：1966-03-17
民　　族：汉族
政治面貌：群众
职　　称：副高
学　　历：大学专科
所在单位：甘肃省会宁职业中等专业学校
成　　就：曾在《甘肃教育》等省级刊物发表论文数篇。
简　　介：1988年8月参加工作至今，一直在会宁县郭城农中从事高中数学教学与研究工作。

1094 冯清义

性　　别：男
出生年月：1960-08-30
民　　族：汉族
政治面貌：中共党员
职　　称：副高
学　　历：大学专科
所在单位：会宁县第五中学
成　　就：主持研究的课题《贫困农村校本教研探索》2005年12月通过市级鉴定；2006年申报的甘肃省教育科学"十一五"重点课题《农村中小学安全管理中的问题与对策研究》，2007年9月通过甘肃省教育科学规划领导小组评审鉴定。在省、地级刊物发表论文多篇。1993年被评为白银市教改先进个人并授予"园丁奖"；2001年被评为白银市先进教育工作者并授予"园丁奖"；2004年被评为白银市"两基"先进个人；2004年被评为白银市优秀共产党员；2006年被甘肃省委、省政府评为甘肃省优秀教师并授予"省园丁"奖；2006年获白银市三种模式优质课竞赛市级二等奖。

简　　介：1977年2月—1978年10月在会宁县红花沟七年制学校任民教。1978年10月—1980年6月在靖远师范学校读书。1980年7月—1985年7月在会宁县丁沟初中任教。1985年8月—1995年7月在会宁县鸡儿嘴初中任教（期间，1990年12月—1993年7月任副校长，1993年8月—1995年7月任校长）。1995年8月—1999年7月在会宁县南嘴初中任校长。1999年8月—1999年7月在会宁县南嘴初中任校长。（期间，1997年9月—1999年6月在甘肃教育学院教育系教育管理专业学习）。1999年8月—2008年3月在会宁县太平中学任校长。2008年4月—现在在会宁五中任党总支书记。

1095　张全国

性　　别：男

出生年月：1962-10-16

民　　族：汉族

政治面貌：群众

职　　称：副高

学　　历：大学专科

所在单位：会宁县人民政府教育督导室

成　　就：从事教育教学工作33年，发表国家级、省级论文各一篇。

1096　刘德禄

性　　别：男

出生年月：1957-09-14

民　　族：汉族

政治面貌：中共党员

职　　称：副高

学　　历：大学专科

所在单位：会宁县柴门初级中学

成　　就：在省、地级刊物发表相关专业论文多篇。曾荣获"优秀教育工作者""优秀党员""优秀德育工作者"等荣誉。

简　　介：会宁县柴门初级中学高级教师，现任教地理学科。

1097　赵永胜

性　　别：男

出生年月：1958-12-04

民　　族：汉族

政治面貌：中共党员

职　　称：副高

学　　历：大学专科

所在单位：会宁县初级中学

成　　就：长期从事中学语文教学，成绩优异。学术论文《试谈作文教学中的创新思维》于2012年3月发表于《中小学教育》总第92期。学术论文《校园文化景观设计漫谈》于2012年4月发表于《教师》总第133期。有大量文艺作品刊登于《古今白银》、《世纪丰碑》等出版物中。

简　　介：1976年8月—1978年7月任民办教师；1978年8月—1980年7月靖远师范读书；1980年8月起任中学教师，期间于1993年3月—1996年6月在甘肃靖远学院学习汉语言文学，取得大专学历证书。

1098　伏继东

性　　别：男

出生年月：1961-11-18

民　　族：汉族

政治面貌：中共党员

职　　称：副高

学　　历：大学本科

所在单位：甘肃省会宁县东关小学

成　　就：担任班主任及小学语文教学工作30多年，所带班曾被全国残联、全国少工委评为"助残先进集体"，自己曾被评为省优秀辅导员、省级骨干教师、甘肃省特级教师；

2000年主持的课题《小学语文教学整体改革》获甘肃省第三届基础教育教学科研优秀成果一等奖，主持研究的省级重点课题《地方课程开发与利用的研究（2004年）》通过省级鉴定并获甘肃省第六届基础教育教学科研优秀成果一等奖、国家基础教育课程改革教学研究成果三等奖，主编的地方教材《永远的家园——会宁》由甘肃省人民出版社出版；先后有10多篇教育教学论文在《教育情报参考》《教书育人》《教育革新》等国家、省、市级教育刊物上发表；先后培养的青年教师童强、徐海峰等成为省级骨干教师；辅导的学生的30多篇习作曾在省市级刊物上发表。

简　　介：1978年8月参加工作。

1099　李国斌

性　　别：男

出生年月：1966-03-16

民　　族：汉族

政治面貌：中共党员

职　　称：副高

学　　历：大学本科

所在单位：会宁县教育局

成　　就：勤工俭学、教育项目、教育教学等方面的探索与研究。曾获白银市政府"园丁奖"、"九五"期间全市教育基建先进个人、中欧基础教育项目先进管理工作者等荣誉。

简　　介：现任会宁县教育局勤工俭学办公室主任。1984年靖远师范学校毕业，兹后自学法律大专、中文本科，1995年参加全国律考获得律师资格。师范毕业后在会宁县新添回民中学任教，1988年调入县教育局，先后在教研室、财务股、项目办、勤俭办工作，任教研员、统计员、基建股长、兼职督学、勤俭办主任等职。

1100　马继平

性　　别：男

出生年月：1959-09-20

民　　族：汉族

政治面貌：群众

职　　称：副高

学　　历：大学专科

所在单位：会宁县第二中学

成　　就：1992年会宁县优秀教师；1993年白银市优秀班主任；2000年白银市骨干教师；

简　　介：1976年3月—1978年2月定西河畔学校民教；1978年3月—1979年7月陇西师范上学；1979年8月—1981年2月陇西文峰中学任教；1981，3—1982年12月定西教育学院进修；1983年1月—1984年8月陇西文峰中学任教；1984年9月—至今会宁二中任教。

1101　朱鹏文

性　　别：男

出生年月：1965-12-22

民　　族：汉族

政治面貌：群众

职　　称：副高

学　　历：大学本科

所在单位：会宁二中

成　　就：2002年被评为会宁县"骨干教师"。2009年全市中学语文说课比赛中，获得二等奖。1988年毕业至今会宁县第二中学工作1994年会宁县优秀教师；2002年县骨干教师；2012年在第十四届"语文报杯"全国中学生作文大赛中，荣获写作指导一等奖。

1102　任守林

性　　别：男

出生年月：1958-07-16

民　　族：汉族

政治面貌：中共党员

职　　称：副高

学　　历：大学专科

所在单位：四房吴初级中学

成　　就：1986年获得白银市园丁奖，2000年获得白银市骨干教师。

简　　介：1976年3月参加工作。

1103 李玉田

性　　别：男

出生年月：1967-04-28

民　　族：汉族

政治面貌：中共党员

职　　称：副高

学　　历：大学本科

所在单位：会宁县第四中学

成　　就：作为负责人，完成8项省级课题。2006年在昆明召开的国际学术会议上做过报告。在省、地级刊物上发表论文多篇。24项论文、课题获得国家省市级奖励，其中《抓住机会，培养班级凝聚力》获《中国教育报》"教育教学管理科研成果征文二等奖"、《试论中学语文素质教育的紧迫性》获甘肃省中学语文教学研究会论文评比一等奖，《提高学生素质，加强班级管理》获甘肃省2002年教育优秀论文一等奖。课题研究《掌握阅读方法，提高阅读效率》获白银市第三届基础教育教学科研成果三等奖。参编教辅教材《初中语文课堂达标检测》、《高中语文整合集训》4套。

简　　介：毕业于甘肃教育学院中文系，中学高级教师。现任教于甘肃省会宁四中，从1988年工作至今一直从事中学语文教学和班主任、团总支、教务工作，现任副校长，分管教学工作。中国教育教学研究会会员，甘肃省中学语文教学研究会会员、白银市中学语文教学研究会会员。会宁教育研究协会会员。

1104 魏雄章

性　　别：男

出生年月：1959-01-16

民　　族：汉族

政治面貌：群众

职　　称：副高

学　　历：大学专科

所在单位：甘肃省会宁县第一中学

成　　就：2007年在白银市第一届史地知识竞赛中获优秀指导教师奖；2009、2010、2013年在"地球小博士"全国地理科技大赛中三次获全国优秀指导教师一等奖，并授予"全国优秀科技指导员"称号；2009年撰写的《地理教学中学生创新思维和实践能力的培养》一文获甘肃省教学论文评比一等奖；《浅谈"月相及其变化的教学"》一文发表在《教育革新》杂志，并收集于《创新教育理论与教学实践研究》论文集。

简　　介：1981年6月毕业于陇西师范，1987年8月—1989年6月在定西教育学院学习。之后一直从事高中地理教学工作，2010年被评为中学高级教师。

1105 冉旭东

性　　别：男

出生年月：1975-09-21

民　　族：汉族

政治面貌：中共党员

职　　称：副高

学　　历：大学本科

所在单位：会宁县教师进修学校

成　　就：2008年7月其主持的重点课题《信息技术环境下农村县级教师培训机构运行机制和管理模式的实践与探索》通过省级鉴定。发表论文：（1）《浅谈青年教师心理健康教育》刊于《教育革新》（2007年12月）；《教师自我心理健康教育对学生的影响》刊于《甘肃职业与成人教育》（2009年5月）；《浅议教师心理健康的自我调节》刊于《新课程研究》（2009年9月）。2012年获白银市"中小学骨干教师"荣誉称号。2009年6月被评为白银市"优秀班主任"荣誉称号。2011年获甘肃省教科所教学案例二等奖1次；2012年获甘肃省教科所教学设计一等奖1次。

简　　介：2000年6月毕业于西北师范大学，本科学历，获教育学学士学位；2012年8月取得中学高级教师任职资格，2013年1月被聘用为中学高级教师；2003年8月至今，在会宁县教师进修学校从事心理学和心理健康教育教学及研究工作。

1106　王治宽

性　　别：男

出生年月：1956-05-04

民　　族：汉族

政治面貌：群众

职　　称：副高

学　　历：大学专科

所在单位：平头川乡初级中学

成　　就：自任教以来多次被评为优秀教师，所带学科历史，曾获得全县毕业统考第一名；所带语文曾获得全县统考第二名；2004年12月获白银市教育系统师德先进个人称号。2006年6月在甘肃日报发表题为《农村中学荣辱观教育》论文。

简　　介：1980年7月份毕业于靖远师范，1983年7月毕业于定西教育学院中文系；1983年8月至今一直在平头川乡初级中学任教。

1107　裴学庆

性　　别：男

出生年月：1966-03-14

民　　族：汉族

政治面貌：群众

职　　称：副高

学　　历：大学本科

所在单位：甘肃省会宁县第二中学

成　　就：2007年4月在全县中小学优质课竞赛中获得高中语文组二等奖（第二名）。2003—2004学年度被评为校级先进工作者。2003年、2005年、2006年所带班级被评为校级先进班集体，其本人均被评为校级优秀班主任。2007年师德师风建设中被中共白银市委宣传部、白银市教育局评为师德师风建设工作先进个人。2003—2006年度考核为三次良好。教学研究：论文：《十年一轮回材料变范围》（广西教育学院《中学文科》2008年1月），《从意象入手积累名句》（辽宁日报传媒集团《升学指导报》2008年5月）。著作：与会宁二中教师何智龙、杨百平合著教育理论《梦悟与幻象——美的思维》（作家出版社，2003年3月）

简　　介：1982年9月至1985年6月在甘肃省靖远师范上学；1995年12月至1996年12月兰州大学（自考）汉语言文学专业本科两年；1991年4月年至1992年4月兰州大学（自考）汉语言文学专业专科学习两年。

1108　梁彦军

性　　别：男

出生年月：1964-06-20

民　　族：汉族

政治面貌：群众

职　　称：副高

学　　历：大学专科

所在单位：会宁县杨集初级中学

成　　就：1994 年被评为会宁县优秀教师；2009—2011 年度被评为白银市师德师风先进个人，授予市"市园奖"荣誉称号；2012 年被评为白银市优秀教师；2010 年在《考试周刊》发表论文《论中学语文个性化学习的特征》获第五届中国教师教学创新成果一等奖；并获 2011 年度"全国教育改革优秀教师"称号。

简　　介：1982 年 6 月毕业于靖远师范学校普师专业；1996 年 6 月在甘肃教育学院获得汉语言文学大专学历，初级中学教师资格；1982 年 8 月任教以来先后在会宁县杨集乡姚坡小学、王湾小学、杨集学区工作，1988 年 8 月至今在杨集初级中学任教，先后担任数学、语文等学科教学工作；2006 年开始兼职杨集初级中学后勤主任。

1109 杨继仁

性　　别：男
出生年月：1955-06-06
民　　族：汉族
政治面貌：中共党员
职　　称：副高
学　　历：大学本科
所在单位：会宁县太平店镇教育管理中心
成　　就：长期担任教管中心主任职务，所在乡镇校教学效果优秀。
简　　介：1978 年 6 月—1979 年 8 月在会宁县中川乡梁堡学校任教；1981 年 8 月—1986 年 2 月在会宁县新添中心小学任教；1986 年 3 月—1988 年 7 月在会宁县太平中学任教；1988 年 8 月—1996 年 7 月在会宁县中川中学任教；1996 年 8 月—1999 年 2 月任中川乡教委专职副主任；1999 年 3 月—2007 年 7 月任新添堡回族乡教委专职副主任、教管中心主任；2007 年 8 月—2011 年 3 月任太平镇教管中心主任 2011 年 4 月—今在太平镇教管中心工作。

1110 殷世军

性　　别：男
出生年月：1964-11-08
民　　族：汉族
政治面貌：中共党员
职　　称：副高
学　　历：大学专科
所在单位：会宁县太平中学
成　　就：2005 年获会宁县"十佳德育标兵"、2006 年和 2012 年获白银市优秀教师称号。
简　　介：中学高级教师，1982 年 3 月参加工作，从事初中数学教学与研究。

1111 何希农

性　　别：男
出生年月：1957-08-09
民　　族：汉族
政治面貌：群众
职　　称：副高
学　　历：大学专科
所在单位：会宁县第五中学
成　　就：《语文教学与学生知识积累》刊于《甘肃日报》2010 年 9 月 12 日；《让学生快乐作文》刊于《赤峰学院学报》（作文教学研究）2010 年 9 月 20 日；《培养写作兴趣，提高写作能力》刊于《佳木斯教育学院学报》2011 年 4 月；《中学生创新能力培养的应用方法研究》刊于《课外阅读》2011 年 6 月；《刍议单句的结构分析及其标示法》刊于《文学研究文摘》2012 年 9 月。
简　　介：1978 年 8 月—1980 年 7 月年毕业于靖远师范；1993 年 3 月—1996 年 6 月年毕业于甘肃省教育学院；1980 年 8 月—2004 年 7 月在八里中学从事初中语文教学；2004 年 8 月至今在会宁五中从事高中语文

教学。

1112 宋学义

性　　别：男
出生年月：1963-01-25
民　　族：汉族
政治面貌：群众
职　　称：副高
学　　历：大学专科
所在单位：甘肃省会宁县第二中学
成　　就：1992年被评为白银市"教学新秀"，2000年被评为白银市骨干教师，2005年荣获白银市"园丁奖"称号，在《甘肃日报》等报纸杂志发表论文4篇，辅导学生中有4人获得国家级一、二等奖。

1113 刘海赟

性　　别：男
出生年月：1963-09-12
民　　族：汉族
政治面貌：群众
职　　称：副高
学　　历：大学本科
所在单位：甘肃省会宁县第一中学
成　　就：从教体育教学30年，除了每年6至7个班的教学外曾训练学校男子篮球、足球、田径及高考体育专业学生。所带篮球队和田径队曾获全省第八和第五名，高中全市团体第一名，曾获市级优秀教练和市级优秀体育先进工作者。其本人是篮球国家一级裁判，田径、足球为国家二级裁判。曾经在省级刊物发表论文三篇。市级体育协会理事。全市学校体育专业指导员。
简　　介：1985年7月参加工作。甘肃会宁县人，一直在会宁县第一中学担任体育教学，中学高级教师。为国家篮球一级裁判，国家足球、田径二级裁判，白银市体育协会理事，白银市学校体育指导委员会委员。

1114 陶耀文

性　　别：男
出生年月：1965-04-10
民　　族：汉族
政治面貌：中共党员
职　　称：副高
学　　历：硕士研究生
所在单位：甘肃省会宁县广播电视台
成　　就：获白银市委市政府首届"凤凰文艺奖"，甘肃省"群星奖"三等奖，甘肃省第三届"张芝奖"创作奖、理论奖。参加全国"百年兰大"杯书法大奖赛，全国《书法导报》社主办的首届、第二届"观音山杯"书法展，全国"永乐宫"第二届、第三届国际书画节书法展，全国第二届隶书书法艺术展，全国第三届扇面书法艺术展。获全国中青年书法"百强榜"奖。参加全国首届"张芝奖"书法艺术展，全国纪念毛泽东诞辰120周年书法艺术展。
简　　介：系中国书法家协会会员、甘肃省书法家协会理事、甘肃省书协隶书委员会委员、白银市书法家协会副主席、会宁县书法家协会主席。

1115 程维玉

性　　别：男
出生年月：1956-12-04
民　　族：汉族
政治面貌：群众
职　　称：副高
学　　历：大学专科
所在单位：会宁县土高山乡初级中学
成　　就：1975年—1982年在语文、数学的单科教学屡次获奖，1984年—1986年连续3年获校级优秀教师称号。1987年—1997

年连续10年被评为校级优秀班主任，曾多次被评为乡优秀教师和先进工作者。1989年荣获"白银市园丁"称号，2012年获全国基础教育改革先进个人称号。在教研教改活动中曾数次荣获县优质课竞赛等次奖。在教学研究上，论文《新课改背景下的初中历史教学》发表在《吉林教育》。论文《对于历史教学"论从史出"的死牢》发表在《中国科技创新导刊》。

简　　介：1974年参加工作。1987年—1997年担任土高山乡初级中学教务主任，着力于教育教学研究；1998年—2003年担任土高初级中学校长，在着力于教育教学研究的同时，又潜心于学校的教育管理。

1116 姚志永

性　　别：男
出生年月：1962-10-13
民　　族：汉族
政治面貌：群众
职　　称：副高
学　　历：大学本科
所在单位：会宁县中川中学
成　　就：2008年获会宁县优质课竞赛三等奖、2009年获白银市说课竞赛三等奖、2009年被评为会宁县教学能手、2009年荣获会宁县"园丁奖"；所代学科在全县中考中位居前列。1999年：中考语文全县第五名；2006年中考语文全县第二名、地理第一名；2007年中考语文全县第九名；2010年中考政治全县第九名；2013年中考地理全县第九名。参与《会宁县教育志》的编写工作。在《甘肃日报》发表论文《从黛玉教香菱作诗说开去》。

简　　介：中川中学高级教师。

1117 赵生煜

性　　别：男
出生年月：1962-03-21
民　　族：汉族
政治面貌：中共党员
职　　称：副高
学　　历：大学专科
所在单位：会宁二中
成　　就：1995年在《甘肃教育》第1.2期发表论文《中学语文教学中爱情题材的审美教育》。1995年5月获语文报社"水，生命之源"征文大赛指导奖。1998年合著《中国社会主义精神文明建设宝典》一书。2001年在全国第三届振兴杯论文大赛中其《语文课本知识与高考试题》获二等奖。2001年7月在教师报举办的全国教师优秀教育教学论文大赛中其《古诗词中浮云意象浅探》获一等奖。2004被评为白银市骨干教师，2005年被评为会宁县骨干教师。2014年获甘肃省"我的梦中国梦"青少年书信文化大赛优秀辅导教师奖。2014年在第十三届"新人杯"全国中小学校园文学大赛中获全国校园文学辅导三等奖。数篇论文被评为白银市中语会评为一二等奖。

1118 刘尚鹏

性　　别：男
出生年月：1962-12-23
民　　族：汉族
政治面貌：群众
职　　称：副高
学　　历：大学专科
所在单位：甘肃省白银市会宁县河畔镇李家塬小学
成　　就：1999—2000学年度被评为会宁县头寨子镇优秀教师；2003年在全国中学生英语能力竞赛中获市级优秀指导教师奖；2005

年在全国中学生英语能力竞赛中获市级优秀指导教师奖；2006—2007年度、2007—2008年度、2008—2009年度连续获会宁县李家塬初级中学校级奖；2008年在《甘肃教育》杂志发表论文《被动意思非用被动结构表示吗？》。

1119 刘志宏

性　　别：男
出生年月：1970-07-07
民　　族：汉族
政治面貌：群众
职　　称：副高
学　　历：大学本科
所在单位：甘肃省会宁职业中等专业学校
成　　就：曾授予会宁县第五届"青年教学能手"、白银市骨干教师、白银市"优秀教师"等称号，获市级"园丁奖"；创造性地运用"引导—自主—遥控"管理模式，班级管理效果良好，曾多次被评为优秀班主任；在优质课、课件制作、教学设计、德育案例、论文评比和作文辅导等竞赛中多次获县省级奖；先后有9篇教学论文公开发表于省级教育期刊，有四项参与或主持的课题已通过省市级鉴定。
简　　介：1990年6月毕业于靖远师范；1993年12月取得兰州大学汉语言文学专业专科学历；1996年12月取得兰州大学汉语言文学专业本科学历；中学语文高级教师，现任教于会宁县郭城农业中学；1990年7月参加工作以来，一直在会宁县郭城镇从事语文教学工作并兼任班主任。

1120 姜震宇

性　　别：男
出生年月：1968-10-15
民　　族：汉族
政治面貌：群众
职　　称：副高
学　　历：大学本科
所在单位：会宁县郭城驿华峰初级中学
成　　就：2004年获白银市园丁奖。
简　　介：1988年8月—1992年7月在甘肃农业大学学习。1992年8月—1996年7月在会宁郭城农业中学任教。1996年8月—2004年7月在会宁县郭城驿八百户初级中学任教、并担任教务主任。2004年8月至今在华峰初级中学任教、并担任教务主任（2004年8月—2009年7月）、副校长（2009年7月—现在）。

1121 李树智

性　　别：男
出生年月：1956-05-13
民　　族：汉族
政治面貌：中共党员
职　　称：副高
学　　历：大学专科
所在单位：头寨镇中心小学
成　　就：1984年获得会宁县园丁称号；2002年获得白银市园丁称号；2003年被评为白银市下基层宣传十六大精神优秀工作队员；在新庄中学任教期间化学教学知识竞赛多次获奖，获得会宁县、白银市优秀教师奖；2008年被会宁县教育局评为勤工俭学先进个人。
简　　介：1978年8月—1980年7月，在靖远师范读书；1981年3月—1982年6月，在定西教育学院学习。工作经历：1974年3月—1987年7月，在棱干小学任教；1980年8月—1999年7月，在新庄中学任教；1999年9月—2005年7月，在白草原乡教委工作；2005年9月—2011年8月，在头寨教务管理中心工作；2011年9月至现在，在头寨中心小学工作。

1122 姜汉昌

性　　别：男
出生年月：1962-04-10
民　　族：汉族
政治面貌：中共党员
职　　称：副高
学　　历：大学本科
所在单位：会宁县东关小学
成　　就：曾获"全国体育传统项目学校先进工作者"等省部级荣誉三次，市级荣誉七次，县级荣誉五次；主持参与的甘肃省教育科学"十一五"规划课题"小学语文教学中学生问题生成与教师回应策略的研究"等课题研究通过省级鉴定，获省级教育教学成果奖两次，市级成果奖二次，县级成果奖一次；撰写的《班主任应成为班集体建设的研究者》等论文，在国家级刊物上发表三篇，省级刊物上发表八篇，市级刊物上发表论文四篇。
简　　介：1982年7月毕业于陇西师范学校，1982年8月参加工作，2003年12月省委党校函授学院行政管理专业本科毕业，现任会宁县东关小学校长，中学高级教师。

1123 杨纪闻

性　　别：男
出生年月：1964-11-13
民　　族：汉族
政治面貌：中共党员
职　　称：副高
学　　历：大学本科
所在单位：甘肃省会宁县第一中学
成　　就：论义：《运用心理调节搞好思想教育工作》获2002年白银市中小学中小学思想政治教育研究会一等奖。《心理教育与德智体美劳的关系》获2003年白银市中学教育教研教改优秀论文一等奖。并获全省新课程新理念论文交流二等奖。《加强信息素养提高农村中小学素质教育》发表在2007年《甘肃联合大学学报》。2008年完成省级教育课题"后进生的转化与教育"，与他人合作完成。

1124 师向青

性　　别：男
出生年月：1968-10-06
民　　族：汉族
政治面貌：中共党员
职　　称：副高
学　　历：大学本科
所在单位：会宁县电教中心
成　　就：从事电化教育和信息技术教育、远程教育管理和技术指导工作，为提高全县电化教育和信息技术教育水平而努力工作着。
简　　介：1990年6月毕业于兰州师专数学系；2006年1月取得汉语言文学本科学历，先后在刘寨中学、会宁二中任教；2011年8月调县教育局电教中心从事电化教育研究工作；2002年12月获得中学一级教师任职资格，2013年1月获得中学一级教师职务。

1125 居万峰

性　　别：男
出生年月：1961-08-11
民　　族：汉族
政治面貌：中共党员
职　　称：副高
学　　历：大学本科
所在单位：甘肃省会宁县第一中学
成　　就：1996年荣获会宁县优秀园丁奖。2002年荣获白银市优秀班主任奖。指导的学生王佳宁、尹涛在2003年全国中学生英语能力竞赛中荣获全国一等奖。指导的学生马澍伟、尹涛、杨振林、温亦乐、王㘉、辉芸、车李香、栗瑞分别在全国中学生英语能力竞赛中荣获全国一、二、三等奖。

简　　介：1980 年 8 月—1983 年 6 月在陇西师范学习英语教育；1983 年 7 月—1986 年 7 月在会宁县大沟中学任教；1986 年 8 月至今在会宁一中从事高级中学英语教学；1993 年 8 月—1996 年 8 月在西北师范大学在职函授学习英语教育。

1126　张文诚

性　　别：男

出生年月：1959-07-01

民　　族：汉族

政治面貌：中共党员

职　　称：副高

学　　历：大学专科

所在单位：会宁县四房吴乡教育管理中心

成　　就：论文《也谈思想政治课教学》发表于《甘肃日报》2009 年 10 月 17 日第 22023 期，2005 年 5 月获得白银市学校德育工作先进个人荣誉。

简　　介：1978 年 3 月—1979 年 7 月 在靖远师范学校学习；1993 年 3 月—1996 年 6 月 在甘肃教育学院学习；1977 年 3 月—1978 年 2 月 在甘肃省白银市会宁县四房吴乡蔺湾小学任教；1979 年 8 月—1980 年 2 月 在甘肃省白银市会宁县韩集乡云台中学任教；1980 年 3 月—1988 年 7 月在甘肃省白银市会宁县甘沟田岔中学任教；1988 年 8 月—2011 年 2 月 在甘肃省白银市会宁县四房吴初级中学任教。

1127　吴学笃

性　　别：男

出生年月：1963-04-14

民　　族：汉族

政治面貌：群众

职　　称：副高

学　　历：大学专科

所在单位：甘肃省会宁县杨崖集乡教育管理中心

成　　就：2005 年 8 月　获会宁县课件大赛三等奖；2009 年 11 月 优质课竞赛获得三等奖；2009 年 3 月　第七届"春蕾杯"作文竞赛中获得最佳指导奖。2010 年 5 月　第十二届"语文报杯"全国中学生作文大赛中获得优秀指导奖；2011 年 6 月与人编写《名校联盟中考探测与测试》一书出版；2006 年 6 月论文《注重语文教学的课程资源开发与创新》在《甘肃教育督导上》发表；2009 年 12 月论文《关于有效教学的一点思考》在《成功教育》上发表；2010 年 7 月　论文《乡土文化在作文教学中的实践应用》在《文学教育》上发表。2011 年 1 月　甘肃省教育科学"十一五"规划课题《乡土文化与乡村学校的作文教学研究》课题通过鉴定，本人是第三课题组成员。

简　　介：大学专科中学高级教师。1980 年 9 月至 1982 年 7 月在陇西师范读书；1983 年 2 月至 1983 年 7 月在定西教师进修学院进修（历史专业）；1984 年 9 月至 1986 年 12 月自考兰州大学汉语言专业。1982 年 7 月至 1988 年 7 月在会宁县杨集中学工作；1988 年 8 月至 1993 年 2 月在会宁县青江中学任教；1993 年 8 月至 2012 年 11 月在会宁县杨集中学工作；2012 年 11 月至现在，在会宁县杨崖集乡教育管理中心工作。

1128　崔发宏

性　　别：男

出生年月：1960-06-21

民　　族：汉族

政治面貌：中共党员

职　　称：副高

学　　历：大学专科

所在单位：会宁县如东友好小学

成　　就：1994年、2000年先后获市园丁、省市骨干教师荣誉称号，2012年被甘肃省委、省政府授予甘肃省"两基"工作先进个人荣誉称号。发表论文4篇，完成省级科研成果1项，市级科研成果2项；省级鉴定课题1项、市级鉴定课题2项。《"实践创新，发展个性"寒假实践活动方案》在第二十二届甘肃省青少年科技创新大赛中获青年科技教师三等奖；项目《新型水暖床》在第二十二届甘肃省青少年科技创新大赛中获青年科技教师二等奖。

1129　杨彦峰

性　　别：男

出生年月：1963-12-28

民　　族：汉族

政治面貌：中共党员

职　　称：副高

学　　历：大学本科

所在单位：会宁县大沟中学

成　　就：2002年获白银市"园丁"称号；2009年获会宁县"园丁"称号；2013年被评为甘肃省农村乡镇骨干教师。任职期间，在省级以上刊物上发表论文3篇；市级刊物发表论文1篇；获奖论文1篇；主持并参与3项省级立项课题研究工作，并取得鉴定证书；2006年9月其与安锡奎老师合作的科研成果《新课程改革中的教学方式研究》获甘肃省"第六届教育教学科研成果"白银市三等奖；2008年11月主持的科研成果《新课标下中学语文阅读和作文教学研究》获甘肃省"第七届教育教学科研成果"白银市二等奖。

简　　介：1981年7月至1984年8月在临洮师范读书；1984年7月分配到会宁县大沟中学任教至今；1991年3月至1993年6月参加兰州大学汉语言文学专业自考并取得大专文凭，1996年6月至2001年6月自考取得兰州大学汉语言文学专业本科学历；2011年12月取得中学高级教师资格，2007年至今任大沟中学教导主任（副科），参加工作以来一直从事中学语文教学工作，成绩显著。

1130　宋学坤

性　　别：男

出生年月：1962-11-28

民　　族：汉族

政治面貌：群众

职　　称：副高

学　　历：大学本科

所在单位：甘肃省会宁一中

成　　就：2003、2004、2005全国中学英语能力竞赛获市级优秀指导奖。2008、2009全国中学英语能力竞赛获国家级二等奖。

简　　介：1981年7月至1988年6月刘寨中学任教；1988年7月至今会宁一中任教；2007年12月被评为中学英语高级教师。

1131　周富贵

性　　别：男

出生年月：1969-12-25

民　　族：汉族

政治面貌：中共党员

职　　称：副高

学　　历：大学本科

所在单位：甘肃省会宁县第一中学

成　　就：在省级以上刊物共发表论文14篇。获县、市高中优质课竞赛二等奖及以上4次，担任评委，示范教学各一次。2014年2月通过国家实用新型专利2项。2004、2013年主持和参与省级课题6项，通过5项。

获教育研究成果奖或省市教育成果奖项二等以上 4 次。获得综合荣誉称号"甘肃省骨干教师"、白银市名师，被授予"市园丁"荣誉称号、"甘肃省青年教学能手"、白银市骨干教师、全国优秀辅导员、全国科教先进校长、白银市"十佳中学教师"。

简　　介：1992 年西北师范大学地理教育专业毕业，后一直在会宁县第一中学任教，中学高级地理教师，中国地理学会会员，会宁一中副校长。

1132　宋维江

性　　别：男

出生年月：1960-10-23

民　　族：汉族

政治面貌：中共党员

职　　称：副高

学　　历：大学专科

所在单位：会宁县太平中学

成　　就：从事初中历史教学与研究。

简　　介：中学高级教师，1980 年 8 月参加工作。曾获"白银市园丁奖""会宁县园丁奖"。

1133　常蓝田

性　　别：男

出生年月：1964-01-29

民　　族：汉族

政治面貌：群众

职　　称：副高

学　　历：大学专科

所在单位：翟所教育管理中心

成　　就：获 1990 年度白银市优秀德育工作者称号。2005 年获全市政治说课三等奖，论文《历史教学应生动丰富》在白银市中学史地生教学研究会上荣获二等奖。论文《初中语文和其他学科教学互动刍议》发表在 2005 年《中学文科》11 期。论文《把历史课教活的有效途径》发表在 2010 年《中学教学参考》第二期。论文《如何让历史教学精彩纷呈》发表在 2010 年《甘肃教育》第 2 期。论文《农村语文教学任重而道远》发表在 2011 年《会宁教育》第 2 期。

简　　介：会宁县翟家所乡翟家所乡初级中学教师。自参加工作以来，一直担任中学语文、历史、思想品德等学科教学工作，自 1983 年至 1995 年连续担任班主任工作。

1134　刘爱霞

性　　别：女

出生年月：1972-09-13

民　　族：汉族

政治面貌：群众

职　　称：副高

学　　历：大学本科

所在单位：会宁县第三中学

成　　就：参加的甘肃省教育科学"十五"规划课题《新课改下体育与健康课课堂教学设计、实施与反思研究》2009 年 11 月通过鉴定，《体育与健康课新课程改革面临的问题与对策》发表在《中国西部科技》2009 年第 3 期；《新课改下如何提高中学体育与健康课课堂教学效果》发表在《体育科技文献通报》2009 年第 4 期；《浅谈高考铅球项目力量训练的重要性》发表在《新课程》2011 年第 12 期。与刘恭等老师合著的《田径教学与训练》一书兰州大学出版社 2012 年 4 月出版发行，其完成第四、九、十一章，共计 12 万字。2010 年获白银市体育优质课竞赛一等奖；2013 年获"甘肃省农村骨干教师"称号。

简　　介：1995 年 7 月毕业于兰州师专，8 月参加工作，1999 年 7 月毕业于北京体育师范学院体育教育专业，从事高中体育教学、体育特长生训练及班主任工作，2012 年破格晋升中学高级教师。现在会宁县第三中学任教。

1135 张继刚

性　　别：男
出生年月：1954-11-15
民　　族：汉族
政治面貌：群众
职　　称：副高
学　　历：大学专科
所在单位：甘肃省会宁县会师中学
成　　就：2002—2003年度所带班级获得会师中学先进班集体，并授予优秀班主任称号。2004—2005年被所带班级获得会师中学先进班集体，并授予优秀班主任称号。2006—2007年被所带班级获得会师中学先进班集体，并授予优秀班主任称号。2011年7月在《中国校外教育》杂志上发表论文《浅谈最佳历史课堂教学情境的创设》。
简　　介：中学高级教师，1972年2月参加工作，曾在会宁县土高乡红湾学校任教；1973年8月—1975年8月在靖远师范学校上学；1975年8月—1981年9月在会宁县草滩乡高原学校任教；1981年9月—1988年12月在会宁县教师进修学校工作；1989年1月—1989年10月在会宁一中工作；1989年10月至今在会宁会师中学从事教育教学工作。

1136 段永雄

性　　别：男
出生年月：1966-10-06
民　　族：汉族
政治面貌：中共党员
职　　称：副高
学　　历：大学本科
所在单位：会宁县第五中学
成　　就：从事高中学校管理、政治教学；《新课程》2011年第四期下旬发表其文《正确对待"问题学生"，构建和谐校园》，《中国校外教育》2014年9月中旬刊发表其文《刍议在思想政治课教学中实施创新教育》，《教育界》2014年第26期发表其文《刍议在小学数学课渗透品德教育》。

1137 王开科

性　　别：男
出生年月：1965-12-08
民　　族：汉族
政治面貌：中共党员
职　　称：副高
学　　历：大学本科
所在单位：会宁县教育局
成　　就：2001年获得会宁县优秀园丁奖，2006获得会宁县优秀园丁奖，2010年获得会宁县优秀园丁奖；《课改引进新理念，角色亟待大转变》（发表于《新课改》）。《政治课探究性教学的尝试与反思》发表于《甘肃教育督导》。
简　　介：1984年3月参加工作。1998年6月—2005年7月任土高中学校长及土高乡教委主任；2005—2012年，先后任白塬乡、杨集乡、中川乡教育管理中心主任；2012年—2014年为会宁县人民政府督学。

1138 杨万程

性　　别：男
出生年月：1963-09-16
民　　族：汉族
政治面貌：群众
职　　称：副高
学　　历：大学本科
所在单位：甘肃省会宁县第一中学
成　　就：1997年被评为会宁县优秀教师；

曾先后在《甘肃日报》上发表论文《如何提高中学生英语阅读能力》和《独立主格结构及应用》两篇；辅导学生获得全国中学生英语能力竞赛一、二等奖3名；申报通过省级课题1项。

简　　介：1981年8月至1990年7月先后在会宁县四房中学、刘寨中学、大沟中学担任英语教学及班主任工作；1990年7月进修取得兰州师范专科英语专业学历证书；1990年8月至今在会宁县会宁一中担任英语教学及班主任工作；2003年7月进修取得西北师范大学英语本科学历证书；1996年12月获得中学一级教师任职资格，2005年12月获得中学高级教师任职资格。

1139　裴维华

性　　别：男

出生年月：1960-02-11

民　　族：汉族

政治面貌：群众

职　　称：副高

学　　历：大学专科

所在单位：会宁县会师中学

成　　就：1989年度获得县级"园丁奖"。1992年度被评为白银市"教学新秀"。1998年和1999年两年获得翟家所乡"优秀教师"和"园丁"奖。2000年2001年先后获白银市"骨干教师"和会宁县"骨干教师"。2005年获"县园丁"。2007—2008学年度所带班被评为白银市"先进集体"。2003—2008年辅导的学生在全国数学竞赛分别获得国家级三等奖1次和省级二等奖3次。2009年4月被评为白银市优秀教师。在省、地级刊物公开发表论文多篇。

简　　介：1978年8月—1981年7月翟所中学任教；1981年8月—1983年7月就读于陇西师范；1983年8月—1984年8月在太平店乡河川小学任教；1984年8月—2001年7月先后在翟所中学、翟所小学任教2001年8月至今在会师中学任教。

1140　韩得余

性　　别：男

出生年月：1966-12-29

民　　族：汉族

政治面貌：群众

职　　称：副高

学　　历：大学本科

所在单位：会宁县第五中学

成　　就：2003年获得全国中学生英语能力竞赛优秀辅导教师奖；2005年获得全县中小学优质课竞赛高中组三等奖；2005年获得第一届全国中学生英语话题作文竞赛优秀辅导教师奖；2005年获得全县首届中小学多媒体课件制作大赛高中组三等奖；2005年被评为全县优秀教师，荣获"县园丁"称号；2006年获得第二届全国中学生英语话题作文竞赛优秀辅导教师奖；2006年获得全市高中英语优质课竞赛二等奖；《高中英语阅读教学策略浅析》发表于甘肃《教育革新》2007年第7期；作品《加强历史知识渗透，重视跨文化思维培养》获得第二届中国教育教学创新成果二等奖；2008年被评为白银市"骨干教师"；2008年被评为甘肃省优秀教师，荣获"省园丁"称号；2011年被评为白银市"名教师"，并荣获"市园丁"称号；2011年被评为甘肃省教科所"英语学科教学研究专家"。

简　　介：1984年9月至1987年7月在陇西师范学校英语班学习；1987年8月至1989年8月在会宁二中从事高中英语教学工作；1989年9月至1991年6月在甘肃省教育学院英语本科班学习；1991年8月至2004年7月在会宁二中从事高中英语教学工作；2004年8月调入会宁五中，从事高中英语教学工作。

1141 陈国荣

性　　别：男

出生年月：1962-04-17

民　　族：汉族

政治面貌：群众

职　　称：副高

学　　历：大学专科

所在单位：甘肃省白银市会宁县会宁一中

成　　就：1998年获会宁一中"十佳教学能手"称号；1999年获会宁县学科带头人"骨干教师"称号；1999年获全县"优质课竞赛"一等奖；2001年被评为会宁县中学县级骨干教师。论文《重视身体语言在课堂教学中的作用》发表于《甘肃科技纵横》2006年3月总第171期；《语文教学与情感教育》发表于《甘肃日报》2009年4月。

简　　介：中学高级语文教师。1977年3月—1979年6月在甘肃省白银市会宁县郭城中学学习；1979年8月—1981年6月在甘肃省临洮师范学习；1981年6月—1986年6月在甘肃省白银市会宁县青江初中、白塬乡二百户初中教学；1986年6月—1988年6月在甘肃省兰州师范专科学校读书；1988年6月至今在甘肃省白银市会宁县会宁一中教学。

1142 王德民

性　　别：男

出生年月：1962-09-03

民　　族：汉族

政治面貌：群众

职　　称：副高

学　　历：大学本科

所在单位：会宁二中

成　　就：2003年被聘为中学地理高级教师；2008年被评为市级骨干教师；校本教材《会宁地理》的开发和教学实践研究的省"十一五"规划重点课题于2011年10月28日通过鉴定，其为课题负责人；2012年校本教材《会宁地理》获白银市中小学优秀校本教材一等奖；2010年和2013年在中国地理会学组织的第四届"地球小博士"全国地理科技大赛中荣获优秀指导教师一等奖，并被授予"全国优秀科技辅导员"称号；2003年担任白银市中小学教师高级职务任职资格评审委员会委员。2004年担任白银市初中地理优质课竞赛评委。2010年担任白银市高中地理优质课竞赛评委。

简　　介：1987年7月毕业于西北师范大学地理系，获得理学学士学位；1987年7月—1999年8月在会宁三中任教；1999年8月至今在会宁二中任教。

1143 沈忠明

性　　别：男

出生年月：1966-11-14

民　　族：汉族

政治面貌：群众

职　　称：副高

学　　历：大学本科

所在单位：会宁二中

成　　就：1999年荣获白银市优秀教师并获得白银市"园丁奖"称号；2005年荣获白银市高中历史优质课竞赛二等奖；2005年高考文科综合均分全市第二、全县第一，其中所在班级学生张小常、刘泽栋分别为全县文科第一、第二名；2007年所带班级高考文科综合均分全市第一、全县第一，所带班级高出全省文综均分43.3，其中所在班级学生杜晓燕为全市文科状元。2009年被评为会宁县优秀教师，并授予"园丁奖"；2012年参与完成的校本课程《会宁地理》荣获全市中小学优秀校本教材一等奖。

简　　介：1989年7月毕业于西北师范大学历史教育专业，获得历史学学士学位；1989年7月—2003年7月在甘肃稀土有限责任公司中学工作；2003年8月至今在会宁县第二中学工作。

1144 田志德

性　　别：男

出生年月：1961-11-05

民　　族：汉族

政治面貌：中共党员

职　　称：副高

学　　历：大学本科

所在单位：甘沟驿镇教育管理中心

成　　就：2002年获白银市"园丁"奖；2010年课题"新课程背景下大班额课堂教学现状分析及对策研究"获甘肃省教育科研课题鉴定通过。2010年在全县中学"有效课堂教学"优质课竞赛中荣获行政课堂一等奖。发表论文7篇。

简　　介：1982年3月—1985年6月在甘沟小学任民教；1985年7月—1987年6月靖远师范学习；1987年7月—1999年6月甘沟中学任教及副校长；1999年7月—2004年6月六十铺初中任校长；2004年6月—2006年6月华锋初中任校长；2006年7月—2008年4月大沟中学任副校长；2008年4月—2012年4月新添初中任校长；2012年4月至今在甘沟驿镇教管中心工作。

1145 张永胜

性　　别：男

出生年月：1963-08-18

民　　族：汉族

政治面貌：中共党员

职　　称：副高

学　　历：大学专科

所在单位：会宁县第五中学

成　　就：承担高中语文教学工作，出色地完成了学校安排的教学任务，成绩优异，教学效果显著。在教研活动中，积极参与教学研究工作，有3项教育科学研究课题通过市级以上鉴定，在省级刊物上发表专业论文2篇。

1146 李自仁

性　　别：男

出生年月：1964-04-09

民　　族：汉族

政治面貌：群众

职　　称：副高

学　　历：大学专科

所在单位：甘肃省会宁县杨崖集乡陇川小学

成　　就：2003年被评为县级优秀教师，并授予会宁县"园丁奖"称号。2005年在"首届画圣吴道子美术馆当代中国书画家大赛"中荣获银奖。2005年在"强国之梦"纪念抗日战争胜利60周年全国书画大赛中获得三等奖。2007年在"唐诗、宋词、元曲"全国书画大赛中获金奖。2010年在"语文报杯"全国中学生优秀作文大赛中荣获优秀指导奖。2012年论文《谈谈作文教学中对学生逆向思维能力的培养》获奖。

简　　介：1980年9月—1982年6月在陇西师范上学；1985年9月—1987年6月函授汉语言文学并毕业；1982年7月—1985年7月在杨集小学任教；1985年9月—2013年7月在陇川中学任教；2013年9月—2014年9月在陇川小学任教。

1147 柴显隆

性　　别：男

出生年月：1960-04-06

民　　族：汉族
政治面貌：中共党员
职　　称：副高
学　　历：大学专科
所在单位：会宁县头寨农业中学
成　　就：2001年被评为县级骨干教师；2009年和2012年两次获得甘肃省省级辅导教师奖；1989年、1992年和1997年三次获得县园丁奖；1998年获县级优秀党员称号。2006年在《甘肃理论学刊》上发表论文《思想政治教育在构建和谐社会中的价值探析》；2008年在《甘肃职业与成人教育》上发表论文《如何当好农村中学班主任》；2010年在《西北师范大学学报》上发表论文《浅谈农村留守儿童教育问题》；2014年在《甘肃职业与成人教育》上发表论文《农村留守儿童教育问题浅析》。
简　　介：1980年9月—1982年7月在临洮师范读书；1982年7月—1985年8月在头寨中学任教；1985年9月—1987年6月在定西教育学院进修；1987年7月—2000年8月在头寨中学任教；2000年8月—2004年4月在马堡中学任教务主任；2004年4月—2005年8月在塬边中学任校长；2005年8月—2008年5月在共丰中学任校长；2008年5月至今在头寨中学任副校长。

1148　刘宗义

性　　别：男
出生年月：1956-04-14
民　　族：汉族
政治面貌：中共党员
职　　称：副高
学　　历：大学专科
所在单位：甘肃省会宁县会师中学
成　　就：1996年获得白银市优秀体育教师。
简　　介：1976年8月—1980年1月在会宁县土门中学任教；1980年1月—1987年8月在会宁县草滩中学任教；1987年9月至今在会宁县会师中学任教。

1149　牟克节

性　　别：男
出生年月：1964-07-02
民　　族：汉族
政治面貌：群众
职　　称：副高
学　　历：大学专科
所在单位：甘肃省会宁县第一中学
成　　就：从事一线教育教学工作三十三年。1994年获县级园丁奖，1996年获市级园丁奖，1999年获首届市级骨干教师荣誉称号。发表省级论文2篇。
简　　介：1980年8月—1982年6月在临洮师范学习；1982年7月—1987年8月在会宁县塬边中学任教；1987年9月—1989年6月在定西教育学院学习；1989年7月—2003年7月在会宁县枝阳中学任教；2003年8月—现在在会宁一中任教。

1150　夏可军

性　　别：男
出生年月：1963-04-22
民　　族：汉族
政治面貌：民主党派
职　　称：副高
学　　历：大学本科
所在单位：会宁县教育局教研室
成　　就：2004年获得甘肃省优秀教师称号、"园丁奖"，2002年获得甘肃省中学骨干教师称号，2007年获得第五届全国中语"十佳教改新星"称号，2006年获得市青年教学能学能手称号，2009年获得白银市优秀教师奖，2011年获得白银市名师称号；

2009年被评为白银市"215创新人才工程"第二层次人选，2011年被评为白银市创新人才；所带班级2000年被评为"白银市先进班集体"。曾分别获市、县优质课竞赛第一名，2006年获第六届甘肃省基础教育科研优秀成果一等奖，2008年获中国教育学会教育管理分会科研优秀成果一等奖；负责的1项课题国家级课题和4项省级课题分别通过国家级和省级鉴定；曾先后在省级刊物上发表教育教学类文章600多篇，主编校刊14年，所编校刊已先后获得省级以上奖励8次，其中2008年、2009年和2010年连续三次获得全国校内报刊评比特等奖，出版了《轻松写作文》《桃林文萃》《新阅读》和《阅读、感悟、写作》4部著作。指导学生在省级报刊上发表作品481篇，辅导学生作文获省级以上竞赛奖100多人次。

简　　介：1983年参加工作，中学高级教师。

1151 王祯

性　　别：男
出生年月：1968-11-28
民　　族：汉族
政治面貌：中共党员
职　　称：副高
学　　历：大学本科
所在单位：会宁县太平店镇教育管理中心
成　　就：发表省级论文2篇，课题获甘肃省教育科研课题优秀奖，主持课题获白银市第九届基础教育科研成果三等奖。

简　　介：1986年进入甘肃省靖远师范学校学习，1990年分配至会宁县青江驿中学任教；1994年自考大专毕业于兰州大学汉语言文学专业，2004年自考本科毕业于兰州大学汉语言文学专业；2008年任会宁县太平店镇中心小学校长；2012年10月起任会宁县太平店镇教育管理中心主任。

1152 柴殿威

性　　别：男
出生年月：1967-10-20
民　　族：汉族
政治面貌：群众
职　　称：副高
学　　历：大学本科
所在单位：甘肃省会宁县第一中学
成　　就：2002年被评为县级骨干教师，2003年在全县优质课竞赛中荣获高中组英语一等奖，同年参加全市高中英语优质课竞赛获二等奖，2003年至2008年辅导的学生高国景、邵知、文玉玲等学生在全国中学生英语能力竞赛中获一、二等奖，2006年辅导的教师柴东伟在市英语优质课竞赛中获一等奖。课题《英语课堂教学有效方法的研究与运用》于2008年9月荣获白银市第七届基础教育科研优秀成果二等奖，有五篇省级论文发表，一项省级课题通过申报。

简　　介：1987年7月毕业于陇西师范学校，同年分配到会宁县会师中学担任英语教学和班主任工作；1994年6月通过自考取得英语专科学历，1996年，通过函授取得英语教育专业本科学历；1998年8月调入会宁一中担任高中英语教学和班主任工作；2001年12月取得中学一级教师任职资格，2002年1月被聘用为高中英语一级教师，2007年破格晋升为中学高级教师。

1153 李兴胜

性　　别：男
出生年月：1968-03-21
民　　族：汉族
政治面貌：群众
职　　称：副高
学　　历：大学本科
所在单位：甘肃省会宁县第五中学

成　　就：2000年获县优质课竞赛三等奖；2001年获会宁县园丁奖；2002年获教学基本功竞赛优胜者；2000年获县优质课竞赛三等奖；2001年获会宁县园丁奖；2002年获教学基本功竞赛优胜者荣誉。

1154 韦云军

性　　别：男
出生年月：1961-07-18
民　　族：汉族
政治面貌：群众
职　　称：副高
学　　历：大学专科
所在单位：会宁县第二中学
成　　就：从事一线教育教学工作达33年之久。

1155 曹宏

性　　别：男
出生年月：1969-05-17
民　　族：汉族
政治面貌：群众
职　　称：副高
学　　历：大学本科
所在单位：会宁县教育局
成　　就：论文《浅谈中学语文教材中图片资料的认识和运用》发表于2009年《学问》第5期。《浅谈语文课堂教学细节的重要性》发表于《考试周刊》2013年第20期。通过鉴定课题：《实效性以读促写策略研究》（国家级）。《县级一体两翼网络化教研模式的构建与实施》（省级）。《会宁如东中小学教育的比较研究》（省级）。《关于北师大版初中语文"比较探究文"的教学研究》（市级）。《时文鉴赏新阅读》（专著）获2010年全国教科研成果二等奖。课题研究报告《会宁如东中小学教育的比较研究》获2011年甘肃省第八届基础教育科研优秀成果一等奖。课题研究报告《实效性以读促写策略研究》获白银市基础教育科研一等奖。系列论文《新课改下的农村班主任工作研究》获2010年白银市基础教育科研一等奖。在2008年荣获全国中学生"敬母、爱母、助母"总动员征文活动指导奖。2009年获白银市中小学市级骨干教师奖。2007年获得白银市中学语文说课一等奖。任现职以来年度考核三年为优秀。
简　　介：1985年考入白银市靖远师范，1989年毕业；1989年7月参加工作，曾经先后在会宁县柴门乡鸡儿咀中学（1989—1990）、会宁县韩集乡云台中学（1990—1995）、会宁县韩集中学（1997—1998）、会宁县第四中学（1998—2008）任教，期间，在西北师范大学历史系函授（1990—1993）获得历史专科学历证书，在甘肃省教育学院（1995—1997）离职进修获得汉语言本科学历证书；2008年9月调入会宁县教育局教研室从事中小学语文教育教学研究工作，2012年9月调入教育局德育办工作。

1156 丁刚

性　　别：男
出生年月：2055-10-02
民　　族：汉族
政治面貌：中共党员
职　　称：副高
学　　历：大学专科
所在单位：会宁县教育局
成　　就：多年从事教育督导工作，发表教育管理相关论文数十篇。
简　　介：1978年参加工作，先后在会宁县杨集中学、太平中学任教。1987年至今在会宁县教育局工作。

1157 李勤

性　　别：男
出生年月：1965-06-02
民　　族：汉族
政治面貌：中共党员
职　　称：副高
学　　历：大学本科
所在单位：甘肃省会宁县党岘初级中学
成　　就：2009年3月—2010年10月完成甘肃省教育科学"十一五"规划课题《中学生吸烟问题与无烟校园建设研究》。2011年8月发表《校园文化建设之管见》于《甘肃教育督导》。在1999年被评为会宁县优秀教师，2002年被评为白银市优秀教师并授予白银市"园丁奖"称号。2009年被评为会宁县乡镇优秀校长并授予会宁县"园丁奖"。2003年获白银市优秀化学辅导奖。2010年在全县优质课竞赛中获一等奖。2012年荣获由省委省政府颁发的"两基"先进个人奖。2013年获会宁县先进工作者、劳动模范荣誉。2014年荣获甘肃省"园丁"奖。
简　　介：1984年3月参加工作，现为中学高级专业技术职务。在会宁县丁沟乡荔峡初中任教并先后担任教导主任、校长职务。2007年8月至今在会宁县党家岘乡初中任教并担任校长职务。

1158 师树江

性　　别：男
出生年月：1957-09-29
民　　族：汉族
政治面貌：中共党员
职　　称：副高
学　　历：大学专科
所在单位：会宁县头寨小学
成　　就：1988年被白银市委授予优秀党员荣誉；1997获会宁县优秀德育工作者荣誉；2008年论文《浅谈课堂教学的质疑与解惑》发表；2010年获优秀督导员荣誉。
简　　介：中学高级教师。1980年8月在临洮师范毕业；1980年9月至1986年7月在会宁县堠边中学任教；1986年8月至1991年8月在头寨中学任教，从事中学数学教学；1991年9月至1993年7月在甘肃省教育学院政教系学习；1993年8月至1997年8月在头寨中学担任政治课教学，并兼任副校长、教导主任职务；1997年9月至1999年8月任头寨镇共丰中学校长；1999年9月至2004年9月任头寨中学校长；2004年10月以来，担任头寨镇教育督导员。

1159 张勇

性　　别：男
出生年月：1960-09-02
民　　族：汉族
政治面貌：群众
职　　称：副高
学　　历：大学本科
所在单位：甘肃省会宁县柴家门乡教育管理中心
成　　就：1997年被评为白银市优秀教师；2002年被评为白银市骨干教师；到平头川中学任职校长以来，教学质量不断提高，教育管理水平不断提升，得到社会各界的好评。2006年学校被评为白银市2005—2006学年度先进集体；2008年学校被评为"阳光体育迎奥运"全县初中学生篮球赛体育道德风尚队；2008年学校被评为全县教育系统师德先进集体；2009年学校被评为平安校园；2009年学校篮球队获全县初中学生篮球赛男子组第二名；2009年学校教职工篮球队获全县教育系统第一届体育节第二片区教职工篮球赛初中组第一名；2009年学校获2008—

2009学年度全市教育系统先进集体；2010年学校获年度全县教育系统项目实施先进集体；2010年学校获年度全县教育教学质量优秀奖；2010年学校获会宁县初中学生篮球赛体育道德风尚奖；2010年学校团委获会宁县五四红旗团委。

简　　介：中学高级教师。1978年9月—1993年8月，会宁县四房吴乡四房小学任教，教导主任；1993年9月—2004年11月，三房中学任教，副校长；2004年12月—2012年10月，会宁县平头川中学任校长；2012年11月至今，任会宁县柴家门乡教育管理中心任主任。

1160 马志伟

性　　别：男
出生年月：1977-09-11
民　　族：汉族
政治面貌：群众
职　　称：副高
学　　历：硕士研究生
所在单位：甘肃省会宁县第一中学

成　　就：2010年所带班级获"白银市学校市先进班集体"荣誉称号；2014年被评为白银市骨干教师；2009年获甘肃省首届多媒体课件大赛一等奖；2010年和2011年辅导学生南鹏、武英夫、何明峰、赵启宇在全国中学生英语能力竞赛中均荣获国家级二等奖；2013年论文《新课程背景下合作学习与高中英语阅读教学应用研究》获甘肃省网络作文二等奖；2011年甘肃省教育科学规划课题《话语分析理论在高中英语阅读教学中的应用研究》通过省级鉴定；2014年白银市教育科学"十二五"规划课题《新课程背景下合作学习在高中英语阅读教学中的应用研究》通过市级鉴定。在省级公开刊物发表专业论文多篇。2007年和2010年和2011年获"国家优秀辅导教师奖"。

1161 马玉清

性　　别：男
出生年月：1957-10-29
民　　族：汉族
政治面貌：群众
职　　称：副高
学　　历：大学专科
所在单位：侯川初级中学

简　　介：1980年7月—1983年7月在定西教育学院进修；1976年7月至今，在侯川中学任教。

1162 曹克俊

性　　别：男
出生年月：1973-07-26
民　　族：汉族
政治面貌：中共党员
职　　称：副高
学　　历：大学本科
所在单位：会宁县学生资助管理中心

成　　就：1996年被中共会宁县委、会宁县人民政府授予会宁县优秀教师；2005年被评为甘肃省实施二期"义教"工程先进个人；2007年评为会宁县教育系统优秀共产党员；2009年被中共白银市委、白银市人民政府授予白银市优秀教育工作者称号、园丁奖。2012年，获得甘肃省教育厅、甘肃省财政厅授予的甘肃省学生资助工作先进个人称号。2009年7月在省级杂志《教育革新》上发表论文《加强感恩教育　培养责任意识》（第7期）。

简　　介：1992年毕业于靖远师范，后通过自考、函授获得本科学历。1992年—1996年在会宁县新庄初中任教；1996年—2008年在县教育局项目办工作；2008年至今在县学生资助管理中心工作。

1163 李雄

性　　别：男

出生年月：1969-03-10

民　　族：汉族

政治面貌：群众

职　　称：副高

学　　历：大学本科

所在单位：会宁县第五中学

成　　就：2001年获得会宁县优质课竞赛二等奖；2002年被评为会宁县优秀教师，获"园丁"荣誉。

简　　介：中学高级教师。1989年6月毕业于靖远师范，在会宁县中川乡高陵小学任教；1992年8月—1994年6月在兰州师范高等专科学校中文系学习，毕业后在会宁县新添中学任教；2005年调入会宁县第五中学任教。

1164 和卫国

性　　别：男

出生年月：1964年12月.25

民　　族：汉族

政治面貌：中共党员

职　　称：副高

学　　历：大学本科

所在单位：会宁县实验中学

成　　就：1996年在全县第四届"百名优质课教学新秀"评选活动中获得"优秀奖"，同年在《兰州教育学院学报》社科版发表论文《创设授课情景，优化教学的层次》；2001年在《中学历史教学参考》发表《浅谈中国历史教学中历史成语级典故的作用》，该文获得白银市优秀论文二等奖；2004年参加市级课题《贫困农村校本教研探索》；2006年在《新课程改革论坛》发表《浅析新课程改背景下的历史教学的几个问题》，该文获得白银市二等奖；同年在《教育革新》发表《浅谈贫困山区初中实施校本教研的问题与对策》。2000年被授予"白银市园丁奖"；2002年被评为会宁县高中县级骨干教师；2003年被评为"青年教学能手"，全县青年教师教学基本功优胜者。

简　　介：1984年6月毕业于甘肃临洮师范，7月在会宁县太平中学任教至2008年8月；1987年至1989年进修于兰州教育学院历史系；1996年至1999年于西北师范大学函授历史教育；获得高级中学教师任职资格，2006年被评为中学历史高级教师；2008年9月调会宁县实验中学任教。

1165 魏成章

性　　别：男

出生年月：1970-01-17

民　　族：汉族

政治面貌：中共党员

职　　称：副高

学　　历：大学本科

所在单位：甘肃省会宁县第一中学

成　　就：从教22年。1999年被会宁县委、县政府授予"会宁县优秀教师"称号。2002年被评为会宁县骨干教师。2003年获白银市"青年教学能手"称号。2005年获白银市学校德育工作先进个人。2007年被白银市委、市政府评为优秀教师，并授予"园丁奖"。2009年所带班级荣获白银市先进班集体。2009年被评为白银市骨干教师。2011年被白银市委、市政府评为白银市名教师，并授予"园丁奖"。2012年被会宁县委、县政府评为"会宁教育基金优秀教师获得者"。2013年荣获"会宁县首届十大杰出青年"称号。2014年作为火炬手参加了甘肃省13届运动会火炬传递仪式。在省级专业刊物发表论文5篇。

简　　介：1992年7月参加工作，西北师范大学成人教育学院函授毕业，理学学士，中学高级教师。1989年9月至1992年7月就读于张掖师专生物化学教育专业；1992年8月至2012年10月在会宁二中任教；1995年7月至1998年8月函授于西北师范大学生物教育专业，获理学学士学位；2006年5月至2008年5月任会宁二中团委书记；2008年6月至2011年2月任会宁二中政教主任；2011年3月至2012年10月任会宁二中副校长；2012年11月任会宁一中副校长。

1166 孙云峰

性　　别：男
出生年月：1963-05-05
民　　族：汉族
政治面貌：群众
职　　称：副高
学　　历：大学专科
所在单位：会宁二中
成　　就：2003年获白银市优秀指导教师奖。2007年获白银市优秀指导教师奖。
简　　介：1980年9月—1982年7月陇西师范学习；1982年7月—1986年8月会宁县第二中学工作；1986年9月—1988年7月甘肃教育学院脱产学习；1988年7月至今在会宁县第二中学工作。

1167 仲雪箐

性　　别：女
出生年月：1971-12-30
民　　族：汉族
政治面貌：群众
职　　称：副高
学　　历：大学本科
所在单位：会宁县教师进修学校
成　　就：白银市骨干教师，所带班级获白银市优秀班集体荣誉称号，获甘肃省基础教育科研二等奖两次。主持或参与省级课题并通过鉴定三次，在国家和省级杂志上发表论文数十篇，2010年被破格晋升为中学高级教师。

1168 范国柱

性　　别：男
出生年月：1957-05-17
民　　族：汉族
政治面貌：群众
职　　称：副高
学　　历：大学专科
所在单位：甘肃省会宁县桃林中学
成　　就：1987年被评为"会宁县优秀教学改革者"，并获"园丁"奖；1997年获会宁县"师德标兵"荣誉称号；2000年论文《浅议劳动技术课的开设与改革》获市级论文一等奖；2001年被评为白银市骨干教师；2003年参加编著了《桃花山乡教育史》一书；2005年论文《突出"三维目标"变革学习方式》在《会宁教育》第一期发表；主持研究的市级"十五"课题——学生创新和实践能力培养的心理问题研究，于2005年通过专家评审鉴定，并颁发了荣誉证书；参与并完成省级"十五"课题——农村教师继续教育与终身教育研究和实践，于2005年10月经过专家评审鉴定，并颁发了荣誉证书；论文《浅析新课改理念下的历史教学》在省级刊物《甘肃科技纵横》2010年第2期发表。
简　　介：1976年1月—1978年8月在红花沟学校任民教；1978年9月—1980年7月在靖远师范学校读书；1980年8月—1982年7月在通渭县石关学校任教；1982年8月—

1993年4月在南咀独立初中任教；1993年5月—2005年7月在会宁县回民小学任教；2005年8月—2010年7月在南咀独立初中任教；2010年至今在会宁县桃林中学任教。

1169 马廷会

性　　别：男
出生年月：1962-05-10
民　　族：汉族
政治面貌：群众
职　　称：副高
学　　历：大学专科
所在单位：甘肃省会宁县党家岘乡教育管理中心
成　　就：1993年获白银市"优秀班主任"。1995年被评为会宁县"优秀教师"。1999年获白银市"园丁"奖。2000年被评为白银市骨干教师。《中学文科》2005第11刊登论文《初中语文和其他学科教学互动小议》，《中学理科》2005第8期刊其文《空气中氧气含量测量的实验改进》，《中学理科》2005第4期刊其文《积极探索做研究型老师》，《教育革新》2009第2期刊其文《对课堂有效教学的分析与思考》。

1170 王云

性　　别：男
出生年月：1964-05-16
民　　族：汉族
政治面貌：群众
职　　称：副高
学　　历：大学本科
所在单位：会宁县教育局教研室
成　　就：从事教育教学工作以来，曾获得"会宁县优秀教师"、"白银市优秀教师"，"白银市优秀班主任"，"白银市中学骨干教师"等称号。在教学中成绩优秀，获得省级奖励。在全国数学联赛竞赛中，辅导学生多人获得等次奖。在国家、省级报纸杂志发表的论文有《谈学生心理素质的培养》《法向量的应用》《为学生的发展奠基》等。
简　　介：1983年7月—1991年7月在中川乡高庙学校担任数学、物理、化学等学科教学，并担任班主任工作；1991年8月—2012年8月在会宁一中担任数学学科教学，并一直担任班主任工作；2012年9月始在会宁县教研室从事教研工作。

1171 郭维东

性　　别：男
出生年月：1962-09-18
民　　族：汉族
政治面貌：群众
职　　称：副高
学　　历：大学本科
所在单位：甘肃省会宁县第一中学
成　　就：1993年荣获会宁县优秀班主任荣誉。2000年取得白银市优质课竞赛三等奖。2003年获全国中学生英语竞赛市级优秀指导教师荣誉。2003年甘肃省新课程新理念论文交流中获省级二等奖。2010年荣获会宁县园丁奖。
简　　介：1979年9月—1981年6月陇西师范学习。1985年9月—1987年6月定西教育学院进修。1995年8月—1998年8月西北师范大学函授学习。1981年7月—1984年7月在会宁头寨中学工作。1984年8月—1985年8月在会宁三中工作。1987年8月—至今在会宁一中工作。

1172 马克选

性　　别：男
出生年月：1960-05-29
民　　族：汉族

政治面貌：群众
职　　称：副高
学　　历：大学专科
所在单位：会宁县教师进修学校
成　　就：发表论文《山水奇画 千古绝唱》（《新课程研究》2010年第1期）和《音乐审美与文学教育》（《文学教育》2010年第8期）。发表创作歌曲《既然你要走》《会师山歌》《龙湾谣》等，其中《会师山歌》入选第29届世界音乐教育大会，在中国音乐学院国音堂演出，并在甘肃省音乐家协会主办的"放歌会师楼"征歌活动中获"金歌奖"。2000年获得"中小学音乐课教学比赛"全国三等奖。2011年获白银市"园丁奖"。2012年创作歌曲《会师山歌》获甘肃省"敦煌文艺奖"。2013年被评为白银市"德艺双馨"文艺工作者。
简　　介：1982年7月—1989年7月在会宁县东关小学任教；1989年8月—2008年7月在会宁一中任教；2008年8月至今在会宁县教师进修学校任教。

1173　王宏

性　　别：女
出生年月：1967-10-28
民　　族：汉族
政治面貌：中共党员
职　　称：副高
学　　历：大学专科
所在单位：会宁县会师镇教育管理中心
成　　就：1997年被评为白银市优秀少先队辅导员；1998年在全市优质课竞赛中获二等奖；2003年获甘肃省第二届"青年教学能手"称号；同年在全市说课竞赛中获一等奖；2004年被评为白银市学科带头人；2007年获白银市"园丁奖"；2009年被评为甘肃省骨干教师。2002年所研究课题《对农村小学生创新精神和实践能力培养的研究》获甘肃省第四届基础教育教学科研优秀成果二等奖；2005年市"十五"规划课题《学生创新精神和实践能力培养的心理问题研究》通过鉴定；2007年省"十一五"规划课题《农村小学教师信息素养研究》通过鉴定。在省级刊物公开发展多篇论文。2013年10月课题《农村小学课堂教学中无效教学行为的调查研究》通过市级鉴定。
简　　介：1989年6月毕业于靖远师范学校；2003年1月毕业于中央广播电视大学小学师资教育专业；2001年破格晋升为小学高级教师，2009年破格晋升为中学高级教师，现在会师镇教育管理中心任辅导员工作。

1174　王宗学

性　　别：男
出生年月：1962-10-06
民　　族：汉族
政治面貌：群众
职　　称：副高
学　　历：大学专科
所在单位：白银四房吴初级中学
成　　就：2005年获得会宁县"园丁奖"。2008年获得白银市优秀班主任。
简　　介：1982年3月参加工作至2008年7月一直担任班主任工作。1998年9月起担任教导主任职务，2005年9月起担任副校长职务，2008年3月担任三房吴初级中学校长职务，2011年3月以来调入四房吴初级中学一直担任校长职务。

1175　王治基

性　　别：男
出生年月：1956-02-14
民　　族：汉族
政治面貌：群众

职　　称：副高

学　　历：大学专科

所在单位：会宁县杨集初级中学

成　　就：1995年获县园丁奖，1996年被评为白银市优秀园丁。

简　　介：1980年8月毕业于甘肃省临洮师范学校，同年九月参加工作；1996年卫电高师毕业获大专文凭；1994年至1997年先后在会宁县陇西传初级中学和会宁杨集初级中学担任校长职务。

1176 周维

性　　别：男

出生年月：1961-10-08

民　　族：汉族

政治面貌：中共党员

职　　称：副高

学　　历：大学本科

所在单位：会宁五中

成　　就：市级优秀教育工作者；通过省级课题鉴定两项。

1177 冉彦钧

性　　别：男

出生年月：1962-12-06

民　　族：汉族

政治面貌：群众

职　　称：副高

学　　历：大学专科

所在单位：会宁二中

成　　就：获白银市"园丁奖"2次，会宁县"园丁奖"一次；白银市"中学骨干教师"，会宁县"中学骨干教师"；在《教育革新》、《中学教育科研》《兰州教育》《会宁教育》等刊物发表论文多篇。

1178 魏作仁

性　　别：男

出生年月：1963-06-19

民　　族：汉族

政治面貌：群众

职　　称：副高

学　　历：大学专科

所在单位：甘肃省会宁县陇西川初级中学

成　　就：1999年获县级优秀教师，2010年获全县"有效课堂教学"优质课竞赛三等奖。

简　　介：中学高级教师。现担任会宁县陇西川初级中学校长。

1179 韩进

性　　别：男

出生年月：1962-11-08

民　　族：汉族

政治面貌：中共党员

职　　称：副高

学　　历：大学本科

所在单位：甘肃省会宁县第一中学

成　　就：主持参与的《普通高中课程设置、选课与排课研究》等5项课题通过省市级鉴定并获奖。在《白银教育》《考试周刊》《教学仪器与实验》《现代教育与技术》等刊物上发表教育教学论文20多篇。指导学生参加全国中学生英语能力竞赛，获国家级优秀指导教师奖4次，省级优秀指导教师奖1次，市级优秀指导教师奖6次。学生中有60多人分别获国家级二、三等奖，省级一等奖、市级一、二等奖。在第二十七届白银市青少年科技创新大赛中荣获科技辅导员创新项目三等奖，第二十八届甘肃省青少年科技创新大赛获得三等奖。2000年被评为白银市"师德标兵"，2004年被确定为甘肃省级中学骨干教师，2009年被评为白银市首届"名教师"，2012 年会宁教育基金优秀教师获得者。

简　　　介：中学高级教师。在三十多年的教育教学实践中，严谨治学，勤于探索，教学成绩显著，多次获高考教学成果奖。

1180 张希俊

性　　　别：男
出生年月：1957-03-19
民　　　族：汉族
政治面貌：中共党员
职　　　称：副高
学　　　历：大学专科
所在单位：会宁县实验中学
成　　　就：《更新观念 和谐育人》发表于《甘肃教育》2007 年 2 月。《关于精致管理之浅见》发表于《白银教育》2009 年 5 月。
简　　　介：甘肃教育学院政教系毕业，1974 年 1 月参加工作。中学高级教师。1974 年 1 月至 1978 年 8 月在会宁县南咀中学任教；1978 年 9 月至 1980 年 7 月在靖远师范进修学习；1980 年 8 月至 1998 年 7 月在会宁县南咀中学任教；1999 年 8 月至 2008 年 5 月在会宁县会师中学任教，任副校长；2008 年 6 月至今在会宁县实验中学任教，党支部书记。

1181 欧金爱

性　　　别：女
出生年月：1964-10-16
民　　　族：汉族
政治面貌：中共党员
职　　　称：副高
学　　　历：大学本科
所在单位：甘肃省会宁县教育局
成　　　就：《以读为本式教学实验》《中小学阅读教学研究》《新课程实施中几个疑难问题的研究》《深化复式教学改革，大面积提高复式教学质量》等 9 项课题研究分别荣获甘肃省第一至八届基础教育教学科研优秀成果奖；《规范农村学前班教育管理势在必行》《让爱国主义教育基地在中小学德育工作中发挥重要作用》《让爱心滋润每个幼儿的心田》《对加快西部贫困县区教育信息化进程的思考》等 20 多篇论文在省级以上教育刊物上发表。

简　　　介：1984 年 8 月参加工作。1984 年 6 月临洮师范普师专业毕业；1993 年兰州大学法律专业自考本科毕业；2011 年 1 月被评聘为中学高级教师。

1182 马建元

性　　　别：男
出生年月：1965-05-09
民　　　族：汉族
政治面貌：中共党员
职　　　称：副高
学　　　历：大学专科
所在单位：会宁县八里湾乡教育管理中心
成　　　就：2009 年发表论文《冷战爆发原因剖析》（《考试周刊 2009 第 51 期》），2012 年发表论文《农村中小学教师队伍建设的思考》（《甘肃职业与成人教育》2012 第 1—2 期），《谈谈创新素质教育在历史课堂教学中的运用方法》（《甘肃职业与成人教育》2012 第 3 期），《反思教学研究工作　推动有效课堂教学》（《教育革新》2012 第 3 期）。
简　　　介：现任会宁县八里湾乡教育管理中心主任。1982 年 3 月参加工作，2008 年以来担任现职。1992 年 6 月毕业于会宁县教师进修学校普师专业；1996 年 6 月毕业于甘肃教育学院历史专业。获初中历史教师资格，获中学高级教师职称。

1183 牛志平

性　　别：男
出生年月：1968-02-07
民　　族：汉族
政治面貌：中共党员
职　　称：副高
学　　历：大学本科
所在单位：会宁县第四中学
成　　就：主持研究省级课题并通过鉴定1项；参与研究省、市级课题并通过鉴定4项；在国家级教育类杂志发表论文4篇；在省级教育类杂志发表论文2篇；获省级以上奖励论文2篇。担任高三级语文教学工作12年，所代班级会考 成绩合格率100%，每年高考成绩高出省均分6以上；多次参加市、县高中语文优质课竞赛，荣获多次奖；被评为市级青年教学能手、市级骨干教师、市级高效课堂先进个人；担任县级高中组教师优质课竞赛评委。自工作以来，一直担任班主任工作，所带班级多次被评为学校、县、市级先进班集体；在"语文报杯"全国中学生作文大赛中多次荣获写作指导一等奖。所带班级文化课成绩在全县每年质检中居全县文科第一，自己所代班级语文成绩第一。
简　　介：1989年6月毕业于靖远师范学校；1989年7月参加工作；1998年12月自考毕业于兰州大学汉语言文学专业，大学本科学历，2004年12月被评为中学一级教师，2008年破格晋升为中学高级教师，2013年晋升为中高五级岗位。

1184 靳新华

性　　别：男
出生年月：1956-05-21
民　　族：汉族
政治面貌：中共党员
职　　称：副高
学　　历：大学本科
所在单位：会宁县北关小学
成　　就：论文《感知 感悟 语感 情感》发表在《教育革新》2004第2期。论文《把握五个"关注" 提高教学效率》发表在《甘肃教育》2011年第8期。2003年主持研究的《语文教学的全面发展创新》获会宁县第二届基础教育教学科研成果一等奖；《小学语文教学中的全面发展与创新》2004年获白银市第五届基础教育教学科研优秀成果三等奖。课题《小学班级管理口头评价问题研究》2004年获省级立项，2005年通过省级鉴定。1986年获市"园丁奖"；2002年被中共白银市委宣传部、白银市教育局评为"全市学校德育工作先进个人"；2002年被确定为"白银市级骨干教师"，2003年度被共青团甘肃省委、甘肃省少工委授予"星星火炬奖"；2003年获市"园丁奖"；2004年获"认助中国乡村教育"计划实施优秀工作者荣誉；2007年被评为甘肃省小学特级教师；2010年，被评为"白银市关心下一代先进个人"。
简　　介：1976年参加工作，1980年6月毕业于靖远师范普师专业，1994年8月至1997年8月在中央党校函授学院党政管理专业学习。先后在会宁县东关小学和教场小学担任小学语文教学及班主任工作。历任东关小学语文教研组长、教导主任、副校长和教场小学校长、北关小学校长。

1185 庄宝峰

性　　别：男
出生年月：1963-06-14
民　　族：汉族
政治面貌：中共党员
职　　称：副高
学　　历：大学本科
所在单位：甘肃省会宁职业中等专业学校

成　　就：2001年荣获白银市优秀班主任、白银市园丁奖荣誉。

简　　介：1986年6月毕业于庆阳师专汉语言文学专业。1986年7月参加工作。先后在会宁二中、会宁三中、会宁职业中专工作。2008年担任会宁职业中专教研室主任，2011年担任会宁职业中专教导处主任。

1186　吴锋

性　　别：男

出生年月：1960-06-19

民　　族：汉族

政治面貌：群众

职　　称：副高

学　　历：大学专科

所在单位：会宁县甘沟驿镇钟岔小学

成　　就：在《吉林教育》发表论文《语文教学中学生创新能力的培养》；《佳木斯教育学院学报》中发表论文《怎样激发学生学习语文的兴趣》；《西北师范大学学报》上发表《培养学生创新能力的几点做法》。

简　　介：1978年8月参加工作，中学高级教师。

1187　王丕孔

性　　别：男

出生年月：1957-09-20

民　　族：汉族

政治面貌：群众

职　　称：副高

学　　历：大学专科

所在单位：会宁县郭城驿初级中学

成　　就：连续29年任职校长，曾获省园丁奖、市园丁奖、县园丁奖。

简　　介：1975年—1981年任黑虎中学校长。1982年—1989年任红堡子小学校长。1990年—1998年任红堡子中学校长。1999年—2003年任河畔初中校长。2003年—2012年任会宁县郭城驿初级中学校长。

1188　任海燕

性　　别：男

出生年月：1955-02-01

民　　族：汉族

政治面貌：中共党员

职　　称：副高

学　　历：大学专科

所在单位：四房吴初级中学

成　　就：2005年4月在《开发研究》上发表论文《教师在课堂组织教学时的问题应对》。

简　　介：1989年8月取得大专学历。

1189　杜俊升

性　　别：男

出生年月：1958-01-27

民　　族：汉族

政治面貌：中共党员

职　　称：副高

学　　历：大学本科

所在单位：甘肃省会宁县第一中学

成　　就：从事一线教育教学工作38年。1994年荣获县"教学能手"一等奖，1996年荣获县"园丁"奖，2000年荣获市"中学骨干教师"荣誉，2001年荣获县"中学骨干教师"荣誉。

简　　介：1976年1月.01—1982年6月会宁县丁家沟乡任民教；1982年7月—1984年6月靖远师范就读；1984年7月—1985年8月会宁一中任教；1985年9月—1998年7月会师中学任教；1990年8月—1993年8月西北师大函授学习；1998年8月至今，在会宁一中任教。

1190 李映河

性　　别：男

出生年月：1963-06-18

民　　族：汉族

政治面貌：中共党员

职　　称：副高

学　　历：大学本科

所在单位：会宁县特殊教育学校

成　　就：1986年荣获会宁县"园丁奖"，1997年荣获全国优秀辅导教师荣誉，2010年荣获全国百佳语文教师荣誉，有报告文学专著《会宁之光——大地的声音》、教育论文专著《阳光下的守望》、报告文学集《黄土地的风采》。

简　　介：中学高级教师。1979年1月至1982年7月在汉岔乡赵岔小学任教；1982年8月至1984年7月在靖远师范读书；1984年8月至1995年7月在会师中学任教；1995年8月至2003年1月在会宁二中任教；2003年2月至今在教育局工作；1990年自考取得兰州大学中文专科学历，1993年取得西北师范大学中文本科学历；2008年至今任县教研室副主任；2013年8月任会宁县特殊教育学校校长。

1191 李守玺

性　　别：男

出生年月：1958-05-04

民　　族：汉族

政治面貌：中共党员

职　　称：副高

学　　历：大学专科

所在单位：会宁县太平中学

成　　就：从事初高中生物教学研究工作。

简　　介：1976年2月参加工作，中学高级教师，现从事学生食堂的管理工作。

1192 白建雄

性　　别：男

出生年月：1963-10-08

民　　族：汉族

政治面貌：中共党员

职　　称：副高

学　　历：大学本科

所在单位：会宁县枝阳中学

成　　就：2006年被评为第一届"甘肃省优秀中学地理教育工作者"。2001年、2004年担任白银市中学政史地优质课竞赛评委会委员，并任组长。2002年、2004年、2005年担任白银市中学高级教师职务任职资格评审委员会委员。2002年组建成立"白银市教育学会史地研究会"，担任理事长至今。2006年担任"甘肃省地理学会"第七届理事至今。2000年，承担并完成甘肃省教育科学"九五"重点研究课题的子课题"学生学习问题"中的"提高学生能力与减轻学生负担"部分，并通过了省教育厅教育教学专家鉴定。论文《"减负"与提高能力探讨》一文参加"面向二十一世纪中国教育理论与实践"征文比赛获二等奖。论文《中学地理教学与创新人才培养探讨》一文，参加甘肃省优秀教学论文评比获省级优秀奖，获白银市一等奖。论文《高考地理复习方法浅谈》一文发表于《发展地理科学实施人与自然和谐》一书。

简　　介：中学高级教师。1986年7月毕业于西北师范大学地理系，并获理学学士学位。曾担任会宁一中教导主任、会宁四中副校长等职务，现任会宁县枝阳初级中学校长职务。

1193 曹德明

性　　别：男

出生年月：1959-11-18

民　　族：汉族

政治面貌：群众

职　　称：副高
学　　历：大学专科
所在单位：四房吴初级中学
成　　就：中学高级教师，白银市优秀教师、园丁、骨干。1996年开始文学创作，2003年辍笔，2009年再度笔耕，先后有200余首（篇）诗歌、散文、随笔散见于《甘肃日报》《甘肃广播电视报》《荒原》《南英诗刊》《咸宁诗联》等省内外报纸杂志。发表教学论文20多篇。有多篇作品获奖或入选多种选本。系诗探索中国新诗会所会员、甘肃白银作协会员。

1194　李钧

性　　别：男
出生年月：1963-02-20
民　　族：汉族
政治面貌：中共党员
职　　称：副高
学　　历：大学专科
所在单位：会宁县教育局
成　　就：1997年被评为会宁县"优秀教育工作者"，2001年被评为会宁县骨干教师，2003年获市优秀教育工作者、市"园丁"奖荣誉，白银市基本普及九年义务教育基本扫除青壮年文盲工作先进个人（2013年6月）。1998年3月撰写的论文《浅谈"三风"建设——会师中学管理经验点滴》发表在《现代教育文集》一书；2001年1月撰写的论文《校长在管理工作中的几个到位》参加了2001年全国优秀教师论文汇展，获三等奖，并被《当代优秀教师论文汇编》一书收集出版。《摭谈特色学校的管理策略》一文发表在2004年7月28日《甘肃日报》论丛版。主持研究的课题《农村县级教师培训基地的建设与探索》获甘肃省第六届基础教育科研二等奖；《农村县级教师培训基地文化建设的探索与思考》获白银市第六届基础教育科研一等奖。2001年12月至今连续三届被聘为白银市中等专业学校教师中级职务任职资格评审委员会委员。
简　　介：1980年8月参加工作，中学高级教师，现任县教育局副局长、会宁县人民政府教育督导室主任。

1195　王志信

性　　别：男
出生年月：1955-08-12
民　　族：汉族
政治面貌：中共党员
职　　称：副高
学　　历：大学专科
所在单位：白草塬乡教育管理中心
成　　就：2006年被会宁县委评为优秀教育工作者；2011年获中学高级教师任职资格，并被授予会宁"县园丁"称号；论文《新课程实施误区浅析》获首届素质教育教研成果一等奖。
简　　介：1962年3月—1973年12月先后在白塬总堡小学、河畔中学、河畔三中就读；1993年3月—1996年6月在甘肃教育学院进修；1974年3月—1998年7月在草滩中学、白塬中学任教；1998年8月—现在于白塬乡教管中心工作。

1196　李进山

性　　别：男
出生年月：1956-06-20
民　　族：汉族
政治面貌：中共党员
职　　称：副高
学　　历：大学专科
所在单位：会宁县杨集初级中学
成　　就：1992年获县园丁奖；2002年论

文《课文教学中的作文基本功训练》荣获国家级优秀教研成果一等奖；2001年被评为优秀共产党员；所带学科多次在全县会考中获得优秀成绩。

简　　介：1997年7月毕业于甘肃省陇西师范学校，同年9月参见工作；1983年8月在定西教育学院学习获得中文专业大专学历；现职称中学高级教师，1979年至1981年7月在陇川初中任教、1983年9月至现在、在杨集初中任教，主要担任语文及政治教学工作。

1197 杨友峰

性　　别：男
出生年月：1962-11-03
民　　族：汉族
政治面貌：群众
职　　称：副高
学　　历：大学本科
所在单位：会宁县第四中学
成　　就：1989年获会宁县中小学"百名教学优秀者"称号。1995年被评为会宁县教育系统优秀工会积极分子。1998年被会宁三中评为"十佳教学能手"。1999年在会宁县学科带头人评选活动中荣获"骨干教师"称号。1999年在会宁县优质课竞赛中，被评为中学文科组三等奖。2001年被会宁县教育局评定为会宁县中学县级骨干教师。2002年在白银市高中语文优质课竞赛中，荣获三等奖。2003年在会宁四中教师论文交流中，荣获二等奖。2004年被白银市教育局评定为白银市中小学市级中学骨干教师。2010年在小天鹅杯全国中小学创新作文大赛中，荣获优秀辅导奖。2010年在全国青少年五好小公民主题教育"我是90后"读书征文中获得优秀指导奖。

简　　介：甘肃省会宁县河畔镇人，中学语文高级教师，现就职于甘肃省会宁县第四中学。为中国民俗摄影协会会员，甘肃摄影协会会员，甘肃现代摄影协会会员，甘肃省白银市摄影家协会会员、理事，会宁县摄影协会会员，会宁县摄影协会副主席。

1198 和宝寿

性　　别：男
出生年月：1957-10-09
民　　族：汉族
政治面貌：中共党员
职　　称：副高
学　　历：大学本科
所在单位：甘肃省会宁县第一中学
成　　就：长期担任高中政治学科和书法教学工作，在《民主协商报》《白银日报》《学习方法报》发表论文数篇，在全国各类书法大赛中获得各类奖项数10次。近年来潜心研究，不断探索，形成独特的五体创作风格和教学模式，深受广大师生喜爱。

1199 牛守义

性　　别：男
出生年月：1958-07-03
民　　族：汉族
政治面貌：群众
职　　称：副高
学　　历：大学专科
所在单位：会宁县草滩初级中学
成　　就：2007年荣获白银市优秀教师，并授予"园丁奖"称号。

简　　介：草滩初级中学教师。1981年8月参加工作，至1995年期间在刘家寨子乡农业中学任教；1995年调入草滩中学至今；靖远师范中师毕业，工作其间在1989年8月至1992年8月，在西北师范大学政教专业学习取得大专学历。

1200 牟景升

性　　别：男
出生年月：1965-02-05
民　　族：汉族
政治面貌：群众
职　　称：副高
学　　历：大学专科
所在单位：会宁县郭城驿镇红堡子九年制学校
成　　就：教学论文：2010年10月新课程刊载了《情感教育在英语课堂中实施》，2011年2月中国校外教育刊载了《新课程英语单词教学尝试》，2011年11月《甘肃教育》收录了论文《教学反思，教师专业发展的动力》。
简　　介：中学一级教师。1986年9月到1989年6月就读于甘肃广播电视大学师范英语专业，1989年6月毕业，同年7月分配到会宁县甘沟农业中学任教，担任高中英语教育教学和班主任工作；1992年12月聘为中学二级教师，1995年8月调任会宁县头寨农业中学任教，担任高中、初中英语教育教学和班主任工作；2002年8月调任会宁县红堡子初级中学任教，担任初中英语教育教学工作；2001年12月聘任为中学一级教师，从事中学英语教育教学工作二十余年；2013年3月31日获得中学高级教师专业技术职称。

1201 康怀

性　　别：男
出生年月：1963-05-03
民　　族：汉族
政治面貌：中共党员
职　　称：副高
学　　历：大学本科
所在单位：会宁一中
成　　就：参与国家级课题《低成本教具的开发和利用》的研究获国家级一等奖。发表省级论文4篇。
简　　介：1982年7月毕业于陇东师院物理系；1982年9月在会宁一中任教至今。

1202 刘流远

性　　别：男
出生年月：1970-11-19
民　　族：汉族
政治面貌：中共党员
职　　称：副高
学　　历：大学本科
所在单位：会宁县招生办
成　　就：中小学电化教育实践与探索，农村职业教育发展方向、对策。

1203 丁金斗

性　　别：男
出生年月：1954-10-20
民　　族：汉族
政治面貌：群众
职　　称：副高
学　　历：大学专科
所在单位：会宁县太平中学
成　　就：从事初高中化学教学与研究
简　　介：1974年3月参加工作，中学高级教师，现从事男生公寓楼的管理工作。

1204 李景森

性　　别：男
出生年月：1961-12-04
民　　族：汉族
政治面貌：中共党员
职　　称：副高
学　　历：大学专科
所在单位：会宁县鸡儿咀初级中学
成　　就：自参加工作以来，对工作认真负

责，对自己管理的学校，经过自己和全体老师的努力，连年成绩名列前茅。曾多次比评为市县乡级优秀教师和优秀教育工作者。

简　　介：1971年3月—1979年2月在会宁县四方中学学习；1979年3月—1981年7月在会宁县四方小学任民教；1981年8月—1983年7月在甘肃省靖远师范学校学习；1983年8月—1986年7月在河畔小学任教；1986年8月—1999年7月在河畔初中任教导主任；1999年8月—2004年11月在白原乡兴民中学任校长；2004年12月—2007年7月在柴门中学任校长；2007年8月—现在在柴门乡鸡儿中学任校长。

1205　张亚雄

性　　别：男

出生年月：1975-02-06

民　　族：汉族

政治面貌：中共党员

职　　称：副高

学　　历：大学本科

所在单位：甘肃省会宁县教师进修学校

成　　就：省级科研一等奖两次，市级师德先进个人荣誉称号。

1206　李汉东

性　　别：男

出生年月：1955-11-28

民　　族：汉族

政治面貌：中共党员

职　　称：副高

学　　历：大学专科

所在单位：会宁县第四中学

成　　就：2001年白银市教育局聘为中学生体育二级评定委员会委员；2006年、2010年、2014年白银市教育局聘为初、高中组优质课竞赛评委；2010年白银市政府评为全市学校体育工作先进个人。

简　　介：1972年9月—1979年9月在四方任教；1979年转正。1979年9月—1991年6月在大沟任教；1991年9月—1993年6月年在兰州师专进修；1993—1999年在郭城农中任教；1999年9月—至今在会宁四中任教。

1207　王诚

性　　别：男

出生年月：1976-09-18

民　　族：汉族

政治面貌：群众

职　　称：副高

学　　历：大学本科

所在单位：会宁县实验中学

成　　就：课题2012.6省"十二五"规划课题《发挥基地优势　做好"留守学生"的教育实践研究》通过鉴定；在省、地级刊物发表论文多篇。2010年所带班级被评担任白银市先进班集体；辅导学生2011年辅导学生参加第十二届"新世纪杯"全国中学生作文大赛1人次获二等奖，3人次获三等奖。

简　　介：1995年8月参加工作。白银市青年教学能手、白银市骨干教师，2013年破格晋升为中学高级教师。现担任实验中学八年级语文教学工作，兼任学校办公室主任。1995年8月—2007年7月大沟中学任教；2007年8月—现在于实验中学任教。

1208　张贵荣

性　　别：男

出生年月：1969-01-03

民　　族：汉族

政治面貌：中共党员

职　　称：副高

学　　历：大学本科

所在单位：甘肃省会宁县第一中学

成　　就：2007年获白银市高中语文"示范课"教学一等奖（白银市教育局）。2013年被确定为白银市中学骨干教师（白银市教育局）。1991年被评为会宁县优秀教师（会宁县委、县政府）。2013年荣获"全国科教先进校长"称号（中国地理协会）。2013年获白银市第九届基础教育科研成果一等奖（白银市教育局）。近年来，在省级以上刊物发表论文4篇。出版个人专著2部：《中学生必读经典名著赏析》由敦煌文艺出版社于2010年7月出版；《生命的低语》由甘肃教育出版社于2013年9月出版。2005年获白银市高中语文优质课竞赛一等奖（白银市教育局）。2007年被聘为白银市中小学教师说课竞赛评委（白银市教科所）。2013年担任白银市中高任职资格评审委员会评委（白银市人社局）。

简　　介：中学高级教师，毕业于甘肃教育学院汉语言文学教育专业。

1209　赵振华

性　　别：男
出生年月：1960-09-19
民　　族：汉族
政治面貌：中共党员
职　　称：副高
学　　历：大学专科
所在单位：会宁县鸡儿咀初级中学

成　　就：曾获"会宁县教学新秀"、"会宁县第二届百名优质课教学奖三等奖"、"会宁县中小学县级骨干教师"等荣誉称号，扎实地工作，赢得学生爱戴、同事认可、领导的赞赏、家长的好评。2005年6月23日，在《甘肃日报》发表论文《怎样上好分组实验课》。

简　　介：1980年参加工作。中共党员，中学高级教师。参加工作以来，分别在丁沟乡张庄中学、大沟中学、柴家门初级中学、鸡儿学校任教，从事教育教学工作34年。

1210　吕巧玉

性　　别：女
出生年月：1968-03-05
民　　族：汉族
政治面貌：中共党员
职　　称：副高
学　　历：大学本科
所在单位：会宁县教育局教研室

成　　就：从教25年，发表5篇论文。"会宁县优秀女工主任"、"会宁县师德标兵"、"会宁县中学骨干教师"、白银市"优秀教师"、白银市"巾帼建功标兵"、白银市"优秀共产党员"。

简　　介：1990年7参加工作。现任会宁县教育局教研室副主任，中学高级教师，白银市人大代表，会宁县政协委员，县、市效能监督员，会宁县人民政府兼职行政督学。1988年9月—1990年7月在兰州师范专科学校学习；1990年8月至1995年7月在头寨中学任教；1995年8月调会宁三中工作；1996年9月至2001年1月在会宁三中任教；2000年3月至2006年4在会宁三中任教，政教处副主任；2006年4月至2008年5月在会宁三中任教，政教处主任；2008年5月2012年10月在会宁三中任教，副校长；2012年调会宁县教育局工作，担任教研室副主任；（正科）2012年9月聘为白银市效能监督员；10月聘为会宁县效能监督员；2013年6月聘为会宁县人民政府第五届行政督学。

1211　景曦红

性　　别：男
出生年月：1973-09-10

民　　族：汉族

政治面貌：群众

职　　称：副高

学　　历：大学本科

所在单位：甘肃省会宁县第二中学

成　　就：2008年被评为白银市教育系统师德先进个人；2009年参加会宁县普通高中优质课竞赛获高中组一等奖，2009年参加白银市语文优质课竞赛获高中组二等奖；2011年教学科研成果《班级管理中的民主自治策略》获甘肃省教学科研成果二等奖；2011年课件《念奴娇 赤壁怀古》在甘肃省"数字校园杯"及第二届多媒体教学课件征集活动中获二等奖；2011年教学设计《苏轼词二首》获白银市新课程教学设计一等奖；2011年10月甘肃省教育科研"十一五"规划课题《适应新课改的中学班主任工作策略的研究》通过鉴定。

简　　介：1996—2001年任教于会宁县翟所中学任教；2001—2013年任教于会宁二中。

1212　康建琪

性　　别：男

出生年月：1969-06-04

民　　族：汉族

政治面貌：中共党员

职　　称：副高

学　　历：大学本科

所在单位：会宁县丁家沟乡教育管理中心

成　　就：1990年至1994年连续四年被评为乡优秀教师，荣获"乡园丁"称号；1999年至2002年连续三年被评为乡级优秀管理工作者；2004年至2008年连续四年被评为优秀教育工作者；2004年被评为会宁县优秀教育工作者；2010年在全县中学校长论坛评选活动中获得第一名；2012年荣获"省园丁"称号；在省、地级刊物公开发表论文多篇。

简　　介：会宁县太平镇人，1989年参加工作，中学高级教师。

1213　徐永吉

性　　别：男

出生年月：1968-10-20

民　　族：汉族

政治面貌：中共党员

职　　称：副高

学　　历：大学本科

所在单位：甘肃省会宁县第一中学

成　　就：2005年获白银市优秀班主任奖；2005年破格晋升为中学高级教师；2012年获市级骨干教师称号。

简　　介：1988年8月—1994年7月在会宁县会师初中任教；1994年8月—2014年10月在会宁县第一中学任教。

1214　王孝林

性　　别：男

出生年月：1959-11-02

民　　族：汉族

政治面貌：群众

职　　称：副高

学　　历：大学专科

所在单位：会宁县白草塬初级中学

成　　就：2005年被评为县优秀教师，并荣获"园丁奖"称号。2009年在甘肃科技杂志上发表论文《欠发达地区农村中学信息技术教学研究》。

简　　介：2011年12月被评为中学高级教师职称。

1215　贺建奎

性　　别：男

出生年月：1963-12-16

民　　族：汉族

政治面貌：中共党员
职　　称：副高
学　　历：大学本科
所在单位：会宁县第五中学
成　　就：主持或参与完成教育科研课题3项，发表教育教学论文10多篇。

1216 贾芝艳

性　　别：女
出生年月：1965-12-26
民　　族：汉族
政治面貌：群众
职　　称：副高
学　　历：大学本科
所在单位：会宁二中
成　　就：2004年评为县高中级骨干教师；2010年在《甘肃职业与成人教育》发表论文《中学历史教学中如何培养学生的创新意识》；2010年论文《新课程环境下提高历史课堂教学效果》在甘肃省教育教学优秀论文评比中获二等奖；2011年"祖国统一大业"教学设计，在全市高一新课程优秀教学设计获二等奖；2011年课题"中学历史课堂教学中的思想政治教育研究"获得甘肃省教育科研课题鉴定证书。
简　　介：1989年7月月毕业于兰州师范院校政史专业；1989年9月—1990年8月在郭城农中任教；1990年9月—今在会宁二中任教；1994年8月—1997年8月在西北师范大学函授历史教育；2003年12月取得中级教师资格；2011年12月取得高级教师资格。

1217 崔仁

性　　别：男
出生年月：1962-10-29
民　　族：汉族
政治面貌：群众
职　　称：副高
学　　历：大学专科
所在单位：甘肃省会宁职业中等专业学校
成　　就：2002年获得市级优秀教师并授予"园丁奖"；2004年获得市级骨干教师称号。
简　　介：中学高级教师。现任教于会宁县郭城农业中学。自1983年7月参加工作以来，一直从事高中数学教学与研究工作，教学成绩突出。个人先后被评为"会宁县优秀教师""会宁县骨干教师""白银市骨干教师""白银市优秀教师"等并获市"园丁奖"。

1218 刘树仁

性　　别：男
出生年月：1964-01-25
民　　族：汉族
政治面貌：群众
职　　称：副高
学　　历：大学专科
所在单位：会宁县第四中学
成　　就：1994—1995学年度被评为会宁县优秀教师；2000年论文《激发兴趣 教活语文》被编入《教育教学文论汇编》（国家级）并获一等奖；2001年会宁优秀课竞赛中获中学文科高中组三等奖；2002年荣获第八届中华圣陶杯中学生作文大赛指导优秀奖。
简　　介：1976年8月—1978年7月在翟所初中学习；1978年8月—1980年7月会宁二中学习；1980年8月—1982年7月天水师专学习；1982年8月—2001年7月会宁县太平中学工作；2001年8月—今于会宁四中工作。

1219 刘军

性　　别：男
出生年月：1958-05-25
民　　族：汉族

政治面貌：中共党员

职　　称：副高

学　　历：大学本科

所在单位：甘肃省会宁县第一中学

成　　就：荣获白银市1988年园丁奖"三"等奖。1996年度被评为优秀共产党员。1999年教学工作中成绩显著，被评为会宁县优秀教师。白银市中小学市级中学骨干教师。2011年被聘为全县优质课竞赛中学文科组评委。会宁县中学县级骨干教师。在2005年全市高中语文教育理论研修班优秀论文交流评选中荣获二等奖。在2007年全市中小学教师说课竞赛活动中，被聘请为中学语文评委。在2012年参加甘肃省普通高中新课程教师远程培训学习中被评为优秀学员。

简　　介：1978年8月至1980年6月在临洮师范学习；1980年7月至1992年5月在掌里中学、八里中学任教并自考，于1987年6月获兰大主考的高等教育自学考试汉语言文学大专毕业证书；1989年考取西北师大中文本科函授专业，1992年6月至1994年4月在合作师范任教并获西北师大中文本科毕业证书；1880年7月—1992年5月在掌里中学、八里中学任教；1992年6月—1994年7月在合作师范任教；1994年8月—今在会宁一中任教。

1220 谢继禄

性　　别：男

出生年月：1958-04-24

民　　族：汉族

政治面貌：中共党员

职　　称：副高

学　　历：大学本科

所在单位：会宁县职教中心

成　　就：在省、地级刊物公开发表论文多篇2000年被评为白银市优秀教育工作者，获白银市"园丁奖"称号；在2003年度工会工作中成绩显著，2004年被会宁县总工会评为工会积极分子；2006年被评为白银市优秀社团工作者。

简　　介：1978年6月至1979年12月在会宁县河畔乡朱河七年制学校任教；1980年1月至1985年7月在会宁县草滩乡殿坪七年制学校任教并于1982年9月任校长；1985年8月至1989年8月在会宁县河畔乡任岔八年制学校任教并于1987年9月任校长；1989年9月至1990年2月在会宁县河畔乡教育管理委员会任教育辅导员；1990年3月调会宁县教育局从事人事管理工作1998年7月任人事股股长，2004年2月至任会宁县教育工会主席（兼人事股长）2006年3月9日任会宁县教育局纪检员（副科级），2007年5月30日任会宁县高级职业中学董事会董事、副校长（正科级）；2011年3月7日任会宁县高级职业中学、职教中心党支部书记。

1221 王和

性　　别：男

出生年月：1975-02-04

民　　族：汉族

政治面貌：群众

职　　称：副高

学　　历：大学本科

所在单位：会宁县实验中学

成　　就：2004年获得"县园丁"奖；2005年4月论文发表于《甘肃高师学报》；2008年9月撰写的论文获得白银市日报社二等奖；2007—2009年获得"市级优秀班主任并授予"园丁奖"；2012年获得白银市级"优秀教师"称号；2012年获得省级辅导一等奖；2012年4月发表国家级论文一篇、省级论文一篇；2013年获得甘肃省级乡镇骨干教师荣誉；2013年主持的课题通过市级鉴定；

2013—2014年所带班获得白银市"优秀班集体"称号。

简　　介：2000年6月毕业于甘肃农业大学，2000年8月参见教育教学工作，中学高级教师，曾任八里乡初级中学政教主任、教研主任工作，一直从事初中数学教学工作。

1222　柴荣新

性　　别：男
出生年月：1957-06-10
民　　族：汉族
政治面貌：中共党员
职　　称：副高
学　　历：大学专科
所在单位：会宁县甘沟驿镇教育管理中心
成　　就：获中国教育学会复式教学专业委员会第七届学术研讨会论文评选一等奖，发表各级论文数篇。

简　　介：1978年8月—1981年7月在会宁县柴门中学任教；1981年8月—1983年7月在靖远师范上学；1983年8月—1989年7月在会宁县翟所张城中学任教；1989年8月—2005年7月在会宁县柴门中学任校长；2005年8月—2010年7月在会宁县甘沟镇教管中心任教育督导员工作，兼任县人民政府督学、第三督导责任区组长。

1223　张克武

性　　别：男
出生年月：1968-07-19
民　　族：汉族
政治面貌：群众
职　　称：副高
学　　历：大学本科
所在单位：甘肃省会宁县第一中学
成　　就：2007年全市中小学迎奥运韵律体操大赛中，获得高中组二等奖；2010年全市高中体育优质课竞赛活动中，获得二等奖；2010年在全市学校体育工作中成绩突出，被评为全市学校体育工作先进个人。

简　　介：1992年毕业于兰州高等师范专科学校，1994年于西北师范大学函授进修，获得本科学历。毕业后在会宁县头寨中学任教，1993年至现在一直从教于会宁县第一中学，从事体育教学工作，成绩突出，获得先进体育工作者等称号。

1224　赵培璠

性　　别：男
出生年月：1962-12-25
民　　族：汉族
政治面貌：中共党员
职　　称：副高
学　　历：大学专科
所在单位：会宁县新塬乡教育管理中心
成　　就：2003年获市级优秀班主任奖；2004年辅导学生获国家级数学竞赛三等奖；2010年8月在《甘肃教育督导》发表《进一步深化新课程改革全面提高中学历史教学质量》论文。

简　　介：1979年8月—1994年7月孟塬小学任教；1994年8月—1996年7月在靖远师范学校上学；1996年8月—2004年7月在新塬初中任教；2004年8月—现在在新塬乡教管中心工作，2013年03月被评为中学高级教师。

1225　朱学军

性　　别：男
出生年月：1968-02-27
民　　族：汉族
政治面貌：中共党员
职　　称：副高
学　　历：大学本科

所在单位：会宁五中

成　　就：2007 年、2010 年、2013 年荣获会宁县中学县级骨干教师、白银市骨干教师荣誉，2008 年荣获会宁五中骨干教师荣誉。2010 年荣获白银市优秀教师称号。2003 年全市高中语文教育理论研修班优秀论文交流一等奖。多篇论文在省级刊物公开发表。

简　　介：现任会宁五中副校长，中学语文高级教师。1986 年 9 月—1990 年 7 月西北师范大学汉语言文学院学习，获得学士学位；1990 年 8 月—2004 年 7 月会宁一中语文教师，连续班主任 14 年；2004 年 8 月—2012 年 9 月会宁五中语文教师兼校办公室主任、班主任、年级主任；2012 年 10 月至今会宁五中副校长兼语文教师、年级主任。

1226 康健吉

性　　别：男

出生年月：1966-12-21

民　　族：汉族

政治面貌：中共党员

职　　称：副高

学　　历：大学本科

所在单位：会宁县老君坡初级中学

成　　就：1991 年获市优秀德育工作者称号；2009 年获县园丁称号；2009 年获全县行政课堂一等奖；2010 年评为全县"教学能手"；2011 年被评为白银市骨干教师；2011 年获全县"法制宣传教育先进个人"称号；2012 年获白银市"优秀教师"称号。课题"新课程实施中学生活动方式转变的研究"获白银市第八届基础教育成果一等奖。《师德是为师之本》一文在中国教育教学研究会主办的 2009 中国教育系统优秀教案（论文）全国评选中荣获二等奖；《论"文道统一"与语文新课标》获优秀论文一等奖。

简　　介：1984 年考入临洮师范学校，1988 年 8 月毕业并参加工作，自修本科学历。

1227 赵宏斌

性　　别：男

出生年月：1955-09-19

民　　族：汉族

政治面貌：中共党员

职　　称：副高

学　　历：大学专科

所在单位：会宁县汉家岔乡教育管理中心

成　　就：2004 年获白银市"两基"工作先进个人荣誉称号。2006 年 11 月所承担的课题《中小学信息技术教育的有机穿插、渗透和课程整合的辩证研究》通过白银市教育局鉴定。2005 年在《甘肃教育》2005 年 7 月—8 期上发表省级论文《山区学校开展教研活动的思考》。

简　　介：中学高级教师。1975 年 03 月至 1981 年 8 月在会宁县甘沟乡六十铺学校任教；1981 年 9 月至 1983 年 7 月在靖远师范读书；1983 年 8 月至 1984 年 7 月在汉岔乡王马山中学任教；1984 年 8 月至 1993 年 7 月在甘沟六十铺小学任教；1993 年 8 月至 1995 年 7 月在甘肃教育学院脱产进修，并取得了大专学历；1995 年 8 月至 1999 年 7 月在甘沟中学任教；1999 年 8 月至 2013 年 3 月担任汉家岔乡教育管理中心主任；2013 年 4 月至今在汉岔乡教育管理中心工作。

1228 牟生海

性　　别：男

出生年月：1968-11-25

民　　族：汉族

政治面貌：群众

职　　称：副高

学　　历：大学本科

所在单位：甘肃省会宁职业中等专业学校

成　　就：1994年荣获会宁县优秀教师称号；2007年他在指导学生参加"第二十二届甘肃省青少年科技创新大赛"中获得科技竞赛三等奖，被授予"优秀辅导教师"称号；撰写省级论文6篇以上。

简　　介：1992年6月毕业于甘肃农业大学，1992年7月参加工作。一直在会宁县郭城农业中学工作，从教二十多年。

1229 范学斌

性　　别：男

出生年月：1962-11-19

民　　族：汉族

政治面貌：群众

职　　称：副高

学　　历：大学专科

所在单位：会宁县中川中学

成　　就：2002年8月获得白银市"园丁"奖。

简　　介：会宁县中川中学高级教师。

1230 郑凤贤

性　　别：男

出生年月：1961-10-02

民　　族：汉族

政治面貌：群众

职　　称：副高

学　　历：大学专科

所在单位：会宁县第五中学

成　　就：从教32年，发表论文4篇，完成《会宁民风民俗》编写，完成《会宁民间故事》整理，两书交付出版社等待出版。

1231 唐维义

性　　别：男

出生年月：1962-09-28

民　　族：汉族

政治面貌：中共党员

职　　称：副高

学　　历：大学专科

所在单位：会宁县招生委员会办公室

成　　就：1992年被评为白银市优秀教师并获得白银市"园丁奖"；1998年至2003年先后获得会宁县优秀共产党员荣誉称号；2011年被评为2006—2010年全省教育系统法制宣传教育先进个人、白银市普通高中会考工作先进个人。

简　　介：1982年3月至1989年8月在翟所乡张岔小学任教；1989年9月至1992年8月在八里湾乡初级中学任教；1992年9月至1994年8月在翟所乡中心小学任教；1994年9月至2002年8月在翟所乡教委工作；2002年9月至2012年5月在会宁县教育局教育股工作；2012年6月至今在教育局招生办工作。

1232 黄江

性　　别：男

出生年月：1960-06-06

民　　族：汉族

政治面貌：群众

职　　称：副高

学　　历：大学专科

所在单位：郭城驿镇教管中心

成　　就：在教育战线工作三十余年，工作业绩突出，两次获白银市园丁奖。发表省级以上论文两篇，被评为县市级骨干教师。

简　　介：中学高级教师。1981年8月参加工作，先后在初中、高中、教管中心工作。

1233 张廷福

性　　别：男

出生年月：1964-01-21

民　　族：汉族

政治面貌：中共党员

职　　称：副高
学　　历：大学本科
所在单位：会宁县郭城驿初中
成　　就：1986年获市园丁奖；1991年被评为县优秀德育工作者；2010年获县园丁奖。

1234 冯廷珍

性　　别：男
出生年月：1955-07-23
民　　族：汉族
政治面貌：群众
职　　称：副高
学　　历：大学专科
所在单位：甘肃会宁县教育局
成　　就：甘肃省教育厅勤工俭学先进个人；甘肃省白银市勤工俭学先进个人。
简　　介：1975年—1980年会宁县太平乡任教；1980年—1985年会宁县太平中学、杨集中学任教；1985年—1987年定西教育学院学习；1987年至今会宁县教育局工作。

1235 茹守江

性　　别：男
出生年月：1968-02-08
民　　族：汉族
政治面貌：中共党员
职　　称：副高
学　　历：大学本科
所在单位：甘肃省会宁县第四中学
成　　就：1995年后获白银市园丁奖；2006年获会宁县园丁奖；2007年被评为甘肃省第四届青年教学能手；2011年评为白银市骨干教师；2003年、2005年、2007年分别获会宁县、白银市、甘肃省高中语文优质课竞赛一等奖。自参加工作以来发表教育教学论文40余篇。
简　　介：1985年6月毕业于会宁县党岘中学；1985年7月—1989年6月甘肃省靖远师范读书；1990年8月—1993年6月在职函授于西北师范大学汉语言文学教育专业；1995年8月—1997年6月离职在甘肃省教育学院进修汉语言文学教育专业；1989年7月—1993年6月在会宁县翟所中学任教；1997年8月—1998年8月在会宁一中任教；1998年8月—现在于会宁四中任教。

1236 杨百平

性　　别：男
出生年月：1968-03-08
民　　族：汉族
政治面貌：群众
职　　称：副高
学　　历：大学本科
所在单位：会宁县第二中学
成　　就：1996年、1997年两次获得全国青少年征文辅导教师奖。1999年被评为会宁二中先进教育工作者。2000年论文《素质教育与语文课堂教学模式》获白银市论文奖。2002年获会宁县园丁奖。所带班级在2001—2003年，连续被评为会宁二中优秀班集体，自己被评为优秀班主任。2003年获会宁县高中文科组中小学优质课奖。2004年获得"语文报杯"全国中学生作文辅导教师奖。2006年获得全国中学生作文优秀辅导教师奖。2011年获得全国中学生作文优秀辅导教师奖。论文《教育的本质力量是精神》刊载于《中华少年》2013年总第8期，被评为全国教研成果一等奖。论文《中学语文教学中的情感教育》刊载于《中华少年》2013年总第11期，被评为全国教研成果一等奖。从1990年至今，发表诗歌、散文、论文等作品上百首（篇）。2003年合著《梦悟与幻象——美的思维》，获得白银市文艺理论一等奖，"五个一"工程奖，获得甘肃省黄河文学奖。

2006年由华夏文艺出版社出版专著《美的天空》。2012年作家出版社、人民文学出版社出版报告文学集《会宁之光》、《阳光下的守望》、《黄土地的风采》（合著），获得白银市基础成果奖。

简　　介：中学高级教师，甘肃省作家协会会员、甘肃会宁作家协会副秘书长。1986年—1990年在甘沟中学任教；1990年9月—1992年7月于甘肃教育学院读书；1992年8月至今于会宁二中任教。

1237 吴泰祥

性　　别：男

出生年月：1962-03-08

民　　族：汉族

政治面貌：中共党员

职　　称：副高

学　　历：大学本科

所在单位：甘肃省会宁县会师初级中学

成　　就：1992年被白银市委、市政府评为"优秀教师"并授予"园丁奖"；1999年被白银市教委评为"青年教学能手"；2000年被白银市教育局评为"骨干教师"；2001年被白银市教育局确定为"白银市学科带头人"；2002年被省教育厅确定为"甘肃省骨干教师"；2003年被甘肃省政府评为"甘肃省特级教师"；2005年被白银市委、市政府授予"白银市精神文明建设先进个人"；2007年再次被白银市委、市政府评为"优秀教师"并授予"园丁奖"。2011年获甘肃省庆祝"六一"国际儿童节主题活动文艺节目优秀指导教师奖。2012年获全国特色教育优秀教师。主持研究课题3项。专著《心灵感悟心灵》已作为全省心理健康教育教材出版发行；撰写论文10余篇发表在国家、省级教育刊物上；多次在全市中小学校长培训班上做专题报告。

简　　介：中学高级教师，会宁县政协委员，白银市党代表。担任白银市小学教育教学研究会第一届理事会副秘书长、白银市中小学思想政治教育研究会第二届理事、白银市政府兼职督学等职务。自1992年担任校长以来，曾任会宁县翟所中学校长、会宁县东关小学校长等职务，现任会宁县会师中学校长。任职期间先后参加过全国千名骨干校长研修班、全国西部百名骨干校长研修班。

1238 王珺

性　　别：男

出生年月：1956-06-05

民　　族：汉族

政治面貌：群众

职　　称：副高

学　　历：大学专科

所在单位：会宁县草滩初级中学

成　　就：2004年荣获白银市"园丁奖"。

简　　介：1976年被聘为县民办教师，1982年转正，自参加工作以来一直工作于草滩初级中学，在1999年至2011年任草滩初级中学副校长兼后勤主任工作，2011年开始负责营养餐及后勤保管工作。

1239 张效谦

性　　别：男

出生年月：1968-08-14

民　　族：汉族

政治面貌：群众

职　　称：副高

学　　历：大学本科

所在单位：甘肃省会宁县第二中学

成　　就：1997年被评为会宁县优秀教师；2001年被评为会宁县中学县级骨干教师；2004年被评为白银市教育系统师德先进个人；2005年全县中小学优质课竞赛中获高中

语文组一等奖；2005年全市高中语文优质课竞赛中获一等奖；在第八届"语文报杯"全国中学生作文大赛中辅导的学生石峰获国家级一等奖、连小娟获省级二等奖、杨琰获省级三等奖；其个人获优秀指导奖；2007年被评为甘肃省第四届中小学"青年教学能手"；2009年被评为白银市中小学市级骨干教师；2011年10月主持的省"十一五"规划课题《适应新课改的中学班主任工作策略的研究》通过省级鉴定。在省级刊物发表专业论文五篇。

简　　介：1994年8月—1997年7月在西北师范大学函授学习；1988年8月—1991年7月在天水师范专科学校读书；1985年8月—1988年7月在定西东方红中学读书；1982年8月—1985年7月在定西县峡口中学读书；1976年8月—1982年7月在会宁县梁庄小学读书。

1240　张廷寿

性　　别：男
出生年月：1957-11-14
民　　族：汉族
政治面貌：中共党员
职　　称：副高
学　　历：大学专科
所在单位：会宁县白草塬初级中学
成　　就：2002年被评为县"优秀教师"，并授予"园丁奖"。2003年被中国语文报刊协会和中国语文报刊协会课堂教学分会评为"全国优秀语文教师"。2007年评为"全国优秀语文教师"。2008年执教的《岳阳楼记》（光盘）被中国语文报刊协会课堂教学分会评为一等奖，其本人获"教学能手"称号。2010年被中国语文报刊协会课堂教学分会评为"全国优秀语文教师"。2010年荣获初中组"全国优秀语文教师"称号。2011年参加"第二届全国百佳语文教师评选"活动复试中，"说课与板书"项成绩考核获B级证书；2012年荣获"全国百佳语文教师"称号。

简　　介：中学高级教师，现在白草塬初中任教。1977年3月当民办教师，1979年转正。主要教初中语文、历史、政治等课程。其中1984年9月至1986年7月考入甘肃省定西教育学院进修两年，取得大专文凭。之后一直在白草塬初中任教。曾两次担任学校文科教研组组长，后被中国语文报刊协会课堂教学分会吸收为会员、研究员。是会宁县教育研究协会会员，教育部语言文字报国家级教研员。现担任白草塬乡《百草园》杂志责任编辑。

1241　杨学芳

性　　别：女
出生年月：1969-09-07
民　　族：汉族
政治面貌：群众
职　　称：副高
学　　历：大学本科
所在单位：会宁县职业技术教育中心学校
成　　就：在2013年全省"技工和职业培训教学研究成果"评估中获教案类一等奖，在2013年全国"技工和职业培训教学研究成果"评估中获教案类三等奖

1242　徐守宾

性　　别：男
出生年月：1973-07-16
民　　族：汉族
政治面貌：中共党员
职　　称：副高
学　　历：大学本科
所在单位：会宁县桃林中学
成　　就：2003—2006年及2014年4年被

评为刘寨乡"优秀教育工作者";2004年被评为会宁县骨干教师;2007年被评为市优秀教育工作者,并授予白银市"园丁奖"称号;2009年被评为会宁县乡镇优秀校长,并授予"会宁县园丁奖";2009年在全县中学"有效课堂教学"优质课竞赛中,荣获行政课堂组二等奖,2009年被评为会宁县教育项目实施先进个人。2012年被省委、省政府授予"两基"先进个人称号。在省级刊物发表教育教学论文七篇,主持省级课题一项。

简　　介:1989年9月至1992年6月在靖远师范学习;1993年3月至1997年6月在甘肃省教育学院与自考办举办的汉语言专科班学习,取得汉语言专科文凭;2003年3月至2007年6月在西北师范大学与自考办举办的教育管理本科班学习;2013年9月至2014年2月参加"国培计划甘肃省农村中学校校长远程培训。1992年7月在会宁县草滩中学任教,1999年8月任会宁县刘寨中学教导主任,2001年6月任会宁县刘寨中学副校长,2003年1月任会宁县刘寨中学校长,2012年10月任会宁县桃林中学校长。中学高级教师。

1243　冯玉霞

性　　别:女
出生年月:1975-11-01
民　　族:汉族
政治面貌:中共党员
职　　称:副高
学　　历:大学本科
所在单位:甘肃省白银市会宁县东关小学
成　　就:2003年被评为白银市第五届中小学青年教学能手。2004年被评为白银市骨干教师。2009年被评为白银市中小学市级学科带头人。2010年被评为甘肃省第五届中小学、幼儿园青年教学能手。2011年被评为甘肃省中小学省级骨干教师。2011年被评为白银市名班主任,被授予市"园丁奖"。2001年获会宁县小学语文优质课竞赛一等奖。2003年获小学品德与社会新课改优质课竞赛一等奖。2004年获白银市品德与社会优质课竞赛二等奖。获全省德育与心理健康教育优质课评选中获三等奖。2011年获第五届全国中青年教师优质课大赛二等奖。在省级刊物公开发表多篇论文。主持的课题《小学语文教学中"组织学生有效参与学习"的策略研究》2012年6月通过省级鉴定。参与研究的课题两项通过省级鉴定,两项通过市级鉴定。

简　　介:1996年毕业于靖远师范学校,同年参加工作。2012年取得兰大汉语言文学本科学历。2004年破格晋升为小学高级教师,2013年破格晋升为中学高级教师。

1244　康怀信

性　　别:男
出生年月:1963-08-17
民　　族:汉族
政治面貌:群众
职　　称:副高
学　　历:大学本科
所在单位:甘肃省会宁县第四中学
成　　就:论文《在代沟上架起爱的桥梁》在2010年甘肃省教育教学优秀论文评比中获二等奖。研究成果《家庭教育呼唤尊重》在2010年甘肃省课题研究优秀成果中获二等奖。

简　　介:1979年5月初中毕业;1979年8月—1981年8月在党岘中学高中部读书;1981年8月—1987年8月在会宁县砖井小学任教;1987年8月—1989年6月在甘肃省靖远师范学校读书;1989年8月—1998年8月在党岘中学任教;1998年8月—现在在甘肃省会宁县第四中学任教。

1245 王耀荣

性　　别：男
出生年月：1963-11-14
民　　族：汉族
政治面貌：群众
职　　称：副高
学　　历：大学本科
所在单位：甘肃省会宁县第一中学

成　　就：自1988年工作以来，一直担任高中历史教学。曾连续10年担任高三级历史教学和毕业班班主任，所教学生郭洋获2000年全省文科第1名，苟欣获2002年全省文科第7名，王磊获2004年白银市文科第1名。王旭升获2013年会宁文科第一名，何明亮获2014年会宁文科第一名。每年获得学校高考特别奖励以及教学成果奖。在省级刊物发表论文两篇。曾获得会宁县优秀教师，会宁县青年教学能手、教学骨干；白银市骨干教师，白银市高中历史优质课竞赛第一名。2003年受聘，继续教育培训白银市初中历史教师，2013年参加白银市组织的对靖远一二中的视察调研，2013年受聘主讲白银市"新课程高考培训"一轮复习示范课。

简　　介：1988年—1989年在甘沟中学任教；1989年—1996年在会宁三中任教；1996年至今在会宁一中任教。

1246 殷永强

性　　别：男
出生年月：1971-09-18
民　　族：汉族
政治面貌：中共党员
职　　称：副高
学　　历：大学本科
所在单位：会宁县第五中学

成　　就：曾被评为白银市优秀团干部、会宁县优秀教师、会宁县教育系统优秀党员、白银市教育系统师德先进个人、白银市优秀教师。负责或参与规划课题研究《沟通课堂内外、关注学生个体差异——语文课外作业设计探讨》《新课程标准下作业设计的探讨》《普通高中开展感恩教育，构建和谐校园的实践与研究》等通过省级鉴定；负责或参与规划课题研究《影响教师参与教研教改的因素、对策》《浅析中学生产生厌学情绪之因》通过市级鉴定；曾获甘肃省第七届基础教育科研优秀成果奖三等奖；白银市第七届基础教育科研优秀成果奖二等奖。《当前语文作业的误区》《实施五个一工程，灵活设计假期作业》等10多篇论文分别在《甘肃教育》《甘肃教育督导》《甘肃职业与成人教育》《西部教育参考》等省级教育刊物上发表。近年来发挥教育工作者的优势，积极组织参与社会文化公益事业活动，积极倡导阳光体育锻炼，热情组织参与全民健身运动。

简　　介：1990年7月毕业于甘肃靖远师范学校，1990年8月参加工作，分别于1996年6月、2003年6月通过自学考试取得汉语言文学专业专科和本科学历。先后在会宁县老君乡谢岔中学、老君初级中学、老君乡教委、会宁县第五中学等单位从事教育教学工作，现担任会宁县第五中学语文高级教师。

1247 马斌

性　　别：男
出生年月：1969-11-07
民　　族：回族
政治面貌：中共党员
职　　称：副高
学　　历：大学本科
所在单位：会宁县新添回民中学

成　　就：2008年被评为甘肃省优秀教师，获甘肃省"园丁奖"。2011年被确定为白银市骨干教师。主持一项省级课题、参与两项省级课题均通过省级鉴定。2014 年被评为甘肃省农村乡镇骨干教师。2007 年、2008 年、2009 年在省级刊物《教育革新》发表教学论文各一篇。

1248 刘琦

性　　别：男

出生年月：1962-10-12

民　　族：汉族

政治面貌：民主党派

职　　称：副高

学　　历：大学本科

所在单位：会宁县实验中学

成　　就：1995 年荣获会宁县百名教学新秀第一名。1997 年荣获白银市青年教师政治优质课竞赛第一名、一等奖；1995 年荣获会宁县优秀园丁奖；1999 年荣获白银市优秀园丁奖；2001 年荣获甘肃省骨干教师。

简　　介：西北师大政治系政治教育专业本科学历，1988 年 8 月加入中国民主同盟。1982 年 7 月参加工作。现任会宁实验中学校长，中学高级教师，白银市中学高级教师评审委员会评委。任甘肃省政协第十届委员会委员、会宁县人大常委、白银市人大代表、民盟白银市委副主委、民盟会宁支部主委。1997 年至 2002 年政协会宁县第五届常委；1982 年 8 月至 1998 年 7 月在会宁一中任教，高中政治教师；1998 年 8 月至 2000 年 7 在会宁四中任教，任教导处主任；1999 年任中国民主同盟会宁县支部第五届副主任委员；2000 年 8 月至 2007 年 4 在会宁四中任教，任副校长；2001 年至 2006 年任政协白银市第六届委员会委员；2001 年 5 月会宁县检察员；2001 年 6 月中国民主同盟会宁县支部第六届主任委员；2002 年 5 月会宁县纪委行风评议员；2002 年 5 月中国民主同盟白银市第三届委员会副主任委员；2003 至 2006 会宁县第十三、十四届人大常委会委员；2007 至今白银市第七届人大代表；2007 年 5 月至今，任会宁实验中学校长。

1249 张河

性　　别：男

出生年月：1956-02-21

民　　族：汉族

政治面貌：群众

职　　称：副高

学　　历：大学专科

所在单位：会宁县甘沟驿镇初级中学

成　　就：曾被评为会宁县优秀教师，会宁县中学县级骨干教师，白银市优秀教育工作者，白银市"两基"工作先进个人。《甘肃日报》发表论文一篇《理想的课堂教学思考》；《陕西教育》发表论文一篇《管理出质量，管理出效益》。

简　　介：1978 年至 1979 年在临洮师范读书；1993 年至 1996 年在甘肃教育学院学习；1979 年至 1983 年在通渭县八井川学校任教；1983 年至 2008 年在三方吴初级中学任教；2008 年至今在甘沟驿镇初级中学任教。

1250 武万荣

性　　别：男

出生年月：1956-01-03

民　　族：汉族

政治面貌：中共党员

职　　称：副高

学　　历：大学专科

所在单位：郭城驿镇中心小学

成　　就：在教育战线工作 40 年，工作业绩突出。1989 年、2000 年获白银市园丁奖，2003 年获会宁县优秀党员奖，2010 年获会宁县园丁奖，在省级刊物发表论文两篇。教学成绩优异，被评为县市骨干教师。

简　　介：中学高级教师。1974年2月参加工作，先后在初中、高中、教管中心工作。

1251 任连礼

性　　别：男
出生年月：1962-08-15
民　　族：汉族
政治面貌：中共党员
职　　称：副高
学　　历：大学专科
所在单位：会宁如东友好小学
成　　就：1984年被评为会宁县"优秀教师"，受到县委、县政府的表彰奖励；1996年被评为白银市"优秀教育工作者"，受到市委、市政府的表彰奖励；1997年被评为白银市"优秀共产党员"，受到白银市委的表彰奖励；2004年被评为白银市"两基"达标工作先进个人，受到白银市政府的表彰奖励；2008年被甘肃省教育厅、甘肃省财政厅、甘肃省发改委授予"甘肃省'两基'工作先进个人"称号；2012年被评为甘肃省基本普及九年义务教育基本扫除青壮年文盲工作先进个人，受到甘肃省委、省政府的表彰奖励。在省级刊物发表论文多篇。
简　　介：1979年8月—1981年7月在甘肃省靖远师范上学；1981年8月—1988年7月在会宁县四房吴乡中心小学任教；1988年8月—1992年1月在四房吴乡三房吴八年制学校担任校长职务；1992年2月—2001年9月在会宁县平头川乡担任教委专职副主任职务；2001年10月—2012年9月在会宁县柴家门乡担任教育管理中心主任职务；2012年10月—现在，在会宁如东友好小学担任党支部书记。

1252 李兴旺

性　　别：男
出生年月：1965-11-09
民　　族：汉族
政治面貌：群众
职　　称：副高
学　　历：大学本科
所在单位：会宁县党岘初级中学
成　　就：至2014年10月在国家级和省市级报刊发表论文及各类文章120余篇。主持完成省级教育科研课题《中学生吸烟问题和"无烟校园"建设研究》，市级教育科研课题《语文阅读教学的现状与改进措施研究》《"让民俗走进作文"教学实践研究》。研究成果《中学历史学法指导》《哲学理论、文化资源与语文教学》《目前教育环境问题研究》分别获得白银市基础教育优秀科研成果二等奖、一等奖、二等奖。
简　　介：1984年参加工作，在会宁县党岘初级中学从事语文教学至今。白银市骨干教师，甘肃省乡镇骨干教师。

1253 刘平

性　　别：女
出生年月：1960-07-09
民　　族：汉族
政治面貌：群众
职　　称：副高
学　　历：大学专科
所在单位：甘肃省会宁县会师中学
成　　就：2011年获白银市师德师风先进个人、市园丁称号。2011年7月在《甘肃教育督导》上发表论文1篇。2011年8月在《甘肃职业与成人教育》上发表论文1篇。
简　　介：1978年8月参加工作，1978年8月—1983年1月在会宁县大沟中学任教；1983年2月—1986年7月在会宁县韩集中学任教；1986年8月至今在会宁县会师中学任教；1996年6月获甘肃教育学院科学历；

2011年12月获中学高级教师职务任职资格。

1254 杨丽

性　　别：女
出生年月：1971-04-27
民　　族：汉族
政治面貌：中共党员
职　　称：副高
学　　历：大学本科
所在单位：甘肃省白银市会宁县东关小学
成　　就：曾获省、市、县骨干教师、青年教学能手，市、县级学科带头人，市园丁获得者等荣誉；所带班曾获市级先进班集体；辅导的学生杨魁、罗婷婷、李林汶2006年代表甘肃省赴北京参加中央电视台少儿频道主办的"同游百科园"读书竞赛活动，知识游戏及知识问题分别获国家级一、二等奖，其本人为此获"国家级辅导教师奖"；辅导的张文苑等30多名学生的作品分别获省、市级奖或发表；辅导的撒元花等教师，其课堂教学多次获省、市、县一、二等奖，本人为此还荣获"省优质课竞赛优秀辅导教师奖"；曾被聘为国培计划（2011）甘肃省农村中小学骨干教师远程培训项目班级"助学辅导教师"，因为工作突出，并被评为"国培计划（2011）'优秀辅导教师'"；主持课题《小学语文教学案例的开发与应用研究》等5项课题分别通过省级鉴定；参与课题《小学语文教学整体改革》等5项课题分别获省、市级基础教育科研一等奖或通过省级鉴定；论文《朗读教学要关注细节》等30余篇论文分别发表于《小学语文教师》等国家级、省级刊物；有近10节优质课分别获省、市、县一、二等奖；多次被聘为"全县小学语文优质课评委"。
简　　介：1991年7月毕业于靖远师范，1991年8月参加工作，2005年电大汉语言文学本科毕业，现任会宁县东关小学教研室主任，中共党员，中学高级教师。

1255 田绿洲

性　　别：男
出生年月：1957-09-19
民　　族：汉族
政治面貌：群众
职　　称：副高
学　　历：大学本科
所在单位：会宁县第五中学
成　　就：2011出版民俗专著《会宁民俗趣谈》，教研课题《学生多元化学习方式的应用研究》被列为甘肃省十一五教育科研规划课题并通过市级鉴定，教研课题《利用乡土文化资源搞好中学语文教学》被列为甘肃省"十一五"重点规划立项课题。2010年获得会宁县教学辅导讲座及示范教学优胜奖，2010年获会宁县园丁奖，2008年获得白银市教师教育教学论文大赛一等奖。2012年民俗专著《会宁民俗研究》获得白银市校本教材一等奖。从2012年至今，在会宁电视台《名师讲堂》栏目长期主讲民俗文化及国学文化，并被会宁电视台评为优秀主讲专家。系甘肃省民间文艺家协会会员、会宁县民间艺术家协会副主席、会宁县作家协会副秘书长。

1256 杨泽华

性　　别：男
出生年月：1974-09-28
民　　族：汉族
政治面貌：中共党员
职　　称：副高
学　　历：大学本科
所在单位：甘肃省会宁县第一中学
成　　就：2008年被中共会宁县委评为"全县优秀共产党员"，2009年被会宁县县委、县政府评为优秀教师，获"县园丁"奖。2011年被白银市委、市政府评为师德师风先进个人，获"市园丁"奖。2012年所带班级获白银市先进班集体称号。2009年在全县高中语文优质课竞赛中获一等奖。2009年在全市高中语文优质课竞赛中获二等奖。2011年获全县优质课竞赛高中行政课堂组一等奖。在省级刊物发表论文多篇。

简　　介：1997年8月—1999年7月在会宁县王庙中学担任语文教学；1999年8月—2002年7月在会宁县枝阳中学担任语文教学；2002年8月至今在会宁一中担任高中语文教学。

1257 刘鹏飞

性　　别：男
出生年月：1962-10-16
民　　族：汉族
政治面貌：中共党员
职　　称：副高
学　　历：大学本科
所在单位：会宁县教育局

成　　就：1996年获白银市委、市政府园丁奖，1997年、2002年获甘肃省招生委员会招生先进个人荣誉，2010年获甘肃省委省政府园丁奖，在《甘肃日报》上发表《汉字的本义及其发展演化》，在《甘肃教育督导》上发表《教师是创造未来的雕塑家》等数十篇论文。

简　　介：1981年7月参加工作。1981年8月至1984年8月在会宁县第一中学任教；1984年9月至今在会宁县教育局工作，曾任会宁县招生办公室主任，现任会宁县教育局副局长。

1258 安锡奎

性　　别：男
出生年月：1956-02-20
民　　族：汉族
政治面貌：群众
职　　称：副高
学　　历：大学专科
所在单位：会宁县大沟中学

成　　就：1992年论文《初中一年级作文训练方法谈》发表在《最优教学方式研究》杂志；2007年《也谈话题作文之弊端》发表在《教育革新》杂志；2007年《宋江为何称公明》发表在《中国古代小说戏剧研究从刊》杂志；2006年获"白银市基础教育科研优秀成果奖"；2006年主持完成甘肃省教育科研"十五"规划课题《新课改中互动教学与创新能力培养》通过鉴定。

简　　介：中学高级教师。1974年3月开始任教，长期从事中学语文教学工作，现为白银市中学语文教学研究会会员。

1259 赵洪涛

性　　别：男
出生年月：1968-10-25
民　　族：汉族
政治面貌：中共党员
职　　称：副高
学　　历：硕士研究生
所在单位：甘肃省会宁县第二中学

成　　就：曾被甘肃省委、省政府授予优秀教师（"园丁奖"）；被白银市委、市政府评为优秀班主任，获"园丁奖"；被白银市教育局授予优秀班主任。曾被评为第七届全国十佳高中班主任；获全国中学语文"教改新星"，教育部全国百佳语文教师荣誉；获全国中青年教师课堂教学大赛二等奖。论文荣获全国特等奖、甘肃省一等奖；获甘肃省骨干教师、甘肃省青年教学能手等荣誉；获甘肃省优质课竞赛一等奖、甘肃省基础教育科研优秀成果一等奖；白银市人社局白银市科技创新人才；出版著作《经典文学名著赏析》等6部；发表教育教学论文50余篇。

简　　介：1989年7月参加工作，1992年6月获高等教育自学考试兰州大学汉语言文学专科学历，1997年7月甘肃教育学院中文系脱产进修毕业，获本科学历，2006年3月—2009年1月在西北师大在职攻读教育硕士学位。1994年5月加入中国共产党，2005年8月破格晋升为中学语文高级教师。2006年4月担任会宁二中政教处主任，2008年5月任副校长，2012年10月任常务副校长，协助校长工作，2013年7月任会宁二中校长。

1260 张葆坤

性　　别：男

出生年月：1962-09-07

民　　族：汉族

政治面貌：群众

职　　称：副高

学　　历：大学本科

所在单位：会宁县人民政府教育督导室

成　　就：参加工作32年，主要从事教育教学、教学研究和教育督导工作。期间《拓展教育领域　提高语文素养》《高中语文一则注释商榷》《课堂建构与培养学生语文能力研究》《求真务实，开拓创新，建构教育督导工作新模式》《强化督导创新　推动教育工作科学发展》等数10篇研究论文在中国人民大学《素质教育》、河南《教育时报》、甘肃《未来导报》《教育革新》《教育督导》等省级以上报刊发表。其中《课堂建构与培养学生语文能力研究》（系列论文）获白银市社会科学优秀成果三等奖，受到白银市委、白银市政府嘉奖。个人还曾获2006年会宁县教育督导工作先进个人、2010年白银市教育督导工作先进个人，分别受到了会宁县教育局、白银市人民政府的表彰奖励。

简　　介：1980年8月—1982年7月在陇西师范学校普师专业学习；1982年7月—1985年7月在柴门学区任教；1985年8月—1987年6月在定西教育学院中文科学习，获大专学历；1987年7月—现在，先后在会宁县教研室、会宁县教育局项目办公室、会宁县人民政府教育督导室工作（期间，1994年6月至1998年12月参加兰州大学汉语言文学专业自学考试，获本科学历证书）。

1261 姚永强

性　　别：男

出生年月：1972-10-23

民　　族：汉族

政治面貌：群众

职　　称：副高

学　　历：大学本科

所在单位：会宁县第四中学

成　　就：2007年获白银市中学语文优质课竞赛一等奖，2010年被甘肃省教育厅授予甘肃省第五届"青年教学能手"称号。主持、参与的多项课题研究通过省级鉴定，其中课题"喜读乐写创新教学研究"于2008年获"甘肃省第七届基础教育科研优秀成果"二等奖，2010年系列论文"夯实基础，以读促写，全面提高学生读写水平"获白银市第八届基础教育优秀科研成果一等奖，2011年作为主要研究者参与的教育科研课题"构建农村学校和谐高效课堂的实践研究"通过省级鉴定。在《甘肃教育》《陕西教育》《语文教学与研究》《吉林教育》等刊物发表教育教学论文多篇。

简　　介：1990年参加工作，中学高级教师，现从事高中语文教学。

1262 王得名

性　　别：男
出生年月：1958-10-28
民　　族：汉族
政治面貌：群众
职　　称：副高
学　　历：大学专科
所在单位：会宁县太平店镇教育管理中心
成　　就：1984年荣获"会宁县优秀教师"称号；1990年荣获"会宁县中小学优秀校长"称号；1990年荣获"白银市优秀德育工作者"称号；1992年荣获"白银市优秀电教室管理干部"称号；1997年荣获"白银市扫盲工作先进个人"荣誉；1997，2001，2004年三次获"翟所乡优秀教师"荣誉；2004年获白银市"规范教育市场，服务素质教育工作先进个人"称号；2004年获"会宁县电教培训优秀论文"奖；2005年《新课程改革中得初中语文课堂教学初探》一文在《甘肃教育督导》杂志发表。工作二十多年来，由于工作成绩突出，均得到了社会各界及同事和学生及家长的好评。
简　　介：1976年1月—1978年2月在队务农；1978年3月—1979年8月就读于靖远师范；1979年9月—1986年8月先后在太平中学、翟所中学任教；1980年9月—1985年7月定西教育学院中文科函授学习取得大专学历；1986年9月—1989年8月翟所中学任教导主任；1989年9月—1991年8月翟所小学任校长；1991年9月—2007年9月就职于翟所乡教委工作；2007年10月至今在太平店镇教育管理中心任督导员。

1263 王兴林

性　　别：男
出生年月：1955-10-10
民　　族：汉族
政治面貌：群众
职　　称：副高
学　　历：大学专科
所在单位：会宁三中
成　　就：教育教学
简　　介：1974年高中毕业，1975年河畔医院参加工作，1980年8月开始任教，1983年靖远师范毕业，在会宁三中任教至今。

1264 李世杰

性　　别：男
出生年月：1960-09-14
民　　族：汉族
政治面貌：中共党员
职　　称：副高
学　　历：大学本科
所在单位：会宁县教育局
成　　就：在教育教学管理、教育教学研究等方面取得了一些成绩。
简　　介：1981年7月至1982年7月在会宁县第三中学任教；1982年8月至1984年7月在西北师范大学进修；1984年7月至2010年7月在会宁县第三中学任教；2010年7月至今在会宁县教育局工作；现任会宁县教育局副局长。

1265 王柏林

性　　别：男
出生年月：1968-09-18
民　　族：汉族
政治面貌：中共党员
职　　称：副高
学　　历：大学本科
所在单位：甘肃省会宁县第一中学
成　　就：先后被评为甘肃省教学能手、白银市教学能手、获得甘肃省优质课竞赛一等奖、白银市优质课竞赛第一名等荣誉。

1266 杨禄清

性　　别：男
出生年月：1965-01-20
民　　族：汉族
政治面貌：中共党员
职　　称：副高
学　　历：大学专科
所在单位：会宁县实验中学
成　　就：2007年获白银市政史地知识竞赛辅导奖。2008年在《甘肃教育》发表《如何让思想政治课课堂提问更有效》论文，主持的甘肃省教育科研课题"借鉴如东经验，发展会宁教育"通过鉴定。2011年获白银市园丁奖，在《中国教学参考》发表《组织开展集体备课，整体提升教学水平》论文。主持的"十一五"课题通过省级鉴定。2013年在《中国教学参考》发表《浅谈后进生转化》论文。
简　　介：1982年8月—1985年7月在靖远师范读书；1985年8月—2007年4月在会宁县枝阳中学任教；（期间担任团委书记）；2007年5月—现在在会宁县实验中学任教（期间任副校长）。

1267 宋兴霞

性　　别：女
出生年月：1965-06-03
民　　族：汉族
政治面貌：中共党员
职　　称：副高
学　　历：大学本科
所在单位：会宁县职教中心
成　　就：2008年获得会宁县"园丁奖"，课题《校本培训微格方法研究》论文《法律知识与德育教育》
简　　介：1986年7月—1989年8月在会宁二中任教；1989年9月—至今在会宁县职教中心任教。

1268 王喜龙

性　　别：男
出生年月：1963-08-25
民　　族：汉族
政治面貌：民主党派
职　　称：副高
学　　历：大学本科
所在单位：会宁县第四中学
成　　就：1995年获白银市园丁奖。
简　　介：民盟盟员，中学高级教师。1984—1986曾就读于靖远师范学校；1989—1991就读兰州教育学院；1981年参加工作，1981—1984任职杨集乡邢坪小学；1986—1998任职于会宁县太平中学；会宁县第四中学（1998至今）任教。

1269 徐海峰

性　　别：男
出生年月：1972-08-21
民　　族：汉族
政治面貌：群众
职　　称：副高
学　　历：大学本科
所在单位：会宁县东关小学
成　　就：从事小学体育教学与训练，《教研在于促使教师真正进步》等30余篇论文、随笔在《中国教育报》《中国教师报》《中国民族教育》等刊物上发表，主持、参与的课题《新时期农村教育的现状调查与分析》《体育大课程体系的构建、实施策略与效果》等近10项科研课题通过省、市结题鉴定或获奖；曾获省、市、县小学体育优质课竞赛等次奖；1995年获得"甘肃省体育传统项目学校优秀教练员"称号；2000年被共青团白银市委评为优秀共青团员；2002年被团市委、市教育局评为白银市少先队优秀辅导员；2002年被评为"白银市骨干教师"；2003 年被评为白银市"青年教学能手"；2003 年 11 月被评为省级"骨干教师"；2004 年被评为"全国小甲 A 足球活动优秀辅导员"；2004 年被评为甘肃省少先队优秀辅导员；2008 年评为教育系统"师德先进个人"；2009 年被《白银日报》推介为阳光教师；2010 年被评为"甘肃省贯彻落实中央 7 号文件和《学校体育工作条例》"先进个人。

简　　介：1990 年毕业于靖远师范学校，同年 8 月参加工作，2008 年通过函授取得东北师范大学教育管理专业本科学历证书，2012 年 8 月破格晋升为中学高级教师，现任东关小学总务主任。

1270 马映刚

性　　别：男
出生年月：1964-09-05
民　　族：汉族
政治面貌：中共党员
职　　称：副高
学　　历：大学专科
所在单位：郭城驿镇教育管理中心
成　　就：1999 年获会宁县园丁奖。2004 年 9 月获会宁县园丁奖。在省、市级刊物发表论文三篇。
简　　介：中学高级教师。1984 年 8 月参加工作，先后在初中、教管中心工作。

1271 伏麒鹏

性　　别：男
出生年月：1963-01-07
民　　族：汉族
政治面貌：民主党派
职　　称：副高
学　　历：大学本科
所在单位：会宁二中
成　　就：1992 年《增广贤文助读》，由甘肃少儿出版社出版；1999 年《石室齐谐》，由甘肃人民出版社出版；《小学语文一本通》，2003 年由甘肃少儿出版社出版；《仪礼辞典》，2010 年由陕西人民出版社出版。
简　　介：生于甘肃省会宁县，中学高级教师，现为会宁二中语文组教研组长。

1272 聂红梅

性　　别：女
出生年月：1975-11-24
民　　族：汉族
政治面貌：群众
职　　称：副高
学　　历：大学本科
所在单位：会宁县第一中学
成　　就：2011 年白银市教育科学"十一五"规划课题《多元智能在高中英语课堂教学中的开发与应用》通过结题鉴定；2012 年白银市教育科学规划课题《新课程理念下高中英语教学中如何引导学生开展探究性学习》通过结题鉴定；近几年有多篇论文发表；2011 年确定为白银市中小学实际骨干教师；2009 年获白银市高中英语优质课竞赛二等奖；2011 年获会宁县高中英语优质课竞赛一等奖；近几年辅导学生参加全国中学生英语能力竞赛，获得全国二等奖等。
简　　介：1997 年 9 月—1998 年 7 月在会宁县土门中学任教；1998 年 9 月—2000 年 7 月在会宁县翟所中学任教；2000 年 9 月—2002 年 7 月在天津师范大学外语学院任教；2002 年 9 月至今在会宁一中任教。

1273 苟德昌

性　　别：男
出生年月：1956-06-22
民　　族：汉族

政治面貌：中共党员
职　　称：副高
学　　历：大学本科
所在单位：会宁县土木教育管理中心
成　　就：1990年获得省科技奖；1991年获得市辅导员奖；1995年获得市园丁奖；2000年获得市级先进工作者；2005年获得市骨干教师奖；2007年获得市优秀督导员奖。在省、市级刊物发表论文三篇。教学成绩优异，被评为市、县市骨干教师。
简　　介：中学高级教师。1977年8月参加工作，先后在初中、高中、教管中心工作。

1274 牛成吉

性　　别：男
出生年月：1960-12-18
民　　族：汉族
政治面貌：群众
职　　称：副高
学　　历：大学专科
所在单位：会宁县河畔初级中学
成　　就：自参加工作以来，教书育人，为人师表，曾获白银市优秀班主任的称号；辅导学生获国家级二等奖。
简　　介：1978年参加工作，中学高级教师，大专学历。从教以来，担任班主任工作31年。

1275 张昆

性　　别：男
出生年月：1974-12-05
民　　族：汉族
政治面貌：中共党员
职　　称：副高
学　　历：大学本科
所在单位：会宁县草滩乡教育管理中心
成　　就：2003年获会宁县优秀教育工作者称号；2004年获白银市语文骨干教师称号；2004年获白银市教育局"继续教育培训优秀学员"称号；2008年"获会宁县教育局三种模式课例设计与演示优质课竞赛一等奖；2008年获白银市教育委员会"三种模式课例设计与演示优质课竞赛一等奖；2010年获白银市教育局优秀教师；2010年获白银市教育局学科带头人（中学）；2010年在会宁县有效课堂教学行政优质课竞赛一等奖（第二名）；2011年在全县优质课竞赛初中行政课堂一等奖（第一名）；2014年获会宁县第七届青年教学能手称号。
简　　介：1994年8月至1997年8月在会宁县河畔冯堡九年制学校任教，兼学校团支部书记；1997年9月至2006年2月在会宁县河畔镇教育管理中心任教学辅导员工作；2006年3月至2007年8在会宁县河畔镇教育管理中心任教学辅导员兼会宁县第六督导区督导员工作；2007年9月至2011年2月在会宁县刘寨农业中学任教导主任；2011年3月至今在会宁县草滩乡教育管理中心任主任（2012年3月至2013年10月代草滩乡中心小学校长）。

1276 李星

性　　别：女
出生年月：1969-11-28
民　　族：汉族
政治面貌：群众
职　　称：副高
学　　历：大学本科
所在单位：甘肃省会宁县第一中学
成　　就：工作期间，分别担任过普通班、博爱班、宏志班班主任，荣获过优秀班主任、优秀教师、县园丁、省巾帼标兵等荣誉称号，曾于《甘肃日报》《白银教育》发表过多篇教学论文；2005年以来，一直担任宏志班语文教学工作，高考成绩一直名列前茅。

简　　介：1992年7月毕业于张掖师专汉语言文学系；1992年8月供职于会宁一中至今（期间，1999年考入西北师大汉语言文学本科函授班函授学习3年）；2002年7月汉语言文学本科毕业。

1277 霍燕杰

性　　别：男
出生年月：1971-10-08
民　　族：汉族
政治面貌：群众
职　　称：副高
学　　历：大学本科
所在单位：会宁县第四中学
成　　就：2000年武威铁路分局优秀班主任。2001年荣获武威铁路分局优秀班主任和本年度武威铁路分局教育系统先进工作者称号。2002年被评为武威分局先进工作者和本年度分局优秀教师。2003年武威铁路分局优秀班主任。在市级刊物发表论文1篇，省级刊物发表论文2篇。参与省级课题《喜读乐写创新教学研究》，并通过省级鉴定。辅导学生获国家级、省级作文奖近8次，并获得优秀辅导奖4次。2007年破格晋升为中学高级教师。2009年被评为白银市中小学市级骨干教师。

1278 代明清

性　　别：男
出生年月：1963-10-20
民　　族：汉族
政治面貌：群众
职　　称：副高
学　　历：大学专科
所在单位：郭城驿镇幼儿园
成　　就：在教育管理和教师师德师风建设中颇有研究，有《浅谈师德师风建设》等多篇论文在省级刊物上发表。曾荣获会宁县"师德师风先进个人"。
简　　介：现任郭城驿镇新堡子村幼儿园园长。

1279 南居琦

性　　别：男
出生年月：1960-12-20
民　　族：汉族
政治面貌：群众
职　　称：副高
学　　历：大学专科
所在单位：会宁县头寨镇教育管理中心
成　　就：从事中学语文教学32年，工作认真，治学严谨。能认真学习新课改理论，不断提高教育教学水平，有两篇论文在省级刊物发表；能积极开展新课改的研讨、多次参加县、乡优质课竞赛，取得了良好的成绩；能帮扶指导青年教师备课、上课、研修；曾辅导学生参见省市县作文竞赛，两次获奖。同时担任班主任工作20年，有比较科学合理的管理办法，得到上级领导、老百姓的认可，先后获白银市"园丁"、会宁县骨干教师、师德师风先进个人等荣誉称号。
简　　介：中学高级教师。1981年8月在靖远师范毕业；1981年9月至1985年7月在会宁县塬边中学任教；1985年8月至1987年8月在定西教育学院进修；1987年9月至2008年3月在头寨中学任教，并兼任教研组长，教导主任职务；2008年4年2012年8月在塬边中学任教，并兼任校长职务；2012年9月以来，在头寨镇教育管理中心工作。

1280 洪子江

性　　别：男
出生年月：1966-12-05
民　　族：汉族

政治面貌：群众
职　　称：副高
学　　历：大学本科
所在单位：甘肃省会宁职业中等专业学校
成　　就：主持并承担了甘肃省教育科学"十一五""十二五"规划多项教学法研究课题，有3项通过了省级鉴定；"科技教育实践活动辅导员方案"获得了省级一等奖；有两项荣获了白银市基础教育研究成果奖。发表国家级和省级论文6篇。多次参加甘肃省教育厅职成处组织的职业教育研讨会；审编了甘肃省职业中学专业课教材；编写了甘肃省职教师资、高等职业教育班高考大纲；多次被省教育厅抽调参加"三校生"高考阅卷工作；2013年又被省教育厅抽调参加了"甘肃省三校生高考命题（其单独完成两门课的命题）工作"（为了保密工作的需要，教育厅职成处出具了"参加课题研究"的证明材料）。同时，又重新讨论和修改"三校生招生考试大纲"。2002被白银市教育局确定为"白银市中小学市级中学骨干教师"；1994年被甘肃省人事局、省计划委员会、省教育委员会授予"甘肃省在社会实践中做出优异成绩的优秀大学毕业生"的光荣称号；在1997年度被"科教兴市"奖励基金会评为"优秀教师"。多年来，辅导学生参加省、市技能竞赛、青少年科技创大赛，有30多人取得了省、市一等奖，他多次被评为"优秀辅导教师"。
简　　介：1990年毕业于甘肃农业大学并获得学士学位。参加工作后，一直在会宁县郭城农业中学从事本专业的教育教学工作。2009年选评为中学高级教师。

1281 王信
性　　别：男
出生年月：1963-08-05
民　　族：汉族
政治面貌：中共党员
职　　称：副高
学　　历：大学本科
所在单位：会宁县枝阳中学
成　　就：省、市、县级骨干教师，曾获市级"园丁"奖、"教改先进个人"等称号。辅导的学生先后获得国家、省、市级奖。先后在《兰州师专学报》《教育革新》发表《数学课"六环节"教学法初探》《让学生参与板书》等论文。
简　　介：1981年7月毕业于陇西师范，1985年6月毕业于定西教育学院，1998年12月毕业于中央党校函授学院。现任枝阳中学党支部书记。

1282 吕让天
性　　别：男
出生年月：1969-01-01
民　　族：汉族
政治面貌：中共党员
职　　称：副高
学　　历：大学本科
所在单位：会宁县太平店镇教育管理中心
成　　就：2007年、2013年两次获会宁县优秀教育工作者称号，并授予会宁县园丁奖，发表省级论文4篇，2010年主持撰写的《新课改下的农村班主任工作研究》成果获白银市第八届基础教育科研成果一等奖。
简　　介：1989年8月参加工作，中学高级教师。现任太平店镇教管中心督导员。

1283 伏建琛
性　　别：男
出生年月：1962年3月
民　　族：汉族
政治面貌：群众

职　　称：副高

学　　历：大学专科

所在单位：会宁县教师进修学校

成　　就：1995—1996学年被评为会宁县优秀教师，2000年度被评为会宁县优秀班主任。2007年被中欧甘肃基础教育项目办公室授予"资源中心优秀管理者"荣誉称号。2009年被评为优秀教师，被授予会宁县"园丁奖"。2001年至2012年先后在《白银教育》《甘肃教育督导》《甘肃职业与成人教育》等教育杂志上发表论文5篇。2011年参与通过的甘肃省教育科学"十一五"规划课题"新时期加强和改进农村中学师德建设研究"的课题研究。

简　　介：1982年7月毕业于天水师范高等专科学校，大学专科学历。中学高级教师。1980年8月至1982年7月在天水师范高等专科学校中文系学习；1982年8月至1989年7月，在会宁三中任教；1989年8月至1992年7月在新塬乡初中任教；1992年8月至今，在会宁县教师进修学校从事中小学教师培训等相关教学工作。

1284 柴东伟

性　　别：男

出生年月：1977-11-26

民　　族：汉族

政治面貌：群众

职　　称：副高

学　　历：大学本科

所在单位：甘肃省会宁县第一中学

成　　就：近5年来，主编出版了高中新课标英语《学业质量 模块测评》（必修1，2）两本教学参考书，累计66万字。发表国家级论文1篇，省级论文4篇。一项省级课题，两项市级课题通过鉴定。曾获市级优质课竞赛一等奖一次、二等奖一次；县级一等奖二次。2010年被会宁县教育局授予会宁县第六届"青年教学能手"荣誉称号。2011年被白银市教育局授予第六届"青年教学能手"荣誉称号。2013年被白银市教育局授予白银市"骨干教师"。每年辅导的学生有多人次获得全国中学生英语能力竞赛国家级等次奖。

简　　介：中学高级教师。1997年7月毕业于甘肃联合大学应用文科系英语语言文学专业；1997年7月被分配到会宁县郭城中学担任初中英语教学和班主任工作；1999年8月到甘肃教育学院脱产进修英语教育本科，并获文学学士学位；2001年8月调入会宁一中；以后一直担任高中英语教学工作。

1285 李守刚

性　　别：男

出生年月：1956-09-04

民　　族：汉族

政治面貌：群众

职　　称：副高

学　　历：大学本科

所在单位：甘肃省会宁县第一中学

成　　就：1992获得县级优秀体育工作者的称号；1993年荣获全市中青年教师教学竞赛中学体育科二等奖；2006年在《甘肃日报》上发表论文《新课程体育教学改革初探》；2007年在迎奥运、建和谐全民健身活动中被评为先进工作者。

简　　介：1975年参加工作。西北师大成人教育学院函授毕业，中学高级教师，现在会宁一中任教。

1286 曹侃

性　　别：男

出生年月：1964-05-15

民　　族：汉族

政治面貌：群众

职　　称：副高

学　　历：大学本科

所在单位：甘肃会宁二中

成　　就：1995年被评为会宁县优秀教师；2003年被评为会宁县骨干教师；2005年被评为甘肃省化学竞赛优秀辅导教师；2006年被评为白银市十佳师德标兵；2008年被评为白银市骨干教师；2008年被评为甘肃省化学竞赛优秀辅导教师；2010年被评为甘肃省国培计划优秀辅导教师；2013年被评为甘肃省化学竞赛优秀辅导教师；2014年获甘肃省第二届青年教师技能大赛指导教师三等奖。

简　　介：1982年8月—1986年7月在西北师范大学化学教育专业上学；1986年8月—1991年1月在平凉三中教学；1991年2月至今在会宁二中教学。

1287 赵守全

性　　别：男

出生年月：1965-09-25

民　　族：汉族

政治面貌：中共党员

职　　称：副高

学　　历：大学本科

所在单位：会宁县职教中心

成　　就：1997年被评为白银市"优秀教师"，2005年被评为白银市"优秀班主任"，2010年被评为白银市"优秀教师"，主要论文《关于中职生心理健康教育情况的调查报告》。

简　　介：1985年9月—1986年7月在杨集乡北坪小学任教；1986年8月—1993年7月在老君坡乡谢岔九年制学校任教；1993年8月—2004年8月在老君坡乡教委任专干、辅导员；2004年9月—2008年3月在太平中学任教；2008年4月起在会宁县职教中心任教。

1288 顾万珍

性　　别：男

出生年月：1957-09-12

民　　族：汉族

政治面貌：中共党员

职　　称：副高

学　　历：大学专科

所在单位：白草塬乡教育管理中心

成　　就：1999年获县级优秀教师；2002年获县级骨干教师；2007年9月在《中国教育发展研究》杂志发表《发展社会主义先进文化要继承民族传统文化》论文获优秀奖；2008年6月在《财经界》杂志中发表论文《浅析初中思想政治课的素质教育》。

简　　介：1965年3月—1974年2月在白塬乡小学、白塬中学就读；1974年3月—1975年12月在河畔三中就读；1993年9月—1995年6月在省教育学院进修；1976年2月—2004年8月在白塬初中任教；2004年9月—现在，在白塬兴民中学任教。

1289 俞天君

性　　别：男

出生年月：1958-09-29

民　　族：汉族

政治面貌：群众

职　　称：副高

学　　历：大学专科

所在单位：会宁县甘沟驿镇教育管理中心

成　　就：在《发展》杂志中发表论文《多媒体在初中地理教学中的应用》；在《学周刊》杂志中发表论文《关于农村地理教学的几点思考》。

简　　介：1975—1977在甘沟中学读书；1977—1978在钟岔小学教书；1978—1979

在陇西师范读书；1979—1981 在会宁县丁沟荔峡中学教书；1981—1998 在会宁县田岔中学教书；1989—2002 在会宁县甘沟中学教书；2002—现在于甘沟教管中心工作。

1290 童强

性　　别：男

出生年月：1970-10-11

民　　族：汉族

政治面貌：中共党员

职　　称：副高

学　　历：大学本科

所在单位：会宁县东关小学

成　　就：先后被评为甘肃省省级骨干教师、省级青年教学能手、白银市市级学科带头人，被市委市政府评为白银市"十佳教学新秀"，并授予市园丁称号。先后获省、市、县小学语文优质课竞赛一等奖。参与编写的王嘉毅主编的国标本教材《品德与生活》（第三册）由未来出版社出版并面向全国公开发行。主持参与的近十项科研课题通过省市鉴定并获奖。《五步一环写字教学》《学生作文自能修改五环模式》《追求精彩的课堂教学》等近30篇论文在省、市级刊物发表。

简　　介：2006年破格晋升为中学高级教师。

1291 路秉仁

性　　别：男

出生年月：1960-03-10

民　　族：汉族

政治面貌：中共党员

职　　称：副高

学　　历：大学专科

所在单位：会宁县枝阳中学

成　　就：白银市优秀教师、白银市骨干教师、会宁县优秀教师、会宁县骨干教师，甘肃省中语会会员、白银市中语会理事。曾获全县首届"百名优质课竞赛"第一名、市优质课竞赛二等奖，人民日报社"中华伯乐"奖和省教育厅"优秀辅导教师"奖，在省级以上刊物发表论文5篇，3篇交流论文分获国家省市奖。现担任中学语文教学工作。

简　　介：中学高级教师。

1292 武万华

性　　别：男

出生年月：1962-09

民　　族：汉族

政治面貌：群众

职　　称：副高

学　　历：大学专科

所在单位：甘肃省会宁职业中等专业学校

成　　就：2005年被评为白银市十佳德育先进工作者，并授予市"园丁奖"；2010年被评为白银市优秀教师。

简　　介：1981年6月毕业于靖远师范，7月参加工作。

1293 席俊生

性　　别：男

出生年月：1964-09-15

民　　族：汉族

政治面貌：群众

职　　称：副高

学　　历：大学本科

所在单位：会宁县人民政府教育督导室

成　　就：30余年的执教中，一步一个脚印，踏踏实实干事业。期间前后做过毕业班教学工作20年多，所教学生中佼佼者已有数位取得博士学位。1992年被评为会宁县优秀教师；1996年被评为白银市优秀教师；2000年被确定为白银市中小学骨干教师。有数篇论文在省级刊物发表。

简　　介：1982年7月毕业于庆阳高等师范

专科学校数学科；2001 年 7 月参加东北师范大学与中央电大联办"数学与应用数学"专业学习，2004 年 12 月本科毕业；2003 年 12 月评聘为中学数学高级教师。

1294 魏曦

性　　别：男
出生年月：1957-03-11
民　　族：汉族
政治面貌：民主党派
职　　称：副高
学　　历：大学专科
所在单位：甘肃省会宁县会师初级中学
成　　就：主要从事政治、语文学科教学工作和班主任工作。所任学科成绩曾在全县名列第一。曾荣获市园丁奖、市县两级教学骨干。独立编撰出版学生课外阅读《800 字限字作文》《500 字限字作文》；在《甘肃日报》《中学政治教学》《中小学教学管理》等报刊发表论文。
简　　介：1978 年 9 月至 1980 年 7 月 10 日在甘肃省靖远师范学校读书；1988 年 8 月至 1991 年 8 月在西北师范大学函授政治教育专业。1980 年 7 月 11 日开始参加工作；1980 年 7 月至 1981 年 7 月在通渭县北城中学任教；1981 年 8 月至 1986 年 7 月在会宁县八里中学任教；2004 年 12 月被民盟白银市委评为全市民盟先进个人。

1295 魏锦华

性　　别：男
出生年月：1959-01-14
民　　族：汉族
政治面貌：中共党员
职　　称：副高
学　　历：大学专科
所在单位：甘肃省会宁县柴家门乡教管中，
成　　就：1983 年获会宁县优秀教育工作者；1985 年被评为会宁县先进个人；1992 年获会宁县"百名教师"优质课竞赛一等奖；同年参加白银市中青年教师优质课竞赛获第八名；1992 年被评为白银市教学改革先进个人；2009 年负责管理的柴门中学获会宁县教育教学先进集体。
简　　介：中学高级教师。1980 年 8 月—1988 年 2 月，在会宁县汉岔乡杨山中学任教；1988 年 3 月—2003 年 2 月，在会宁县甘沟中学任教，兼副校长职务；2003 年 3 月—2007 年 7 月，在会宁县鸡儿咀中学担任校长职务；2007 年 8 月—2010 年 7 月，在会宁县柴门中学担任校长职务；2010 年 8 月至今，在会宁县柴门乡教管中心工作。

1296 郭家喻

性　　别：男
出生年月：1964-02-24
民　　族：汉族
政治面貌：群众
职　　称：副高
学　　历：大学本科
所在单位：甘肃省会宁县第四学
成　　就：1992 年被评为县优秀教师，2003 年，被评为县骨干教师，2007 年白银市史地竞赛优秀指导奖，1996 年获白银市"园丁奖"。2003—2004 年度所带班级获白银市"先进班集体"称号。2007 年获白银市史地竞赛优秀指导奖，2008 年被评为白银市师德师风先进个人，同年获"省园丁"荣誉。
简　　介：1987—1989 年在庆阳师专历史系学习；1996 年在西北师大历史系函授毕业；1989 年从事教学工作以来，一直担任班主任工作。所带班级在历届高考中成绩优秀。

1297 李振荣

性　　别：男
出生年月：1969-11-16
民　　族：汉族
政治面貌：中共党员
职　　称：副高
学　　历：大学本科
所在单位：会宁县第五中学
成　　就：课题《班主任情感教育的研究》的研究，于 2008 年 12 月通过市级鉴定。《农村中学生英语语感培养遇到的障碍及对策》的研究 2008 年 12 月通过市级鉴定。课题《新课程标准下作业设计的探讨》的研究，2008 年 9 月通过省级鉴定。承担白银市重点课题《课改背景下构建和谐英语课堂的实践研究》的研究，通过省级鉴定。多篇论文在省、地级刊物公开发表。2009 年所带班级被评为"市级优秀班集体"。2008 在白银市中学优秀教学案例评比中，获市级一等奖。2009 被评为第五届会宁县中小学"青年教学能手"。2010 年获得市级"骨干教师"称号。2013 年获得省级"骨干教师"称号。

1298 滕学艳

性　　别：女
出生年月：1968-06-21
民　　族：汉族
政治面貌：群众
职　　称：副高
学　　历：大学本科
所在单位：会宁县第四中学
成　　就：1992 年获县级优质课竞赛一等奖；1998 年获市级电化教学优质课三等奖；1999 年被评为县级骨干教师；1999 年获县级优质课竞赛三等奖；2006 年辅导学生柴宏博获全国中学生英语能力竞赛二等奖；2007 年被会宁县人民政府授予园丁奖；2008 年课题《英语课堂教学有效方法的研究与运用》获白银市第七届基础教育科研优秀成果二等奖。
简　　介：1987 年 7 月毕业于陇西师范学校，同年分配到会宁县会师中学担任英语教学和班主任工作；1996 年 8 月通过函授取得西北师大英语教育专业本科学历；1999 年 8 月调入会宁四中担任高中英语教学工作；2001 年 12 月取得中学一级教师任职资格，2007 年 12 月晋升为中学高级教师。

1299 陈兴功

性　　别：男
出生年月：1964-09-11
民　　族：汉族
政治面貌：群众
职　　称：副高
学　　历：大学本科
所在单位：会宁二中
成　　就：1987 年获白银市"优秀教学改革者"称号；1999 年获全县优质课竞赛中学英语组一等奖；1999 年获白银市高中英语教师演讲比赛二等奖；1999 年在全县学科带头人评选活动中荣获"骨干教师"称号；2001 年被确定为会宁县中学县级骨干教师；2002 年被确定为白银市中小学市级中学骨干教师；2012 年被授予会宁县"园丁奖"；2003 以来在全国中学生英语能力竞赛中获优秀辅导教师奖。
简　　介：1984 年 7 月参加工作以来，一直主要从事中学英语教学工作，也曾担任卫电高师英语教学辅导工作，先后任教于会宁县甘沟中学、会宁县教师进修学校、会宁一中和会宁二中。

1300 韩旺鼎

性　　别：男

出生年月：1964-02-01
民　　族：汉族
政治面貌：群众
职　　称：副高
学　　历：大学本科
所在单位：甘肃省会宁县第一中学
成　　就：1999年所代班级被评为市"先进班集体"，2010被评为县青年教学能手，2005获得县优质课竞赛一等奖，市优质课竞赛三等奖，发表国家级论文一篇，省级论文两篇，主持市级鉴定课题一项，参与市级鉴定课题两项。获省级优秀案例一等奖一项，省级课件竞赛二等奖一项，辅导学生省级二等奖一项，三等奖两项，市级一等奖三项。2013被聘为中学高级教师。
简　　介：1990年7月毕业于天水师院；1990年8月—2001年7月在大沟中学任教；2001年8月—2003年7月在西北师范大学进修，取得本科文凭；2003年8月至今在会宁一中任教。

1301　王海雄

性　　别：男
出生年月：1955-08-15
民　　族：汉族
政治面貌：中共党员
职　　称：副高
学　　历：大学专科
所在单位：郭城驿镇幼儿园
成　　就：曾获得白银市"园丁"奖，在教育教学中有突出贡献。

1302　王昇

性　　别：男
出生年月：1967-09-28
民　　族：汉族
政治面貌：群众

职　　称：副高
学　　历：大学本科
所在单位：会宁一中
成　　就：2003年在白银市历史学科优质课竞赛中获二等奖；2005年获白银市园丁市优秀班主任；2006年破格晋升中学高级教师；2009年获白银市骨干教师称号；先后在教育督导教育革新等杂志发表论文多篇。
简　　介：1982年—1985年在临洮师范学习；1985—1986年在王庙学区工作；1986—1987在八里学区工作；1987—1989年在兰州教育学院进修；1989—1996在八里中学工作；1996至今在会宁一中工作；

1303　张志国

性　　别：男
出生年月：1956-12-28
民　　族：汉族
政治面貌：群众
职　　称：副高
学　　历：大学本科
所在单位：会宁一中
成　　就：1994年获得白银市优秀教师园丁奖；2000年获得白银市级骨干教师；2000年获得省级重点课题《学生学习问题研究》重点课题奖。

1304　张谦

性　　别：男
出生年月：1965-02-05
民　　族：汉族
政治面貌：中共党员
职　　称：副高，学历：大学专科
所在单位：会宁县第四中学
成　　就：1989年毕业于甘肃广播电视大学英语专业，1989年8月参加工作，从教23年。一级教师，现任会宁四中管理副校长。曾获县优秀教育工作者、骨干教师、优秀教师等荣誉；2010年被白银市军分局评为军训先进工作者，市级优秀班主任、市园丁、县优质课竞赛二等奖、县优秀工会工作者等荣誉；2010年由于教学成绩突出，被学校评为"校十佳教师"；于2007年在《教育革新》上发表题为《如何开展英语课堂教学中的交际活动》的省级论文一篇；2010年又在《中学生英语》教师版上发表题为《优化英语课堂结构，培养学生兴趣》的国家级论文一篇。

简　　介：1989年毕业于甘肃广播电视大学英语专业，1989年8月参加工作，从教23年。一级教师，现任会宁四中管理副校长。

1305 董芝海

性　　别：男

出生年月：1955-11-17

民　　族：汉族

政治面貌：群众

职　　称：副高

学　　历：大学本科

所在单位：会宁县汉岔中学

成　　就：2010年5月在《文学教育》刊物上发表《中学语文活动教学实证分析》；2009年7月在《文学教育》刊物上发表《语文教师的反思方法》。

简　　介：1974年8月参加工作，大学本科学历，先后在头寨中学、马堡中学、汉岔中学从事语文课教学，1993年在西北师范大学函授汉语言文学专业，获本科学历。

1306 张志奇

性　　别：男

出生年月：1955-08-09

民　　族：汉族

政治面貌：中共党员

职　　称：副高

学　　历：大学本科

所在单位：会宁县枝阳中学

成　　就：1975年2月参加工作，曾获会宁县优秀教师、会宁县优秀党员、会宁县"四五"法制宣传教育先进个人、白银市园丁、甘肃省学校健康教育先进工作者称号。在省市级刊物上发表《关于语文教学方法的几点思考》《浅谈初中语文教学研究性学习的运用》《谈初中思想政治五步课堂教学法》等论文。

简　　介：中学高级教师。曾担任过丁沟初中校长、丁家沟乡教委专职副主任，现任会宁县枝阳中学副校长，并担任政治课教学工作。

1307 李国严

性　　别：男

出生年月：1957-01-10

民　　族：汉族

政治面貌：中共党员

职　　称：副高

学　　历：大学专科

所在单位：靖远县永新乡教育管理中心

成　　就：2006年获县园丁奖，2005年4月在《西北师大学报》发表教研论文《浅谈新教法之应用》，2009年5月在《甘肃教育督导》发表教研论文《浅谈语文课堂教学提问的设计》。

简　　介：1975年3月参加工作，1993年3月参加学历培训，于1996年6月取得大专学历。2000年获得中级职称。2010年被评为中学高级教师职务。

1308 张琴

性　　别：女

出生年月：1972-02-27

民　　族：汉族

政治面貌：中共党员

职　　称：副高
学　　历：大学本科
所在单位：靖远县第二中学
成　　就：2008年被评为中学高级教师，2007年被评为白银市第四届"青年教学能手"，2008年所带班级被评为市级先进班集体，2011年被评为县级学科带头人。
简　　介：甘肃省靖远县第二中学高级教师。

1309　王富国

性　　别：男
出生年月：1966-03-09
民　　族：汉族
政治面貌：中共党员
职　　称：副高
学　　历：大学本科
所在单位：靖远县第四中学
成　　就：2000年荣获县园丁奖；2003年获县优质课一等奖；2003年获市优质课二等奖；2005年获市青年教学能手称号；2011年被评为白银市中学骨干教师；2012年荣获白银市优秀党务工作者荣誉。多篇论文发表于《教育革新》等刊物。
简　　介：1986年6月毕业于靖远师范，本科学历，中共党员，中学高级教师。1986年8月—1989年7月在靖远县朝阳中学任教；1989年8月—1995年7月在东湾中学任教；1995年8月—2007年7月在城关中学任教；2007年8月在靖远四中任教。2009年12月，获中学高级教师职称。

1310　杨波

性　　别：男
出生年月：1966-03-12
民　　族：汉族
政治面貌：中共党员
职　　称：副高
学　　历：大学本科
所在单位：甘肃省白银市靖远县第五中学
成　　就：1996年在靖远县"岗位练兵教学评优"活动中获一等奖，2005年在靖远县"岗位练兵教学评优"活动中获一等奖，1999年获全国首届"烛光奖"，2004年被评为"靖远县第四届教学标兵"，2006年被评为白银市优秀教师并授予"园丁奖"称号。2012年分管初三教学工作，中考取得了全县九科成绩均居第一的优异成绩，被县教育局授予"靖远县中考优秀学校"。
简　　介：中学高级教师，现任靖远县第五中学副校长，靖远县东湾镇人，1985年8月参加工作。1985年8月至2001年3月在东湾中学任教；2001年3月至今在靖远县第五中学工作。

1311　孙守东

性　　别：男
出生年月：1963-04-04
民　　族：汉族
政治面貌：中共党员
职　　称：副高
学　　历：大学专科
所在单位：靖远县刘川教管中心
成　　就：1984年、1988年、1996年、1998年、2000年、2002年、2005年、2012年分别被评为"靖远县教育系统先进个人"、"白银市园丁"、"靖远县第二届十佳青年"、"靖远县第二届十佳标兵"、"白银市优秀教育工作者"、"白银市中学骨干教师"、"白银市优秀考务工作者"、"甘肃省两基先进个人"。
简　　介：1982年8月参加工作，先后在若笠中学、乌兰中学工作。1997年—2007年先后担任乌兰中学教导处副主任、教导处主任、副校长职务，2007年8月、2012

年8月先后被任命为糜滩乡、刘川乡教管中心主任。

1312 李军

性　　别：男
出生年月：1958-02-05
民　　族：汉族
政治面貌：中共党员
职　　称：副高
学　　历：大学本科
所在单位：靖远县北湾中学
成　　就：1994年获得白银市"园丁奖"，在省级以上刊物发表论文多篇并获奖。
简　　介：中学高级教师，1980年8月参加工作。现任北湾中学政治教师。

1313 杨茂元

性　　别：男
出生年月：1962-03-19
民　　族：汉族
政治面貌：群众
职　　称：副高
学　　历：大学专科
所在单位：靖远县北滩中学
成　　就：2008年12月获得中学高级教师职称。曾获得县骨干教师奖、白银市园丁奖、靖远县园丁奖、靖远县优秀班主任奖、靖远县优秀辅导教师奖等。
简　　介：1982年7月参加工作。

1314 邹占才

性　　别：男
出生年月：1967-10-01
民　　族：汉族
政治面貌：中共党员
职　　称：副高
学　　历：大学本科
所在单位：靖远县职业中等专业学校
成　　就：1996年被评为白银市优秀教师，并授予白银市"园丁奖"；2001年度被确定为白银市中小学市级中学骨干教师；2005年论文《关于语文教学中的"人本精神"思考》，在全市中小学优秀论文交流评选中，荣获二等奖。
简　　介 1988年8月参加工作，现任靖远职专校长、电大靖远工作站站长、白银市第八国家职业技能鉴定所所长；1988年—1989年五合中学任；1989年—1992年糜滩中学任教；1992年—2002年城关中学任教；2002年—2007年靖远三中任教；2007年—2012年东湾中学任教；2012年至今在靖远职专任教。

1315 段明琳

性　　别：男
出生年月：1965-08-05
民　　族：汉族
政治面貌：中共党员
职　　称：副高
学　　历：大学本科
所在单位：甘肃省靖远县第四中学
成　　就：2003年度被评为"靖远县优秀教师"并授予靖远县"园丁奖"。2004年度被评为"白银市优秀教师"并授予白银市"园丁奖"。2006年度被确定为靖远县"中学骨干教师"。2009年度被确定为白银市"中学骨干教师"。2009年主编的教育教学丛书《给教师最有价值的建议》由内蒙古大学出版社出版发行。2010年《给教师最有价值的建议》获白银市科研成果一等奖。2011年5月靖远县学科带头人，2011年被确定为甘肃省骨干教师。2012年被确定为"靖远县学科带头人"。在省级刊物上发表论文多篇。2013年在第十五届"语文报杯"全国中学生作文大赛中获写作优秀指导一等奖。

简　　介：中学语文高级教师，1985年8月参加工作。

1316　武科善

性　　别：男

出生年月：1955-10-20

民　　族：汉族

政治面貌：群众

职　　称：副高

学　　历：大学专科

所在单位：靖远县兴隆乡大庙学校

成　　就：1989年被评为靖远县优秀教师，被县委县政府授予"园丁奖"；2010年2月获得中学高级教师任职资格，2012年4月被聘为中学高级教师。

1317　王建国

性　　别：男

出生年月：1965-12-17

民　　族：汉族

政治面貌：中共党员

职　　称：副高

学　　历：大学本科

所在单位：靖远县第四中学

成　　就：1990年获"白银市优秀德育工作者"，所带学生在全国数学竞赛中获得二等奖和三等奖各有两人次，所写论文在《教育·科学探索》杂志发表一篇，在省级刊物发论文多篇。

简　　介：1988年6月毕业于兰州师专数学系；2006年经函授毕业于东北师大数学与应用数学专业；1988年7月至2004年9月在平川区共和中学任教；2004年10月至2007年7月在靖远县第五中学任教；2007年8月至今在靖远县第四中学任教。

1318　马克库

性　　别：男

出生年月：1964-11-28

民　　族：汉族

政治面貌：中共党员

职　　称：副高

学　　历：大学本科

所在单位：靖远县教育局

成　　就：2006年获得中学高级教师职称，2011年获得"甘肃省教育科研先进个人"称号，2012年甘肃省教育科学研究所授予"甘肃省学科教学研究专家"称号。2001年被评为首届"甘肃省青年教学能手"，2006年2月，白银市教育局、白银市科学技术学会授予"第21届白银市青少年科技创新大赛优秀辅导员"，2011年被甘肃省教育科学研究所评为"甘肃省基础教育科学研究先进个人"。2012年被甘肃省教育科学研究所授予"甘肃省学科教学研究专家"。2008年9月课题《校本研究教师角色转换的研究》通过省级鉴定。2006年9月课题《新课标下高中语文课堂教学探索》获甘肃省教育厅基础教育课题二等奖，论文集《教苑论谈》编印发行。

简　　介：1997年6月毕业于甘肃教育学院，教育管理专业，1984年8月参加工作，任教于靖远二中从事中学语文教育教学工作，现在靖远县教育局教研室从事教学研究工作。

1319　高继宏

性　　别：男

出生年月：1959-09-09

民　　族：汉族

政治面貌：中共党员

职　　称：副高

学　　历：大学专科

所在单位：甘肃省靖远县东湾中学

成　　就：2007年获得中学高级教师资格，

1994年、2004年两次获得白银市园丁奖。

简　　介：1980年7月靖远师范毕业，1980年8月参加工作；1989年6月兰州教育学院中文系毕业；1996年5月获得中学一级教师任职资格；1980年8月—1991年7月在东湾学区任教；1991年8月至今在东湾中学任教。

1320　路建荣

性　　别：男

出生年月：1964-02-23

民　　族：汉族

政治面貌：群众

职　　称：副高

学　　历：大学专科

所在单位：甘肃省靖远县第五中学

成　　就：2007年荣获"靖远县第五届教学标兵"称号；2009年荣获白银市"园丁奖"称号，2010年12月获得中学高级教师职称。

简　　介：中学高级教师，现任靖远县第五中学工会副主席。1984年8月—1985年7月，在靖远县教师进修学校学习；1985年8月—1991年7月在靖远县高湾中学任教；1991年8月—1993年7月在定西教育学院地理科离职进修；1993年8月—1996年7月在靖远县糜滩中学任教；1996年8月至今在靖远县第五中学任教。

1321　魏列青

性　　别：男

出生年月：1959-02-02

民　　族：汉族

政治面貌：中共党员

职　　称：副高

学　　历：大学专科

所在单位：靖远县永新乡教育管理中心

成　　就：1987年被授予"县园丁"，1996年被授予"市园丁"，2003年被授予"靖远县十佳校长"，2004年被授予"省园丁"奖，2009年8月被评为中学高级教师。

简　　介：1978年3月参加工作。1979年8月至1981年7月毕业于靖远师范学校，中师学历；1993年3月至1996年6月毕业于甘肃教育学院，取得大专学历；2009年8月被评为中学高级教师。

1322　胡秉森

性　　别：男

出生年月：1965-02-09

民　　族：汉族

政治面貌：群众

职　　称：副高

学　　历：大学本科

所在单位：靖远县第五中学

成　　就：2005年获得中学高级教师职称，2002年获白银市历史优质课二等奖。2004年7月在《甘肃教育》发表论文《课堂讨论在中学历史教学中的运用》，2013年5月担任白银市历史优质课评委。

简　　介：中央党校函授学院政法专业，1982年8月参加工作，1982年8月—1991年6月永新中学工作，1991年7月—今于靖远五中工作。

1323　寇世卫

性　　别：男

出生年月：1969-10-28

民　　族：汉族

政治面貌：中共党员

职　　称：副高

学　　历：大学本科

所在单位：甘肃省靖远县第三中学

成　　就：所带班级2003——2004学年度荣获白银市"先进班级体"称号，论文《让学生走出交友的误区》获全国优秀德育论文竞赛三等奖，2006年在县优质课竞赛中荣获一等奖并获全国中学生时事政治竞赛优秀指导奖，2007年被授予白银市优秀教师"园丁奖"，2008年被评为县优秀共产党员，2008年获白银市"史地知识竞赛优秀指导奖"，2011年在省级刊物发表论文《简析高考政治主观题解题策略》，2011年获白银市优秀教师生东基金奖。

简　　介：1993年7月毕业于庆阳师专政史专业；2004年8月取得西北师大政治教育本科学历，长期担任高三年级文科班班主任及政治课教学任务；2000年调入靖远三中，2004年担任政史地教研组组长，2007年任靖远三中政教处副主任，2014年任靖远三中政教处主任，从事学生管理工作。

1324　崔斌

性　　别：男

出生年月：1975-09-04

民　　族：汉族

政治面貌：中共党员

职　　称：副高

学　　历：大学本科

所在单位：甘肃省靖远县第一中学

成　　就：2005年、2007、2008年、2009年分别获得靖远县优秀班主任，其中2005年获县"园丁奖"；2009年被评为白银市优秀教师并获"园丁奖"，2007年在全县和全市高中数学优质课竞赛中分别获一等奖；2007年在全市中小学说课竞赛中被聘为高中数学评委，同时做了高中示范课教学，并获一等奖；2008年参加全国"卡西欧杯"高中青年教师优秀观摩课与评选活动荣获三等奖。在完成正常的教育教学任务外，其还坚持学习教育教学理论，积极撰写教学论文，并向各级各类报纸杂志踊跃投稿，在《甘肃教育》发表论文两篇。2009年参与的省级课题《实施创新教学，创造活力课堂》已通过省级鉴定。

简　　介：1997年8月参加工作，2005年破格晋升为中学一级教师，2010年又破格晋升为中学高级教师。

1325　赵兴荣

性　　别：男

出生年月：1963-07-15

民　　族：汉族

政治面貌：中共党员

职　　称：副高

学　　历：大学本科

所在单位：靖远县第三中学

成　　就：2003年获得中学高级教师职称，2007年获得教科研先进个人称号。先后被评为县市省骨干教师，靖远县十佳教师，白银市优秀教师，同时获得市园丁称号。

简　　介：1963年7月出生于靖远，1981年7月参加工作。1981年8月—1989年7月任教于靖远县高湾学区；1989年8月—2000年任教于靖远县乌兰中学；2000年8月任教于靖远县第三中学；1996年8月—1998年7月在甘肃省教育学院进修学习；工作以来，一直从事于中学语文教学工作，同时，担任班主任20年。

1326　高文海

性　　别：男

出生年月：1969-11-15

民　　族：汉族

政治面貌：群众

职　　称：副高

学　　历：大学本科

所在单位：甘肃省靖远县第二中学

成　　就：2010年获得中学高级中学教师任

职资格，2006年获得靖远县优秀班主任，发表省级论文一篇。

简　　介：1991年7月毕业于庆阳师专；1996年8月函授毕业于西北师范大学；1991年7月参加工作，1991年7月至1995年9月在靖远县北湾中学任教；1995年9月至今在靖远县第二中学任教。

1327 杜刚

性　　别：男

出生年月：1970-12-20

民　　族：汉族

政治面貌：中共党员

职　　称：副高

学　　历：大学本科

所在单位：靖远县第一中学

成　　就：2008年获白银市优秀班主任。2008年所带班级被评为白银市学校先进班集体。2009年取得中学高级教师及资格。2009年获靖远县"岗位练兵，教学评优"一等奖。

1328 余秀莲

性　　别：女

出生年月：1963-02-22

民　　族：汉族

政治面貌：中共党员

职　　称：副高

学　　历：大学专科

所在单位：靖远县第六中学

成　　就：在1994年教育教学工作中成绩显著，被评为靖远县优秀教师，并授予"园丁奖"；1996年在"争先创优"活动中被评为白银市优秀妇女干部；2005年教育教学工作中成绩显著，被评为优秀教师，并被授予白银市"园丁奖"，2006年评为高级教师。

简　　介：中学高级教师。

1329 罗玉海

性　　别：男

出生年月：1968-02-16

民　　族：汉族

政治面貌：中共党员

职　　称：副高

学　　历：硕士研究生

所在单位：甘肃省靖远县第二中学

成　　就：2005年破格获中学高级教师任职资格，2006年被聘为中学高级教师。2002年被评为白银市学校德育工作先进个人。2005年被评为白银市优秀班主任，所带班级被评为市级优秀班集体。2009年被确定为白银市骨干教师。2011年被评为白银市优秀教师。2013年被白银市科技局授予优秀学术论文奖。

简　　介：1996年6月毕业于甘肃省教育学院英语教育专业；2003年考入西北师范大学英语教育硕士专业学习；2006年获得英语教育专业硕士学位；2005年8月破格获中学高级教师任职资格，2006年3月被聘为中学高级教师。

1330 唐平尧

性　　别：男

出生年月：1965-03-12

民　　族：汉族

政治面貌：中共党员

职　　称：副高

学　　历：大学本科

所在单位：甘肃省靖远县第二中学

成　　就：2001年荣获靖远县高中地理优质课竞赛一等奖。2001年荣获白银市高中地理优质课竞赛一等奖。2002年荣获甘肃省地理优质课竞赛二等奖。2002年被评为白银市市级中学骨干教师。2003年在白银市高中巡回示范教学活动中，受聘承担全市地理学科的示范教学。2005年被评为白银市中小学"青年教学能手"。2006年获得中学高级教师职称。2011年被评为甘肃省省级中小学骨干教师。

简　　介：1984年8月参加工作，1996年8月毕业于西北师范大学；1984年8月—1988年7月，在靖安中学任教；1988年8月—1990年7月，在兰州教育学院读书；1993年8月—1996年8月在西北师范大学函授本科学习；1990年8月至今，在靖远县第二中学任教。

1331　水明祥

性　　别：男

出生年月：1969-11-05

民　　族：汉族

政治面貌：中共党员

职　　称：副高

学　　历：大学本科

所在单位：靖远县教育局

成　　就：2003年被评为靖远县优秀教育工作者，并授予县园丁奖，2005年被评为全省普通高中毕业会考先进个人，2007年被评为靖远县优秀教育工作者，并授予县"园丁奖"，2010年被评为中学高级教师职称，2010年获甘肃省普通高中毕业会考先进个人。2013年被评为靖远县先进体育工作者，发表省级论文1篇。

简　　介：2003年12月毕业于中央党校，行政管理专业，1988年8月参加工作。1988年8月—1992年6月在靖煤公司一矿第二小学任教；1992年7月至今一直在靖远县教育局工作。

1332　何荣

性　　别：女

出生年月：1967-12-09

民　　族：汉族

政治面貌：群众

职　　称：副高

学　　历：大学本科

所在单位：白银市靖远县第二中学

成　　就：2007年获中学高级教师任职资格。2008年被聘为中学高级教师。2011年获白银市骨干教师称号。

简　　介：1986年毕业于白银市靖远师范学校；2003年毕业于西北师范大学思想政治教育专业，取得本科文凭；1986年参加工作，1986年至1997年任教于白银市靖远县乌兰中学；1997年5月至今任教于白银市靖远县第二中学。

1333　王琪

性　　别：男

出生年月：1963-07-15

民　　族：汉族

政治面貌：群众

职　　称：副高

学　　历：大学本科

所在单位：靖远县第五中学

成　　就：2003获得副高资格证。2000年8月获得白银市骨干教师。2011获得十一五规划课题新课程实施与师生教学活动方式转变的研究鉴定通过。从教以来，重视教学研究，发表教学论文30多篇，1997年被评为县园丁，2000年被评为市级骨干教师，2001年参与中国教育学会教育管理研究会课师研究，发表成果《政治课自读与讲解相结合的教学实践体会》，2010年申报甘肃省教育科学十一五规划课题新课程实施与师生教学活动方式转变的研究，2011年10月28日鉴定通过，2011年申报市级规划课题《传统文化对青少年德育价值去向的研究》。

1334 陈文远

性　　别：男
出生年月：1966-09-15
民　　族：汉族
政治面貌：中共党员
职　　称：副高
学　　历：大学本科
所在单位：靖远县五合中学
成　　就：2010年获得中学高级教师任职资格，2002年获白银市园丁奖，2010年在《甘肃职业与成人教育》发表论文《在思想品德教学中如何提高学生自主学习能力》。
简　　介：1985年6月毕业于靖远师范学校；1985年8月至1988年7月在靖远县双龙学区任教；1988年8月至1992年7月在东升学区任教；1992年8月至2007年7月在北滩中学任教（2002年8月至2007年7月任校长）；2007年8月至今在五合中学任党支部书记。

1335 吴芝秀

性　　别：女
出生年月：1963-12-04
民　　族：汉族
政治面貌：民主党派
职　　称：副高
学　　历：大学本科
所在单位：靖远县第二中学
成　　就：2003年获中学高级教师任职资格。2002年被评为"白银市中小学中学骨干教师"。2012年被评为"白银市优秀教师"。
简　　介：1982年7月毕业于兰州师范专科学校，同年分配至靖远县第二中学任教至今。

1336 韩占裕

性　　别：男
出生年月：1957-11-02
民　　族：汉族
政治面貌：中共党员
职　　称：副高
学　　历：大学专科
所在单位：靖远县东升教育管理中心
成　　就：2009年获得中学高级教师职称。2008年被靖远县宣传部评为优秀党员。

1337 何爱育

性　　别：男
出生年月：1963-03-25
民　　族：汉族
政治面貌：中共党员
职　　称：副高
学　　历：大学本科
所在单位：靖远县教育局
成　　就：2003年获得中学高级教师职称，1994年获白银市园丁奖，1998年甘肃省第二届"巾帼扫盲奖"先进个人。发表省级论文1篇。
简　　介：2002年12月毕业于兰州大学，汉语言文学专业，1981年8月参加工作；1981年8月—1990年7月在靖远县东升中学从事语文教育教学；1990年8月—1996年7月在靖远县靖安中学从事语文教育教学；1996年8月—2002年7月在东升学区从事教研工作；2002年8月—2012年7月在靖远县乌兰中学从事教研工作；2012年8月—2014年3月在靖远县城关中学从事教研工作；2014年4月至今一直在靖远县教育督导室从事督导工作。

1338 詹爱军

性　　别：男
出生年月：1970-10-07
民　　族：汉族

政治面貌：中共党员
职　　称：副高
学　　历：大学本科
所在单位：靖远县第一中学
成　　就：2010年获中学高级教师资格；2002年获"县园丁奖"；2009、2012年被评为县总工会"优秀工作者"。2004年12月被评为"市教育系统勤工俭学先进个人"。
简　　介：1992年6月毕业于西北师范大学地理系；1992年7月分配到靖远一中任地理教育教学工作；2002年8月任靖远一中总务处副主任；2009年3月任靖远一中工会主席。

1339　魏其万

性　　别：男
出生年月：1961-06-15
民　　族：汉族
政治面貌：中共党员
职　　称：副高
学　　历：大学本科
所在单位：靖远县东湾镇教育管理中心
成　　就：1992年获得靖远县"园丁奖"，1998年获白银市"园丁奖"，2004年被评为白银市政府授予"两基"达标先进个人。其论文《如何利用影视资料制作课件》发表在《甘肃职业与成人教育》2009年5月第22卷、总第95期上。2009年12月获得中学高级教师任职资格，2010年6月被聘任为中学高级教师。
简　　介：1981年7月毕业于靖远师范，1981年8月参加工作。1996年6月毕业于甘肃教育学院汉语言文学专业，大专学历；2010年6月毕业于西北师范大学教育管理专业，本科学历；现任东湾镇教育管理中心督学。

1340　蔺雄生

性　　别：男
出生年月：1958-04-03
民　　族：汉族
政治面貌：群众
职　　称：副高
学　　历：大学专科
所在单位：靖远县刘川中学
成　　就：2008年获得中学高级教师职称，1991年被评为靖远县优秀教师。
简　　介：中学一级教师，1975年3月参加工作。

1341　王志福

性　　别：男
出生年月：1961-12-11
民　　族：汉族
政治面貌：中共党员
职　　称：副高
学　　历：大学本科
所在单位：靖远县永新中学
成　　就：2009年12月获得中学高级教师职称。
简　　介：1982年8月参加工作，中学高级教师，跨入教师这个职业已经32年了。

1342　金生淑

性　　别：女
出生年月：1966-12-07
民　　族：汉族
政治面貌：中共党员
职　　称：副高
学　　历：大学本科
所在单位：靖远县乌兰中学
成　　就：2009年12月被评为中学高级教师，1994年荣获白银市园丁奖，2011年被评为白银市骨干教师。

简　　介：1985 年 7 月参加工作。

1343 刘志天

性　　别：男

出生年月：1969-03-16

民　　族：汉族

政治面貌：中共党员

职　　称：副高

学　　历：大学本科

所在单位：靖远县教育局

成　　就：2009 年被评为中学高级教师，2009 年被白银市委、市政府评为"白银市优秀教师"并被授予"园丁奖"；2011 年被评为"靖远县骨干教师"。2008 年《文言文教学中的德育》发表在《甘肃教育》（2008 年 9 月上半月版）。

简　　介：中学高级教师，1989 年 7 月甘肃省靖远师范毕业，2001 年 12 月兰州大学汉语言文学（自学考试）毕业；1989 年 8 月参加工作，1989 年 8 月—1992 年 7 月在靖远县若笠中学任教；1992 年 8 月—2002 年 2 月在靖远县大芦中学任教；2002 年 3 月—2013 年 2 月在靖远三中任教；2013 年 3 月—2014 年 3 月在靖远八中任教；并任学校工会主席；2014 年 4 月至今在靖远县教育局教研室工作。

1344 张存琴

性　　别：女

出生年月：1968-10-13

民　　族：汉族

政治面貌：中共党员

职　　称：副高

学　　历：大学本科

所在单位：甘肃省靖远县第二中学

成　　就：2003 年获得高级教师职称。1993 年白银市教学竞赛获中学地理学科二等奖；1997 年获省首届录像课三等奖；1996 年被评为靖远县"优秀教师"；2000 年被白银市教育局确定为市级"中学骨干教师"；2001 年 10 月获得甘肃省"青年教学能手"称号；2003 年被评为白银市"优秀班主任"；2004 年获得甘肃省"骨干教师"荣誉；2009 年撰写的论文在教育部基础教育课程教材发展中心组织的征文活动中获三等奖。

简　　介：中学高级教师，现为靖远二中党总支副书记。1990 年 7 月毕业于西北师范大学地理系，当年分配到靖远二中任教至今，一直从事高中地理教育教学。

1345 贾存礼

性　　别：男

出生年月：1967-12-21

民　　族：汉族

政治面貌：中共党员

职　　称：副高

学　　历：大学本科

所在单位：靖远县第二中学

成　　就：2004 年获得中学高级教师任职资格。1999 年荣获白银市高中历史优质课竞赛一等奖。2000 年被评为白银市首届"青年教学能手"称号。2002 年被评为白银市"骨干教师"称号。2002 年被评为甘肃省第二届"青年教学能手"。

简　　介：1987 年 8 月—1991 年 7 月在西北师范大学读书；1991 年 8 月至今在靖远县第二中学工作。

1346 马自儒

性　　别：男

出生年月：1962-09-03

民　　族：汉族

政治面貌：中共党员

职　　称：副高

学　　历：大学本科

所在单位：靖远县教育局

成　　就：1989年获靖远县园丁奖，1996年获白银市园丁奖，1999年市级中学骨干教师、县优质课二等奖、论文获一等奖，2004年白银市师德先进个人、市说课竞赛一等奖，2009年白银市优秀教师，发表市级论文2篇。

简　　介：1997年8月毕业于西北师范大学，汉语言文学专业，1981年8月参加工作；1981年8月—2002年7月在靖远县若笠中学从事语文教育教学；2002年8月—2012年7月在靖远县城关中学从事语文教育教学；2012年8月—2014年2月在靖远县乌兰中学从事语文教育教学；2014年3月至今在靖远县教育局教研室从事教研工作；2001年3月获得中学高级教师职称。

1347　杜实秀

性　　别：男

出生年月：1962-09-19

民　　族：汉族

政治面貌：群众

职　　称：副高

学　　历：大学专科

所在单位：靖远县北滩教育管理中心

成　　就：2011年8月获得中学高级教师职称；2007年发表论文《从升国旗看民族精神》被《中国教育发展研究杂志》评为优秀论文；2010年获得全国教育改革优秀教师称号；2011年获得靖远县"园丁奖"。

简　　介：毕业于靖远师范学校，自学获得大专学历，1979年9月参加工作；1997年—2007年任北滩乡红丰初中教导主任；2008年—2010年任北滩乡教育管理中心教研员；2011年—2014年任北滩乡东宁初中校长；2014年至今任北滩乡教育管理中心教研督导员。

1348　韦元福

性　　别：男

出生年月：1968-09-08

民　　族：汉族

政治面貌：中共党员

职　　称：副高

学　　历：大学本科

所在单位：靖远三中

成　　就：2000年荣获县园丁荣誉，2008年晋升中学高级职称。

简　　介：中学高级教师。1986年7月毕业于靖远师范学校；1986年8月—1988年8月靖远县平堡乡任教；1988年8月—1998年8月靖远县教育局工作（其间，1991年8月—1993年7月甘肃教育学院进修，1995年8月—1997年12月中央党校函授学院进修）；1998年8月—2002年8月靖远县平堡中学任副校长、校长，2002年8月—2003年3月靖远二中副校长，2003年3月—2007年8月靖远县委党校副校长，2007年8月—今靖远三中副校长。2008年12月晋升获副高职称。

1349　唐爱霞

性　　别：女

出生年月：1972-09-02

民　　族：汉族

政治面貌：中共党员

职　　称：副高

学　　历：大学本科

所在单位：靖远县教育局

成　　就：2010年9月获得中学高级教师职称，2011年获靖远县园丁奖。2009年12月白银市中学语文说课比赛二等奖，2009年11月参与（第二、第三人）课题通过省级鉴定，发表省级论文4篇。

简　　介：1997年7月毕业于兰州大学，

经济管理专业，1997年9月参加工作；1997年9月至今一直在靖远县教育局工作；2010年9月获得中学高级教师职称。

1350 王生志

性　　别：男
出生年月：1964-01-05
民　　族：汉族
政治面貌：中共党员
职　　称：副高
学　　历：大学本科
所在单位：靖远县兴隆中学
成　　就：2011年12月获得中学高级教师职称。1986年获白银市"园丁奖"、靖远县"教学新秀"；1992年获白银市"园丁奖"、"教学新秀"称号。
简　　介：1982年7月毕业于靖远师范，同年8月参加工作。

1351 李征远

性　　别：男
出生年月：1963-12-01
民　　族：汉族
政治面貌：中共党员
职　　称：副高
学　　历：大学本科
所在单位：靖远县第五中学
成　　就：2002年12月获得中学高级教师职称证书。1994年获靖远县"园丁奖"，1997年获白银市"园丁奖"，1998年获甘肃省"园丁奖"，2014年被靖远县委、县政府评为"靖远县优秀校长"，2013年白银市课改先进个人。1997年两级先进个人，多次获得市县优秀共产党员。2005年5月在全县语文优质课竞赛中获一等奖。多篇论文在省、地级刊物公开发表。《"导、学、测、评"课堂教学模式》教育教学经验材料在2013年全市高效课堂现场推进会上宣读学习。课题"教师教育教学资源建设专项研究点滴体会"，在国家教师科研资金"十一五"科研规划论坛上获一等奖，并担任课题实验校调研组组长。2004年担任白银市"语文优质课"评委，2004年担任白银市"地理优质课"评委。
简　　介：中学高级教师。1980年9月—1984年8月驻云南某军服兵役；1984年9月—2002年8月先后在石门学区、北滩学区工作（任教师、杜寨中学校长、北滩学区校长）；2002年9月—2006年2月靖远县教研室工作（任教研室副主任）；2006年3月—今在靖远五中任校长。

1352 李建霞

性　　别：女
出生年月：1968-11-30
民　　族：汉族
政治面貌：群众
职　　称：副高
学　　历：大学本科
所在单位：靖远县职业中等专业学校
成　　就：2002年获靖远县"园丁奖"；2005年在全县"岗位练兵、教学评优"中获二等奖；2006年被评为县级中学骨干教师；2006年全县高中英语优质课竞赛中获二等奖；论文《培养学生学英语的良好习惯》2007年6月发表于《甘肃教育督导》第6期。
简　　介：2012年6月获得中学高级教师职称。

1353 种发敏

性　　别：男
出生年月：1960-09-01
民　　族：汉族
政治面貌：中共党员

职　　称：副高
学　　历：大学本科
所在单位：靖远县职业中等专业学校
成　　就：1994年获靖远县"园丁奖"，2001年3月获中学高级教师任职资格。
简　　介：1981年7月毕业于靖远师范学校；1981年8月至1983年7月在定西县石泉乡峡口学校任教；1983年8月至1984年7月在靖远县北湾初中任教；1984年8月至1998年7月在靖远县教育局工作；1998年8月至2011年7月在靖远县教师进修学校任校长；2011年8月至今在靖远县职业中等专业学校任教；1988年8月毕业于甘肃省广播电视大学汉语言文学专科；1996年12月毕业于中央党校函授部党政管理专业本科。

1354　白明辉

性　　别：男
出生年月：1969-02-11
民　　族：汉族
政治面貌：中共党员
职　　称：副高
学　　历：大学本科
所在单位：甘肃省靖远县大芦中学
成　　就：2010年12月获中学高级教师职称；2004年被评为白银市优秀教师，并获白银市"园丁奖"；2006年获靖远县"中学骨干教师"称号；2009年获"白银市优秀教师"称号。
简　　介：1989年6月毕业于甘肃省靖远师范学校，同年8月参加工作；2007年12月取得兰州大学汉语言文学专业（自学考试）；1991年8月至1993年7月任靖远县若笠乡高川小学校长；2001年4月至2007年10月任靖远县若笠乡米塬学校校长；2007年10月至2009年12月任靖远县曹岘中学副校长；2009年12月至今任靖远县大芦中学校长。

1355　刘荷芳

性　　别：女
出生年月：1966-05-16
民　　族：汉族
政治面貌：群众
职　　称：副高
学　　历：大学本科
所在单位：靖远县第六中学
成　　就：2010年9月获得"中学高级教师"职称；2003年获得靖远县县级中学骨干教师荣誉；2009年获得白银市"市园丁"荣誉；2009年英语教学中设计有"生命力"课题通过省级鉴定。2011年荣获全国中学生英语能力竞赛优秀教师辅导奖；发表国家级、省级论文数篇。
简　　介：1988年7月毕业于陇西师范英语专业，1988年参加工作；1988年8月—1990年7月在靖远县大芦中学任教；1990年8月至今在靖远六中任教；2005年6月毕业于中国地质大学网络教育英语专业。

1356　贾光祖

性　　别：男
出生年月：1961-12-20
民　　族：汉族
政治面貌：群众
职　　称：副高
学　　历：大学本科
所在单位：靖远县若笠乡教育管理中心
成　　就：2008年12月获得中学高级教师职称；2007年获得白银市"优秀教师"称号。发表省级论文4篇。
简　　介：2006年7月毕业于中央广播电视大学，汉语言文学专业；1979年9月参加工作，1979年9月至今任教于靖远县若笠乡教育管理中心；2008年12月获得中学高级教师职称。

1357 王岩

性　　别：男
出生年月：1957-09-16
民　　族：汉族
政治面貌：中共党员
职　　称：副高
学　　历：大学本科
所在单位：靖远县职业中等专业学校
成　　就：撰写的《浅谈高中语文自主性学习》一文荣获第十一届"现代教育理论与实践"全国教师优秀教育教学论文评比大赛一等奖；所带班级被授予2004—2005学年度白银市学校"先进班集体"称号；2004年获靖远县优秀班主任和"园丁奖"荣誉。
简　　介：1978年12月参加工作。现任教于靖远县职业中等专业学校。自任教以来一直从事语文教育教学工作。2008年12月获得中学高级教师任职资格。

1358 李振旭

性　　别：男
出生年月：1964-01-18
民　　族：汉族
政治面貌：中共党员
职　　称：副高
学　　历：大学本科
所在单位：靖远县糜滩乡教育管理中心
成　　就：2008年12月获中学高级教师职称；2003年、2005年获白银市园丁奖；2009年获靖远县园丁奖。
简　　介：毕业于中央广播电视大学汉语言文学专业；1989年8月参加工作，1989年8月至2012年7月在刘川乡教育管理中心任教；2012年8月至今在糜滩乡教育管理中心任教。

1359 孔宪忠

性　　别：男
出生年月：1962-07-06
民　　族：汉族
政治面貌：群众
职　　称：副高
学　　历：大学专科
所在单位：靖远县兴隆中学
成　　就：2009年12月获得中学高级教师职称，发表省级论文2篇。
简　　介：1996年6月毕业于甘肃省教育学院，汉语言文学专业；1980年8月参加工作，1980年8月至今一直在靖远县兴隆中学从事历史教育教学工作。

1360 何国强

性　　别：男
出生年月：1966-12-01
民　　族：汉族
政治面貌：中共党员
职　　称：副高
学　　历：大学本科
所在单位：靖远县职业中等专业学校
成　　就：在2002年度教育教学工作成绩显著，被评为优秀教师，并授予白银市"园丁奖"称号。
简　　介：中学高级教师，1990年8月参加工作。2002年8月至今在靖远县职业中等专业学校工作。

1361 魏甲敏

性　　别：女
出生年月：1969-02-13
民　　族：汉族
政治面貌：群众
职　　称：副高
学　　历：大学本科

所在单位：靖远县第二中学
成　　就：2008年获得中学高级教师任职资格；2003年获"靖远县园丁奖"；2003年被评为"靖远县骨干教师"。
简　　介：1990年12月毕业于兰州大学（自考），取得汉语言文学专业大专学历；1991年2月分配至靖远县东湾中学任教；1994年8月调入靖远县第二中学任教至今；1996年12月取得汉语言文学专业本科学历证书。

1362 陈强

性　　别：男
出生年月：1964-07-28
民　　族：汉族
政治面貌：中共党员
职　　称：副高
学　　历：大学本科
所在单位：靖远县东升中学
成　　就：2001年12月获得中学高级教师任职资格。1991年、2000年两次获得白银市委、市政府授予"白银市优秀教师"称号、白银市"园丁奖"；2000年被评为"白银市骨干教师"，中学高级教师；2004年被评为"省级骨干教师"；2009年被授予白银市"优秀教师"；2011年被评为县级"学科带头人"。
简　　介：1987年西北师大本科毕业，1996年被任命为五合中学副校长，1998年—2012年任五合中学校长，2012年至今任东升中学校长。

1363 史秀国

性　　别：男
出生年月：1957-09-23
民　　族：汉族
政治面貌：中共党员
职　　称：副高
学　　历：大学专科
所在单位：白银市靖远县三滩中学
成　　就：2005年被评为县级优秀班主任，并授予"园丁奖"。2006年在《中国教育科研与实践》上发表论文《浅谈对学困生转化的体会》并获二等奖。2007年被评为中学高级教师。
简　　介：1984年7月毕业于靖远师范学校，毕业至今一直在三滩乡从事教育教学工作；自1993年6月参加甘肃教育学院自学考试，专攻政治教育专业；1996年6月获得专科学历，中教高级教师，具有初中教师资格；1975年3月至1982年9月在三滩乡吴湾小学任教；1982年9月至1984年9月在靖远师范读书；1984年9月至1990年9月在三滩职中任教；1990年9月至1998年9月在三滩乡联合学校任教；1998年9月至1999年9月在三滩乡吴湾小学任教；1999年9月至今在三滩中学任教。

1364 刘玉忠

性　　别：男
出生年月：1973-09-20
民　　族：汉族
政治面貌：中共党员
职　　称：副高
学　　历：大学本科
所在单位：靖远县北湾中学
成　　就：2011年获得中学高级教师职称。有多篇论文在《白银教育》《甘肃教育》《甘肃教育督导》《教学交流》上发表，2001年、2003年两次获靖远县"园丁奖"，2003年被评为靖远县骨干教师，2009年被评为白银市骨干教师，2011年获白银市"园丁奖"，2012年被评为靖远县优秀共产党员。
简　　介：中学高级教师，1995年毕业于兰州师专政史专业，2003年毕业于西北师大政治专业（本科自考），1995年9月参加工作，在北湾中学担任政治历史课的教育教学工作，先后担任北湾中学副教导主任、教导主任、副校长，现任北湾中学党支部书记兼副校长。

1365 罗为民

性　　别：男

出生年月：1962-10-07

民　　族：汉族

政治面貌：中共党员

职　　称：副高

学　　历：大学本科

所在单位：甘肃省白银市靖远县第一中学

成　　就：2001年3月获得中学高级教师任职资格；1988年获得靖远县学校先进思想政治工作者奖；1999年获得白银市优秀共产党员称号；1999年获得白银市"市园丁"奖，被评为白银市中学骨干教师；2001年获得白银市首届中学教师"青年教学能手"称号；2012年获得甘肃省"园丁奖"，被评为甘肃省优秀教师。2011年获得靖远县"先进工作者"荣誉。

1366 赵淑英

性　　别：女

出生年月：1970-07-22

民　　族：汉族

政治面貌：群众

职　　称：副高

学　　历：大学本科

所在单位：靖远县第二中学

成　　就：2010年获得中学高级教师任职资格；2010年被评为"甘肃省青年教学能手"；2011年被评为"白银市中小学骨干教师"。

简　　介：1992年7月毕业于甘肃省庆阳师范专科学校，同年分配到靖远县第二中学任教至今。2000年8月获得汉语言文学专业本科学历证书。

1367 马智

性　　别：男

出生年月：1961-06-13

民　　族：汉族

政治面貌：群众

职　　称：副高

学　　历：大学专科

所在单位：靖远县三滩朝阳中心小学

成　　就：2010年获得中学高级教师职称；2009年获得白银市园丁奖。

简　　介：中学高级教师。1984年7月毕业于定西农校，1984年8月以来在靖远县三滩职中从事中学教育教学工作。

1368 杜世博

性　　别：男

出生年月：1963-09-10

民　　族：汉族

政治面貌：中共党员

职　　称：副高

学　　历：大学本科

所在单位：靖远县若笠乡教育管理中心

成　　就：2003年12月获得中学高级教师职称；1991年获得白银市"优秀教师"称号。发表省级论文2篇。

简　　介：1999年8月毕业于西北师范大学，教育管理专业；1988年7月参加工作，1982年3月至今任教于靖远县若笠乡教育管理中心。

1369 王仲寰

性　　别：男

出生年月：1956-04-21

民　　族：汉族

政治面貌：群众

职　　称：副高
学　　历：大学专科
所在单位：甘肃省靖远县北滩乡教育管理中心
成　　就：2005年获得中学高级职称。2005年获"白银市德育工作先进个人"荣誉称号。2005年被聘为中学高级教师。有多篇论文在省、地级刊物发表。
简　　介：1983年毕业于定西教育学院，大专学历；1977年参加工作，在会宁头寨学区任教3年；1983年8月至1985年7月在靖远县兴隆学区任教；1985年8月至今在靖远县北滩教育管理中心任教。

1370　扈永昌

性　　别：男
出生年月：1967-12-30
民　　族：汉族
政治面貌：中共党员
职　　称：副高
学　　历：大学本科
所在单位：靖远县东湾镇教育管理中心
成　　就：2003年被评为白银市优秀教师，并获白银市"园丁奖"，2009年在《福建论坛》上发表论文《家长是一种教育资源》，2010年获得中学高级教师职称。
简　　介：1988年6月毕业于靖远师范，1988年7月参加工作；1996年6月毕业于甘肃教育学院汉语言文学专业，大专学历；2002年12月毕业于中共中央党校行政管理专业，本科学历，中学高级教师；自参加工作以来，先后在东湾中学；乌兰中学任教，并担任办公室主任、副校长；现任东湾镇教育管理中心主任。

1371　高明芳

性　　别：女
出生年月：1970-01-04
民　　族：汉族
政治面貌：群众
职　　称：副高
学　　历：大学本科
所在单位：靖远县特殊教育学校
成　　就：2003年获白银市初中英语教学演讲比赛一等奖；2005年获得县优秀班主任，并获得"园丁奖"；2009年获靖远县高中英语优质课一等奖；2009年获白银市高中英语优质课二等奖；2010年荣获白银市优秀教师。发表省级论文两篇：《新时期班级管理之我见》发表在《甘肃职业与成人教育》中；《如何克服英语学习中的心理障碍》发表在《甘肃督导教育》。
简　　介：1992年9月参加工作。1992年9月至2007年7月在靖远县第五中学任教；2007年8月至2013年7月在靖远县第四中学任教；2013年8月至今在靖远县特殊教育学校任教。

1372　展凌云

性　　别：女
出生年月：1968-10-01
民　　族：汉族
政治面貌：群众
职　　称：副高
学　　历：大学本科
所在单位：靖远县六中
成　　就：2008年8月获中学高级教师职称。2002年获县"园丁奖"，2003年被评为县"骨干教师"称号，2005年被评为市级"青年教学能手"，2005年获县优质课竞赛一等奖，2006年在第五届"全国中小学英语教育教学优秀科研成果奖"中论文获二等奖，2006年获市"园丁奖"，2009年担任白银市英语说课比赛评委，2011年获第二批县级"学科带头人"，曾多次被评为"省、市、县优秀指导教师。

简　　介：1990年12月毕业于西北师范大学英语专科；2005年6月毕业于中国地质大学网络教育英语本科；1991年参加工作，1991年2月—1998年7月在靖远县五合中学任教；1998年8月至今在靖远六中任教，现任靖远六中英语教研组组长。

1373 徐升

性　　别：男
出生年月：1967-04-12
民　　族：汉族
政治面貌：民主党派
职　　称：副高
学　　历：大学本科
所在单位：靖远县第二中学
成　　就：2002年获得中学高级教师职称，2001年评为甘肃省青年教学能手，2002年评为甘肃省骨干教师。1988年获靖远县园丁奖，2008年评为靖远县师德师风建设先进个人，2008年被白银市教育局评为优秀教师，2001年评为甘肃省青年教学能手，2002年评为甘肃省骨干教师。

1374 段安宁

性　　别：男
出生年月：1960-07-07
民　　族：汉族
政治面貌：群众
职　　称：副高
学　　历：大学专科
所在单位：靖远县第五中学
成　　就：2009年获得中学高级教师职称。1995年荣获白银市"青浦经验教学公开课"竞赛三等奖。2002年被靖远县委、县政府评为"靖远县先进工作者"并授予"园丁奖"。

2003年被县教育局评为"骨干教师"。2004年荣获白银市思想品德说课一等奖。2009年在《甘肃教育督导》第四期发表了论文《初中思想政治课是学生养成教育的主阵地》。

简　　介：1979年8月参加工作，在大芦学区黑城学校任民教；1983年8月至1985年6月在靖远师范学校学习，毕业后分配到靖远县第五中学任教至今；1993年6月至1996年6月参加中央党校函授学院大专班学习，以优异成绩完成学业；2009年12月获得中学高级教师职称；从1996年3月以来一直担任靖远县第五中学工会主席职务（2007年10月被县委确立为副科）。

1375 杨文玲

性　　别：女
出生年月：1965-06-14
民　　族：汉族
政治面貌：群众
职　　称：副高
学　　历：大学专科
所在单位：甘肃省白银市靖远县糜滩中学
成　　就：2011年获得中学高级教师职称；2005年获得白银市优秀教师称号，并授予白银市"园丁奖"；2000年获得靖远县优秀教师，并授予靖远县"园丁奖"；2003年获得靖远县优秀教师，并授予靖远县"园丁奖"；2005年被评为白银市优秀教师，并被授予白银市"园丁奖"。

1376 王俊明

性　　别：男
出生年月：1967-10-09
民　　族：汉族
政治面貌：中共党员
职　　称：副高
学　　历：大学本科

所在单位：靖远县教育局

成　　就：2009年获得中学高级教师职称；2006年获得白银市招生工作先进个人。发表省级论文2篇。

简　　介：2006年12月毕业于兰州大学，汉语言文学专业；1988年8月参加工作，1988年8月至今一直在靖远县教育局工作。

1377 张兴明

性　　别：男

出生年月：1960-08-15

民　　族：汉族

政治面貌：中共党员

职　　称：副高

学　　历：大学本科

所在单位：靖远县乌兰教育管理中心

成　　就：2001年获得中学高级教师职称，1994年被评为"白银市优秀校长"，并被授予白银市"园丁奖"；2000年被评为"白银市优秀教师"，并授予白银市"园丁奖"。2003年获白银市"骨干教师"称号。

简　　介：1998年12月毕业于中共中央党校党政管理专业；1983年8月参加工作以来，先后在东升小塬中学、靖安中学、东升中学、东湾教育管理中心任教，或担任校长、中心主任等工作；现任乌兰教育管理中心主任。

1378 李晓

性　　别：男

出生年月：1966-10-12

民　　族：汉族

政治面貌：中共党员

职　　称：副高

学　　历：大学本科

所在单位：靖远县第六中学

成　　就：2001年被评为靖远县优秀教师，并授予"园丁奖"，2004年被评为"靖远县第四届教学标兵"。2005年出版个人诗集《鹿鸣集》。2007年其参与甘肃省教育科研课题《构建和谐课堂的探索与研究》通过鉴定。多篇论文发表在省、地级刊物。2009年在全县教育系统"打造书香型校园"读书活动中获优秀指导教师奖。指导学生在各级各类作文竞赛也取得良好成绩，其中在2008年第十一届"语文报杯"全国中学生作文大赛中所带班级有两名同学获省级特等奖，其本人获"优秀指导教师奖"。

简　　介：靖远县第六中学语文高级教师。1986年师范毕业分配至东升中学任教，1996年调入靖远县第六中学。

1379 滕宗权

性　　别：男

出生年月：1957-02-02

民　　族：汉族

政治面貌：中共党员

职　　称：副高

学　　历：大学专科

所在单位：东湾镇教育管理中心

成　　就：2010年12月聘任中学高级教师职务。1992年获白银市"园丁奖"；2007年获白银市"园丁奖"；2011年被评为白银市骨干教师；2000年被评为靖远县骨干教师。2005年被评为靖远县优秀教师；2007年在甘肃教育第02期发表论文《改变旧模式，走进新课堂》

简　　介：1997年12月聘任小学高级教师职务；2010年12月聘任中学高级教师职务。

1380 舒宁

性　　别：女

出生年月：1969-10-10

民　　族：汉族

政治面貌：中共党员

职　　称：副高
学　　历：大学本科
所在单位：甘肃省靖远县第二中学
成　　就：2008 年获中学高级教师职称，2003 年获白银市高中政治优质课竞赛一等奖，2005 年获白银市第三届青年教学能手荣誉，2006 年所带班级获白银市学校先进班集体荣誉。
简　　介：1989 年至 1991 年 6 月在天水师范学院读书；1991 年 7 月参加工作，1992 年至今在靖远县第二中学工作；2008 年 5 月加入中国共产党，2008 年 12 月获中学高级教师职称。

1381 刘秀梅

性　　别：女
出生年月：1966-11-09
民　　族：汉族
政治面貌：群众
职　　称：副高
学　　历：大学本科
所在单位：甘肃省靖远县第二中学
成　　就：1996 年被评为靖远县优秀教师，2001 年在靖远县"岗位练兵、教学评优"活动中获得优质课一等奖；2002 年被评为"白银市中学骨干教师"，2005 年取得中学高级教师任职资格。
简　　介：1990 年 6 月毕业于甘肃农业大学，同年 7 月分配到靖远县第二中学任教。

1382 刘兴福

性　　别：男
出生年月：1956-01-11
民　　族：汉族
政治面貌：中共党员
职　　称：副高
学　　历：大学专科
所在单位：靖远县中等专业学校
成　　就：2007 被评为中学高级教师。
简　　介：1976 年 3 月参加工作，1996 年 3 月毕业于甘肃省教育学院，2007 年 12 月被评为中学高级教师。

1383 杨爱国

性　　别：女
出生年月：1971-01-10
民　　族：汉族
政治面貌：群众
职　　称：副高
学　　历：大学本科
所在单位：靖远县第一中学
成　　就：2009 年取得高级中学教师职称；2009 年被评为靖远县"优秀教师"，获"园丁奖"；2011 年先后被评为县级骨干教师。获 2011 年白银市中学语文教学研究会观摩课一等奖。2006、2011 年先后被评为县级骨干教师。近年来，有数篇论文在市以上刊物发表或获奖，其中《论语文教学中的情感艺术》发表于《甘肃理论学刊》(2009 年 2 月)；《言出天地外，思出鬼神表》发表于《中学语文》（2012 年 4 月）。2009 年参与的课题《多元参与式语文教学研究》经市级有关部门鉴定验收结题。
简　　介：1990 年 8 月参加工作，教龄 24 年。

1384 曾国强

性　　别：男
出生年月：1956-09-07
民　　族：汉族
政治面貌：群众
职　　称：副高
学　　历：大学专科
所在单位：靖远县五合乡贾寨柯初级中学
成　　就：2008 年获得中学高级职称。2008

年在甘肃日报发表文章《谈初中思想品德课教学》，1995年被评为靖远县优秀教师，并授予"靖远县园丁奖"；1998年被评为靖远县优秀教师，并授予"靖远县园丁奖"。2007年、2012年被评为白银市优秀教师，并授予白银市"园丁奖"。

简　　介：1975年1月—1978年6月在靖远县五合乡贾寨柯学校任民教；1978年7月—1980年6月在靖远师范读书；1980年7月—1993年7月在靖远县靖安中学任教；1993年8月—今在靖远县五合乡贾寨柯初级中学任教。

1385　孙得荣

性　　别：男

出生年月：1966-10-09

民　　族：汉族

政治面貌：中共党员

职　　称：副高

学　　历：大学本科

所在单位：靖远县第七中学

成　　就：2009年获得中学高级教师职称；1991年白银市教育局授予在1990年扫盲工作中成绩显著的"全市扫盲先进个人"；1997年被评为"在1997年度教育教学工作中成绩显著的市优秀教师，并授予白银市园丁奖"；2000年被评为"在2000度教育教学工作中成绩显著的优秀教师，并授予白银市园丁奖"；2008年被评为白银市教育系统师德先进个人。省级刊物发表《浅谈初中作文教与学》、《贫困山区教育策略》、《浅谈贫困山区学校的教育策略》等论文3篇。

简　　介1982年8月—1985年7月，甘肃省靖远师范学校读书；1985年8月—1987年7月，靖远县若笠乡米塬学校任教，任教导主任（1986年7月）；1987年8月—1998年7月，靖远县若笠学区任学区干事，兼任若笠中心小学校长（1997年7月—1998年7月）；1993年3月—1996年6月，取得甘肃教育学院政治教育专业大学大专学历（自学）；1998年8月—2007年7月，任靖远县若笠学区校长、靖远县教育管理中心副主任（2005年3月—2007年7月）；2006年9月—2008年12月，取得甘肃省委党校汉语言文学大学本科学历（自学）；2007年8月—2011年7月，任靖远县曹岘中学校长；2011年8月—现在，靖远县第七中学，任学校工会主席（2012年5月）。

1386　王兴俊

性　　别：女

出生年月：1976-02-02

民　　族：汉族

政治面貌：群众

职　　称：副高

学　　历：大学本科

所在单位：白银市靖远县第五中学

成　　就：2010年9月获得中学高级教师职称。2012年获得甘肃省第六届中小学、幼儿园"青年教学能手"称号，2009年发表省级论文数篇。

简　　介：1995年7月毕业于白银靖远师范学校；2005年7月取得西北师范大学汉语言专业本科学历；1995年8月至1997年7月在靖远糜滩独石初中担任语文教育教学工作；1997年8月至今在靖远第五中学担任语文教育教学工作。

1387　金惠玲

性　　别：女

出生年月：1970-10-20

民　　族：汉族

政治面貌：群众

职　　称：副高
学　　历：大学本科
所在单位：靖远县第二中学
成　　就：2008年12月获得中学高级教师职称。2001年获"白银市优质课竞赛"二等奖；2003年被评为"靖远县骨干教师"；2004年获得靖远县"园丁奖"；2007年获得"靖远县第五届教学标兵"称号；2007年被评为白银市"第四届青年教学能手"。
简　　介：1989年7月毕业于甘肃省靖远师范学校，同年8月在靖远县糜滩中学任教，1994年获汉语言文学专业大专学历，同年8月调入靖远二中任教至今。2001年获汉语言文学专业本科学历，2008年8月取得中学高级教师任职资格，2009年1月被聘任。

1388 刘萍

性　　别：女
出生年月：1974-11-12
民　　族：汉族
政治面貌：民主党派
职　　称：副高
学　　历：大学本科
所在单位：靖远县第七中学
成　　就：2003年荣获靖远县"岗练"一等奖，2009年荣获靖远县优质课一等奖，2009年荣获白银市说课一等奖，2009年通过市级课题鉴定一项，为课题第一负责人。
简　　介：民盟成员，1997年8月参加工作。2010年9月获得中学高级教师资格。1997年8月—2011年7月在靖远县第一中学任教；2011年8月至今在靖远县第七中学任教。

1389 王瑜

性　　别：男
出生年月：1967-10-19
民　　族：汉族
政治面貌：中共党员
职　　称：副高
学　　历：大学本科
所在单位：靖远县第六中学
成　　就：2006年8月破格获得"中学高级教师"职称。1996年被评为"白银市优秀教师"，并授予"园丁奖"；1996年被评为白银市推广青浦教改经验先进个人；2001年被评为"靖远县骨干教师"；2003年被评为靖远县"十佳班主任"；2004年被评为白银市骨干教师；2008年参与的课题《小组合作学习在政治课教学与班级管理中的应用》，经省级有关部门鉴定验收结题，并获白银市第七届基础教育科研优秀成果一等奖；2009年被确定为甘肃省中小学省级骨干教师；2011年被确定为靖远县第十二五规划学科带头人；2013年主持的的课题《课堂教学设计实施反思研究——学案式教学模式研究》，被确定为甘肃省教育科学十二五规划课题。在省级刊物发表论文多篇。

1390 田巧玲

性　　别：女
出生年月：1964-10-17
民　　族：汉族
政治面貌：中共党员
职　　称：副高
学　　历：大学专科
所在单位：靖远县教育局
成　　就：2010年9月获得中学高级教师职称，2008年获靖远县"园丁奖"，2009年获白银市中学英语说课一等奖。发表省级论文2篇以上。
简　　介：1996年6月毕业于甘肃教育学院，英语专业，1984年8月参加工作，1984年8月至今先后在靖远县刘川中学、教育局从事教育教学工作及教研工作，2010年9月获得中学高级教师职称。

1391 马平

性　　别：男
出生年月：1964-02-29
民　　族：汉族
政治面貌：中共党员
职　　称：副高
学　　历：大学本科
所在单位：靖远一中
成　　就：2005年12月获得中学高级教师职称。1999年、2003年、2009年所带班级三度被评为"白银市先进班集体"，2003年荣获白银市优秀班主任称号，2003年被教育局确定为靖远县"中学骨干教师"，2004年被确定为白银市中学骨干教师，2010年，荣获甘肃省优秀班主任称号，2011年被确定为靖远县"十二五"学科带头人。《让学生做"问题"的主人》等10多篇论文在省级刊物发表或省市级论文交流中获奖。
简　　介：1982年8月参加工作。1982年8月至1994年7月在高湾中学任教，1994年8月调入靖远一中任教。

1392 滕兴文

性　　别：男
出生年月：1967-04-06
民　　族：汉族
政治面貌：中共党员
职　　称：副高
学　　历：大学专科
所在单位：靖远县乌兰小学
成　　就：2006年8月获得中学高级教师职称。1995年获得白银市"园丁奖"。2004年获得甘肃省"园丁奖"。
简　　介：1984年7月靖远师范学校毕业后分配到靖师附小工作。在职汉语言文学专业专科学历，1996年6月加入中国共产党，1997年12月取得小学高级教师任职资格，2006年取得中学高级教师任职资格，1998年至2011年11月兼任学校办公室主任，2011年12月至2012年7月任靖远师范附小副校长职务，2012年8月至今任靖远县乌兰小学校长职务。

1393 张俊显

性　　别：男
出生年月：1961-10-27
民　　族：汉族
政治面貌：中共党员
职　　称：副高
学　　历：大学本科
所在单位：靖远县第七中学
成　　就：1996年获靖远县教育系统优秀教师；1995年被评为靖远县优秀教师，特授予靖远县"园丁奖"；1997年被评为白银市德育工作先进个人。省级以上论文3篇。刊物发表《新课背景下青年教师的培养研究》被中国教育学会教育管理分会评为2009年度全国教育管理科研成果优秀奖。
简　　介：1981年7月参加工作，1998年12月获得中学高级教师资格。自1981年7月参加工作以来，先后在高湾中学、靖远县第二中学、靖远县第三中学任教、靖远县第四中学任教，担任党支部书记兼副校长等工作，现任靖远第七中学校长。

1394 南长胜

性　　别：男
出生年月：1970-10-01
民　　族：汉族
政治面貌：中共党员
职　　称：副高
学　　历：大学本科

所在单位：甘肃靖远县第三中学

成　　就：2010 年 12 月获得中学高级教师职称。2000 年所带班级荣获白银市"先进班集体"称号，2003 年被评为白银市优秀班主任，2008 年所带班级荣获白银市"先进班集体"称号，2011 年被确定为白银市中小学市级骨干教师。

简　　介：1993 年 8 月至 1999 年 7 月在靖远县糜滩中学任教；1999 年 8 月调入靖远三中，任教至今。

1395 宋秉儒

性　　别：男

出生年月：1967-05-20

民　　族：汉族

政治面貌：中共党员

职　　称：副高

学　　历：大学本科

所在单位：靖远县第五中学

成　　就：2000 年获得县园丁奖称号。2002 年获得市园丁奖称号。2009 年被中共靖远县委、县人民政府评为"优秀教育工作者"，并授予"靖远县园丁奖"。

1396 张玉学

性　　别：男

出生年月：1966-10-08

民　　族：汉族

政治面貌：群众

职　　称：副高

学　　历：大学本科

所在单位：靖远县教育局

成　　就：2011 年 12 月获得中学高级教师职称。1995 年获靖远县园丁奖；1998 年获白银市园丁奖；2001 年被评为靖远县骨干教师。2010 年获甘肃省"园丁奖"。2010 年 9 月获得甘肃省优秀教师荣誉。

简　　介：1986 年 7 月毕业于靖远师范，一直从事中学语文教育教学工作；2007 年 8 月至 2011 年 9 月，任靖远县三合初级中学校长；2011 年 9 月调任县教研室工作，任课改办主任。

1397 任俊信

性　　别：男

出生年月：1966-03-06

民　　族：汉族

政治面貌：中共党员

职　　称：副高

学　　历：大学本科

所在单位：靖远第四中学

成　　就：2001 年 12 月获得中学高级教师职称，2011 年被授予甘肃省"五一"劳动奖章，2012 年被授予甘肃省"园丁奖"。主持研究的课题《新课程背景下的青年教师培养》、参与研究的课题《中学生自主学习能力的培养》被列为甘肃省教育规划课题，并通过鉴定，其中"新课程背景下的青年教师培养"获"全国教育管理科研成果优秀奖"；主持研究的课题《新课程背景下的通案式目标教学》被列为全国教育科学"十一五"规划教育部重点课题，2013 年 10 月通过结题鉴定，鉴定等级为良好。近四年来，在省部级、国家级刊物上发表论文十余篇。

简　　介：1989 年 6 月毕业于西北师范大学，大学学历，历史学学士，1989 年 8 月参加工作，从事中学历史、政治课的教育教学工作。1997 年任北湾中学校长，2005 年任靖远二中副校长，2006 年任靖远四中校长。

1398 王凌云

性　　别：男

出生年月：1970-10-07

民　　族：汉族

政治面貌：中共党员
职　　称：副高
学　　历：大学本科
所在单位：靖远县职业中等专业学校
成　　就：2010年12月获得中学高级教师职称。2001年获得白银市"园丁奖"。2009年获得白银市"园丁奖"。
简　　介：1991年8月参加工作，现任教于靖远县职业中等专业学校，担任副校长职务，2010年12月获得中学高级教师职称。

1399 张永选

性　　别：男
出生年月：1964-05-05
民　　族：汉族
政治面貌：中共党员
职　　称：副高
学　　历：大学本科
所在单位：甘肃靖远二中
成　　就：2001年获得高级教师职称。2000年4月评为白银市骨干教师。2001年评为靖远县骨干教师。曾任白银集邮协会理事、学术委员、宣传编辑委员。参编《高中作文系统训练五十讲》《高中作文审题示例》《语文教学艺术论》。
简　　介：1983年至1987年在西北师大中文系上学；1987年毕业分配至靖远二中任教至今；白银市语文学会会员。

1400 张治国

性　　别：男
出生年月：1967-07-03
民　　族：汉族
政治面貌：中共党员
职　　称：副高
学　　历：大学专科
所在单位：甘肃省靖远师范学校附属小学
成　　就：《构建和谐课堂》省级课题鉴定通过，白银市优秀教研员，甘肃省骨干教师。
简　　介：1973年3月至1978年6月在朝阳村小学读书；1978年8月至1982年6月在朝阳中学读书；1983年6月至1986年6月在靖远师范学校读书；1987年7月至今在靖师附小任教。

1401 陈文胜

性　　别：男
出生年月：1964-09-21
民　　族：汉族
政治面貌：中共党员
职　　称：副高
学　　历：大学本科
所在单位：靖远县永新中学
成　　就：2011年12月获得中学高级教师职称。1999年被县委县政府授予"园丁奖"，2003年被评为县骨干教师，2004年被评为白银市教育系统德育先进个人，2005年被评市委市政府评为全市学校德育工作先进个人。2009年获甘肃省教育科学研究所教学论文《新课改下学生创新精神的培养》一等奖，2011年第五期在《甘肃教育督导》发表《在语文教学中如何发展学生思维》。
简　　介：1986年8月参加工作，中学高级教师。

1402 宋福鹏

性　　别：男
出生年月：1964-03-01
民　　族：汉族
政治面貌：中共党员
职　　称：副高
学　　历：大学本科
所在单位：甘肃省靖远县第二中学
成　　就：曾获得过白银市骨干教师、市优

秀教师暨"园丁"，白银市会考20年优秀个人等称号，并撰写论文《一夜风光最达贵，十年辛苦看珠黄》《语文教学的美学效应》等，发表在省级刊物。2003年12月获得中学高级教师任职资格。

简　　介：1981年4月在曹岘学区任教，1984年8月—1986年6月在靖远师范学习；1986年8月—1987年8月在乌兰中学任教；1987年9月—1989年6月在定西教育学院学习；1989年7月至今在靖远二中任教，自参加工作以来，担任班主任工作25年，2004年担任靖远二中教导处副主任，2007年任教导处主任至今。

1403 雷锡龙

性　　别：男

出生年月：1965-01-20

民　　族：汉族

政治面貌：中共党员

职　　称：副高

学　　历：大学本科

所在单位：甘肃省靖远县第三中学

成　　就：2004年7月获中学高级教师任职资格，2002年被评为白银市"中学骨干教师"。2003年获得白银市首届多媒体教学竞赛一等奖，多媒体课件获省级三等奖，发表省级论文2篇。

简　　介：1984年7月毕业于靖远师范学校，1989年7月毕业于定西教育学院，1996年7月毕业于西北师大函授学院地理专业，1984年8月参加工作，1984年8月—2000年7月在靖远县北湾中学从事中学地理教育教学，2000年8月至今在靖远三中一直从事中学地理教育教学，2004年7月破格获得中学高级教师职称。

1404 雷进文

性　　别：男

出生年月：1962-06-15

民　　族：汉族

政治面貌：中共党员

职　　称：副高

学　　历：大学本科

所在单位：白银东升乡教育管理中心

成　　就：2004年度被白银市评为优秀教育工作者，并授予白银市"园丁奖"。2006年被评为中学高级教师。

1405 贺慧

性　　别：女

出生年月：1963-01-12

民　　族：汉族

政治面貌：中共党员

职　　称：副高

学　　历：大学本科

所在单位：靖远县乌兰教育管理中心

成　　就：2009年获得中学高级教师职称。1999年获白银市"优质课竞赛"二等奖；2001年获靖远县"青年教师教学标兵"、"骨干教师"称号，2007年获靖远县"园丁奖"；2008年主持的课题通过省级鉴定；2003以来在省级刊物发表教育教学论文3篇。

简　　介：2005年6月毕业于西北师范大学教育管理专业。自1984年8月参加工作以来，先后在东湾中学、县幼儿园、乌兰教育管理中心任教，2009年12月获得中学高级教师职称。

1406 齐世强

性　　别：男

出生年月：1966-04-17

民　　族：汉族

政治面貌：中共党员

职　　称：副高
学　　历：大学本科
所在单位：靖远县教育局
成　　就：2008年12月获得中学高级教师职称，2000年获全市优秀教研员荣誉，2004年获白银市"园丁奖"，2013年获靖远县"发展环境创优年"活动先进个人荣誉。
简　　介：2005年毕业于中央电大，行政管理专业，1986年7月参加工作。1986年7月至今在靖远县教育局工作（其间：1989年9月至1990年6月在甘肃省教育学院政教系学习，1997年8月任靖远县教研室副主任，2002年8月任靖远县教育局副局长，2007年8月任靖远县招生委员会副主任、教育局副局长兼任东湾教管中心主任，2012年5月至今任靖远县教育局纪工委书记）；2008年12月获得中学高级教师职称。

1407　徐常勇

性　　别：男
出生年月：1964-07-10
民　　族：汉族
政治面貌：中共党员
职　　称：副高
学　　历：大学本科
所在单位：靖远县教育局
成　　就：2001年12月获得中学高级教师职称，1993年被评为靖远县"优秀教师"，1996年被评为白银市"优秀辅导员"，1999年获靖远县"园丁奖"，2000年获白银市"骨干教师"称号，2001年白银市优质课竞赛"二等奖"，2003年被评为市、县级青少年科技创新大赛"优秀辅导员"、甘肃省第二届"青年教学能手"，2004年被评为甘肃省"骨干教师"，发表省级论文2篇。
简　　介：1988年6月毕业于西北师范大学，物理专业，学士学位，1988年8月参加工作；1988年8月—1999年9月在靖远县第一中学从事教育教学工作；1999年9月—2012年5月在靖远县第三中学从事教育教学工作，担任靖远三中教导主任、副校长等职；2012年6月至今一直在靖远县教育局担任副局长职务。

1408　刘宗贤

性　　别：男
出生年月：1959-05-01
民　　族：汉族
政治面貌：群众
职　　称：副高
学　　历：大学专科
所在单位：靖远县双龙乡教育管理中心
成　　就：2013年12月27日获得中学高级教师职称；1988年获"园丁奖"；2000年被评为"中学骨干教师"；1988年获"园丁奖"；1996年被评为"靖远县优秀教师"；1998年在"岗位练兵、教学评优"活动中荣获二等奖；2000年获"中学骨干教师"荣誉。

1409　陈永梅

性　　别：女
出生年月：1970-10-18
民　　族：汉族
政治面貌：群众
职　　称：副高
学　　历：大学本科
所在单位：白银市靖远县第二中学
成　　就：2009年8月获得中学高级教师职称。2009年作为课题负责人的甘肃省教育科学"十一五"规划课题《中学生网络心理健康状况调查与对策研究》通过省级鉴定。2004年获白银市优质课竞赛三等奖，2010年在白银市多媒体软件大赛整合课例获一等奖，2001年县委、县政府授予"县园丁"奖，

2003年被评为靖远县中学骨干教师，2007年被评为靖远县"第五届教学标兵"，2012年被评为白银市"青年教学能手"。

简　　介：1991年7月参加工作，1997年8月毕业于西北师范大学；1991年7月—1997年3月在北湾中学任教；1994年8月—1997年8月在西北师范大学函授本科学习；1997年3月至今，在靖远县第二中学任教；2006年被聘为中学一级教师，2009年破格晋升为中学高级教师，并于同年被聘任。

1410 何志芳

性　　别：女

出生年月：1962-09-06

民　　族：汉族

政治面貌：群众

职　　称：副高

学　　历：大学本科

所在单位：靖远六中

成　　就：2010年9月获得中学教师高级职称。1996年荣获"靖远县优秀教师"称号。2009年获得全市初中英语优质课竞赛二等奖。2009年荣获全国中学生英语能力竞赛优秀辅导奖，发表省级，国家级论文数篇，并获得"2009中国教育系统优秀论文全国评选"活动二等奖。

简　　介：1985年7月毕业于陇西师范英语专业，1985年参加工作；1985年8月—1987年7月在靖远糜滩中学任教；1987年至今在靖远六中任教；2005年6月毕业于中国地质大学网络教育英语专业。

1411 杨学林

性　　别：男

出生年月：1958-09-06

民　　族：汉族

政治面貌：中共党员

职　　称：副高

学　　历：大学专科

所在单位：靖远县北湾镇教育管理中心

成　　就：2008年12月获中学高级教师资格，2002年获得靖远县园丁奖，2003年获得白银市园丁奖。2011年被聘为全市小学语文优质课评委。

简　　介：1980年毕业于靖远师范；1980年7月—1986年7月在北湾初中任教；1986年8月—1988年7月就读于甘肃省教育学院教育系；1988年8月—1992年7月任教北湾初中（任校长）；1992年8月—2006年7月在北湾学区工作（干事）；2006年8月—2012年7月先后在高崖小学、天字小学工作（任校长），2012年至今在天字小学任教。

1412 吴建中

性　　别：男

出生年月：1958-06-16

民　　族：汉族

政治面貌：中共党员

职　　称：副高

学　　历：大学本科

所在单位：甘肃省靖远县第三中学

成　　就：2005年3月获得中学高级教师职称。1999年荣获白银市"园丁"奖，2002年获得靖远县十佳校长，2003年被评为甘肃省思想政治工作先进个人。

简　　介：1998至2008年担任靖远职专校长，2008至2014年担任靖远三中党支部书记。

1413 吴登绪

性　　别：男

出生年月：1964-04-24

民　　族：汉族

政治面貌：群众

职　　称：副高

学　　历：大学专科
所在单位：靖远县大芦乡小芦初级中学
成　　就：2010年12月获得中学高级教师职称。2008年被评为靖远县优秀教育工作者，并授予"园丁奖"称号。论文《教与考的思考》在2009年全市中学思想品德优秀教学论文、案例、设计交流评比中荣获一等奖。

1414 朱恩
性　　别：男
出生年月：1963-07-02
民　　族：汉族
政治面貌：中共党员
职　　称：副高
学　　历：大学本科
所在单位：靖远县职业中等专业学校
成　　就：2001年12月取得甘肃省中等专业学校教师高级职务任职资格。1998年被评为甘肃省优秀教师，并授予甘肃省"园丁奖"。2003年被授予白银市"优秀教师"称号。2006年被授予白银市"优秀教师"称号。
简　　介：1984年参加工作。1984年7月—1989年7月在金川公司一中工作；1989年8月—1993年7月在靖远县委工作；1993年8月—2011年8月在靖远师范工作；2011年9月至今在靖远职专工作。2001年12月取得甘肃省中等专业学校教师高级职务任职资格。

1415 陈天山
性　　别：男
出生年月：1966-11-12
民　　族：汉族
政治面貌：群众
职　　称：副高
学　　历：大学本科
所在单位：靖远县职业中等专业学校
成　　就：2009年被评为中学高级教师，2007年被评为靖远县优秀教师并获靖远县"园丁奖"。
简　　介：1986年8月在天水师范专科学校汉语言专业就读，1989年7月毕业；1989年7月至1998年12月在靖远县北湾中学任教；1999年1月1日至今在靖远县职业中等专业学校任教。

1416 黄文学
性　　别：男
出生年月：1958-10-20
民　　族：汉族
政治面貌：中共党员
职　　称：副高
学　　历：大学专科
所在单位：靖远县糜滩乡教育管理中心
成　　就：1990年被评为白银市优秀德育工作者；2000年被评为白银市骨干教师，2001年被评为靖远县骨干教师。
简　　介：1996年6月毕业于甘肃省教育学院，汉语言文学专业，1975年3月参加工作；1975年3月至今在糜滩乡教育管理中心任教；2006年12月获中学高级教师职称。

1417 宋承稳
性　　别：男
出生年月：1965-04-28
民　　族：汉族
政治面貌：群众
职　　称：副高
学　　历：大学专科
所在单位：甘肃省靖远县第三中学
成　　就：1999年获靖远县园丁奖。
简　　介：1982年6月毕业于庆阳师专；1982年7月—2000年8月在兴隆中学任教；2000年9月—至今在靖远三中任教。

1418 张成香

性　　别：女
出生年月：1963-03-24
民　　族：汉族
政治面貌：群众
职　　称：副高
学　　历：大学专科
所在单位：靖远县第二中学
成　　就：2008 年 12 月获得中学高级教师职称。2009 年被评为靖远县家庭教育工作先进个人，2010 年 10 月参与白银市教育科学"十一五"规划课题《学生多元化学习方式的应用研究》，通过了市级课题鉴定。在国家级刊物上发表教育论文 1 篇。
简　　介：1996 年 12 月西北师大（自学考试）英语专科毕业，1979 年 11 月参加工作；1979 年 8 月—1986 年 7 月在甘肃省玉门镇饮马农场一中从事中学英语教学工作；1986 年 8 月—1988 年 7 月在靖远县北湾中学从事英语教学；1988 年 8 月至今在靖远县第二中学从事英语教育教学；2008 年 12 月获得中学高级教师职称。

1419 吴晓颖

性　　别：女
出生年月：1971-10-22
民　　族：汉族
政治面貌：群众
职　　称：副高
学　　历：大学本科
所在单位：靖远县第二中学
成　　就：2009 年 12 月获得中学高级教师任职资格。
简　　介：1991 年毕业于甘肃省靖远师范学校，同年分配至靖远县石门中学任教，1994 年获得汉语言文学专业大专学历，同年 8 月调至靖远县东湾学区任教；2002 年 8 月获得汉语言文学专业本科学历；2003 年 8 月调靖远县第二中学任教至今。

1420 唐连明

性　　别：男
出生年月：1957-08-18
民　　族：汉族
政治面貌：中共党员
职　　称：副高
学　　历：大学本科
所在单位：甘肃省白银市靖远县第三中学
成　　就：2002 年 12 月获得中学高级教师职称。2000 年获白银市"园丁奖"。2001 年获县级中学骨干教师荣誉。2005 年获得"全省绿色学校工作优秀教师"荣誉。2009 年被评为先进个人。发表省级论文 1 篇。
简　　介：1976 年 6 月毕业于靖远师范；1998 年毕业于中央党校，党政管理专业；1976 年 10 月参加工作；1976 年 8 月—1981 年 7 月，兴隆中学任教；1981 年 8 月—1983 年 7 月，永新中学任教；1983 年 8 月—1996 年 7 月，北滩东宁总学任教；1996 年 8 月—1998 年 12 月，靖远县教育局教研室工作；1999 年 8 月至今，靖远三中任教；2002 年 12 月获得中学高级教师职称。

1421 周鹏

性　　别：男
出生年月：1968-05-24
民　　族：汉族
政治面貌：群众
职　　称：副高
学　　历：大学本科
所在单位：靖远县北湾教育管理中心
成　　就：2011 年 12 月获中学高级教师资格，2004 年获靖远县"园丁奖"，在省级刊物发表论文 1 篇。

简　　介：2005年6月毕业于西北师范大学教育管理专业，1991年2月参加工作，先后在靖远县五合中学、泰安初中、北湾初中任教。

1422　李平

性　　别：男
出生年月：1971-10-12
民　　族：汉族
政治面貌：中共党员
职　　称：副高
学　　历：大学本科
所在单位：靖远县东湾中学
成　　就：2010年9月获得中学高级教师职称，2011年获县级优骨干教师。
简　　介：1991年靖远师范毕业，同年8月参加工作，2002年6月取得本科文凭。2009年6月获县级优质课一等奖，2009年5月获市级优质课二等奖，2010年12月参与省级课题第二人《课堂问题式教学法应用与时效性实验研究》通过省级鉴定。

1423　白拴祥

性　　别：男
出生年月：1963-05-15
民　　族：汉族
政治面貌：中共党员
职　　称：副高
学　　历：大学本科
所在单位：靖远县第八中学
成　　就：2003年12月获得中学高级教师职称。2000年获"县园丁"称号。2001年获"省级骨干教师""市级学科带头人"称号。2008年获县级"优秀党员"称号。发表省市级论文8篇。
简　　介：1981年6月毕业于甘肃省靖远师范学校，参加自学考试先后取得大专、本科学历，2003年6月获得西北师范大学教育管理专业本科学历；1981年8月参加工作；1990年任蒋滩中学教导主任、副校长，2003年任平堡中学副校长并分管教学，2007年任高湾中学校长，2012年任靖远八中党支部副书记；2014年人靖远八中党支部书记。2003年12月破格晋升为中学高级教师。

1424　海爱霞

性　　别：女
出生年月：1972-11-28
民　　族：回族
政治面貌：中共党员
职　　称：副高
学　　历：大学本科
所在单位：靖远县回民小学
成　　就：2011年8月获得中学高级教师职称。在1998年、1999年、2000年、2001年县小学语文优质课竞赛中均获一等奖，2001年在市小学语文优质课竞赛中获二等奖。在2009年县小学数学优质课献课活动中获一等奖。2007年撰写的论文《构建和谐师生关系、让学生成为学习主人》在白银市优秀论文评选活动中荣获一等奖，2009年5月制作的"《24时计时法》模拟演示器"在白银市优秀教具评选活动中荣获一等奖。2006年被靖远县教育局聘请为中欧项目《儿童学习指导》课程的培训教师，在2009年白银市小学数学说课竞赛活动中被聘为评委。在2012年白银市小学数学优质课竞赛活动中也被聘为评委。撰写的论文《语文课堂中如何加强读的训练》发表于《甘肃教育》；《以读为本优化阅读教学》发表于《未来导报》；《创新意识与实践能力的培养》2009年4月发表于《甘肃职业与成人教育》。主持并参与的省级课题《学生创新能力与实践能力培养方法的研究》于2011年10月通过鉴定。市级课题1个。2001年被评为"县园丁"。2002年被评为"白银市优秀少先队辅导员"。2002年被评为"市骨干教师"。2003年所带被评为"白银市先进班集体"。2003年被评为"白银市优秀班主任"。2003年获"省青年教学能手"等称号。2004年获"优秀共产党员"等称号。2004年被评为"县教学标兵"。2011年又被确定为"省骨干教师"。2011年被评为"市园丁"。2012年被评为"省园丁"。

简　　介：1992年8月参加工作，中学高级教师。

1425　王文正

性　　别：男

出生年月：1956-08-23

民　　族：汉族

政治面貌：群众

职　　称：副高

学　　历：大学专科

所在单位：北湾镇教育管理中心

成　　就：1994年获得白银市"园丁奖"。2006年获得靖远县"中学骨干教师"称号

简　　介：2010年12月获得中学高级教师资格。

1426　李志

性　　别：男

出生年月：1972-03-21

民　　族：汉族

政治面貌：群众

职　　称：副高

学　　历：大学本科

所在单位：白银市靖远县第一中学

成　　就：2010年9月获得中学高级教师职称。2012年2月获得白银市第六届中小学、幼儿园"青年教学能手"，曾先后在《甘肃教育》《陕西教育》《教师报》《白银日报》《白银教育》等报刊上发表教育教学论文、散文、诗歌等40余篇(首)。著有中篇小说《清郁的绿叶》，长篇小说《累了痛了你就喊声天啊》，出版了长篇小说《逆风的麻雀》等。

简　　介：1995年7月毕业于兰州师范专业学校；2005年7月取得西北师范大学历史专业本科学历证书；1995年8月至1997年7月在靖远糜滩中学担任历史教育教学工作；1997年8月至2002年7月在靖远第五中学担任历史教育教学工作；2002年8月至今在靖远一中担任历史教育教学工作；2010年9月获得中学高级教师职称。

1427　许可新

性　　别：男

出生年月：1970-08-19

民　　族：汉族

政治面貌：中共党员

职　　称：副高

学　　历：大学本科

所在单位：甘肃省靖远县第一中学

成　　就：2008年8月获得中学高级教师职称。工作期间，承担省市级课题研究各一项，发表省级论文3篇。论文《不拘一格，重在积累》在全国第二届"四方杯"优秀语文教师选拔大赛中获得"全国优秀语文教师教研能手"三等奖。辅导的学生有十人次在"新世纪"杯、"语文报"杯、"叶圣陶"杯等全国中学生作文大赛中获奖。2001年5月被评为白银市首届中学教师"青年教学能手"，2001年10月被评为靖远县中学骨干教师。2004年被市教育局评为白银市中学骨干教师。

简　　介：1992年8月天水师专中文系毕业后在靖远一中从事教育教学工作；1993—1996年函授于西北师大中文系，取得本科学

历。2001年起担任校乌兰草文学社指导教师及校报（刊）主编工作；2008年破格晋升为中学高级教师。

1428 杨鹤

性　　别：男
出生年月：1965-08-05
民　　族：汉族
政治面貌：群众
职　　称：副高
学　　历：大学本科
所在单位：甘肃省靖远县第五中学
成　　就：2009年12月获得中学高级教师职称；2007年被评为县优秀教师并授予"园丁奖"称号；2007年在白银市中学教师说课竞赛中荣获一等奖。
简　　介：1985年8月参加工作。工作以来，一直担任中学语文教育教学工作。

1429 杜进凯

性　　别：男
出生年月：1962-09-04
民　　族：汉族
政治面貌：中共党员
职　　称：副高
学　　历：大学专科
所在单位：靖远县北滩中学
成　　就：2004年获得全国中学生英语能力竞赛优秀指导教师；2006年12月获得中学高级教师职称。
简　　介：1979年9月参加工作，遵纪守法，爱职敬岗，关心学生，教学成绩优秀。

1430 田龙年

性　　别：男
出生年月：1959-04-18
民　　族：汉族
政治面貌：群众
职　　称：副高
学　　历：大学专科
所在单位：靖远县北湾教育管理中心
成　　就：2007年取得中学高级教师资格，2002年被评为白银市中学骨干教师，2005年获白银市"园丁奖"，多次获县"园丁奖"，在省级刊物发表论文2篇。
简　　介：1996年6月毕业于甘肃省教育学院数学专业，1978年8月参加工作，先后在金山学校、泰安初中任教。

1431 寇世才

性　　别：男
出生年月：1960-05-04
民　　族：汉族
政治面貌：中共党员
职　　称：副高
学　　历：大学专科
所在单位：靖远县三滩乡教育管理中心
成　　就：2006年12月获得中学高级教师职称。1987年荣获靖远县县园丁奖。1992年获得市教改先进个人园丁奖；2002年被评为白银市市级中学骨干教师；2005年被评为白银市职业教育先进个人。
简　　介：1981年8月参加工作，1981年7月毕业于靖远师范学校；1981年8月—1990年1月，在糜滩学区任教；1990年2月—2000年7月在三滩学区任学区干事；2000年8月—2014年8月任三滩职业技术中学任校长、书记；2014年8月至今，在三滩教育管理中心任教。

1432 唐娴

性　　别：女
出生年月：1975-11-21
民　　族：汉族

政治面貌：中共党员
职　　称：副高
学　　历：大学本科
所在单位：靖远县乌兰小学
成　　就：2010年9月获得中学高级教师职称。2000年7月荣获甘肃省"优化结构，体现合作"观摩课省级一等奖；2001年被聘参加白银市中小学"巡回示范"教学活动；2001年被评为甘肃省首届"青年教学能手"；2004年被评为靖远县第四届"教学标兵"；2004年被评为白银市"优秀辅导员"；2007年荣获甘肃省"第二届小学语文骨干教师献课"省级一等奖；2007年被聘参加白银市"送教下乡"活动，荣获一等奖；2008年被评为白银市"优秀辅导员"；2009年被评为甘肃省省级"骨干教师"；2009年被评为白银市首届"名教师"，并授予"园丁奖"；2011年被评为白银市市级"学科带头人"；2007年，2008年，2010年，2011年，多次荣获甘肃省"指导教师"奖；2006年，2007年，2008年，2011年，2012年被聘为白银市"小学语文优质课竞赛"评委。有20余篇论文、案例在市级以上刊物发表或获奖，4项主持课题通过省级鉴定，4项主持课题荣获市级"教育科研优秀成果"一、二等奖。
简　　介：1995年8月参加工作。2004年破格晋升为小学高级教师；2010年破格晋升为中学高级教师。

1433　张庚太

性　　别：男
出生年月：1959-10-17
民　　族：汉族
政治面貌：中共党员
职　　称：副高
学　　历：大学本科
所在单位：靖远县教育局
成　　就：2006年获得中学高级教师职称，1999年被评为全市自学考试工作考试服务先进个人，2001年被评为全市自学考试工作考试服务先进个人，2002年被评为全市自学考试工作考试服务先进个人。
简　　介：2004年6月毕业于西北师范大学，教育管理专业，1985年8月参加工作；1985年8月—1988年7月在靖远县东升中学从事语文教育教学；1988年8月至今一直在靖远县教育局工作；2006年12月获得中学高级教师职称。

1434　张克萍

性　　别：女
出生年月：1964-03-03
民　　族：汉族
政治面貌：中共党员
职　　称：副高
学　　历：大学本科
所在单位：靖远县六中
成　　就：2010年9月取得中学高级教师职称。2003年荣获靖远县中学骨干教师称号。2004年获得靖远县初中地理优质课竞赛一等奖。2005年获得全国中等学校优秀地理教研论文一等奖。
简　　介：1984年8月—1985年7月在靖远县三滩中二学校任教；1985年8月—1991年7月在靖远县三滩三台中学任教；1991年8月—1993年6月在定系教育学院进修地理专业；1993年8月至今在靖远县六中任教；2010年9月取得中学高级教师职称。

1435　李浩民

性　　别：男
出生年月：1966-12-09
民　　族：汉族
政治面貌：中共党员

职　　称：副高
学　　历：大学本科
所在单位：靖远县特殊教育学校
成　　就：2010年12月28日获得中学高级教师职称，2003年获得甘肃省先进个人；1991年被县委、县政府评为靖远县优秀教师；2003年在爱心助残活动中被评为优秀工作者。
简　　介：2003年12月31日毕业于中央党校，行政管理专业，1982年8月参加工作。1982年8月—1996年7月在靖远县北湾学区从事教育教学；1996年8月—2012年2月在靖远县教育局工作；2012年3月至今一直在靖远县特殊教育学校工作；2010年12月28日获得中学高级教师职称。

1436 欧阳福

性　　别：男
出生年月：1956-09-27
民　　族：汉族
政治面貌：群众
职　　称：副高
学　　历：大学专科
所在单位：靖远县中堡中学
成　　就：2009年12月获得中学高级教师资格。2007发表省级论文2篇。
简　　介：1996年6月毕业于甘肃教育学院，汉语言教育专业，1976年10月参加工作，1976年10月至今一直在中堡中学工作，2009年12月获得中学高级教师职称。

1437 王作为

性　　别：男
出生年月：1964-11-03
民　　族：汉族
政治面貌：中共党员
职　　称：副高
学　　历：大学本科
所在单位：靖远县回民小学
成　　就：2006年12月获得中学高级教师职称；2006年获得白银市"园丁奖"；2005年撰写的论文获一等奖。
简　　介：1986年8月—1990年7月在北湾中学任教；1990年8月—1995年7月在五合中学任教；1995年8月—2008年7月在北滩乡红丰中学任教；2009年—今在靖远县回民小学任教。

1438 崔盈

性　　别：男
出生年月：1964-09-09
民　　族：汉族
政治面貌：中共党员
职　　称：副高
学　　历：大学本科
所在单位：靖远县东升教育管理中心
成　　就：1996年度被评为白银市优秀教师，并获白银市"园丁奖"。2001年度被评为白银市优秀教育工作者，并获白银市"园丁奖"。2004年6月荣获"白银市优秀辅导员"称号。2007—2009学年度被评为白银市优秀教育工作者，并获白银市"园丁奖"。2010年度荣获全国教育改革优秀教师称号。2012年被评为甘肃省基本普及九年义务教育基本扫除青壮年文盲工作先进个人。2007—2009学年度被评为白银市优秀教育工作者，并获白银市"园丁奖"。2010年度荣获全国教育改革优秀教师称号。2012年被评为甘肃省基本普及九年义务教育基本扫除青壮年文盲工作先进个人。

1439 王述平

性　　别：男
出生年月：1961-09-05

民　　族：汉族
政治面貌：中共党员
职　　称：副高
学　　历：大学专科
所在单位：靖远县刘川乡教育管理中心
成　　就：2009年12月被评为中学高级教师。1997年至2004年曾先后获靖远县"园丁奖"，靖远县德育工作论文评选二等奖、岗位练兵、教学评优一等奖、白银市"园丁奖"、靖远县第四届教学标兵称号。2007年在《中国教育科研与实践》发表的论文《浅议在学校管理中校长非权力因素的影响》获中华教育科研论文、教案评优活动一等奖。2007年6月在《甘肃教育》发表论文《自主学习的误区在哪里》。2007年8月在《教育革新》杂志发表论文《农村学校新课改存在的问题及对策》。
简　　介：1978年开始担任民办教师。1984年毕业于靖远师范学校，1985年毕业于兰州大学汉语言文学专业（专科自考）。自1984年以来，曾在若笠中学、米塬初级中学担任初中语文教学工作。2009年，调靖远县刘川乡教育管理中心担任语文教育教学工作。

1440　董志成

性　　别：男
出生年月：1955-01-14
民　　族：汉族
政治面貌：中共党员
职　　称：副高
学　　历：大学本科
所在单位：靖远县教育局
成　　就：2008年12月获得中学高级教师职称，2003年、2009年获白银市"园丁奖"。
简　　介：1996年12月毕业于中央党校（函授），行政管理专业，1978年8月参加工作。1978年8月—1987年7月在靖远县糜滩中学从事教育教学工作；1987年8月至今一直在靖远县教育局工作；2008年12月获得中学高级教师职称。

1441　魏列讲

性　　别：男
出生年月：1958-08-18
民　　族：汉族
政治面貌：群众
职　　称：副高
学　　历：大学专科
所在单位：靖远县第六中学
成　　就：2004年12月获得中学高级教师职称；2006年被确定为靖远县中小学县级中学骨干教师；2008年在靖远县第四届中小学生书信文化大赛中荣获优秀辅导奖；2004年获得中学高级教师职称；2006年被确定为靖远县中小学县级中学骨干教师；2008年在靖远县第四届中小学生书信文化大赛中荣获优秀辅导奖；2004年9月在《甘肃教育》上发表论文《非教案因素的实践与思考》；2004年3月在《教育革新》上发表论文《语文课堂的误象与对策》。

1442　胡荣昌

性　　别：男
出生年月：1957-10-15
民　　族：汉族
政治面貌：群众
职　　称：副高
学　　历：大学专科
所在单位：靖远县职业中等专业学校
成　　就：2007年被评为中学高级教师，2000年被评为白银市优秀教育工作者并获白银市"园丁奖"。
简　　介：1975年8月—1977年8月就读于靖远师范。1977年9月—1980年8月在会宁河畔中学任教。1980年9月—1990年8月在靖远县中堡学校任教。1990年9月—1998年8月在靖远县教师进修学校任教，1993年3月—1996年6月在兰州教育学院学习。1998年9月至今在靖远县职业中等专业学校任教。

1443 张生贵
性　　别：男
出生年月：1962-06-09
民　　族：汉族
政治面貌：中共党员
职　　称：副高
学　　历：大学专科
所在单位：靖远县东升教管中心
成　　就：2006年被评为优秀教育工作者，并授予白银市"园丁奖"称号，2006年被评为中学高级教师。

1444 王世辉
性　　别：男
出生年月：1963-09-15
民　　族：汉族
政治面貌：中共党员
职　　称：副高
学　　历：大学专科
所在单位：靖远县乌兰教育管理中心
成　　就：2010年12月获得中学高级教师职称，1993年、2003年、2005年三次获靖远县"园丁奖"；2009年获白银市"园丁奖"。
简　　介：1996年6月毕业于甘肃教育学院地理专业。自1984年9月参加工作以来，先后在靖远县营防初中、乌兰教育管理中心任教，2010年12月获得中学高级教师职称。

1445 路永沧
性　　别：男
出生年月：1966-07-25
民　　族：汉族
政治面貌：中共党员
职　　称：副高
学　　历：大学本科
所在单位：甘肃省靖远县第二中学
成　　就：2003年12月被聘任为中学高级教师；2001年被评为白银市骨干教师；2011年被评为甘肃省骨干教师。
简　　介：并担任白银市教育学会语文教学研究会副秘书长。

1446 董占荣
性　　别：男
出生年月：1970-12-20
民　　族：汉族
政治面貌：群众
职　　称：副高
学　　历：大学本科
所在单位：靖远县第一中学
成　　就：2009年12月获全国实验教师，2011年被确定为靖远县"十二五"期间第一批县骨干教师，2011年被确定为白银市中学骨干教师，2010年12月获中学高级教师职称。
简　　介：2000年兰大自学考试汉语言本科毕业；1987年8月—1990年6月在靖远师范读书；1990年8月—1992年6月在靖远县营防中学任教；1992年8月—2000年6月在靖远县糜滩中学任教；2000年8月至今在靖远一中任教。

1447 张国宝
性　　别：男
出生年月：1965-05-01
民　　族：汉族
政治面貌：中共党员

职　　称：副高

学　　历：大学专科

所在单位：甘肃省靖远县第三中学

成　　就：2004年7月获得中学高级教师职称，1998年获白银市数学优质课竞赛一等奖，2001年获白银市青年教学能手，2002年获甘肃省园丁奖，2004年获白银市中学骨干教师。发表省级论文4篇。

简　　介：1984年6月毕业于靖远师范学校；1989年6月毕业于定西教育学院，数学专业，1984年8月参加工作；1984年8月—1987年7月在靖远县五合中学任教；1987年8月—1989年6月在定西教育学院进修；1989年8月—1995年3月在靖远县东升中学任教；1995年4月—2000年6月在靖远县城关中学任教；2000年8月—2014年6月在靖远县第三中学任教；2014年7月至今在靖远县教育局教研室工作；2004年7月获得中学高级教师职称。

1448　陈文倡

性　　别：男

出生年月：1964-07-15

民　　族：汉族

政治面貌：中共党员

职　　称：副高

学　　历：大学本科

所在单位：靖远县永新乡教育管理中心

成　　就：2008年12月获得中学高级教师职称，1989年荣获白银市"园丁奖"，2003年被评为县优秀教育工作者，并被授予"园丁奖"。

简　　介：于1982年8月至1984年6月在靖远师范读书，1984年8月参加工作，1996年8月任靖远县永新中学校长。

1449　展智

性　　别：男

出生年月：1963-11-08

民　　族：汉族

政治面貌：中共党员

职　　称：副高

学　　历：大学专科

所在单位：靖远县第二中学

成　　就：2005年12月获得中学高级教师职称。2003年被评为县优秀教师并授予园丁奖。2011年评为白银市优秀共产党员。

简　　介：1985年7月参加工作。先后工作于靖远县五合中学和靖远二中。

1450　贾世锦

性　　别：男

出生年月：1966-09-25

民　　族：汉族

政治面貌：中共党员

职　　称：副高

学　　历：大学本科

所在单位：靖远三中

成　　就：2002年获白银市骨干教师称号；2011年获关工委全国优秀辅导员奖。

简　　介：1986年8月参加工作；1986年8月—1990年9月月在靖远县曹岘中学任教；1990年10月—2012年8月在靖远二中任教；2004年9月—2009年8月在靖远二中任教导处副主任，2009年10月—2012年8月任靖远二中政教主任，2012年9月至今任靖远三中副校长。

1451　徐世新

性　　别：男

出生年月：1957-03-25

民　　族：汉族

政治面貌：中共党员

职　　称：副高
学　　历：大学专科
所在单位：靖远县三滩教管中心
成　　就：2006年12月获中学高级教师职称；1997年被评为白银市优秀教师，并授予白银市"园丁奖"；2002年获得白银"中学骨干教师"称号。
简　　介：1973年毕业于朝阳中学，1976年3月参加工作，1996年取得自考汉语言文学大专学历。中共党员，中学高级教师。1994年9月至1998年7月任靖远县三滩乡三台中学校长，1998年8月—1999年8月任靖远县三滩乡联合学校校长，1999年9月至2011年9月任靖远县三滩职业技术中学教导主任。

1452　宋建伟

性　　别：男
出生年月：1963-02-22
民　　族：汉族
政治面貌：中共党员
职　　称：副高
学　　历：大学专科
所在单位：靖远县刘川中学
成　　就：1984年获靖远县"教学新秀"称号，1992年获靖远县"园丁"称号，1997年获靖远县"教学标兵"称号，1998年获白银市"园丁"称号，2001年获国家级数学竞赛优秀辅导奖。靖远县中学骨干教师、白银市中学骨干教师、靖远县第十届人大代表、靖远县第十三次党代会代表。
简　　介：1981年8月参加工作，1998年8月任刘川中学副校长至今。

1453　吴正鹤

性　　别：男
出生年月：1960-05-23
民　　族：汉族
政治面貌：中共党员
职　　称：副高
学　　历：大学专科
所在单位：靖远县教育局
成　　就：2007年12月获得中学高级教师职称，1990年获靖远县广播电视宣传员，2002年获靖远县"园丁奖"。
简　　介：1994年12月毕业于兰州大学（自考），电化教育专业；1980年12月参加工作；1980年12月—1984年8月在靖远县第二中学从事教育教学工作；1984年9月至今一直在靖远县教育局工作。

1454　武繁善

性　　别：男
出生年月：1961-10-10
民　　族：汉族
政治面貌：中共党员
职　　称：副高
学　　历：大学本科
所在单位：白银市靖远县乌兰小学
成　　就：1986年获甘肃省"园丁奖"。1993年被评为甘肃省"优秀辅导员"。1996年获甘肃省"星星火炬"奖。1998年获甘肃省优质课竞赛一等奖。1998年被评为"甘肃省特级教师"。2000年分别被确定为甘肃省"骨干教师"、"学科带头人"。2001年获甘肃省优质教案一等奖。2002年被中国教育学会评为"先进工作者"。2003年12月被评为中学高级教师。2004年获白银市"园丁奖"。2007年被授予"全国优秀教师"称号。2009年获"全国青少年文明礼仪教育标兵"。
简　　介：1981年毕业于甘肃省临洮师范。同年任教靖远县乌兰小学至今。

1455 高振谦

性　　别：男
出生年月：1962-08-21
民　　族：汉族
政治面貌：中共党员
职　　称：副高
学　　历：大学专科
所在单位：甘肃省白银市靖远县糜滩中学
成　　就：2011年获得中学高级教师职称；1995年获得靖远县"职业道德标兵"；1998年获得靖远县优秀教师荣誉，并授予靖远县"园丁奖"；2011年获得白银市优秀教师荣誉，并授予白银市"园丁奖"。

1456 王功

性　　别：男
出生年月：1968-10-04
民　　族：汉族
政治面貌：中共党员
职　　称：副高
学　　历：大学本科
所在单位：甘肃省靖远县第二中学
成　　就：2010年获得中学高级教师职称；2005年获得白银市高中数学优质课竞赛一等奖；2009年被评为白银市优秀教师，并被授予园丁奖；2009年被评为白银市第五届中学青年教学能手。2010年获得中学高级教师职称；2005年获得白银市高中数学优质课竞赛一等奖；2009年被评为白银市优秀教师，并被授予园丁奖；2009年被评为白银市第五届中学青年教学能手。

1457 赵玉

性　　别：男
出生年月：1960-08-01
民　　族：汉族
政治面貌：中共党员
职　　称：副高
学　　历：大学专科
所在单位：甘肃省白银市靖远县第二中学
成　　就：1984年获靖远县教育战线先进个人称号；1992年在靖远县中小学教师"岗位练兵、教学评优"中被评为优秀教师；1998年在靖远县"岗位练兵、教学评优"活动中获优质课竞赛二等奖；2003年获靖远县县级中学骨干教师；2004年在"岗位练兵、教学评优"全县联评活动中荣获一等奖；2006年取得中学高级教师职称。
简　　介：1980年8月毕业于靖远师范；1985年9月—1987年6月在定西教育学院学习中文；自1980年8月参加工作先后在永新中学、兴隆中学、东升中学任教；1996年9月调至靖远二中任教至今。

1458 杜进珀

性　　别：男
出生年月：1959-08-15
民　　族：汉族
政治面貌：中共党员
职　　称：副高
学　　历：大学本科
所在单位：靖远县教育局
成　　就：2002年7月获中学高级教师任职资格，2001年获白银市园丁奖，2006年获甘肃省园丁奖。
简　　介：1980年7月毕业于靖远师范学校，在靖远县北滩乡东宁初中任教；1987年起先后任兴隆中学副校长、东湾中学副校长、乌兰中学副校长、2002年8月任乌兰中学校长；2012年8月调县教育研究室工作。

1459 雒志勤

性　　别：男

出生年月：1963-08-09
民　　族：汉族
政治面貌：群众
职　　称：副高
学　　历：大学专科
所在单位：靖远县职业中等专业学校
成　　就：五届"叶第圣陶杯"全国中学生新作文大赛中荣获作文教学成果一等奖。撰写的《"三问"、"三答"中的"我"》一文荣获"现代教育与实践论坛"全国论文评比大赛一等奖。
简　　介：1982年7月参加工作。现任教于靖远县职业中等专业学校。2010年12月获得中学高级教师任职资格。

1460 滕雁鸣

性　　别：女
出生年月：1972-05-29
民　　族：汉族
政治面貌：群众
职　　称：副高
学　　历：大学本科
所在单位：甘肃省靖远县第五中学
成　　就：2010年9月获得高级教师职称；2000年获得县英语优质课竞赛一等奖；白银市英语优质课竞赛二等奖；2003年获得白银市初中英语教师演讲赛一等奖；2004年获得靖远县第四届"教学标兵"称号；2005年获得靖远县优质课竞赛一等奖；2005年、2006年所辅导的学生分别获得奥林匹克竞赛国家级二、三等奖；2008年获得靖远县优秀教师称号与"园丁奖"；2009年所辅导的学生获得全国中学生英语竞赛二等奖，2009年获得靖远县"岗位练兵教学评优"一等奖、甘肃省优质课二等奖。
简　　介：1992年她被分配到靖远县城关中学任教。她自参加工作以来，一直担任英语教学工作，2007年开始兼任班主任工作。

1461 滕海霞

性　　别：女
出生年月：1963-02-03
民　　族：汉族
政治面貌：中共党员
职　　称：副高
学　　历：大学本科
所在单位：甘肃省靖远县第五中学
成　　就：2010年获得中学高级教师职称；2001年获靖远县"岗位练兵，教学评优"一等奖；2003年获"靖远县骨干教师"称号；2004年获"靖远县第四届教学标兵"称号；2005年获"白银市德育工作先进个人"称号；2005—2007年辅导学生在全国中学生英语能力竞赛中多次获奖。
简　　介：2005年6月毕业于中国地质大学英语专业。1979年8月参加工作；1979年8月—1999年7月在东湾镇大坝中学从事英语教育教学；1999年至今在靖远县第五中学从事英语教育教学工作。

1462 杨功

性　　别：男
出生年月：1964-09-23
民　　族：汉族
政治面貌：中共党员
职　　称：副高
学　　历：大学本科
所在单位：靖远县第七中学
成　　就：1998年获靖远县园丁奖，2006年获白银市招生工作二十周年先进个人，2007年获白银市园丁奖，发表省级论文1篇。
简　　介：1982年8月参加工作；2007年12月获得中学高级教师资格。自1982年8月参加工作以来，先后靖远县糜滩中学、靖远县第五中学、靖远县三滩中学任教或担任党支部副书记、教导主任、校长等职务，现在靖远县第七中学任教并担任党支部副书记。

1463 韦宝军

性　　别：男
出生年月：1963-05-08
民　　族：汉族
政治面貌：中共党员
职　　称：副高
学　　历：大学本科
所在单位：靖远县刘川中学
成　　就：2001年5月获得中学高级教师职称。1999年评为白银市骨干教师，2004年评为甘肃省骨干教师，2007年"全省绿色学校工作优秀教师"。
简　　介：1982年9月参加工作，中学高级教师，2007年9月担任靖远县刘川中学校长至今。

1464 欧孟麟

性　　别：男
出生年月：1965-06-07
民　　族：汉族
政治面貌：中共党员
职　　称：副高
学　　历：大学本科
所在单位：靖远县刘川中学。
成　　就：2009年12月获得中学高级教师职称，2006年荣获白银市"园丁奖"，2007年在考试教研杂志第7期上发表了题为《培养学生创新性学习能力的探讨》论文一篇，2009年在甘肃教育第11期下半月版上发表了题为《政治课教学要促进学生的主体性发展》论文一篇。

1465 裴发惠

性　　别：女
出生年月：1964-09-09
民　　族：汉族
政治面貌：群众
职　　称：副高
学　　历：大学专科
所在单位：靖远县东湾中学
成　　就：2011年11月获得中学高级教师职称，2003年被评为白银市优秀班主任，2009年在白银市中学语文说课比赛中获一等奖。2010年"岗位练兵，教学评优"全县联评活动中获一等奖。
简　　介：1985年7月毕业于靖远县师范，1985年9月参加工作，1995年7月毕业于甘肃教育学院，现任职于靖远县东湾中学，2011年11月获得中学高级教师职称。

1466 陈世钰

性　　别：女
出生年月：1964-09-05
民　　族：汉族
政治面貌：群众
职　　称：副高
学　　历：大学专科
所在单位：靖远六中
成　　就：2006年12月获得中学高级教师职称；2006年被评为靖远县骨干教师；2007年获得白银市"园丁奖"。发表省级论文一篇。
简　　介：1986年7月毕业于张掖师专数学系；1986年8月参加工作至今一直在靖远六中工作。

1467 寇明友

性　　别：男
出生年月：1958-04-09

民　　族：汉族
政治面貌：中共党员
职　　称：副高
学　　历：大学专科
所在单位：靖远县三滩中学
成　　就：2010年12月获得中学高级教师职称，2005年被评为靖远县优秀教师并授予县园丁奖，2006年被评为白银市市级优秀班主任并授予白银市园丁奖。2005年至2012年12月，共发表省级论文两篇。
简　　介：1983年7月毕业于靖远师范学校，毕业至今一直在三滩乡从事教育教学工作。自1993年6月参加甘肃教育学院自学考试，专攻政治教育专业，1996年6月获得专科学历，自1984—1989年在三台学校任教导主任，1990—1995年在联合学校任校长职务，1996—1999年在三台初中任校长，1999年自三滩中学建立至今，任三滩中学副校长。

1468 王生万

性　　别：男
出生年月：1959-01-01
民　　族：汉族
政治面貌：群众
职　　称：副高
学　　历：大学专科
所在单位：靖远县兴隆乡大庙学校
成　　就：2008年12月获得中学高级教师任职资格，1999年被评为白银市优秀教师，被市委市政府授予"园丁奖"称号，2004年被确定为白银市中学骨干教师。2008年获得中学高级教师任职资格，2009年被聘为中学高级教师。
简　　介：1996年6月毕业于甘肃教育学院，中文专业，1981年8月参加工作，1981年8月至今一直在靖远县兴隆乡教育管理中心从事教育教学工作。

1469 曾国权

性　　别：男
出生年月：1962-08-24
民　　族：汉族
政治面貌：群众
职　　称：副高
学　　历：大学专科
所在单位：靖远县五合中学
成　　就：2003年12月获得中学高级教师职务；2002年白银市论文交流评比一等奖；2003年靖远县中小学县级中学骨干教师。
简　　介：1983年6月毕业于庆阳师专中文系，1983年7月参加工作；1983年7月—1989年7月在靖远县五合中学从事语文教育教学工作；1989年7月—2000年7月在靖远县五合乡贾寨柯初中从事语文教育教学；2000年8月至今一直在靖远县五合中学从事语文教育教学工作。

1470 武永胜

性　　别：男
出生年月：1968-10-20
民　　族：汉族
政治面貌：中共党员
职　　称：副高
学　　历：大学本科
所在单位：靖远县教育局
成　　就：2003年12月获得中学高级教师职称，1997、2006年靖远县园丁奖，2002年被评为甘肃省电教工作先进个人，2005年负责组织实施国家农村中小学现代远程教育工程项目，发表市级论文2篇。
简　　介：1991年6月毕业于西北师范大学，电化教育专业，1991年7月参加工作，1991年7月至今在靖远县教育局电教馆从事电化教育工作。

1471 柴庆东

性　　别：男
年月：1965—11—20
民　　族：汉族
政治面貌：中共党员
职　　称：副高
学　　历：大学本科
所在单位：甘肃省靖远第二中学
成　　就：2002年获得中学高级教师职称，2006年获靖远县优秀教育工作者及园丁奖，2010年获得甘肃省骨干教师称号。2006年获靖远县优质课竞赛一等奖，2006年获靖远县优秀教育工作者及园丁奖 称号，2010年获甘肃省中小学省级骨干教师称号，2011年获靖远县"十二五"期间第一批中学县级学科带头人荣誉。

1472 邓学东

性　　别：男
出生年月：1969-10-19
民　　族：汉族
政治面貌：中共党员
职　　称：副高
学　　历：大学本科
所在单位：靖远县第五中学
成　　就：2010年12月获得中学高级教师职称；2000年被评为"师德标兵"并授予靖远县"园丁奖"，2001年被确定为靖远县骨干教师，2003年荣获"甘肃省青年教学能手"；2009年被评为白银市"优秀教师"获"园丁奖"。有数篇论文在市以上刊物发表或获奖，其中：《宽容：新课改观点下的育人理念》一文发表于《甘肃教育》（2005年5月）；《重视训练习惯——关于"基础知识问题"的三个关键词》一文发表于《中学语文》（2010年3月）。2002年在全县、全市优质课竞赛中连续获得一等奖的好成绩，并被聘为2002年白银市示范教学讲课教师参加送教下乡巡回示教活动。2003年在全省示范课竞赛中获三等奖。2009年主持的课题《多元参与式语文教学研究》经市级有关部门鉴定验收结题。参与了《北师大版八年级语文上册配套练习册》编写工作。
简　　介：中学高级教师。

1473 马振姝

性　　别：女
出生年月：1974-05-06
民　　族：汉族
政治面貌：群众
职　　称：副高
学　　历：大学本科
所在单位：靖远县第二中学
成　　就：2010年被评为甘肃省第五届"青年教学能手"，2013年确定为靖远县"十二五"第三批中学县级学科带头人，2013年确定为白银市中学骨干教师，2010年获中学高级教师职称，发表省级论文3篇。
简　　介：1992年8月—1995年6月在靖远师范读书；2004年兰大汉语言文学本科毕业；1995年8月—2001年6月在靖远县糜滩中学任教；2001年8月至今在靖远二中任教。

1474 郑爱琴

性　　别：女
出生年月：1969-10-01
民　　族：汉族
政治面貌：中共党员
职　　称：副高
学　　历：大学专科
所在单位：靖远县教育局
成　　就：2009年8月获得中学高级教师职称，1998年获靖远县"园丁奖"。2008年参与（第二人、第三人）两项课题通过省级鉴定，2007年辅导学生获全国中小学生习作大赛二等奖，发表省级论文2篇。

简　　介：1996年6月毕业于甘肃教育学院，汉语言文学专业，1989年8月参加工作；1989年8月—1990年1月在靖远县糜滩中学从事语文教育教学；1990年2月至今一直在靖远县教育局工作；2009年8月获得中学高级教师职称。

1475 刘再秀

性　　别：女

出生年月：1968-08-16

民　　族：汉族

政治面貌：中共党员

职　　称：副高

学　　历：大学本科

所在单位：靖远县第五中学

成　　就：2009年获得副高教师资格证。2008年所带班级被评为市优秀班集体。2009年被评为市级中小学骨干教师。2013年获得市级巾帼建功标兵称号。2009年被评为市级名班主任并被授予园丁奖。2010年被评为靖远县中考优秀教师；2013年被评为十二五规划第一届县级中学骨干教师，被授予白银市"巾帼建功标兵"；2014年被评为靖远县学科名师；2008年—2013年五次在全国中学生英语能力竞赛中获国家级辅导二等奖。

1476 李仲萍

性　　别：女

出生年月：1962-08-19

民　　族：汉族

政治面貌：群众

职　　称：副高

学　　历：大学本科

所在单位：靖远县六中

成　　就：2005年获得中学高级教师职称。2000年荣获甘肃省首届中小学劳动技术教育优秀论文一等奖。1992年荣获靖远县优秀教师称号。

简　　介：1999年12月毕业于中共中央党校函授学院，本科学历。2005年12月取得中学高级教师职称。

1477 王生林

性　　别：男

出生年月：1966-09-04

民　　族：汉族

政治面貌：中共党员

职　　称：副高

学　　历：大学本科

所在单位：甘肃省靖远县第一中学

成　　就：2005年8月获得中学高级教师职称；1997年荣获靖远县优秀教师并授予"园丁奖"称号；2004年获白银市师德先进个人荣誉。撰写的多篇论文在省级刊物上发表。

简　　介：1989年参加工作，中学语文高级教师，靖远一中教导处主任。

1478 宋玉曙

性　　别：男

出生年月：1965-02-28

民　　族：汉族

政治面貌：群众

职　　称：副高

学　　历：大学专科

所在单位：靖远县大芦中学

成　　就：2011年获得中学高级教师职称。长期担任班主任工作，长期任毕业班语文教育教学工作，多次受到学校和当地政府的表彰奖励，1987年获得靖远县优秀管理工作"园丁奖"，1993年获得白银市教学新秀称号。有多篇论文在省级杂志上发表或在省市县级交流中获奖，论文《文言文教学改革的一点尝试》2002 年 4 月在《白银教育》上发表，《梦里花落知多少——论班主任教学工作》2010 年 2 月在《安徽文学》上发表，《建立良好的师生关系，培养健全的学生人格》2011 年 5 月在《成功》杂志上发表，《教读"孔乙己"有感》2011 年 12 月在《课程教学研究》上发表。

简　　介：1982 年 9 月至 1985 年 7 月在甘肃省靖远师范学校读书；1985 年 8 月参加工作，一直在靖远县大芦中学任教；1993 年至 1996 年参加在职自学考试，1996 年 6 月获甘肃省教育学院汉语言文学专业大专学历证书；1991 年秋至 1996 年春任大芦中学教导主任；2002 年秋至 2007 年春任大芦中学校长；2011 年 12 月晋升为中学高级教师。

1479 刘生辉

性　　别：男

出生年月：1967-11-27

民　　族：汉族

政治面貌：中共党员

职　　称：副高

学　　历：大学本科

所在单位：靖远县教育督导室

成　　就：2010 年 10 月获中学高级教师任职资格，2003 获白银市园丁奖，2006 年获甘肃省园丁奖，2012 年评为甘肃省两基工作先进个人。

简　　介：1988 年 7 月毕业于临洮师范学校；先后任教于靖远县永新中心小学、罗家湾小学；1998 年任靖远县城关学区校长；2012 年 8 月至今任靖远县教育督导室副主任。

1480 张波

性　　别：男

出生年月：1966-10-23

民　　族：汉族

政治面貌：群众

职　　称：副高

学　　历：大学专科

所在单位：靖远县教育局

成　　就：2008 年 8 月获得中学高级教师职称，2005 年荣获白银市"园丁奖"，2007 年荣获白银市教育督导工作先进个人，2013 年荣获白银市基本普及九年义务教育基本扫除青壮年文盲工作先进个人。

简　　介：1988 年 7 月毕业于福建师范大学，中文系文秘专业，1988 年 7 月参加工作，1988 年 7 月至今一直在靖远县教育局工作，2008 年 8 月获得中学高级教师职称。

1481 周小娥

性　　别：女

出生年月：1970-10-01

民　　族：汉族

政治面貌：群众

职　　称：副高

学　　历：大学本科

所在单位：甘肃省靖远县第一中学

成　　就：2007 年在第五届"叶圣陶杯"全国中学生新作文大赛荣获了"作文教学成果二等奖"。2006 年被评为靖远县"中学骨干教师"。2007 年《新课程理念下提高课堂教学效率的策略和方法》通过了甘肃省教育科学规划领导小组办公室的鉴定。2007 年撰写的论文《新课标下提高语文课堂教学效率的几点做法》在《甘肃教育》第 4 期（总第 339 期）发表；论文《文言文教学方法之我见》在《甘肃教育》2008 年第 3 期（总第 362 期）上发表。

简　　介：1990 年 8 月参加工作，1997 年 6 月毕业于甘肃教育学院，现在靖远一中担任语文教育教学工作，教龄 24 年。2008 年 8

月获中学高级教师任职资格，2009年9月聘任为中学一级教师，2007年8月至今担任高中语文教学工作，教学成绩优秀。

1482 石生奎

性　　别：男
出生年月：1971-05-05
民　　族：汉族
政治面貌：民主党派
职　　称：副高
学　　历：大学本科
所在单位：靖远县第四中学
成　　就：2011年12月获得中学高级教师职称。1994年被评为"靖远县优秀教师"；2004年被评为"县园丁"；2006年被评为"靖远县中学骨干教师"；2010年被评为"白银市中小学优秀班主任"；2012年被评为"白银市优秀教师"。多篇论文散见于《中学语文教学参考》《教育革新》《基础教育参考》《语文报（高中教师版）》等刊物。
简　　介：1990年6月月毕业于靖远师范；1990年8月—1996年7月在石门乡小口学校任教；1996年8月—2007年7月在乌兰中学任教；2007年8月至今，在靖远四中从事语文教育教学。

1483 路昌

性　　别：男
出生年月：1965-10-01
民　　族：汉族
政治面貌：中共党员
职　　称：副高
学　　历：大学本科
所在单位：靖远县第一中学
成　　就：2003年12月取得中学高级教师职称，2002年获得白银市市级骨干教师称号，2000年获县园丁称号，2007年9月获县优秀班主任、县园丁荣誉。
简　　介：1985年6月毕业于庆阳师专，到靖远一中工作至今，2000年6月获得本科学历。2003年12月取得中学高级教师资格。

1484 刘志剑

性　　别：男
出生年月：1963-12-24
民　　族：汉族
政治面貌：民主党派
职　　称：副高
学　　历：大学本科
所在单位：靖远县教育局
成　　就：1998年12月获得中学高级教师职称。
简　　介：1986年7月毕业于西北师范大学，地理专业，1986年7月参加工作；1986年7月—2012年8月在靖远县第二中学从事教育教学工作；2012年9月至今一直在靖远县教育局工作；1998年12月获得中学高级教师职称。

1485 肖元霞

性　　别：女
出生年月：1965-01-09
民　　族：汉族
政治面貌：群众
职　　称：副高
学　　历：大学本科
所在单位：靖远县第五中学
成　　就：2010年9月获中学高级职称；2003、2004年被评为"县级优秀班主任"并授予"园丁奖"；2003年被评为县级中学骨干教师；2007年所带班级被评为"市级先进班集体"；2009年被评为"市级优秀班主任"并授予"园丁奖"。2008年、2009年发表省级论文各一篇。

简　　介：2005 年 6 月毕业于中国地质大学，英语专业；1984 年 8 月参加工作；1984 年 8 月至 1997 年 10 月在靖远县平堡中学工作；1997 年 11 月至今在靖远县第五中学工作。

1486　高云峰

性　　别：男

出生年月：1970-01-18

民　　族：汉族

政治面貌：中共党员

职　　称：副高

学　　历：大学本科

所在单位：靖远县三滩乡教育管理中心

成　　就：2008 年 12 月获得中学高级教师职称，2004 年获得白银市"园丁奖"。

简　　介：1990 年 8 月参加工作，1998 年担任三滩中学校长，2012 年担任三滩乡教育管理中心主任，多次被评为县、市优秀教师。

1487　王仲佩

性　　别：男

出生年月：1965-01-18

民　　族：汉族

政治面貌：中共党员

职　　称：副高

学　　历：大学专科

所在单位：靖远县兴隆乡教育管理中心

成　　就：2009 年 12 月获得中学高级教师职称。1986 年获首届靖远县"园丁奖"，1988 年县首届教育教学论文竞赛中获纪念奖，1989 年所带班级被评为白银市"红旗中队"，1990 年被评为县"先进德育工作者"，1992 年被授予甘肃省"优秀中专毕业生"称号，1995 年在县自制教具展评中获二等奖，2005 年被评为县优秀教师，并授予"园丁奖"，2009 年被评为县优秀教育工作者，并授予"园丁奖"，2005 年参加市教科所教育教学论文竞赛获市级二等奖。

简　　介：1982 年 7 月靖远师范毕业；1982 年 8 月参加工作；2009 年 12 月获得中学高级教师任职资格。

1488　欧自东

性　　别：男

出生年月：1956-01-02

民　　族：汉族

政治面貌：中共党员

职　　称：副高

学　　历：大学专科

所在单位：靖远县中堡中学

成　　就：2008 年 12 月获得中学高级教师职称，2012 年白银市中学生作文辅导奖，2007 发表省级论文 2 篇。

简　　介：1996 年 7 月毕业于甘肃教育学院，汉语言教育专业，1976 年 2 月参加工作，1976 年 2 月至今一直在中堡中学工作。

1489　何宏聪

性　　别：男

出生年月：1966-09-09

民　　族：汉族

政治面貌：中共党员

职　　称：副高

学　　历：大学本科

所在单位：靖远县糜滩中学

成　　就：2010 年 12 月获得中学高级教师职称。2000 年获市"优质课竞赛"一等奖；；2000 年获省"优质课竞赛"三等奖；2000 年获县"师德标兵暨园丁"奖；2005 年获市"优秀教育工作暨园丁"奖；2001 年获县"骨干教师"荣誉；2001 年获县"中青年教师教学标兵"奖；2004 年 7 月在《甘肃经济日报》发表论文《新课程理念下的思想政治课教学》；2005 年获省"青年教学能手"奖；

2005年获县"优秀青年"奖；2008年1月在《甘肃教育督导》第61期发表论文《让思品教学焕发生命活力》；2010年5月主编《金牌学练考》（语文出版社出版）；2010年被授予靖远县青年教师教学标兵荣誉称号；2012年获县"学校思想政治先进工作者"荣誉；2012年获得白银市"优秀思想工作者"荣誉称号。

简　　介：1985年7月毕业于甘肃省临洮师范学校；1985年8月分配至靖远糜滩中学任教；1990年8月至1992年7月离职进修定西教育学院政治教育专业；1992年8月至2007年7月调入靖远城关中学任教；1997年12月函授中央党校党政管理专业毕业；1999年元月担任靖远城关中学办公室主任，2002年8月起担任城关中学副校长，主管教育教学工作，2007年8月起在担任糜滩中学校长至今。

1490 周维柏

性　　别：男

出生年月：1965-03-09

民　　族：汉族

政治面貌：中共党员

职　　称：副高

学　　历：大学专科

所在单位：靖远县三滩教管中心

成　　就：2010年12月撰写的论文《蓦然回首，那人却在灯火阑珊处—谈谈中学语文诗歌教学艺术》被甘肃省高职高专教育科研成果评审委员会评选为三等奖；2011年8月所辅导的学生作品获得第八届全国中等职业学校"文明风采"竞赛优秀奖。

简　　介：1982年7月毕业于甘肃省靖远师范学校，同年8月任教于靖远县刘川中学，后任教于靖远县三滩职业技术中学，1996年6月取得自考汉语言文学大专文凭。2003年12月获得中学一级教师资格，2004年3月被聘任为中学一级教师职务，2009年12月取得中学高级教师职称。

1491 欧阳军

性　　别：男

出生年月：1956-08-16

民　　族：汉族

政治面貌：中共党员

职　　称：副高

学　　历：大学专科

所在单位：靖远县中堡中学

成　　就：2009年12月获得中学高级教师资格。1998年白银市园丁奖。

简　　介：1996年6月毕业于甘肃教育学院，汉语言教育专业；1975年3月参加工作；1975年3月至今一直在中堡中学工作；2009年12月获得中学高级教师职称。

1492 张生智

性　　别：男

出生年月：1958-10-06

民　　族：汉族

政治面貌：群众

职　　称：副高

学　　历：大学本科

所在单位：甘肃省靖远县第二中学

成　　就：1992年5月—1997年6月连续5年，所带班级被评为先进班集体，所教数学学科高考成绩突出，2004年所带班级高于重点班成绩。

简　　介：1980年7月参加工作，在城关中学任教，1991年8月在靖远二中任教，2001年月取得中学高级教师任职资格。

1493 杜全铭

性　　别：男

出生年月：1958-12-10
民　　族：汉族
政治面貌：中共党员
职　　称：副高
学　　历：硕士研究生
所在单位：景泰县第二中学
成　　就：参加工作至1986年5月从事小学、初中教育工作，之后从事党校干部理论政策教育，2003年3月调入景泰二中从事党务工作。曾获"全省干部教育先进个人"。
简　　介：1977年8月至1979年12月在条山小学任教；1979年12月至1983年5月在武威康宁中学任教；1983年5月至1984年6月在景泰县中泉乡工作；1984年6月至1986年7月在电大党政管理专业脱产学习；1986年7月至2003年3月在景泰县委党校工作；2003年3月至今在景泰二中工作；2005年12月被评为中学高级教师。

1494 吴隆湜

性　　别：男
出生年月：1948-03-01
民　　族：汉族
政治面貌：中共党员
职　　称：副高
学　　历：大学本科
所在单位：景泰六中
成　　就：1991年教学论文《看文画图》发表于《陕西教育》第四期；1997年《作文教学三题》发表于《甘肃教育》第九期；2000年《作文教学批改三法》《语文教学中应辩证对待的两个问题》发表于《甘肃农垦》第四期和第十二期；《试谈高考作文的三性》发表于《甘肃农垦》第八期和第九期；2001年《兴趣作文教学的杠杆》发表于《甘肃农垦》第十二期；2002年《重提往事话改革》发表于《甘肃农垦》第十二期；2003年《方圆来自规矩，成果归于导向》发表于《甘肃农垦》第三期。
简　　介：1975年毕业于甘肃师范大学中文系；1976—1998年先后在永登县文教局和永登示范工作；1988—2008年在原条山农场中学任教；1988年晋升为中学一级教师；1998年晋升为中学高级教师；现已退休。

1495 王子锋

性　　别：男
出生年月：1952-12-02
民　　族：汉族
政治面貌：中共党员
职　　称：副高
学　　历：大学本科
所在单位：白银市景泰县第四中学
成　　就：从教33年来，被教育部基础教育司评为全国特色教育优秀教师，先后4次获得白银市委、市政府"园丁奖"并分别授予优秀校长、优秀教师、优秀教育工作者、名校长等荣誉称号，白银市城市绿化先进个人，2次被景泰县委评为优秀党务工作者；白银市骨干教师、学科带头人，甘肃省骨干教师，辅导青年教师多次在全国和全省专业技术教学大赛中获得三等以上奖励；长期坚持教学一线任课，多次参加市县教育行政部门组织的"五联三助 送教下乡"活动，执教的课堂多次被评为优质教学一等奖，被评为省级优秀辅导教师；长期坚持教育教学研究，探索教育教学改革，主持或参与完成市级课题3项，在省级及国家级刊物发表教育教学论文12篇。
简　　介：1981年8月—1985年7月先后在景泰县杨庄乡翠柳小学、红水乡红墩子小学、三个山小学任教；1985年8月—1991年7月在景泰县上沙窝中学任教；1991年8

月—1993年7月在景泰县上沙窝小学任教，先后任教导主任、校长职务；1993年8月—2003年9月在景泰县上沙窝中学任教，担任校长职务；2003年10月—2009年10月在景泰县第四中学任党支部书记，兼任九年级1、2班化学教师；2009年11月始任景泰县第四中学校长。1979年8月—1981年7月在武威师范学习；1989年8月—1991年7月在兰州教育学院学习，化学专业大专学历；1993年11月—1995年3月在中央党校学习，党政管理本科学历；2005年12月取得中学高级教师资格。

1496 李积忠

性　　别：男
出生年月：1963—01
民　　族：汉族
政治面貌：群众
职　　称：副高
学　　历：大学本科
所在单位：景泰县第二中学
成　　就：1997年获全县语文优质课二等奖，并授予"景泰县教育新秀"称号；2001年被评为县优秀教师，并授予县"园丁奖"称号；在省、地级刊物发表论文多篇。2002年被评为景泰县"学科带头人"；2009年9月《中学生使用手机的利与弊》一课题在"甘肃省普通高中学生研究性学习优秀案例评选活动"中获三等奖；2010年辅导学生获白银市第六届青少年书信文化大赛"优秀辅导奖"。
简　　介：1978年8月—1980年6月，在喜泉中学读高中；1980年8月—1982年6月，在武威师范读书；1982年7月—1992年12月，在喜泉中学、陈庄中学任教；1993年1月—1998年7月，在景泰一中任教；1998年8月—2002年7月，在景泰四中任教；2002年8月至今，在景泰二中任教。在教学期间坚持自学考试，1990年取得大专文凭，1993年取得本科文凭，2002年评为中学一级教师，2010年评为中学高级教师。

1497 罗崇祥

性　　别：男
出生年月：1965-07-08
民　　族：汉族
政治面貌：中共党员
职　　称：副高
学　　历：大学本科
所在单位：景泰县实验小学
成　　就：1987年、1989年所带班级学生语文成绩在全县统考中名列第一、第二名。1993年所带学生语文成绩在全县统考中名列第二；1996年所带学生语文成绩在全县统考中名列第一。在景泰县教育局工作期间两次受到省教育厅表彰。2004年10月任教研室副主任兼基教办主任，制定《景泰县中小学整章建制目录》。2005年主持编写了《景泰县中小学档案管理手册》。2011年担任喜泉学区校长，调整充实了6所小学、1所幼儿园班子建设。注重学校布局调整，合并了3所规模太小教学点，将兴泉幼儿园从小学分离。想法办学条件改善，争取万生东爱心捐助资金200万元，建成民安生东希望小学。2013年11月担任景泰县实验小学校长，学校工作有序、健康、持续发展。
简　　介：1981年8月至1984年8月在武威师范读书；1985年9月至1988年7月甘肃省广播电视大学汉语言文学专业在职学习；1993年9月至1995年12月中央党校.党政干部管理专业在职函授。1984年8月至1990年3月在喜泉学区任教；1990年3月至1996年6月在景泰三中任教；1996年6月至2011年5月在景泰县教育局工作；

2011年5月至2013年11月在喜泉学区工作；2013年11月至今在景泰县实验小学工作。1991年5月任中学二级教师，1998年1月任中学一级教师，2007年1月任中学高级教师。2003年10月任县教育教学研究室副主任，2011年5月任喜泉学区校长，2013年11月任景泰县实验小学校长。

1498 张永红

性　　别：男
出生年月：1962-02-12
民　　族：汉族
政治面貌：中共党员
职　　称：副高
学　　历：大学本科
所在单位：景泰县第五中学
成　　就：自1979年参加工作以来，为省、市体校培养输送人才30多人。为大中专院校培养40多人。并多次带队参加市运动会，并取得良好成绩。多次被评为景泰县优秀教练员以及市级优秀裁判员等。在2009年被评为景泰县优秀共产党员。
简　　介：1969年6月—1979年6月在条山农场学校就读；1984年7月—1986年7月在兰州师专就读；2005年9月—2007年7月在兰州大学电大就读；1979年9月—2007年9月在条山农场学校任教；2007年8月至今在景泰五中任教；1993年10月晋升中学一级教师资格。2009年晋升获中学高级教师职称。

1499 张守明

性　　别：男
出生年月：1966-04-05
民　　族：汉族
政治面貌：中共党员
职　　称：副高
学　　历：大学本科
所在单位：景泰县第五中学
成　　就：1985年7月从教以来，所带班级学生成绩显著；先后荣获甘肃省骨干教师、白银市首批中学学科带头人、白银市优秀德育工作者、景泰县首届十大杰出青年、白银市十大优秀青年、白银市优秀班主任、白银市推广青浦经验先进个人等称号；曾多次被评为景泰县优秀教师；所带学生参加全国初中数学竞赛有140多人次分获国家级、省级、市级奖，发表或获奖论文共计22篇；所带班级班报《追梦》被中央教科所评审通过，并获得最佳班报奖一等奖，课题《初中生学习习惯养成教育研究》、《学校德育工作在构建和谐社会中的作用》分别经省市教科所评审鉴定通过。
简　　介：1982年7月—1985年6月在武威师范学习；1987年—1990年参加甘肃省自学考试取得大专学历证书；1992年—1995年在西北师大函授取得大学本科学历证书。1985年7月—1991年7月在景泰县芦阳镇第二中学教书；1991年8月—1999年7月在景泰县第一中学教书；1999年8月—2012年3月在景泰县第四中学教书；2012年3月至今在景泰县第五中学工作。1992年12月被评聘为中学二级教师；1997年12月被评聘为中学一级教师；2004年12月被评聘为中学高级教师。

1500 张本英

性　　别：男
出生年月：1962-09-26
民　　族：汉族
政治面貌：中共党员
职　　称：副高
学　　历：大学本科
所在单位：永靖县关山乡南堡中心小学

成　　就：2005年获永靖县"两基"攻坚先进工作者称号；2006年被授予省"园丁奖"。先后在《甘肃日报》《临夏教育》《甘肃教育》等报纸杂志上发表论文多篇。2008年获永靖县"十佳校长"称号，并破格晋升为中学高级教师。

简　　介：中学高级教师。1988年在兰州大学新闻专业专科班学习，1999年享受副科级待遇。2001年8月在中央党校本科班行政管理专业学习。2002年当选为永靖县第十四届人大代表。2012年12月任关山学区督导员。

1501 王国平

性　　别：男

出生年月：1966-06-16

民　　族：汉族

政治面貌：中共党员

职　　称：副高

学　　历：硕士研究生

所在单位：永靖中学

成　　就：2007年8月论文《教育科研是学校发展的理论导向》荣获"中国教育科学研究协会2007年全国优质教育成果论文类"一等奖；2009年被中国教育学会教育管理分会授予"2009全国学校后勤管理先进个人"称号；2009年，学校被甘肃省政府命名为"甘肃省高中新课程改革实验样本校"。2013年被中共甘肃省委党校评为2013届在职研究生优秀学员；2014年在中国教育电视协会和中国教育电视台组织的第六届"全国中小学公开课电视展示活动"中荣获优秀校长奖。

简　　介：1987年参加工作，先后在永靖刘家峡中学、永靖中学、县教育局、县委反腐办、县纪委工作。2006年8月，经过参加公开选拔考试，被县政府任命为永靖中学校长。

1502 顾文举

性　　别：男

出生年月：1958-02-23

民　　族：汉族

政治面貌：中共党员

职　　称：副高

学　　历：中专

所在单位：永靖县王台镇中心小学

成　　就：1994年临夏州委、州政府授予"全州民族团结进步模范称号"；1999年教育部授予"中华扫盲奖"；2001年评为甘肃省优秀共产党员；2005年评为全县"两基"工作先进个人；2005年甘肃省委、省政府授予"甘肃省特级教师"；2008年评为全县"十佳"校长。

简　　介：中学高级教师。甘肃省特级教师。1979年毕业于临夏师范学校。先后在塔坪小学、周家湾小学任教。1990年调任王台中心小学校长兼王台学区负责人，2013年元月任王台学区督导员。

1503 吴朝阳

性　　别：男

出生年月：1966-05-05

民　　族：汉族

政治面貌：中共党员

职　　称：副高

学　　历：大学本科

所在单位：永靖县第二中学

成　　就：2005年永靖县委县政府授予"两基攻坚先进工作者"。2006年县教育局评为教育系统德育工作先进个人。2008年县委县政府评为全县优秀教师。2012年9月县委县政府评为"十佳校长"。在教学研究方面发表的论文主要有《浅析新课程背景下思想政治课的优化教学》，发表在《教学交流》杂志 2008 年第五期；《和谐社会与构建和谐教育》，发表在《中国教育改革与教学研究》2008 年第十期；《五举措让思想品德课活起来》发表在《甘肃教育》2012 第十期。

简　　介：1986 年 7 月于临夏师范毕业，分配到永靖五中工作，一直从事语文、政治、美术教学工作；1993 年至 1996 年参加甘肃省教育学院汉语言文学专业自学考试取得大专学历证书；从 2000 年至 2002 年在中共中央党校函授学院进修行政管理专业，取得本科学历证书；在永靖五中工作期间，先后任永靖五中教导主任、副校长职务。2003 年 9 月调到永靖六中任校长。2011 年 6 月又调到永靖二中任校长。2012 年 12 月取得中学高级教师资格。

1504　马华林

性　　别：男
出生年月：1968-05-10
民　　族：藏族 7
政治面貌：中共党员
职　　称：副高
学　　历：大学本科
所在单位：永靖县回民中学
成　　就：1992 年获得甘肃省园丁奖，2005 年被评为永靖县"两基"攻坚先进个人；2008 年被评为优秀县政协委员；2008 年被评为永靖县"十佳"校长之一；2010 年被评为临夏州"十佳校长"之一；2011 年获临夏州"先进工作者"荣誉称号；2013 年获得临夏州优秀教师奖。

简　　介：1989 年从临夏教育学院毕业后就被分配到永靖县回民中学任教。自1990 年起，他曾任回民中学校团委书记、教导处主任等职务。1998 年 8 月任永靖县回民中学副校长并主持学校全面工作。2000 年至今任永靖县回民中学校长。

1505　陈福林

性　　别：男
出生年月：1962-09-14
民　　族：汉族
政治面貌：中共党员
职　　称：副高
学　　历：大学本科
所在单位：永靖县职业技术学校
成　　就：2008 年被省教育厅授予"甘肃省职业教育先进工作者"荣誉称号；2009 年电大工作站被评为"全省电大系统招生工作先进工作站"；2003 年 7 月撰写的论文《从审美角度解析人物形象》在《教与学》发表，荣获优秀教研成果一等奖（国家级）。

简　　介：中学高级教师，现任永靖县职业技术学校校长，兼任"临夏州第八国家职业技能鉴定所"所长，中央电大永靖工作站站长。1982 年 7 月从临夏师范学校毕业后分配到坪沟学区任教，1984 年 8 月通过全省成人高考，考入天津教育学院中文系脱产进修；1986 年 8 月，分配到刚刚成立的永靖九中（原盐锅峡中学）任教高中语文课，至 2003 年 9 月，一直在永靖九中从事高中教育（其间，1990 年 9 月至 1992 年 7 月考入甘肃教育学院中文系脱产进修汉语言文学专业本科）；1986 年 9 月任学校首届工会主席，兼文科组组长；1995 年 9 月任校长办公室副主任；1996 年 9 月任办公室主任；1998 年 8 月任副校长，被评为中学一级教师，任校党支部纪检委员，当年 9 月被评为"县级优秀教师"。2003 年 9 月调入永靖县职业技术学校任校长兼任校党支部书记。

1506　郭正娥

性　　别：女

出生年月：1970-12-24
民　　族：汉族
政治面貌：群众
职　　称：副高
学　　历：大学本科
所在单位：永靖县刘家峡中学
成　　就：获2004年甘肃省首届"英才杯"中学生作文大赛优秀辅导奖。2007—2009年度连续获得刘家峡中学模范班主任称号。在临夏州中小学教师优秀课件评选中课题《罗布泊，消逝的仙湖》获一等奖。论文《说明文教学：尴尬与突破》被中国教育教学研究委员会评为一等奖。论文《从静态到动态的知识转化》在2009年甘肃省优秀教育教学论文评比活动中荣获二等奖。2010年获"新人杯"全国中小学校园文学大赛"全国校园文学辅导一等奖"。论文《授人以鱼，不如授之以渔》在《语文周报》第26期上发表。
简　　介：1998年6月毕业于长沙电力学院中文系，同年6月分配到永靖县四局中学任教。2003年获得中学一级教师任职资格。2007年8月至今在刘家峡中学任教，2010年获中学高级教师资格。

1507 雷发虎

性　　别：男
出生年月：1972-05-30
民　　族：藏族
政治面貌：中共党员
职　　称：副高
学　　历：硕士研究生
所在单位：永靖县第八中学
成　　就：先后撰写了《激发学生兴趣，提高教学质量》《论课堂教学的辩证法》《对永靖县人力资源开发的思考》《对提高黄河三峡旅游品位的思考》《异性中学生交往之我见》《对西部农村薄弱学校建设的若干思考》等论文，在省级刊物上发表，真正做到了以教学带科研、以科研促教学，达到了教学相长的效果。获得了2011年县级优秀教师、2012年州级优秀教师、2014年省级农村骨干教师的等荣誉称号。
简　　介：中学高级教师。1995年毕业于西北师范大学政法系政治教育专业，同年8月分配到永靖二中任教；1997年8月调到中共永靖县委党校工作，1999年9月任副校长；2000年至2003年参加甘肃省委党校马克思主义哲学专业在职研究生学习；2003年调到永靖八中任副校长，同年9月任校长至今。2010年10月取得中学高级教师任职资格，同年12月被聘任为中学高级教师。

1508 王有年

性　　别：男
出生年月：1956-12-01
民　　族：汉族
政治面貌：中共党员
职　　称：副高
学　　历：大学本科
所在单位：永靖县刘家峡中学
成　　就：自2013年1月调入永靖县刘家峡中学以来，坚持以人为本、科学管理的理念，倡导和践行"学生快乐成长、教师幸福工作"的思想，极大地调动了师生共同成长的积极性，使教风学风有了进一步的改变，教育质量稳步上升。2013年教师节之际，学校被县委县政府授予《教育质量一等奖》，临夏州委、州政府授予《教育系统先进集体》等荣誉。
简　　介：现任永靖县刘家峡中学校长。1981年7月毕业于平凉师范，在平凉三中任教五年；1986年9月—1988年7月在西北民族学院政治系脱产进修，毕业后在平凉市民张中学任教；1990年2月至2009年7月在刘化子弟中学任教。先后担任教务主任、副校长职务；2009年8月至2013年1月在永靖县移民中学任副校长，兼高中政治课教学工作。

1509 孔德体

性　　别：男
出生年月：1964-01-16
民　　族：汉族
政治面貌：中共党员
职　　称：副高
学　　历：大学本科
所在单位：永靖县教育局

成　　就：1986年9月，因工作出色，代表学区参加了全州第一个教师节暨先进个人和先进集体表彰大会，同年又被县上授予"先进个人"荣誉称号。2000年被授予"全县教育系统优秀教师"称号。先后在省级和国家级刊物上发表了《农村初中学校实施素质教育的几点思考》和《浅谈学校教育与预防未成年人犯罪的关系》的文章。

简　　介：1982年7月毕业于临夏师范，同年8月分配至岘塬镇姬川小学工作；1985年7月任岘塬镇姬川小学校长；1987年9月调任三合学校副校长兼教导主任；2003年8月任永靖七中副校长，2008年8月转任永靖二中副校长；2011年6月调任永靖县人民政府教育督学。

1510 刘世鹏

性　　别：男
出生年月：1961-01-28
民　　族：汉族
政治面貌：中共党员
职　　称：副高
学　　历：大学专科
所在单位：永靖县教育局

成　　就：1989年荣获甘肃省"园丁奖"，2006年被省教育厅授予"全省教育督导先进工作者"称号。2012年被州委州政府评为"基本普及九年义务教育、基本扫除青壮年文盲工作先进个人"。2006年论文《督学观课视角之我见》发表在甘肃民族出版社出版的《学校督导的实践与探索》一书。2006年论文《如何提高学校督导质量》发表在《甘肃教育督导》第三期。

简　　介：1981年8月临夏师范毕业后，分配到原永靖四中任教；1984年8月调入永靖五中任教；1990年9月至1992年7月在省电大离职进修；1992年任永靖五中副校长，1996年任校长，1999年8月调永靖八中任校长；2003年9月任县教育督导室主任；1988年被聘为中学二级教师，1996年被聘为中学一级教师，2009年2月被聘为中学高级教师，现已从教33年。自参加工作以来，主要从事语文教学、学校管理和教育督导工作。

1511 李廷泉

性　　别：男
出生年月：1962-09-06
民　　族：汉族
政治面貌：中共党员
职　　称：副高
学　　历：大学专科
所在单位：永靖县岘塬镇三合小学

成　　就：1998年、2002年获县级优秀教师；2005年获全县"两基"攻坚先进工作者；2006年在全州中小学信息技术优秀论文评选活动中获三等奖；2008年获县级十佳校长；2009年获县级优秀论文一等奖；2010年在国家刊物《文苑》第五期上发表了《学校管理中"责任制"的弊端》，并在学术交流上获得一等奖；2010年获全县优质课一等奖；

2010年在《中华教育科研文丛》中发表《浅析信息技术与小学语文课堂教学整合》一文，并获一等奖；2010年课件《翠鸟》获州级三等奖；2010年获甘肃省"园丁奖"；2010年被州教育委员会聘任为临夏州小学高级教师评委会委员；2007年被选为州上党代表。

简　　介：1982年7月毕业于临夏示范学校，1982年8月参加工作；先后在三条岘乡红岘子、青和学校任教；1990年8月调入岘塬镇三合中心小学任教；1992年8月，任三合中心小学副校长，1994年8月至2012年12月，任三合中心小学校长兼学区负责人；现任岘塬学区督导员；中学高级教师。

1512 杜发忠

性　　别：男
出生年月：1968-03-16
民　　族：汉族
政治面貌：中共党员
职　　称：副高
学　　历：大学本科
所在单位：永靖中学

成　　就：2004年被评为第一批临夏州"十佳教师"，2009年被评为"甘肃省骨干教师"，2011年被评为第七届全国"优秀班主任"。现任永靖中学语文学科组组长和永靖中学教研室副主任之职。有论文《以眼观龙》《语文教学模式初探》在省国家级刊物或学术交流中刊发获奖。

简　　介：中学语文高级教师。1990年6月毕业于兰州师范专科学校中文系，同年分配到永靖县第九中学工作，1993年调入永靖中学至今（期间在天津师范大学中文系脱产进修，取得本科学历）。

1513 罗万寿

性　　别：男
出生年月：1962-11-29
民　　族：汉族
政治面貌：中共党员
职　　称：副高
学　　历：大学本科
所在单位：永靖中学

成　　就：2012年被临夏州教育局评为2011年度全州教育系统优秀教师；2013年被临夏州委州政府评为2013年度全州优秀教师；2014年被临夏州教育局评为2014年度全州教育系统优秀共产党员，先后在《中学地理教学参考》《临夏教育》等期刊上发表论文多篇。

简　　介：中学高级教师，临夏州骨干教师。1982年参加工作，起初在贫困的山区学校任教，1986年调到永靖九中任教，2008年调入永靖中学。1984年至1986，2002至2005年先后两度在西北师大地理系进修深造。担任过学科组长、年级组长、教导主任等职，现任永靖中学副校长。

1514 魁学平

性　　别：男
出生年月：1963-07-14
民　　族：汉族
政治面貌：中共党员
职　　称：副高
学　　历：中专
所在单位：永靖县第八中学

成　　就：2006年8月在《中国当代教育与实践》发表论文《农村初中素质教育问题初探》，并获国家级一等奖。2008年5月取得中学高级教师资格，2009年被州政府聘任为中学高级教师。1994年临夏州委、州政府授予全州民族团结进步模范称号，2000年版被临夏州教育志收录至临夏州教育人物。

简　　介：1981年7月临夏师范英语专业毕

业，1981 年 8 月参加工作。现任永靖八中中学高级教师、副校长、党支部书记。1981 年 8 月至 1999 年 8 月在永靖三中工作，先后担任教师、教导主任、副校长、校长。（其间：1986 年 8 月至 1988 年 7 月在甘肃省教育学院英语系进修学习）。1999 年 8 月至 2008 年 8 月在永靖七中工作，任校党支部书记并担任英语和思想品德课教学（期间：2000 年 8 月至 2002 年 12 月在中央党校函授学院行政管理专业学习）。2008 年 8 月至今在永靖八中工作，担任英语、美术、思想品德课教学，任校党支部书记、副校长。

1515 何龙

性　　别：男
出生年月：1962-04-24
民　　族：回族
政治面貌：中共党员
职　　称：副高
学　　历：高中
所在单位：和政县新集小学校长
成　　就：获中学高级职称，从事教育 34 年，1997 年评为甘肃省"优秀教师"，获"园丁奖"。2002 年评为甘肃省"骨干教师"。2003 年评为"甘肃省特级教师"；2009 年被评为"全国小学科学教育先进个人"。2010 年评为"甘肃省少数民族地区杰出人才"。

1516 李逢忠

性　　别：男
出生年月：1965-11-09
民　　族：汉族
政治面貌：群众
职　　称：副高
学　　历：大学本科
所在单位：和政中学
成　　就：著作《清晨的钟声》一书对目前我国的教育事业存在的情况和有关发展问题提出质疑，并为今后教育情况的改善作出思考。
简　　介：中学副高职称，从事教育工作 27 年，先后致力于语文教育、政治理论、中国古文化的学习与探究及对教育的反思。

1517 章法旺

性　　别：男
出生年月：1966-10-01
民　　族：汉族
政治面貌：中共党员
职　　称：副高
学　　历：大学专科
所在单位：东乡县民族中学
成　　就：1997 年获得全县先进教师奖，2011 年获得全县高考优秀指导教师奖，2007 年获得全省教师学习资源中心优秀管理者。
简　　介：1989 年至 1995 年在东乡二中任教；1995 年至今在东乡县民族中学任教（其间，1995 年 3 月至 1998 年 4 月任政史地教研组长，1998 年 4 月至 2004 年任教导主任，2004 年至今任副校长，2008 年 8 月任东乡县政府兼职督学）；2012 年任临夏州教师资格评委会委员。

1518 唐建萍

性　　别：女
出生年月：1967-08-25
民　　族：汉族
政治面貌：群众
职　　称：副高
学　　历：大学专科
所在单位：职校
成　　就：1986 年 8 月参加工作，自参加工作以后一直从事初中语文教学工作，在省内外刊物发表论文数十篇，曾多次获得学校优秀班主任奖和优秀教师奖以及县上优秀指导教师荣誉，成为学校教学骨干并参加了省级骨干教师培训，2012年获得全国中小学优秀作文指导教师荣誉。

简　　介：中学高级教师，在东乡县职业技术学校工作。

1519 陈英

性　　别：男
出生年月：1962-10-02
民　　族：汉族
政治面貌：中共党员
职　　称：副高
学　　历：大学专科
所在单位：舟曲县图书馆
成　　就：任图书馆长。

1520 张建炳

性　　别：男
出生年月：1959-08-01
民　　族：藏族
政治面貌：中共党员
职　　称：副高
学　　历：大学本科
所在单位：卓尼县柳林中学
成　　就：1982年获得甘肃省"优秀教师"荣誉称号1983年至1984年连续两年被授予甘肃省"优秀辅导员"；1986年被评为甘肃省"新长征突击手"；1989年获得甘南州"园丁奖"；1992年获得甘肃省"园丁奖"；1995年获全国"优秀教师"荣誉称号；2002年至2006年连续五年被卓尼县委评为"卓尼县优秀共产党员"；2006年获得"甘南州精神文明先进个人"荣誉称号；2009年获得"甘南州优秀共产党员"荣誉称号；2009年9月被甘南州人民政府评为甘南州"两基"工作先进个人；2010年7月获得"甘南州优秀共产党员"荣誉称号；2012年获得"甘肃省特级教师"荣誉称号；2013年8月荣获"甘南州劳动模范"荣誉称号。

简　　介：1978年至1985年在卓尼县柳林小学任教；1985年至1987年在卓尼县卡车八年制学校任教；1987年至2001年在卓尼县柳林小学任教，并担任校长；2002年至2006年在卓尼县文体旅游局任局长；2006年至2010年在卓尼县教育局任党总支书记、教育局副局长、兼任柳林小学校长、县政府教育督学；2011年至今在卓尼县柳林中学工作并担任校长。

1521 赵英宝

性　　别：男
出生年月：1970-08-15
民　　族：藏族
政治面貌：中共党员
职　　称：副高
学　　历：大学专科
所在单位：迭部县教育局
成　　就：2011年被甘南州教育局、甘南藏族教育基金会评为"藏族教育优秀教师"；2013年被中共甘南委、州人民政府授予"甘南州'园丁奖'优秀教育工作者"光荣称号。被甘南州藏族教育基金会评为"优秀教师"。撰写的论文《在语文教学中如何挖掘和渗透民族团结教育》在《新课程》上发表。论文《浅谈如何提高偏远山区民族学生汉语口语的表达能力》发表在《新课程学习》，获优秀论文一等奖。

简　　介：中学高级教师。1991年7月毕业于合作民族师范高等专科学校藏语系，同年9月分配到县藏族中学从事"双语"教学工作。2006年12月调到县电教中心工作至今。

1522 丁春梅

性　　别：女
出生年月：1970-04-23
民　　族：藏族
政治面貌：群众
职　　称：副高
学　　历：大学专科
所在单位：迭部县教育局教研室
成　　就：《略谈班级管理工作》在2012年甘肃省中小学学科及综合类教育教学论文评选活动中获二等奖；《浅谈中学生良好心理素质培养》在2013年甘肃省教育科学研究所论文征集和评选活动中获一等奖；《略谈督学素质》和《初中学生写作时应注意的几点问题》等两篇论文在《甘肃教育督导》和《西藏教育》（藏文）上发表。多次获县、校级"先进教育工作者""模范班主任"等称号；多次获校级"先进工作者""优秀班主任""优秀教研组长""优秀年级组长"称号，2007年获迭部县"十大优秀青年"称号，2009年获"甘南州藏族教育基金会优秀教师"称号。
简　　介：1988年9月至1991年7月在合作民族师专藏语言文学系学习；1991年9月至1994年7月在迭部县益哇学区从事汉语文和藏数学教学；1994年9月至2010年3月在迭部县藏族中学从事藏语文、藏政治、藏地理教学；2010年4月至今在迭部县教育局教研室工作，主要从事对全县各级各类学校的综合督导、学科评价、教学过程检查等督导评估以及全县新课改教研工作。

1523 杨浩亮

性　　别：男
出生年月：1969-03-10
民　　族：藏族
政治面貌：中共党员
职　　称：副高
学　　历：大学本科
所在单位：迭部县藏族中学
成　　就：自参加工作以来，一直在县藏族中学任教至今。1995年9月开始担任教研组长和年级组长，多次被评为"优秀教研组长"和"年级组长"；在1997年至2010年期间还多次被评"先进工作者"和"优秀班主任"和"优秀党员"，2006年被州教育局评为"州青年教学能手"，2009年被迭部县委、县政府评为"优秀教师"，2009年被迭部县委评为"爱岗敬业好员工"，2010年被州委、州政府评为"优秀教师"，荣获州"园丁奖"，2008年、2009年、2010年连续三年考核为优秀。
简　　介：1989年8月参加工作，一直在县藏族中学任教至今。1978年9月至1982年7月在迭部县城关小学读小学；1982年9月至1985年7月在迭部县一中读初中；1985年9月至1989年7月在甘南师范读中专；1989年8月至今在迭部县藏族中学任教。

1524 黄志明

性　　别：男
出生年月：1965-10-20
民　　族：藏族
政治面貌：中共党员
职　　称：副高
学　　历：大学专科
所在单位：迭部县洛大学校
成　　就：评为"甘肃省骨干教师""甘肃省两基工作先进个人"。2012年《加强"软"管理，提高凝聚力》发表在《课程教育研究》杂志上。2013年论文《学困生产生厌学情绪的原因及转化对策探析》发表在《教育革新》刊物上。学校校刊《月牙儿》更是积极参与投稿，并负责编辑，校刊《月牙儿》荣获甘肃省校报校刊评比初中组三等奖。

简　　介：1987年7月毕业于甘南民校，同年9月被组织分配到尼傲乡中心小学任教；2005年通过自学函授取得了大专学历；1991年9月至2000年7月担任尼傲学校校长职务，1999年被县委组织部提任为副科级校长，2000年8月至2008年12月担任迭部县藏文小学副校长职务，2009年1月至今担任迭部县洛大学校校长职务。

1525　杨向东

性　　别：男
出生年月：1965-04-10
民　　族：藏族
政治面貌：中共党员
职　　称：副高
学　　历：大学本科
所在单位：迭部县教育局教研室
成　　就：撰写的《藏语文八种语法格式的教学与实践》专业论文在省级刊物《西藏教育》上连载发表。论文《严格督导程序提高督导质量》在《学校督导新模式探究》上发表；论文《对迭部县教研工作现状的思考》在《教育革新》上发表。2011年全面主持和负责迭部县"两基"迎国检工作，受到了省政府迎评组的高度评价。兼任迭部县文联主办《腊子口》藏文期刊主编，编印创办了《迭部教研》。2005年获得甘南州第四届基础教育教学科研二等奖；2006年获得第六届甘肃省基础教育科研优秀成果三等奖；2010年被甘肃省教育厅评为"实施中英甘肃普及九年义务教育项目先进个人"；2012年被省委省政府评为"全省'两基'工作先进个人"。

简　　介：毕业于西北民族大学，藏语言文学专业，1984年7月参加工作；1984年7月至1987年9月在迭部县桑坝学校任教；1990年9月至1999年1月在迭部县藏族中学任教；1999年1月至2005年5月在迭部县教育局工作；2005年5月至今任县教育局教研室副主任。

1526　刘荣岐

性　　别：男
出生年月：1970-04-14
民　　族：汉族
政治面貌：中共党员
职　　称：副高
学　　历：大学本科
所在单位：迭部县高级中学
成　　就：2004年5月论文《浅谈学生提问巧答方法》刊于《全国优秀教案暨论文集》；2005年获校级"优秀党务工作者"荣誉称号；所带班级2006年高考普通类文科综合名列全州第三，以汉为主类文科综合成绩名列全州第一；2006年又被县教育局推荐为思想政治教研员；2007年被县教育局党总支部评为"优秀共产党员"；2008年获校级"优秀教师"荣誉称号；2009年获校级"优秀共产党员"荣誉称号；2009年发表论文《中学文言文教学之我见》于《教育视界》上，并被中国教育学术委员会评为一等奖；2009年获校级"优秀共产党员"荣誉称号；2009年被县委宣传部授予"树文明新风，建美好家园"先进个人；2010年被迭部县委组织部授予"优秀共产党员"；2011年9月发表论文《用党课培养学生爱国爱党的情怀》于《甘肃教育》上；2012年6月发表论文《给文言文教学注入新的活力》于《读写算》上。

简　　介：1993年甘肃省联合大学政治教育专业毕业后分配到国营792矿中学任教，从事高中语文、政治课的教学工作，期间还从事班主任、教导主任等工作（其中2004年春季至2006年6月中央广播电视大学函授学习汉语言文学本科）。2003年4月抽调迭部县高级中学任教至今，兼电教室主任，是学校的中层领导，支部生活委员。

1527 格桑迦

性　　别：男

出生年月：1962-06-07

民　　族：藏族

政治面貌：中共党员

职　　称：副高

学　　历：大学本科

所在单位：迭部县旺藏学校

成　　就：2005年在《藏族教育》上发表论文《如何加强藏语文教学》，2008年在《甘肃教育》上发表论文《学习先进教育理念促进校长专业化发展》，2009年在《教育阅读》上发表论文《更新教育理念是提高教育教学质量的基础》，2012年在《课程教育研究》上发表论文《如何提高小学语文教学效应之我见》。1998年"普初"达标成绩突出，1999年被授予全州优秀教师称号，2001年被授予全州春蕾先进工作者称号，2006年被授予全县"两基"攻坚先进工作者称号，2009年被授予全县优秀校长称号，2011年荣获甘肃省中小学骨干教师称号。2012年学校荣获甘肃省"两基"迎国检先进集体称号。

简　　介：迭部县第十届、十一届、十二届、十三届人大代表，迭部县第十三届人大常委会委员。1979年9月至1982年7月在甘南民族学校学习；1982年8月至1986年7月在迭部县益哇学区任教；1986年9月至1989年7月在青海教育学院学习深造；1989年9月至1996年元月在迭部县藏族中学任教；1996年3月至2012年10月在迭部县电尕学校任校长主持学区教育教学管理工作（其中：2000年至2002年期间参加西北民族大学藏语言文学专业本科学历自学考试学习）；2012年10月至今调任为迭部县旺藏九年制学校校长。

1528 旦正加

性　　别：男

出生年月：1970-11-15

民　　族：藏族

政治面貌：中共党员

职　　称：副高

学　　历：大学本科

所在单位：迭部县高级中学

成　　就：一直担任高中藏语文课教学工作，发表的论文《迭部双语教学之我见》《浅议迭部方言与书面语的差异》《浅议藏文字的应用》发表于《青海教育》杂志。1997年获甘南州"园丁奖"，2000年获甘南州教育系统首批"青年岗位能手"称号，2004年被评为甘南州中学骨干教师，2005年被评为甘南州教学能手，2010年被甘南州评为"名教师"，2010年被评为迭部县"十大杰出青年"，2008年被中华慈善总会表彰为抗震救灾"优秀教师"；1999年、2005年评为迭部县优秀共产党员，2010年被评为迭部县优秀党务工作者。

简　　介：1993年6月从合作师专藏语言文学系毕业后分配到迭部县藏族中学任教（其中1999年7月至2002年9月在西北民族大学函授藏语文本科专业），2001年8月抽调到迭部县高级中学担任藏文教学至今。

1529 白立平

性　　别：男

出生年月：1963-01-21

民　　族：汉族

政治面貌：群众

职　　称：副高

学　　历：大学本科

所在单位：迭部县高级中学

成　　就：2002年9月，获迭部县青年教学能手称号，2004年至2006年先后多次获得学校模范班主任、优秀教师称号；2010年在全县中小学优质课评比中获中学组一等奖；2011年在全县中学观摩教学中获一等奖；2012年在迭部县第三届高中教育教学研讨活动中荣获教研成果二等奖。他所撰写的论文《对矛盾体与矛盾方面关系的思考》，被评为一等奖，并在《中国教育》2005年第一期发表。2011年、2012年、2013年所撰写的论文《再论矛盾与矛盾方面辩证关系的教学》《例谈用本土资源创设教学情境》《认识源泉产生的是什么——由认识的词性引起的思考》，先后在《读写算》杂志发表，前两篇文章被该杂志评为一等奖。

简　　介：1982年7月于甘南师范学校毕业后先后在迭部县卡坝学校、旺藏学校任教；1988年9月至1990年7月在无锡教育学院政教科学习毕业；1990年8月至2001年8月在迭部县藏族中学任教；2001年9月至今在迭部县高级中学任教，2007年8月获中学高级教师任职资格。

1530　罗霄

性　　别：男
出生年月：1969-12-01
民　　族：汉族
政治面貌：群众
职　　称：副高
学　　历：大学专科
所在单位：迭部县初级中学

成　　就：2008年荣获甘肃省教育厅和省科学技术厅授予的"优秀辅导员荣誉称号。"2010年荣获中国教育学会优秀论文一等奖。2012年参加教育部"国培计划"学习项目，获"优秀学员"称号。

简　　介：高级中学教师资格。中教副高职称。1990年7月毕业于陕西工学院英语专业；1990年7月任教于白龙江林业管理局迭部林业局职工子弟学校；2000年9月，选调至甘南州迭部县初级中学任教；现任迭部县初级中学英语教师，英语教研组组长。

1531　杨志英

性　　别：男
出生年月：1966-11-05
民　　族：藏族
政治面貌：中共党员
职　　称：副高
学　　历：大学本科
所在单位：迭部县藏族中学

成　　就：单位和个人先后荣获全县"两基"攻坚工作先进单位、"全县2008年度教育综合管理先进学校"、"全州校园文化建设'示范性学校'"、"全州四项工程建设示范性学校"、"全州学校管理方面取得显著成绩的学校"；"全县'两基'攻坚先进个人"、"全县先进教育者"、"州级骨干教师"、"省级骨干教师"、"甘肃省园丁奖"、全省"两基"攻坚先进个人、"全国优秀教师"等殊荣，省委、省政府授予"两基"迎国检先进个人称号，州委授予"创先争优先进个人"称号，省教育学会授予"全省第一届优秀校长"、"陇原最美乡村校长"荣誉称号。

简　　介：现任迭部县藏族中学校长。1985年7月毕业于甘南民族学校，先后在电尕学区、卡坝学区、旺藏学区县藏族中学任职。1982年9月—1985年7月在甘南民族学校上中专；1985年9月—1990年8月在迭部县阿夏学校任教；1990年9月—2001年8月在迭部县电尕学校任教；2001年9月—2005年6月在迭部县卡坝学区担任校长；2005年7月—2012年10月在迭部县旺藏学校担任校长；2012年10月至今在迭部县藏族中学任副校长。

1532 尕让曼

性　　别：女
出生年月：1965-07-09
民　　族：藏族
政治面貌：群众
职　　称：副高
学　　历：大学专科
所在单位：迭部县藏族中学
成　　就：2011年被评为省级骨干教师。至今已有几篇论文在国家级刊物上发表过并获奖。2007年在《中国教育探索》杂志上发表论文《班主任工作之我见》并获一等奖。该论文在学校学术研讨会中作为重要研讨题材并获奖。2009年在《中国教育科研》杂志上发表《我的叔叔于勒》教学教案设计。
简　　介：1985年6月毕业于甘南民族师范学校，先后在迭部县达拉中心小学和城关小学教学工作；1994年参加全国成人高等教育考试，甘肃省教育学院汉语言文学专业，于1996年7月获专科学历证书；1996年9月至今在迭部县藏族中学担任汉语文教学工作，先后担任过班主任、语文教研组组长工作；1985年7月毕业于甘南民族师范学校；1985年9月—1987年7月在迭部县达拉中心小学任教；1987年9月—1994年7月在迭部县城关小学任教；1994年9月—1996年7月在甘肃教育学院就读；1996年9月至今在迭部藏族中学任教。

1533 杨文明

性　　别：男
出生年月：1971-12-31
民　　族：藏族
政治面貌：中共党员
职　　称：副高
学　　历：大学本科
所在单位：迭部县高级中学
成　　就：2003年获全县语文教学观摩课二等奖；2004年被评为旺藏乡党委年度优秀党员；2005年、2007年分别获迭部县中学政治优质课评选一等奖；2008年获迭部县高级中学"优秀教师"称号。2008年获得县级高中政治优质课比赛"一等奖"；2009年获得县级高中政治优秀教学观摩课"一等奖"。2009年度和2011年度两次获得县级"优秀班主任"称号。2009年论文《浅论抒情散文艺术构思的创新》发表于《现代教育》并获征文评比大赛一等奖；2010年7月论文《孔子仁智统一思想对未成年人思想道德教育的启示》发表在国家级刊物《今日科苑》，2010年第14期杂志上，并获论文评比大赛一等奖；2011年2月论文《浅析哲理性古诗中的哲学观点》发表在省级刊物《空中英语教室》第2期杂志上。
简　　介：中学高级教师，高级中学教师资格。1995年6月毕业于合作民族师专政史系，分配到迭部县旺藏学校任教；2007年1月毕业于西北师范大学汉语言文学本科专业；2006年9月至今在迭部县高级中学任教。

1534 阿浪

性　　别：男
出生年月：1957-07-13
民　　族：藏族
政治面貌：中共党员
职　　称：副高
学　　历：大学本科
所在单位：迭部县初级中学
成　　就：作为学科骨干教师，指导培养新教师迅速成长，先后指导李昌河、王自多等同志，其成长为教学熟手，有的成为了校、县、市级骨干教师。

简　　介：1985年毕业于范西北师大历史专业，本科学历。1985年毕业分配到迭部县旺藏学校从事初中历史教学工作，1987年调入迭部县初级中学，已有中学教龄29年。

1535 陕玉英

性　　别：女

出生年月：1966-08-27

民　　族：回族

政治面貌：群众

职　　称：副高

学　　历：大学专科

所在单位：迭部县政府教育督导室

成　　就：2007年12月课件《丰富多彩的心情》在迭部县首届中小学信息技术教学课件评选中获三等奖。2008年论文《课堂教学应避免让学生产生逆反心理》在第五届中小学心理健康教育优秀成果评比中获国家级三等奖。2009年论文《好心态成就好学生——谈学生心理问题产生的原因及对策》发表在《甘肃教育》杂志。2011年论文《不可忽视的教师心理压力》发表在《中学教育科研》杂志上。2004届、2005届及2007届初三毕业班的会考成绩的及格率和平均分都名列全县第一。先后获校级"先进工作者"3次。2013年5月被迭部县人民政府聘任为"专职督学"。

简　　介：中学高级教师，1989年7月参加工作，现为迭部县人民政府教育督导室副主任；1986年9月—1989年6月于兰州师专政史系就读；1989年7月—2011年2月任迭部县中学政治教师；2011年2月至今在迭部县人民政府教育督导室工作。

1536 慈智木

性　　别：男

出生年月：1965-10-09

民　　族：藏族

政治面貌：中共党员

职　　称：副高

学　　历：大学本科

所在单位：迭部县藏族中学

成　　就：先后荣获"甘南州第一批中小学骨干教师""甘南州青年教学能手""甘肃省第三届青年教学能手""甘南州教育系统集中开展学习教育整顿工作先进个人""甘南州名教师"等称号。曾参与全国教研科学九五规划国家教委重点课题"关于藏族地区采用现代化手段提高民族素质的研究"，分任子课题《作文教学》的研究，录制了《作文教学实况录像》。合作翻译民族师范学校藏文教材《小学教育学》，2003年由甘肃民族出版社出版，获2004年"甘南州基础教育教学教研成果特别奖""甘肃省第六次社会学优秀成果三等奖"。独立编译国家教育部规划教材《中师地理》，2006年由甘肃民族出版社出版。参与合作民族师专藏语系主持编写的《中学藏文词典》编纂工作，2010年由中国藏学出版社出版。应邀参与了甘肃民族师范学院主持的《赛仓文集》汉译工作。参与翻译了《藏族修辞学入门》《藏族诗学理论发展简史》《藏族文化概论》等。

简　　介：1985年毕业于甘南民族学校，1990年毕业于合作民族师专藏语系，迭部县人，中学高级教师职称，现任迭部县藏族中学藏文教师、党支部书记、副校长。参加工作以来，先后在夏河县藏中、迭部县藏中承担初、高中藏语文、藏政治、藏历史等学科的教学。

1537 宋曼印

性　　别：男

出生年月：1972-12-09

民　　族：汉族
政治面貌：中共党员
职　　称：副高
学　　历：大学本科
所在单位：迭部县高级中学
成　　就：2007年被甘南州教育局授予"甘南藏族自治州第四届青年教学能手"称号；2007年举办讲座《中国传统文化下的女性地位》；2006年、2007年分别获迭部县中学语文优质课评比一等奖；四次分别被评为迭部县中学"模范班主任"；2009年获"甘南中学校长示范课三等奖；2010年高考中所带班级的语文成绩名列全州第二。撰写了论文《浅谈少数民族中，小学生爱国主义教育的几个问题》在酒泉教院主办的论文大赛中获一等奖；《另一只眼看啊Q》在天津师大毕业生论文大赛中获优秀论文奖；《古文翻译之管钥》在本校交流；《作文教学随笔之一二》发表于《湘潮》并获教研成果一等奖。

1538 梁清华

性　　别：女
出生年月：1971-01-30
民　　族：汉族
政治面貌：中共党员
职　　称：副高
学　　历：大学本科
所在单位：迭部县高级中学
成　　就：2002年获"第一届州级骨干教师"称号。2005年获甘南州第三届"青年教学能手"称号；2007年获甘肃省第四届"青年教学能手"称号。多次被学校评为"优秀党员"及"优秀教师"。2014年被县妇联评为"先进工作者"，2014年被学校评为"优秀党员"。2001年所写论文在全国组织的中小学教师作文教学论文比赛活动中获甘肃省三等奖。2004年所写论文在《全国教育教学论文与教案选集》中发表，2009年所写论文《以趣味性和实用性提升地理教学的吸引力》在《教育学文摘》中发表。2010年所写论文《正午太阳高度角的计算及应用》在陕师大主办的《中学地理教学参考》中发表。
简　　介：1990年甘南师范毕业后分配到迭部县卡坝学校任教。2000年在西北师大地理系函授本科，2003年毕业后调入迭部县高级中学担任地理教学工作。现担任地理学科组组长。2004年12月获中学一级教师任职资格；2011年9月获中学高级教师任职资格。

1539 赵五十

性　　别：男
出生年月：1965-05-05
民　　族：藏族
政治面貌：中共党员
职　　称：副高
学　　历：大学本科
所在单位：迭部县高级中学
成　　就：2001年获得县级"优秀教育工作者"称号；2004年被评为"县级骨干教师"；2008年被评为校级"优秀党员"；2012年被县政府督导室评为"教研论文"二等奖；2013年被县政府督导室评为"中学优秀教研工作者"称号；在教学工作中发表论文三篇，2001年7月在《甘南教育》发表《浅析迭部县小学藏语文教育现状》；2009年7月在《藏族教育》杂志发表《关于差生转化之策》；2013年7月在《藏族教育》杂志发表《教师怎样指导学生学习方法》等论文。
简　　介：藏族中学藏语文教师，政协甘南州政协委员。1983年参加工作，1980年9月至1983年7月在甘南民师学习；1999年至2002年4月在西北民族大学藏语言文学专业参加自学考试，并取得本科毕业证和文学学士学位；2010年9月获得中学高级教师资格；2012 年 4 月被聘为中学高级教师。2003 年 8 月至 2006 年 7 月在迭部县电尕学区担任副校长；2006 年 8 月被调入迭部县高级中学担任藏语文教师，同时兼任总务后勤工作。

1540 杨忠华

性　　别：男
出生年月：1964-09-05
民　　族：藏族
政治面貌：中共党员
职　　称：副高
学　　历：大学专科
所在单位：迭部县藏族中学
成　　就：2005 年所担任的初三"汉为主"汉语文毕业会考成绩排名全县第一；2007 年被评为校级优秀班主任；2008 年所担任的初三"汉为主"汉语文毕业会考成绩排名全县第二；被评为校级优秀班主任；2010 年所担任初三"藏为主"汉语文会考成绩排名全州第一；同时多次被评为优秀党员、先进工作者。论文发表：《藏族学生学习汉语文的几点体会》发表在《中学教育科研》2009 年第 9 期；《我对课堂提问的几点体会》发表在《中学教育科研》2010 年第 12 期。
简　　介：现任迭部县藏族中学教师。1985 年 8 月参加工作。1992 年在合作民族师专进修；1985 年 8 月至 1987 年 7 月在迭部县益哇乡扎尕那村校任教；1987 年 8 月至 1989 年 7 月在迭部县尼傲学校任教；1992 年 8 月至今在迭部县藏族中学任教。2011 年 8 月 31 日取得中学高级教师任职资格；2012 年 3 月 31 日被聘任为中学高级教师。

1541 黎龙

性　　别：男
出生年月：1965-02-20
民　　族：藏族
政治面貌：中共党员
职　　称：副高
学　　历：大学本科
所在单位：迭部县初级中学
成　　就：先后被评为甘南州"两基攻坚"先进个人、"抗震救灾"先进个人、"科学发展观"活动先进个人，获甘肃省"园丁奖"、全国青少年书画大赛特殊贡献奖和突出成绩奖等荣誉。
简　　介：1982 年 6 月参加工作，现为初级中学高级教师，先后在迭部县益哇学校、迭部县藏族中学、高级中学任教。2006 年 3 月至今在初级中学任校长。

1542 王虎英

性　　别：男
出生年月：1963-12-16
民　　族：汉族
政治面貌：中共党员
职　　称：副高
学　　历：大学专科
所在单位：迭部县初级中学
成　　就：中学高级教师，任迭部县初级中学党支部书记、副校长。他领导下的党支部、他身边的人和事深深地感染了大家，受到全县各级领导、教育系统同仁的称赞。

1543 毛思君

性　　别：
出生年月：1968-09-09
民　　族：汉族
政治面貌：群众
职　　称：副高
学　　历：大学本科
所在单位：迭部县高级中学
成　　就：论文《新课程下语文阅读中感悟

能力的提高》《民族地区高中班主任工作浅谈》分别于 2011 年 1 月、2010 年 6 月发表于《甘肃教育督导》杂志和《二十一世纪理论实践探索》杂志。他目前是迭部县高级中学担任班主任时间最长的班主任；在教研方面能起带头作用，课题《民族地区课题教育中的爱国主义和民族团结教育》被甘肃省教育科学规划领导小组办公室确定为规划课题，他是甘肃省 2010 年教育科学规划课题的负责人。2011 年 9 月被评为州级骨干教师，2010 年 7 月在西北师大参加了全省高中新课程学科骨干教程培养，2010 年参加甘肃省 2010 年普通高中新课程实验"国培计划"学习。2010 年 7 月在第二届全国中小学公开课电视展示活动中，荣获二等奖。

简　　介：中学高级教师。1994 年 6 月从张掖师专政史系毕业后分配到迭部县旺藏学校任教；1999 年 3 月被抽调迭部县中学任教；2001 年 9 月被抽调迭部县高级中学任教；2001 年 9 月—2004 年 7 月在西北师大函授学习汉语言文学专业；从事高中历史和语文的教育教学工作。

1544　杨青巴

性　　别：男

出生年月：1974-01-04

民　　族：藏族

政治面貌：中共党员

职　　称：副高

学　　历：大学本科

所在单位：迭部县高级中学

成　　就：2010 年被授予甘南州名班主任称号；2010 年获甘南州青年教学能手荣誉称号；2010 年获得全国优秀班主任称号；2011 年获得甘肃省园丁奖。先后获得"甘肃省英才杯"优秀辅导奖、第五届"叶圣陶杯"全国中学生作文教学二等奖、"文心雕龙杯"写作教学指导奖；获得甘南州青年教学能手称号。发表的教学论文有《珠落玉盘 嘈嘈切切——论语文教学的语音艺术》《知识 能力 创造》《发挥地域文化在教育中的作用——浅谈地域文化在教学工作中的尝试》《自读，语文学习的必由之路》《学生管理应抓好德育主线》，申报的省级课题《民族地区学校的德育问题研究》已经通过鉴定。

简　　介：现在迭部县高级中学任教。1997 年 6 月毕业于合作民族师专汉语言文学系，分配到迭部县洛大中学任教；2000 年 9 月至 2002 年 6 月在西北师大进修汉语言文学专业学习，获本科学历；2005 年 8 月至今，在迭部县高级中学任教。

1545　培凤

性　　别：女

出生年月：1965-09-01

民　　族：汉族

政治面貌：群众

职　　称：副高

学　　历：大学本科

所在单位：迭部县高级中学

成　　就：论文《丰富语言实践活动指导英语学习方法》发表在 2010 年《中小学教育》杂志第 2 期上，在甘肃省教育科学研究所论文大赛中获三等奖。《抓住三个基本环节，转化英语学习后进生》发表在 2011 年《读写算》杂志第 5 期上。《甘南藏区英语学困生的成因与对策》发表在 2012 年《读写算》杂志第 15 期上，《抓好基本环节，打造英语高效课堂》发表在 2013 年《考试周刊》杂志第 60 期上。3 次被甘南州教育局授予"优秀辅导教师"称号；2 次被迭部县人民政府督导室授予"优秀辅导教师"称号；2003 年被评为"甘南州中学生英语骨干教师"称号；2004 年被评为迭部县"优秀教师"；2005

年被甘南州妇联授予"巾帼建功标兵"称号；在2007年迭部县"初中英语最佳课"评比活动中获一等奖；在2008年全州"新课程初中英语说课竞赛"中获三等奖。

简　　介：1991—2009年7月在迭部县初级中学任教；2009年8月调入迭部县高级中学任教；1998年—2000年于西北师范大学英语系进修；2012年4月获得中学高级教师资格。

1546　张永杰

性　　别：男

出生年月：1962-08-13

民　　族：藏族

政治面貌：中共党员

职　　称：副高

学　　历：大学专科

所在单位：迭部县政府教育督导室

成　　就：2007年荣获甘肃省爱委会、教育厅、卫生厅授予的"先进工作者"荣誉，2009年荣获甘南藏族自治州人民政府授予的"园丁奖"优秀教师荣誉，2008年、2009年两次荣获迭部县委授予的"优秀党务工作者"荣誉，2010年荣获迭部县委授予的"优秀共产党员"荣誉。主编《迭部县藏文小学制度文件汇编》实用本，十五年修定5次，共计28万字，发表论文《新课程改革对民族地区基础教育管理的新挑战》。2010年其藏文书法创作获得中国教育学会美术教育专业委员会组织的教师作品评选一等奖。2009年其作品在甘南州庆祝新中国成立六十周年藏文书法展览中获得二等奖励。2014年其作品在甘肃省少数民族书画大赛中获民族文字书法类二等奖。

简　　介：毕业于合作师专，藏语言文学专业，1982年参加工作。1982年8月至1986年8月在迭部县卡坝学校教学；1986年9月至1989年7月在合作民族师专进修藏语文；1989年9月至1990年10月在迭部县电尕学校从事藏语文教学；1990年10月至1998年10在迭部县藏族中学从事藏语文教学；1998年10月至2012年10月在迭部县藏文小学任校长；2012年11月任迭部县人民政府教育督导室副主任。

1547　年红英

性　　别：女

出生年月：1967-08-16

民　　族：藏族

政治面貌：群众

职　　称：副高

学　　历：大学专科

所在单位：迭部县职业技术学校

成　　就：论文《少数民族地区职业教育的困境与出路》在《甘肃教育督导》发表，撰写论文《狠抓双语教学工作提高民族教学质量》在《教育革新》上发表。从2011年5月至今为迭部县第十、十一届政协委员，多次获得校级和县级的"先进工作者""优秀妇女代表"等荣誉称号。

简　　介：1990年7月毕业于合作民族师范高等专科学校，藏语言文学专业，1990年7月参加工作；2011年8月获得中学高级教师任职资格，2012年1月被甘南州人民政府聘任为中学高级教师，现在迭部县党职校工作。

后 记

在甘肃进行全面性的文化资源普查属于首次,将普查成果汇编成大型的文化资源名录在国内也属于前列。《甘肃省文化资源名录》是按照《甘肃省文化提升行动协调推进领导小组工作方案》和《甘肃省文化资源普查和分类分级评估工作实施方案》要求推出的重要成果。经过甘肃省文化资源普查和分类分级评估工作领导小组办公室组织40多名专家学者,在甘肃省文化资源普查平台数据库基础上,历时两年精心编排,终于完成书稿,这是参与全省文化资源普查的所有工作人员集体智慧的结晶。

甘肃省委原常委、省委宣传部原部长连辑,甘肃省委常委、省委组织部部长梁言顺,甘肃省委常委、省委宣传部部长陈青,先后领导和部署了本名录的编辑出版工作。省委宣传部原副部长、省社科院原院长范鹏研究员协调推进了本名录的编写。甘肃省社科院院长王福生研究员组织实施了本名录的策划设计、内容编排、审定并最终定稿。甘肃省社科院副院长马廷旭研究员负责了审稿、统稿和出版发行事宜。刘玉顺同志全程负责了书稿编排工作。

在《甘肃省文化资源名录》面世之际,感谢甘肃省文化提升行动协调推进领导小组各位领导的大力支持与关心,感谢参与普查工作的各市(州)县(区)、有关省直厅局的鼎力相助,感谢参与普查的专家学者和基层工作人员的辛勤付出,感谢中国书籍出版社为本名录的出版所做的努力,感谢所有关心关注本名录的人们。《甘肃省文化资源名录》是从盘清全省文化资源家底的角度入手,收录范围极其宽泛,有部分内容还存在缺项,有的资源没有资源简介,有的资源缺图片等等,给该书的出版留下了遗憾(该套丛书普查数据截至2012年12月31日)。同时,由于我们的水平有限,可能还有错讹疏漏之处,恳请读者随时批评指正,以便在将来进一步完善和修订。

甘肃省社会科学院
2017年7月

甘肃省文化资源名录总书目

第 一 卷　　可移动文物 I（金银器、铜器）
第 二 卷　　可移动文物 II（铜器）
第 三 卷　　可移动文物 III（铜器、铁器）
第 四 卷　　可移动文物 IV（陶泥器）
第 五 卷　　可移动文物 V（陶泥器）
第 六 卷　　可移动文物 VI（陶泥器）
第 七 卷　　可移动文物 VII（陶泥器）
第 八 卷　　可移动文物 VIII（陶泥器）
第 九 卷　　可移动文物 IX（砖瓦、瓷器）
第 十 卷　　可移动文物 X（瓷器）
第十一卷　　可移动文物 XI（宝、玉石器，石器、石刻）
第十二卷　　可移动文物 XII（纺织品、皮革、漆木竹器、珐琅器、玻璃器、骨角牙器、文具乐器法器、绘画）
第十三卷　　可移动文物 XIII（书法、拓片、玺印、货币、雕塑、造像）
第十四卷　　可移动文物 XIV（文献图书、徽章、证件、票据、邮品、度量衡器、交通运输工具、武器装备、航天装备、古脊椎动物化石、人类化石、其他）
第十五卷　　不可移动文物 I（古墓葬、古遗址）
第十六卷　　不可移动文物 II（古建筑、石窟寺及石刻、其他）
第十七卷　　红色文化（故居、旧址、纪念地、纪念设施、烈士墓、其他）
第十八卷　　历史事件与人物 I（历史事件、历史人物）
第十九卷　　历史事件与人物 II（历史人物）
第二十卷　　历史文献 I（古籍）
第二十一卷　历史文献 II（古籍、志书、档案、其他）
第二十二卷　非物质文化遗产 I（民间文学、民间音乐、民间舞蹈、民间戏剧、曲艺）
第二十三卷　非物质文化遗产 II（民间杂技、游艺传统体育与竞技、民间美术、民间技艺）
第二十四卷　非物质文化遗产 III（民间技艺、民间医药、民间信仰、岁时节令、生产商贸习俗、消费习俗、民间知识、人生礼俗）
第二十五卷　建筑、自然景观文化（建筑文化、自然景观文化）

甘肃省文化资源名录
总书目

第二十六卷	文学艺术Ⅰ（文学、艺术）
第二十七卷	文学艺术Ⅱ（艺术）
第二十八卷	饮食文化（酒、茶、饮料、特色饮食、饮食器皿）
第二十九卷	节庆、赛事、文化之乡（节庆、赛事、文化之乡）
第 三 十 卷	地名文化Ⅰ（特色自然地理地名、市州、市县区、乡镇街道、村、社区）
第三十一卷	地名文化Ⅱ（村、社区）
第三十二卷	地名文化Ⅲ（村、社区）
第三十三卷	地名文化Ⅳ（村、社区）
第三十四卷	地名文化Ⅴ（村、社区）
第三十五卷	地名文化Ⅵ（村、社区）
第三十六卷	文化产业、传媒Ⅰ（新闻出版发行服务、广播电视电影服务、文化用品的生产、文化产品生产的辅助生产）
第三十七卷	文化产业、传媒Ⅱ（文化艺术服务、文化信息传输服务、文化休闲娱乐服务、工艺美术品的生产）
第三十八卷	文化产业、传媒Ⅲ（文化创意和艺术服务、文化专用设备的生产、传媒）
第三十九卷	社科研究Ⅰ（机构和团体、著作类、研究报告、学术活动、社科刊物、获奖成果）
第 四 十 卷	社科研究Ⅱ（论文）
第四十一卷	社科研究Ⅲ（论文）
第四十二卷	文化类高等教育、文化艺术机构团体Ⅰ（文化类高等教育、文化艺术机构、文艺团体、文艺表演团体、文艺场馆）
第四十三卷	文化类高等教育、文化艺术机构团体Ⅱ（群众文化艺术馆）
第四十四卷	文化人才Ⅰ（社科人才）
第四十五卷	文化人才Ⅱ（社科人才）
第四十六卷	文化人才Ⅲ（图书情报人才、档案人才、文博人才、新闻人才、出版人才、文艺人才）
第四十七卷	文化人才Ⅳ（体育人才、网络文化人才、动漫人才、民间文化人才）
第四十八卷	宗教文化、民族语言文字Ⅰ（教职人员、宗教经卷）
第四十九卷	宗教文化、民族语言文字Ⅱ（宗教活动场所）
第 五 十 卷	宗教文化、民族语言文字Ⅲ（宗教活动场所、民族语言文字）